BRETT UND STEIN
VERLAG

FSC
www.fsc.org
MIX
Papier aus verantwortungsvollen Quellen
Paper from responsible sources
FSC® C105338

BRETT UND STEIN
VERLAG

LEHRBÜCHER DES GO 02

GUNNAR DICKFELD

LEBEN UND TOD

In der Reihe „Lehrbücher des Go“ bisher erschienen:
Elementare Techniken
Freiheiten und Wettläufe
Strategie
Tesuji
Angriff und Verteidigung

Bibliografische Information der Deutschen Nationalbibliothek
Die Deutsche Nationalbibliothek verzeichnet diese Publikation in der Deutschen Nationalbibliografie; detaillierte bibliografische Daten sind im Internet über http://dnb.d-nb.de abrufbar.

ISBN 978-3-940563-42-2

2. überarbeitete Auflage

Umschlaggestaltung: HAMMERGEIGEROT
Druck: Books on Demand GmbH, Norderstedt

Die Diagramme in diesem Buch wurden erstellt mit SmartGo™: http://www.smartgo.com/de

Printed in Germany

Inhalt

Vorwort

Wer hat als Kyu-Spieler nicht schon miterlebt, wie ein starker Spieler scheinbar spielend leicht und doch mit allen Mitteln der Kunst erst die Vorgabesteine umrundet und dann mit wohlgezielten Attacken eine Gruppe nach der anderen tötet und vom Brett nimmt?

Wer diese Erfahrungen gemacht hat weiß, wie nah Leben und Tod von Steinen beieinander liegen und wie wichtig es ist, seine Steine rechtzeitig zu verteidigen. Dieses Buch soll helfen, die Gefahren rechtzeitig zu erkennen, indem es einen systematischen Überblick über die wichtigsten Formen und Techniken gibt, die für das Verständnis von Leben und Tod von Bedeutung sind. Außerdem vertieft es die einzelnen Themenblöcke durch zahlreiche Übungsaufgaben und bringt praktische Beispiele aus Go-Partien des Autors.

Die Variationen des Go-Spiels sind ebenso zahlreich wie komplex, sodass die Spieler immer wieder vor neue Probleme gestellt werden. Wer die Grundlagen des Spiels studiert, wird in seinen Partien nicht nur auf bekannte Muster und Formen stoßen, sondern wird rechtzeitig Gefahren erkennen und sie entsprechend abwehren. Wer so dem Tod von der Schippe springt und dem Gegner die Pläne durchkreuzt, wird nicht nur mehr Spaß am Go-Spiel haben, sondern bald auch einige Vorgabesteine weniger benötigen.

Ich danke allen, die mich bei der Arbeit an diesem Buch unterstützt haben.

April 2005, Gunnar Dickfeld

Einführung

Dieses Buch beschäftigt sich mit den grundlegenden Problemen von Leben und Tod im Go-Spiel. Eine Go-Partie besteht aus zahlreichen Leben-und-Tod-Problemen, sie tauchen an allen Ecken und Rändern auf. Sie sind die kritischen Momente einer Partie, denn nur wer den richtigen Status von Gruppen auslesen kann, wird auch die richtige strategische Entscheidung treffen.

Die Bedeutung von Leben und Tod ermisst sich schon allein aus dem Umstand, dass nur lebende Steine und Steinketten Gebiet umschließen, das am Ende einer Partie gewertet wird. Tote Steine leisten nicht nur keinen Beitrag zum Aufbau von Gebieten, sondern sie sind sogar Minuspunkte, da sie beim Auszählen am Ende der Partie das eigene Gebiet verkleinern. Dies sollte eigentlich schon Grund genug sein, sich eingehend mit Leben und Tod zu beschäftigen.

Was unterscheidet nun tote Steine von lebenden? Grundsätzlich gilt, dass Steine, die nicht geschlagen werden können, leben. In Diagramm 1 werden zwei Ketten gezeigt, die von der „Außenwelt" abgeschnitten sind. Der Schnitt wird durch die markierten Steinen hervorgehoben. Sowohl die weiße als auch die schwarze Kette haben nur noch drei Freiheiten. Daher ist leicht zu erkennen, dass derjenige, der zuerst eine Freiheit des Gegners besetzt, die gegnerischen Steine schlagen kann und die eigenen Steine somit rettet.

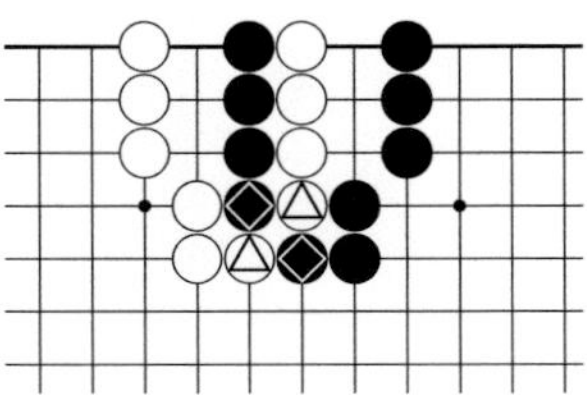

Dia. 1

Die Stellungen, die in diesem Buch betrachtet werden, geben solche Möglichkeiten zur Rettung von Steinen nicht. Es werden immer Gruppen von Steinen betrachtet, die bereits vollständig vom Gegner eingeschlossen sind. Sie können weder durch Weglaufen entkommen noch durch das Schlagen gegnerischer Steine die Gefahr abwenden. Sie müssen also selbstständig leben.

Wer dieses Buch durcharbeitet, lernt aber nicht nur etwas über Leben und Tod, sondern lernt auch Tesuji und verbessert sein Gefühl für Formen. Außerdem lernt der Leser, wie wichtig die richtige Reihenfolge beim Setzen der Steine ist.

Das Buch gibt einen systematischen Überblick über die wichtigsten Formen und Techniken die für Leben und Tod von Bedeutung sind.

In jedem Kapitel wird der Leser zahlreiche Übungsaufgaben finden. Viele Übungen geben (wie bei Leben-und-Tod-Problemen üblich) ein spezielle Aufgabe vor, wie zum Beispiel „Weiß setzt und tötet" oder „Schwarz setzt und lebt". Wird jedoch in einer Go-Partie der Status einer Gruppe analysiert, so kann sie nicht nur tot oder lebendig sein: Leben und Tod hängen häufig davon ab, ob Weiß oder Schwarz den nächsten Stein setzen darf. Daher fragt eine ganze Reihe von Problemen nach dem Status der abgebildeten Stellung. Die verschiedenen Stati, die unterschieden werden, sind daher im ersten Kapitel ausführlich erläutert.

Das Buch ist in sieben Kapitel gegliedert. Jedem Kapitel ist eine bestimmte Situation aus einer Go-Partie vorangestellt, welche in den Schwerpunkt des Kapitels einführt.

Behalten Sie diese Einführungsdiagramme beim Durcharbeiten im Hinterkopf. Die Lösungen werden bewußt erst am Ende des Buches gegeben.

Die einzelnen Kapitel sind wiederum in Lektionen unterteilt, in denen jeweils ein bestimmtes Grundmuster vorgestellt wird. Anhand der Übungsaufgaben soll zum einen der Leser aktiv geschult werden. Zum anderen soll gezeigt werden, welche Auswirkungen leichte Veränderungen in der Stellung haben können.

Wenn Sie einmal ein Problem nicht sofort lösen können, dann gehen Sie erstmal zum nächsten. Sie können sich das Problem später noch mal vornehmen. Besonders wichtig ist, dass Sie sich nicht die Lösung anschauen. Blättern Sie erst um, wenn Sie sich ganz sicher sind, die richtige Lösung gefunden zu haben. Sie betrügen sich sonst nur selbst und der gewünschte Lerneffekt bleibt aus.

Im ersten Kapitel werden, wie oben bereits erwähnt, die verschiedenen Stati von Steingruppen erläutert. Das zweite Kapitel widmet sich allgemeinen Grundformen, die immer wieder auftreten. Sie bilden eine wichtige Grundlage für die folgenden Kapitel, da sich komplexere Stellungen auf diese Formen reduzieren lassen.

Kapitel 3 und 4 stellen Techniken und Tricks vor, wie gegnerische Steine getötet, bzw. die eigenen Steine zum Leben gebracht werden. Die Kapitel 5 und 6 behandeln das Leben in Ecken, da gerade die Ecken zahlreiche Sonderkonstellationen bieten und spezielle Eigenheiten aufweisen.

Abgeschlossen wird das Buch mit dem Kapitel 7, das fünfzig Wiederholungsaufgaben und ein ausführliches Beispiel aus einer Go-Partie enthält.

Kapitel 1
Status zwischen Leben und Tod

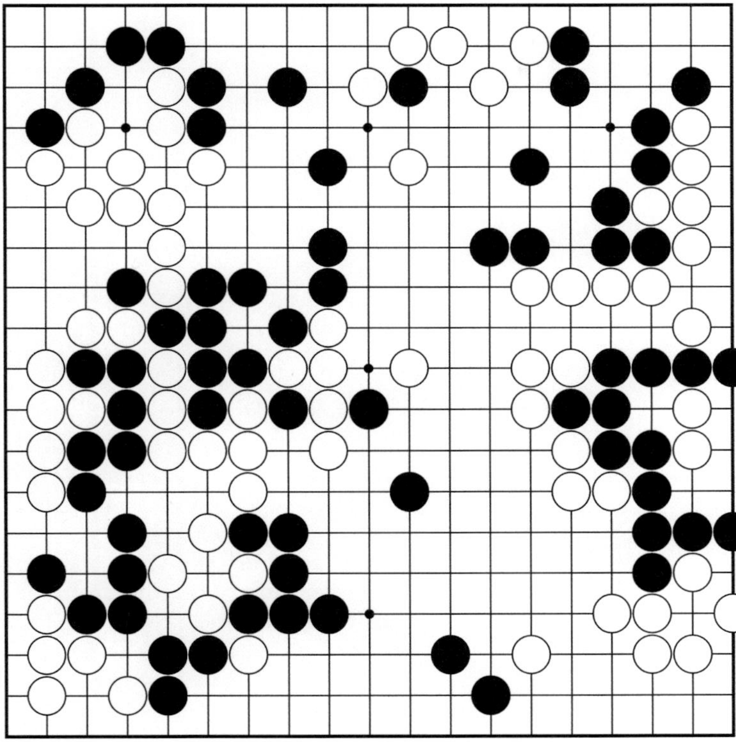

Figur: Turnierpartie zweier Amateure Marz/Dickfeld, 2001

In der abgebildeten Turnierpartie gibt es am rechten Rand des Bretts eine schwarze Gruppe, die sieben Schnittpunkte einkreist. Aber es stehen auch zwei weiße Steine innerhalb der schwarzen Gruppe: Leben die schwarzen Steine? Sind die beiden weißen Steine tot? Oder leben die weißen Steine und töten die schwarze Gruppe? Wer hat hier wen gefangen? Welchen Status hat also diese Gruppe?

Im ersten Kapitel werden die verschiedenen Stati vorgestellt, in die die Stellungen eingeteilt werden können. In der gezeigten Partie haben beide Spieler lange Zeit den Status der schwarzen Gruppe falsch eingeschätzt. Erst nachdem sich der Kampf in der Mitte des Bretts stabilisiert hatte, ist einer der beiden Spieler auf das Problem am Rand zurückgekommen...

1. Schwarz lebt

Der Status „Schwarz lebt" bedeutet, dass die Steine nicht mehr geschlagen werden können. Eine Gruppe von Steinen lebt bedingungslos, wenn sie zwei Augen besitzt oder jederzeit zwei Augen bilden kann.

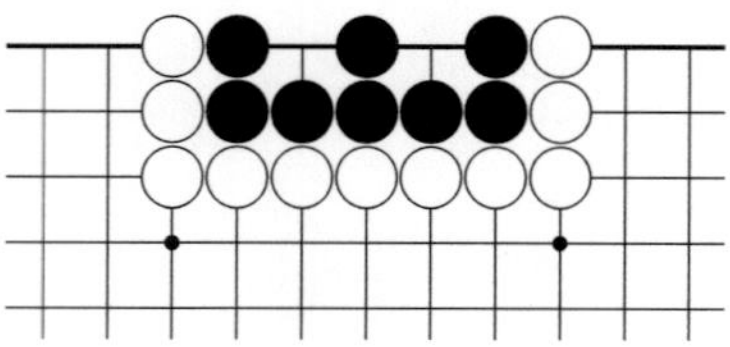

Dia. 1

Dia. 1 Die schwarze Gruppe hat zwei einzelne Punkte eingeschlossen. Diese Punkte werden **Augen** genannt. Da Weiß die schwarzen Steine außen bereits vollständig umschlossen hat, bilden die beiden Punkte innen die letzten Freiheiten für Schwarz.

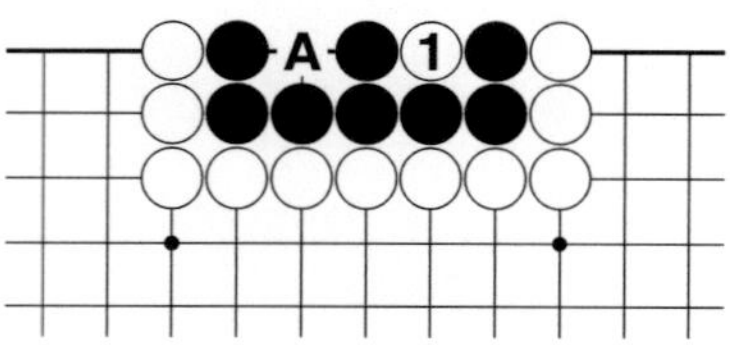

Dia. 2

Dia. 2 Um die schwarzen Steine zu schlagen, müsste Weiß die zwei Innenfreiheiten zusetzen. Setzt Weiß auf 1, dann hat Schwarz aber noch eine Freiheit auf A. Der weiße Stein dagegen besitzt keine Freiheit mehr und muss wieder vom Brett genommen werden. Die Go-Regeln verbieten das Spielen des weißen Steins (Selbstmordverbot). Weiß darf auch nicht auf A spielen. Daher kann Weiß die Steine nicht schlagen – Schwarz lebt bedingungslos.

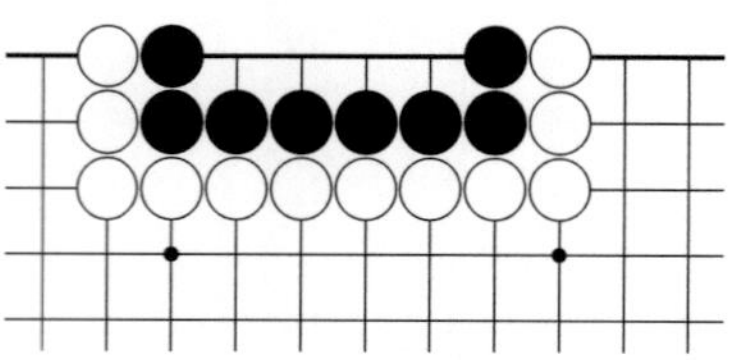

Dia. 3

Dia. 3 Hier hat die schwarze Gruppe vier Innenfreiheiten. Die eingeschlossene Fläche heißt **Augenraum**. Ist der Augenraum groß genug, um jederzeit zwei Augen bilden zu können, dann lebt die Gruppe.

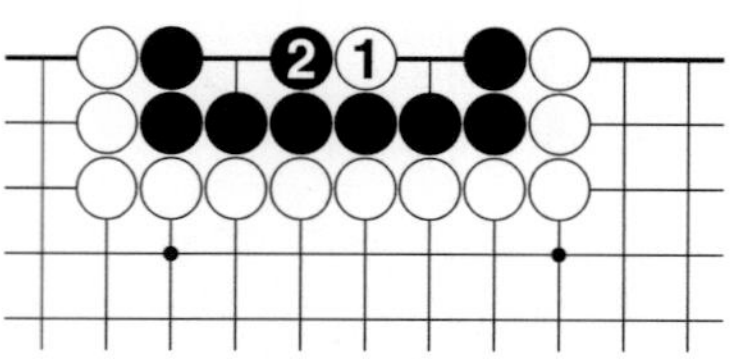

Dia. 4

Dia. 4 Wenn Weiß auf 1 setzt, antwortet Schwarz mit 2. Weiß kann auf Grund des Selbstmordverbotes die letzten Freiheiten nicht mehr besetzen. Deshalb hat Schwarz jetzt zwei Augen und lebt.

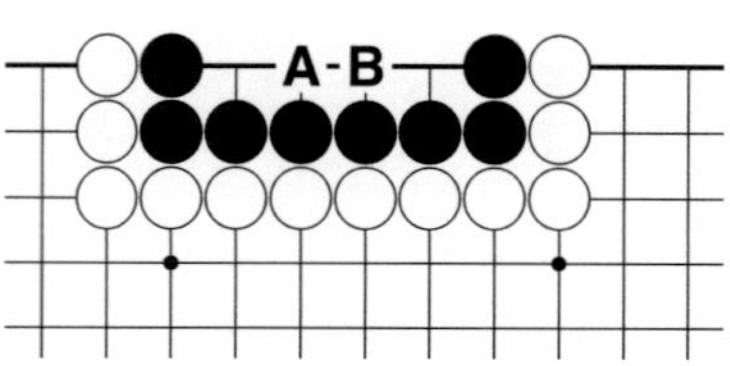

Dia. 5

Dia. 5 Die Punkte A und B sind Miai. Miai bedeutet, dass es zwei gleichwertige Punkte gibt: Wenn der Gegner den einen spielt, dann besetzt man selbst den anderen.

Das Prinzip des Miai wird in den folgenden Kapiteln immer wieder auftauchen. Punkte wie A und B dienen in einer Go-Partie häufig als Ko-Drohung, da Schwarz diesen Angriff sicher beantworten wird.

2. Schwarz ist tot

Wenn eine Gruppe keine zwei Augen hat und es auch keine Möglichkeit mehr gibt, zwei Augen zu bilden, dann ist sie tot. Der Status „Schwarz ist tot" bedeutet, dass selbst wenn Schwarz noch einen Stein setzt, Weiß das Leben der Steine verhindern kann.

Dia. 1 Obwohl es hier so aussieht, als ob die schwarze Gruppe zwei Augen hat, so sind es dennoch keine sicheren Augen. Man nennt sie **unechte Augen**.

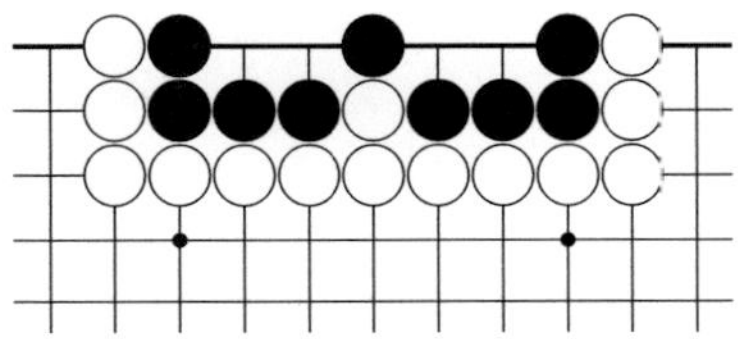

Dia. 1

Dia. 2 Wenn Schwarz auf 1 ein sicheres Auge bildet, dann spielt Weiß einen Stein auf 2 und verhindert das zweite Auge. Die markierten schwarzen Steine sind in einer **Mausefalle** gefangen.

Weiß 2 macht das zweite Auge unecht. Mit nur einem Auge ist die schwarze Gruppe tot.

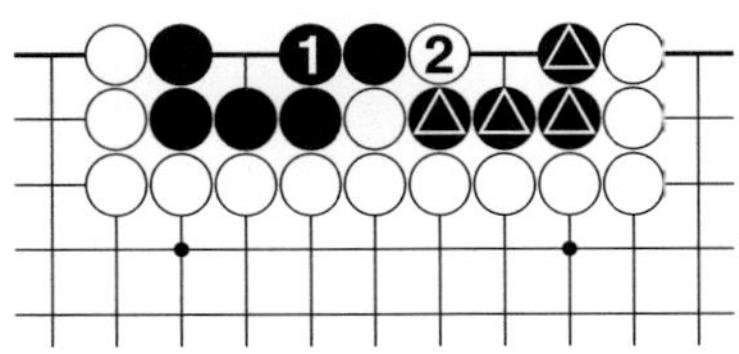

Dia. 2

Dia. 3 Hier hat die gleiche schwarze Stellung noch einige Außenfreiheiten. Doch der Status der Gruppe verändert sich dadurch nicht.

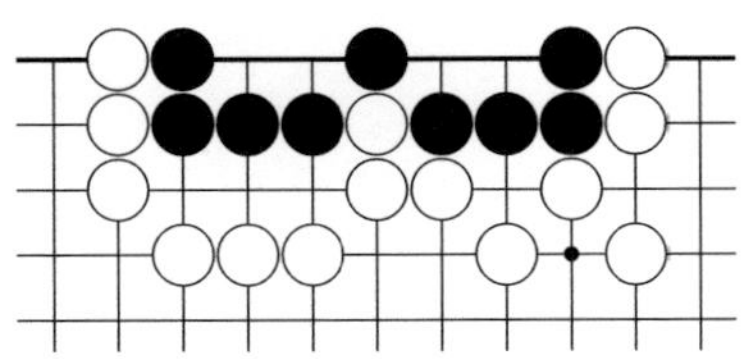

Dia. 3

Dia. 4 Sichert Schwarz mit 1 ein Auge, dann wird Weiß auf 2 spielen. Schwarz kann zwar den eingeworfenen Stein mit 3 schlagen, aber Weiß gibt mit 4 Atari auf fünf Steine und Schwarz muss mit 6 auf 2 decken. Nun hat Schwarz wieder nur das eine Auge.

Die schwarze Gruppe ist also unabhängig von der Anzahl der Außenfreiheiten tot. Schwarz sollte daher keine weiteren Steine mehr setzen, denn die Steine sind nicht mehr zu retten.

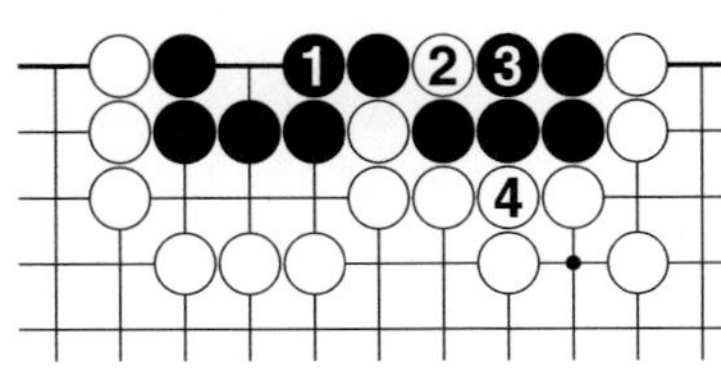

Dia. 4 (S6 auf 3)

Dia. 5 Hier stehen zwei weiße Steine innerhalb einer schwarzen Gruppe. Diese beiden Steine verhindern, dass Schwarz zwei Augen bilden kann (vgl. Seite 10).

Die schwarze Gruppe ist daher bedingungslos tot.

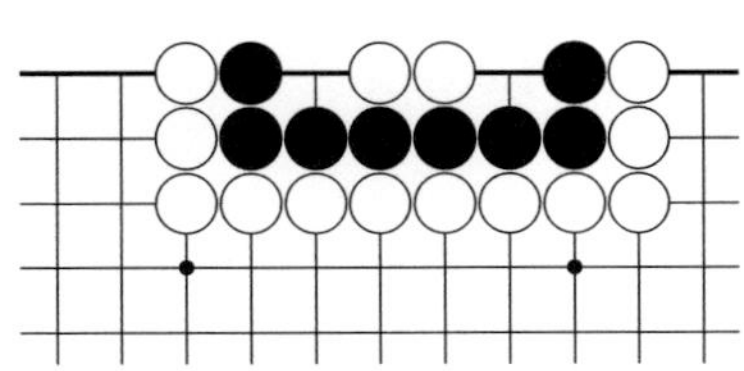

Dia. 5

3. Nicht ausgespielt

Man unterscheidet die Stati in zwei Gruppen: Auf der einen Seite jene, die bereits ausgespielt sind („...ist tot“, „...lebt“), und auf der anderen solche, die noch nicht ausgespielt sind. Bei den letzteren hängen Leben und Tod davon ab, wer Vorhand hat, das heißt wer den nächsten Stein setzt. So kann die eine Seite mit einem weiteren Stein leben. Die andere Seite kann töten.

Stellungen, die auf diese Weise zwischen Leben und Tod schweben, sind noch „nicht ausgespielt“.

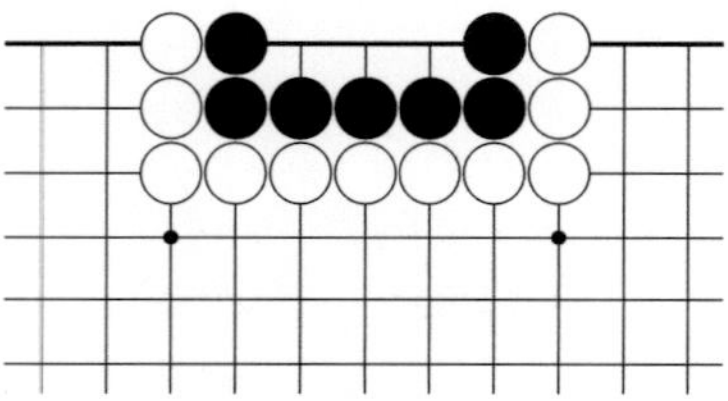

Dia. 1

Dia. 1 „Drei in einer Reihe“...
... heißt die hier abgebildete schwarze Stellung, denn sie schließt genau drei Punkte ein. Sie ist nicht nur eine der einfachsten, sondern auch eine der wichtigsten Grundformen. Viele andere Stellungen können auf diese Form zurückgeführt werden.

Der Status ist **nicht ausgespielt**, denn Schwarz kann leben und Weiß kann töten.

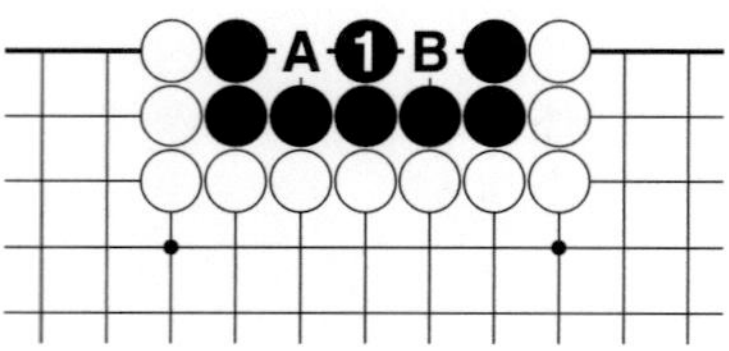

Dia. 2

Dia. 2 Schwarz 1 lebt
Setzt Schwarz 1, dann hat die Gruppe zwei sichere Augen: A und B. Wie bereits auf Seite 10 gezeigt, kann Weiß die schwarzen Steine jetzt nicht mehr schlagen. Schwarz lebt.

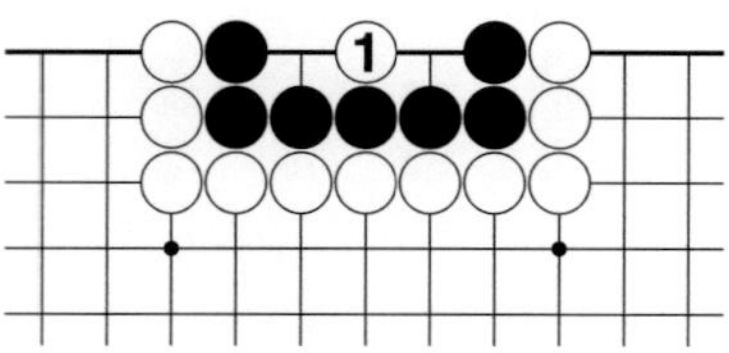

Dia. 3

Dia. 3 Weiß 1 tötet
Wenn Weiß zuerst auf 1 spielt, dann besetzt er den Punkt, den Schwarz gern spielen möchte. Weiß 1 verhindert, dass Schwarz zwei Augen bilden kann: Weiß 1 tötet.

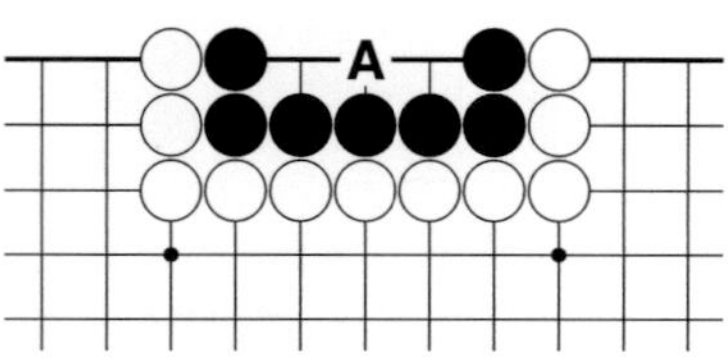

Dia. 4

Dia. 4 Man nennt den Punkt A den **vitalen Punkt**. Solange dieser Punkt weder von Weiß noch von Schwarz besetzt wurde, ist die Stellung weder tot noch lebendig – sie ist nicht ausgespielt.

Wer auf den vitalen Punkt einer Stellung spielt, entscheidet über Leben und Tod.

4. Leben oder Leben in Ko

Der Status „nicht ausgespielt“ bedeutet nicht ausschließlich Leben oder Tod, er kann auch ein Ko beinhalten, zum Beispiel: „Schwarz setzt und lebt / Weiß erreicht ein Ko“.

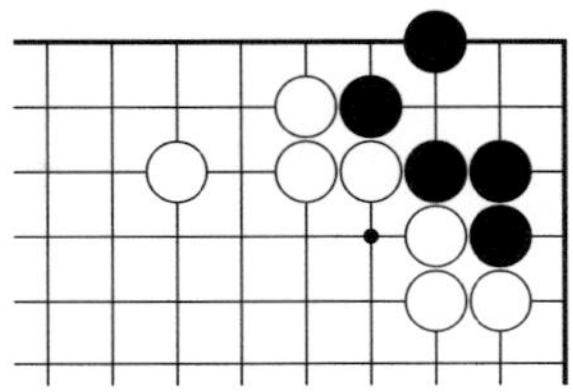

Dia. 1

Dia. 1 Diese Stellung tritt häufig in Partien auf. Schwarz kann mit einem weiteren Stein das Leben der Ecke sichern. Ist jedoch Weiß am Zug, dann wird er ein Ko beginnen.

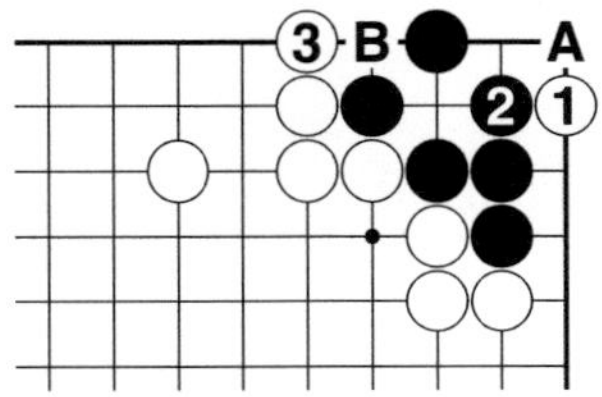

Dia. 2

Dia. 2 Weiß beginnt mit 1. Als Antwort auf Schwarz 2 folgt Weiß 3. Danach kann Schwarz entweder mit A oder mit B fortsetzen.

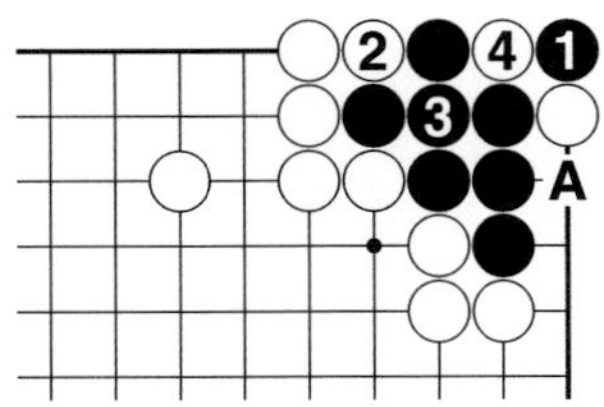

Dia. 3

Dia. 3 In der Abfolge von 1 bis 4 entsteht das Ko. Schwarz muss nun erst eine Ko-Drohung spielen, bevor er auf 1 zurückschlagen darf.

Hat Schwarz das Ko zurückgeschlagen, dann muss er eine Ko-Drohung von Weiß ignorieren, um das Ko durch Schlagen auf A zu gewinnen.

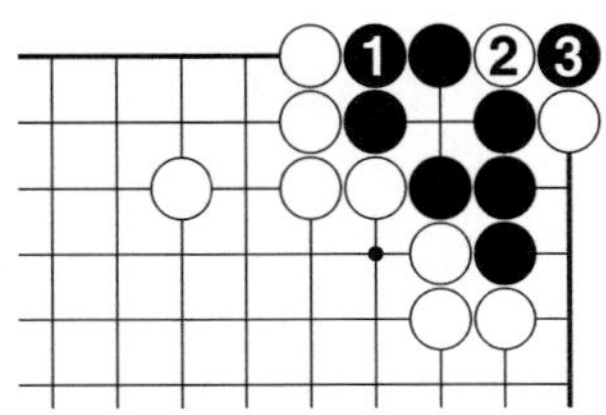

Dia. 4

Dia. 4 Hier setzt Schwarz nach Diagramm 2 mit 1 fort. Nach Schwarz 3 entsteht wieder ein Ko. Dieses Ko ist besser für Schwarz, denn jetzt muss Weiß die erste Ko-Drohung spielen.

Im vorherigen Diagramm schlug Weiß als erster das Ko und Schwarz musste die erste Ko-Drohung finden. In einer Go-Partie kann dies den kleinen, aber entscheidenden Unterschied ausmachen.

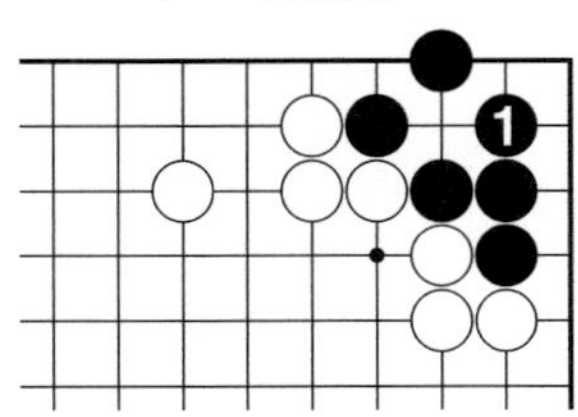

Dia. 5

Dia. 5 Wenn Schwarz in der Ausgangsstellung am Zug ist, dann kann er mit dem Sicherungszug 1 das Ko vermeiden und sicher leben.

Kommt es in einer Go-Partie zu einem Ko, dann hängt das Leben der Steine entscheidend von der Anzahl der Ko-Drohungen auf dem Brett ab.

5. Leben in Ko oder tot

Auf der vorhergehenden Seite wurde gezeigt, dass eine Gruppe von Steinen den Status „Leben/Leben in Ko" haben kann. Dementsprechend gibt es natürlich auch den Status „Leben in Ko/tot".

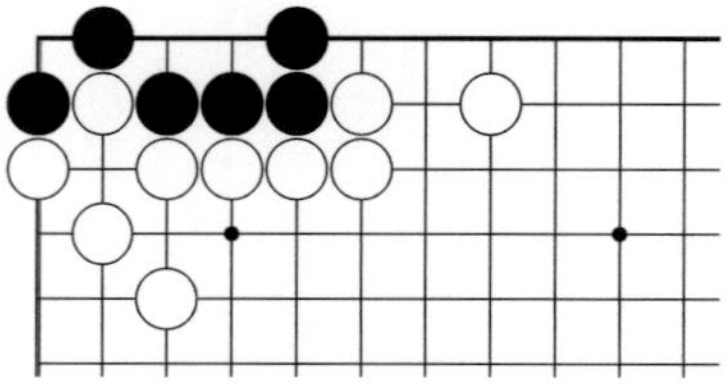

Dia. 1

Dia. 1 In diesem Diagramm ist ein solches Beispiel gegeben. Schwarz kann ein Ko beginnen und so um das Leben seiner Steine kämpfen. Weiß kann die schwarzen Steine töten.

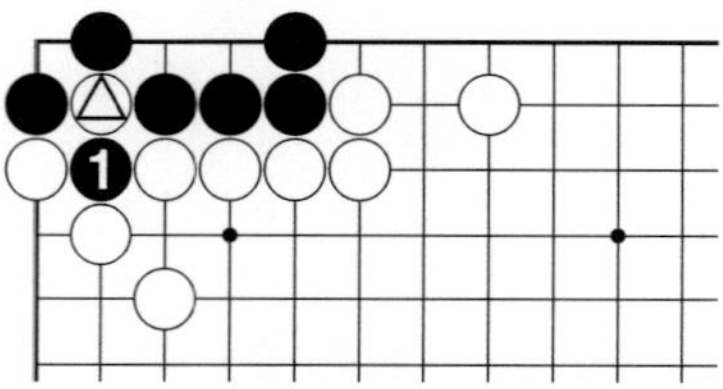

Dia. 2

Dia. 2 Schwarz 1 schlägt den markierten Stein und beginnt damit das Ko. Weiß muss nun die erste Ko-Drohung finden.

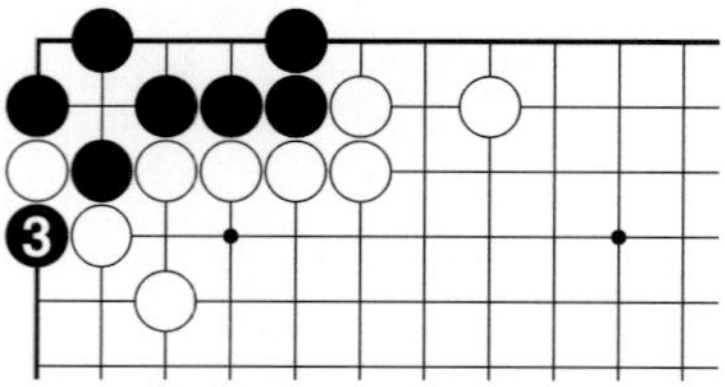

Dia. 3

Dia. 3 Wenn Schwarz die Ko-Drohung ignoriert, dann kann er mit 3 einen weiteren Stein schlagen. Er gewinnt das Ko und lebt bedingungslos.

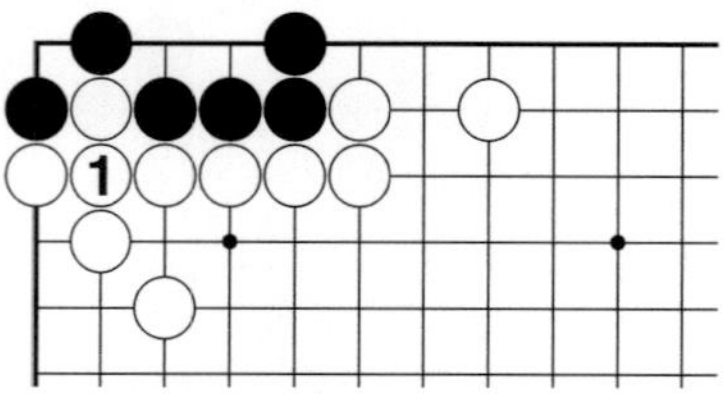

Dia. 4

Dia. 4 Wenn in der Ausgangsstellung Weiß am Zug ist, dann deckt er einfach auf 1 und verhindert das Ko. Schwarz hat keine Möglichkeit mehr, zwei Augen zu bilden und ist somit tot.

In einer Go-Partie ist es oftmals schon ein Erfolg, ein Ko zu erreichen, denn der Spieler, der das Ko verliert, kann zwei Steine an anderer Stelle auf dem Spielbrett spielen. Für den, der leben will, ist ein Ko also mit Kosten verbunden. Daher ist es manchmal in einer Go-Partie das Ziel, die bedrohte Gruppe zu einem möglichst hohen Preis zu opfern, um so Punkte an anderer Stelle auf dem Spielbrett herauszuholen.

6. Indirekte Ko-Formen

Die bisher betrachteten Ko-Formen waren direkte Ko, das heißt durch Ignorieren von nur einer Ko-Drohung des Gegners, konnte das Ko gewonnen werden. Aber es gibt auch indirekte Ko-Formen, bei denen drei Arten unterschieden werden. Diese sollen der Vollständigkeit halber hier kurz erläutert werden.

Dia. 1a Das Annäherungs-Ko (1)
Bei einem Annäherungs-Ko hat mindestens die eine Seite eine oder mehrere Freiheiten.

Nachdem Weiß das Ko auf A geschlagen hat, muss er eine Ko-Drohung ignorieren, um die Freiheit B zu besetzen. Um das Ko endgültig zu gewinnen, muss er sogar eine zweite Drohung ignorieren.

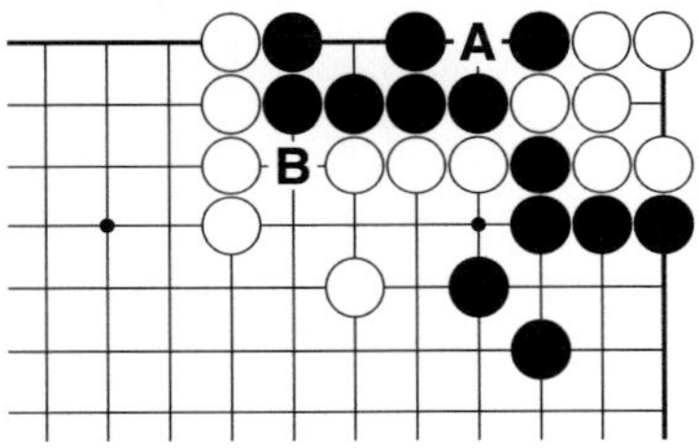

Dia. 1a

Dia. 1b Das Annäherungs-Ko (2)
Es ist vorstellbar, ein Annäherungs-Ko mit zwei Freiheiten, wie in diesem Diagramm gezeigt, auszuspielen.

Aber bei drei oder mehr Annäherungssteinen ist es besser, die Stellung stehen lassen, denn es gibt hier nicht viel zu gewinnen.

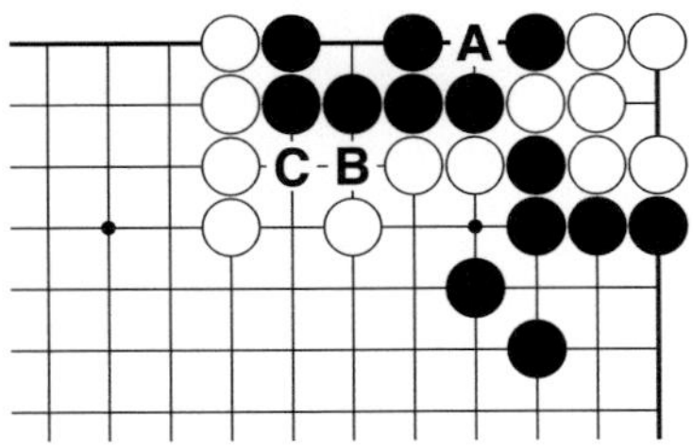

Dia. 1b

Dia. 2 Das Zweistufen-Ko
Weiß 1 beginnt ein mehrstufiges Ko. So lange das Ko auf 1 und 2 geschlagen wird, ist es für Schwarz direkt (das heißt er muss nur den markierten weißen Stein schlagen) und für Weiß indirekt (er muss A und B spielen um zu gewinnen).

Wenn Weiß eine Drohung ignoriert, dann wird das Ko auf A und dem markierten schwarzen Stein fortgesetzt. Jetzt ist es direkt für Weiß und indirekt für Schwarz.

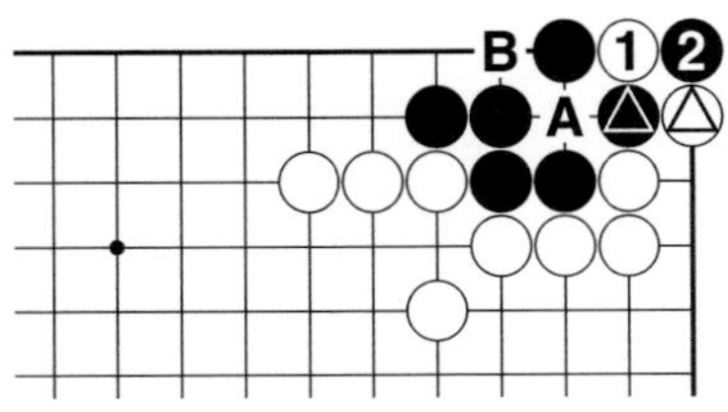

Dia. 2

Dia. 3 Das Tausendjahr-Ko
Ein Tausendjahr-Ko entsteht bei einer gemeinsamen Innenfreiheit A. Hier ist das Ko zweistufig für Weiß und dreistufig für Schwarz. Beide Seiten wollen sich die Freiheit nicht zusetzen und warten, bis der andere dort spielt. So bleibt das Ko in der Regel ungespielt und Schwarz wird später verbinden, um ein Seki (siehe nächste Seite) zu erhalten.

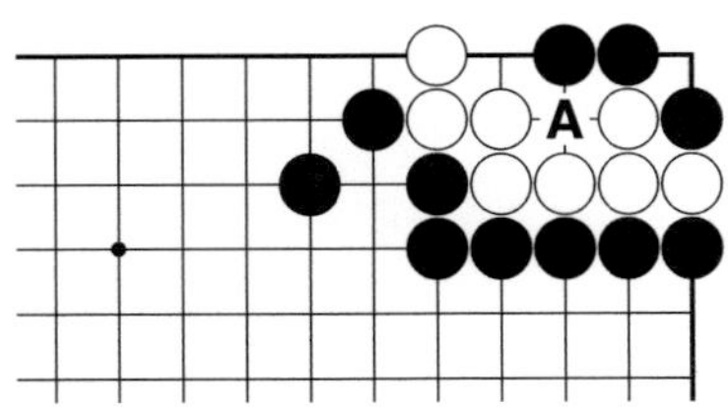

Dia. 3

7. Leben in Seki

Neben den bereits betrachteten Stati gibt es noch einen weiteren: das Seki. In dieser besonderen Stellung haben beide Seiten keine zwei Augen. Trotzdem können die Steine von der jeweils anderen Seite nicht gefangen werden. Das heißt die Steine leben, weil sie nicht geschlagen werden können – sie leben in Seki.

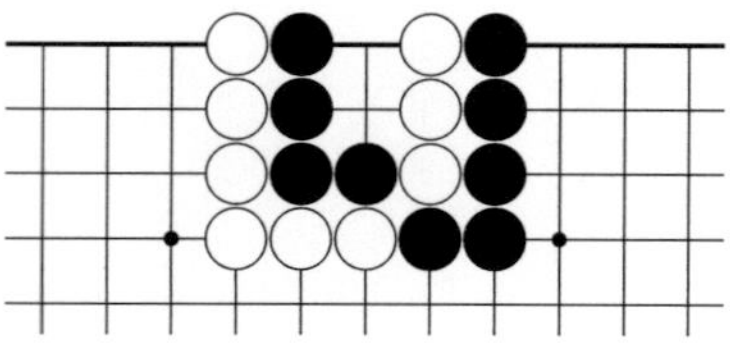

Dia. 1

Dia. 1 Dies ist die einfachste Form eines Seki: Sowohl die schwarze als auch die weiße Kette kann nicht gefangen werden. Wer zuerst eine der Innenfreiheiten besetzt, nimmt sich selbst die vorletzte Freiheit und bietet somit dem Gegner das Schlagen der eigenen Steine an.

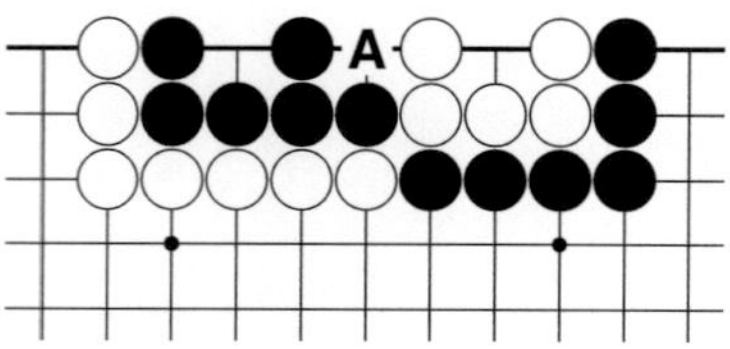

Dia. 2

Dia. 2 Hier haben sowohl die schwarzen als auch die weißen Steine jeweils ein Auge. Wir wissen, dass zum Leben immer zwei Augen gehören. Trotzdem können die Steine hier nicht gefangen werden, denn die Freiheit A stellt für beide Seiten die vorletzte Freiheit dar.

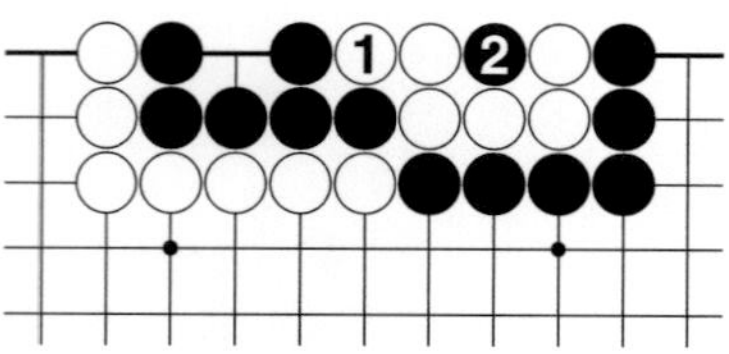

Dia. 3

Dia. 3 Wer zuerst auf A spielt, nimmt sich eine Freiheit und setzt sich so selbst auf Atari. Schwarz wird nach Weiß 1 sofort mit 2 die sechs weißen Steine schlagen.

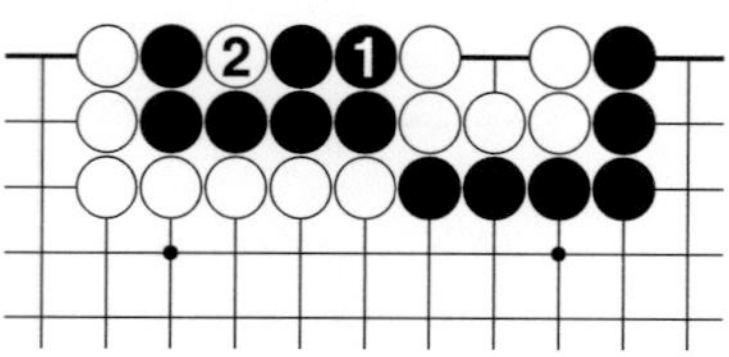

Dia. 4

Dia. 4 Schwarz kann die weißen Steine aber nicht allein fangen, denn wenn er auf 1 spielt, dann wird Weiß auf 2 die sieben schwarzen Steine sofort schlagen.

Derjenige, der versucht, den anderen zu fangen, wird selbst geschlagen. Daher wird keiner der Spieler auf A in Diagramm 2 setzen. Beide Seiten leben in Seki.

Dia. 5 Auch diese Stellung ist gelegentlich in Go-Partien zu sehen. Das von Schwarz eingeschlossene Gebiet hat nur scheinbar sechs Punkte, denn Weiß kann es immer noch in ein Seki verwandeln.

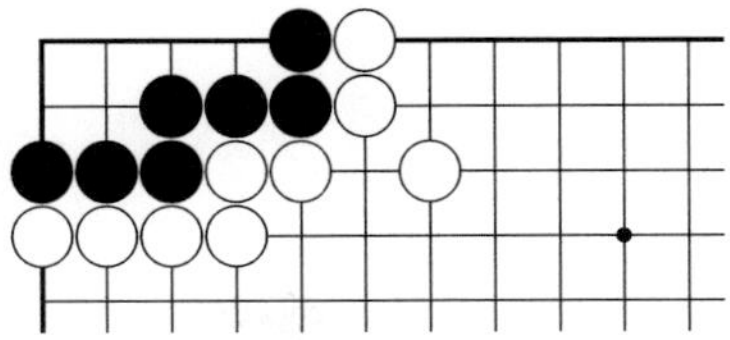

Dia. 5

Dia. 6 Weiß beginnt mit 1, dann folgen Schwarz 2 und Weiß 3. Danach kann Schwarz nicht mehr auf A spielen, da er sich selbst in Atari setzen würde.

So kann er die weißen Steine nicht fangen. Aber auch Weiß kann die schwarzen Steine nicht fangen: Seki.

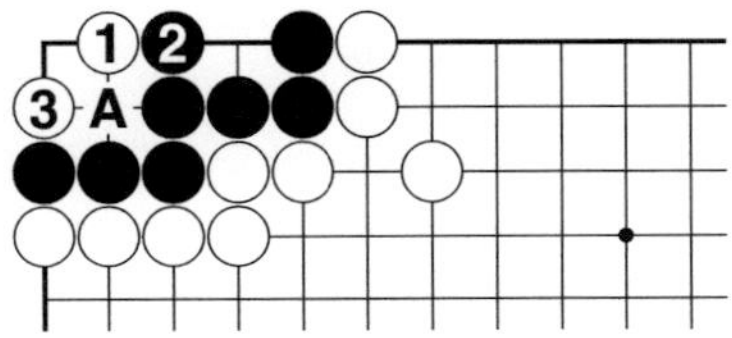

Dia. 6

Dia. 7 Antwortet Schwarz auf Weiß 1 mit 2, dann bleibt ihm nur ein Ko in dem es um alles geht.

Das Seki in Diagramm 6 ist nicht nur weniger riskant für Schwarz, sondern auch Vorhand, denn nach Weiß 3 kann Schwarz die Stellung stehen lassen.

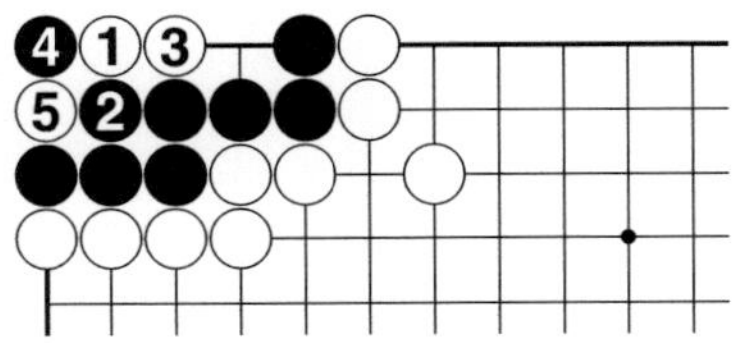

Dia. 7

Dia. 8 Zum Abschluss eine weitere, interessante Variante des Seki.

Schwarz kann sich, um die drei weißen Steine zu fangen, nicht annähern, da er sich selbst in Atari setzen würde.

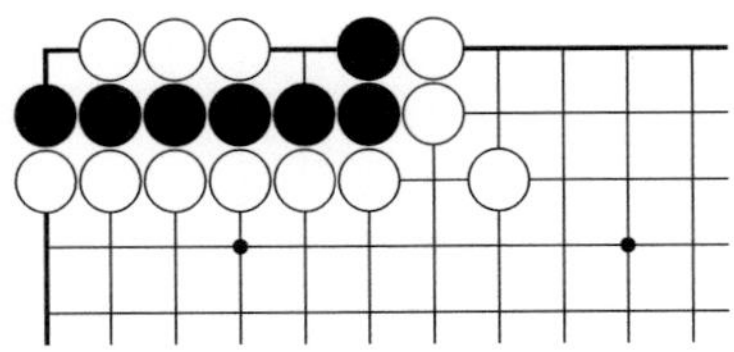

Dia. 8

Dia. 9 Auch Weiß kann sich nicht wirklich an Schwarz annähern, denn spielt Weiß 1, dann schlägt Schwarz auf 2 die vier weißen Steine und ...

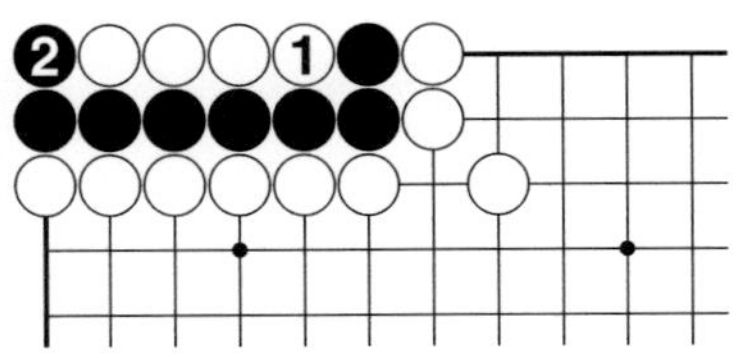

Dia. 9

Dia. 10 ... erhält eine lebende Stellung (vgl. Seite 10). Schwarz hat jetzt vier sichere Gebietspunkte und vier gefangene Steine.

Da dies einem Verlust von acht Punkten für Weiß entspricht, wird auch Weiß diesen Austausch nicht spielen.

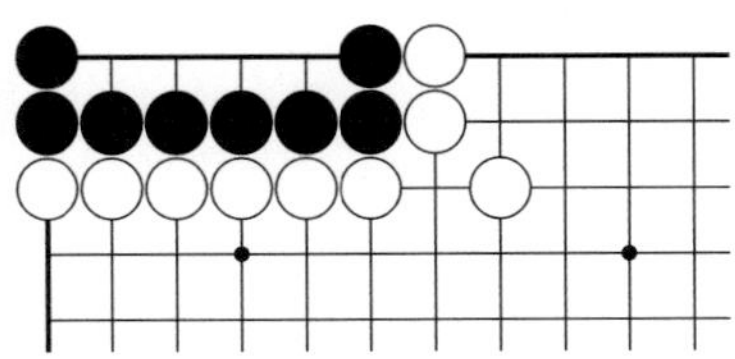

Dia. 10

8. Anbinden oder Leben

Da in den folgenden Kapitel immer nur einzelne Brettausschnitte gezeigt werden, soll eine Anmerkung zur Bedeutung der Umgebung und ihren Einfluss auf Leben und Tod von Stellungen gemacht werden.

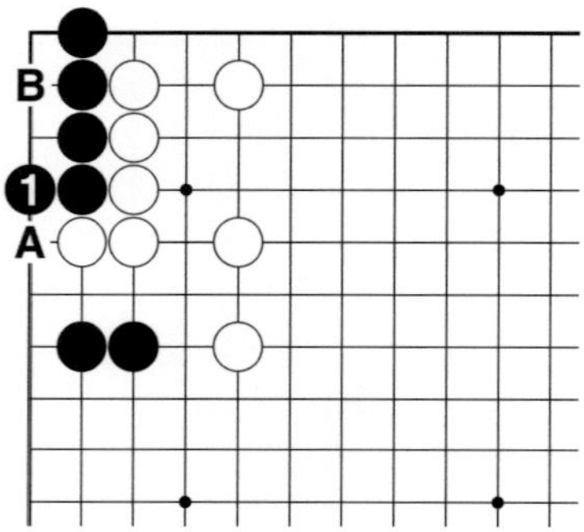

Dia. 1

Dia. 1 Hier ist eine Stellung abgebildet, in der Schwarz mit einem Stein auf 1 leben kann. Er droht damit, entweder auf A an die zwei Steine außen anzubinden oder auf B zwei Augen zu bauen.

Da es für Weiß unmöglich ist, sowohl auf A den Fluchtweg zu versperren als auch auf B die Augen zu verhindern, lebt Schwarz.

Die dargestellte Situation ist nicht ungewöhnlich in Go-Partien.

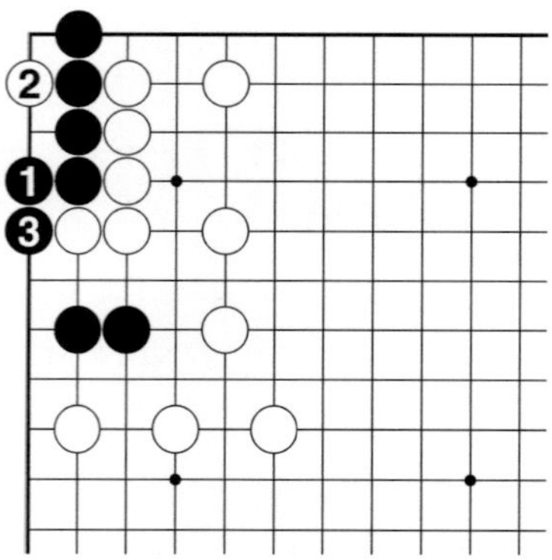

Dia. 2

Dia. 2 Angenommen dass auch die zwei schwarzen Steine von weißen Steinen eingekreist sind und kein weiteres Auge zu bieten haben, dann hilft Schwarz das Anbinden nicht weiter.

Um unnötige Komplikationen zu vermeiden, soll angenommen werden, dass die schwarzen Steine des Ausgangsproblems die einzigen auf dem Brett sind.

Diese Annahme gilt für alle folgenden Probleme und Übungsaufgaben. Weiterhin soll angenommen werden, dass ein in der Mitte vom Brettrand dargestelltes Problem stets weit genug von den Ecken entfernt ist, um nicht von ihren Besonderheiten beeinflusst zu werden.

Gleichermaßen gilt, dass ein in der Brettmitte abgebildetes Problem weit genug von allen vier Bretträndern entfernt ist. Diese Einschränkungen sollen helfen, die Lösung wirklich in dem gezeigten Problem zu suchen und nicht auf Hilfe von nicht abgebildeten Steinen zu hoffen.

Kapitel 2
Grundformen des Lebens

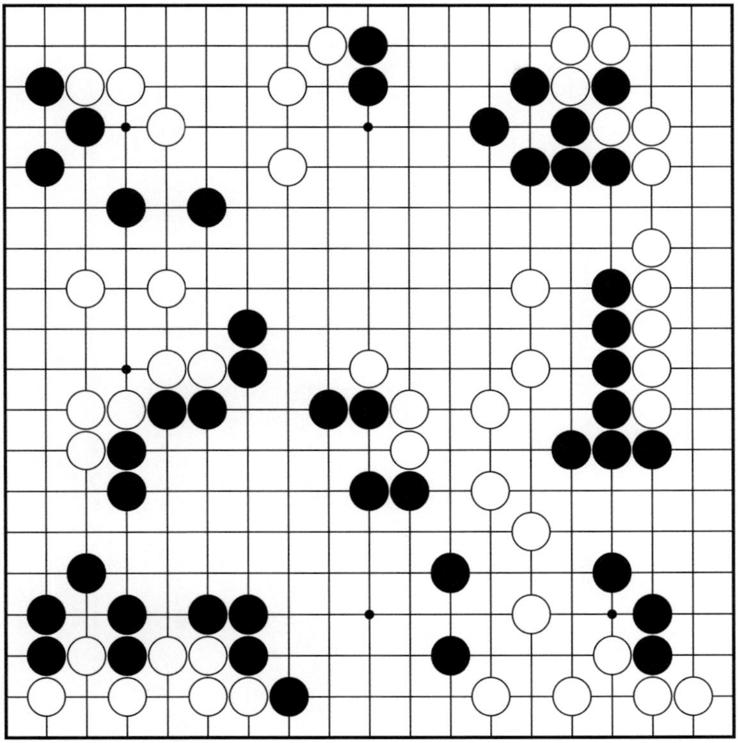

Figur: Turnierpartie zweier Amateure (Hanotin/Dickfeld, 2004)

Im ersten Kapitel wurde gezeigt, dass Steingruppen in Abhängigkeit von ihrer Form leben, tot sind oder einen unausgespielten Status haben können. In diesem Kapitel werden die Grundformen betrachtet, die mit großer Regelmäßigkeit in Go-Partien auftreten. Auch lassen sich komplexere Stellungen oft auf eine dieser Grundformen reduzieren. Wer diese Muster erkennt, spart sich das mühsame Ausrechnen und in Turnierpartien zudem kostbare Zeit.

In der oben gezeigten Stellung einer Turnierpartie hat Weiß das schwarze Moyo (Gebietsanlage) in der linken, unteren Ecke invadiert. Nun steht in dieser Ecke eine Gruppe von sieben weißen Steinen. Für beide Spieler ist es interessant zu wissen, ob diese Stellung bereits lebt oder ob Schwarz sie noch töten kann bzw. ob Weiß noch einen weiteren Stein zur Sicherung investieren muss.

1. Vierer- und Fünfer-Formen

Im ersten Kapitel wurde bereits gezeigt, dass Stellungen, die vier oder mehr Punkte in einer Reihe einschließen, sicher leben. Hier werden weitere Formen, die ebenfalls vier oder fünf Punkte einschließen, betrachtet.

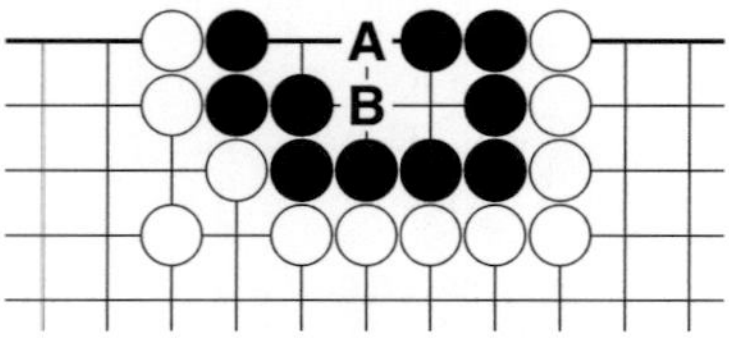

Dia. 1

Dia. 1 **„Vier in einer Reihe"** leben, das gilt auch für die **„gebogene Vier"**.

Die Punkte A und B in diesem Diagramm sind Miai. Wenn Weiß A oder B spielt, dann besetzt Schwarz den jeweils anderen Punkt.

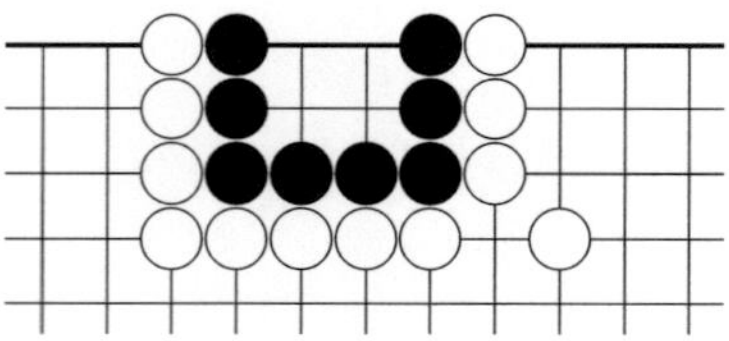

Dia. 2

Dia. 2 Die von Schwarz eingeschlossene Fläche umfasst wieder vier Punkte, aber diesmal bildet sie ein Quadrat. Da Schwarz keine Möglichkeit hat, die eingeschlossene Fläche in zwei Augen zu unterteilen, ist er tot.

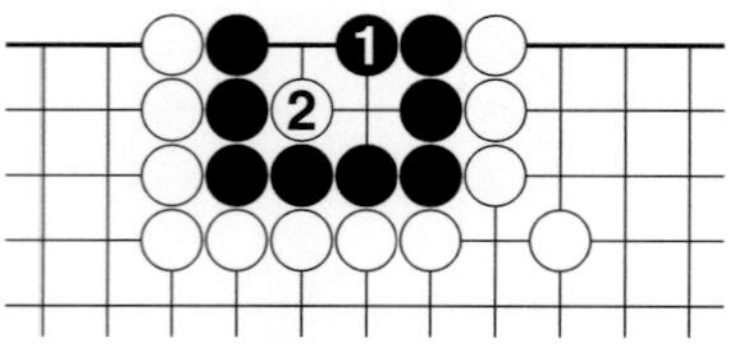

Dia. 3

Dia. 3 Egal wie Schwarz mit 1 beginnt, Weiß wird immer den vitalen Punkt besetzen indem er den diagonal gegenüber liegenden Punkt spielt.

Daher ist die Form **„Vier im Quadrat"** bedingungslos tot.

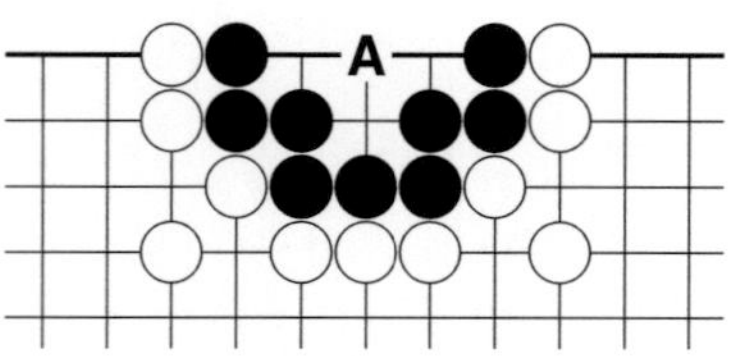

Dia. 4

Dia. 4 Der Status der **„Vierer-Pyramide"** ist nicht ausgespielt, solange kein Spieler den vitalen Punkt A besetzt.

Erst ein schwarzer Stein auf A haucht der Stellung endgültig Leben ein. Schwarz lebt dann sogar mit drei Augen.

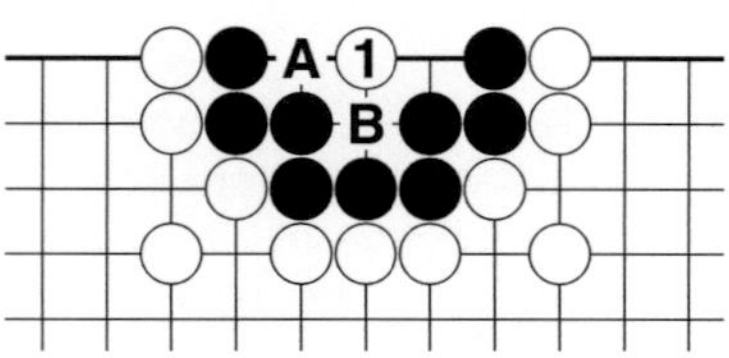

Dia. 5

Dia. 5 Spielt Weiß dagegen 1, dann ist die schwarze Gruppe tot.

Schwarz kann jetzt nichts mehr ausrichten. Spielt er zum Beispiel einen der Punkte A oder B, dann erhält er wieder die bekannte Form „Drei in einer Reihe" und Weiß 1 steht genau auf dem vitalen Punkt.

Dia. 6 Die **„Tote Fünf"** trägt ihren Namen nicht ganz zu Recht, denn sie schwebt noch zwischen Leben und Tod. Wenn Schwarz den vitalen Punkt A besetzt, dann lebt er, denn er hat dann zwei Augen.

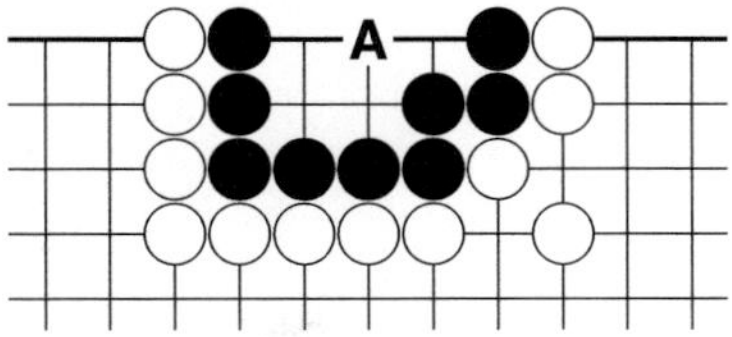

Dia. 6

Dia. 7 Wenn jedoch Weiß 1 den vitalen Punkt spielt, dann stirbt die „Tote Fünf". Schwarz 2 wird mit Weiß 3 beantwortet und umgekehrt.

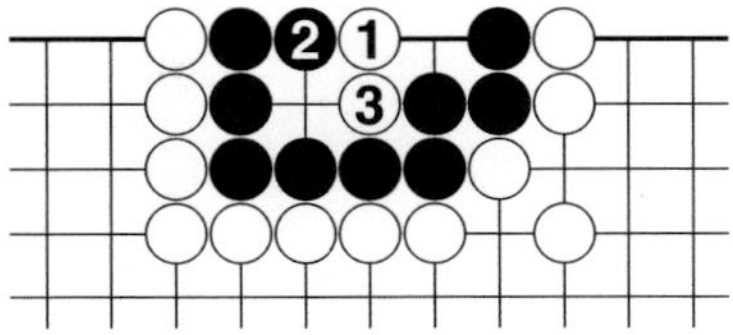

Dia. 7

Dia. 8 Diese Fünfer-Form zählt ebenfalls zu den nicht ausgespielten Formen. Schwarz kann mit einem Stein auf A das Leben der Gruppe sichern. Ein weißer Stein auf A tötet die Gruppe.

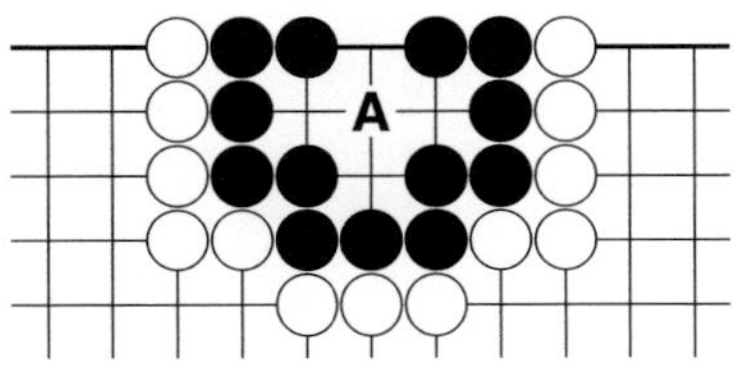

Dia. 8

Aufgaben

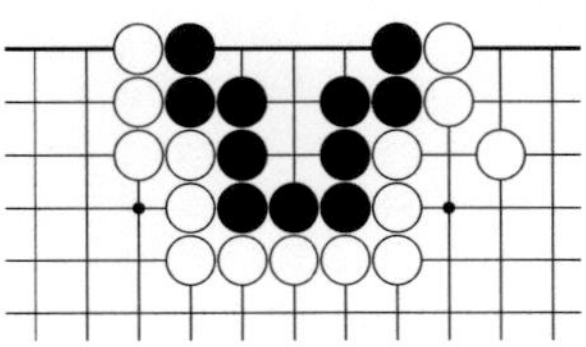

1. Status?

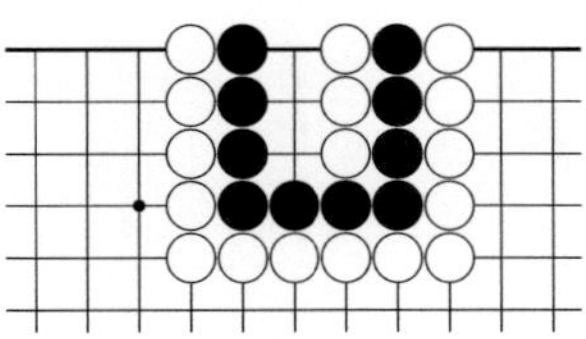

2. Status?

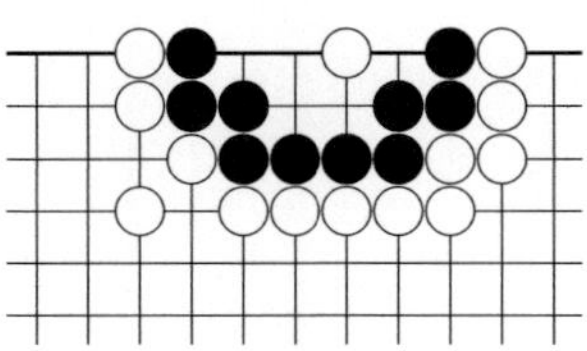

3. Status?

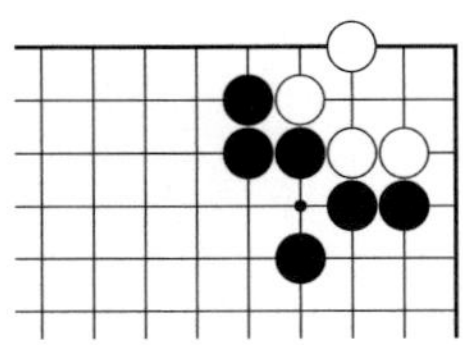

4. Weiß setzt und lebt!

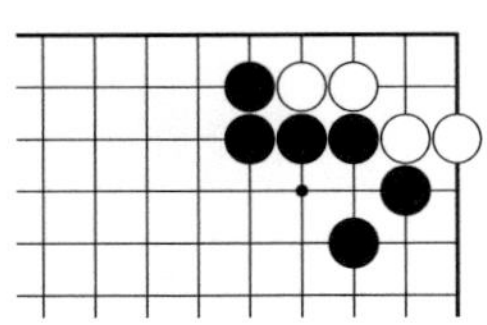

5. Weiß setzt und lebt!

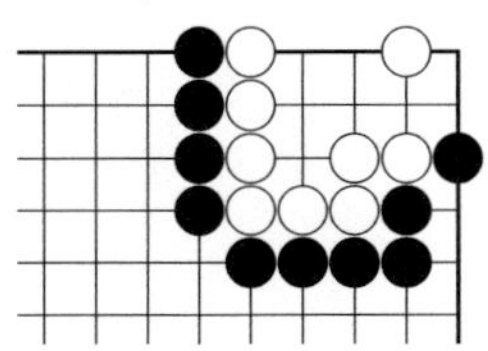

6. Schwarz tötet!

Antworten

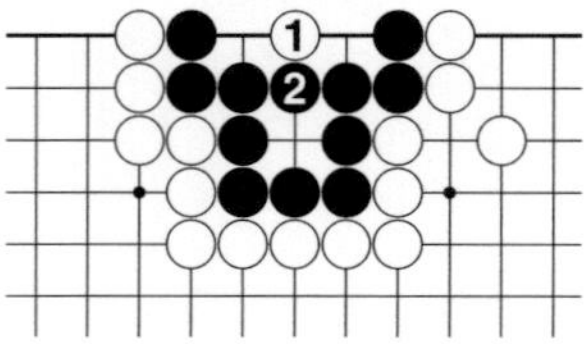

Dia. 1a

Lösung 1: Schwarz lebt

Dia. 1a Wenn Weiß auf 1 angreift, dann antwortet Schwarz mit 2 und sichert zwei Augen.

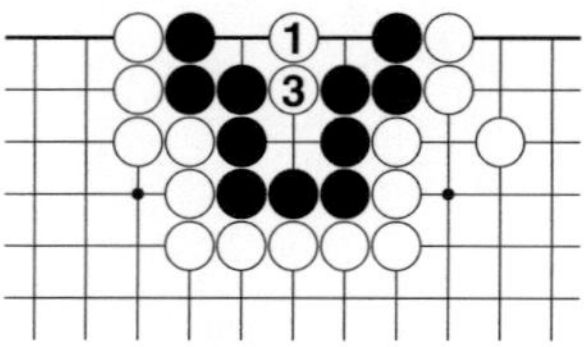

Dia. 1b

Dia. 1b Wenn Schwarz nicht auf Weiß 1 reagiert, dann verhindert Weiß 3 das zweite Auge. Schwarz muss also mit 2 in Diagramm 1a antworten.

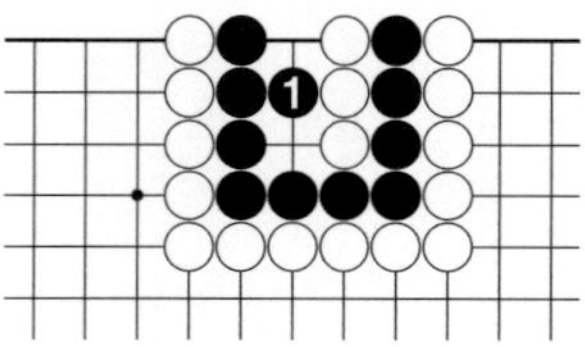

Dia. 2a

**Lösung 2: Schwarz kann in Seki leben
Weiß kann töten**

Dia. 2a Schwarz 1 besetzt den Schlüsselpunkt und führt zu einem Seki. Weder Weiß noch Schwarz können sich jetzt annähern, ohne sich selbst auf Atari zu setzen und vom Gegner geschlagen zu werden.

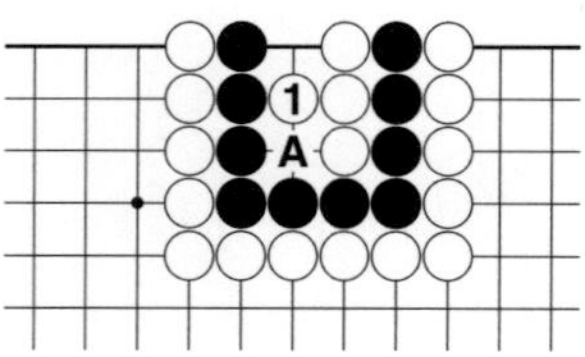

Dia. 2b

Dia. 2b Spielt Weiß 1, dann kann Schwarz sich auf Grund des Selbstataris nicht annähern. Weiß dagegen kann auf A spielen und damit den Augenraum mit einer „Toten Fünf" ausfüllen.

Wenn Schwarz die Fünf schlägt, besetzt Weiß den vitalen Punkt. Die schwarze Gruppe ist also nach Weiß 1 tot.

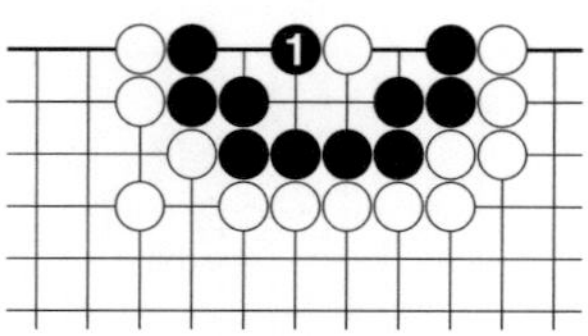

Dia. 3a

**Lösung 3: Schwarz kann leben
Weiß kann töten**

Dia. 3a Schwarz 1 teilt den Augenraum in zwei Augen und sichert das Leben.

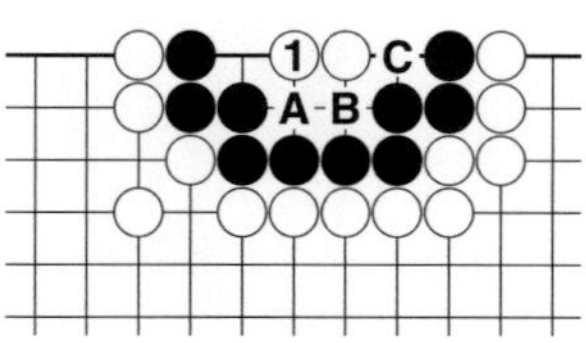

Dia. 3b

Dia. 3b Weiß 1 verhindert das zweite Auge und tötet Schwarz.

Wenn Weiß die Stellung ausspielen muss, dann kann er den Augenraum mit einer „Toten Fünf" (auf A, B und C) ausfüllen.

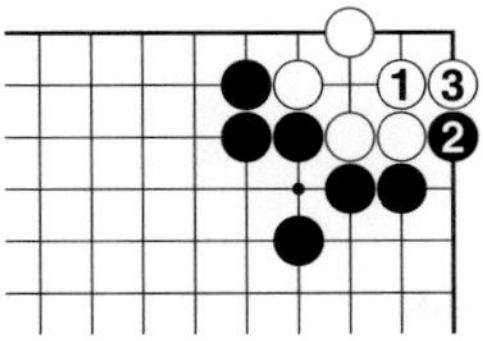

Dia. 4a

Lösung 4

Dia. 4a Weiß 1 lebt. Wenn Schwarz mit 2 den Augenraum reduziert, dann sichert Weiß 3 zwei Augen.

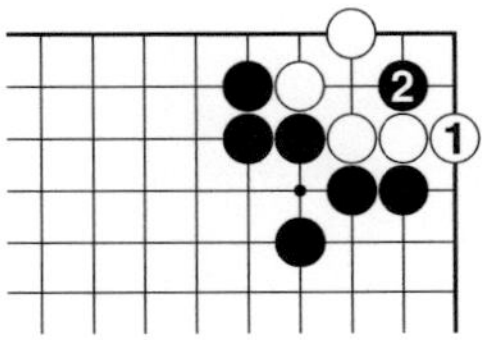

Dia. 4b

Dia. 4b Weiß 1 hier ist nicht die Lösung, denn es entsteht in der Ecke die „Tote Fünf". Schwarz wird sofort mit 2 den vitalen Punkt besetzen.

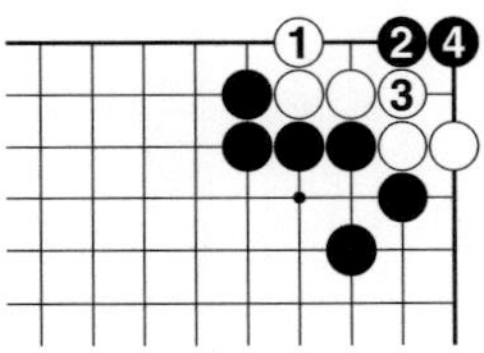

Dia. 5a

Lösung 5

Dia. 5a Weiß versucht mit 1, möglichst viele Punkte einzuschließen, aber Schwarz tötet mit 2 und 4 die weiße Gruppe.

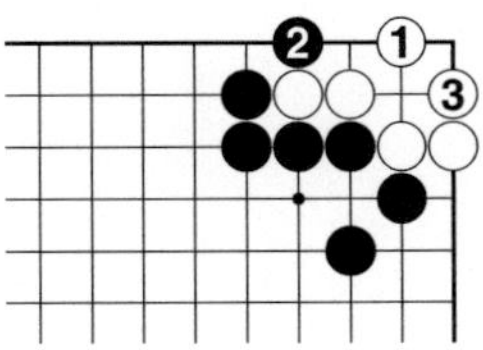

Dia. 5b

Dia. 5b Weiß muss stattdessen den vitalen Punkt 1 spielen. Nach Schwarz 2 sichert Weiß auf 3 zwei Augen. Spielt Schwarz gleich auf 3, dann nimmt Weiß auf 2 den anderen wichtigen Punkt und lebt mit zwei Augen. Die Punkte 2 und 3 sind folglich Miai.

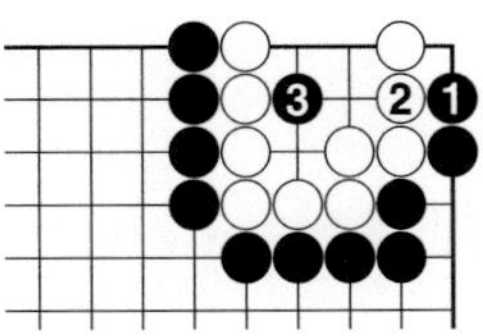

Dia. 6a

Lösung 6

Dia. 6a Das Strecken von Schwarz 1 reduziert den weißen Augenraum. Nach Weiß 2 entsteht wieder eine „Tote Fünf". Schwarz besetzt mit 3 den Schlüsselpunkt.

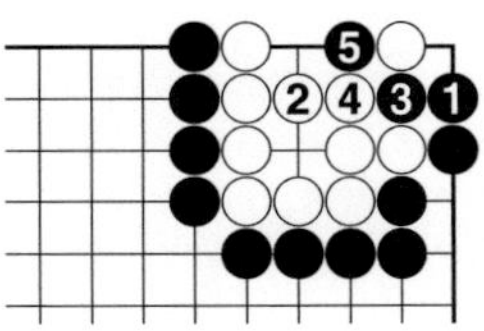

Dia. 6b

Dia. 6b Antwortet Weiß auf Schwarz 1 mit 2 in diesem Diagramm, dann dringt Schwarz 3 weiter vor. Weiß 4 kann die Gruppe nicht mehr retten, denn das Einwerfen mit Schwarz 5 verhindert das zweite Auge.

2. Sechser-Formen

Stellungen, die sechs Punkte einschließen, sind, abgesehen von Besonderheiten wie Schnittpunkten und Mangel an Freiheiten, fast ausnahmslos lebendig.

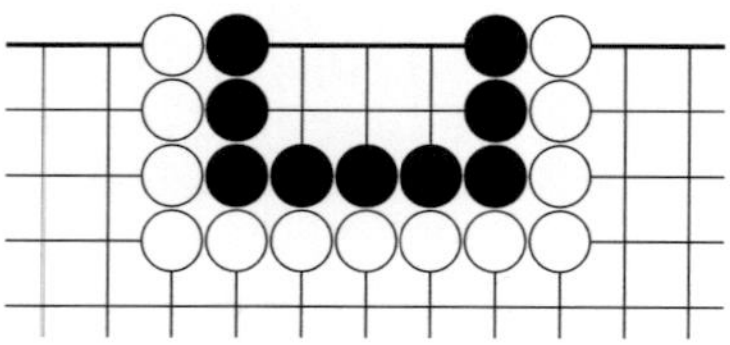

Dia. 1

Dia. 1 Die rechteckige Sechserform lebt. (Dies gilt auch für die um neunzig Grad gedrehte, aufrecht stehende Sechserform.)

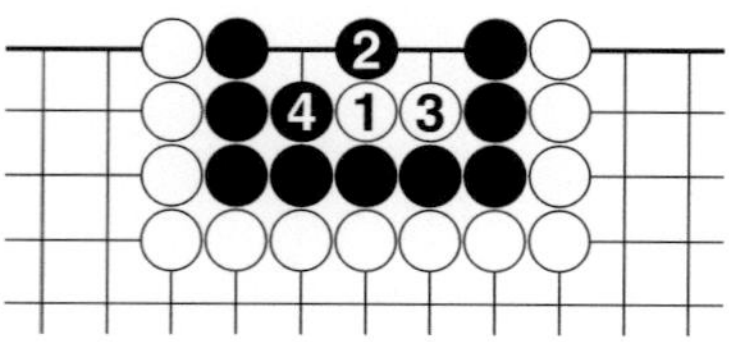

Dia. 2

Dia. 2 Wenn Weiß auf 1 angreift, antwortet Schwarz auf 2. Die Punkte 3 und 4 sind auf Grund der symmetrischen Stellung Miai.

Greift Weiß auf 2 statt auf 1 an, dann spielt Schwarz natürlich auf 1.

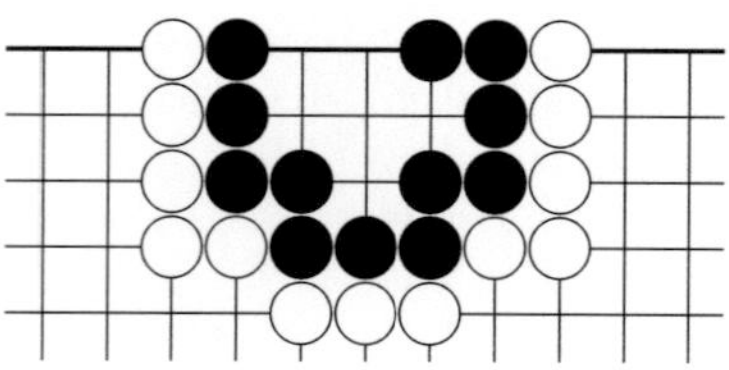

Dia. 3

Dia. 3 Diese Sechserform trägt in Japan den Namen Hanaroku, was soviel wie „Blumen-Sechs" bedeutet.

Es ist die einzige Sechserform, deren Status nicht ausgespielt ist. Der vitale Punkt, den beide Seiten spielen wollen, springt einem sofort ins Auge.

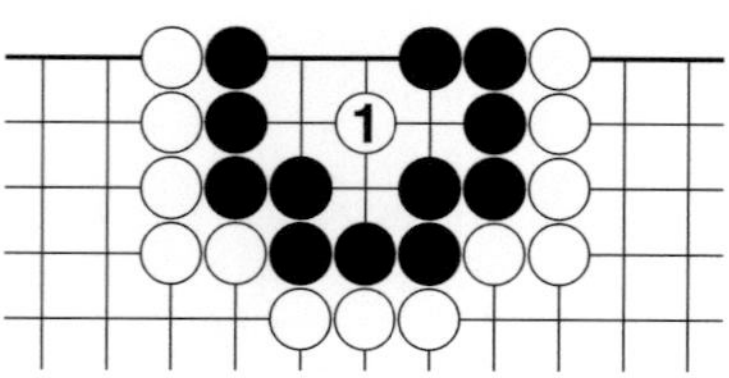

Dia. 4

Dia. 4 Wenn Weiß 1 spielt, dann ist Schwarz tot. Egal wie fortgesetzt wird, Weiß wird stets verhindern, dass Schwarz zwei Augen bekommt.

Schwarz sollte daher rechtzeitig selbst auf 1 spielen und das Leben der Steine sichern.

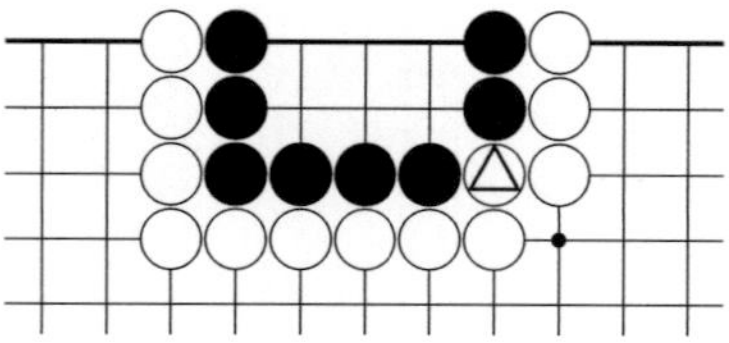

Dia. 5

Dia. 5 Hier hat Schwarz ebenfalls sechs Gebietspunkte eingeschlossen. Aber der markierte weiße Stein droht einen Schnitt an (vgl. Diagramm 1). Dies führt dazu, dass Schwarz nicht mehr bedingungslos lebt. Der Status ist jetzt nicht ausgespielt.

Dia. 6 Wenn Weiß jetzt mit 1 angreift und Schwarz 2 den Schnitt deckt, dann tötet Weiß 3.

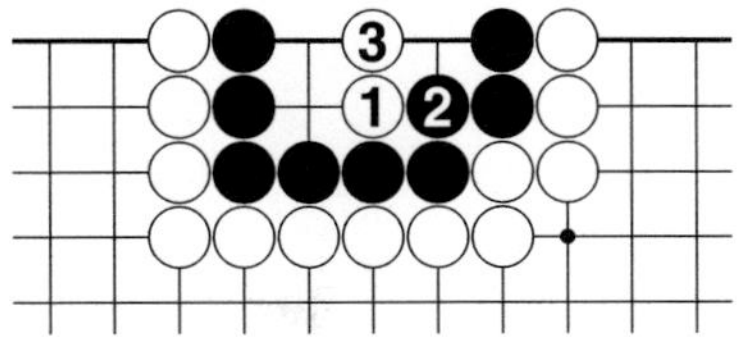

Dia. 6

Dia. 7 Versucht Schwarz, sich mit 2 zu verteidigen, dann schneidet Weiß 3 und die beiden markierten Steine stehen auf Atari.

Natürlich kann Weiß statt 1 auch gleich auf 3 spielen und zwei schwarze Steine fangen.

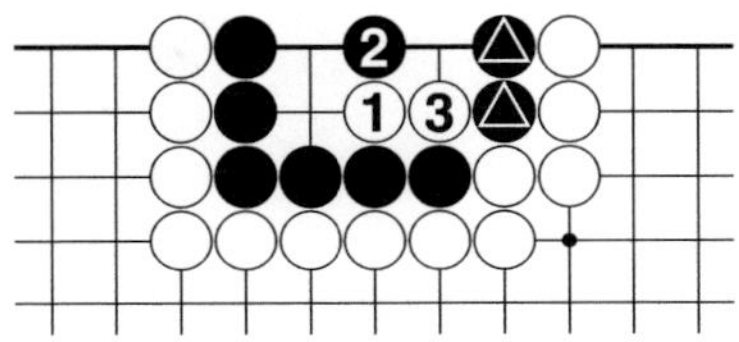

Dia. 7

Dia. 8 Daher muss Schwarz zur Sicherung der Stellung noch einmal decken.

Schwarz 1 ist eine Möglichkeit, Schwarz auf A die andere.

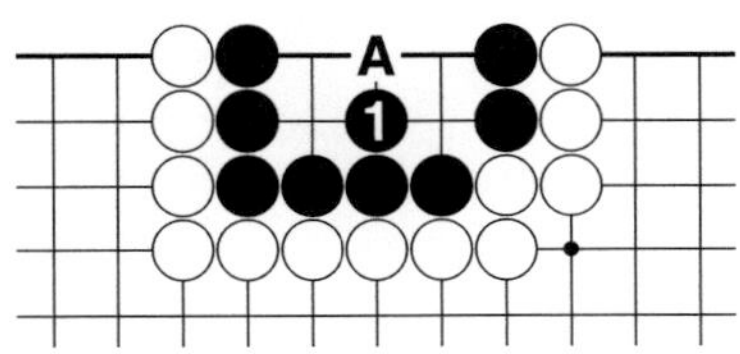

Dia. 8

Aufgaben

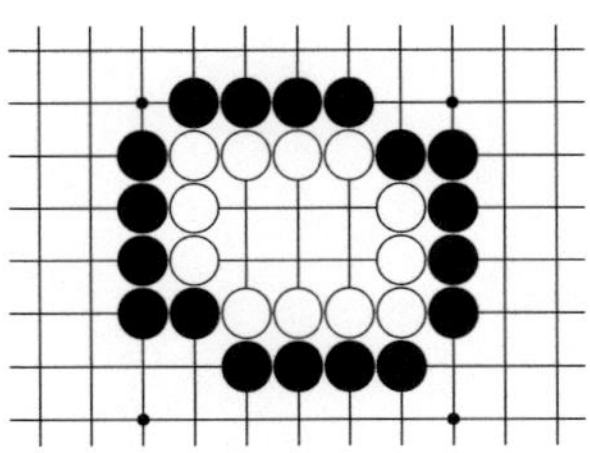

1. Status?

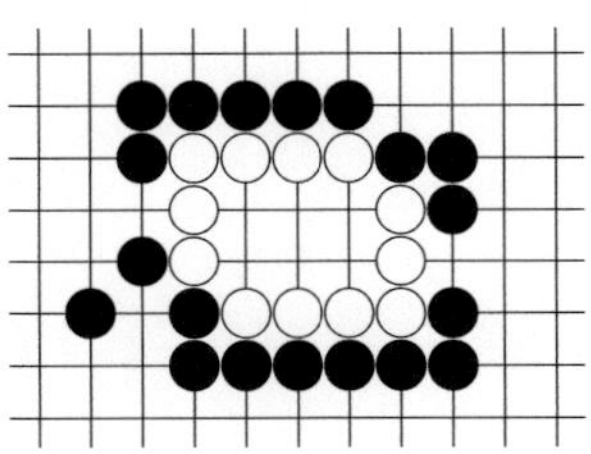

2. Status?

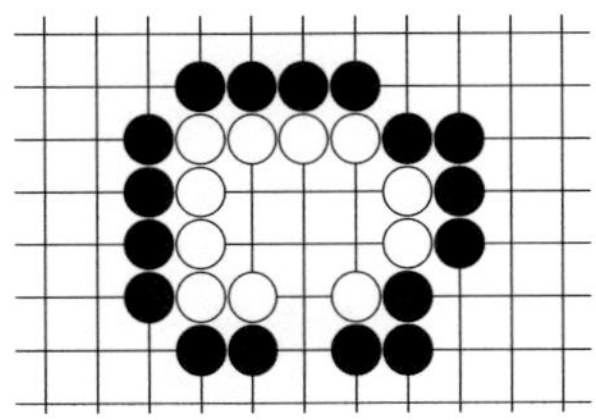

3. Weiß setzt und lebt!

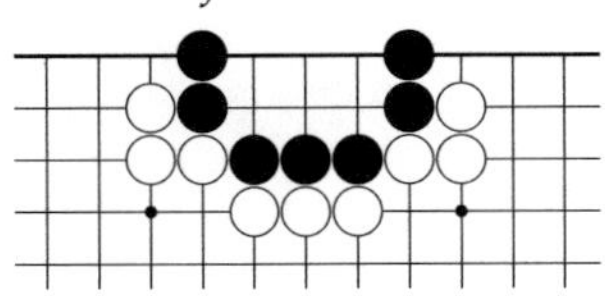

4. Status?

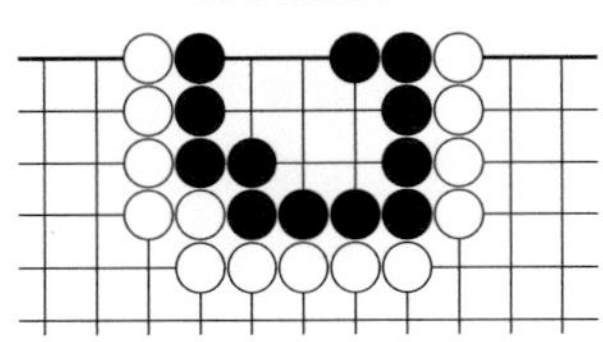

5. Status?

Antworten

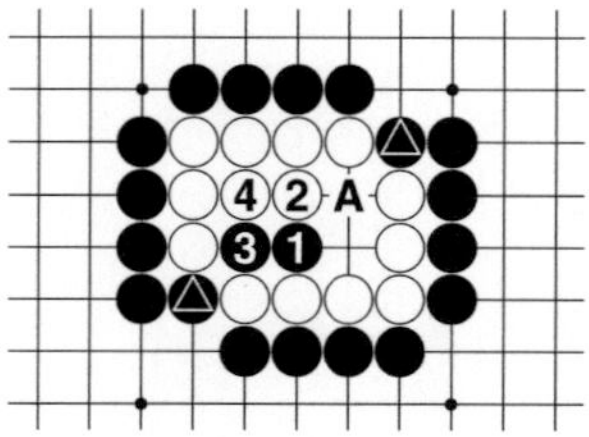

Dia. 1a

Lösung 1: Schwarz kann töten
Weiß kann leben

Dia. 1a Schwarz 1 und 3 töten, denn nach Weiß 4 kann Schwarz die im Atari stehenden Steine auf A schlagen. Dies ist möglich, weil die markierten schwarzen Steine in der weißen Stellung Schnitte erzeugen.

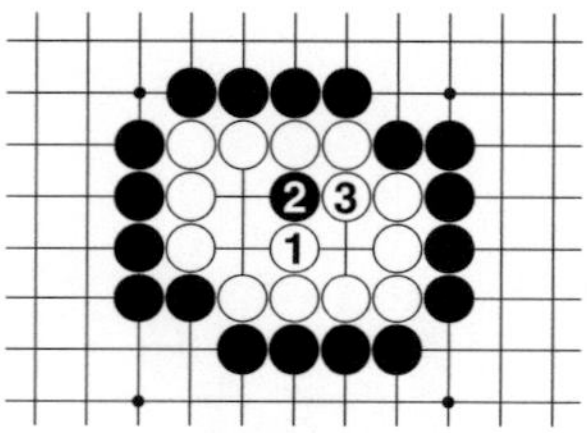

Dia. 1b

Dia. 1b Weiß muss daher noch einen Stein auf 1 spielen, um die vorhandenen Schwächen zu beseitigen.

Der Angriff mit Schwarz 2 wird jetzt durch Weiß 3 abgewehrt, der zwei sichere Augen bildet.

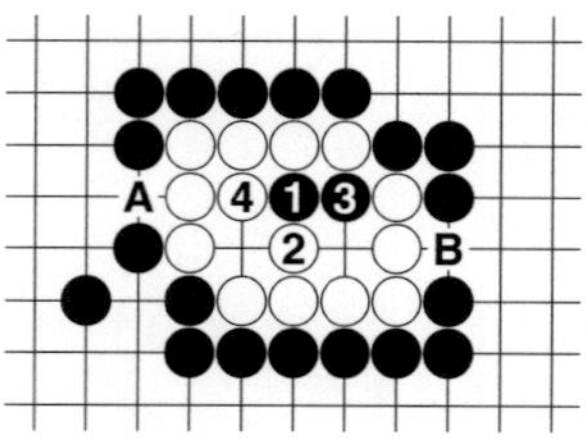

Dia. 2

Lösung 2: Weiß lebt

Dia. 2 Der schwarze Angriff auf 1 führt hier nicht zum Erfolg, denn Weiß hat noch eine Außenfreiheit auf A.

Weiß lebt, solange die Außenfreiheiten A und B vorhanden sind. Wird eine der beiden Freiheiten von Schwarz besetzt, dann muss Weiß noch einmal innen spielen.

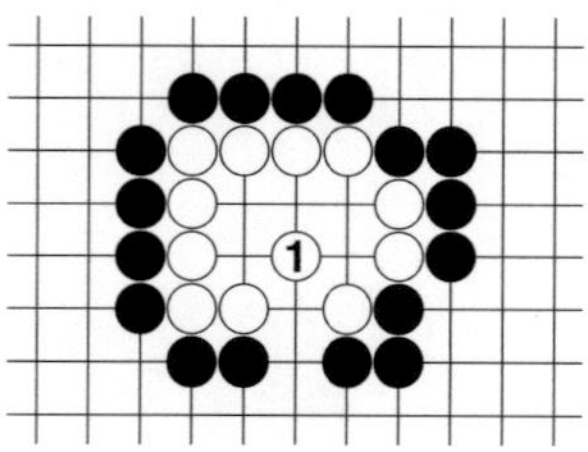

Dia. 3a

Lösung 3: Weiß setzt und lebt

Dia. 3a Weiß 1 ist der richtige Stein. Schwarz kann jetzt nichts mehr gegen die Gruppe unternehmen.

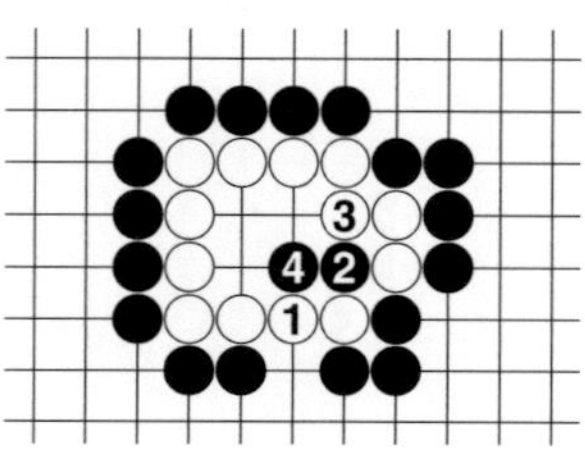

Dia. 3b

Dia. 3b Weiß 1 zielt zwar auf den größtmöglichen Augenraum ab, aber er deckt nicht die Schwächen. So kann Schwarz mit 2 und 4 die Gruppe töten.

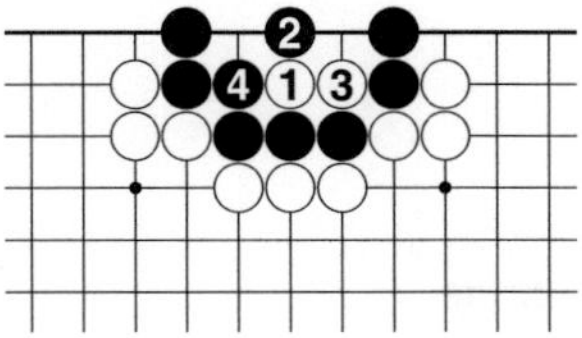

Dia. 4a

Lösung 4: Schwarz lebt

Dia. 4a Weiß 1 sieht wie der vitale Punkt aus, aber Schwarz lebt nach 4.

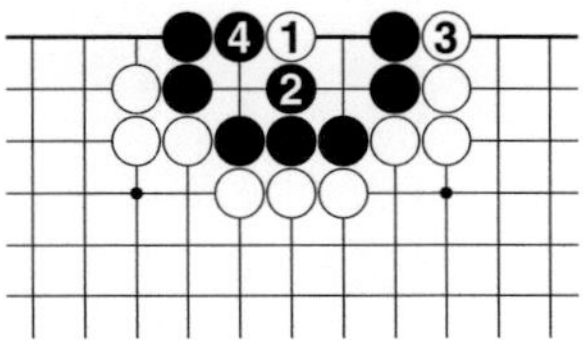

Dia. 4b

Dia. 4b Weiß 1 in diesen Diagramm funktioniert ebenfalls nicht, denn Schwarz besitzt noch zwei Außenfreiheiten.

Solange diese Freiheiten bestehen, braucht sich Schwarz keine Sorgen zu machen.

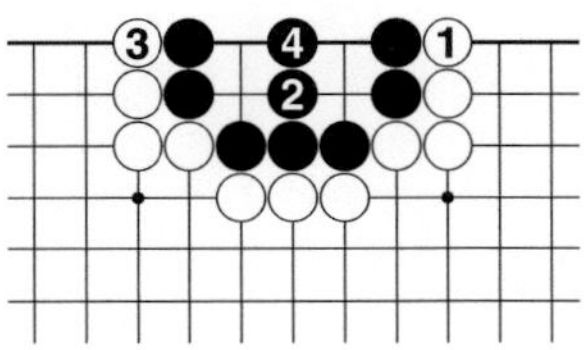

Dia. 4c

Dia. 4c Beginnt Weiß, die Freiheiten von außen zu zusetzen, dann muss Schwarz reagieren und seiner Gruppe zwei Augen verpassen.

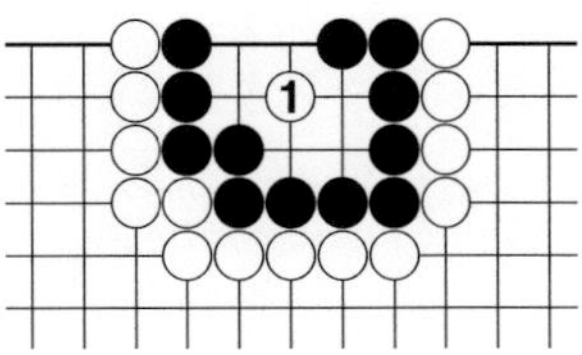

Dia. 5a

Lösung 5: Schwarz lebt in Seki

Dia. 5a Der weiße Angriff auf 1 sieht so aus, als ob er die schwarze Stellung tötet.

Aber Schwarz muss auf diesen Stein nicht mehr reagieren, da er bereits in Seki lebt.

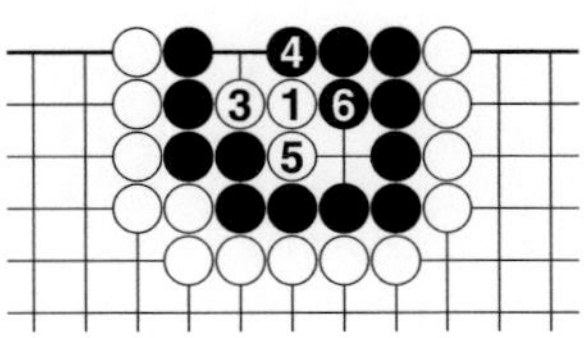

Dia. 5b

Dia. 5b Schwarz bleibt nach Weiß 1 der Stellung fern (Tenuki). Wenn Weiß beginnt, die Innenfläche mit 3 und 5 auszufüllen, dann antwortet Schwarz mit 4 und 6 und erreicht ein Seki.

Weiß 3 und Schwarz 4 sind Miai, ebenso wie Weiß 5 und Schwarz 6.

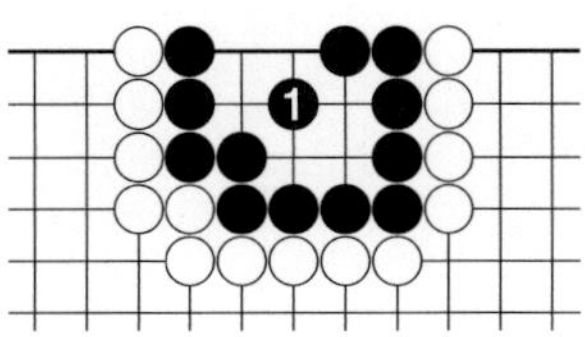

Dia. 5c

Dia. 5c Schwarz kann natürlich selbst auf 1 spielen und so nicht nur leben, sondern auch sechs Punkte Gebiet mitnehmen.

3. Sechs sterben, Acht leben

Die bisher betrachteten Stellungen waren in der Regel abgeschlossene Formen mit einem gegebenen Augenraum. In den folgenden Stellungen ist der Augenraum noch nicht vollständig festgelegt.

Der potenzielle Augenraum in diesem Abschnitt sei die erste Linie des Spielbretts. Je nachdem, ob auf dieser Linie ausreichend Platz für zwei Augen ist, werden die Ketten leben oder sterben. Es gilt die Grundregel: „Sechs sterben, Acht leben".

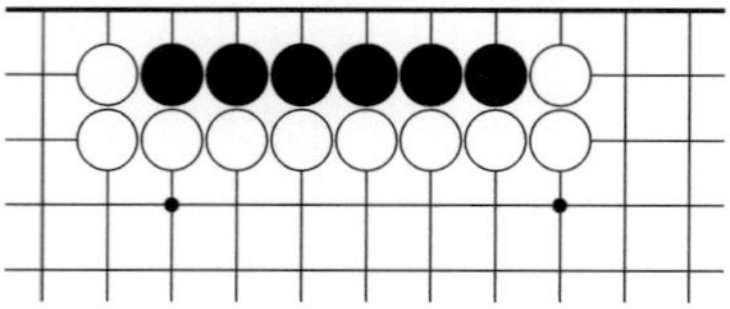

Dia. 1

Dia. 1 Die hier gezeigte Kette besteht aus sechs Steinen – sie ist tot.

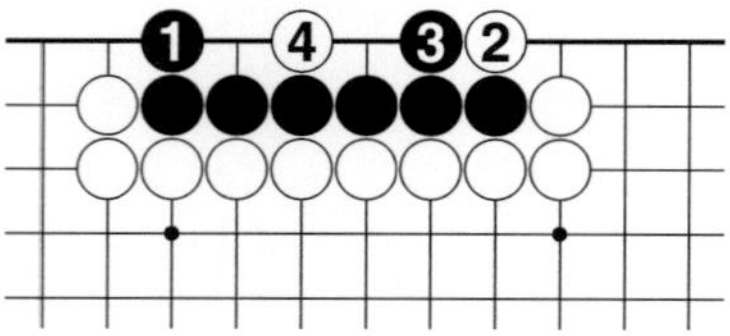

Dia. 2

Dia. 2 Wenn Schwarz mit 1 versucht, zwei Augen zu bilden, verkleinert Weiß erst mit 2 den Augenraum und besetzt dann mit 3 den vitalen Punkt.

Die Stellung ist auf die bekannte Form „Drei in einer Reihe" reduziert worden.

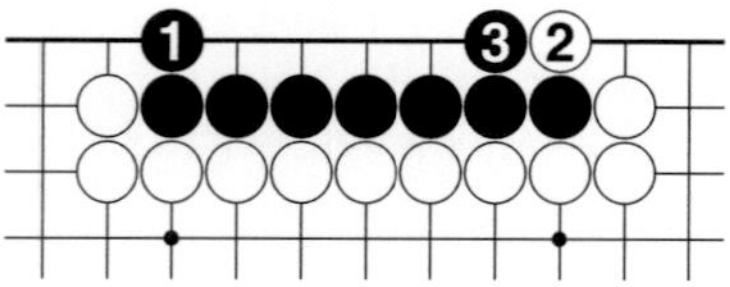

Dia. 3

Dia. 3 Besteht die Kette aus sieben Steinen, dann bringt Schwarz 1 sie zum Leben.

Nach dem Hane (Umbiegen) 2 spielt Schwarz auf 3 und die Gruppe lebt. Es ist die Form „Vier in einer Reihe".

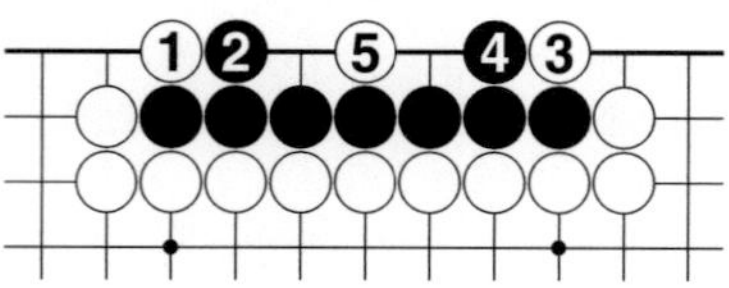

Dia. 4

Dia. 4 Beginnt dagegen Weiß, dann stirbt die Gruppe aus sieben Steinen. Nach Weiß 1 bis Schwarz 4 ist die Form wieder auf „Drei in einer Reihe" reduziert worden und Weiß besetzt mit 5 den vitalen Punkt.

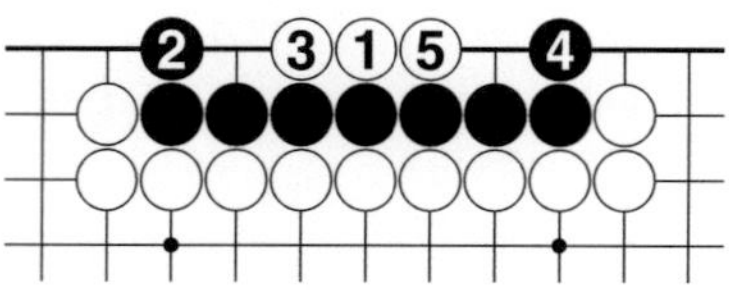

Dia. 5

Dia. 5 Weiß darf nicht, wie hier gezeigt, auf dem vitalen Punkt beginnen, denn nach der Abfolge bis 5 lebt Schwarz in einem Seki (vgl. Seite 17).

Dia. 6 Hier besteht die Kette aus insgesamt acht Steinen. Die Regel **„Sechs sterben, Acht leben"** besagt, dass sie leben, das heißt Schwarz muss hier nicht mehr verteidigen.

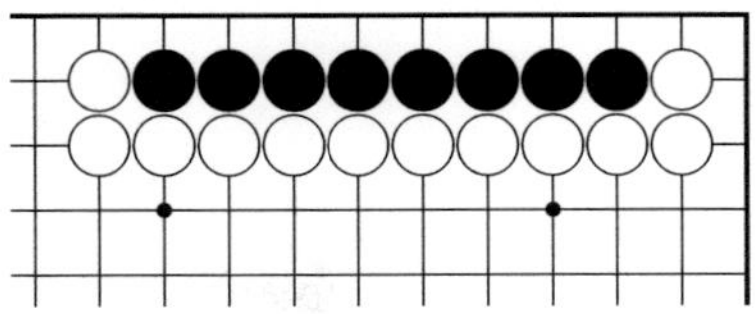

Dia. 6

Dia. 7 Wenn Weiß mit 1 und 3 zweimal Hane spielt, um den Augenraum zu verringern, so bleibt nach Schwarz 2 und 4 immer noch die sichere Form „Vier in einer Reihe" zurück. Sie kann nicht getötet werden.

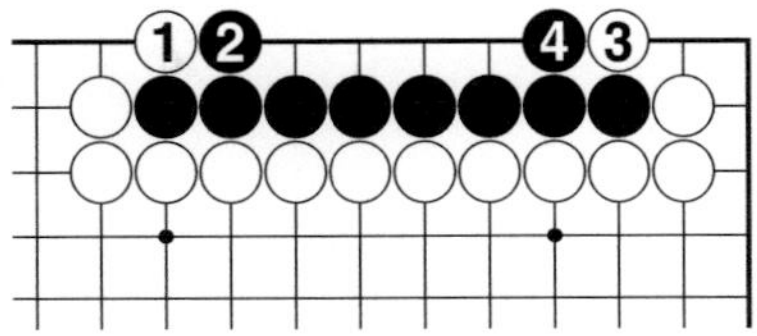

Dia. 7

Wenn die Ketten mit einem Ende in der Ecke stehen, dann verändert sich die Regel. Wie sie sich verändert, soll anhand der Aufgaben herausgefunden werden.

Aufgaben

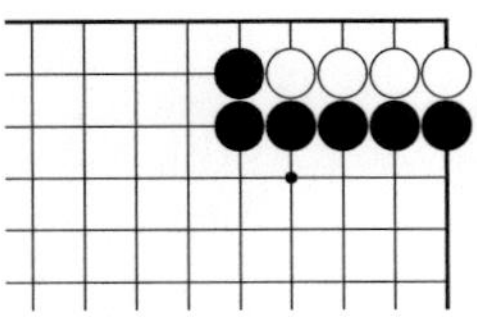

1. Status?

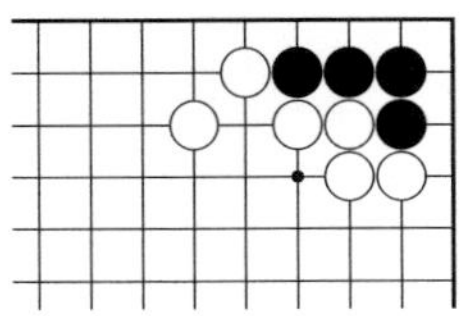

2. Status?

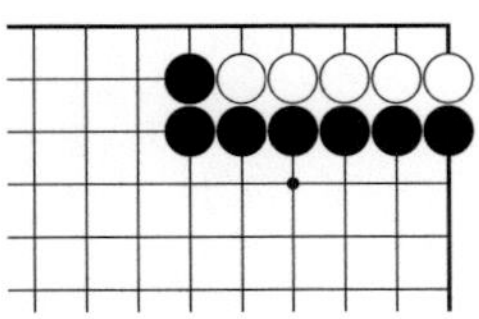

3. Status?

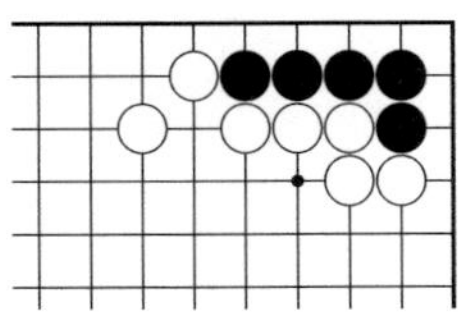

4. Status?

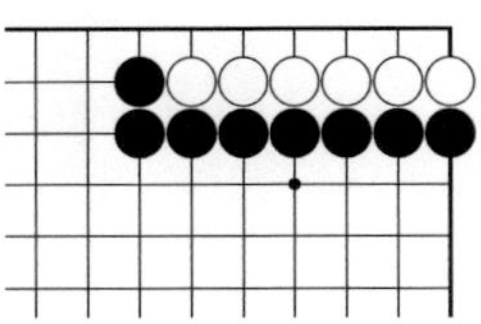

5. Status?

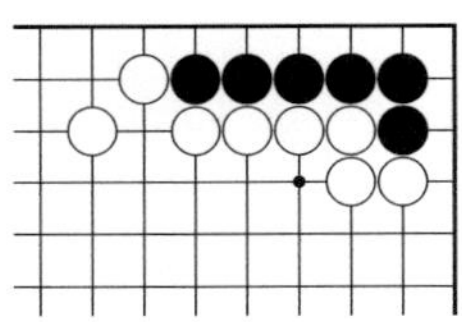

6. Status?

Antworten

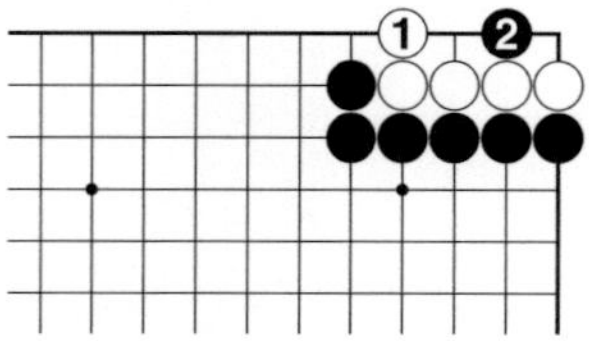

Dia. 1

Lösung 1: Weiß ist tot

Dia. 1a Wenn Weiß auf 1 spielt, dann besetzt Schwarz mit 2 den vitalen Punkt.

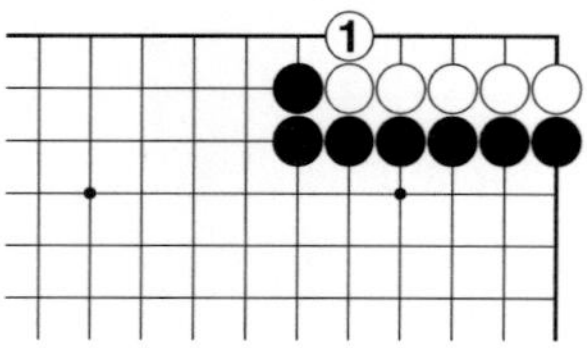

Dia. 2a

Lösung 2: Weiß kann leben
Schwarz kann töten

Dia. 2a Weiß 1 bildet die lebende Form „Vier in einer Reihe".

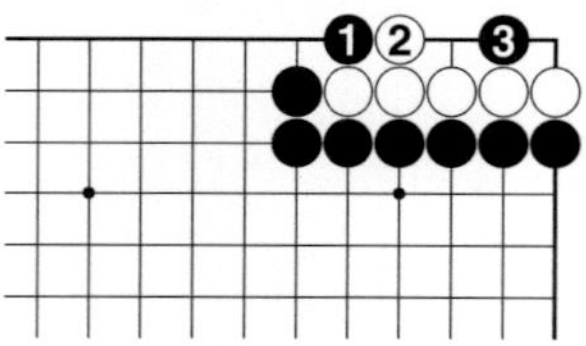

Dia. 2b

Dia. 2b Beginnt Schwarz, dann reduziert er mit 1 den Augenraum und tötet anschließend auf 3.

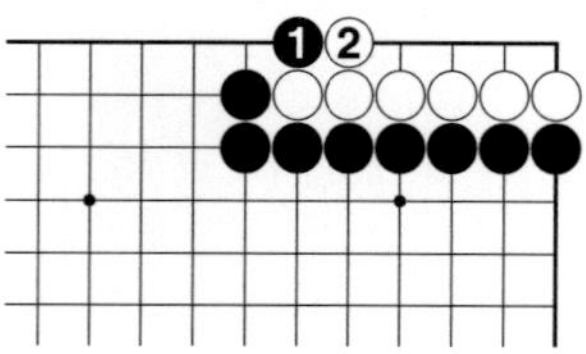

Dia. 3

Lösung 3: Weiß lebt

Dia. 3 Schwarz kann nicht verhindern, dass Weiß lebt. Selbst nach dem Abtausch 1 und 2, der den Augenraum reduziert, bleiben für Weiß noch „Vier in einer Reihe".

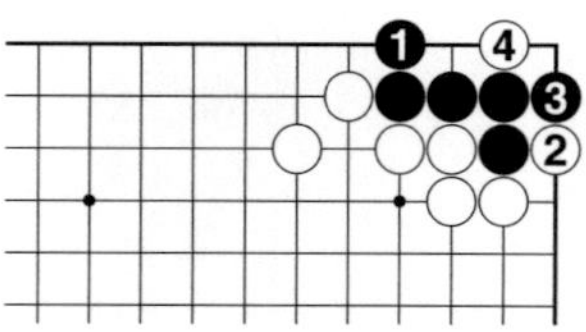

Dia. 4a

Lösung 4: Schwarz ist tot

Dia. 4a Selbst wenn Schwarz beginnt, kann er nicht mehr leben, denn Weiß 2 reduziert den Augenraum und Weiß 4 tötet.

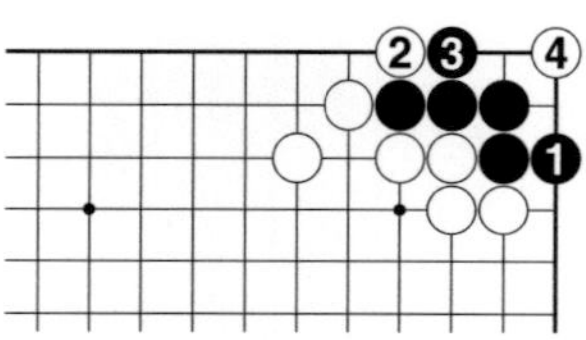

Dia. 4b

Dia. 4b Wenn Schwarz zuerst auf der anderen Seite spielt, dann wird Weiß wieder mit 2 und 4 die zwei Augen verhindern.

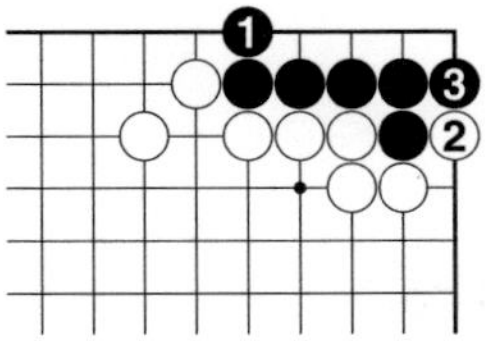

Dia. 5a

Lösung 4: Schwarz kann leben
Weiß kann töten

Dia. 5a Schwarz 1 ist die beste Variante um zu leben. Nach dem Abtausch 2 und 3 lebt Schwarz mit „Vier in einer Reihe".

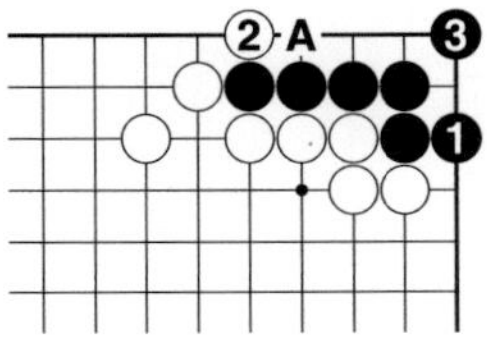

Dia. 5b

Dia. 5b Schwarz 1 hier ist ebenfalls eine mögliche Variante. Nach Weiß 2 muss Schwarz allerdings auf 3 antworten, wodurch das eingeschlossene Gebiet etwas kleiner ausfällt.

Schwarz darf hier auf keinen Fall auf A antworten, denn dann entsteht ein riskantes Ko (siehe Seite 120).

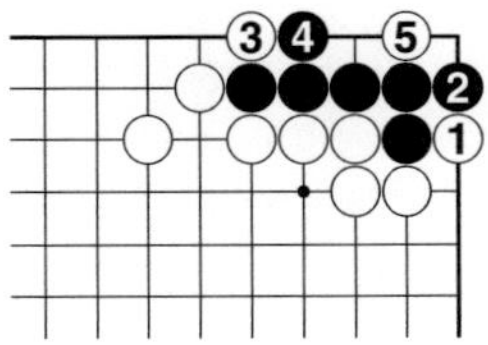

Dia. 5c

Dia. 5c Beginnt Weiß, dann stirbt Schwarz.

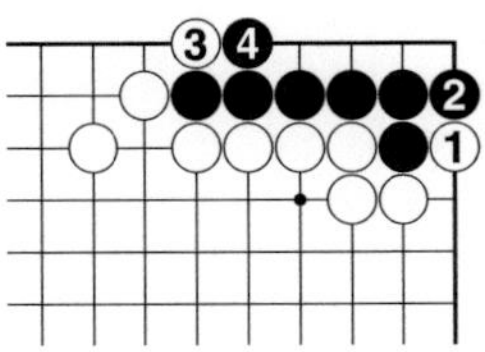

Dia. 6

Lösung 6: Schwarz lebt

Dia. 6 Weiß kann Schwarz nicht davon abhalten, eine lebende Form zu bilden.

Für die Ecke ergibt sich demnach folgende Regel: **„Vier sterben und sechs leben"**.

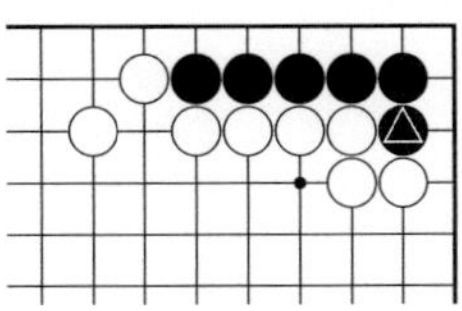

Dia. 7

Dia. 7 Die letzten drei Probleme haben Ketten gezeigt, die nicht direkt am Rand endeten, sondern die auf der zweiten Reihe umbiegen (markierter Stein).

Die Regel für die Ecke bleibt hier trotzdem gültig: „Vier sterben und sechs leben".

4. Kleine Beule

Nachdem das Leben auf der zweiten Reihe untersucht wurde, stellen wir uns nun eine kleine Beule in der Kette der Steine vor. Wie verändert sie den Status?

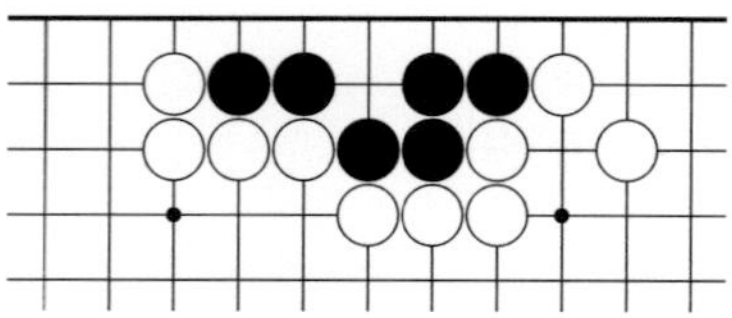

Dia. 1

Dia. 1 Der vitale Punkt dieser Gruppe springt einem sofort ins Auge.

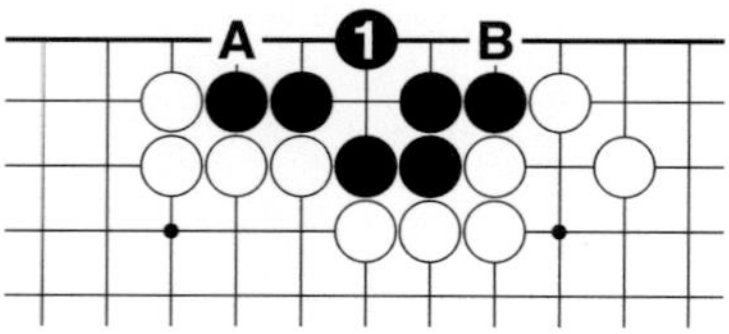

Dia. 2

Dia. 2 Schwarz 1 bringt Leben. Die Punkte A und B sind jetzt Miai. Weiß kann nicht gleichzeitig beide Punkte besetzen, um die Augen zu verhindern.

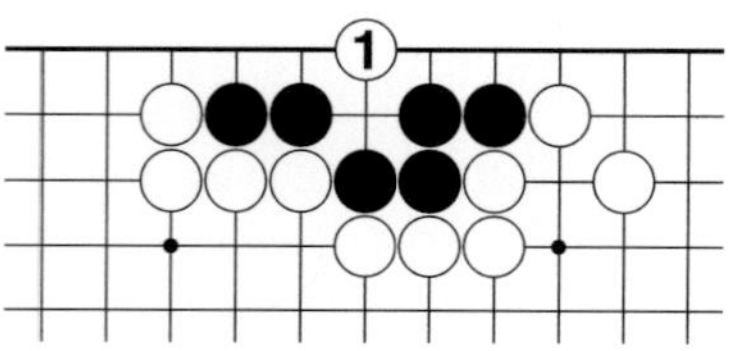

Dia. 3

Dia. 3 Weiß 1 tötet. Schwarz hat jetzt keine Möglichkeit mehr, mit der Gruppe zwei Augen zu bekommen.

Wenn also fünf Steine eine Kette am Rand mit Beule bilden, dann ist ihr Status nicht ausgespielt.

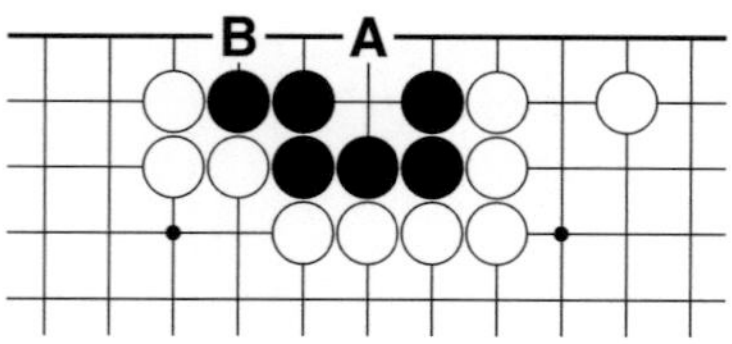

Dia. 4

Dia. 4 Hier ist die Stellung um einen Stein verkürzt – sie ist tot. Schwarz müsste die Punkte A und B besetzen um zu leben. Da er aber nicht zwei Steine gleichzeitig setzen darf, wird Weiß das Leben verhindern.

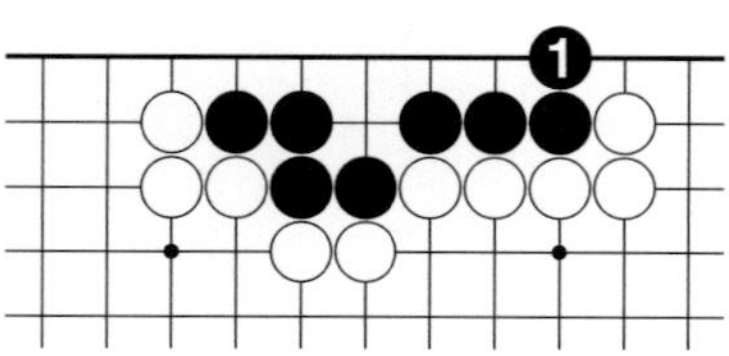

Dia. 5

Dia. 5 Hier ist die Ausgangsstellung um einen Stein verlängert. Natürlich kann Schwarz wieder leben, wenn er zuerst setzt. Schwarz 1 ist hier der beste Punkt.

Kann Schwarz aber auch leben, wenn Weiß zuerst spielt?

Dia. 6 Angenommen Weiß beginnt auf 1 und 3, dann ist Schwarz tot. Spielt Schwarz 2 auf 3, dann wird Weiß auf 2 spielen.

Schwarz muss also, wie in Diagramm 5 gezeigt, noch einmal setzen um zu leben.

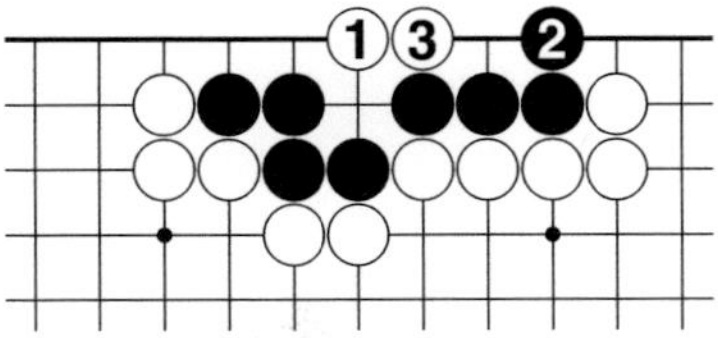

Dia. 6

Dia. 7 Diese Kette ist insgesamt sieben Punkte lang. Kann Weiß sie noch töten?

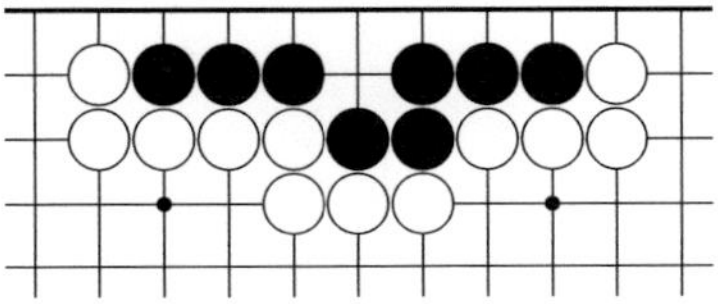

Dia. 7

Dia. 8 Wenn Weiß jetzt mit 1 angreift, dann lebt Schwarz in Seki.

Für Weiß ist die Abfolge Vorhand, denn Schwarz muss auf Grund des markierten weißen Steines noch auf 6 decken.

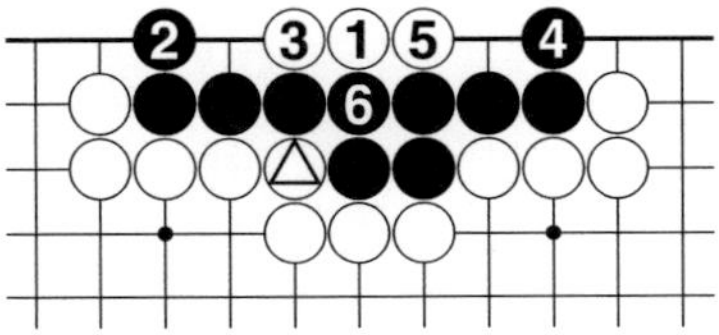

Dia. 8

Dia. 9 Ist die Kette also sieben Punkte lang, dann lebt sie. Dabei ist es unerheblich, an welcher Stelle die Beule herausragt. Hier befindet sich die Beule am Kettenrand.

Spielt Weiß zum Beispiel den Angriff von 1 bis 5, so lebt Schwarz nach 6.

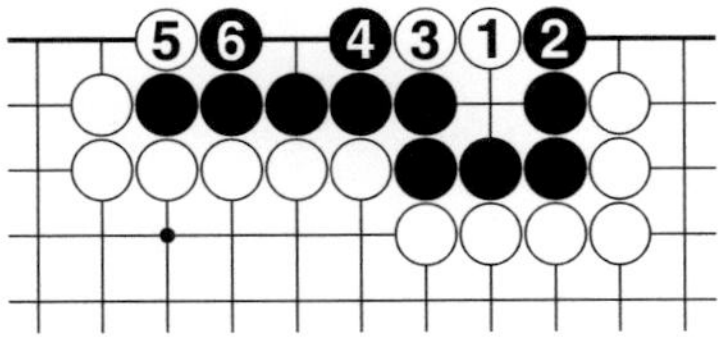

Dia. 9

Aufgaben

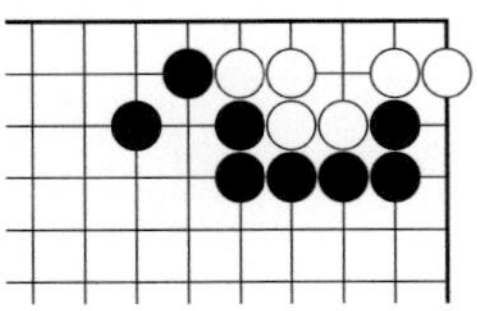

1. Status?

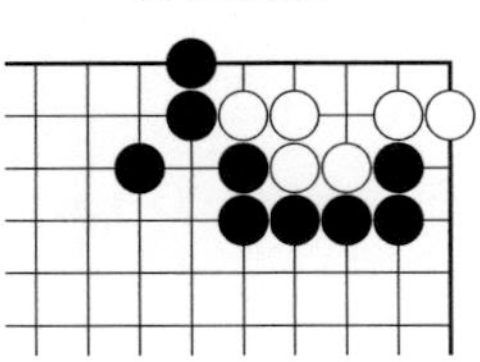

2. Status?

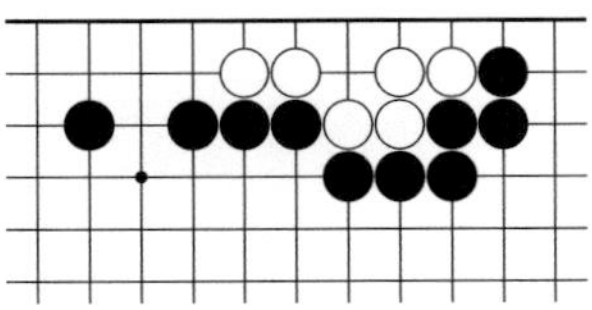

3. Status?

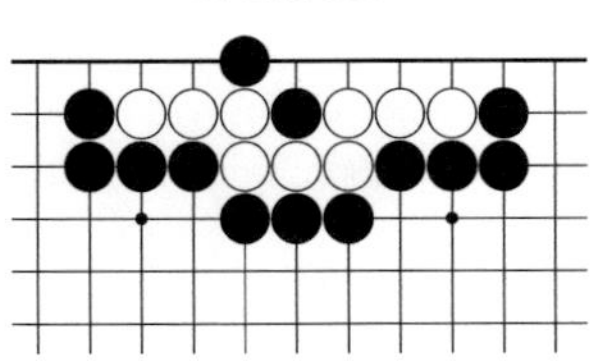

4. Status?

Antworten

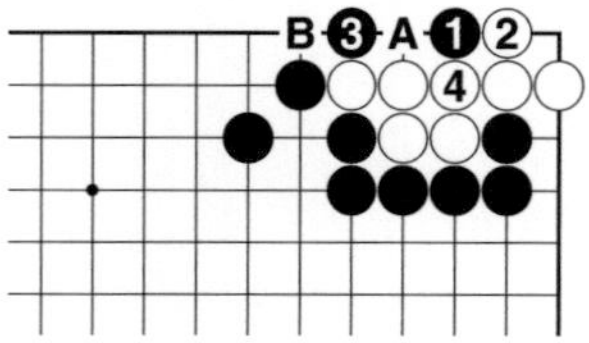

Dia. 1

Lösung 1: Weiß lebt

Dia. 1a Versucht Schwarz 1 zu töten, dann sichert Weiß 2 ein Auge in der Ecke. Nach Schwarz 3 deckt Weiß auf 4.

Schwarz kann jetzt nicht auf A verbinden, denn dann schlägt Weiß B drei schwarze Steine.

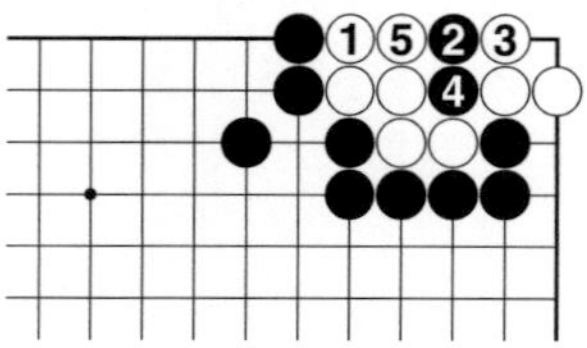

Dia. 2a

Lösung 2: Weiß kann leben
Schwarz kann töten

Dia. 2a Weiß 1 reicht aus, um zu leben. Schwarz 2 und 4 werden mit Weiß 3 und 5 abgewehrt.

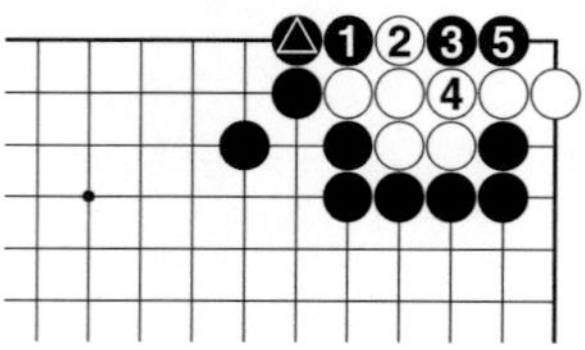

Dia. 2b

Dia. 2b Schwarz 1 ist nur ein möglicher Weg um zu töten. Nach Weiß 2 gibt Schwarz 3 Atari, Weiß 4 deckt und Schwarz 5 zerstört das zweite Auge.

Diese Folge wird durch den markierten schwarzen Stein ermöglicht.

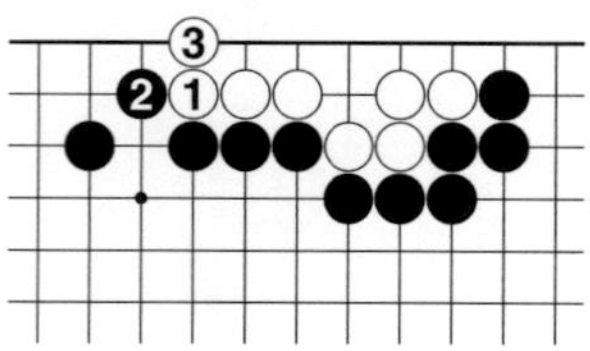

Dia. 3a

Lösung 3: Weiß kann leben
Schwarz kann töten

Dia. 3a Weiß 1 und 3 sind der beste Weg um zu leben. Weiß 1 vergrößert zuerst den Augenraum und Weiß 3 verhindert ein schwarzes Hane.

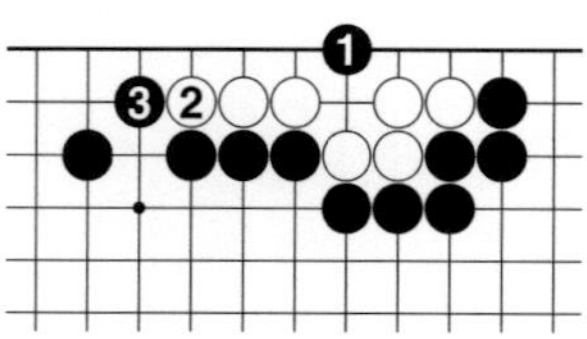

Dia. 3b

Dia. 3b Schwarz 1 besetzt den vitalen Punkt und tötet Weiß. Das Strecken mit Weiß 2 hilft jetzt auch nicht mehr.

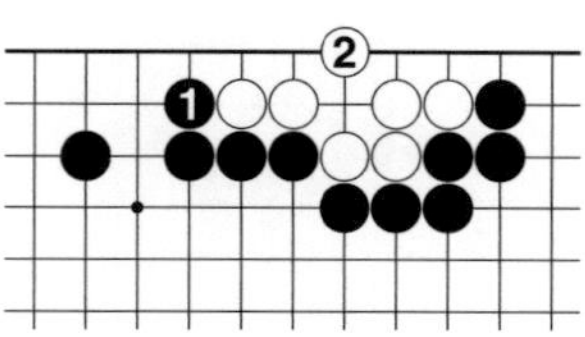

Dia. 3c

Dia. 3c Wenn Schwarz töten will, darf er nicht verpassen, zuerst den vitalen Punkt zu spielen. Denn Schwarz 1 in diesem Diagramm lässt Weiß noch einmal mit dem Leben davonkommen.

Lösung 4: Weiß kann leben
Schwarz kann Ko spielen

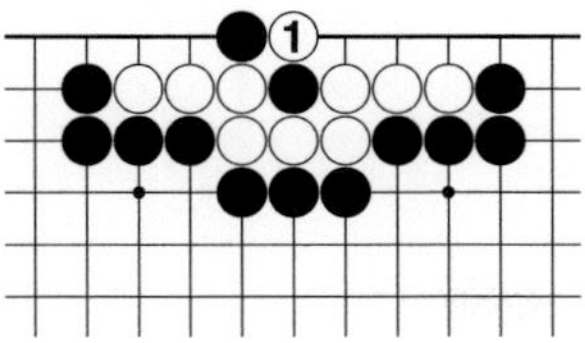

Dia. 4a

Dia. 4a Es ist sicher leicht zu sehen, dass das Schlagen mit Weiß 1 zum Leben führt.

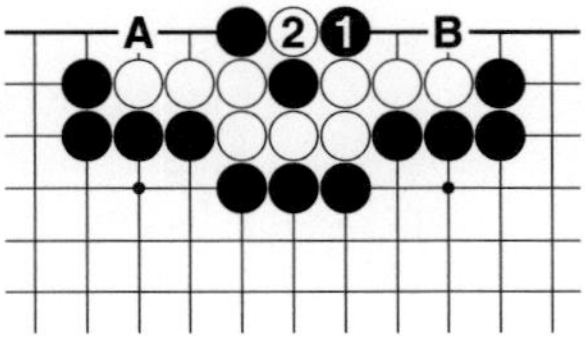

Dia. 4b

Dia. 4b Schwarz kann nicht bedingungslos töten, er muss auf 1 spielen, um ein Ko zu erlangen. Weiß bleibt nichts anderes übrig, als auf 2 zu schlagen.

Antwort Weiß statt 2 auf A, dann spielt Schwarz auf B um kein Seki entstehen zu lassen.

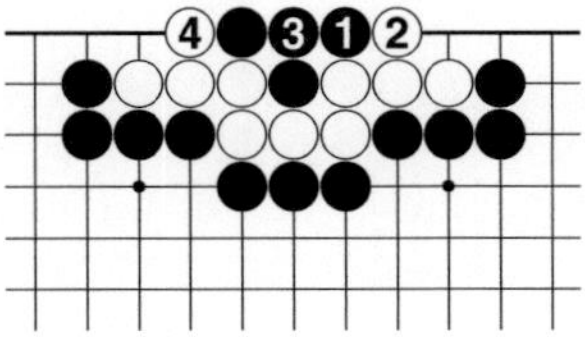

Dia. 4c
(Schwarz 5 auf 3)

Dia. 4c Weiß darf nach Schwarz 1 nicht auf 2 Atari geben, denn Schwarz deckt auf 3 und bildet eine Vierer-Pyramide. Nach dem Schlagen der vier schwarzen Steinen setzt Schwarz 5 wieder auf 3 und verhindert zwei Augen.

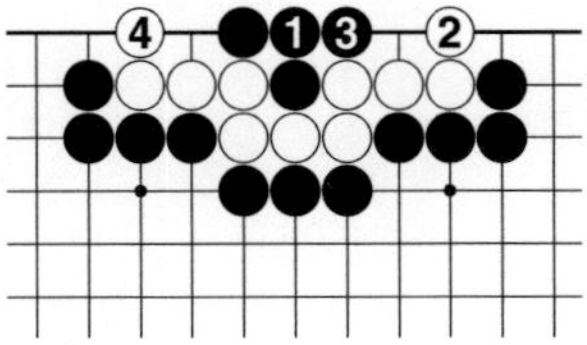

Dia. 4d

Dia. 4d Auch wenn Schwarz auf 1 spielt, kann er die Stellung nicht töten. Stattdessen

5. Große Beule

Wie verändert sich der Status der Kette, wenn die Beule zwei Punkte groß ist? Die Formen, die wir hier betrachten, sind es wert, sie sich gut einzuprägen. Sie tauchen in ihren verschiedenen Variationen immer wieder in Go-Partien auf.

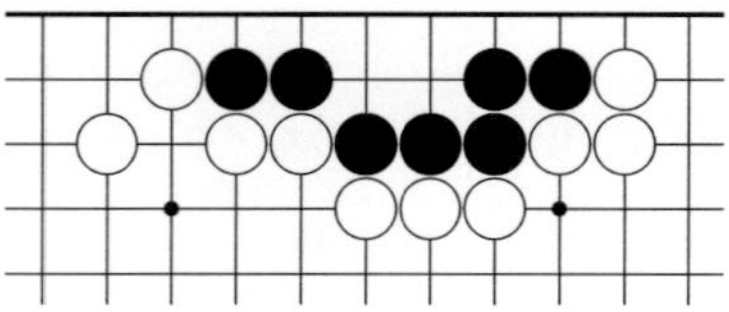

Dia. 1

Dia. 1 Die Stellung in diesem Diagramm dient sehr gut als Ausgangsposition. Sie ist insgesamt sechs Punkte lang und besteht aus zwei einzelnen Ketten. Dadurch entsteht eine Schwachstelle, auf die aufgepasst werden muss.

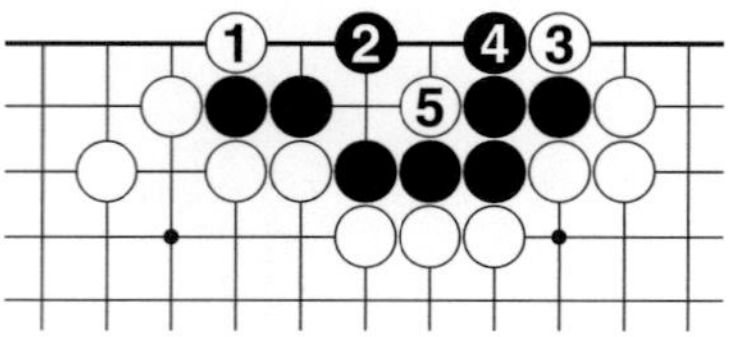

Dia. 2

Dia. 2 Weiß tötet, indem er zweimal Hane spielt und dann den vitalen Punkt besetzt.

Spielt Schwarz statt 4 selbst auf 5, dann streckt Weiß auf 4 und verhindert das Auge am Brettrand.

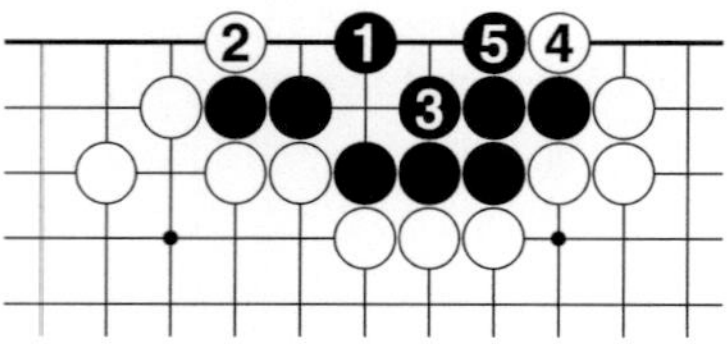

Dia. 3

Dia. 3 Schwarz lebt, indem er einfach mit 1 den Schnitt deckt, wo die zwei Ketten nicht fest verbunden sind. Weiß 2 und 4 werden jetzt mit Schwarz 3 und 5 beantwortet.

Leben und Tod dieser Stellung hängen also davon ab, wer zuerst spielt.

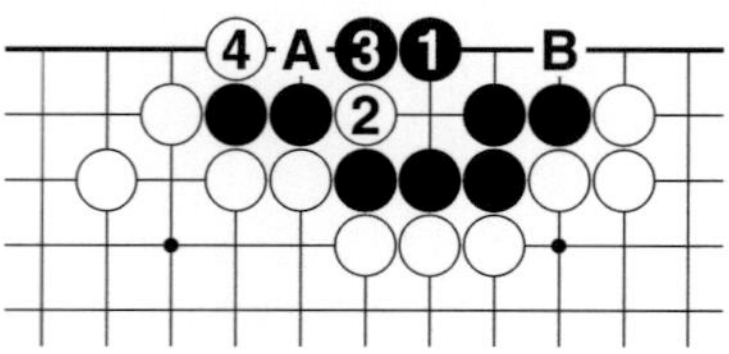

Dia. 4

Dia. 4 Schwarz muss aber aufpassen, denn wenn er nicht den vitalen Punkt in Diagramm 3 spielt, dann wird Weiß ihn töten.

Weiß 4 ist Atari. Deckt Schwarz auf A, dann verhindert Weiß B das zweite Auge.

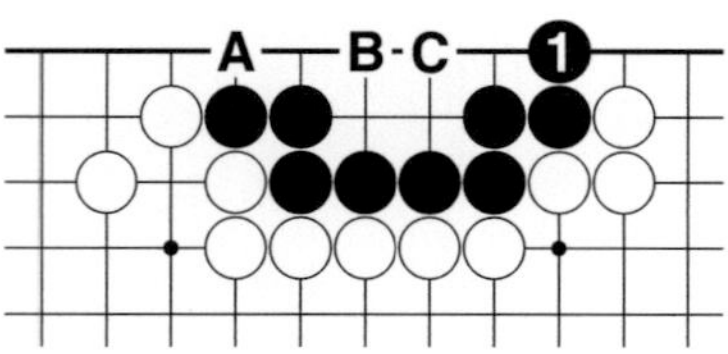

Dia. 5

Dia. 5 Wenn Schwarz keine Schnitte in der Stellung hat, dann kann er auf 1 strecken.

Spielt Weiß wieder das Hane A, dann lebt Schwarz mit C. Spielt Weiß C, dann lebt Schwarz mit B.

Dia. 6 Aus den vorherigen Diagrammen lässt sich folgern, dass die Stellung mit zwei Schnittpunkten (markierte Steine) tot ist.

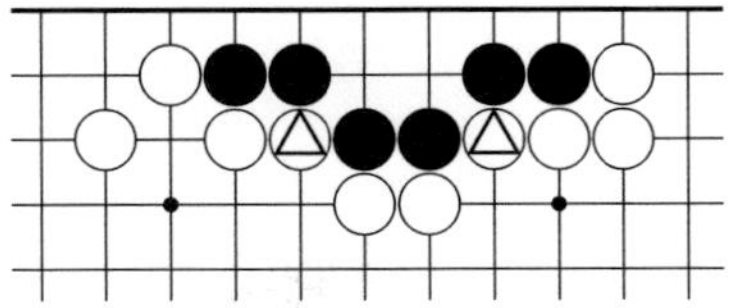

Dia. 6

Dia. 7 Da Schwarz mit 1 nicht gleichzeitig beide Schnitte decken kann, stirbt er nach Weiß 4. Schlägt Schwarz auf A, dann antwortet Weiß auf B. Spielt Schwarz B, dann und schlägt Weiß auf C.

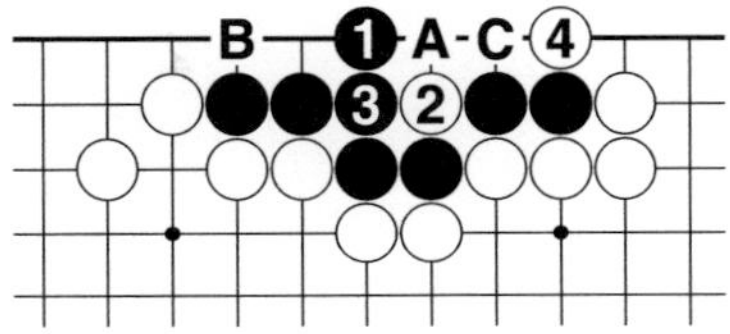

Dia. 7

Dia. 8 Wird die Ausgangsform um einen Stein gekürzt, dann ist sie ebenfalls tot.

Nach dem Abtausch 1 und 2 muss Schwarz sowohl den Punkt A als auch den Punkt B besetzen, was ihm nicht gelingen wird.

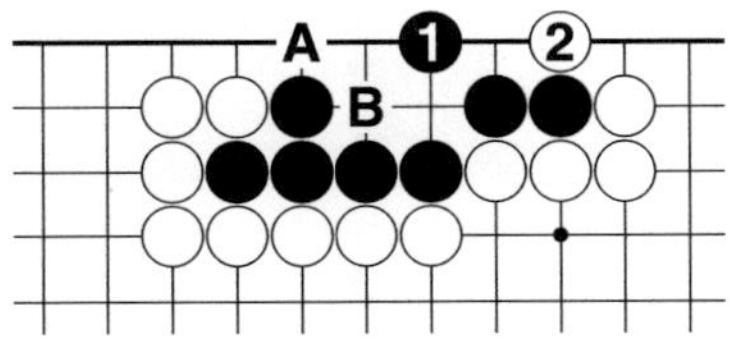

Dia. 8

Aufgaben

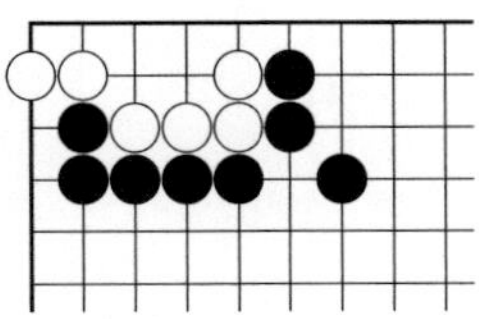

1. Status?

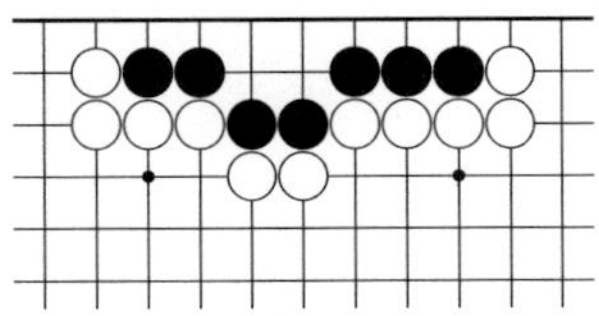

4. Status?

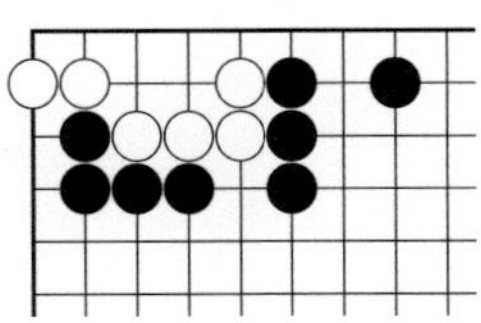

2. Status?

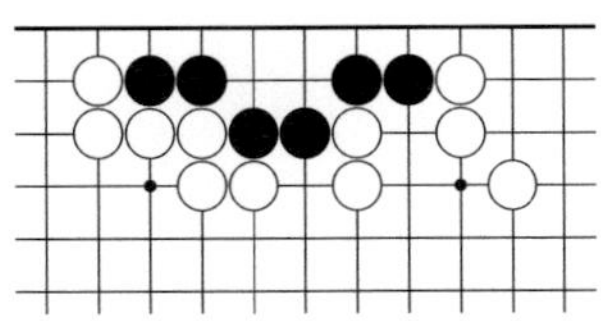

5. Schwarz setzt und lebt!

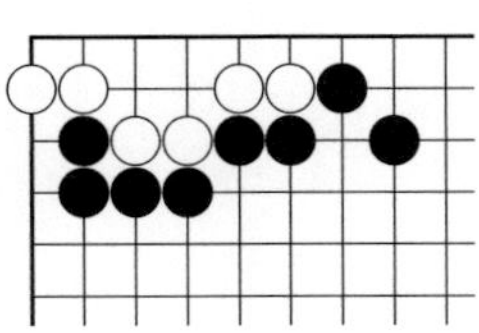

3. Status?

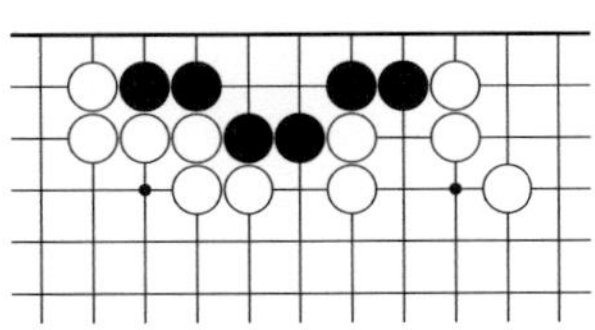

6. Weiß setzt und tötet!

Antworten

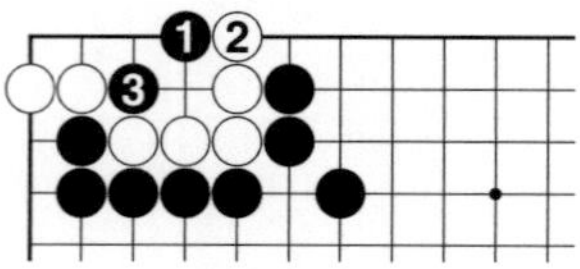

Dia. 1a

Lösung 1: Schwarz kann töten
Weiß kann leben

Dia. 1a Schwarz 1 ist nicht leicht zu finden, aber er tötet Weiß bedingungslos.

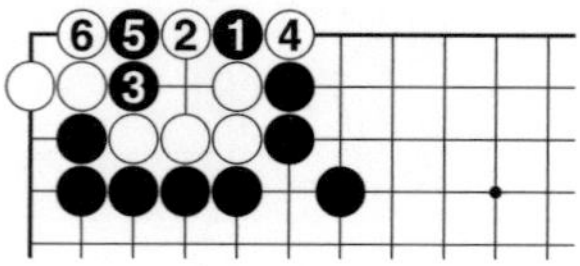

Dia. 1b

Dia. 1b Das Hane 1 hat keine Aussicht auf Erfolg. Nach der Abfolge bis 6 lebt Weiß.

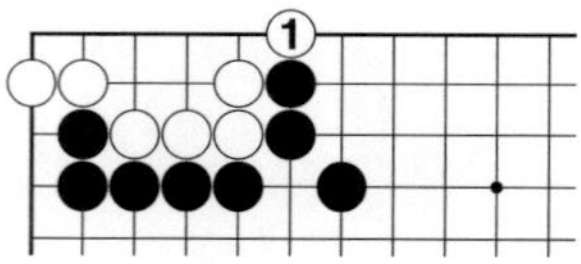

Dia. 1c

Dia. 1c Weiß kann mit dem einfachen Hane 1 leben, denn das verhindert den oben gezeigte Angriff von Schwarz.

Lösung 2: Weiß lebt

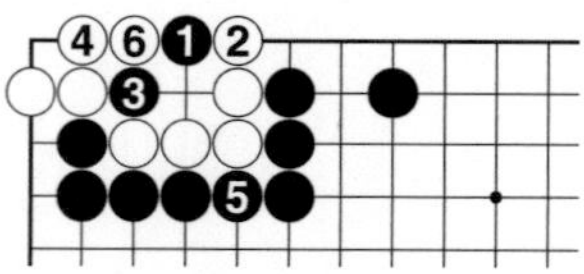

Dia. 2a

Dia. 2a Weiß hat hier eine zusätzliche Freiheit, so dass die Abfolge in Diagramm 1a nicht mehr funktioniert.

Besetzt Schwarz mit 5 diese Freiheit, dann muss Weiß auf 6 verteidigen.

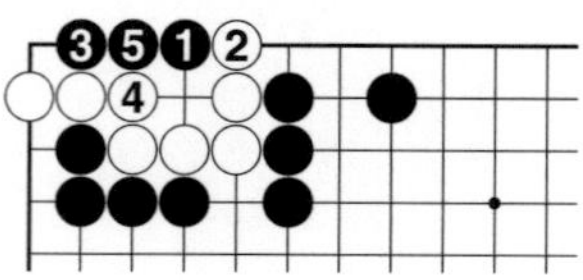

Dia. 2b

Dia. 2b Statt 3 im Diagramm 2a sollte Schwarz jetzt auf 3 in diesem Diagramm spielen. Er erreicht jetzt mit der Abfolge bis 5 ein Seki in Nachhand.

Lösung 3: Weiß lebt

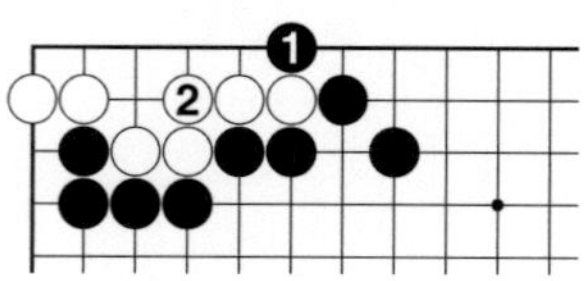

Dia. 3a

Dia. 3a Der Austausch von Schwarz 1 und Weiß 2 führt zu einer Form, die wir schon im vorherigen Abschnitt als sicher kennengelernt haben.

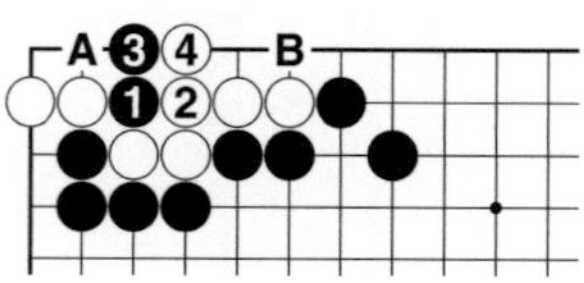

Dia. 3b

Dia. 3b Das Atari von Schwarz 1 ist einfach nur plump. Nach Weiß 4 sind die Punkte A und B Miai.

Weiß lebt jetzt nicht nur, sondern fängt sogar noch schwarze Steine.

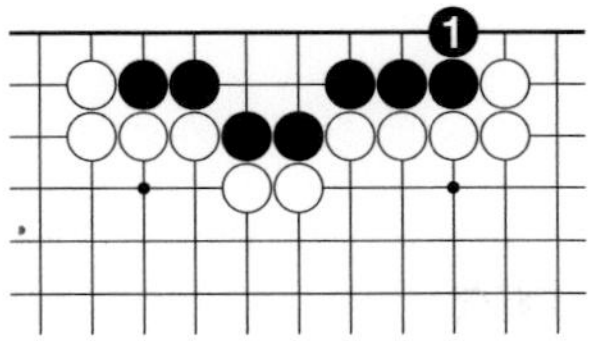

Dia. 4a

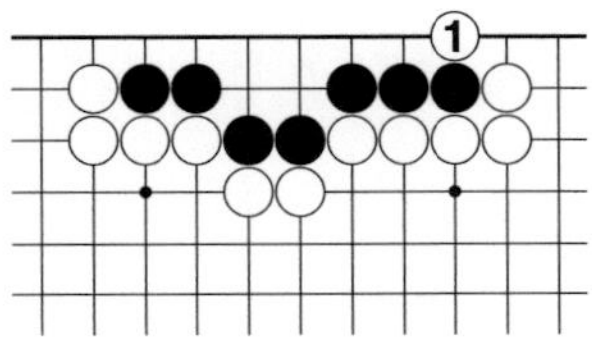

Dia. 4b

Lösung 4: Schwarz kann leben
Weiß kann töten

Dia. 4a Diese Stellung ist einen Stein länger als die tote Grundform. Wer zuerst setzt, entscheidet über den Status der schwarzen Steine. Setzt Schwarz, dann ist 1 der beste Stein. Er lebt jetzt.

Dia. 4b Hat Weiß die Vorhand, dann reduziert er mit 1 den Augenraum zur toten Form.

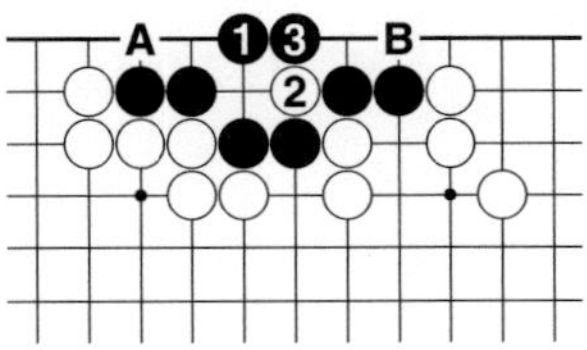

Dia. 5a

Lösung 5

Dia. 5a Schwarz hat hier ausreichend Freiheiten und sichert mit 1 das Leben seiner Steine. Da Weiß 2 kein Atari ist, macht Schwarz 3 aus den Punkten A und B Miai auf ein zweites Auge.

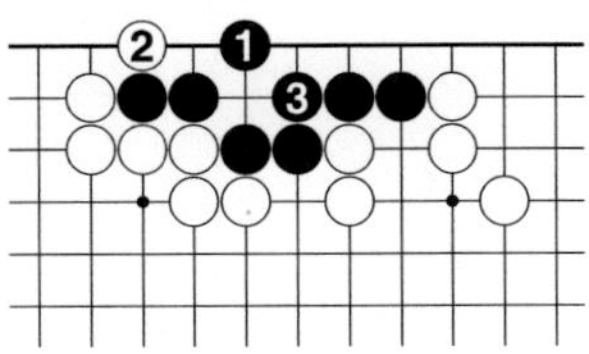

Dia. 5b

Dia. 5b Antwortet Weiß auf Schwarz 1 mit 2 in diesem Diagramm, dann sichert Schwarz 3 zwei Augen. Schwarz lebt.

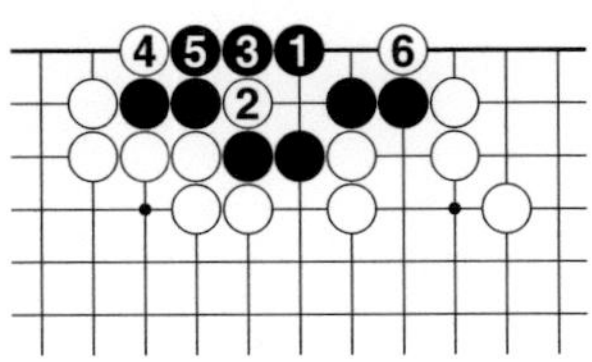

Dia. 5c

Dia. 5c Schwarz 1 in diesem Diagramm sichert nicht das Leben der Steine, denn Weiß tötet mit 2 bis 6.

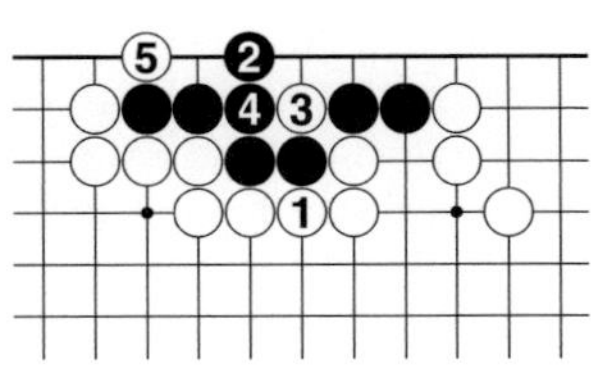

Dia. 6

Lösung 6

Dia. 6 Das Besetzen der Außenfreiheit mit Weiß 1 genügt, um Schwarz zu töten.

Schwarz 2 funktioniert jetzt nicht mehr, weil Weiß mit 3 Atari geben kann.

6. Offene Sechs

Die bereits betrachtete, geschlossene Sechserform lebt. In diesem Abschnitt sind die Sechserformen noch nicht vollständig abgeschlossen. Sie sind am Rand an beiden Seiten offen. Wie verändert sich dadurch der Status einer Gruppe?

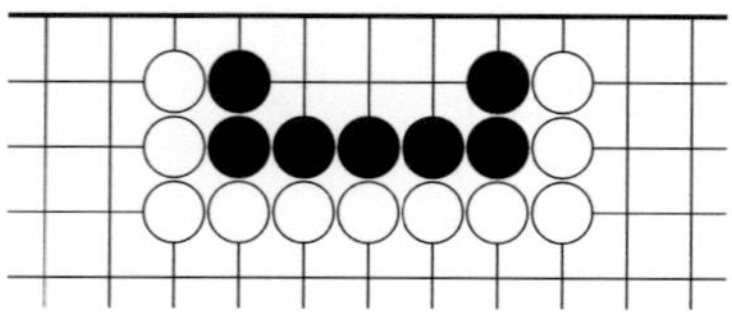

Dia. 1

Dia. 1 Dies ist die Ausgangsstellung der offenen Sechs.

Der Status ist noch nicht ausgespielt, denn Schwarz kann leben und Weiß kann töten.

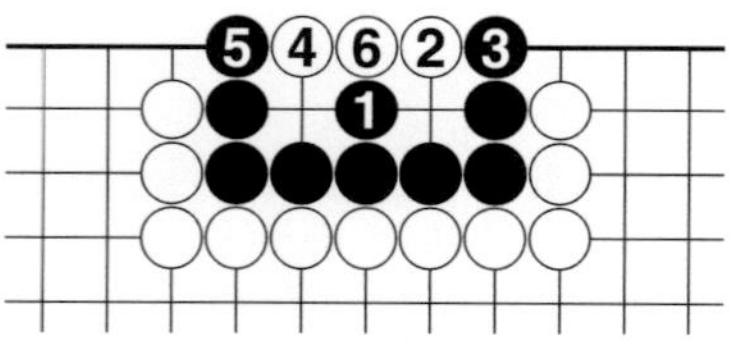

Dia. 2

Dia. 2 Schwarz 1 besetzt den vitalen Punkt. Anschließend verhindern Schwarz 3 und 5, dass Weiß seine Steine nach außen anbindet. Nach Weiß 6 lebt Schwarz in Seki.

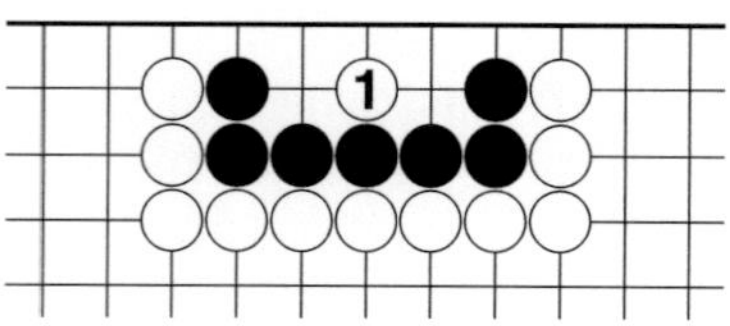

Dia. 3

Dia. 3 Weiß tötet Schwarz durch Besetzen des vitalen Punktes. Es gibt keinen Weg mehr, zwei Augen zu bauen.

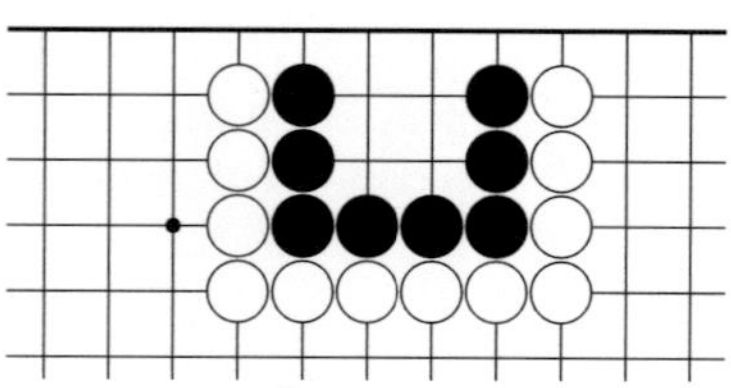

Dia. 4

Dia. 4 Wird die Grundform der offenen Sechs aufrecht zum Rand gedreht, dann ist Schwarz bedingungslos tot.

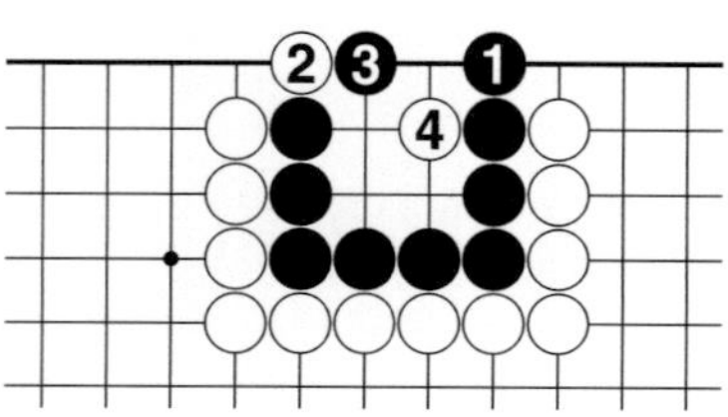

Dia. 5

Dia. 5 Versucht Schwarz mit 1 die Form abzuschließen, dann antwortet Weiß mit 2.

Der Augenraum wird auf eine „Tote Fünf" reduziert und nach Weiß 4 wird deutlich, dass Schwarz tot ist.

Dia. 6 Schwarz 1 in diesem Diagramm führt ebenfalls nicht zum Erfolg.

Weiß spielt mit 2 wieder ein einfaches Hane. Schwarz 3 sichert zwar ein Auge, aber Weiß 4 verhindert das zweite.

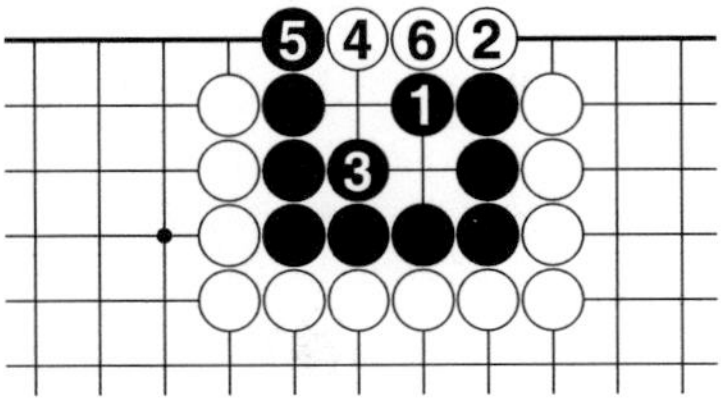

Dia. 6

Dia. 7 Hier hat die schwarze Stellung zwei Umbieger (markierte Steine). Diese geben hilfreiche Unterstützung, denn jetzt lebt Schwarz. Der weiße Angriff von 1 und 3 wird mit 2 und 4 beantwortet. Die entstandene, geschlossene Sechs lebt.

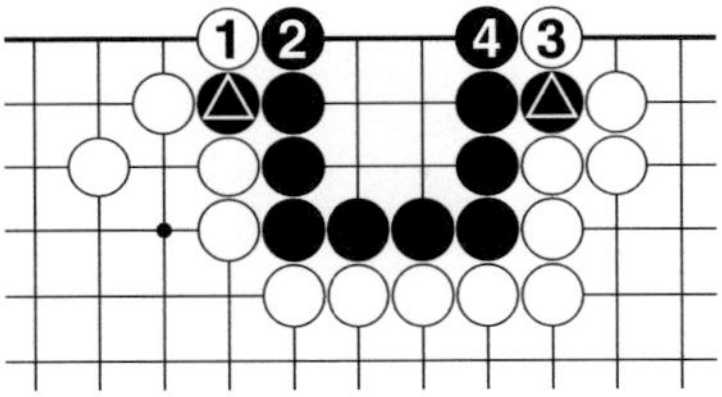

Dia. 7

Aufgaben

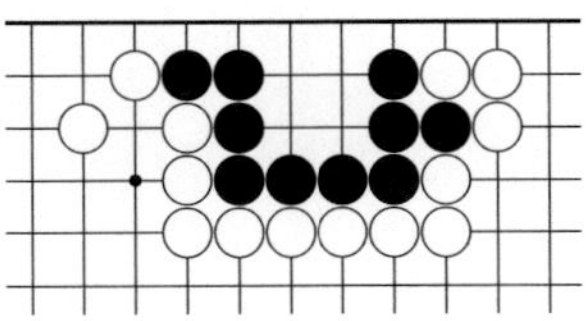

1. Status?

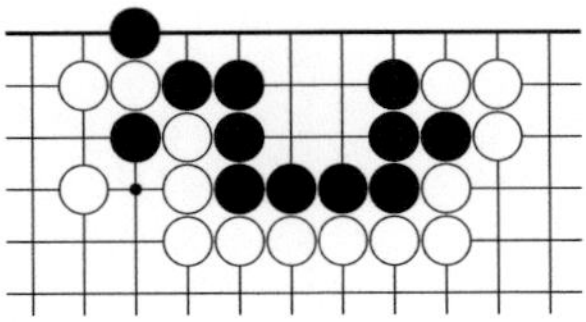

2. Status?

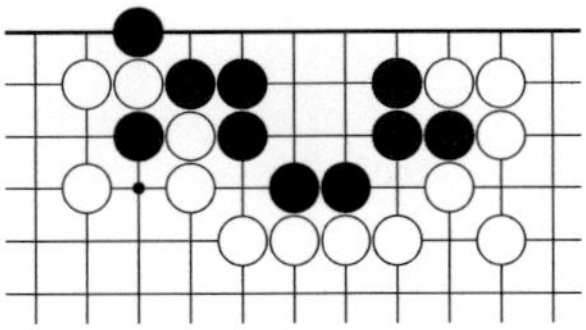

3. Weiß setzt und tötet!

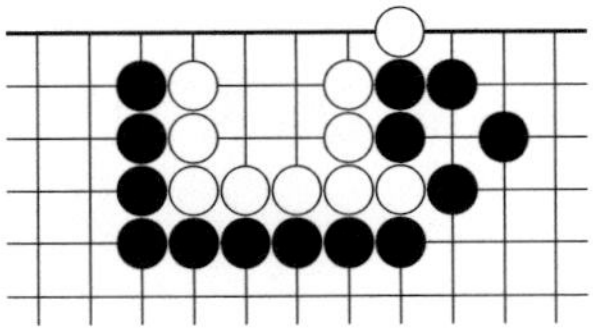

4. Status?

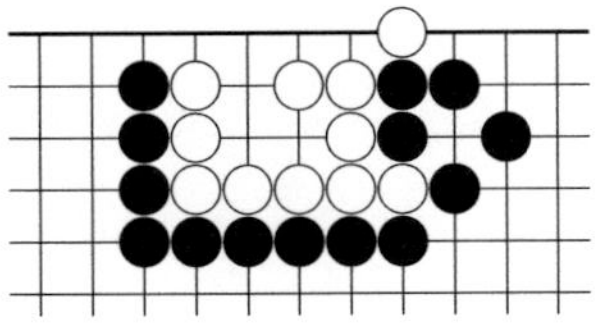

5. Status?

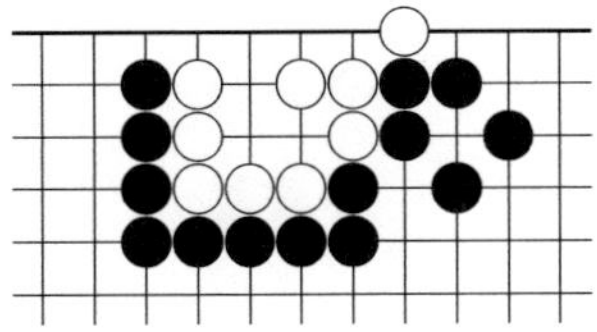

6. Status?

Antworten

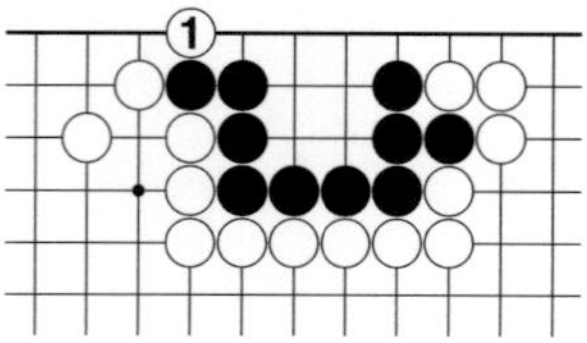

Dia. 1a

**Lösung 1: Weiß kann töten
Schwarz kann leben**

Dia. 1a Das Hane 1 tötet.

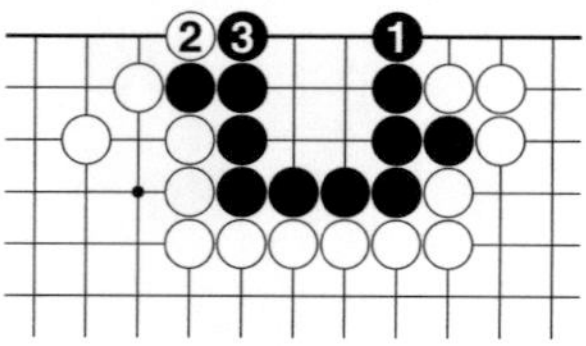

Dia. 1b

Dia. 1b Das Strecken zum Rand mit Schwarz 1 führt zum Leben. Schwarz kann statt 1 auch auf 2 beginnen.

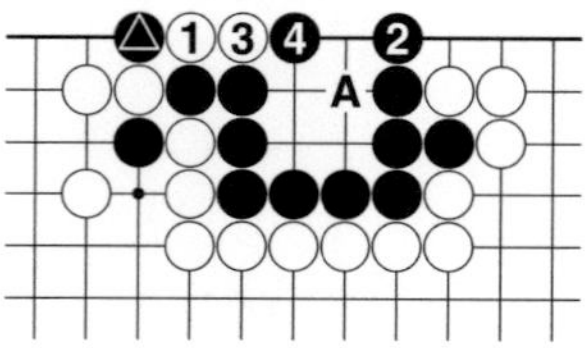

Dia. 2a

Lösung 2: Schwarz lebt

Dia. 2a Versucht Weiß mit 1 den Augenraum zu reduzieren, dann ist Schwarz 2 eine der möglichen Antworten. Nach Weiß 4 sind A und 1 Miai.

Man beachte, wie der markierte Stein, den Status der Gruppe beeinflusst.

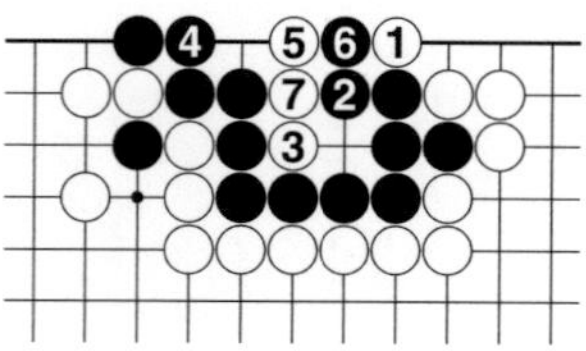

Dia. 2b

Dia. 2b Greift Weiß von der anderen Seite an, dann ist Schwarz 2 die korrekte Antwort. Weiß erreicht in der Abfolge bis 7 ein Seki in Nachhand.

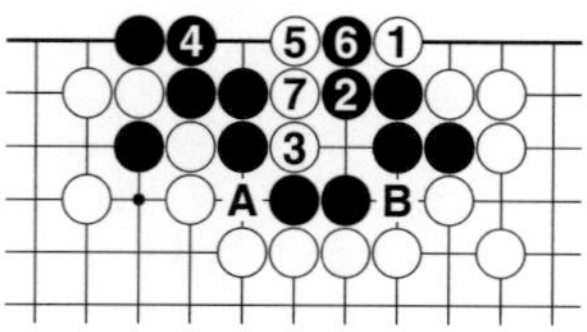

Dia. 3a

Lösung 3

Dia. 3a Weiß 1 tötet. Schwarz 2 ist die stärkste Gegenwehr, aber wegen den fehlenden Steinen auf A und B kann Weiß jederzeit schneiden. Somit ist kein Seki möglich und Schwarz ist tot.

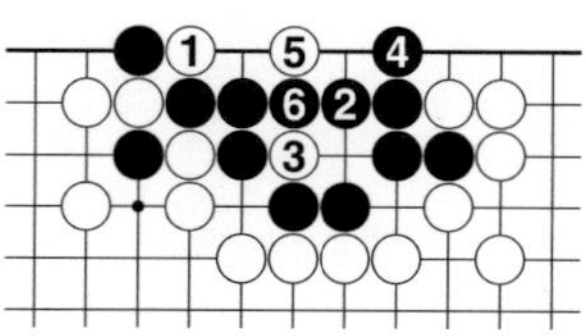

Dia. 3b

Dia. 3b Weiß 1 in diesem Diagramm ist der falsche Ansatz, denn auf Grund von Freiheitenmangel kann Weiß nicht verbinden – Schwarz lebt.

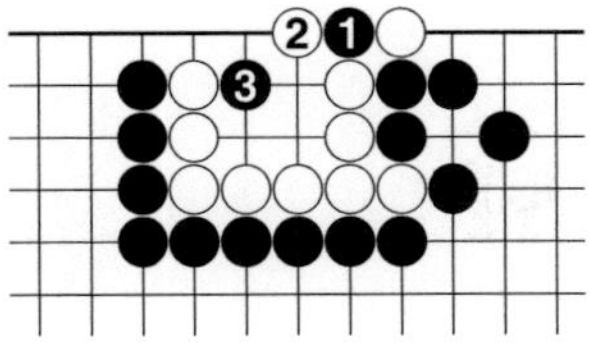

Dia. 4a

Lösung 4: Weiß kann leben
Schwarz kann töten

Dia. 4a Um zu töten, ist fast jeder Stein möglich, wie zum Beispiel 1.

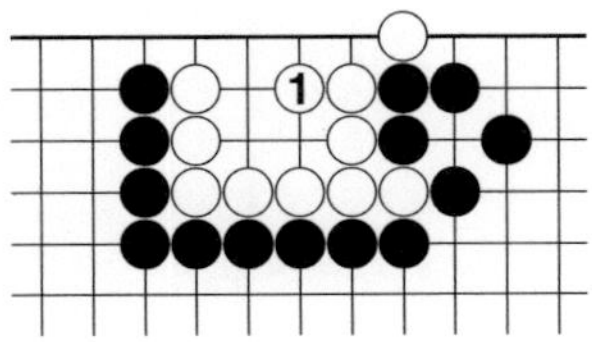

Dia. 4b

Dia. 4b Weiß 1 ist dagegen der einzige Stein, der Leben bringt. Warum, das wird in den folgenden Diagrammen gezeigt.

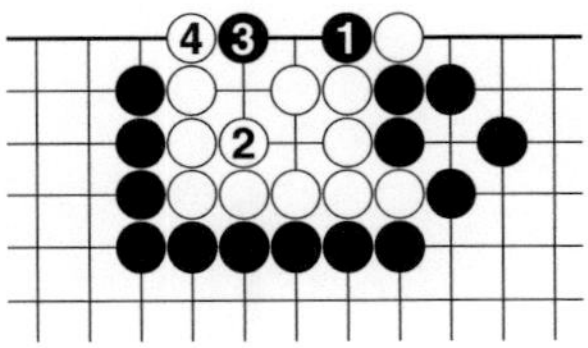

Dia. 5a

Lösung 5: Weiß lebt

Dia. 5a Versucht Schwarz mit 1 zu töten, dann antwortet Weiß auf 2 und bildet ein Auge.

Nach Schwarz 3 und Weiß 4 kann Schwarz auf Grund von Freiheitenmangel nicht verbinden.

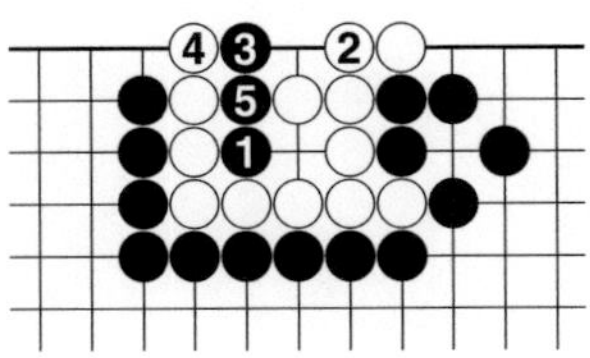

Dia. 5b

Dia. 5b Spielt Schwarz auf 1 in diesem Diagramm, um zwei Augen zu verhindern, dann lebt Weiß nach der Abfolge bis 5 in Seki.

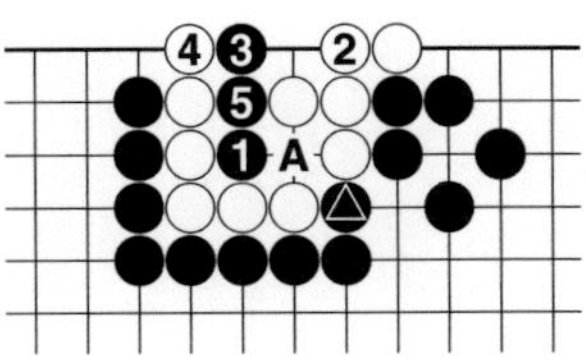

Dia. 6a

Lösung 6: Weiß kann leben
Schwarz kann töten

Dia. 6a Im Vergleich zur vorhergehenden Stellung, verändert der markierte Stein den Status der Stellung indem er einen Schnitt kreiert.

Schwarz 1 tötet jetzt, denn wenn Weiß nach der Abfolge bis 5 den Schnitt auf A deckt, gibt es kein Seki mehr.

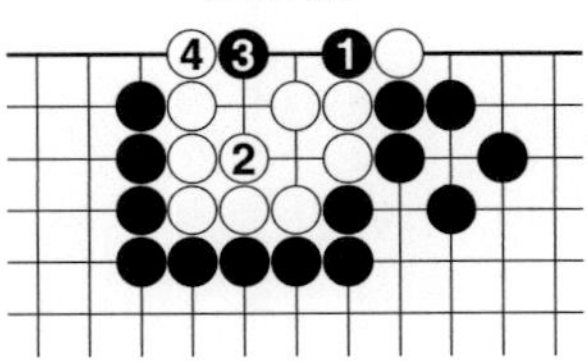

Dia. 6b

Dia. 6b Spielt Schwarz diesmal auf 1, dann ist dies ein Fehler, denn Weiß baut jetzt mit 2 ein Auge.

Das zweite Auge kann Schwarz nach 4 auf Grund von Freiheitenmangel nicht verhindern.

7. Wiederholung

Zur Vertiefung sind hier einige Probleme zusammengestellt. Einige sind leichter, andere schwieriger, aber alle lassen sich mittels der letzten Lektionen lösen.

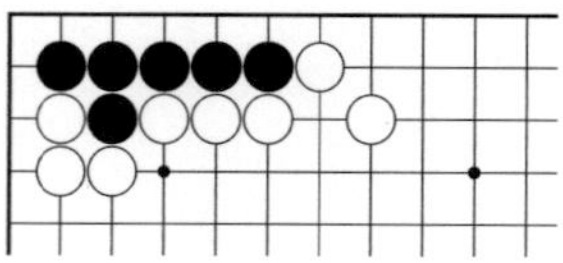

1. Status?

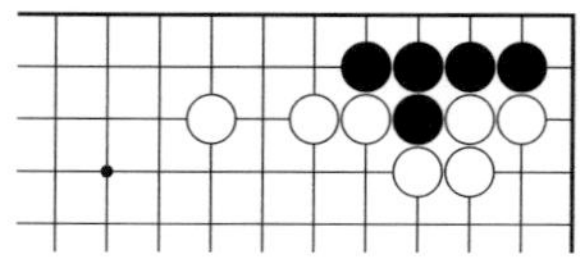

2. Schwarz setzt und lebt!

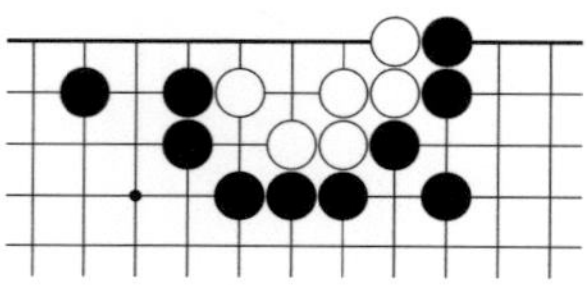

3. Weiß setzt und lebt!

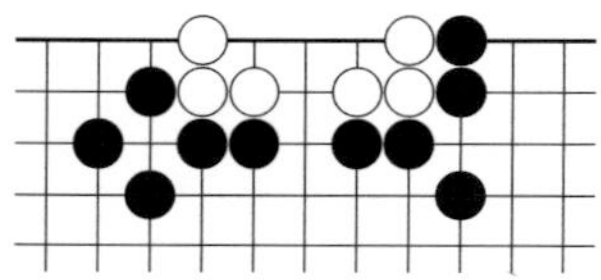

4. Weiß setzt und lebt!

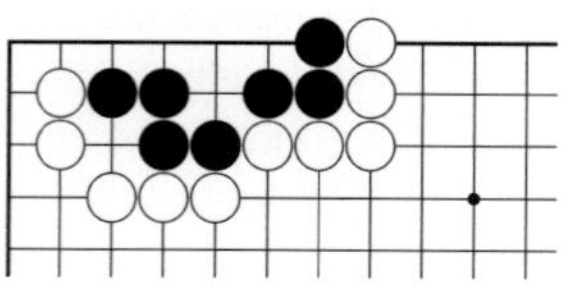

5. Schwarz setzt und lebt!

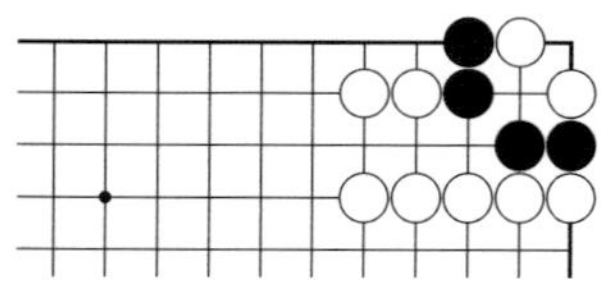

6. Status?

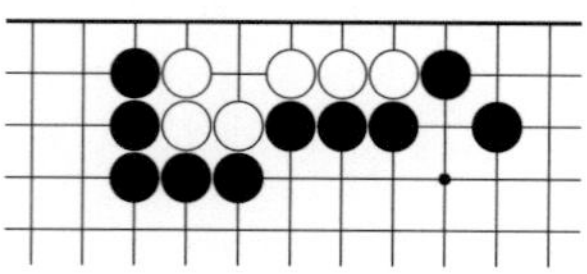

7. Weiß setzt und lebt!

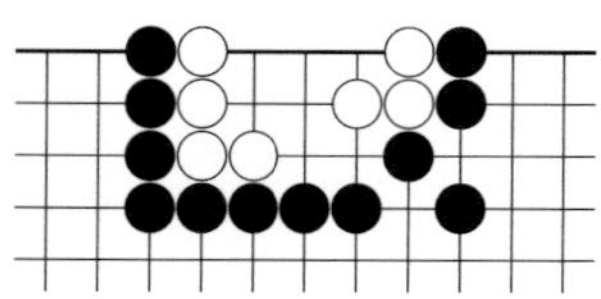

8. Weiß setzt und lebt!

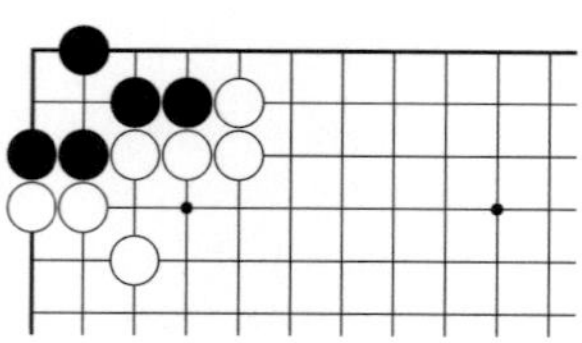

9. Status?

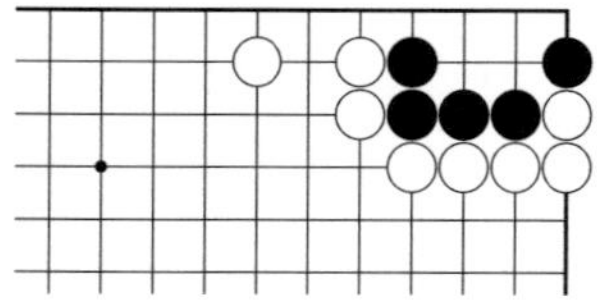

10. Status?

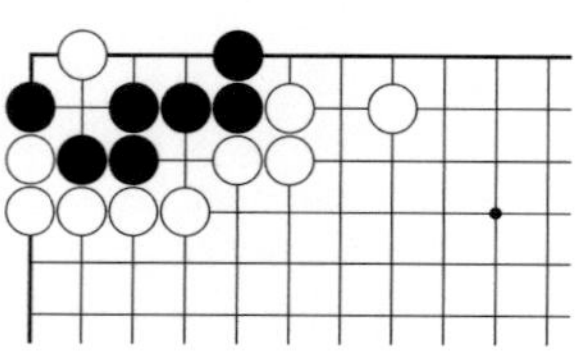

11. Status?

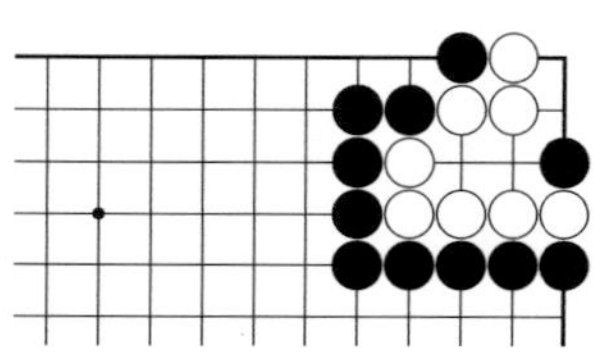

12. Status?

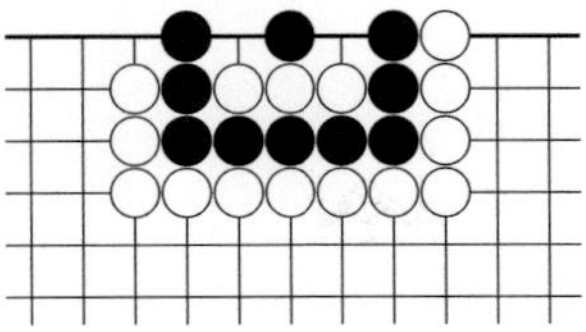

13. Status?

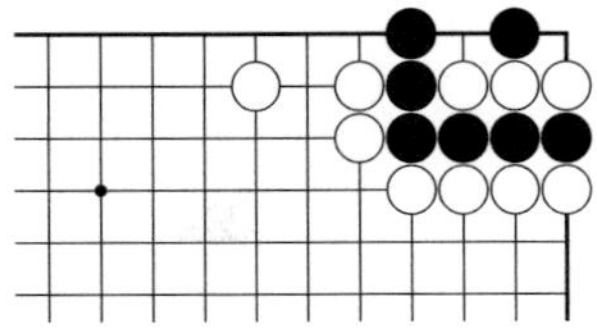

14. Status?

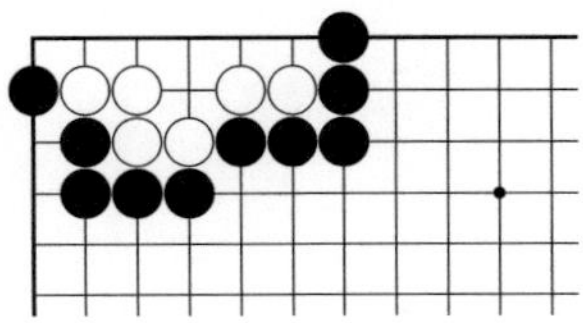

15. Status?

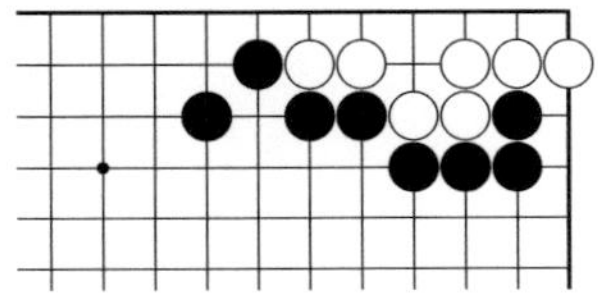

16. Status?

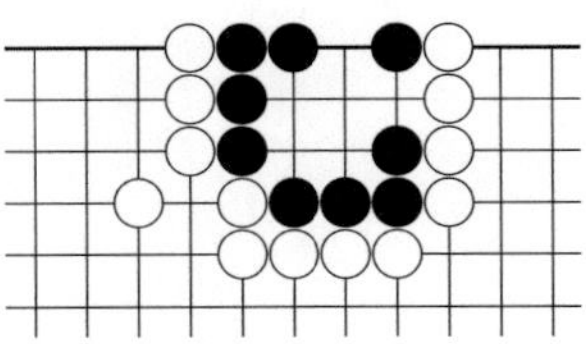

17. Schwarz setzt und lebt!

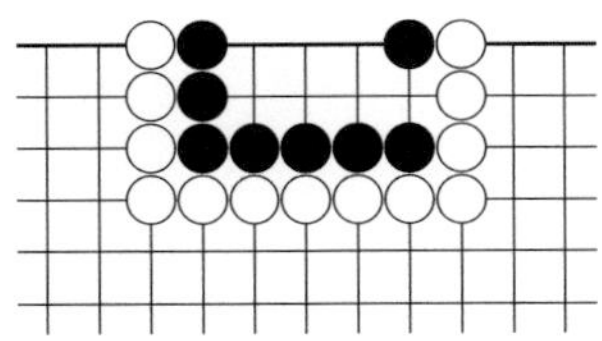

18. Schwarz setzt und lebt!

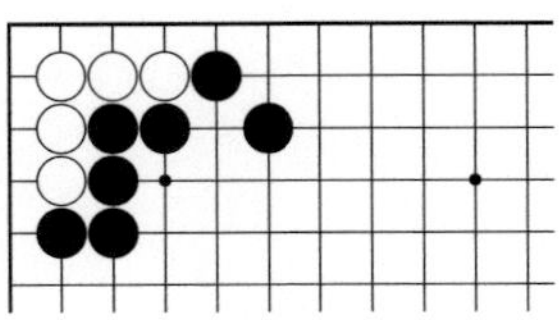

19. Status?

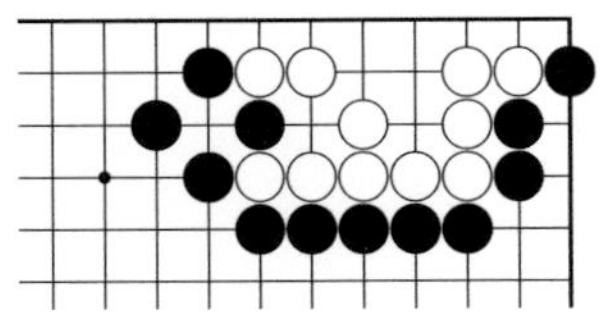

20. Status?

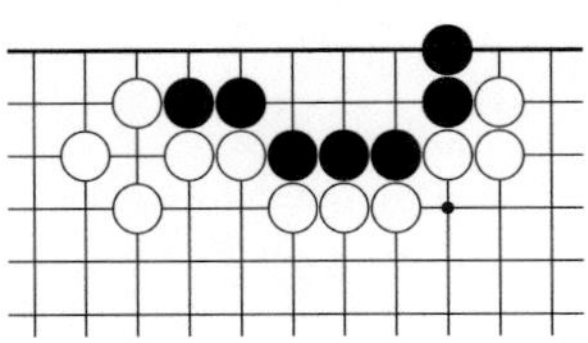

21. Status?

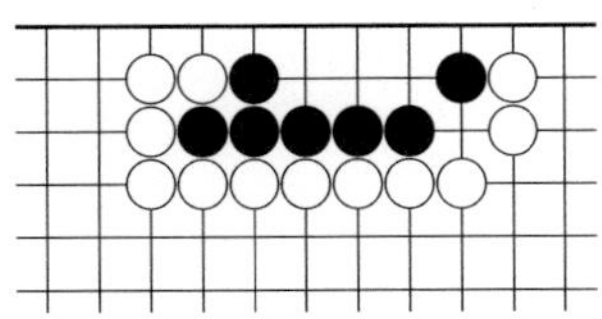

22. Status?

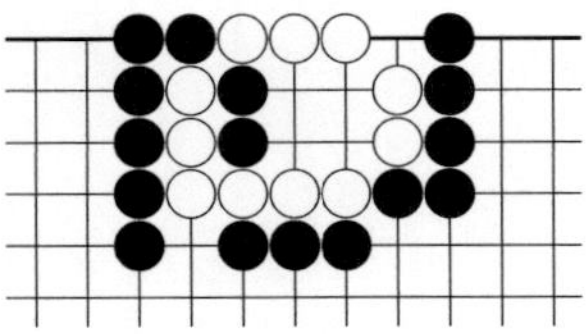

23. Status?

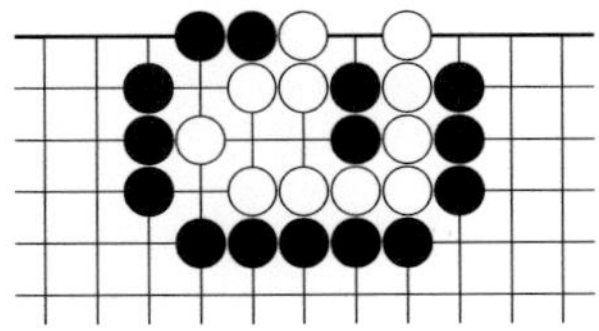

24. Status?

Lösungen

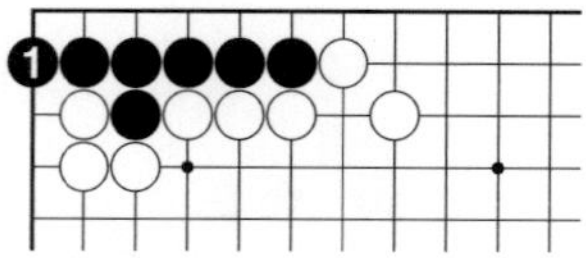

1a. Schwarz kann leben und ...

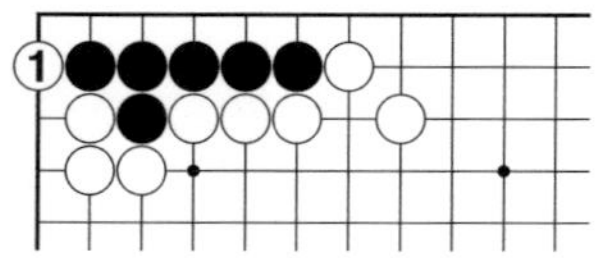

1b. ... Weiß kann töten.

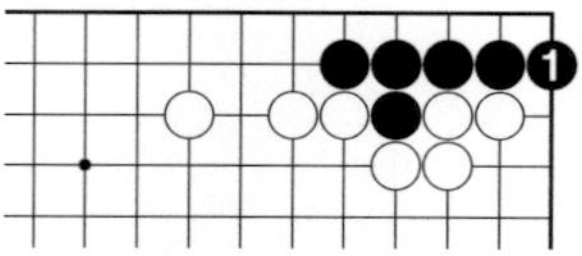

2. Schwarz 1 lebt.

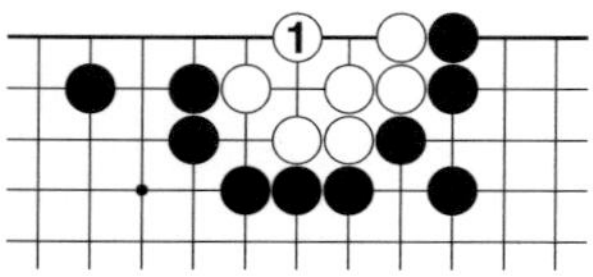

3. Weiß 1 lebt.

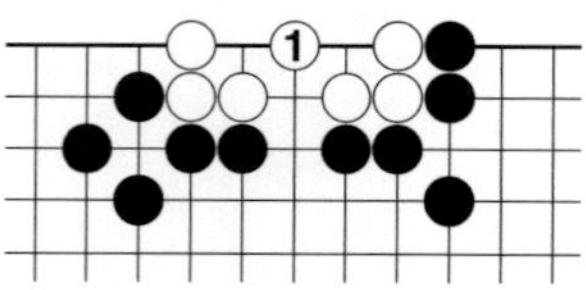

4a. Weiß 1 lebt.

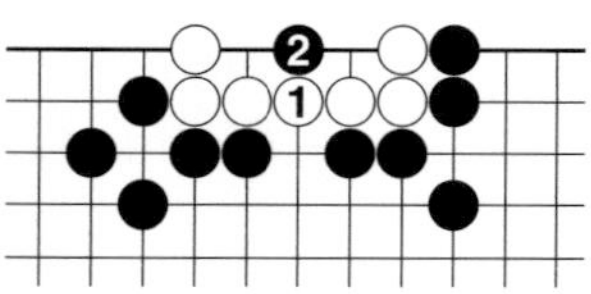

4b. Weiß 1 ist ein Fehler, denn Schwarz 2 tötet.

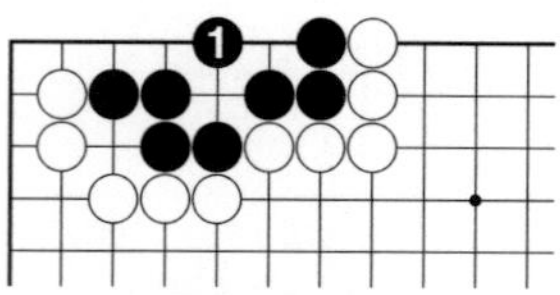

5a. Schwarz 1 lebt.

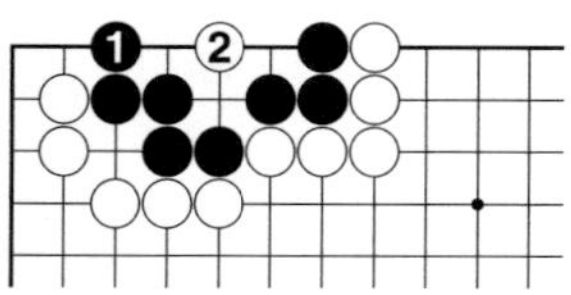

5b. Schwarz 1 ist falsch, denn Weiß 2 tötet.

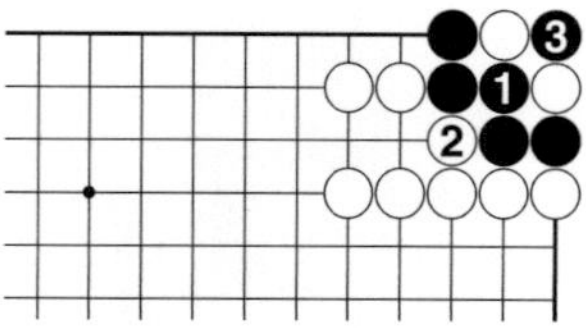

6a. Schwarz 1 lebt. Nach 3 hat Schwarz zwei Augen.

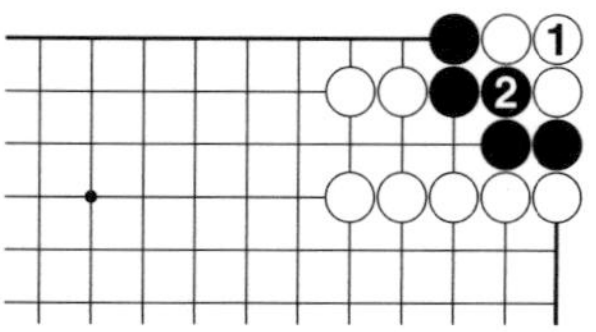

6b. Weiß hat zwei Wege zu töten, z.B. Weiß 1 hier. Wenn Schwarz auf 2 schlägt, dann spielt Weiß mit 3 wieder auf 1.

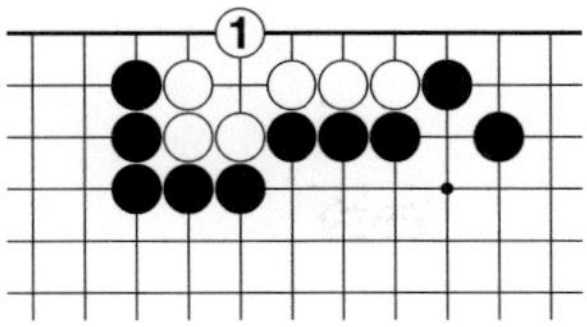

7a. Weiß 1 lebt.

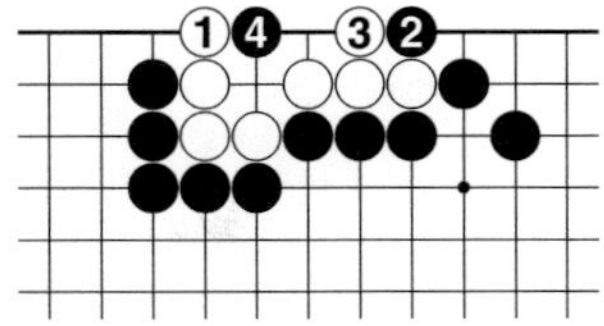

7b. Weiß 1 ist falsch, denn Schwarz 2 und 4 töten.

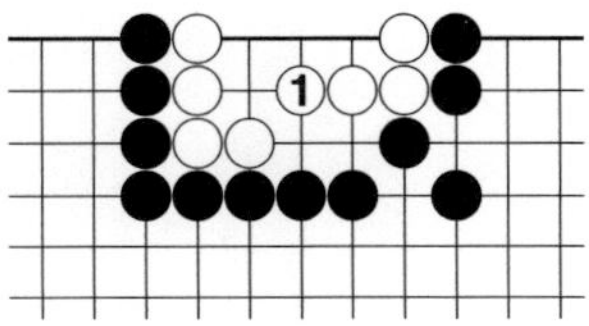

8a. Weiß 1 lebt.

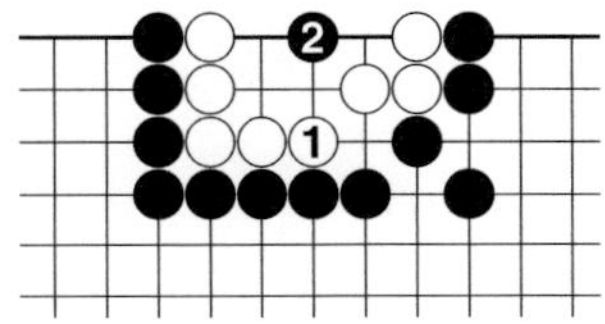

8b. Weiß 1 ist ein Fehler, denn Schwarz 2 tötet.

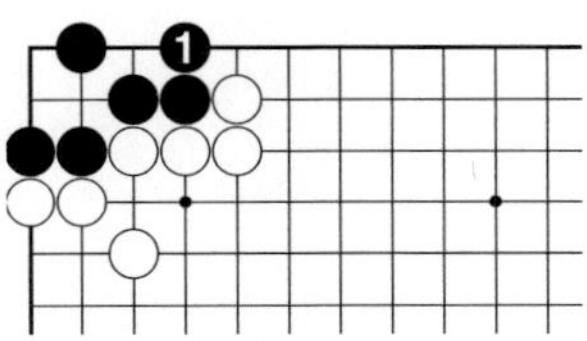

9a. Schwarz kann leben und ...

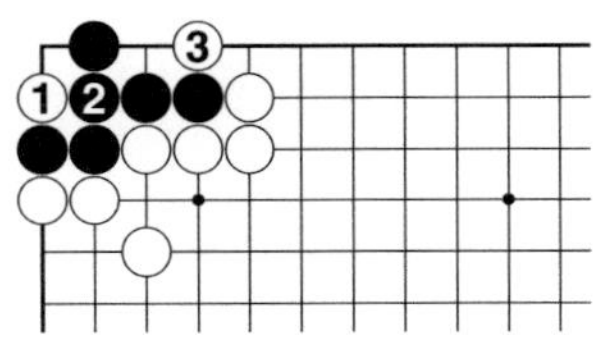

9b. ... Weiß kann töten.

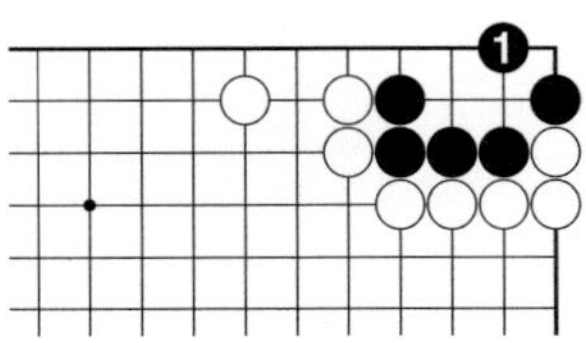

10a. Schwarz kann leben und ...

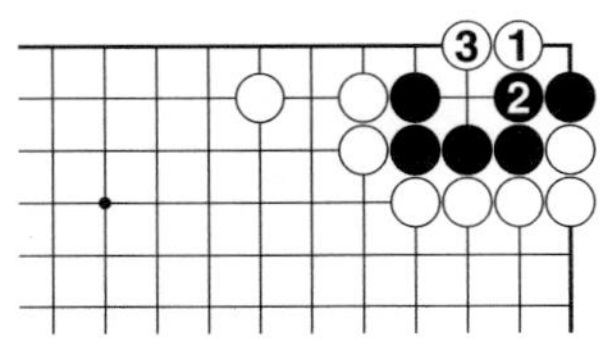

10b. ... Weiß kann töten.

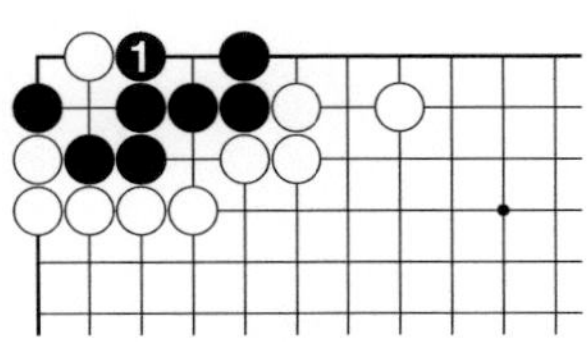

11a. Schwarz kann leben und ...

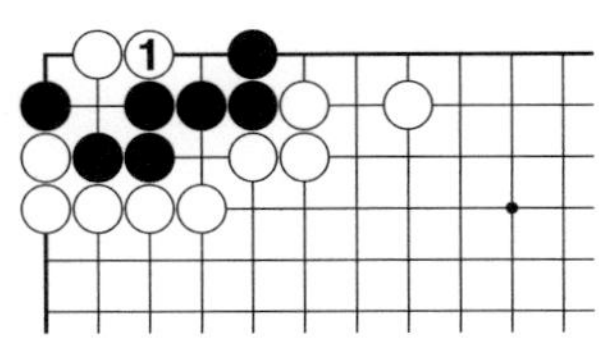

11b. ... Weiß kann töten.

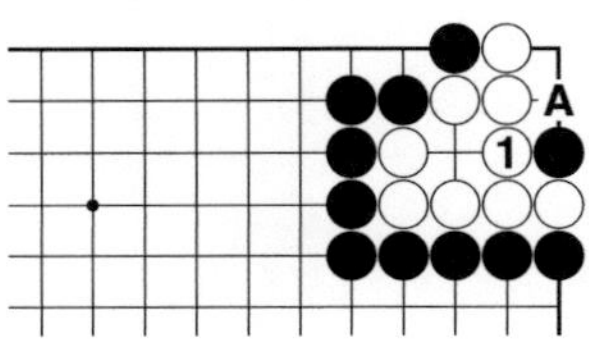

12a. Weiß 1 lebt. (A ist ebenso möglich)

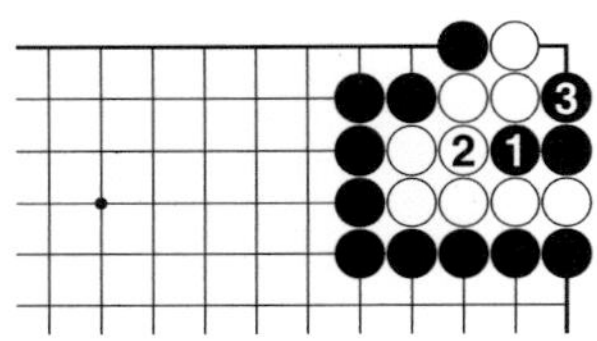

12b. Schwarz 1 und 3 töten.

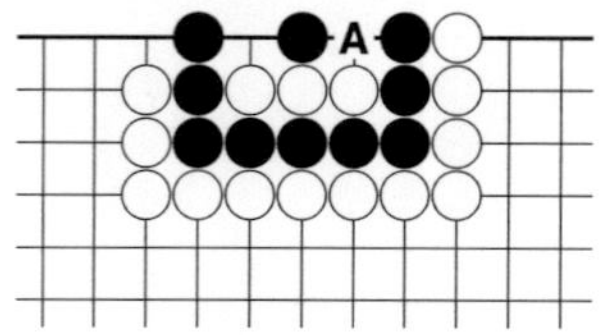

13. Schwarz lebt in Seki, denn keiner kann auf A spielen.

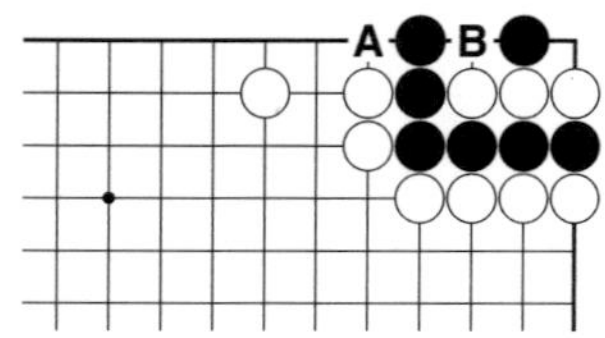

14. Schwarz ist tot, denn Weiß A ist Atari. Auch Schwarz B kann nichts mehr retten.

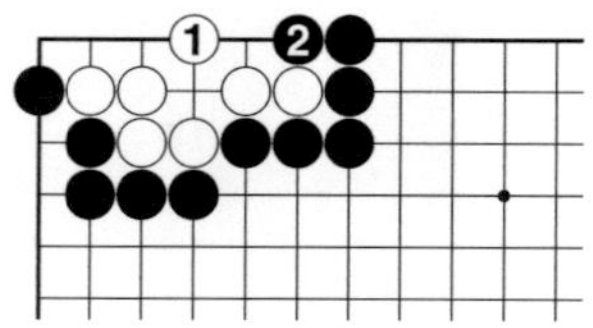

15. Weiß ist tot.

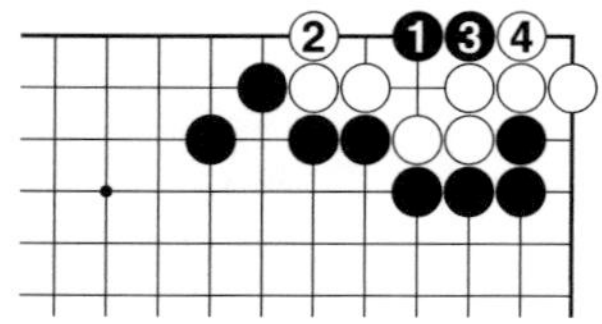

16. Weiß lebt.

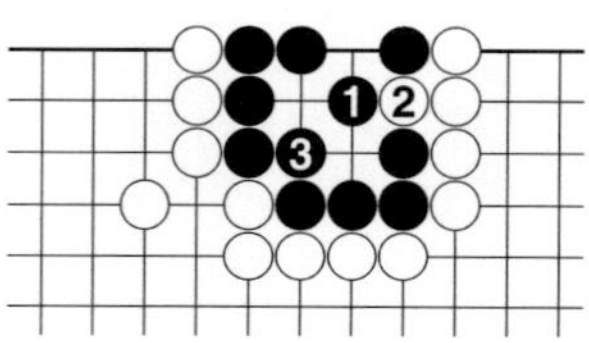

17a. Schwarz lebt mit 1 und 3.

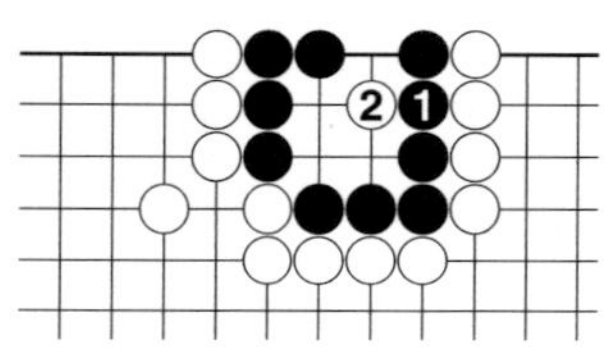

17b. Schwarz 1 ist ein Fehler, denn Weiß 2 tötet.

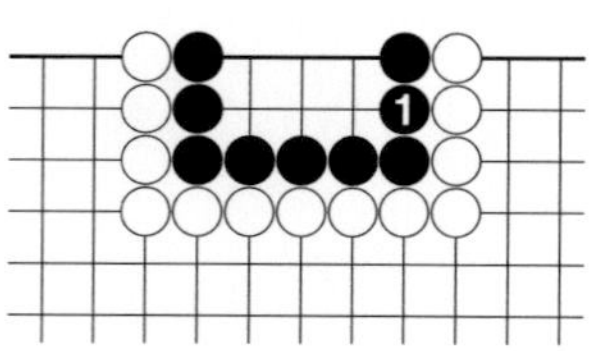

18. Schwarz 1 lebt, denn er bildet eine geschlossene Sechs (vgl. Seite 41).

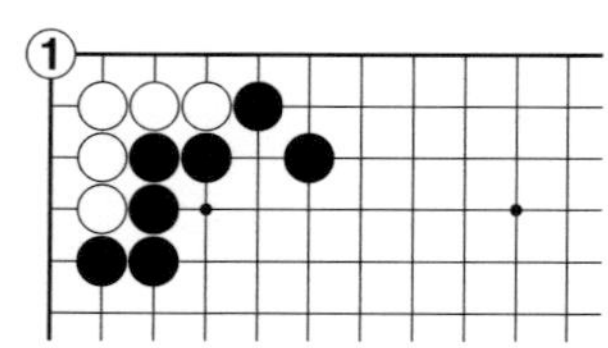

19a. Weiß kann mit 1 leben.

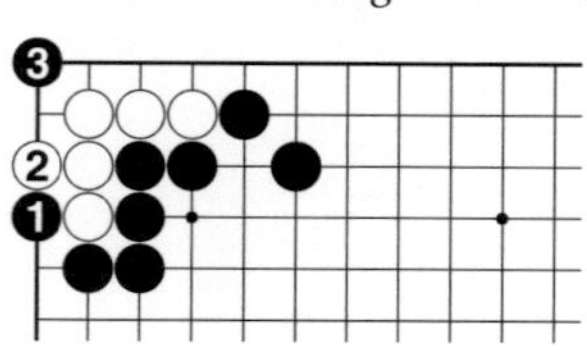

19b. Schwarz kann töten.

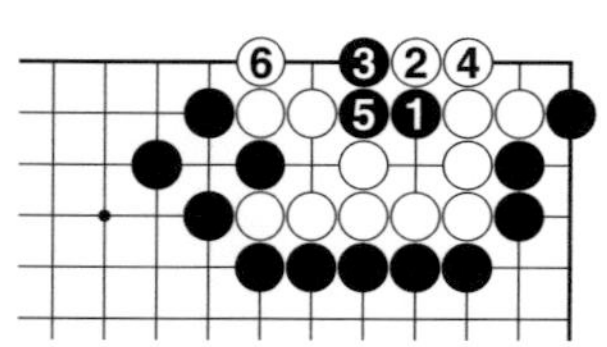

20. Weiß lebt in Seki

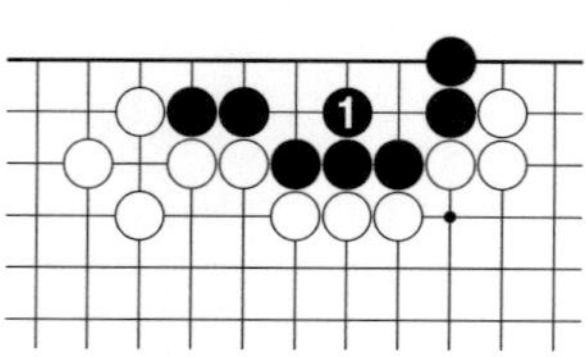

21a. Schwarz kann mit 1 leben.

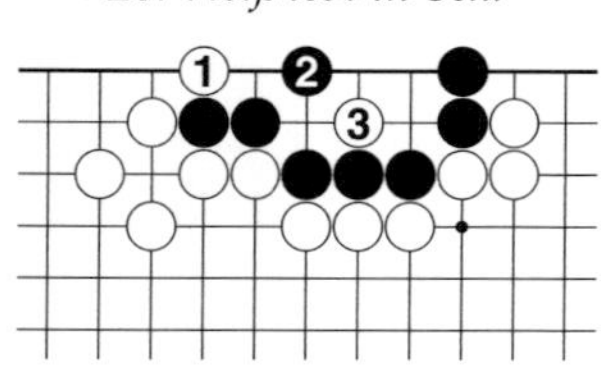

21b. Weiß kann töten.

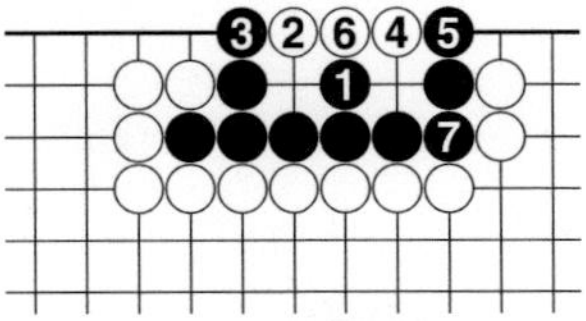

22a. Schwarz lebt mit 1 bis 7 in Seki.

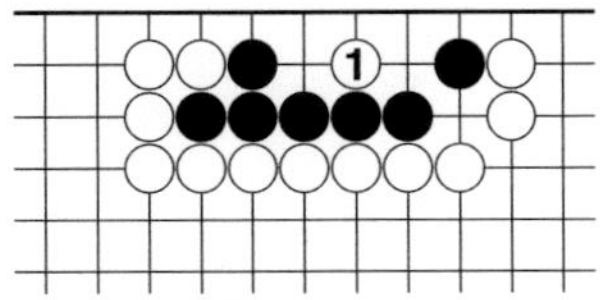

22b. Weiß kann töten.

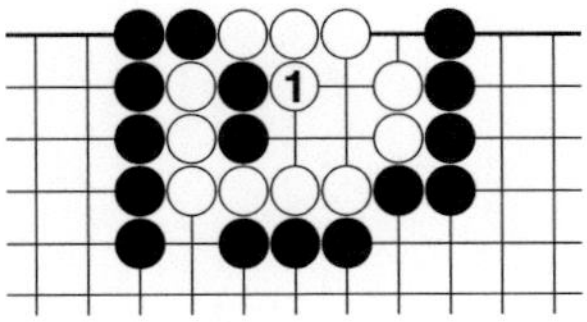

23b. Weiß kann leben und ...

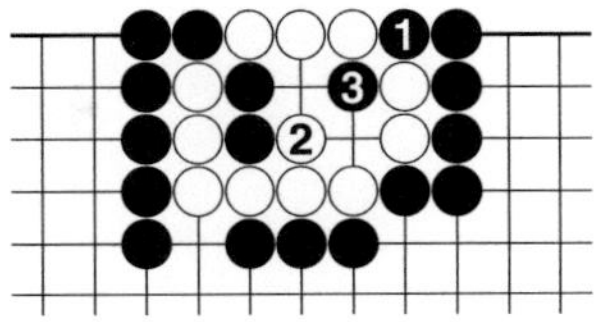

23b. ... Schwarz kann töten.

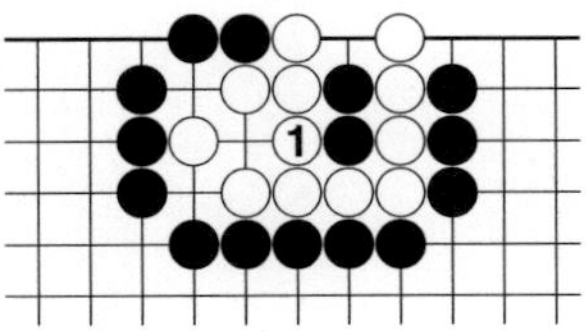

24a. Weiß lebt mit 1.

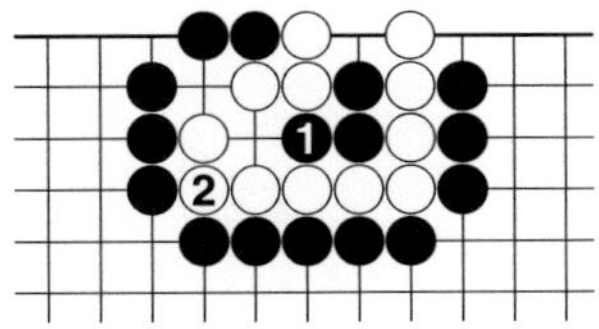

24b. Schwarz 1 führt zu einem Seki (keine Punkte für Weiß).

Kapitel 3
Töten!

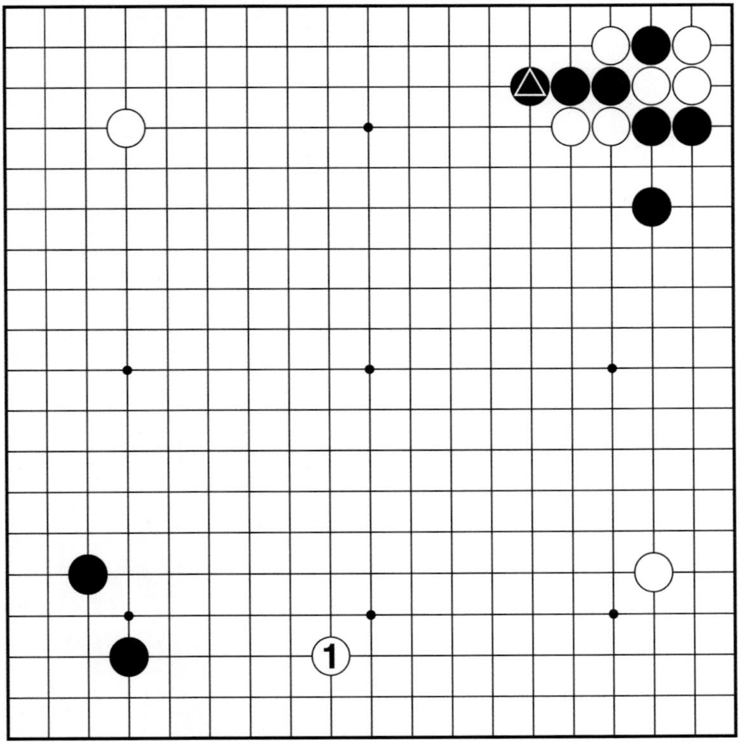

Figur: Turnierpartie zweier Amateure (Marz/Dickfeld, 2004)

In diesem Kapitel geht es ausschließlich darum, Steine und Steingruppen zu töten. Wer mit seinen Steinen sicher leben will, der muss natürlich wissen, wovor er sich in Acht zu nehmen hat. Wer nicht weiß, woher der Angriff kommt oder welcher Art er sein wird, kann sich auch nicht wirksam verteidigen und erlebt so manch böse Überraschung. Wie zum Beispiel der weiße Spieler in der oben gezeigten Partie.

Nachdem Schwarz den markierten Stein gespielt hat, wendet sich Weiß mit 1 dem unteren Brettrand zu. Weiß möchte einer Ausdehnung vom schwarzen Shimari (Eckeinschluss) zuvorkommen und Tempo gewinnen. Wie kann Schwarz diese Eile bestrafen?

1. Hane

Das Hane haben wir bereits kennengelernt, trotzdem ist ihm eine eigene Lektion gewidmet. Wir haben gesehen, wie wichtig die Größe des Augenraums für das Leben einer Gruppe ist. Daraus ergibt sich, dass durch geschicktes Verkleinern des Augenraumes auch Steine getötet werden können. Die wichtigste Technik hierfür ist das Hane, denn nicht umsonst heißt es: **„Der Tod steckt im Hane."**

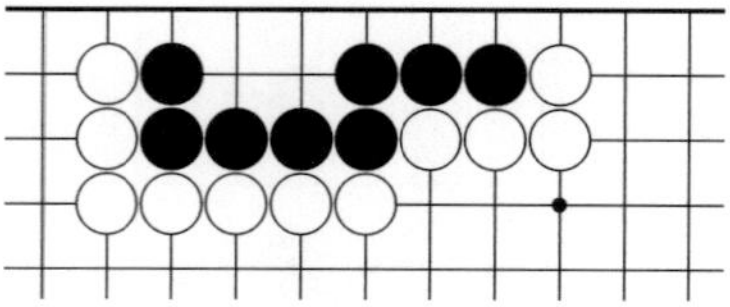

Dia. 1

Dia. 1 Das Sprichwort sagt: Der Tod steckt im Hane. Wie muss Weiß richtig spielen, um die schwarze Gruppe zu töten?

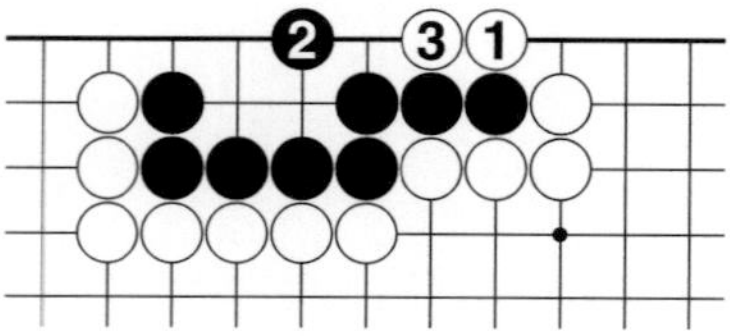

Dia. 2

Dia. 2 Das Hane 1 ist richtig. Wenn Schwarz 2 versucht, den Augenraum in zwei Augen zu unterteilen, verhindert Weiß das Vorhaben mit 3.

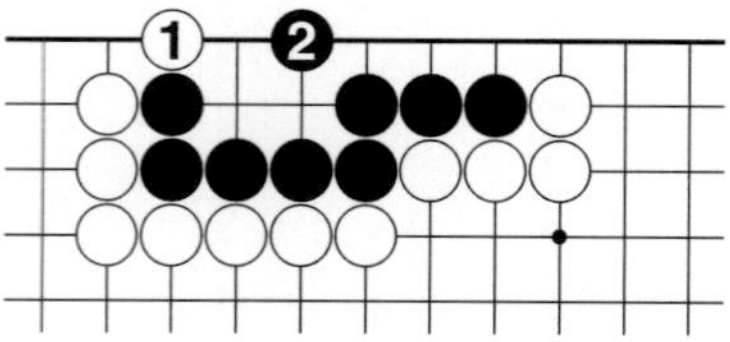

Dia. 3

Dia. 3 Das Hane von links funktioniert nicht, denn nach Schwarz 2 ist der Augenraum unterteilt und Weiß kann nicht verhindern, dass Schwarz zwei Augen bekommt.

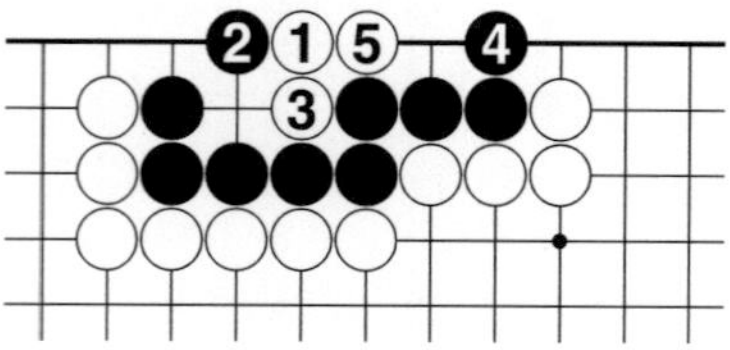

Dia. 4

Dia. 4 Wenn Weiß mit 1 zuerst auf den scheinbar vitalen Punkt spielt, dann erreicht Schwarz in der Abfolge bis 5 ein Seki.

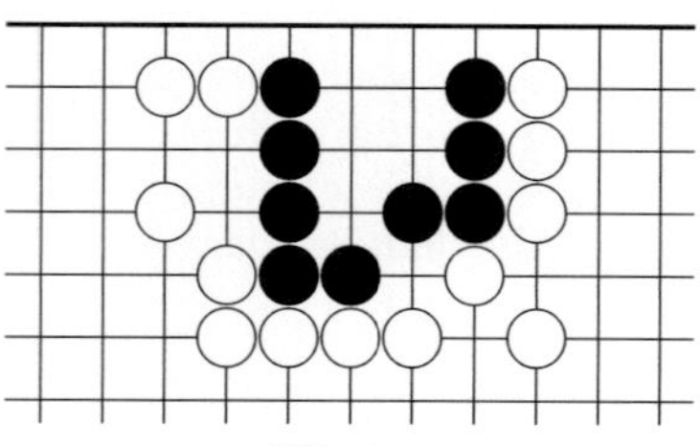

Dia. 5

Dia. 5 Wieder steckt der Tod im Hane, aber in welchem?

Dia. 6 Das Hane von links ist der richtige Weg. In der Folge bis 5 stirbt Schwarz. Den weißen Stein 5 kann Schwarz nicht auf A abschneiden, da Weiß ihn auf B schlagen würde.

Schwarz 2 und 4 sind nur eine mögliche Variante, aber sie zeigen die schärfste Gegenwehr von Schwarz.

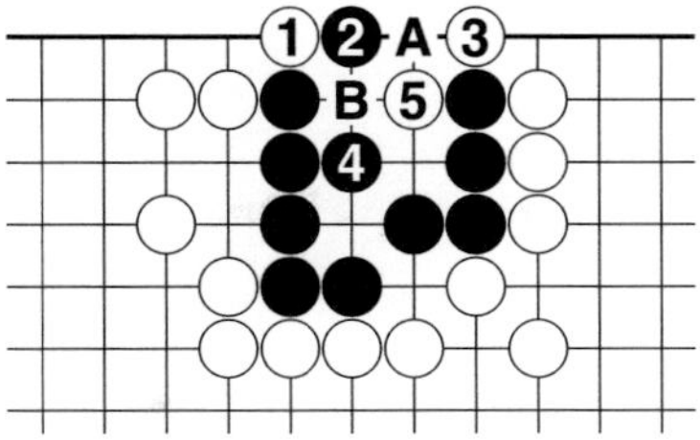

Dia. 6

Dia. 7 Das Hane von rechts führt nicht zum Erfolg, denn Schwarz kontert auf 2 und 4 und lebt mit „Vier in einer Reihe".

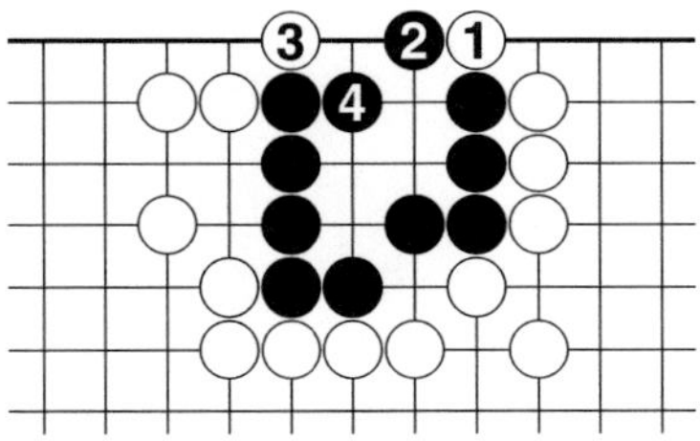

Dia. 7

Dia. 8 Auch der Angriff von Weiß 1 bis 5 in diesem Diagramm bringt keinen Erfolg. Nach 6 lebt Schwarz in Seki.

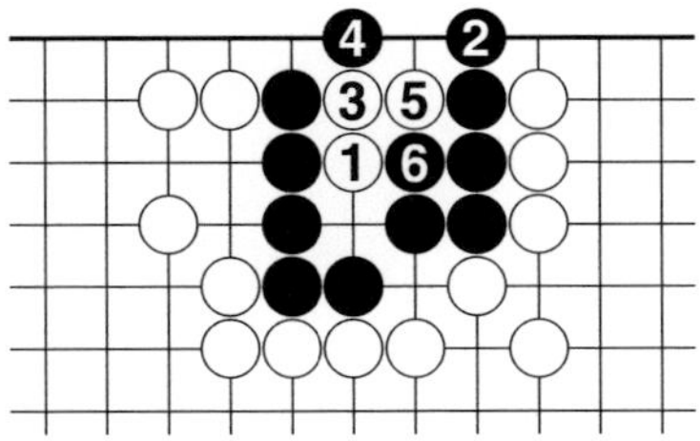

Dia. 8

Aufgaben

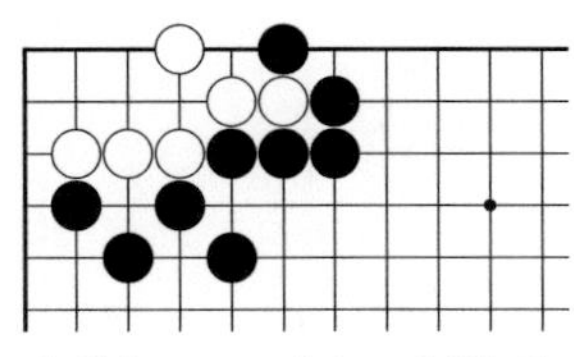

1. Schwarz setzt und tötet!

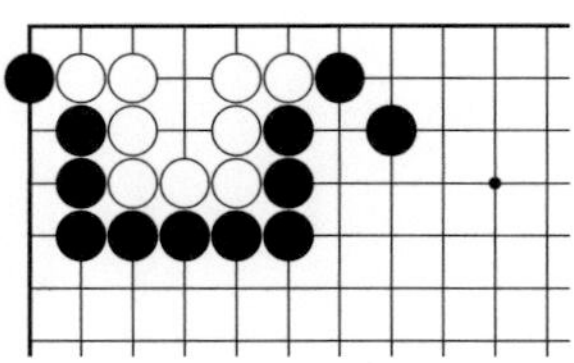

2. Schwarz setzt und tötet!

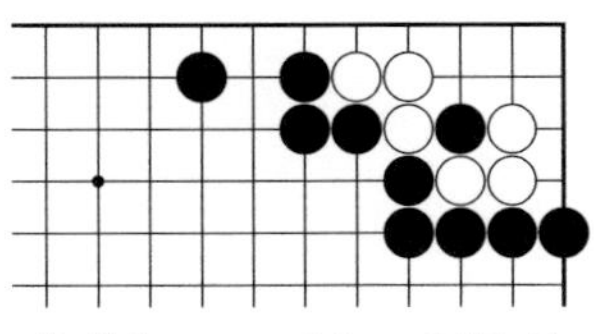

3. Schwarz setzt und tötet!

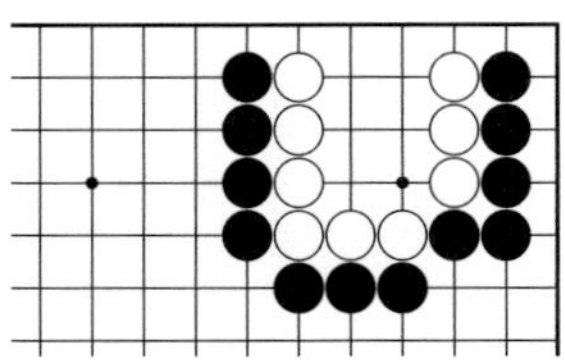

4. Schwarz setzt und tötet!

Antworten

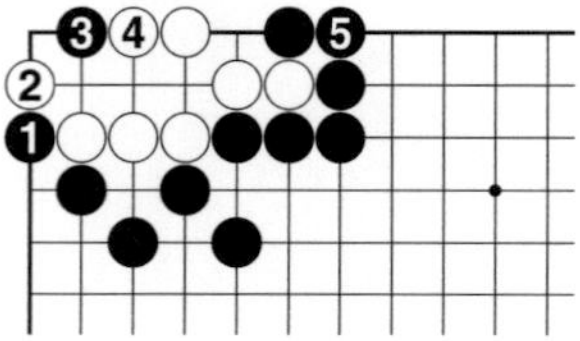

Dia. 1a

Lösung 1

Dia. 1a Das Hane 1 reduziert den weißen Augenraum und nach Schwarz 3 und 5 hat Weiß keine passende Antwort mehr.

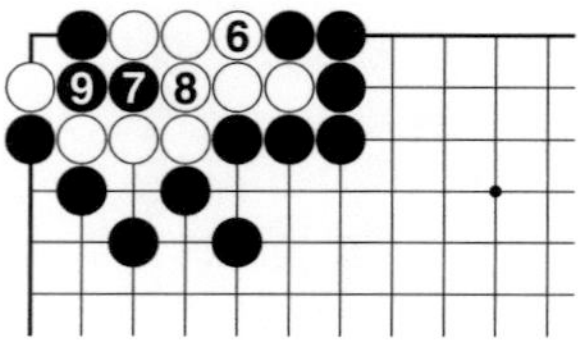

Dia. 1b

Dia. 1b Wenn Weiß mit 6 leben möchte, dann gibt Schwarz das Atari 7. Nachdem Weiß auf 8 verbunden hat, spielt Schwarz auf 9 und Weiß ist tot.

Die drei schwarzen Steine mit 10 zu schlagen, ist aussichtslos, denn Schwarz 11 auf 9 tötet. Weiß 6 auf 9 beantwortet Schwarz mit 7 auf 8.

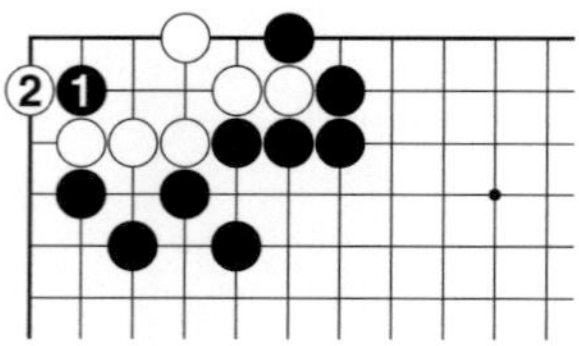

Dia. 1c

Dia. 1c Das Anlegen mit Schwarz 1 ist ein Fehler. Weiß spielt jetzt selbst ein Hane und lebt. Schwarz kann das weiße Leben nicht mehr verhindern.

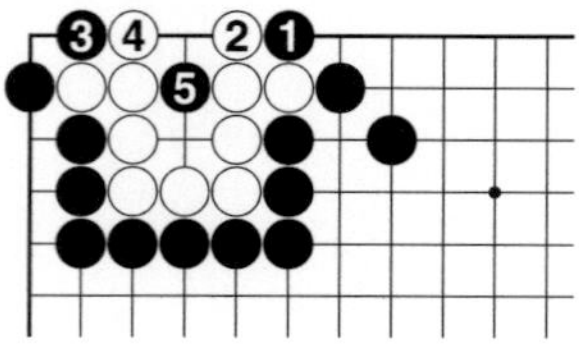

Dia. 2a

Lösung 2

Dia. 2a Schwarz spielt zweimal Hane, erst 1 und dann 3, um den Augenraum zu reduzieren. Mit 5 besetzt er schließlich den vitalen Punkt.

Man beachte, dass Schwarz nicht zuerst das Hane auf 3 spielen darf. Verteidigt Weiß auf 1 gibt es keine Möglichkeit, Weiß zu töten.

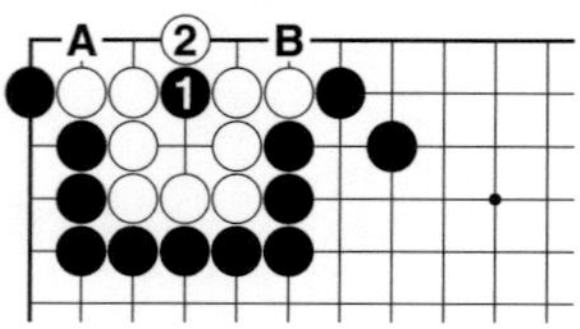

Dia. 2b

Dia. 2b Schwarz darf nicht den Fehler machen, erst in der Mitte der symmetrischen Stellung zu spielen. Denn nach Weiß 2 sind die Punkte A und B Miai auf Leben.

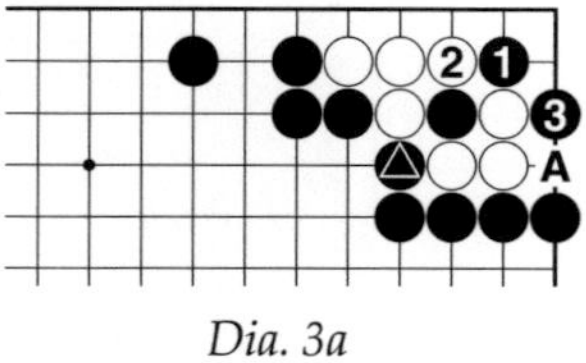

Dia. 3a

Lösung 3

Dia. 3a Schwarz 1 ist das Hane. Nach Schwarz 3 kann Weiß auf Grund des markierten schwarzen Steines nicht auf A spielen, um das Anbinden zu verhindern.

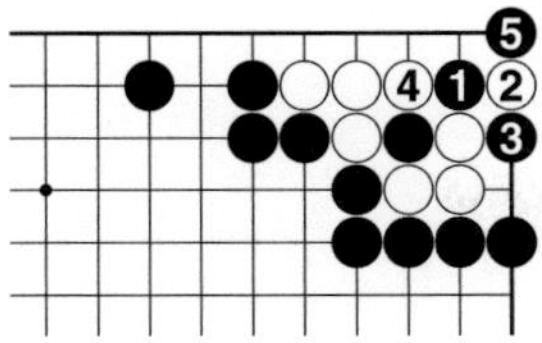

Dia. 3b

Dia. 3b Weiß 2 in diesem Diagramm ist auch keine effektive Gegenwehr. Schwarz 3 wirft ein und zwingt Weiß, einen Stein zu schlagen.

Danach schlägt Schwarz einen Stein und Weiß kann die Verbindung wieder nicht unterbinden.

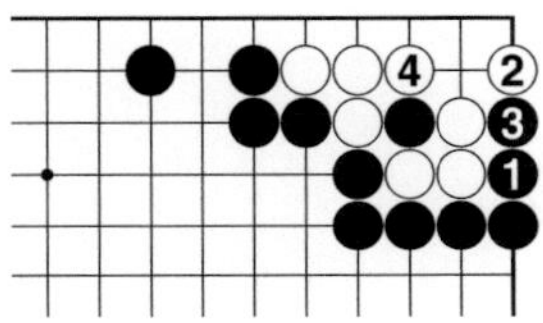

Dia. 3c

Dia. 3c Einfach nur mit Schwarz 1 in das weiße Gebiet zu laufen ist falsch, denn Weiß 2 sichert Leben indem er das Aji (Potenzial) des einzelnen schwarzen Steins eliminiert. Nach Schwarz 3 schlägt Weiß auf 4 und lebt.

Lösung 4

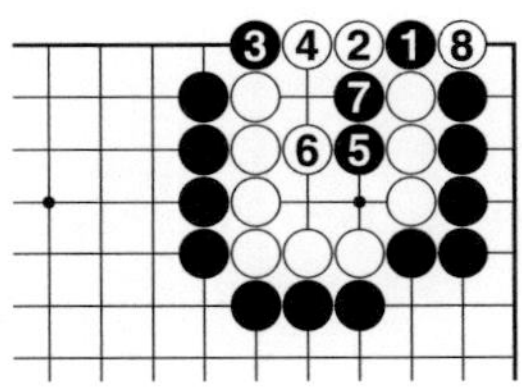

Dia. 4a

Dia. 4a Schwarz spielt zuerst die Hane 1 und 3. Danach besetzt er den Schlüsselpunkt 5 und gibt mit 7 Atari. Weiß 8 schlägt einen Stein.

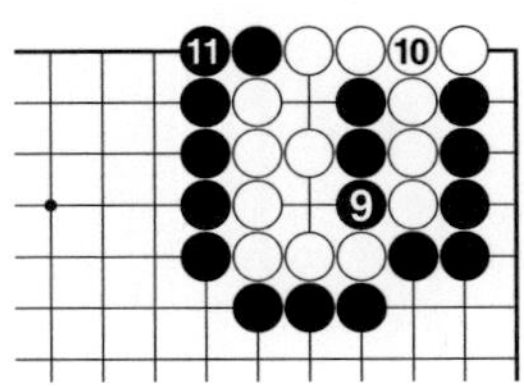

Dia. 4b

Dia. 4b Schwarz 9 gibt wieder Atari. Deckt Weiß auf 10, dann verbindet Schwarz auf 11 und Weiß ist tot.

Man beachte, dass auf Grund des Schnittes bei 9 hier kein Seki entstehen kann.

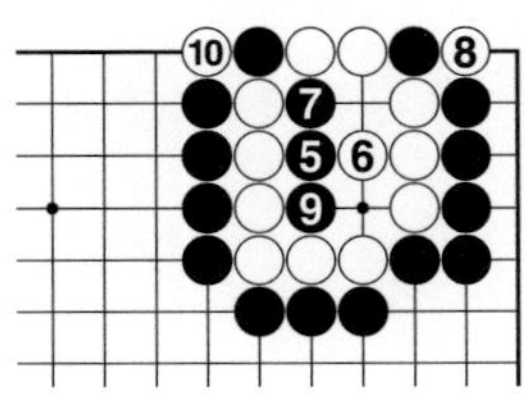

Dia. 4c

Dia. 4c Wenn Schwarz mit 5 den falschen Punkt spielt, dann entsteht in der Abfolge bis 10 ein Seki.

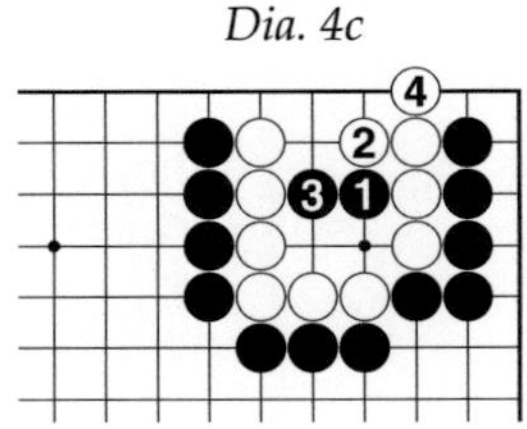

Dia. 4d

Dia. 4d Mit Schwarz 1 sofort in die weiße Gruppe zu spielen, ist voreilig, denn Weiß pariert mit 2.

Wenn Weiß auf 4 streckt, lebt die Gruppe bereits.

2. Unechte Augen

Nachdem schon gezeigt wurde, wie wichtig die Größe des Augenraums für das Leben einer Gruppe ist und wie durch geschicktes Reduzieren desselben die Steine getötet werden können, wird nun eine andere Technik vorgestellt: Das Ausstechen oder das „Falsch machen" von Augen. Oft haben Gruppen bereits ein sicheres Auge. Dann ist es das Ziel, ein zweites Auge zu verhindern.

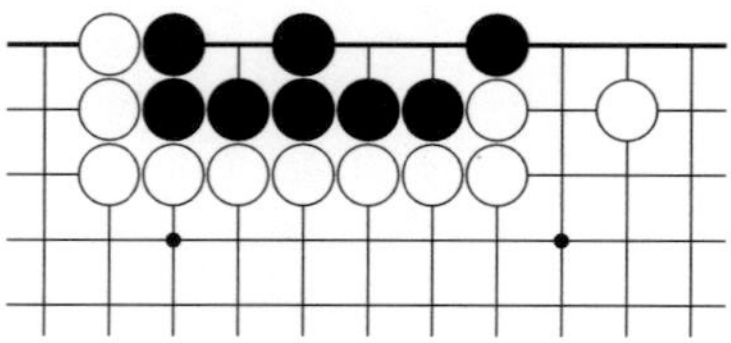

Dia. 1

Dia. 1 Die schwarze Gruppe ist noch nicht lebendig, denn sie hat bisher nur ein echtes Auge. Wie muss Weiß spielen, um Schwarz zu töten?

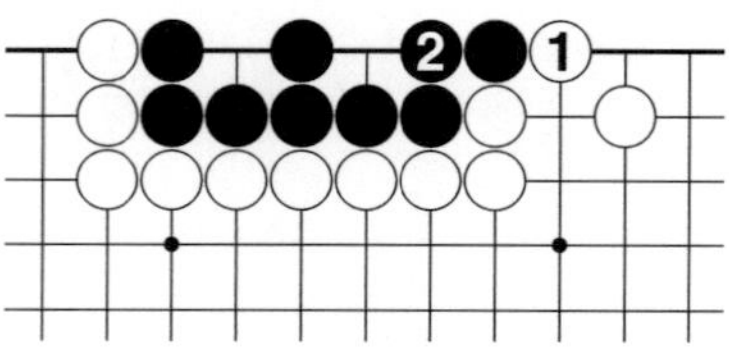

Dia. 2

Dia. 2 Weiß 1 zwingt hier Schwarz dazu, mit 2 das zweite Auge zu machen. Schwarz lebt und Weiß hat keine Chance mehr zu töten.

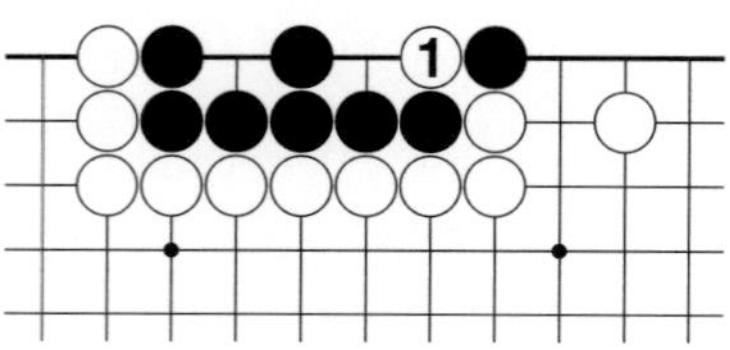

Dia. 3

Dia. 3 Das Einwerfen mit Weiß 1 verhindert ein zweites, echtes Auge. Schwarz ist tot. Weiß 1 erzeugt ein **unechtes Auge**.

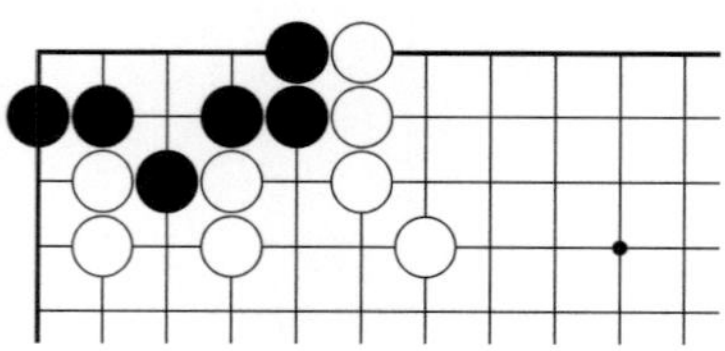

Dia. 4

Dia. 4 Die Stellung von Schwarz hat eine Schwachstelle.

Wie muss Weiß diese ausnutzen, um die schwarzen Steine zu töten?

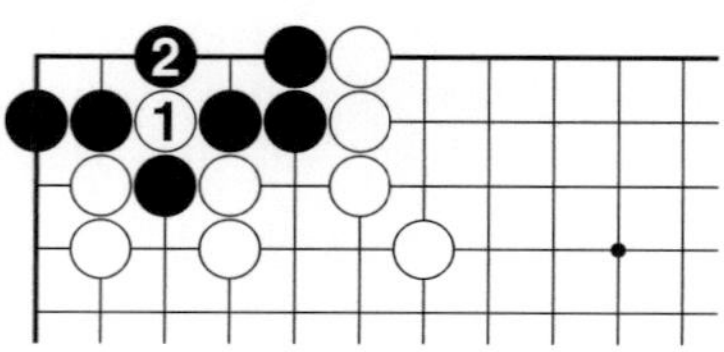

Dia. 5

Dia. 5 Weiß 1 ist falsch, denn mit 2 besetzt Schwarz den vitalen Punkt und lebt.

Dia. 6 Weiß muss selbst den vitalen Punkt mit 1 besetzen. Wenn Schwarz jetzt auf 2 deckt, dann verhindert Weiß mit 3 zwei Augen.

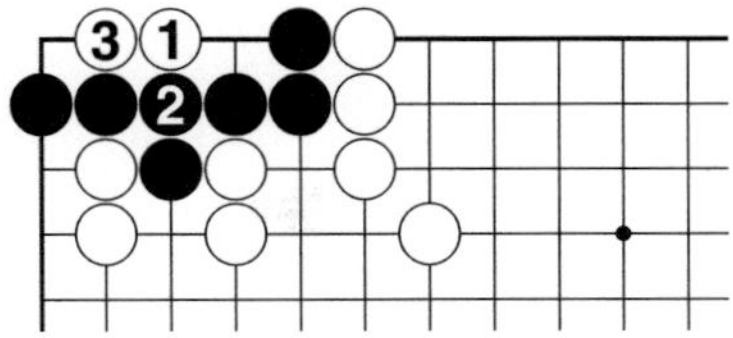

Dia. 6

Dia. 7 Antwortet Schwarz mit 2, wie in diesem Diagramm, dann macht er in der Ecke ein sicheres Auge. Weiß 3 nutzt jedoch die Schwäche in der schwarzen Stellung aus. Nach dem Schlagen durch Schwarz 4 ...

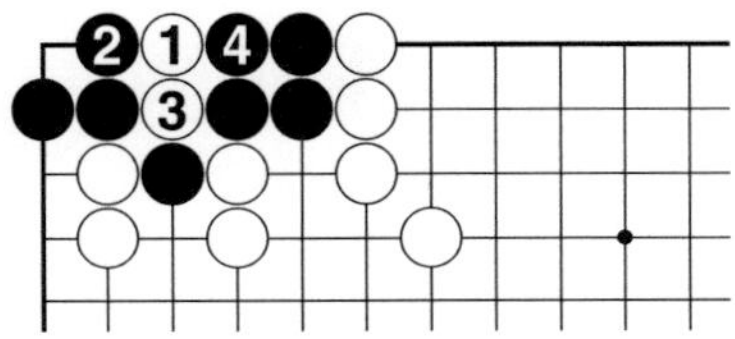

Dia. 7

Dia. 8 ... spielt Weiß auf 5 und macht so das zweite Auge unecht.

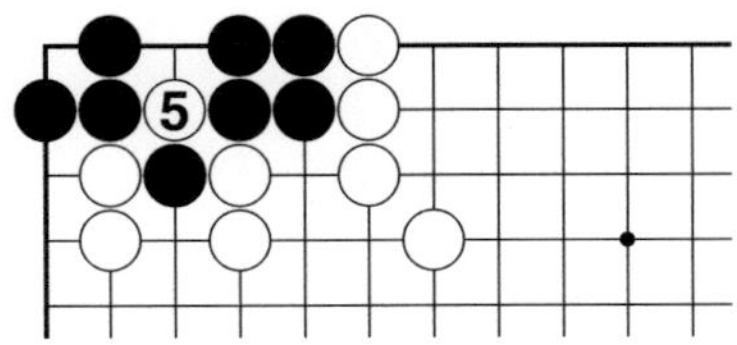

Dia. 8

Aufgaben

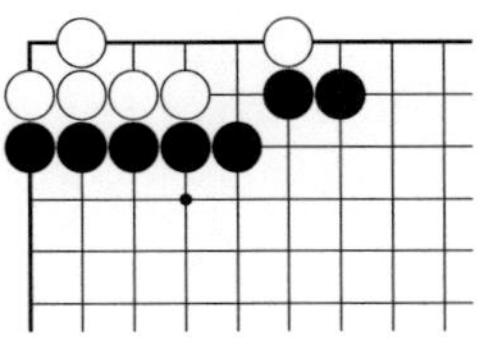

1. Schwarz setzt und tötet!

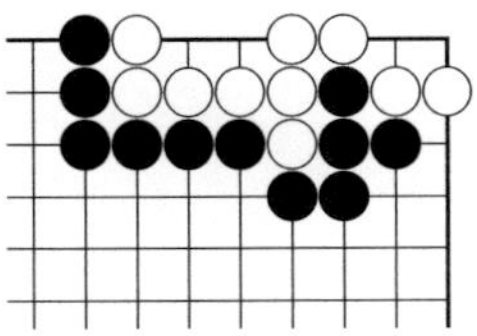

4. Schwarz setzt und tötet!

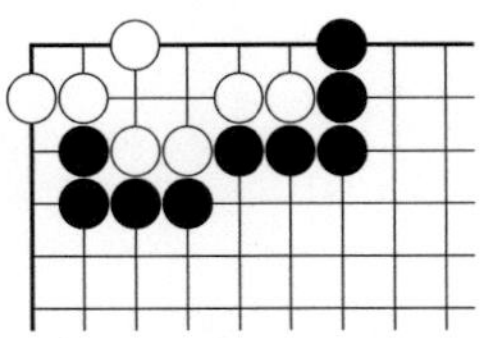

2. Schwarz setzt und tötet!

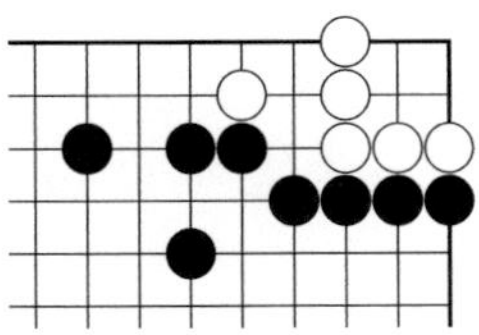

5. Schwarz setzt und tötet!

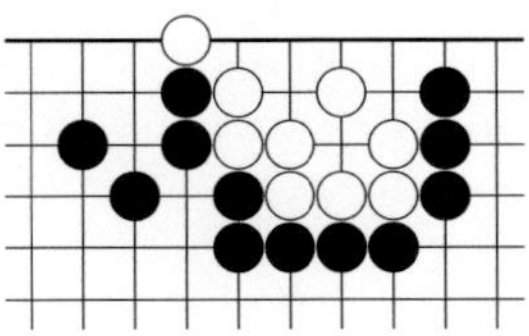

3. Schwarz setzt und tötet!

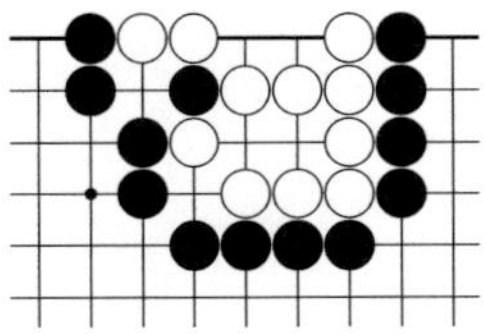

6. Schwarz setzt und tötet!

Antworten

Lösung 1

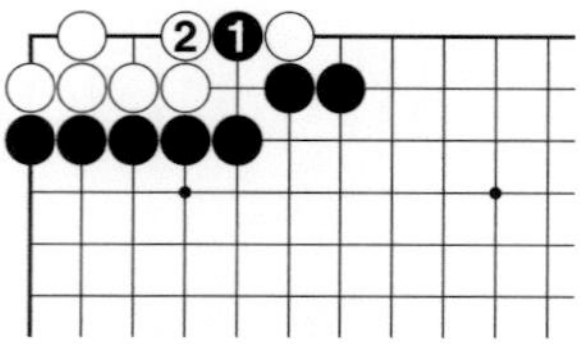

Dia. 1a

Dia. 1a Schwarz 1 schneidet zwar einen Stein ab, lässt aber die weiße Ecke leben.

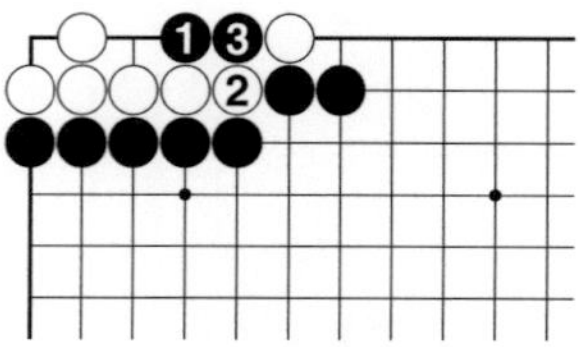

Dia. 1b

Dia. 1b Um die weiße Ecke zu töten, ist Schwarz 1 der richtige Weg. Nach Weiß 2 streckt Schwarz auf 3 und verhindert das zweite Auge.

Schlägt Weiß die zwei schwarzen Steine, dann setzt Schwarz wieder auf 3.

Lösung 2

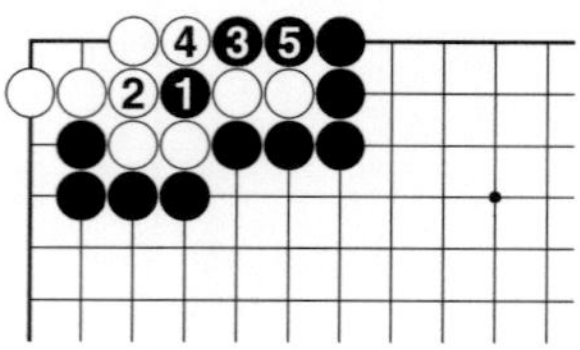

Dia. 2a

Dia. 2a Das Atari 1 beginnt die korrekte Abfolge. Nach Schwarz 5 hat Weiß nur ein echtes Auge und keine Aussicht auf ein zweites.

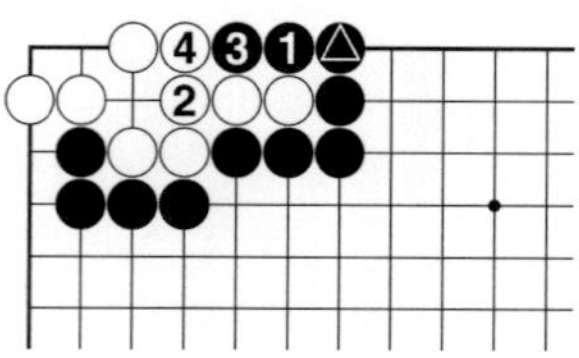

Dia. 2b

Dia. 2b Schwarz 1 in diesem Diagramm ist ein Fehler, denn Weiß 2 sichert Leben. Die Präsenz des markierten, schwarzen Steins wird hier also nicht richtig ausgenutzt.

Lösung 3

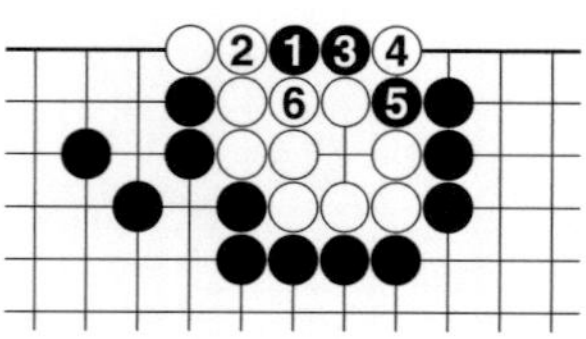

Dia. 3a (S7 auf 3)

Dia. 3a Schwarz 1 besetzt den Schlüsselpunkt. Wenn Weiß in der Abfolge bis 6 den schwarzen Stein schlägt, dann wirft Schwarz mit 7 wieder auf 3 ein und macht so das Auge unecht.

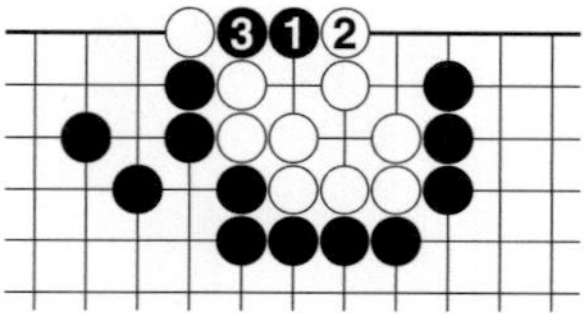

Dia. 3b

Dia. 3b Versucht Weiß den Angriff mit 2 von der anderen Seite abzuwehren, dann antwortet Schwarz auf 3.

Sobald Weiß die beiden schwarzen Steine schlägt wird Schwarz wieder auf 3 einwerfen. Weiß ist tot.

Lösung 4

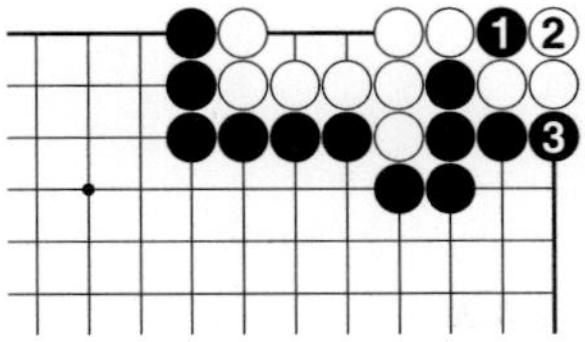

Dia. 4a

Dia. 4a Das Einwerfen mit Schwarz 1 ist richtig, denn es erzeugt ein unechtes Auge. Das Schlagen mit Weiß 2 ist chancenlos, da Schwarz 3 Atari auf die drei Steine in der Ecke ist.

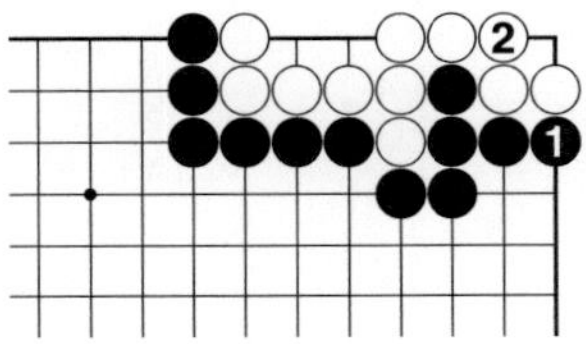

Dia. 4b

Dia. 4b Schwarz 1 hier ist falsch, denn er gibt Weiß Zeit, um mit 2 die Schwäche zu beseitigen.

Lösung 5

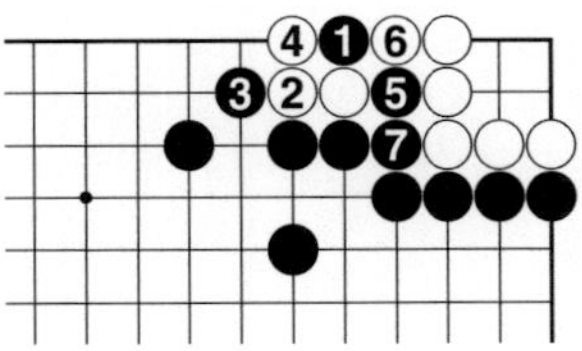

Dia. 5a

Dia. 5a Schwarz 1 ist der Schlüsselpunkt in dieser Stellung. Schwarz 3 verhindert, dass Weiß am Rand entkommt. Weiß 4 und 6 werden mit Schwarz 5 und 7 beantwortet, die kein echtes Auge entstehen lassen.

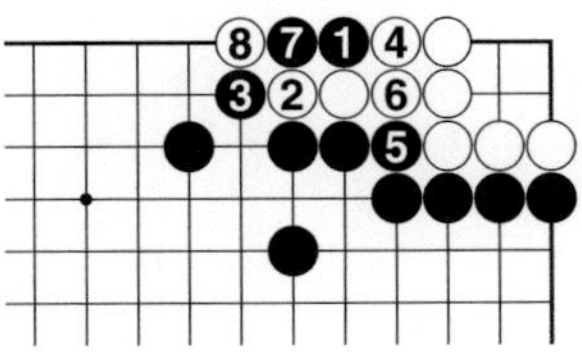

Dia. 5b (S9 auf 7)

Dia. 5b Spielt Weiß auf 4 in diesem Diagramm, dann verhindern Schwarz 5 und 7 das Auge. Nach dem Schlagen auf 8 wirft Schwarz 9 wieder auf 7 ein – Weiß ist tot.

Schwarz 1 nur auf 2 zu spielen, ist ein Fehler. Weiß antwortet auf 1 und kann dann nicht mehr getötet werden.

Lösung 6

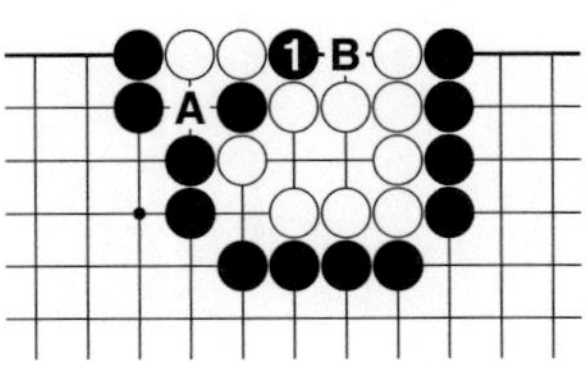

Dia. 6a

Dia. 6a Schwarz stellt mit 1 eine Mausefalle auf, wodurch das Schlagen von Weiß auf A hinfällig wird. Schlägt Weiß stattdessen auf B, dann spielt Schwarz selbst auf A.

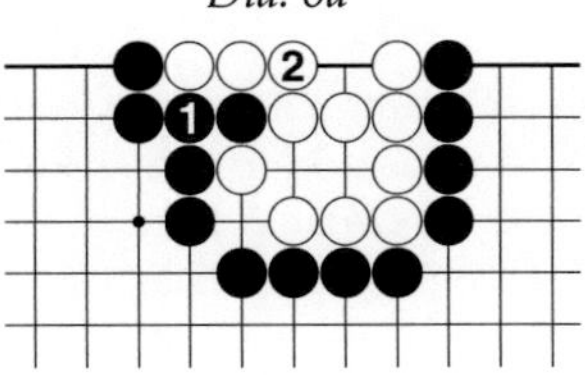

Dia. 6b

Dia. 6b Schwarz 1 verpasst hier die Chance, die weiße Gruppe zu töten. Nach Weiß 2 haben die weißen Steine zwei sichere Augen.

3. Mangel an Freiheiten

Freiheiten sind in Sachen Leben und Tod häufig wichtiger als Formen. Gruppen sterben, weil sie eine bestimmte Verbindung nicht herstellen können oder einen wichtigen Punkt nicht besetzen können. In diesem Abschnitt wird das Problem von **Damezumari** (Mangel an Freiheiten) näher betrachtet.

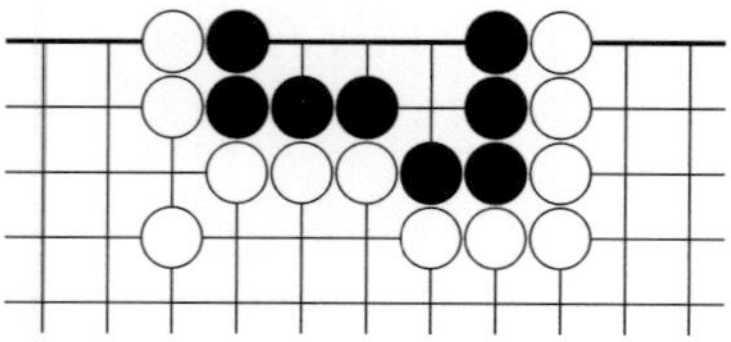

Dia. 1

Dia. 1 In dieser Stellung schließt Schwarz wieder vier Punkte in einer Reihe ein. Aber Weiß kann die Gruppe dennoch töten.

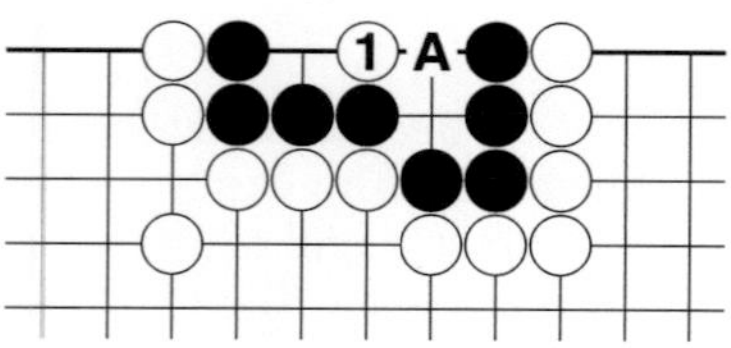

Dia. 2

Dia. 2 Weiß 1 ist der Schlüsselpunkt. Schwarz kann nicht auf A spielen, um ein zweites Auge zu bilden, denn er würde sich selbst in Atari setzen.

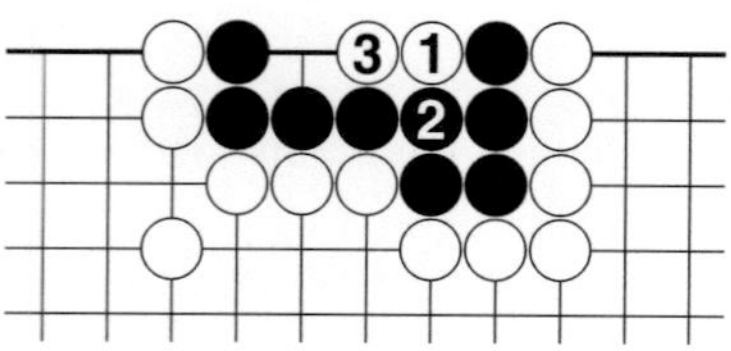

Dia. 3

Dia. 3 Weiß kann auch das Atari 1 spielen. Nach dem Decken auf 2 muss Weiß noch einmal auf 3 spielen.

In Diagramm 2 ist Schwarz dagegen sofort tot.

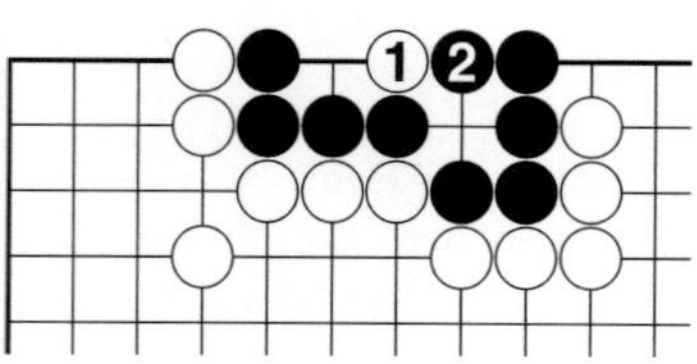

Dia. 4

Dia. 4 Das Damezumari-Problem entsteht für Schwarz erst mit dem Besetzen der letzten Außenfreiheit.

Ist eine solche Freiheit noch vorhanden, kann Schwarz den weißen Angriff auf 1 mit 2 abwehren.

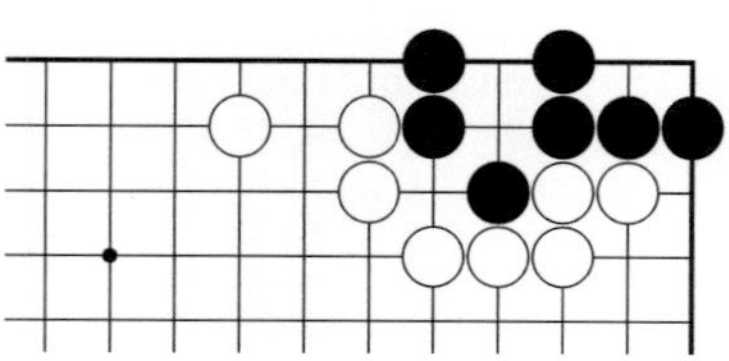

Dia. 5

Dia. 5 Im Endspiel versuchen die Spieler, die letzten Punkte herauszuholen. Gerade hier werden die letzten Freiheiten besetzt, die für das Leben der Gruppen notwendig sind.

Dia. 6 Das Endspiel Schwarz 1, Weiß 2 ist keine Vorhand (Sente) für Schwarz. Schwarz verliert durch diesen Abtausch eine Freiheit. Jetzt gibt es eine Schwäche in der schwarzen Stellung.

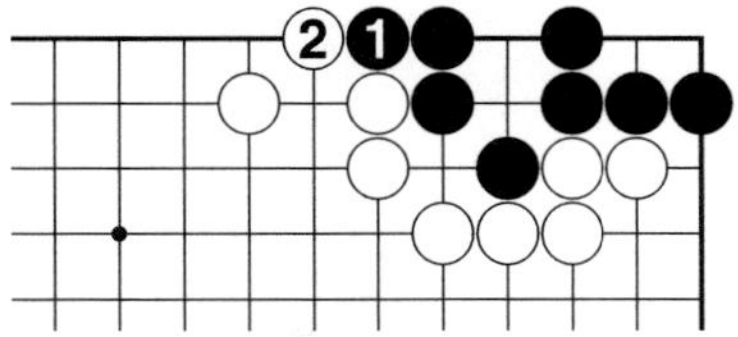

Dia. 6

Dia. 7 Wenn Schwarz diese Schwäche nicht sofort beseitigt, dann wird Weiß mit 1 töten. Schwarz kann mangels Freiheiten nicht auf A decken.

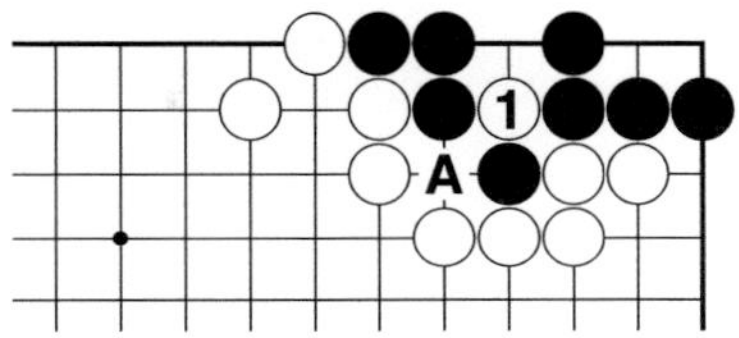

Dia. 7

Dia. 8 Schlägt Schwarz mit 1 den markierten Stein, dann spielt Weiß das Atari 2 und macht das zweite Auge unecht.

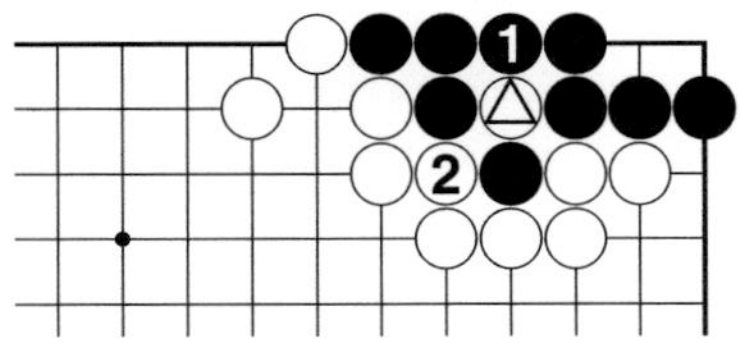

Dia. 8

Aufgaben

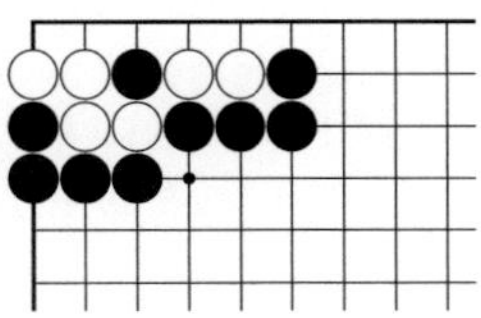

1. Schwarz setzt und tötet!

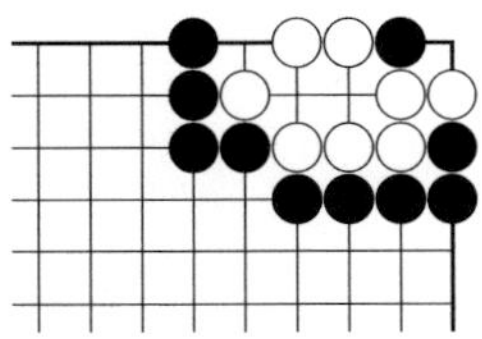

4. Schwarz setzt und tötet!

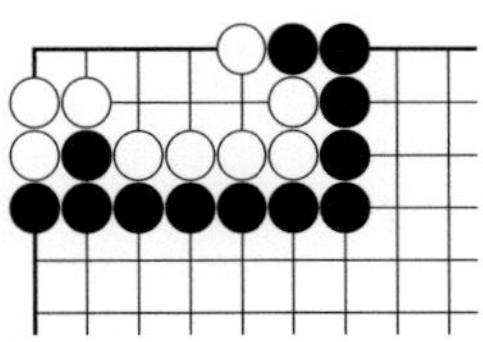

2. Schwarz setzt und tötet!

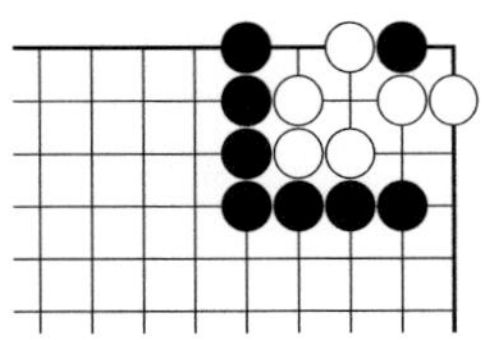

5. Schwarz setzt und tötet!

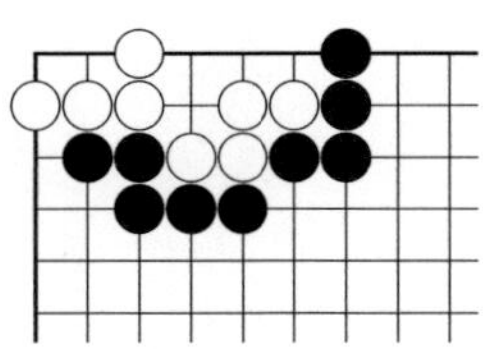

3. Schwarz setzt und tötet!

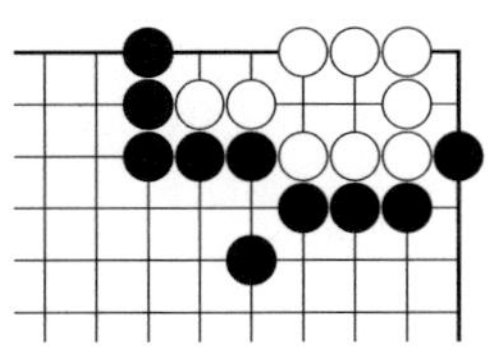

6. Schwarz setzt und tötet!

Antworten

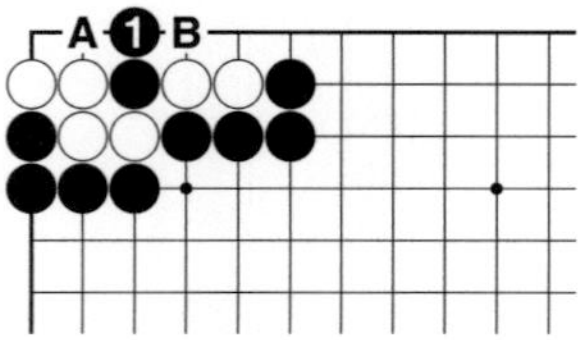

Dia. 1a

Lösung 1

Dia. 1a Das Strecken auf 1 ist entscheidend, denn Weiß kann jetzt mangels Freiheiten nichts ausrichten. Weiß setzt sich nur selbst in Atari, wenn er auf A oder B spielt.

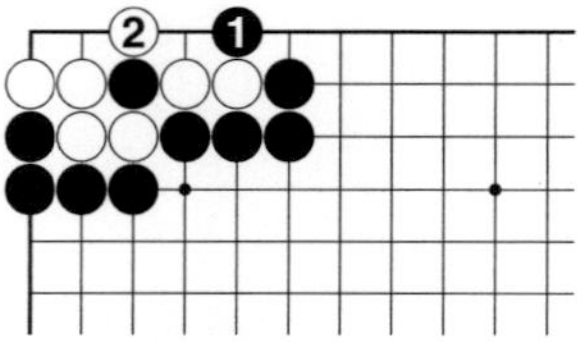

Dia. 1b

Dia. 1b Das Hane 1 ist ein Fehler, denn Weiß 2 sichert durch das Schlagen des schwarzen Steins zwei Augen.

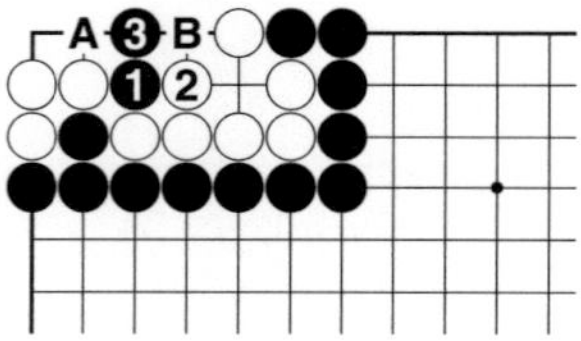

Dia. 2a

Lösung 2

Dia. 2a Schwarz 1 schneidet, Weiß gibt mit 2 Atari und nach dem Strecken auf 3 kann sich Weiß mangels Freiheiten weder auf A noch auf B annähern.

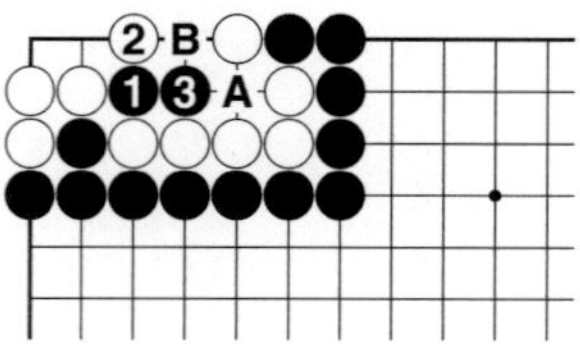

Dia. 2b

Dia. 2b Versucht Weiß das Atari 2 von der anderen Seite, dann streckt Schwarz auf 3 und gibt selbst Atari auf fünf Steine. Weiß kann nicht auf A decken, denn dann wird er auf B geschlagen – wieder Damezumari.

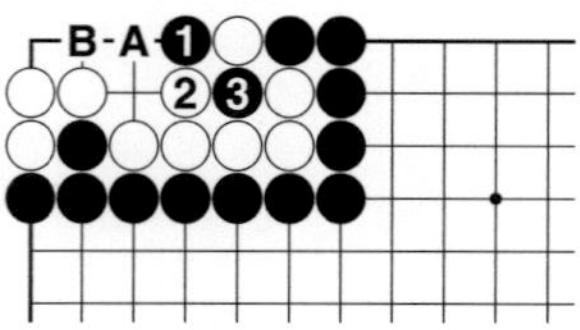

Dia. 2c

Dia. 2c Schwarz 1 in diesem Diagramm bringt Weiß ebenfalls in arge Bedrängnis. Aber Weiß erreicht mit 2 noch ein Ko.

Ungeachtet der lokalen Ko-Drohung A, die Weiß auf B beantworten muss, sind die Varianten in den beiden vorhergehenden Diagrammen besser für Schwarz.

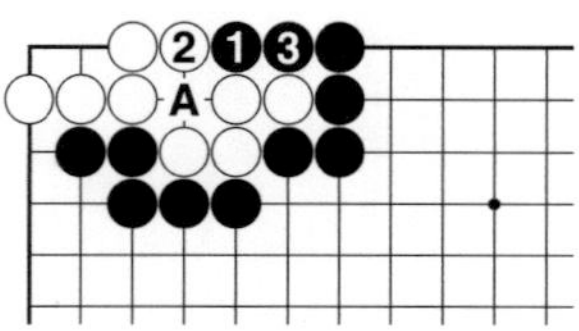

Dia. 3

Lösung 3

Dia. 3 Schwarz 1 ist der Schlüsselpunkt. Weiß kann mangels Freiheiten den schwarzen Stein nicht auf 3 abschneiden. Nach Weiß 2 gibt Schwarz das Atari 3 und das Auge ist unecht.

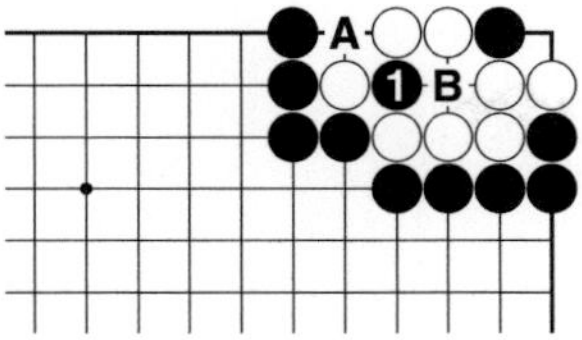

Dia. 4a

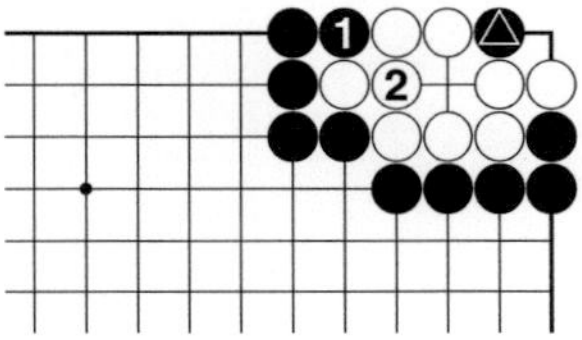

Dia. 4b

Lösung 4

Dia. 4a Das Einwerfen mit Schwarz 1 ist richtig. Weiß kann jetzt auf Grund von Damezumari nicht auf A spielen. Schlägt Weiß den schwarzen Stein mit B, dann antwortet Schwarz auf A.

Dia. 4b Schwarz 1 in diesem Diagramm ist nicht richtig, denn er zieht keinen Nutzen aus dem markierten, schwarzen Stein.

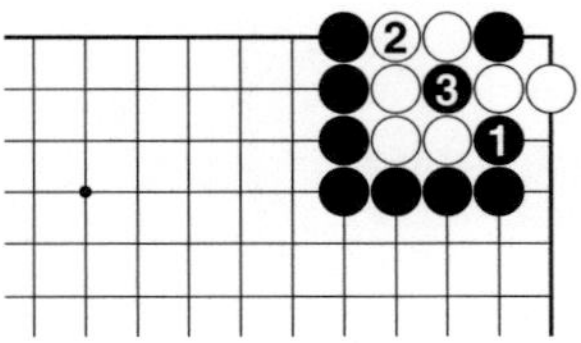

Dia. 5a

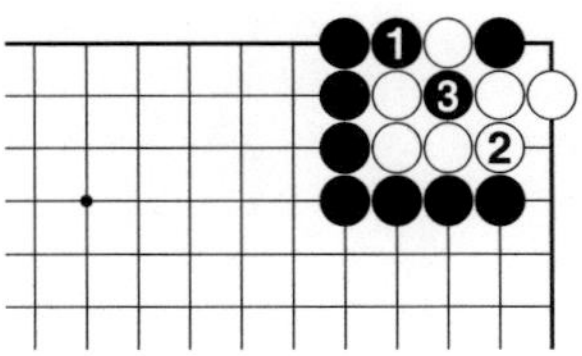

Dia. 5b

Lösung 5

Dia. 5a Schwarz 1 ist der Schlüsselpunkt in dieser Stellung. Der Versuch, mit Weiß 2 ein Auge zu bilden, scheitert am Selbstatari. Schwarz 3 schlägt fünf weiße Steine.

Dia. 5b Ein Fehler ist Schwarz 1 in diesem Diagramm. Nach Weiß 2 und Schwarz 3 entsteht ein Ko um das Leben in der Ecke.

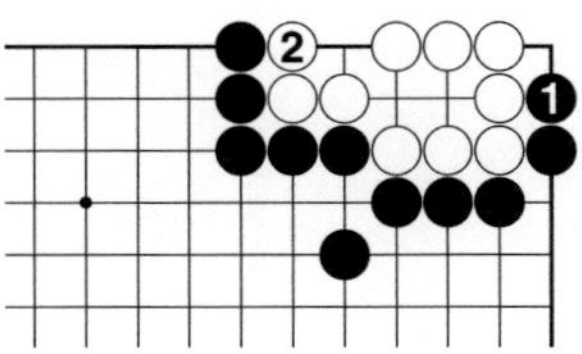

Dia. 6a

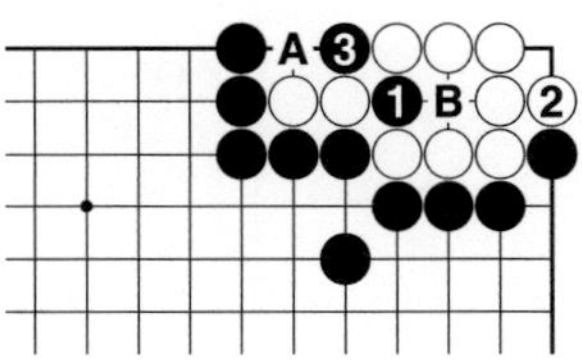

Dia. 6b

Lösung 6

Dia. 6a Schwarz 1 verhindert zwar ein Auge in der Ecke, aber er verhindert nicht, dass Weiß mit 2 zwei Augen bilden kann.

Dia. 6b Stattdessen ist Schwarz 1 der tödliche Zug. Weiß kann nicht auf A spielen. Spielt er daher auf 2, dann stellt Schwarz 3 eine Mausefalle her: Weiß A beantwortet Schwarz wieder auf 3. Auf Weiß B folgt Schwarz A. Weiß hat nur ein echtes Auge.

4. Vitaler Punkt

Es wurde schon oft vom vitalen Punkt gesprochen. Dies ist der Schlüsselpunkt, der über Leben und Tod entscheidet. Er ist aber nicht immer so leicht zu finden. Wir wollen ihm daher einen eigenen Abschnitt widmen.

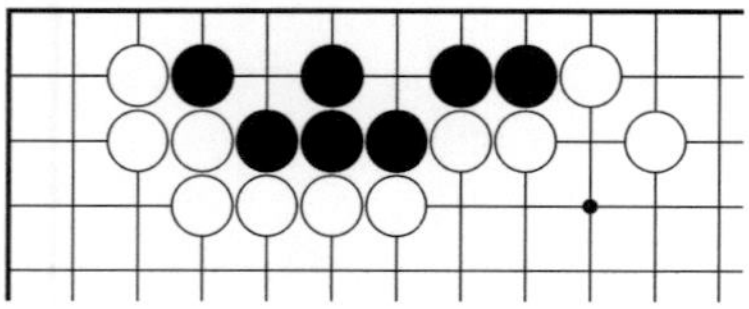

Dia. 1

Dia. 1 Weiß kann diese Stellung töten. Auf welchen Punkt muss er spielen?

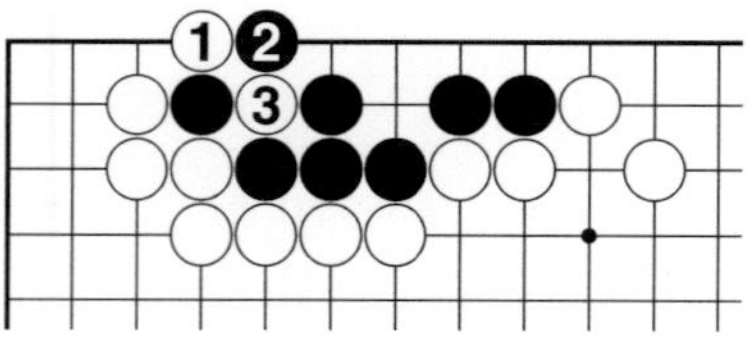

Dia. 2

Dia. 2 Weiß 1 ist nicht der richtige Weg, denn Schwarz kann mit 2 ein Ko beginnen. Schwarz 4 spielt eine Ko-Drohung, die Weiß mit 5 beantworten muss. Wenn Schwarz das Ko gewinnt, dann lebt er.

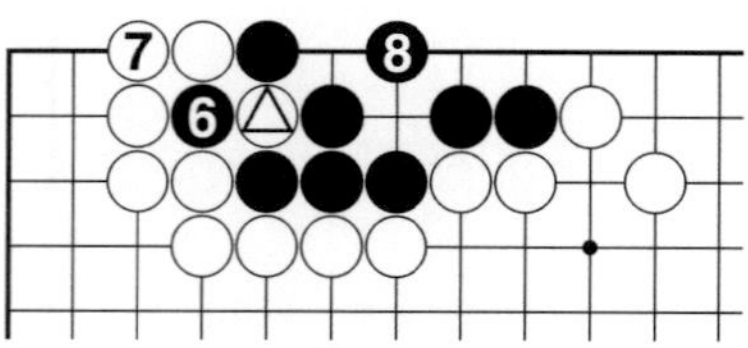

Dia. 3
(Weiß 9 auf △)

Dia. 3 Schwarz 6 schlägt das Ko zurück. Das Decken auf Weiß 7 verhindert, dass Schwarz das Ko durch Schlagen gewinnen kann. Schwarz besetzt mit 8 den Punkt, der zwei potenzielle Augen bildet.

Jetzt schlägt Weiß mit 9 wieder das Ko, aber er hätte auch bedingungslos töten können.

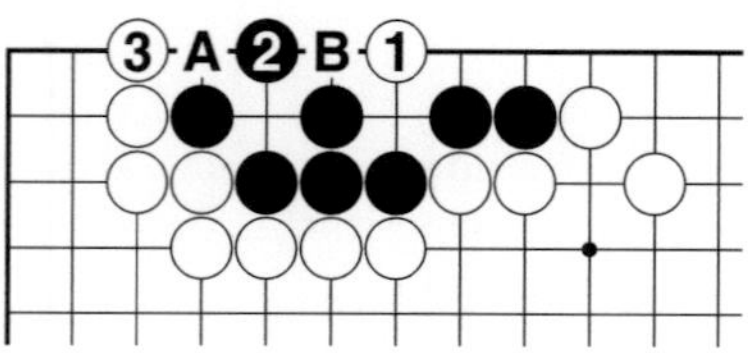

Dia. 4

Dia. 4 Weiß 1 ist richtig, denn nach Weiß 3 kann Schwarz das Auge nicht sichern.

Schwarz A wird mit dem Atari auf B beantwortet. Spielt Schwarz erst B, dann macht Weiß auf A das Auge unecht.

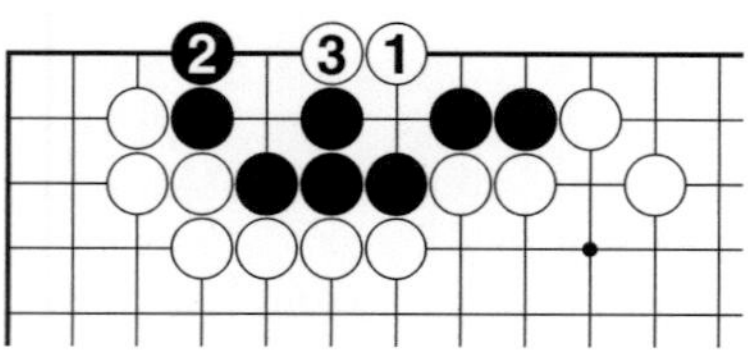

Dia. 5

Dia. 5 Reagiert Schwarz auf Weiß 1 mit dem Strecken auf 2, dann setzt Weiß auf 3 fort. Wieder ist es für Schwarz nicht möglich, zwei Augen zu bekommen.

Weiß 1 tötet, indem er unmittelbar den vitalen Punkt besetzt.

Dia. 6 Auch diese schwarze Ecke kann Weiß durch eine geschickte Kombination umbringen. Wie muss er vorgehen?

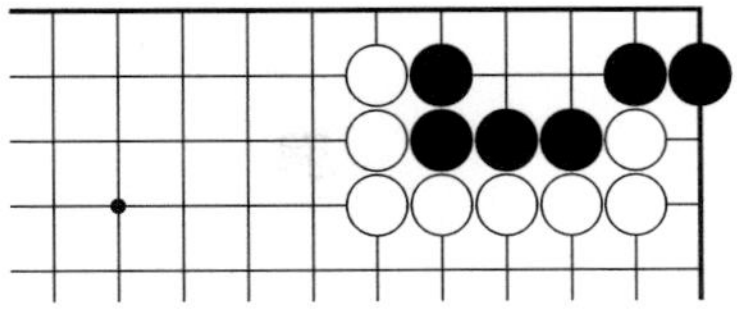

Dia. 6

Dia. 7 Weiß 1 tötet in Verbindung mit dem markierten Stein die schwarze Gruppe. Schwarz kann die weißen Steine mangels Freiheiten nicht fangen.

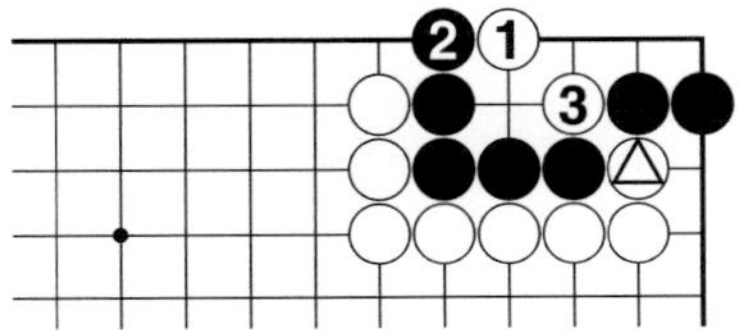

Dia. 7

Dia. 8 Das Hane mit Weiß 1 führt hier nicht zum Erfolg. Schwarz blockt und die Abfolge bis 6 ist nur eine der möglichen Varianten.

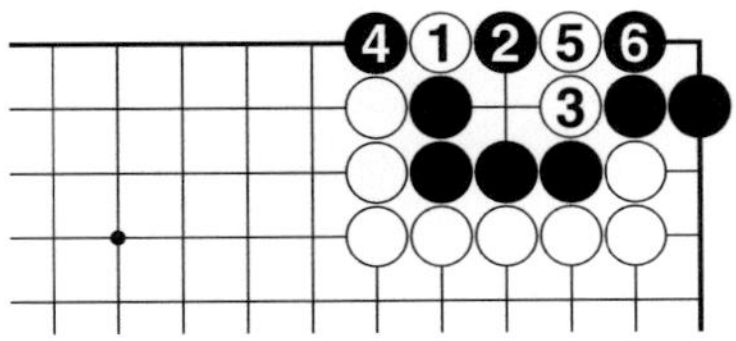

Dia. 8

Aufgaben

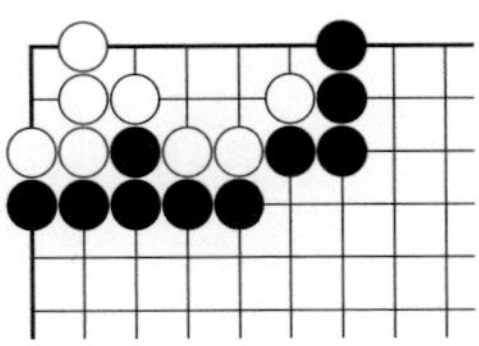

1. Schwarz setzt und tötet!

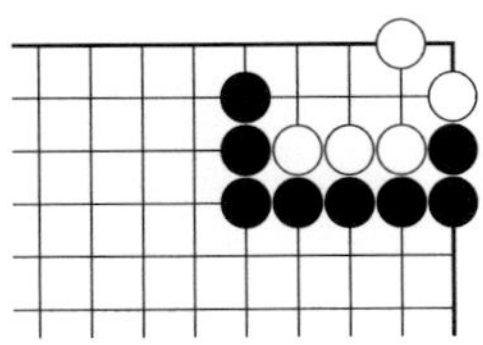

4. Schwarz setzt und tötet!

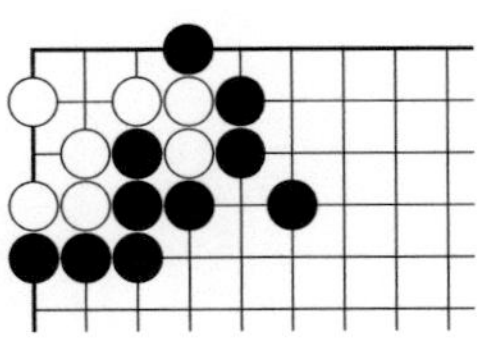

2. Schwarz setzt und tötet!

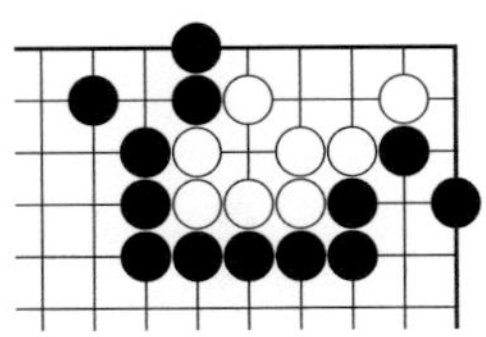

5. Schwarz setzt und tötet!

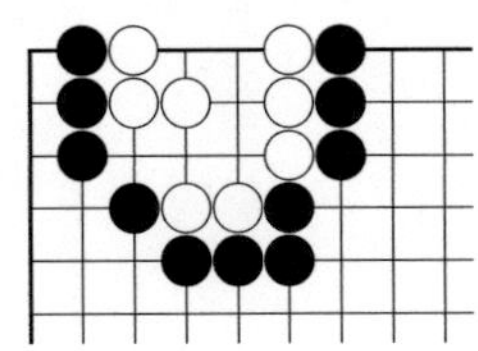

3. Schwarz setzt und tötet!

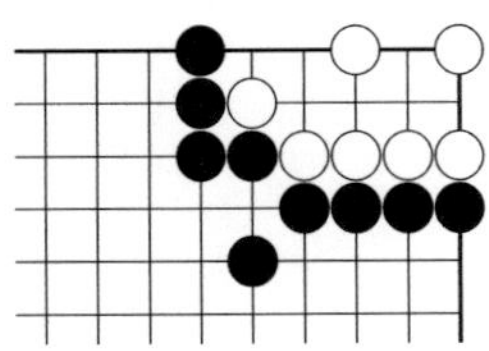

6. Schwarz setzt und tötet!

Antworten

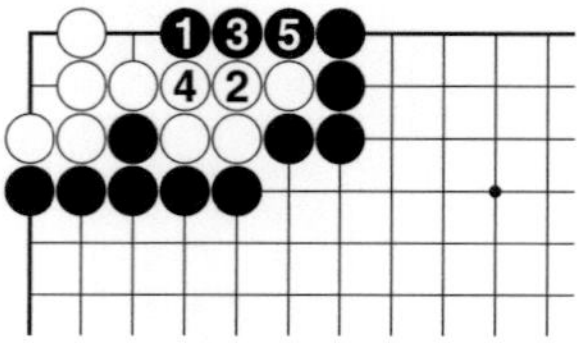

Dia. 1a

Lösung 1

Dia. 1a Schwarz 1 besetzt den Schlüsselpunkt und lässt Weiß keine Chance. Spielt Weiß statt 2 auf 3, dann gibt Schwarz auf 4 Atari.

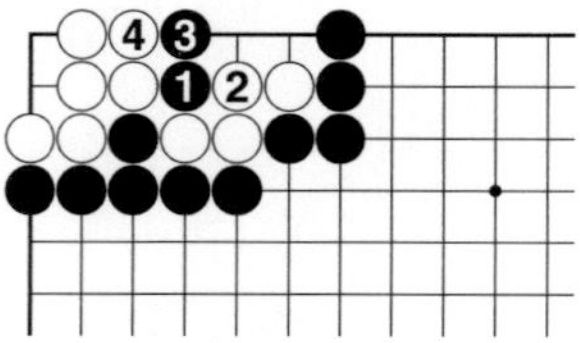

Dia. 1b

Dia. 1b Der Schnitt mit Schwarz 1 schlägt fehl. Nach Weiß 4 haben die zwei schwarzen Steine nur noch eine Freiheit.

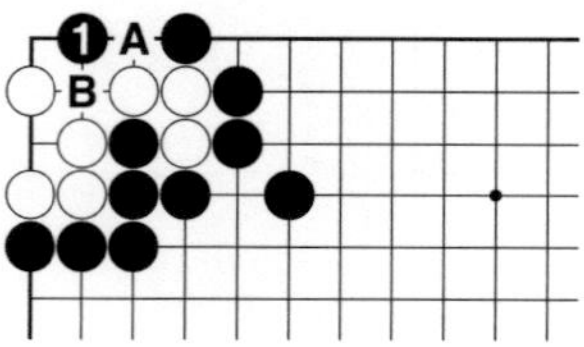

Dia. 2a

Lösung 2

Dia. 2a Schwarz 1 besetzt den vitalen Punkt. Weiß kann den Stein wegen des drohenden Selbstatari nicht auf A abschneiden. Spielt Weiß auf B, dann verbindet Schwarz kurzer Hand auf A.

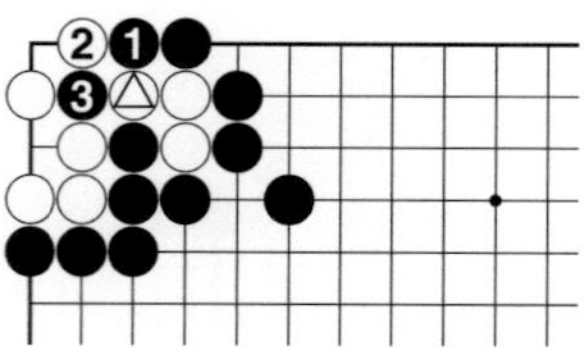

Dia. 2b (W4 auf △)

Dia. 2b Das Atari Schwarz 1 ist ein Fehler, denn Weiß antwortet mit 2 und opfert drei Steine. Schlägt Schwarz auf 3, dann schlägt Weiß auf dem markierten Stein zurück und sichert zwei Augen.

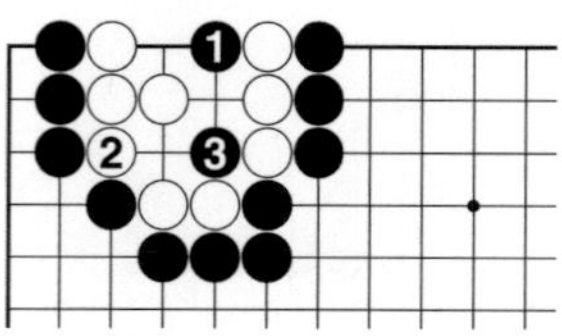

Dia. 3a

Lösung 3

Dia. 3a Schwarz 1 ist der einzig richtige Stein. Versucht Weiß mit 2 den Augenraum so weit wie möglich auszudehnen, dann gibt Schwarz auf 3 Doppel-Atari und die Stellung bricht zusammen.

Auch die anderen Abwehrversuche von Weiß scheitern.

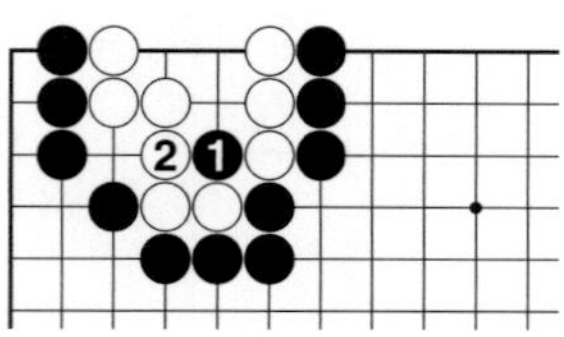

Dia. 3b

Dia. 3b Das Atari mit Schwarz 1 zuerst zu spielen ist falsch. Weiß 2 beseitigt die Schwäche und lebt.

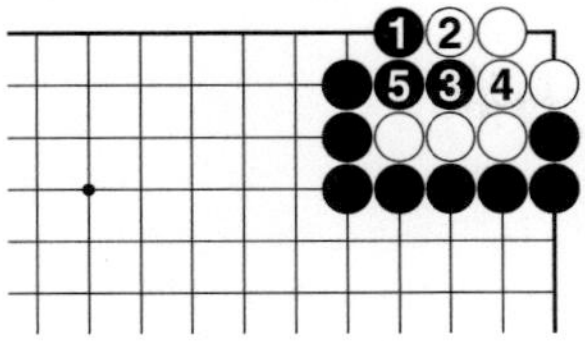

Dia. 4a

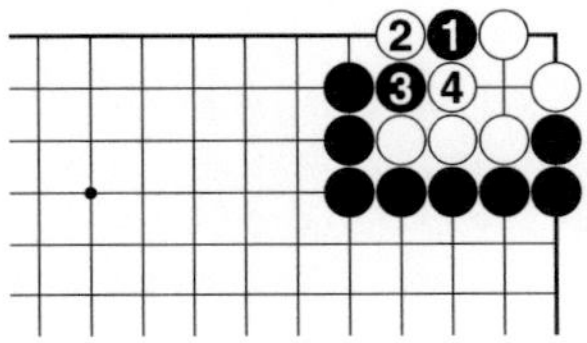

Dia. 4b

Lösung 4

Dia. 4a Unscheinbar, aber effektiv ist Schwarz 1. Nach Weiß 2 und Schwarz 3 kann Weiß den schwarzen Stein auf Grund von Damezumari nicht abschneiden.

Weiß 2 auf 3 wird mit Schwarz 3 auf 2 beantwortet und hält das Auge unecht.

Dia. 4b Schwarz 1 sieht hier zwar gut aus, ist aber falsch, denn Weiß kontert mit 2. Nach Weiß 4 lebt Weiß mit zwei sicheren Augen.

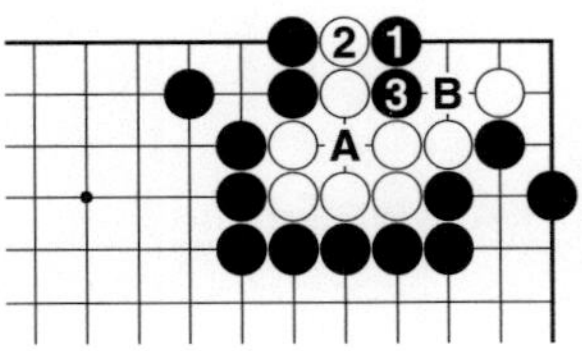

Dia. 5a

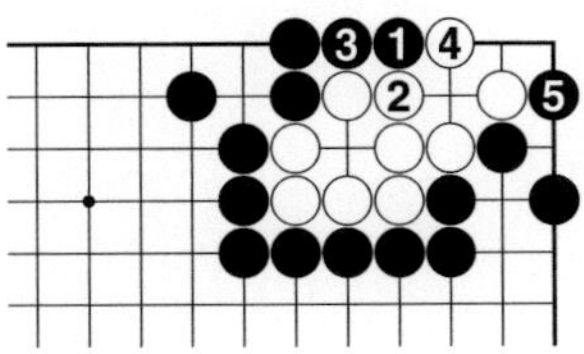

Dia. 5b

Lösung 5

Dia. 5a Schwarz 1 tötet. Das Abschneiden mit Weiß 2 scheitert am Atari 3. Weiß kann nicht auf A decken, denn dann schlägt Schwarz auf B neun Steine.

Dia. 5b Weiß 2 sichert hier ein Auge, nachdem aber Schwarz auf 3 verbindet und dann mit 5 in die Ecke umbiegt, bleibt das zweite Auge unecht.

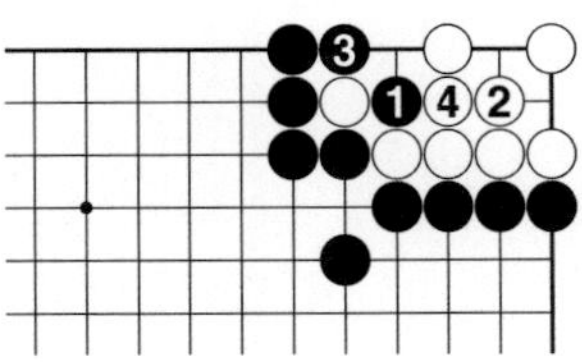

Dia. 6a

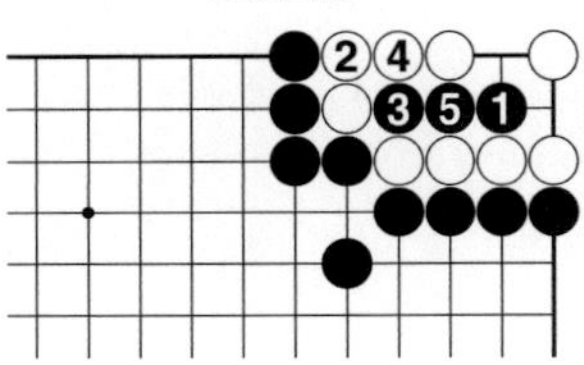

Dia. 6b

Lösung 6

Dia. 6a Das Schneiden mit Schwarz 1 fängt einen Stein, aber Weiß zieht auf zurück und sichert so die lebensnotwendigen Augen. Nach Schwarz 3 deckt Weiß auf 4. Schwarz 1 ist also ein Fehler.

Dia. 6b Stattdessen muss Schwarz mit 1 den vitalen Punkt besetzen. Für Weiß besteht jetzt keine Möglichkeit mehr, zwei Augen zu erhalten.

Die Abfolge bis Schwarz 5 zeigt nur eine der möglichen Fortsetzungen.

5. Nakade

Im zweiten Kapitel haben wir gesehen, dass bestimmte Formen des Augenraumes tot sind. Dies können die Spieler ausnutzen, indem sie in die gegnerische Stellung einen Steinklumpen stellen, der, nachdem er geschlagen wird, eine tote Augenform hinterlässt. Dies wird als Nakade (tote Innenform) bezeichnet.

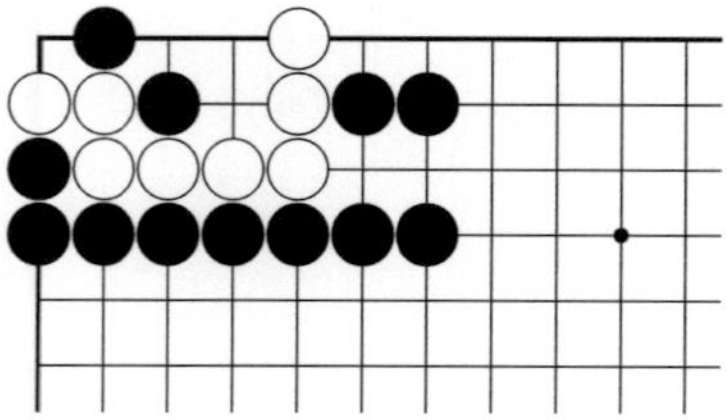

Dia. 1

Dia. 1 Die zwei schwarzen Steine stehen zwar im gegnerischen Gebiet, sind aber keinesfalls schon verloren. Sie bilden die Grundlage, um der weißen Gruppe das Leben zu nehmen. Wie muss Schwarz vorgehen?

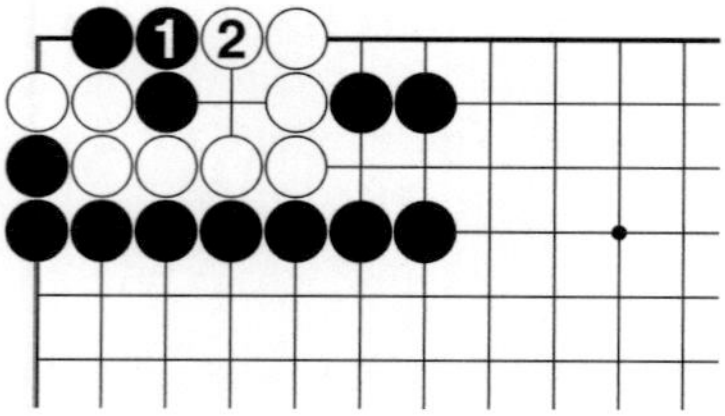

Dia. 2

Dia. 2 Schwarz 1 ist nicht der richtige Weg. Nach Weiß 2 entsteht ein Seki und Weiß lebt.

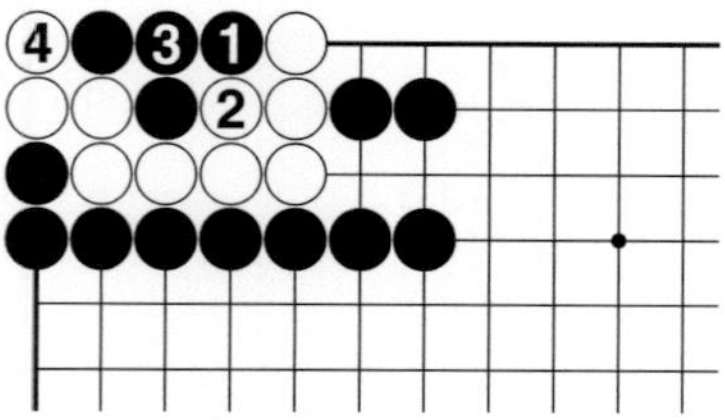

Dia. 3

Dia. 3 Schwarz 1 ist hier korrekt. Es sieht so aus, als wenn Weiß die vier schwarzen Steine schlägt und so die „Problemsteine" entfernt. Aber Weiß schlägt eine Nakade-Form...

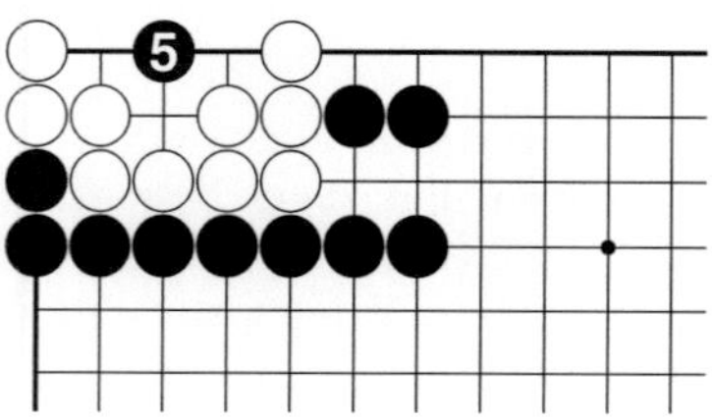

Dia. 4

Dia. 4 Nach dem Schlagen der vier schwarzen Steine im vorherigen Diagramm bleibt eine Vierer-Pyramide zurück. Schwarz 5 besetzt jetzt den vitalen Punkt der Stellung – Weiß ist tot.

Dia. 5 Dieses Diagramm gibt eine Übersicht über alle Klumpen aus drei bis sechs Steinen, die beim Geschlagen werden eine Nakade-Form hinterlassen.

Die markierten Steine zeigen, wo Schwarz nach dem Schlagen seiner Steine wieder setzen muss, um Weiß daran zu hindern, zwei Augen zu bekommen.

Werden „Vier Steine im Quadrat" geschlagen, dann muss Schwarz nicht noch einmal spielen, denn die Form ist auch so schon tot.

Man beachte, dass Steinklumpen mit mehr als sechs Steinen keine Nakade-Form bilden. Sie können nur in Zusammenhang mit zusätzlichen Schnitten gefährlich werden.

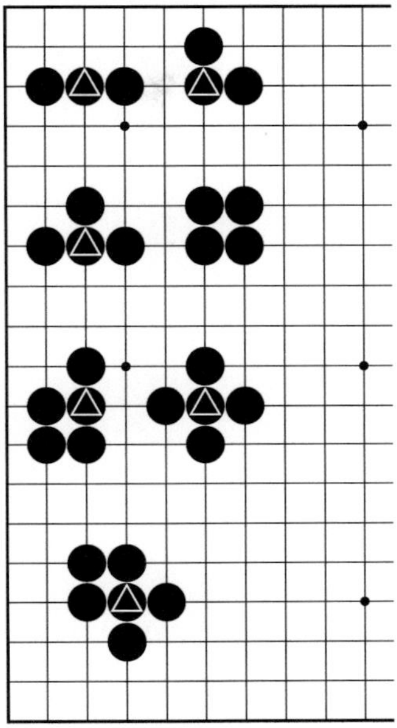

Dia. 5

Aufgaben

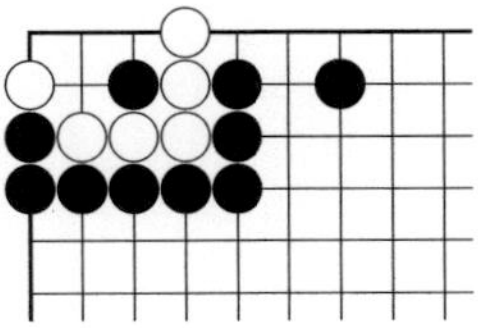

1. Schwarz setzt und tötet!

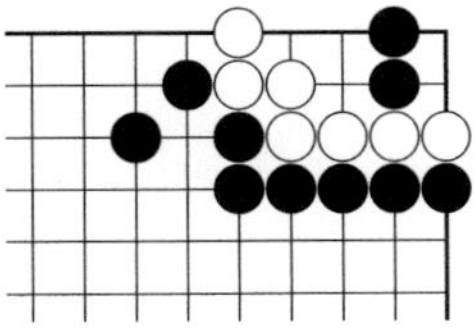

4. Schwarz setzt und tötet!

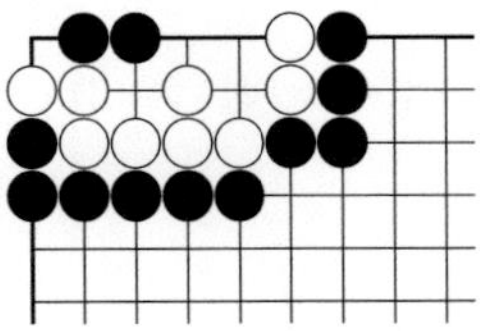

2. Schwarz setzt und tötet!

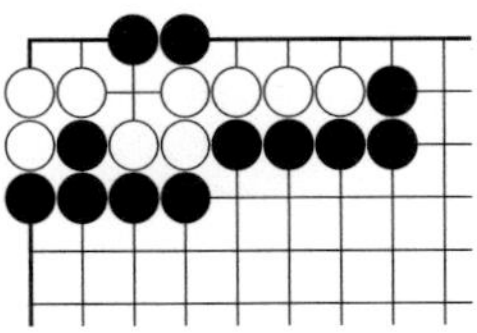

5. Schwarz setzt und tötet!

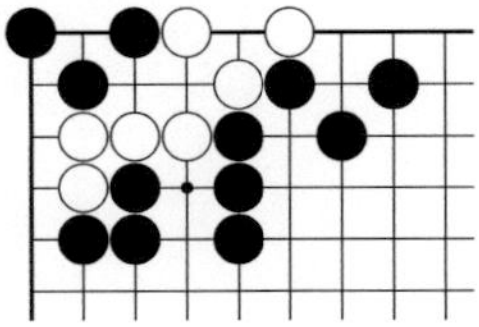

3. Schwarz setzt und tötet!

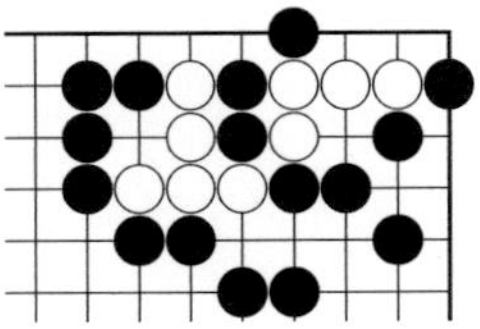

6. Schwarz setzt und tötet!

Antworten

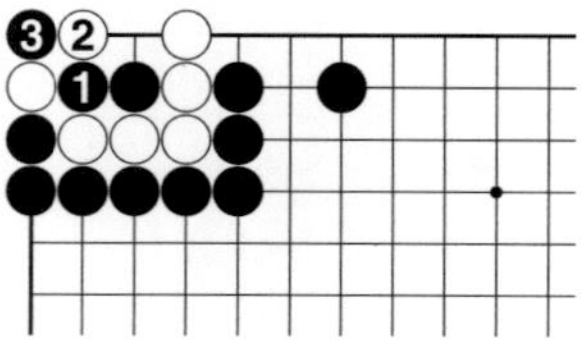

Dia. 1a

Lösung 1

Dia. 1a Schwarz 1 schneidet einen Stein ab, aber nach Weiß 2 entsteht ein Ko um die weiße Gruppe. Schwarz kann hier besser spielen.

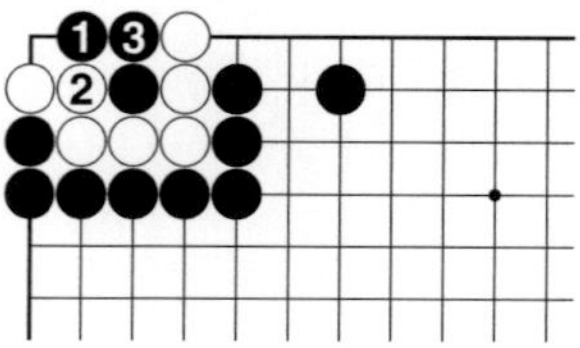

Dia. 1b

Dia. 1b Schwarz 1 besetzt den Schlüsselpunkt. Wenn Weiß nach Schwarz 3 drei Steine schlägt, dann tötet Schwarz, indem er wieder auf 3 spielt. Die Punkte 2 und 3 sind Miai.

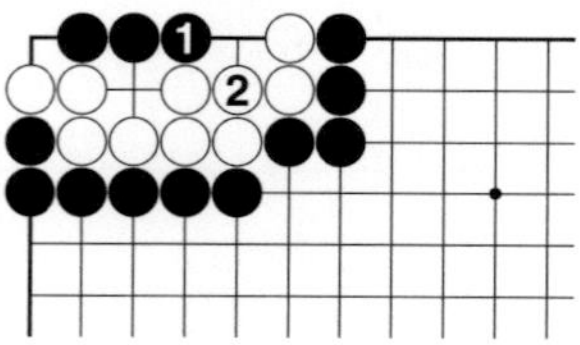

Dia. 2a

Lösung 2

Dia. 2a Schwarz 1 besetzt einen wichtigen Punkt. Aber nach Weiß 2 entsteht ein Seki. Keiner kann sich weit genug annähern, um den anderen zu fangen.

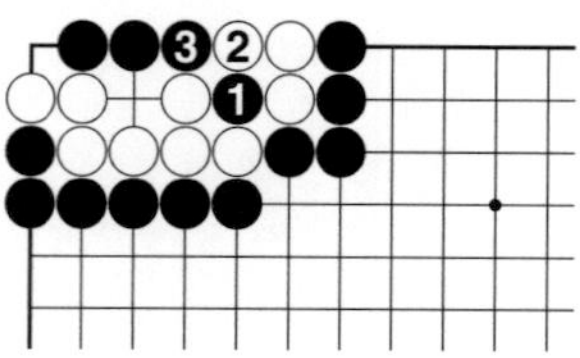

Dia. 2b

Dia. 2b Schwarz muss daher erst einen Stein auf 1 opfern. Nach dem Atari 3 hat Weiß keine sinnvolle Fortsetzung mehr, denn selbst nach dem Verbinden mit 4 auf 1 bleibt nur eine Nakade-Form zurück.

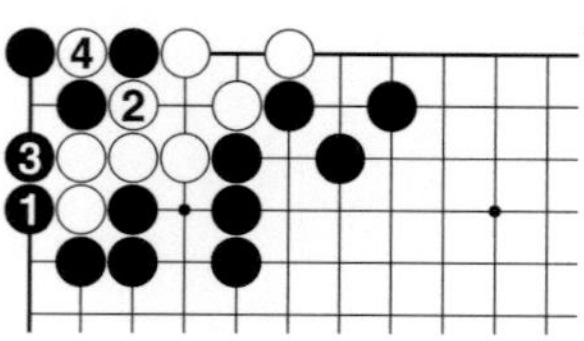

Dia. 3a

Lösung 3

Dia. 3a In der Abfolge bis Weiß 4 entsteht ein Ko, dass Schwarz nicht gewinnen kann, denn er kann nicht einfach auf 4 decken.

Schwarz 1 ist folglich nicht der richtige Ansatz zum Töten der weißen Gruppe.

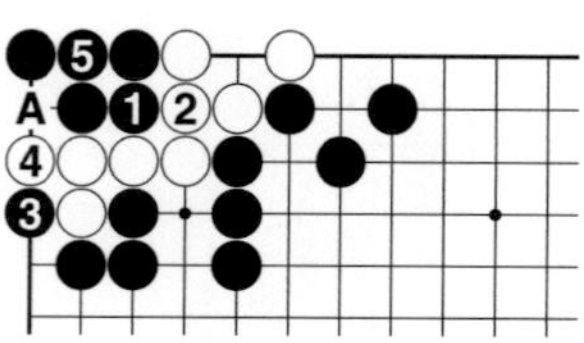

Dia. 3b

Dia. 3b Zuerst muss Schwarz mit 1 den Schnitt auf 2 androhen. Wenn Weiß deckt, dann reduziert Schwarz 3 den Augenraum. Schwarz 5 stellt schließlich eine „Tote Fünf" in das weiße Gebiet. Schlägt Weiß jetzt auf A, dann setzt Schwarz wieder auf 5 und verhindert, dass zwei Augen entstehen können.

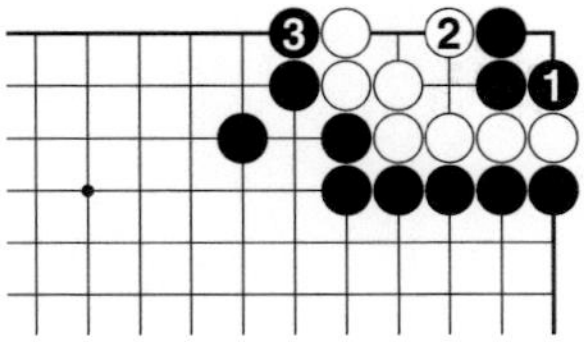

Dia. 4a

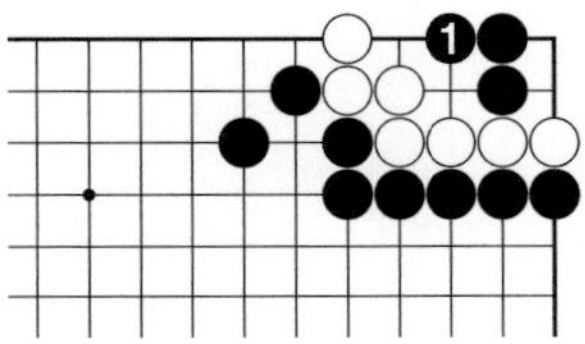

Dia. 4b

Lösung 4

Dia. 4a Mit Schwarz 1 ein Auge zu bilden, scheint nicht verkehrt, aber Weiß bildet mit 2 ebenfalls ein Auge. Nach Schwarz 3 leben beide Seiten in Seki.

Dia. 4b Daher ist es richtig, hier zuerst Schwarz 1 zu spielen. Weiß hat jetzt keine Möglichkeit mehr, seine Steine zum Leben zu bringen.

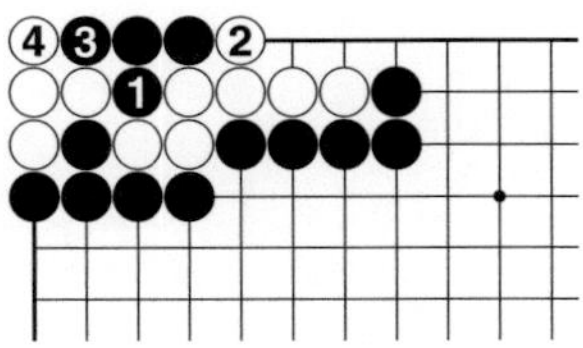

Dia. 5a

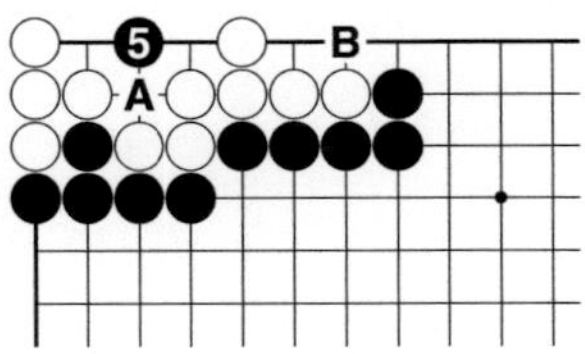

Dia. 5b

Lösung 5

Dia. 5a Das „Reinstechen" mit Schwarz 1 führt zum Erfolg. Mangels Freiheiten kann Weiß auf 3 kein Auge bilden. Daher gibt er zuerst Atari mit 2. Nach Schwarz 3 schlägt Weiß auf 4 einen Steinklumpen, der aber...

Dia. 5b ... eine Nakade-Form hinterlässt. Schwarz 5 verhindert zwei Augen. Spielt Weiß jetzt B, dann schneidet Schwarz auf A und fängt vier Steine. Deckt Weiß auf A, dann verhindert Schwarz B das zweite Auge.

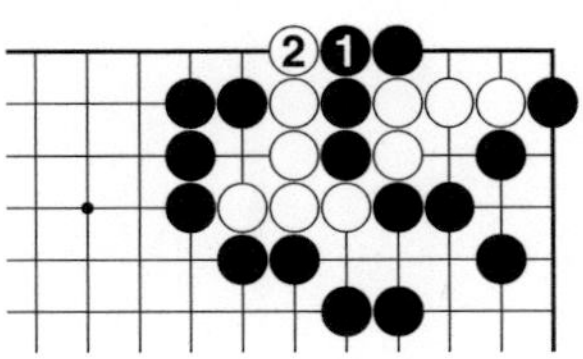

Dia. 6a

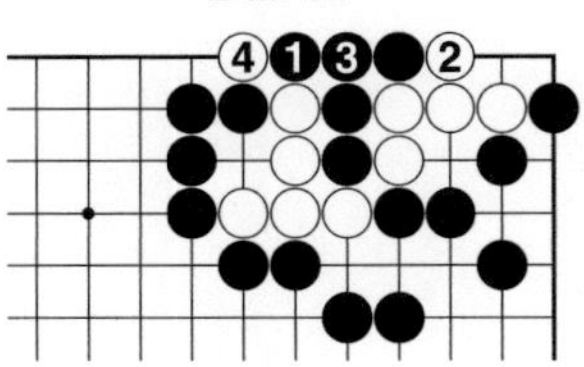

Dia. 6b
(Schwarz 5 auf 3)

Lösung 6

Dia. 6a Das Verbinden mit Schwarz 1 führt nicht zum Erfolg. Nach Weiß 2 steht eine schwarze Viererkette in Atari. Sobald Weiß diese Kette schlägt, hat er eine lebende Form.

Dia. 6b Stattdessen ist das Anbinden mit 1 in diesem Diagramm richtig. Nach Weiß 2 deckt Schwarz auf 3 und opfert fünf Steine, die Weiß mit 4 schlägt. Dann setzt Schwarz mit 5 wieder auf den vitalen Punkt 3. Zwei Augen sind jetzt nicht mehr möglich.

6. Ein Auge vs. kein Auge

Für den Angreifer gibt es eine weitere Taktik: Er kreiert ein eigenes Auge innerhalb der gegnerischen Stellung. Welche Auswirkungen dies haben kann, wird in diesem Abschnitt gezeigt.

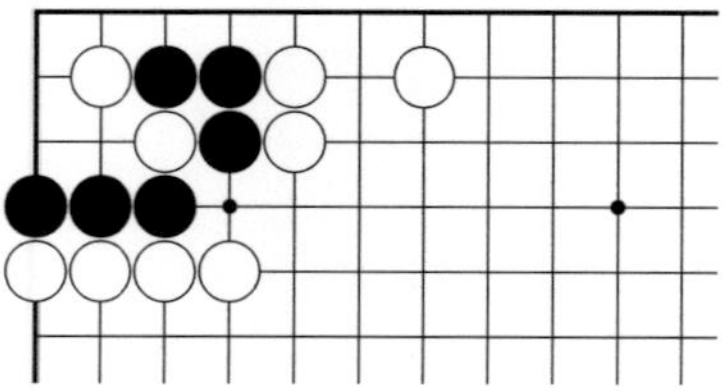

Dia. 1

Dia. 1 Weiß hat einen sicheren Weg, um die schwarze Stellung zu töten.

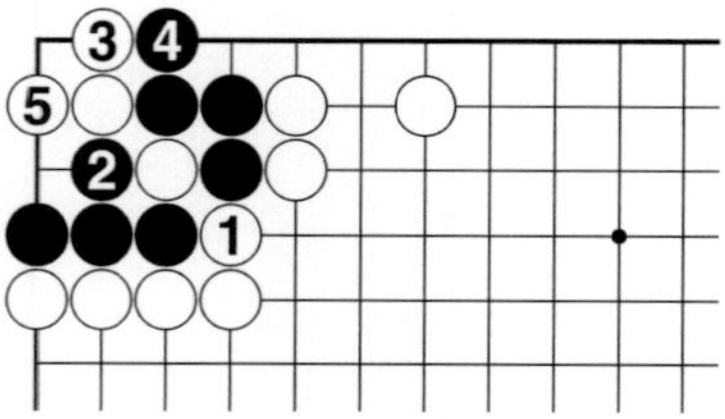

Dia. 2

Dia. 2 Weiß 1 zwingt Schwarz einen Stein zu schlagen. Aber Weiß 3 und 5 bilden ein Auge in der Ecke. Schwarz dagegen hat kein echtes Auge und kann sich daher nicht annähern.

Bei dieser Stellung handelt es sich um kein Seki, da Weiß sich von außen annähern kann, um so die schwarzen Steine zu schlagen.

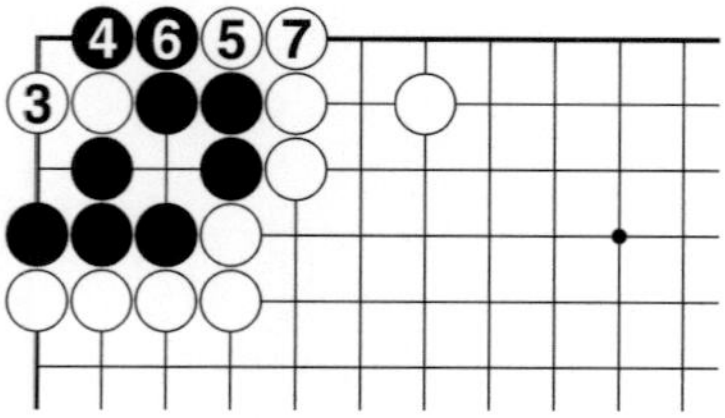

Dia. 3

Dia. 3 Spielt Weiß mit 3 zuerst in diese Richtung, dann verhindert Schwarz mit 4 das Auge in der Ecke. Jetzt ist die Stellung ein Seki, denn beide Seiten können sich nicht annähern.

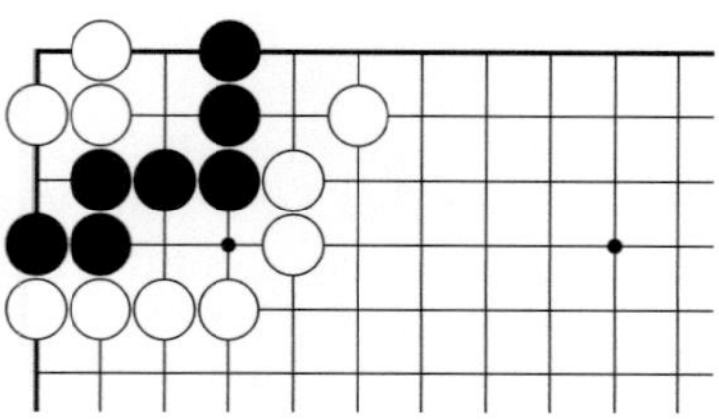

Dia. 4

Dia. 4 In dieser Stellung besitzt Schwarz ausreichend Freiheiten, um die weißen Steine innen zu fangen. Aber dies bringt ihm nichts, denn wenn er die weißen Steine schlägt, bleibt eine Nakade-Form zurück.

Da auch für ein eigenes Auge nicht genügend Platz vorhanden ist, ist Schwarz tot.

Dia. 5 Schwarz 1 bis 7 sind nutzlos, da Weiß nach dem Schlagen der drei Steine den vitalen Punkt (markierter Stein) besetzt.

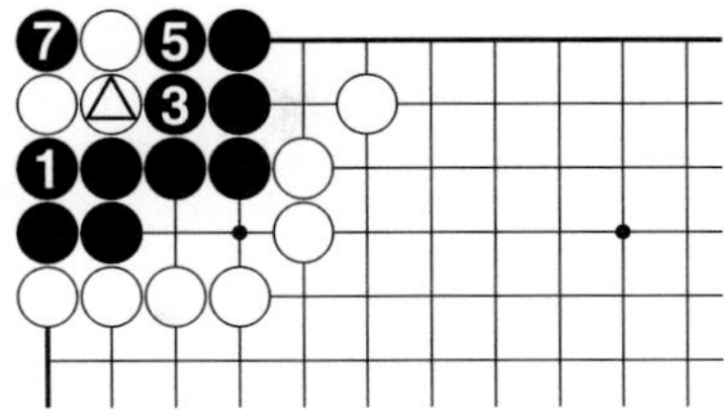

Dia. 5

Dia. 6 Da Schwarz keine Chance auf Leben hat, kann er nur abwarten, bis Weiß ihn in der Folge bis 11 fängt. Man beachte, dass Weiß zuerst die Außenfreiheiten besetzt, bevor er auch die Innenfreiheiten zusetzt.

Natürlich muss Weiß dies in einer Partie nicht ausspielen. Es es soll hier nur gezeigt werden, dass Schwarz auf Atari gesetzt werden kann.

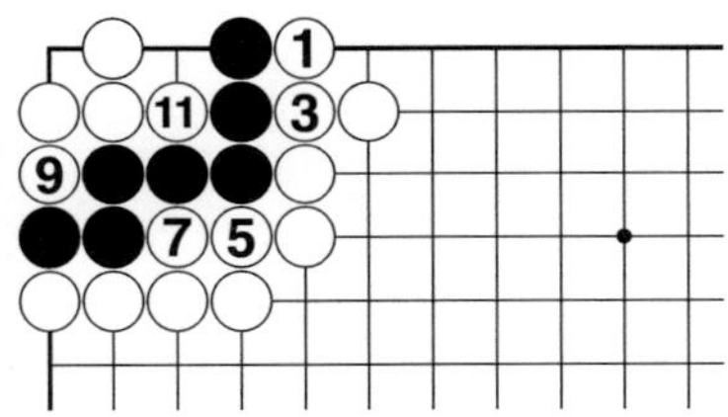

Dia. 6

Aufgaben

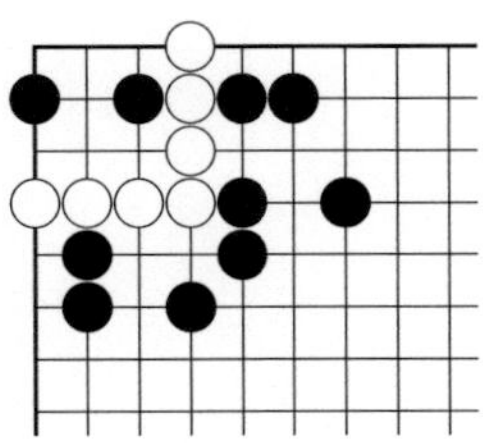

1. Schwarz setzt und tötet!

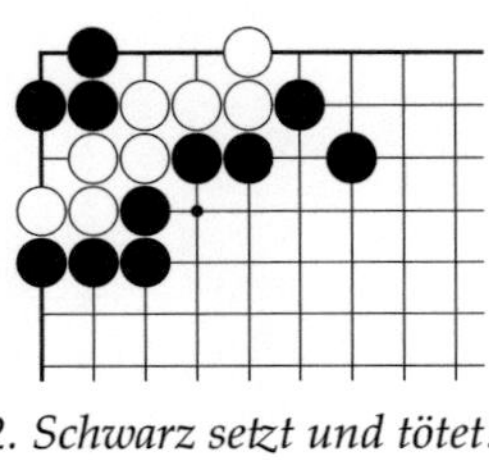

2. Schwarz setzt und tötet!

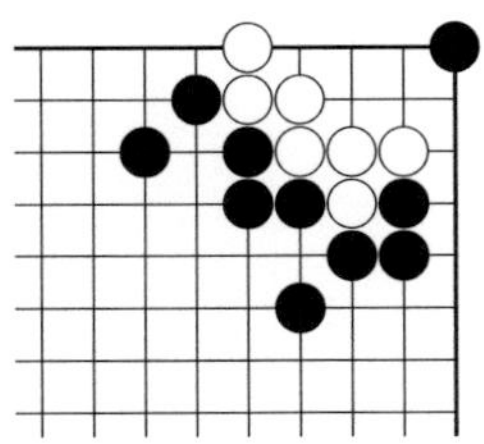

3. Schwarz setzt und tötet!

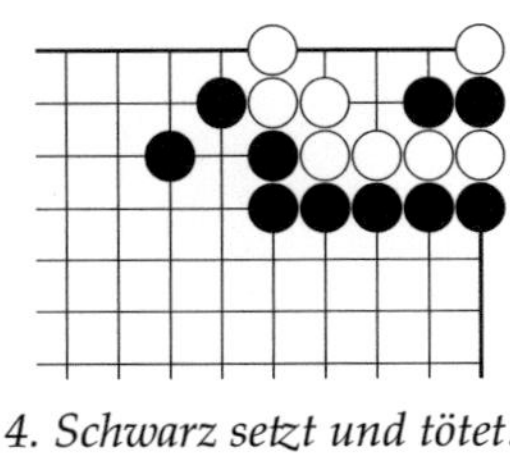

4. Schwarz setzt und tötet!

Antworten

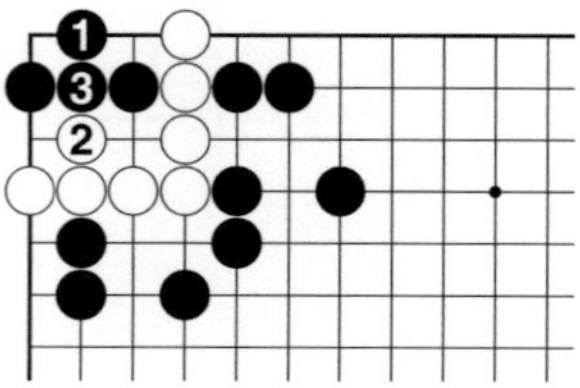

Dia. 1a

Lösung 1

Dia. 1a Schwarz 1 bildet ein Auge in der Ecke. Der Abtausch von Weiß 2 für Schwarz 3 stellt nur eine Ko-Drohung dar, aber er macht deutlich, dass Weiß nicht leben wird, selbst wenn er die Pyramide aus vier schwarzen Steinen schlägt (Nakade).

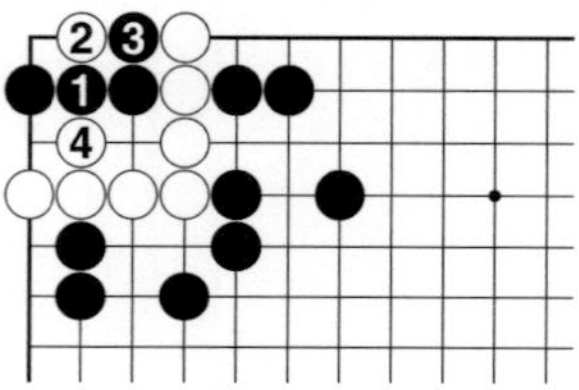

Dia. 1b

Dia. 1b Schwarz 1 bildet hier zwar auch ein Auge, aber es ist ein Fehler. Weiß verhindert mit 2 die Nakade-Form und hat zudem noch genügend Außenfreiheiten, um die schwarzen Steine sicher zu fangen.

Wenn Schwarz mit 3 eine Außenfreiheit besetzt, dann erreicht Weiß auf 3 ein Seki.

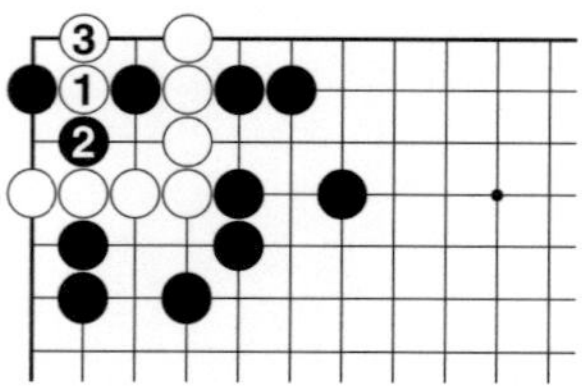

Dia. 1c

Dia. 1c Spielt Schwarz nicht in der Ecke, dann wird Weiß mit 1 einen schwarzen Angriff von innen zuvorkommen und leben.

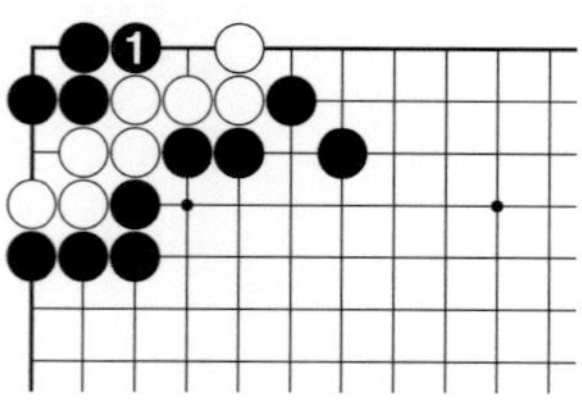

Dia. 2a

Lösung 2

Dia. 2a Schwarz hat bereits ein Auge und der Stein auf 1 verhindert, dass Weiß ebenfalls ein Auge bekommt. So gewinnt Schwarz den Wettlauf um die Freiheiten.

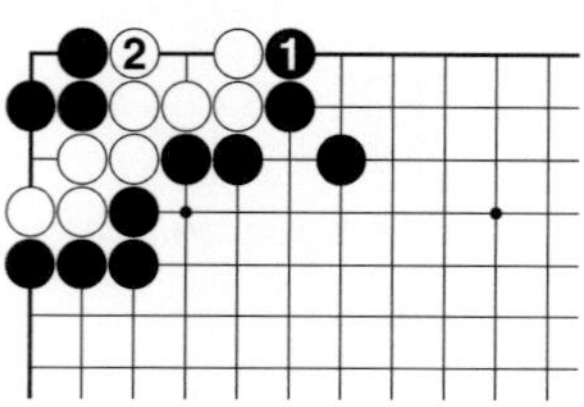

Dia. 2b

Dia. 2b Besetzt Schwarz mit 1 eine Außenfreiheit, dann bildet Weiß auf 2 ein Auge. Beide Seiten leben nun in Seki.

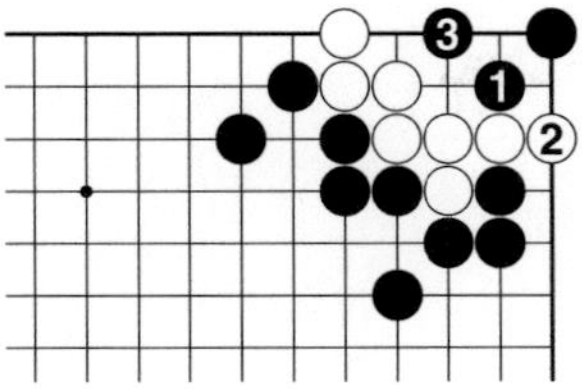

Dia. 3a

Lösung 3

Dia. 3a Schwarz 1 und 3 führen zu einem Auge inmitten der weißen Ecke. Weiß hat keine Chance mehr, denn selbst wenn er die Steine in Atari setzen kann, so wird Schwarz eine Nakade-Form bilden.

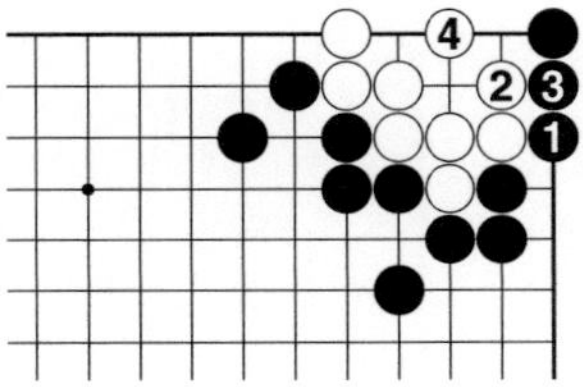

Dia. 3b

Dia. 3b Mit Schwarz 1 einfach nur anzubinden ist ein Fehler, denn Weiß 2 und 4 führen zum Leben, indem sie zwei Augen bilden.

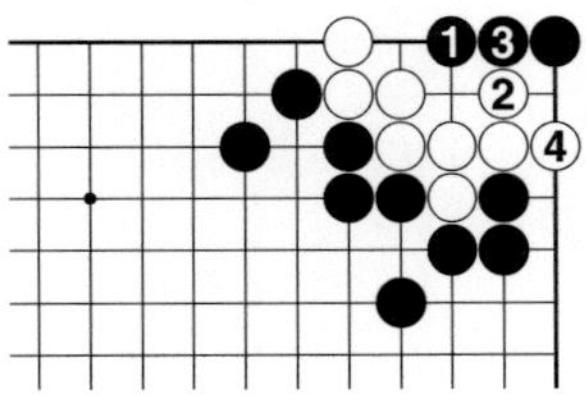

Dia. 3c

Dia. 3c Auch Schwarz 1 in diesem Diagramm ist ein Fehler, denn Weiß 2 und 4 führen zu einem Seki.

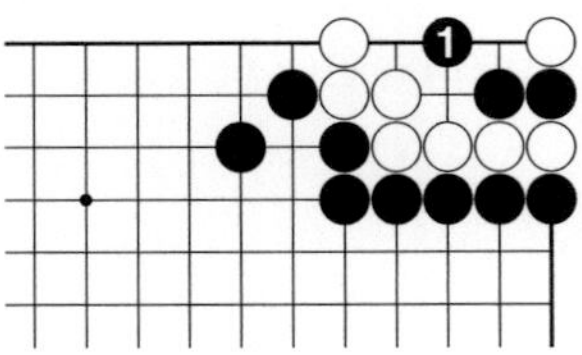

Dia. 4a

Lösung 4

Dia. 4a Schwarz 1 ist der Schlüsselpunkt dieser Stellung. Er bildet ein Auge und nimmt Weiß die Chance auf ein Auge.

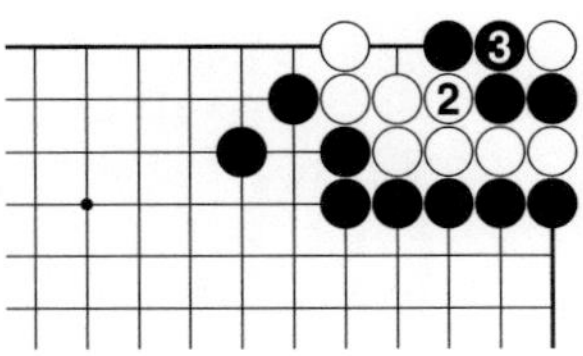

Dia. 4b

Dia. 4b Das Atari 2 beantwortet Schwarz mit dem Schlagen eines Steins. Weiß kann sich auf Grund von Freiheitenmangel nicht weiter an die schwarze Kette annähern.

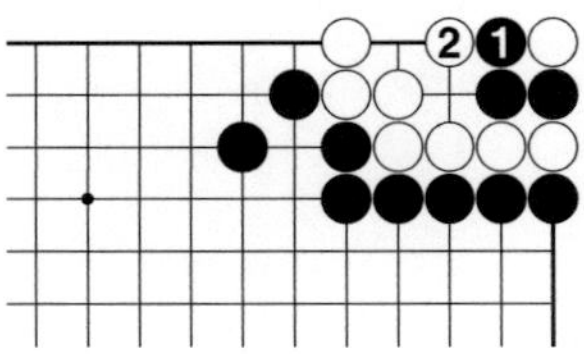

Dia. 4c

Dia. 4c Mit Schwarz 1 den weißen Stein sofort zu schlagen, ist nicht gut, denn dies ermöglicht Weiß, mit 2 ebenfalls ein Auge zu bauen. So leben beide Seiten in Seki.

7. Ko

Bisher haben wir das Ko vernachlässigt. Oft ist es nicht möglich, die gegnerische Stellung bedingungslos zu töten. Aber wenn dem Gegner ein Ko-Kampf aufgezwungen werden kann, in dem es um das Leben einer ganzen Gruppe geht, so ist das auch ein Erfolg.

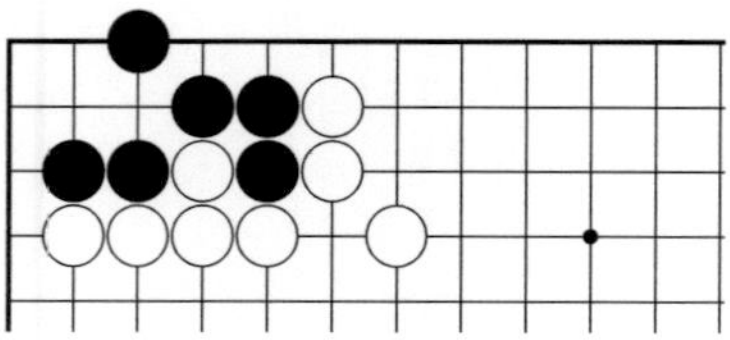

Dia. 1

Dia. 1 Diese Stellung taucht häufiger in Partien auf. Daher ist es wichtig zu wissen, dass, wenn Schwarz jetzt fernbleibt, Weiß die Möglichkeit hat, ein Ko zu beginnen.

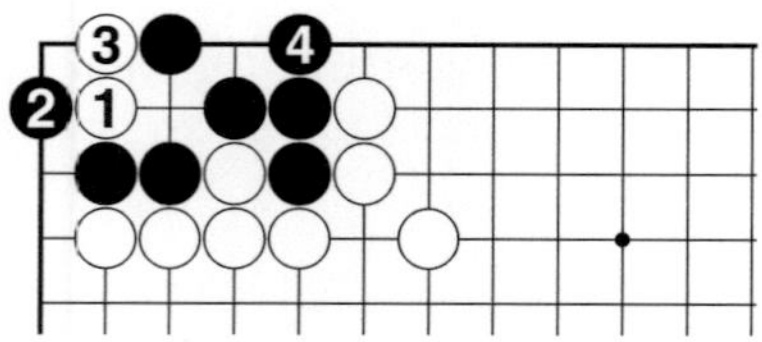

Dia. 2

Dia. 2 Weiß 1 sieht wie der vitale Punkt aus, aber Schwarz verteidigt mit 2 und 4. Wenn Weiß statt 3 auf 4 spielt, dann sichert Schwarz mit 4 auf 3 zwei Augen.

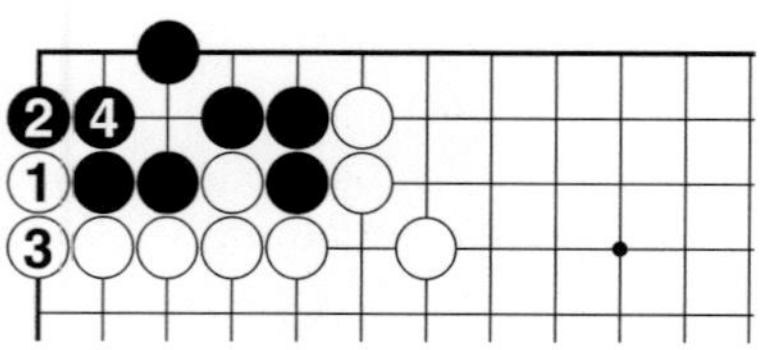

Dia. 3

Dia. 3 Das Hane mit Weiß 1 funktioniert hier ebenfalls nicht, denn nach Schwarz 4 lebt die Ecke.

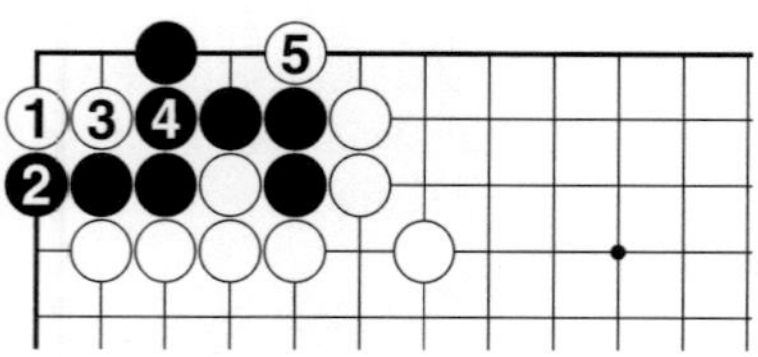

Dia. 4

Dia. 4 Weiß 1 ist der Schlüsselpunkt. Möchte Schwarz den Stein mit 2 fangen, dann spielt Weiß den Abtausch 3 und 4 und verhindert schließlich mit 5 das zweite Auge.

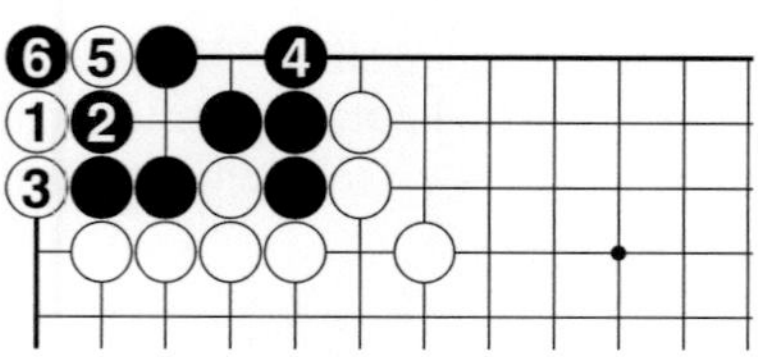

Dia. 5

Dia. 5 Schwarz bleibt daher nichts anderes übrig, als nach Weiß 1 mit 2 nachzugeben.

Schwarz 4 ist notwendig, um ein sicheres Auge zu erhalten. Danach kann Weiß das Ko auf 5 beginnen.

Dia. 6 Besonders häufig kommen Ko in den Ecken vor, aber auch am Rand geht oft noch etwas. Diese Form hier hat fünf Punkte in einer Reihe eingeschlossen. Doch reicht das schon zum Leben?

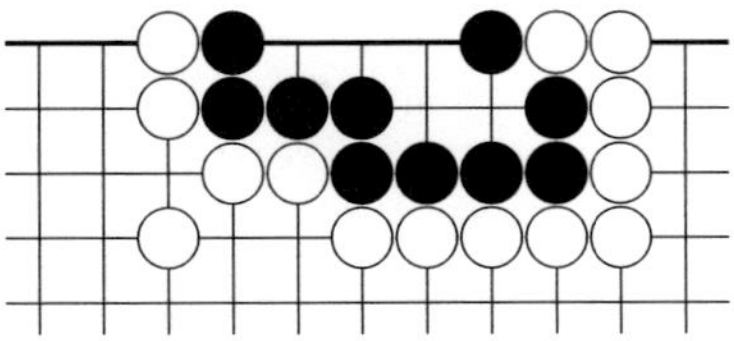

Dia. 6

Dia. 7 Wenn Weiß mit 1 angreift, dann kann Schwarz nur auf 2 nachgeben. Weiß 3 beginnt ein Ko um das Leben der gesamten schwarzen Gruppe.

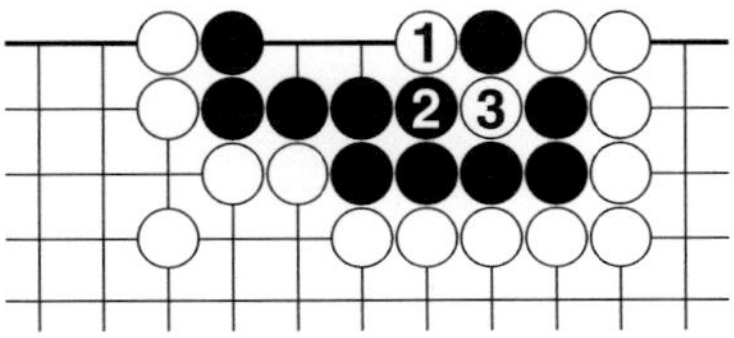

Dia. 7

Dia. 8 Schwarz 2 als Antwort auf Weiß 1 ist eindeutig ein Fehler, denn Weiß 3 tötet die schwarzen Steine sofort.

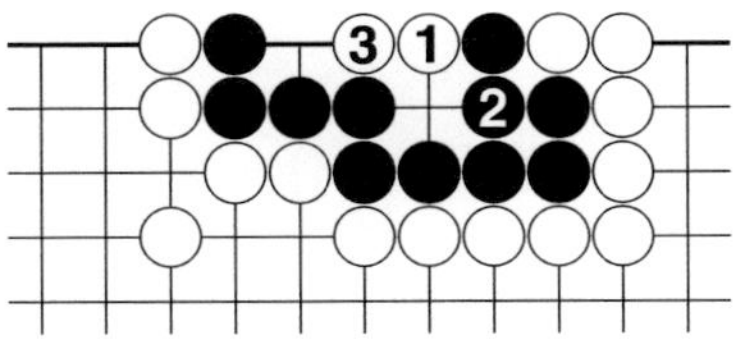

Dia. 8

Aufgaben

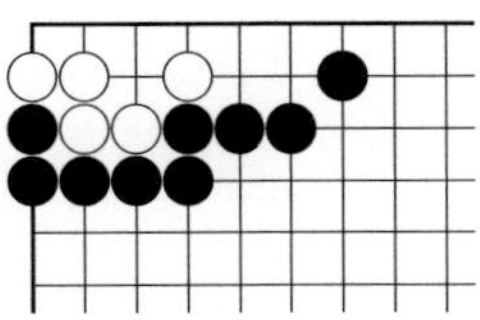

1. Schwarz erreicht ein Ko!

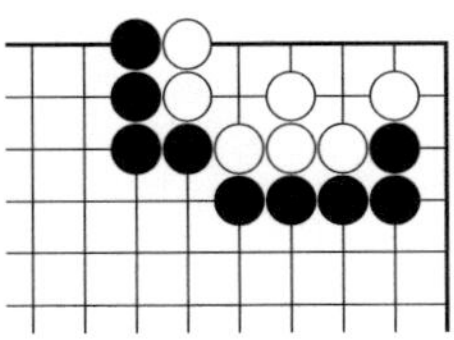

4. Schwarz erreicht ein Ko!

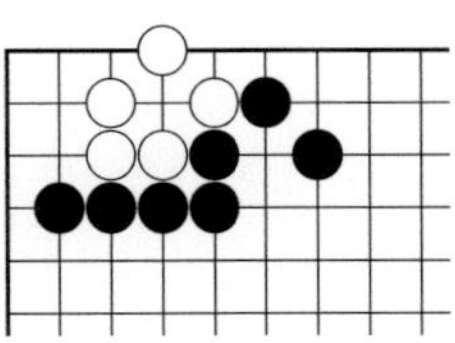

2. Schwarz erreicht ein Ko!

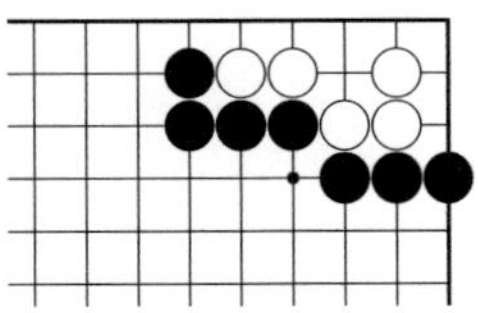

5. Schwarz erreicht ein Ko!

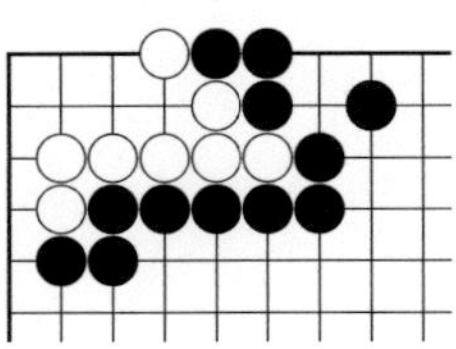

3. Schwarz erreicht ein Ko!

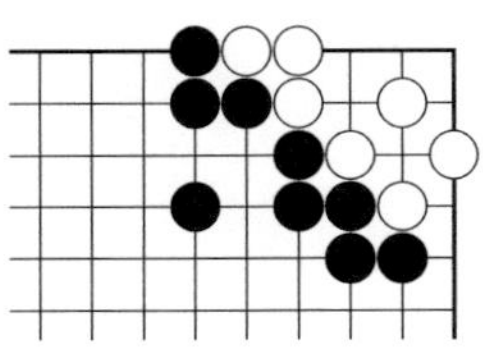

6. Schwarz erreicht ein Ko!

Antworten

Lösung 1

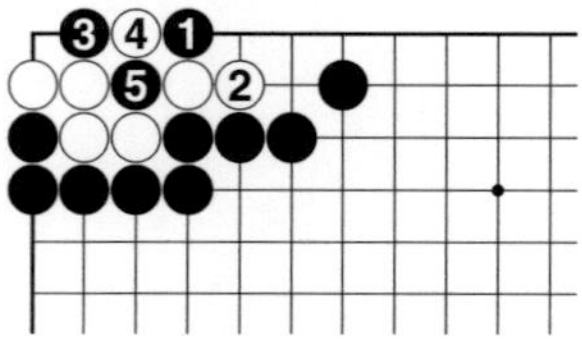

Dia. 1a

Dia. 1a Schwarz 1 und 3 beginnen das Ko. Man beachte, dass Weiß 4 auf 5 von Schwarz mit 5 auf 4 beantwortet wird und kein Seki bewirkt.

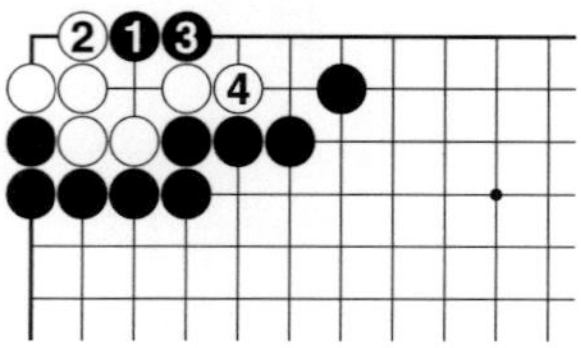

Dia. 1b

Dia. 1b Schwarz 1 ist nicht der vitale Punkt, denn nach Weiß 2 und 4 lebt die Ecke.

Lösung 2

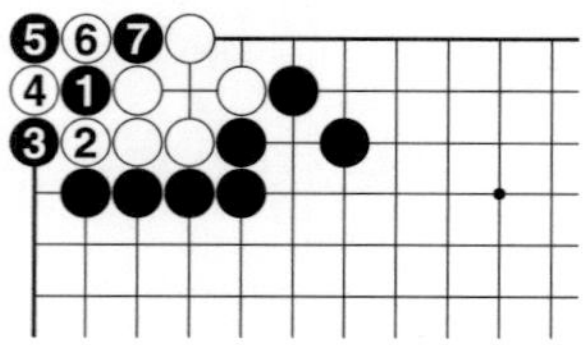

Dia. 2a

Dia. 2a Mit der Abfolge 1 bis 7 beginnt Schwarz das Ko in der Ecke. Weiß muss jetzt die erste Ko-Drohung spielen.

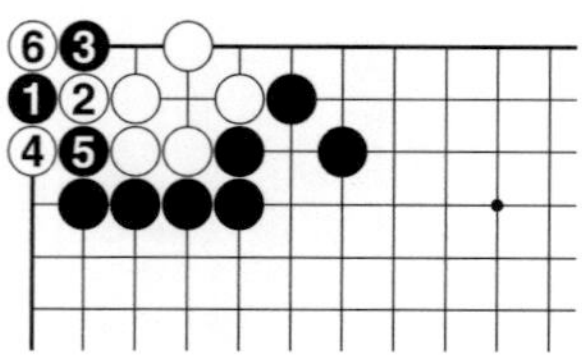

Dia. 2b

Dia. 2b Schwarz 1 in diesem Diagramm führt auch zu einem Ko. Er kann auch die Reihenfolge von 3 und 1 vertauschen, um das gleiche Ko zu erhalten.

Allerdings schlägt hier Weiß das Ko zuerst. Somit ist Diagramm 2a die bessere Variante für Schwarz.

Lösung 3

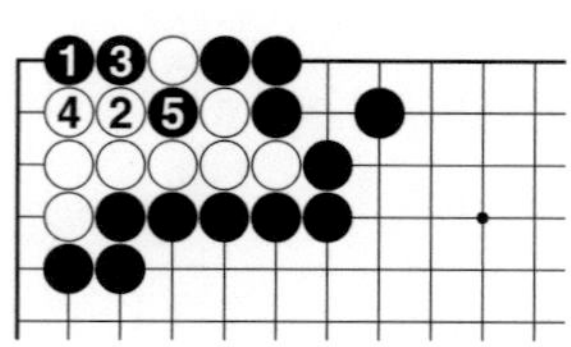

Dia. 3a

Dia. 3a Schwarz 1 ist der Schlüsselpunkt, der in der Abfolge bis 5 ein Ko entstehen lässt. Weiß kann jetzt nur leben, wenn er das Ko gewinnt.

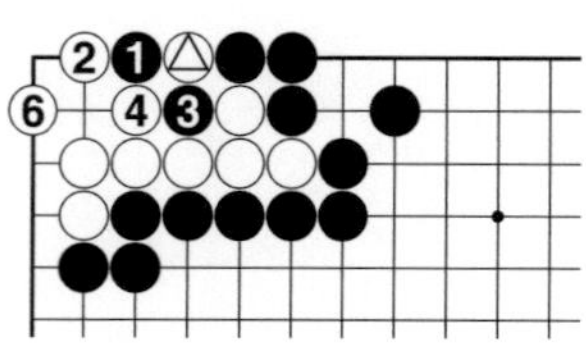

Dia. 3b (S5 auf △)

Dia. 3b Das direkte Atari mit Schwarz 1 ist nicht richtig, denn Weiß leistet mit 2 und 4 Gegenwehr. Deckt Schwarz mit 5 auf dem markierten Stein, dann lebt Weiß nach 6.

Spielt Schwarz selbst auf 6, dann schlägt Weiß zwei schwarze Steine.

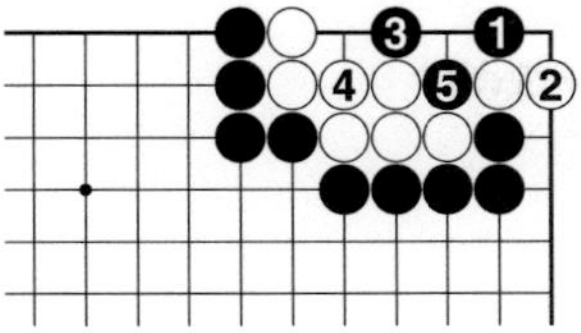

Dia. 4a

Lösung 4

Dia. 4a Schwarz 1 ist der Schlüsselpunkt. Streckt Weiß 2 zum Rand, dann droht Schwarz mit 3 erst eine Mausefalle an und beginnt schließlich mit 5 das Ko.

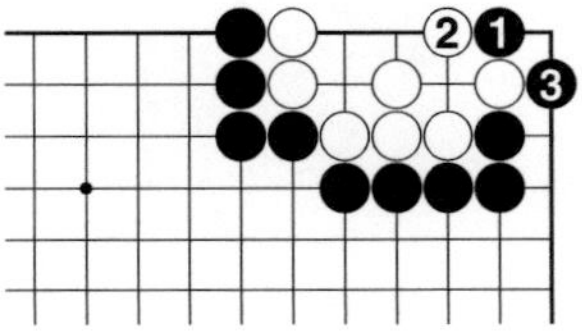

Dia. 4b

Dia. 4b Antwortet Weiß auf Schwarz 1 mit 2, dann spielt Schwarz einfach 3. Wieder gibt es ein Ko.

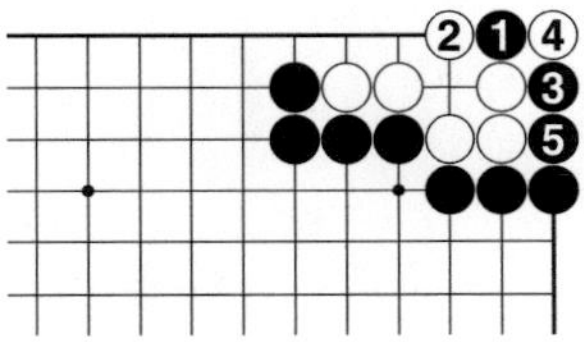

Dia. 5a

Lösung 5

Dia. 5a Schwarz 1 ist der richtige Ansatzpunkt. Das Ko entsteht nach Schwarz 3 und 5.

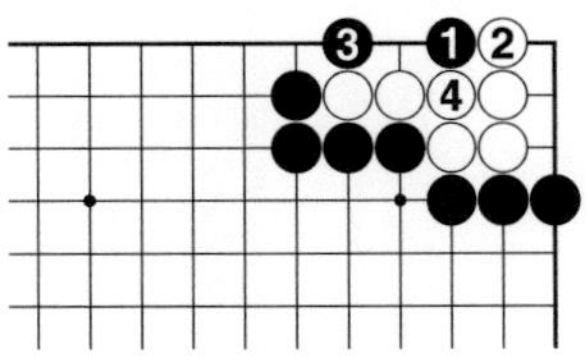

Dia. 5b

Dia. 5b Schwarz 1 in diesem Diagramm führt nicht zum Erfolg. Nach Weiß 2 und 4 lebt Weiß auf Grund des Damezumari.

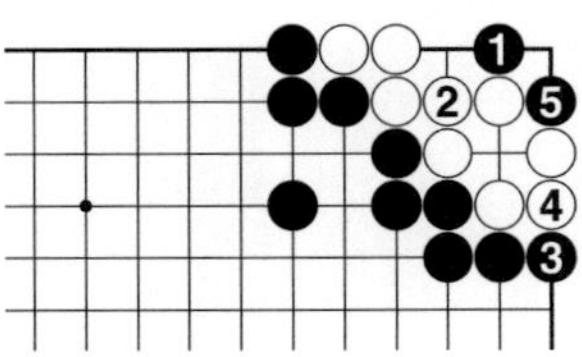

Dia. 6a

Lösung 6

Dia. 6a Schwarz 1 droht zuerst eine Mausefalle an. Danach starten Schwarz 3 und 5 das Ko.

Die Reihenfolge der Züge darf in dieser Stellung nicht vertauscht werden.

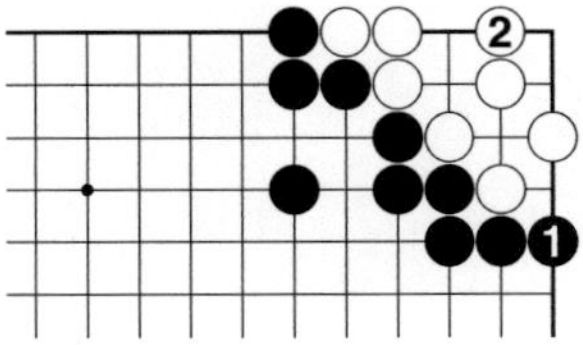

Dia. 6b

Dia. 6b Beginnt Schwarz stattdessen mit 1 in diesem Diagramm, dann kann Weiß den vitalen Punkt besetzen und so das drohende Ko verhindern.

8. Wiederholung

Zur Vertiefung sind hier einige Probleme zusammengestellt. Einige sind leichter, andere schwieriger, aber alle lassen sich mittels der letzten Lektionen lösen.

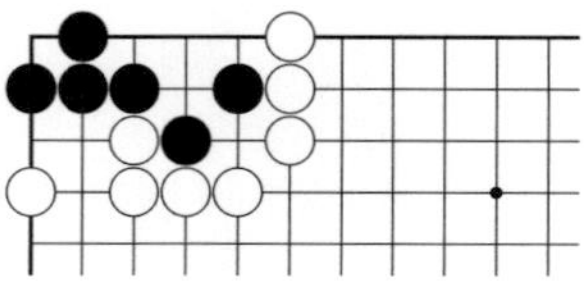

1. Weiß tötet!

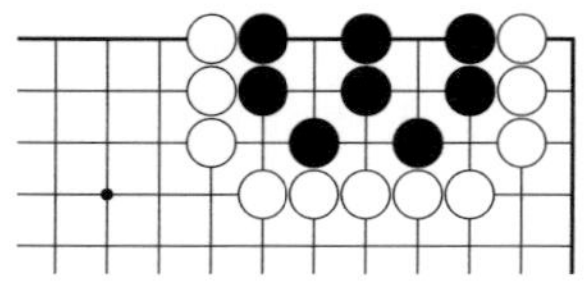

2. Weiß tötet!

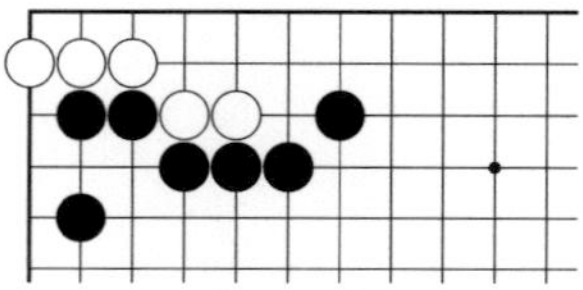

3. Schwarz tötet!

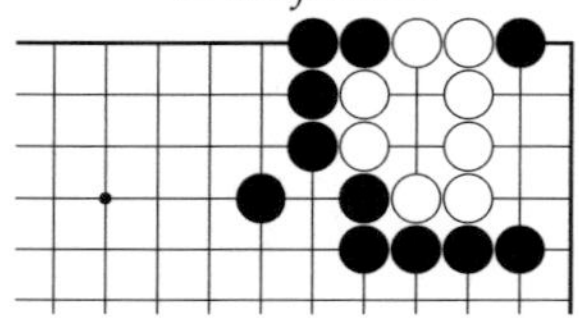

4. Schwarz tötet!

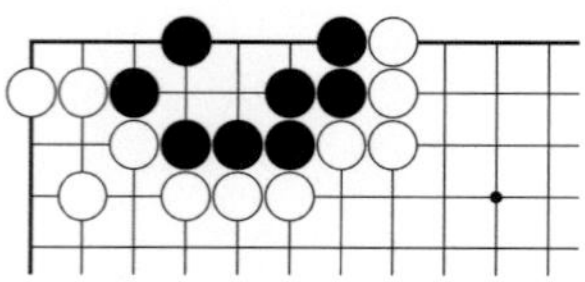

5. Weiß tötet!

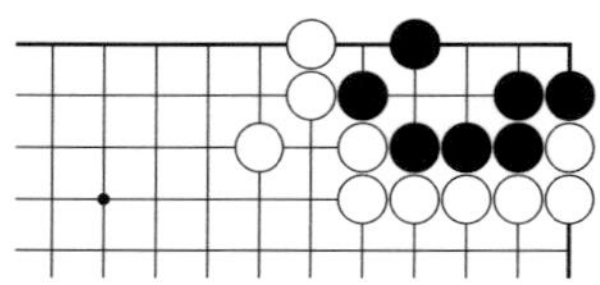

6. Weiß tötet!

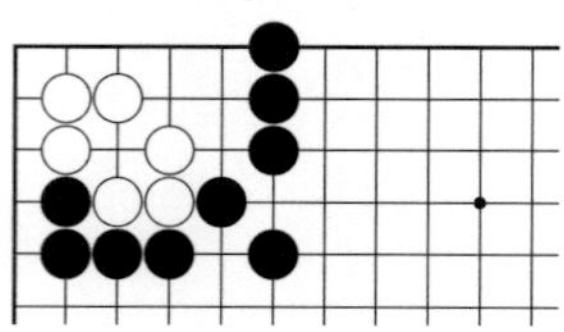

7. Schwarz tötet!

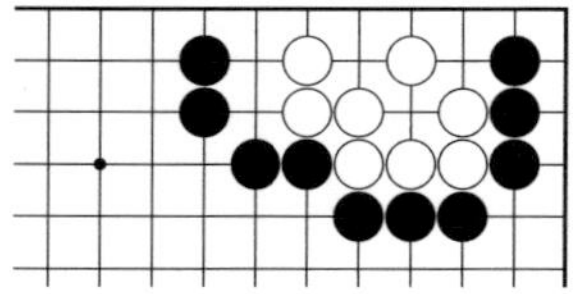

8. Schwarz tötet!

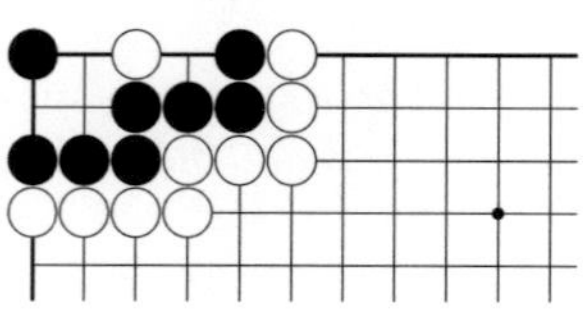

9. Weiß tötet!

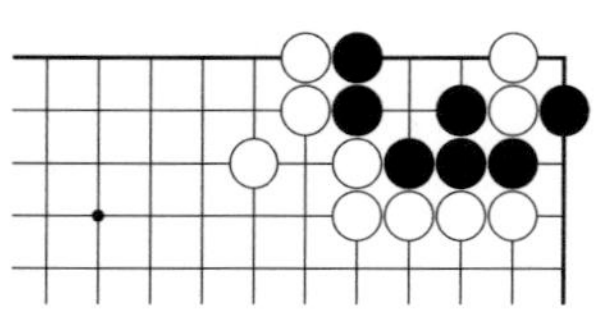

10. Weiß tötet!

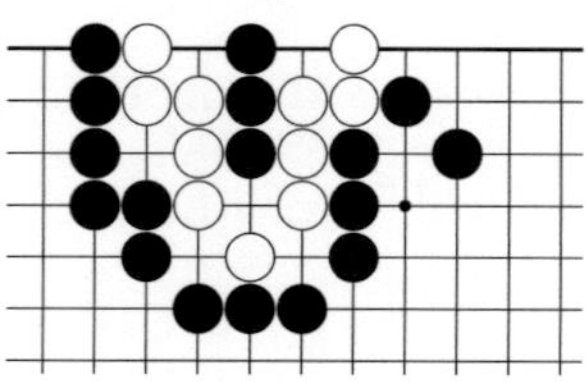

11. Schwarz tötet!

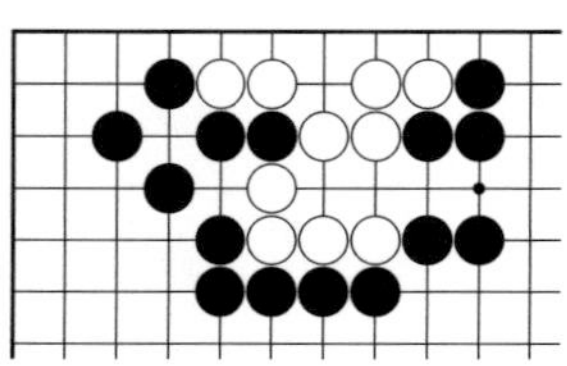

12. Schwarz tötet!

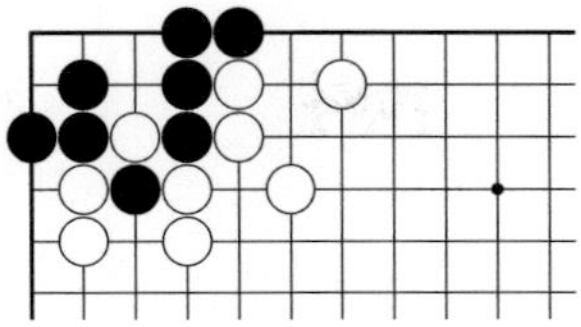

13. Weiß tötet!

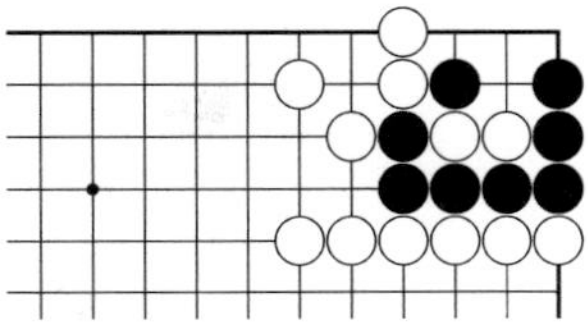

14. Weiß tötet!

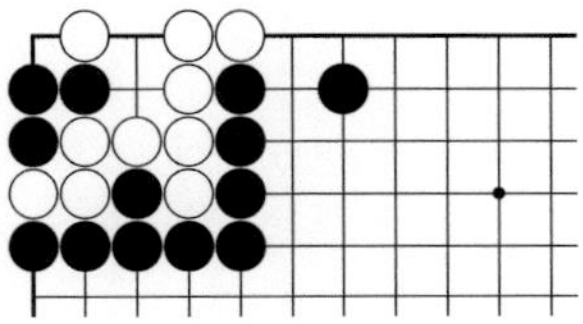

15. Schwarz tötet!

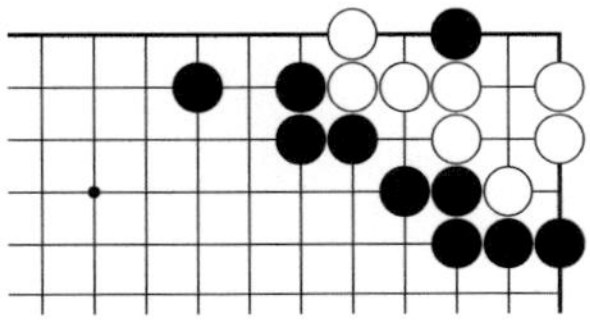

16. Schwarz tötet!

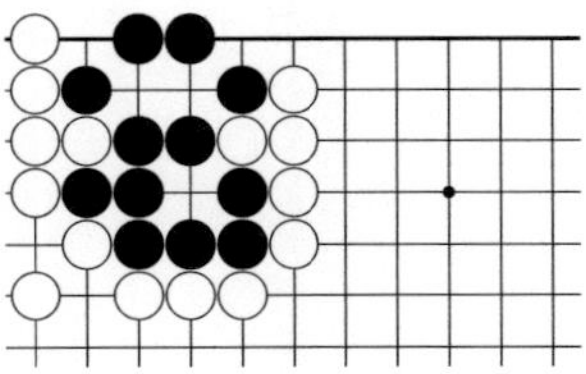

17. Weiß tötet!

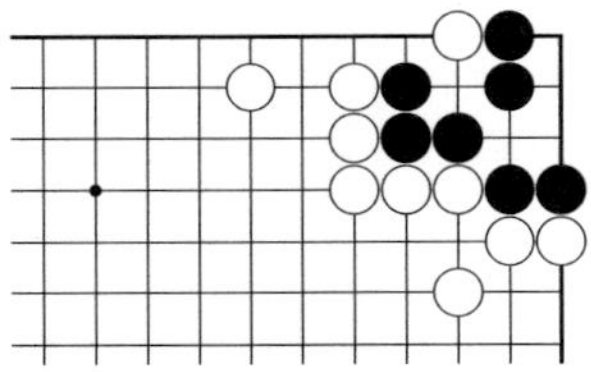

18. Weiß tötet!

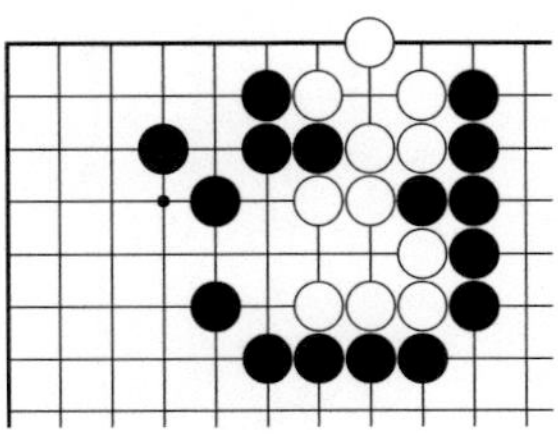

19. Schwarz tötet!

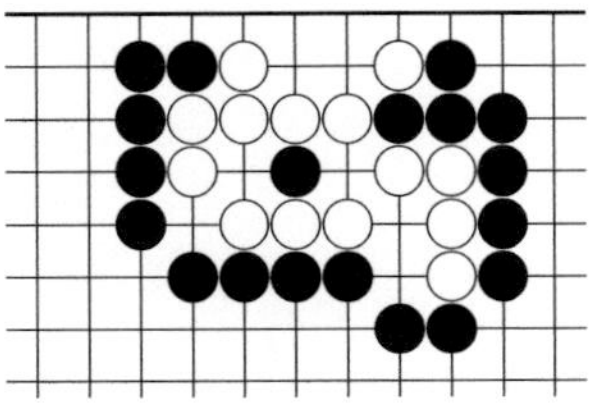

20. Schwarz tötet!

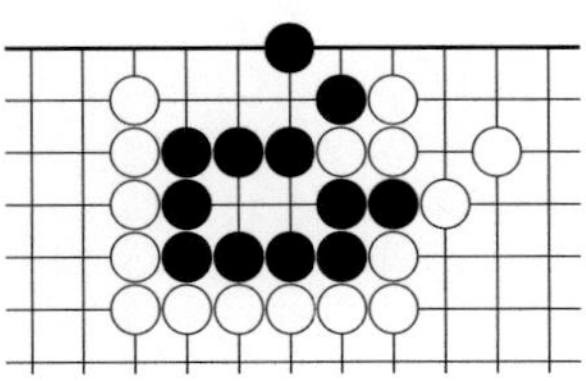

21. Weiß tötet!

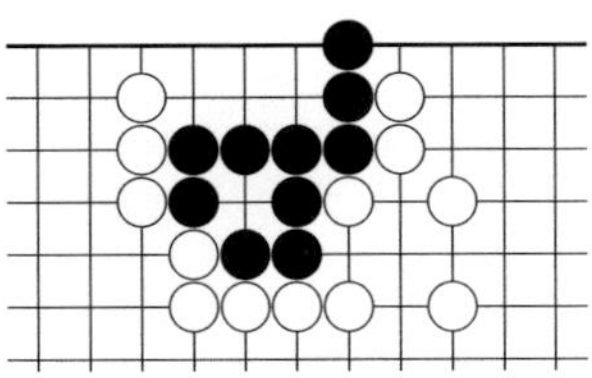

22. Weiß tötet!

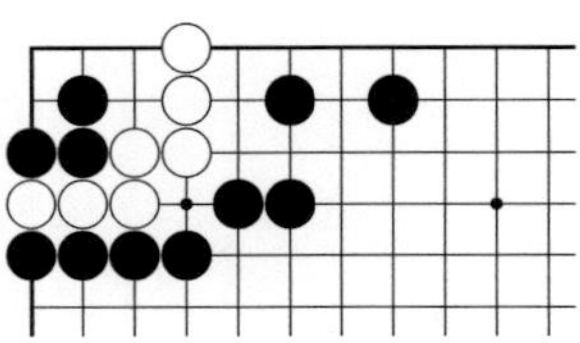

23. Schwarz tötet!

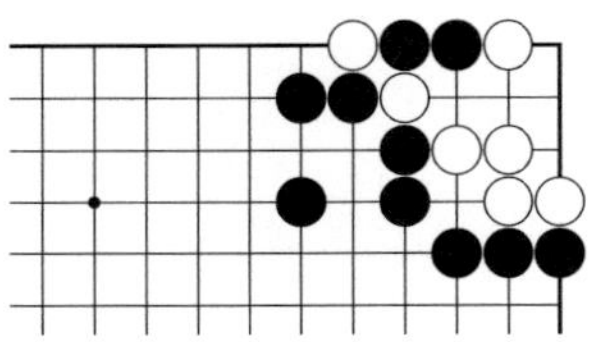

24. Schwarz tötet!

Lösungen

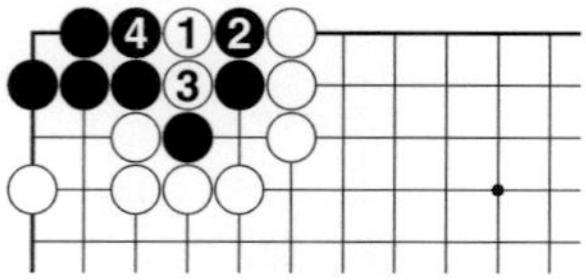

1a. Weiß 1 tötet (W5 auf 3)

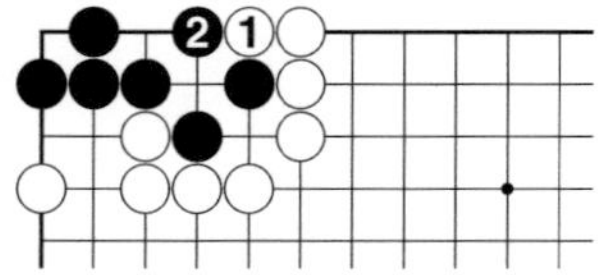

1b. Weiß 1 ist ein Fehler, denn Schwarz lebt mit 2.

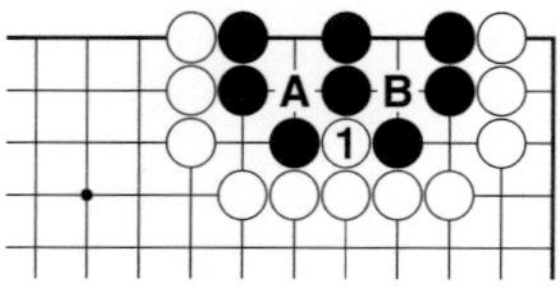

2. Weiß 1 tötet, denn er macht aus A und B Miai.

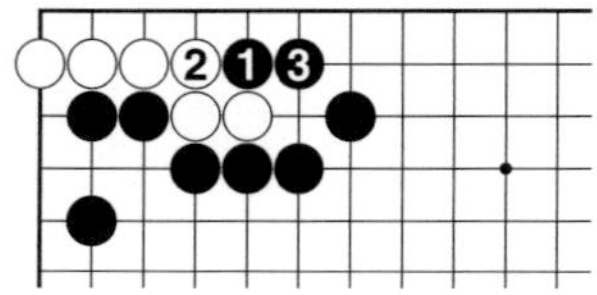

3a. Schwarz 1 und 3 töten.

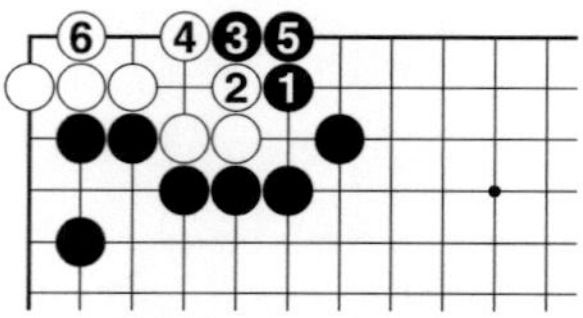

3b. Schwarz 1 verfehlt den richtigen Punkt.

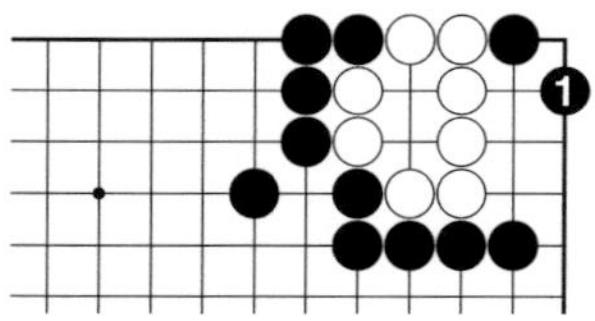

4a. Schwarz 1 verhindert das zweite Auge.

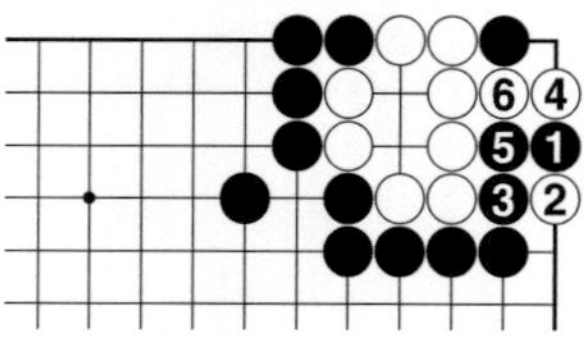

4b. Schwarz 1 reicht nicht zum Töten.

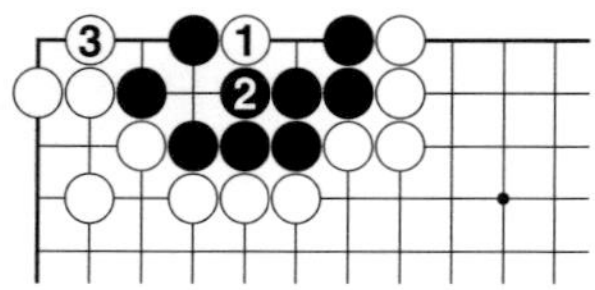

5. Weiß 1 und 3 sind die richtige Kombination.

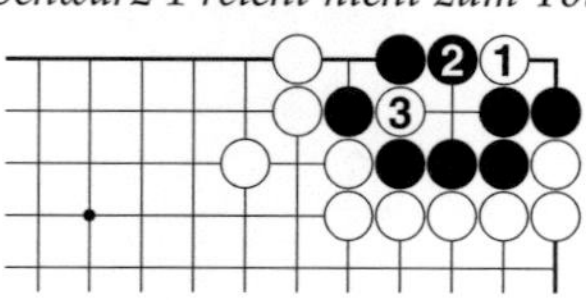

6a. Weiß 1 und 3 töten.

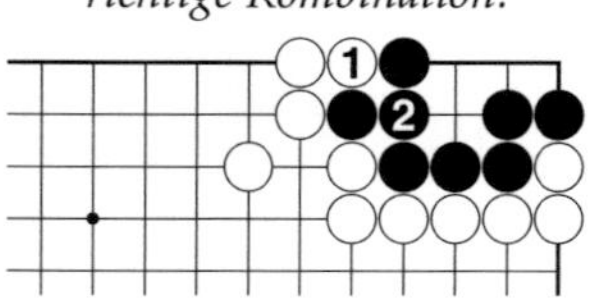

6b. Weiß 1 ist nicht der richtige Weg.

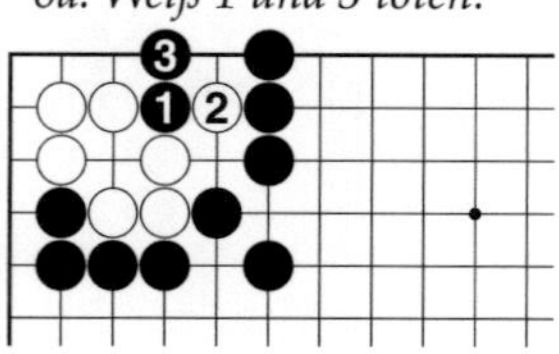

7. Schwarz 1 macht das Auge unecht.

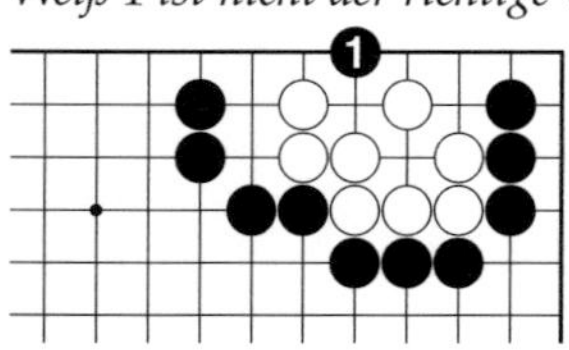

8. Schwarz 1 tötet.

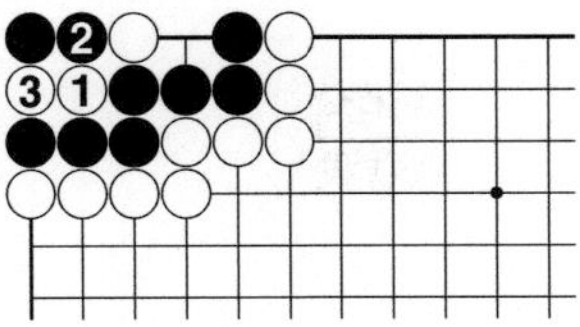

9a. Weiß 1 tötet, denn W3 ist Atari.

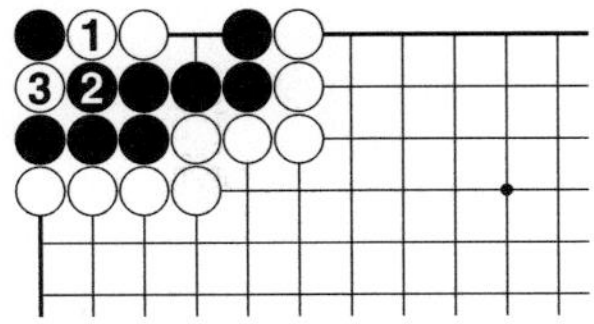

9b. Weiß 1 und 3 erreichen nur ein Ko.

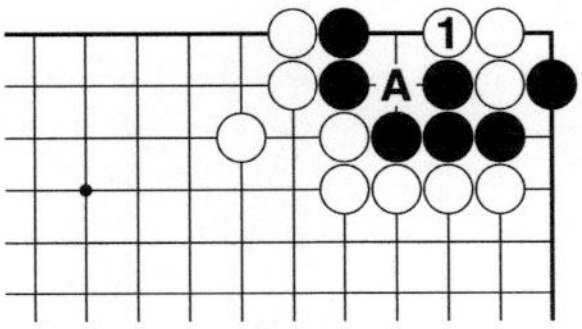

10. Weiß 1 tötet, da nun A eine Mausefalle ist.

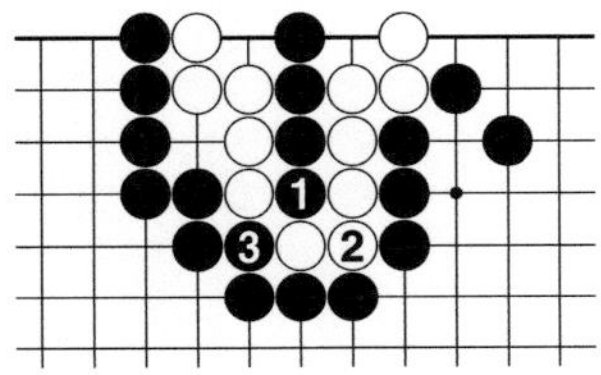

11. Schwarz 1 und 3 töten.

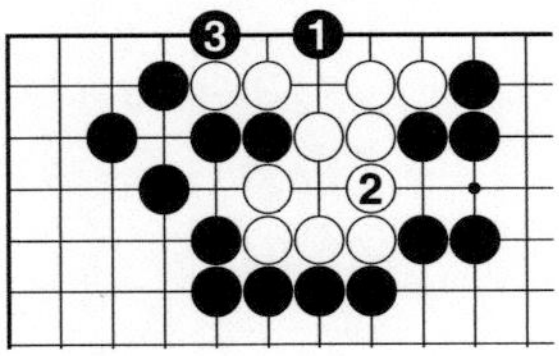

12a. Schwarz 1 ist korrekt.

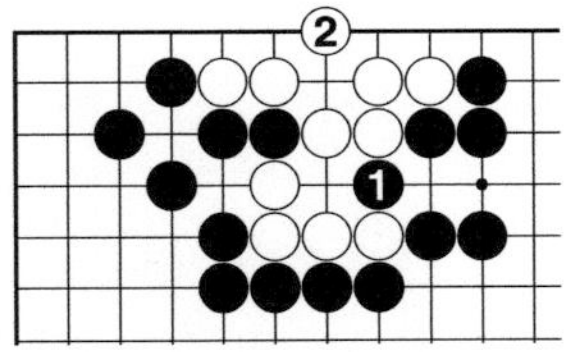

12b. Schwarz 1 hier überlässt Weiß den vitalen Punkt.

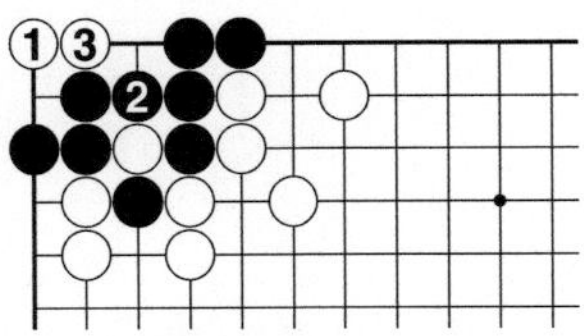

13a. Weiß 1 tötet.

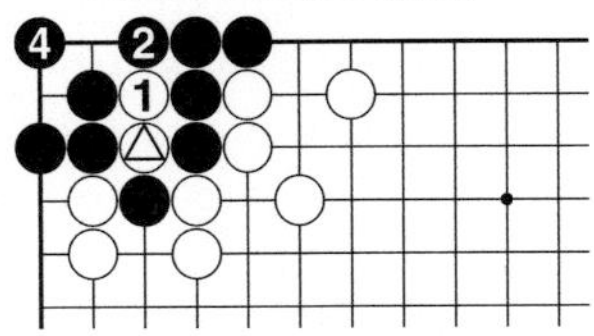

13b. Weiß 1 ist falsch (W3 auf △).

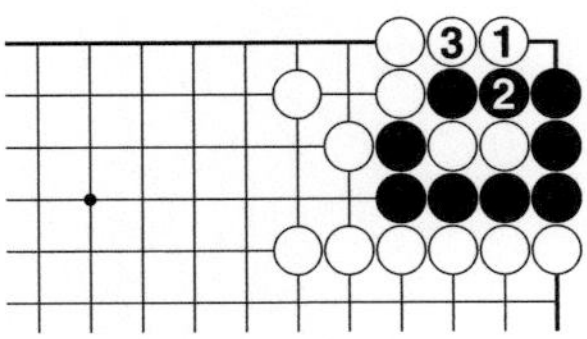

14a. Weiß 1 und 3 töten.

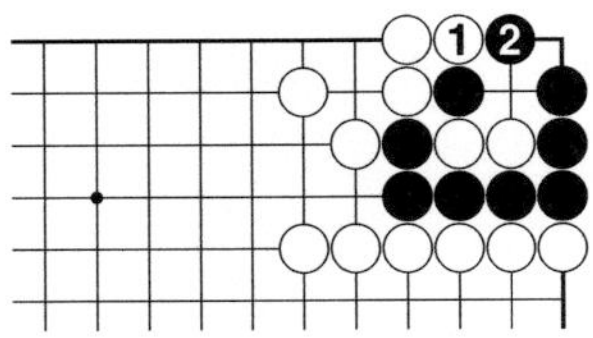

14b. Weiß 1 ist ein Fehler, denn dann lebt Schwarz mit 2.

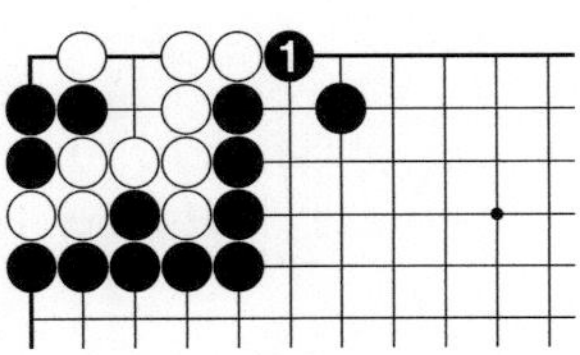

15. Weiß 1 tötet. Weiß kann sich nicht annähern, aber Schwarz kann Atari geben.

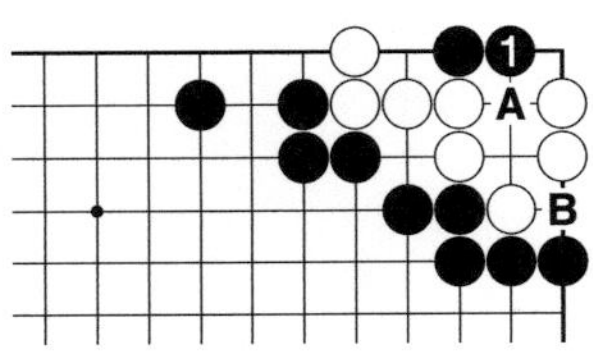

16. Schwarz 1 tötet. Jetzt sind A und B Miai.

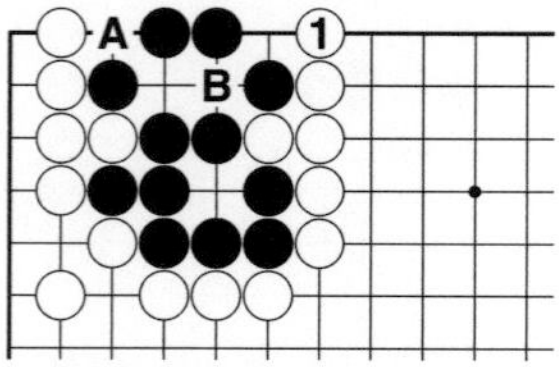

17. Weiß 1 tötet. A und B sind Miai.

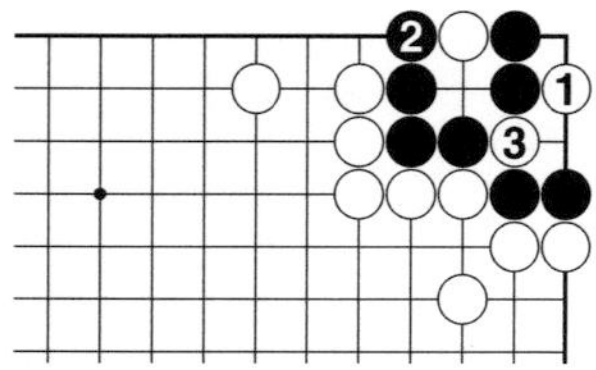

18. Weiß 1 und 3 töten.

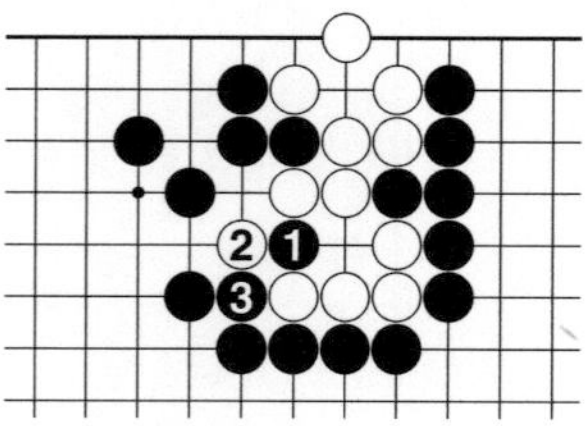

19. Schwarz 1 und 3 töten.

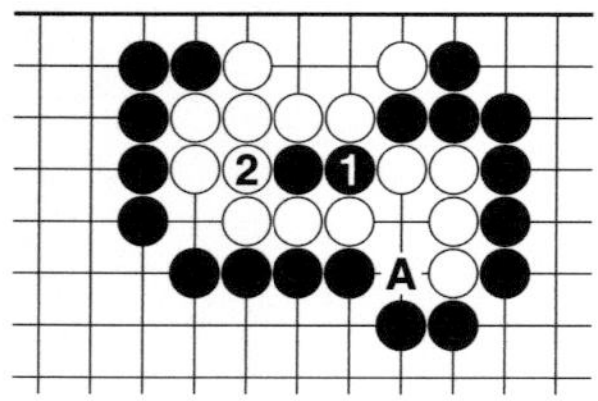

20a. Schwarz 1 tötet. Weiß 2 auf A geht wegen Selbstatari nicht.

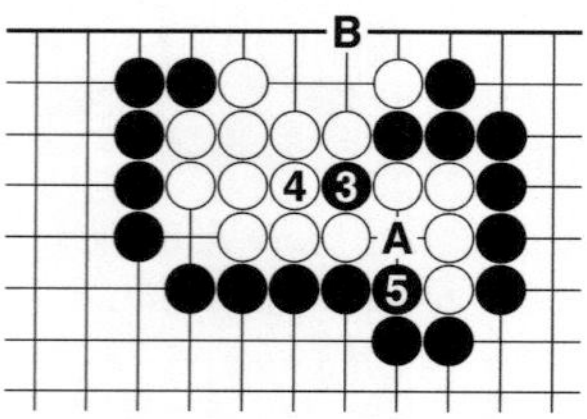

20b. Nach Schwarz 5 kann Weiß nicht beide Augen auf A und B sichern.

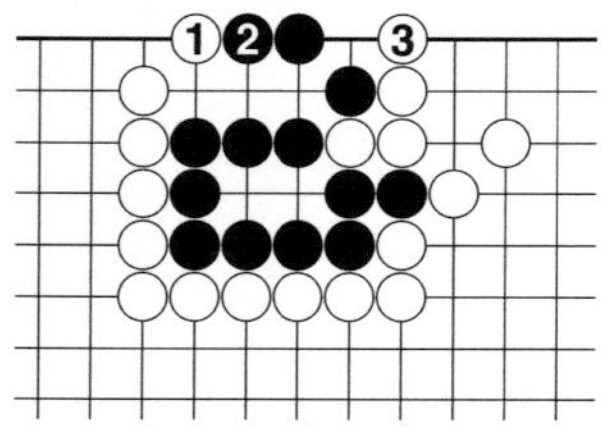

21. Weiß 1 und 3 töten.

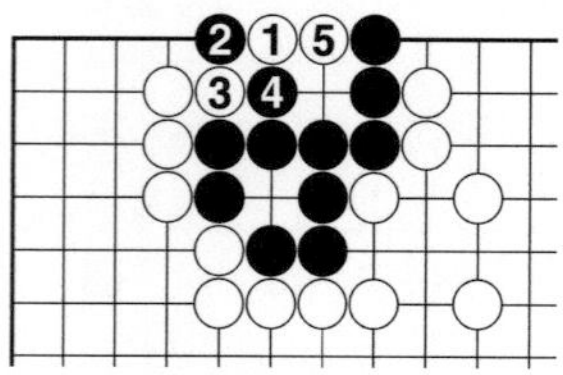

22. Weiß 1 tötet.

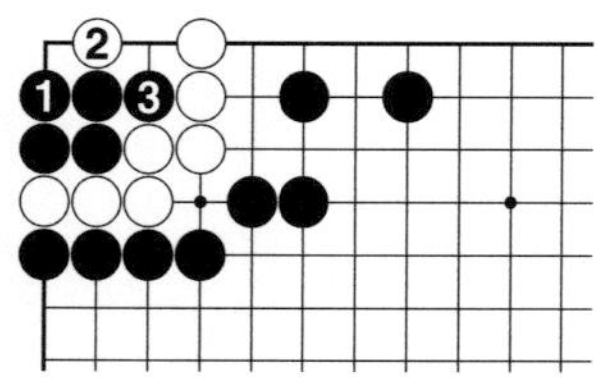

23a. Schwarz 1 und 3 füllen Weiß mit einer „Toten Fünf".

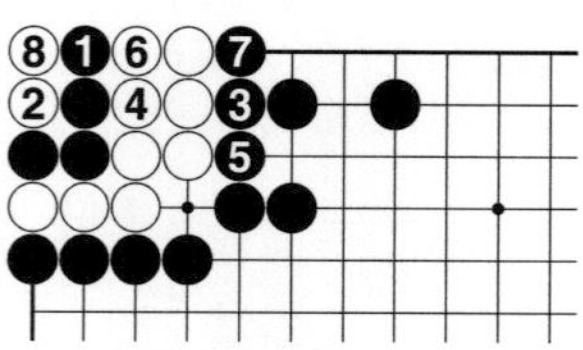

23b. Schwarz 1 funktioniert nicht. (Weiß 2 verhindert die Nakade-Form.)

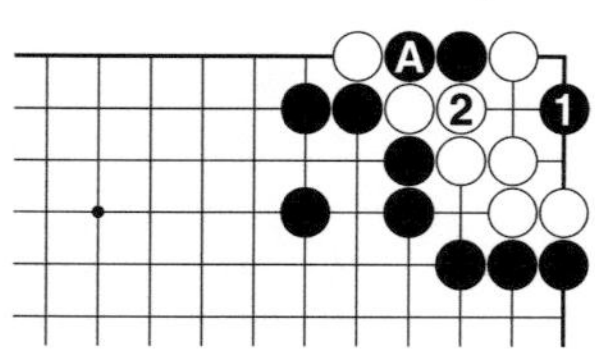

24. Schwarz 1 tötet (S3 auf A).

Kapitel 4
Leben!

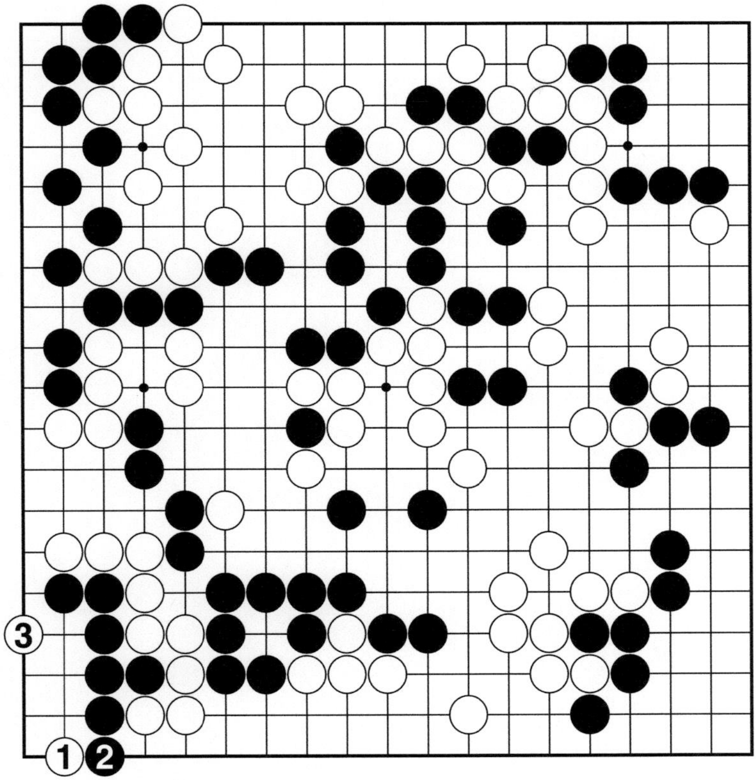

Figur: Turnierpartie zweier Amateure (Dickfeld/Ilia, 2004)

Nachdem wir uns ausführlich mit Techniken des Tötens beschäftigt haben, ist es an der Zeit, die Seite zu wechseln und bedrohten Gruppen das Leben zu retten.

In der oben gezeigten Partie hat Schwarz das riesige, weiße Moyo (Gebietsanlage) in der Brettmitte invadiert. Nachdem Schwarz lebt und somit das Moyo zerstört hat, spielt Weiß einen Angriff auf die schwarze Gruppe in der Ecke links unten. (Der Angriff mit 1 und 3 ist nicht optimal, denn Weiß hat eine schärfere Variante, wie in Kapitel 5 gezeigt wird.)

Wie soll Schwarz hier verteidigen?

1. Ein zweites Auge

Die bisher betrachteten Gruppen hatten bereits einen mehr oder weniger festen Augenraum, den es in zwei Augen zu unterteilen galt. Jetzt betrachten wir Stellungen, die bereits ein sicheres Auge haben. Ihnen fehlt jedoch noch ein zweites und die Frage die sich stellt ist, wie sie dieses bekommen können.

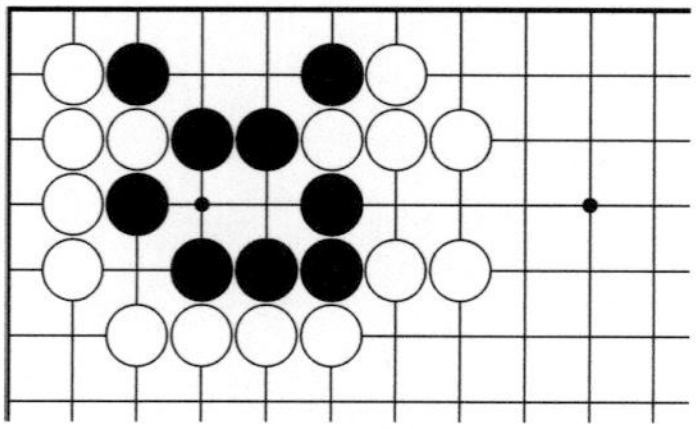

Dia. 1

Dia. 1 In dieser Stellung hat Schwarz bereits ein sicheres Auge.

Wenn er den richtigen Punkt findet, kann er ein zweites Auge am Rand des Brettes sichern.

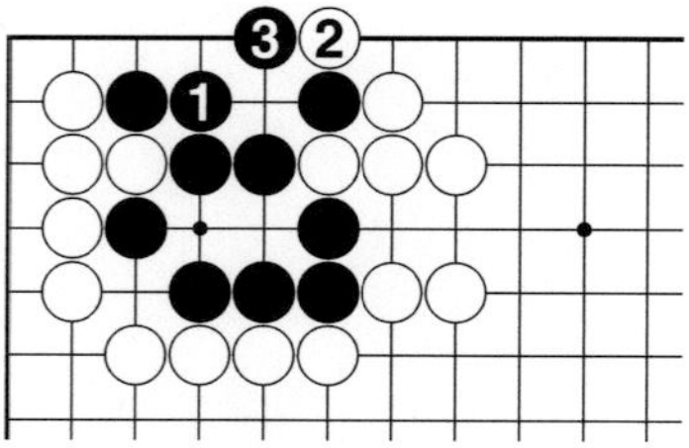

Dia. 2

Dia. 2 Die feste Verbindung mit Schwarz 1 ist nicht ausreichend, denn Weiß gibt mit 2 Atari und alles was Schwarz noch erreichen kann, ist das Ko auf 3.

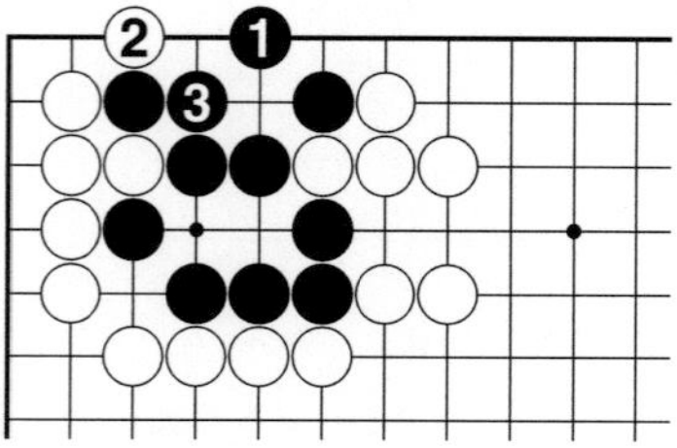

Dia. 3

Dia. 3 Die lose Verbindung mit Schwarz 1 ist die korrekte Form. Das Atari 2 beantwortet Schwarz mit 3.

Schwarz hat nun zwei sichere Augen und kann nicht mehr getötet werden.

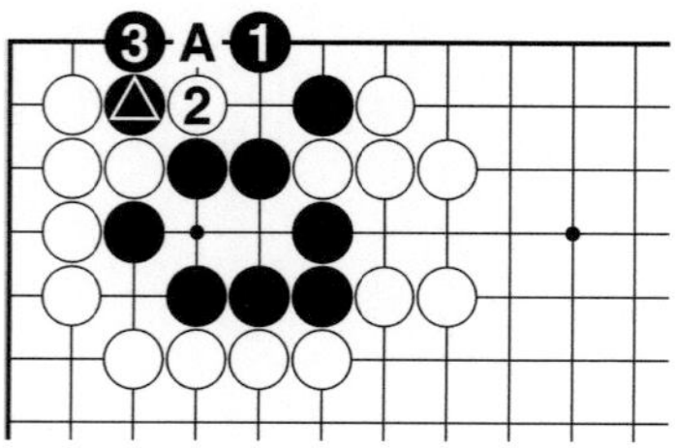

Dia. 4

Dia. 4 Der Versuch von Weiß, den markierten Stein mit 2 zu fangen, scheitert, denn Weiß kann nach Schwarz 3 nicht auf A spielen.

Der weiße Stein ist jetzt in dem schwarzen Auge gefangen.

Dia. 5 Viel Platz hat Schwarz hier nicht, um ein zweites Augen zu bauen. Aber um zu leben, muss er einen Weg finden. Wie sollte er spielen?

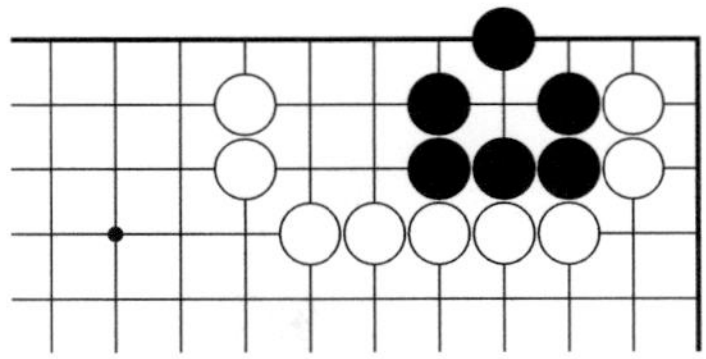

Dia. 5

Dia. 6 Der Sprung auf Schwarz 1 ist korrekt. Weiß 2 wird mit Schwarz 3 beantwortet und sichert das zweite Auge.

Spielt Weiß mit 2 auf 3, dann antwortet Schwarz auf 2 und fängt den weißen Stein.

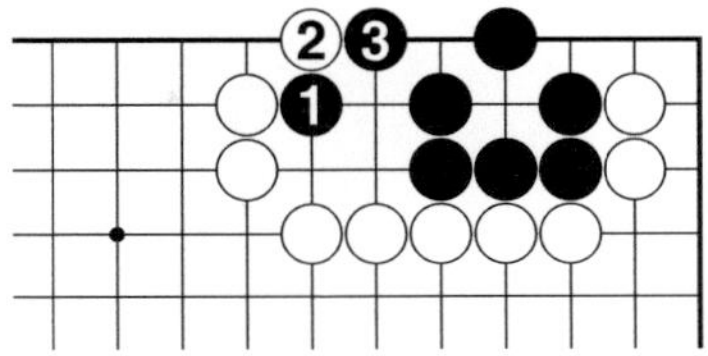

Dia. 6

Dia. 7 Schwarz 1 ist nicht richtig, denn Weiß 2 verhindert das Auge.

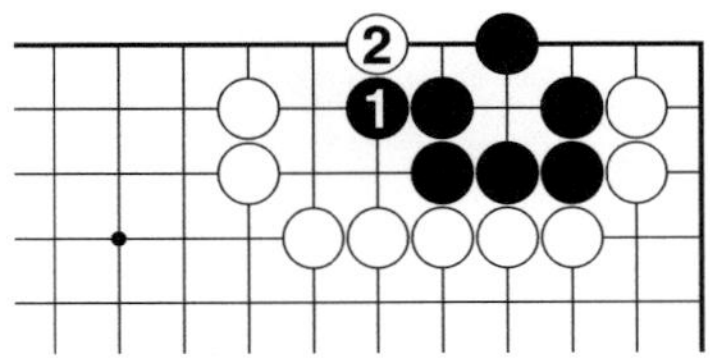

Dia. 7

Aufgaben

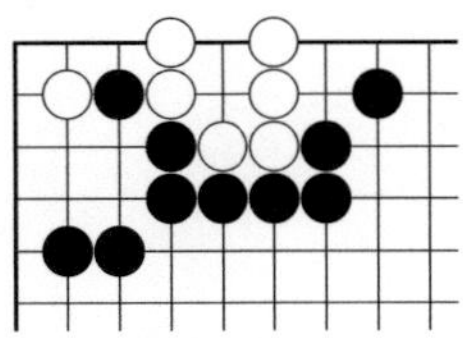

1. Weiß setzt und lebt!

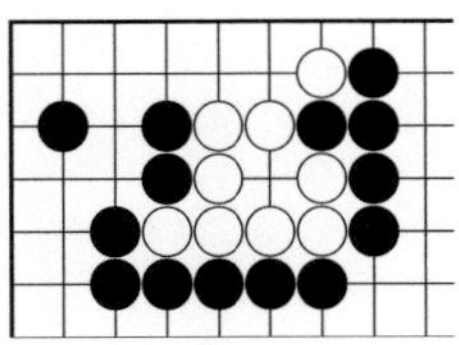

2. Weiß setzt und lebt!

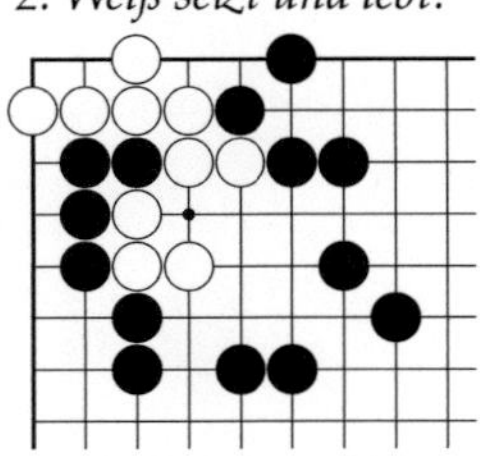

3. Weiß setzt und lebt!

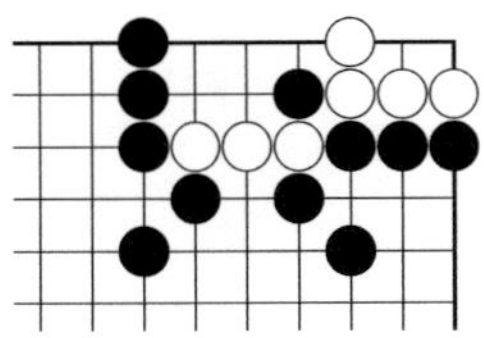

4. Weiß setzt und lebt!

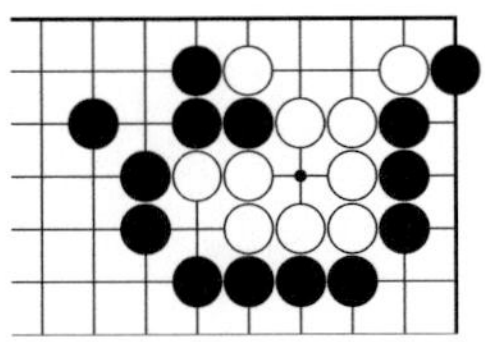

5. Weiß setzt und lebt!

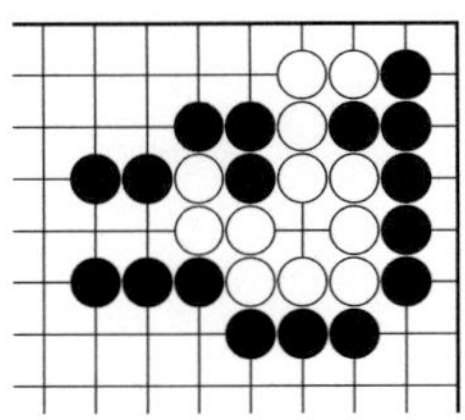

6. Weiß setzt und lebt!

Antworten

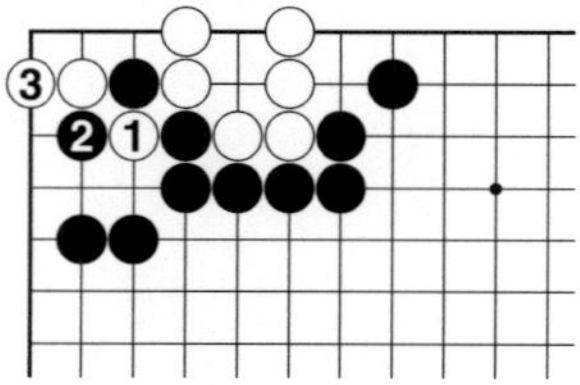

Dia. 1

Lösung 1

Dia. 1 Weiß 1 und 3 sichern ein zweites Auge und somit das Leben der weißen Steine.

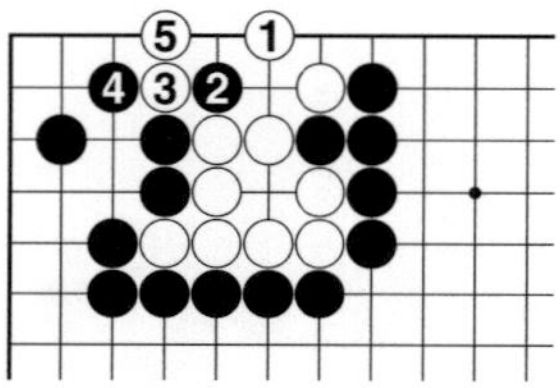

Dia. 2a

Lösung 2

Dia. 2a Die hängende Verbindung mit Weiß 1 ist korrekt. Der Versuch, mit Schwarz 2 das Auge zu verhindern, gelingt nicht, denn Weiß fängt den Stein einfach. Wenn Schwarz statt 4 auf 5 spielt, dann streckt Weiß mit 5 auf 4.

Spielt Schwarz dagegen 2 auf 3, dann antwortet Weiß auf 2.

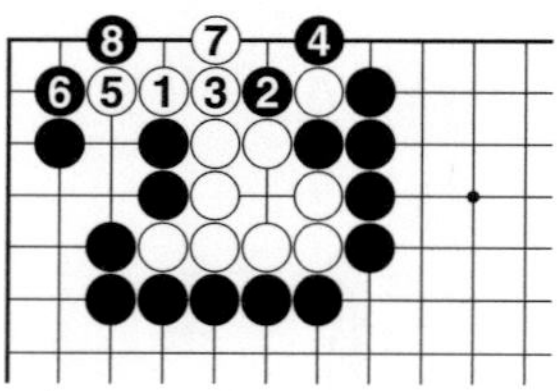

Dia. 2b

Dia. 2b Weiß 1 ist ein Fehler, denn in der Abfolge bis 8 bekommt die weiße Gruppe kein zweites Auge.

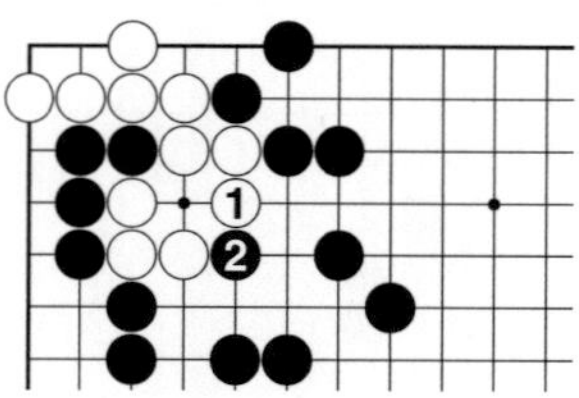

Dia. 3a

Lösung 3

Dia. 3a Weiß 1 schließt nur scheinbar ein Auge ein, denn Schwarz 2 macht das Auge unecht. Weiß kann den schwarzen Stein nicht fangen.

Spielt Weiß erst auf 2, dann setzt Schwarz auf 1 und das Auge bleibt unecht.

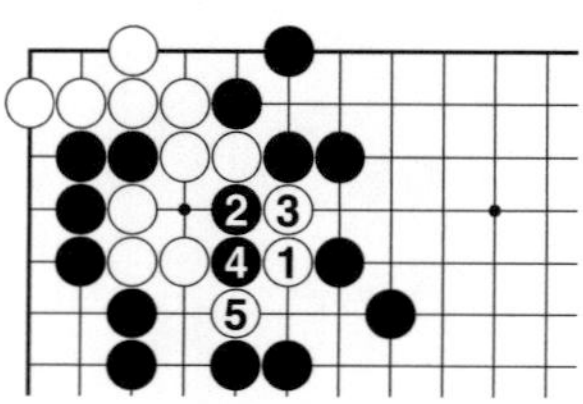

Dia. 3b

Dia. 3b Weiß 1 in diesem Diagramm ist daher die richtige Lösung.

Schwarz hat jetzt keine Möglichkeit, das Auge zu verhindern.

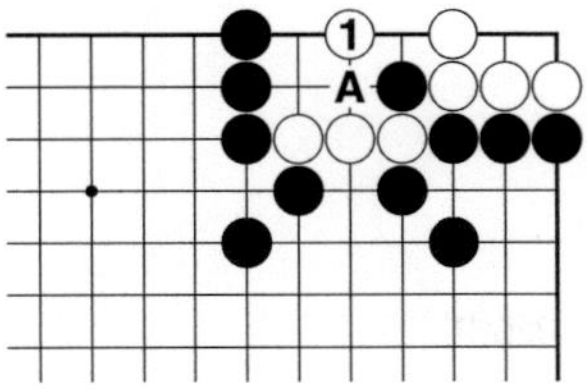

Dia. 4

Lösung 4

Dia. 4 Weiß 1 fängt den markierten Stein in einem Geta (Netz).

Alle anderen Versuche scheitern: spielt Weiß zum Beispiel auf A, dann antwortet Schwarz auf 1 und hält das vermeintliche Auge unecht.

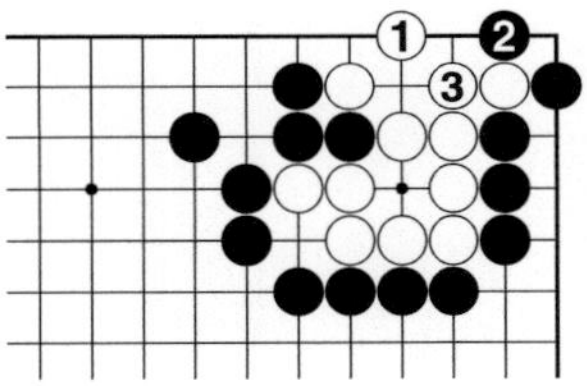

Dia. 5a

Lösung 5

Dia. 5a Die hängende Verbindung mit Weiß 1 ist richtig. Das Atari 2 wird mit Weiß 3 beantwortet.

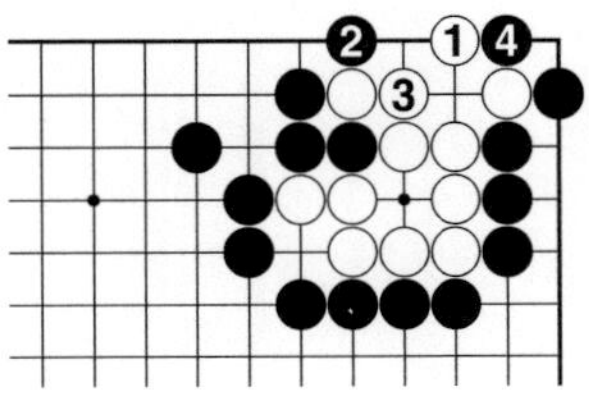

Dia. 5b

Dia. 5b Weiß 1 in diesem Diagramm ist zwar auch eine hängende Verbindung, aber sie führt hier nicht zum Erfolg. Nach Schwarz 4 gibt es ein Ko in der Ecke.

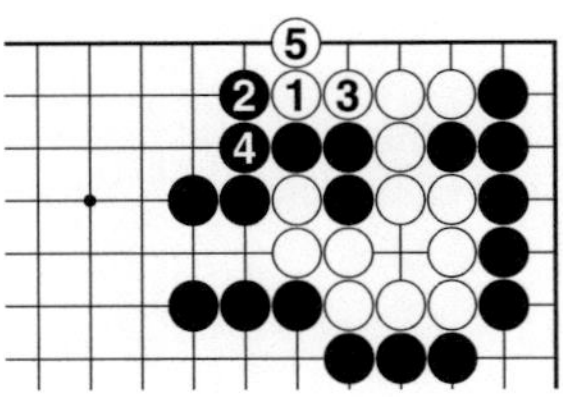

Dia. 6a

Lösung 6

Dia. 6a Das Anlegen mit Weiß 1 führt in der Folge bis 5 zum Erfolg.

Spielt Schwarz mit 2 auf 3, dann gibt Weiß auf 4 Atari und fängt vier schwarze Steine.

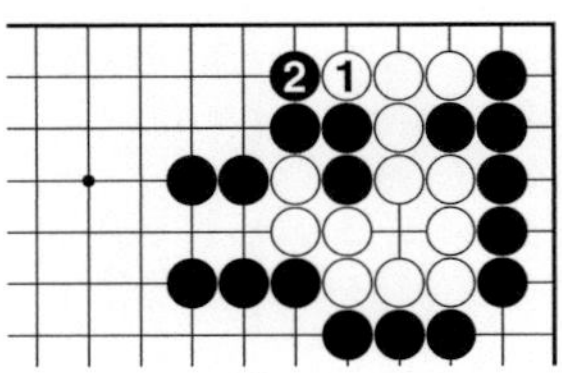

Dia. 6b

Dia. 6b Weiß 1 ist plump und verfehlt die Chance, das Leben der weißen Gruppe zu retten. Weiß 1 berücksichtigt nicht die Besonderheit der Stellung.

2. Miai auf zwei Augen

Besonders geschickt ist es, eine Situation des „Miai auf zwei Augen" zu schaffen. Das Prinzip des Miai haben wir schon im ersten Kapitel kennengelernt. Es führt dazu, dass zwei Brettpunkte zur Auswahl stehen, um ein zweites Auge zu bilden. Wenn der Gegner den einen der beiden Punkte besetzt und so zum Beispiel ein Auge zerstört, dann wird eben den anderen Punkt genommen.

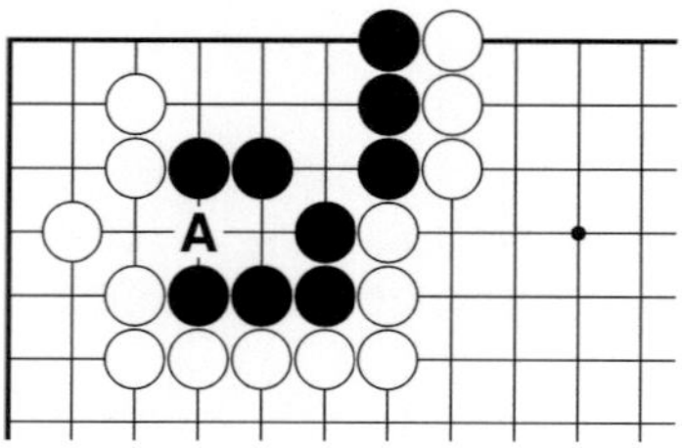

Dia. 1

Dia. 1 In dieser Stellung kann Schwarz auf A ein sicheres Auge in Nachhand bekommen. Wie muss er hier spielen, um zu leben?

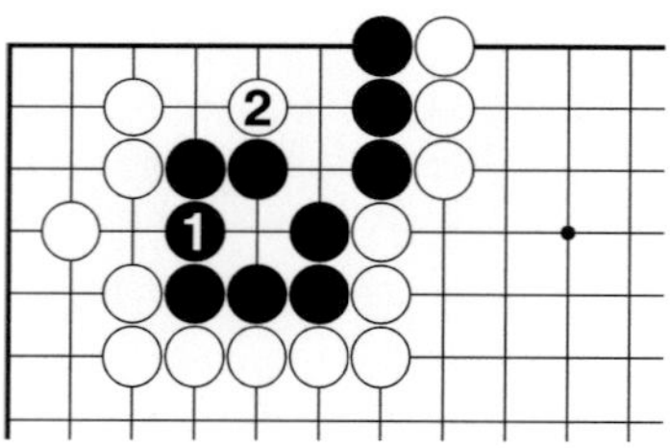

Dia. 2

Dia. 2 Spielt Schwarz sofort auf 1, dann verhindert Weiß 2 das zweite Auge am Rand. Schwarz muss also zuerst am Rand spielen und dort drohen, zwei Augen zu bekommen. Das Auge auf 1 behält er sich in Reserve.

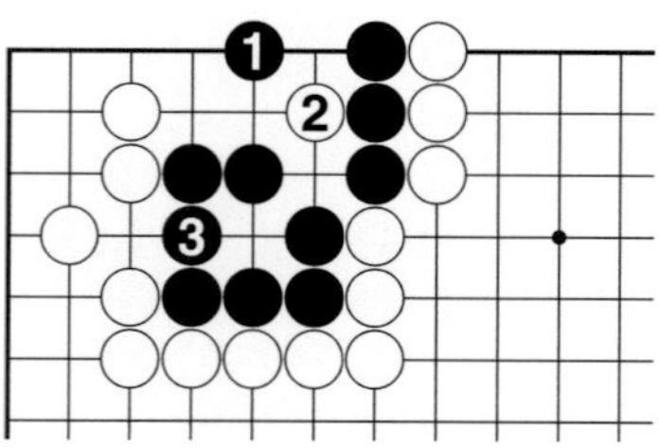

Dia. 3

Dia. 3 Schwarz 1 ist die korrekte Form. Wenn Weiß auf 2 spielt, dann macht Schwarz auf 3 ein zweites, sicheres Auge.

Setzt Weiß selbst auf 3, dann antwortet Schwarz auf 2 und sichert so zwei Augen. Die Punkte 2 und 3 sind Miai.

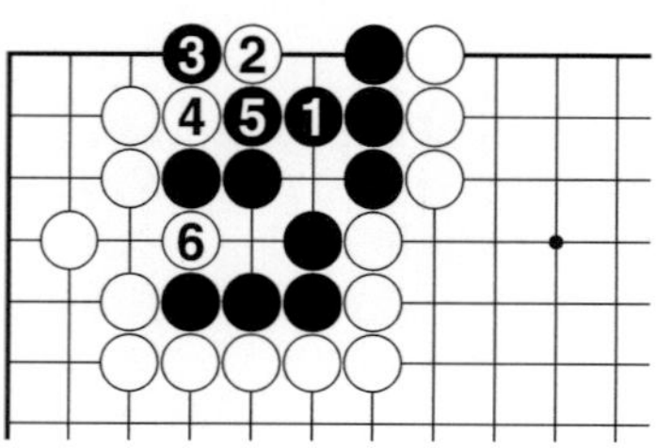

Dia. 4

Dia. 4 Schwarz 1 in diesem Diagramm führt nicht zum Erfolg. Weiß verhindert erst mit 2 das Auge am Rand und dann mit 6 das potenzielle zweite Auge.

Spielt Schwarz statt 5 gleich auf 6, dann zerstört Weiß 5 das erste Auge.

Dia. 5 Nachdem Weiß soeben den markierten Stein gesetzt hat, möchte Schwarz gern auf A spielen. Aber Vorsicht ist geboten, denn...

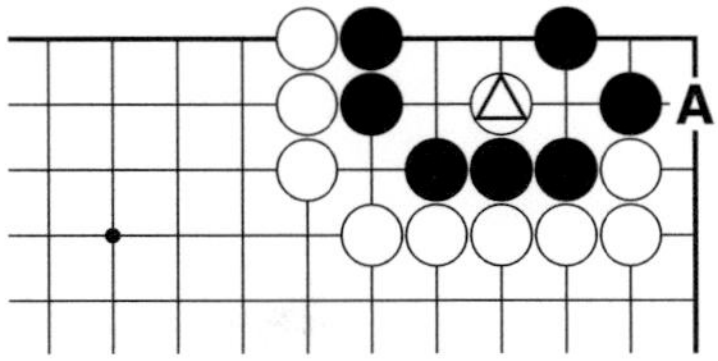

Dia. 5

Dia. 6 ... Schwarz 1 führt zum Tod. Nach Weiß 2 und 4 fängt Weiß sechs Steine.

Spielt Schwarz statt 3 auf 4, dann fängt Weiß auf 3 zwei schwarze Steine. Schwarz ist in jedem Fall tot.

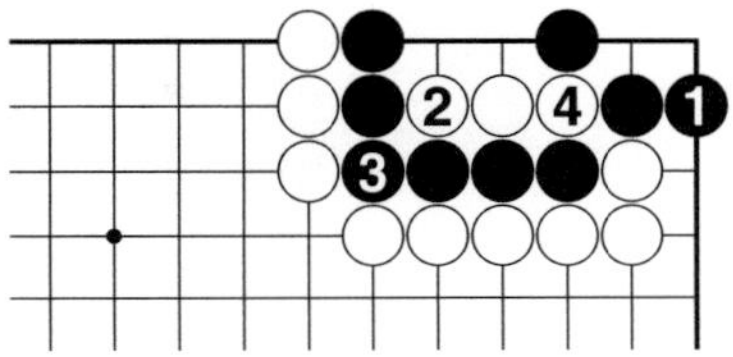

Dia. 6

Dia. 7 Daher ist Schwarz 1 in diesem Diagramm korrekt. Weiß 2 wird mit Schwarz 3 beantwortet und umgekehrt. Die Punkte 2 und 3 sind folglich Miai auf das Leben der schwarzen Gruppe.

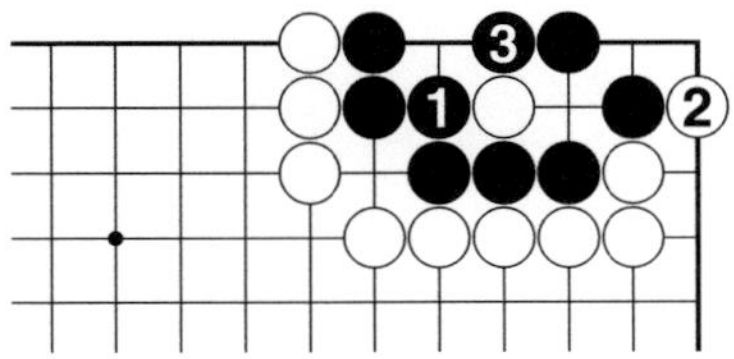

Dia. 7

Aufgaben

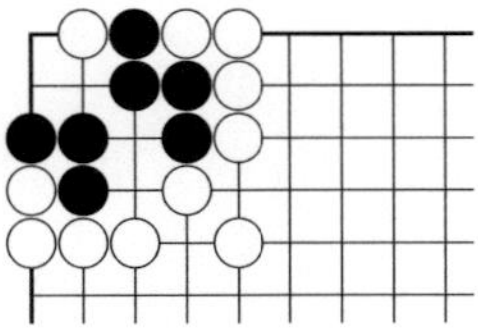

1. Schwarz setzt und lebt!

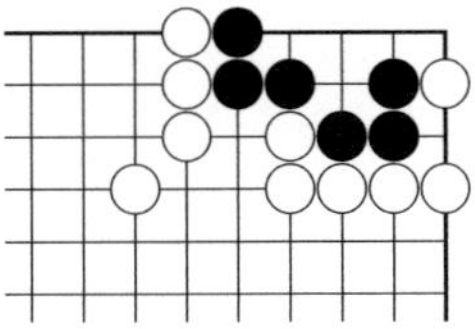

4. Schwarz setzt und lebt!

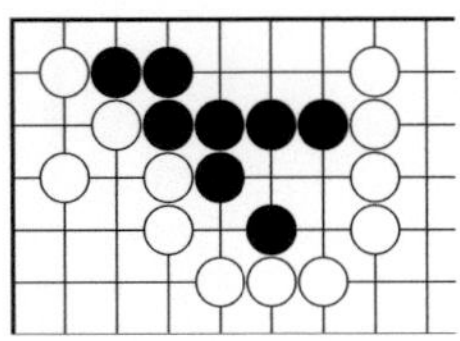

2. Schwarz setzt und lebt!

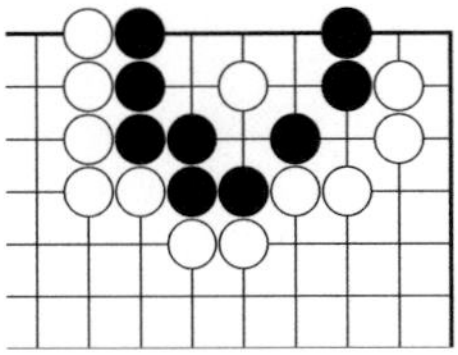

5. Schwarz setzt und lebt!

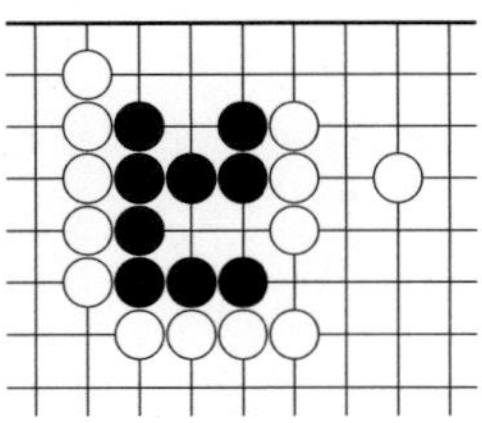

3. Schwarz setzt und lebt!

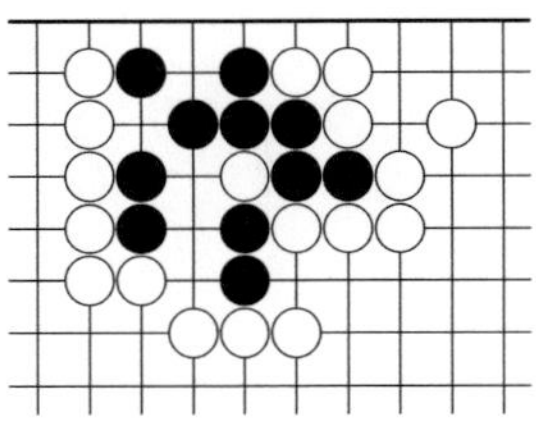

6. Schwarz setzt und lebt!

Antworten

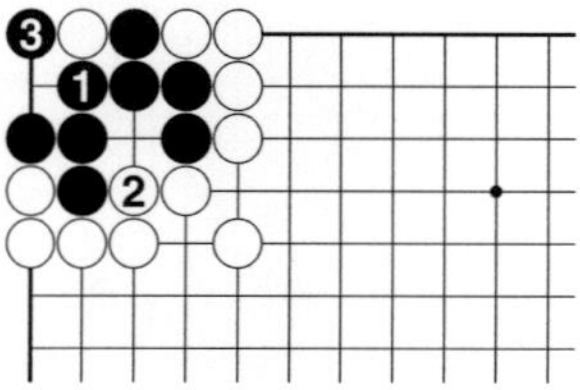

Dia. 1

Lösung 1

Dia. 1 Schwarz 1 macht aus den Punkten 2 und 3 Miai.

Wenn Schwarz zuerst auf 2 spielen würde, dann gibt Weiß auf 1 Atari und zerstört die Augen.

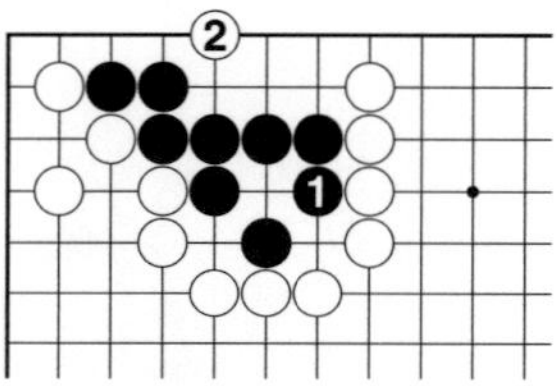

Dia. 2a

Lösung 2

Dia. 2a Mit Schwarz 1 ein Auge zu machen ist zu kurzsichtig gedacht, denn der große Affensprung von Weiß 2 macht ein zweites Auge am Rand unmöglich.

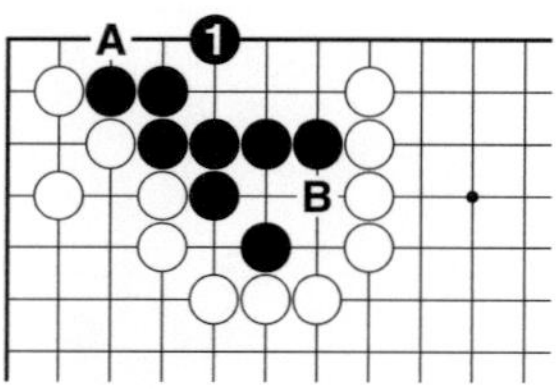

Dia. 2b

Dia. 2b Daher ist Schwarz 1 in diesem Diagramm richtig. Anschließend sind die Punkte A und B Miai, denn Weiß kann sie nicht beide gleichzeitig spielen.

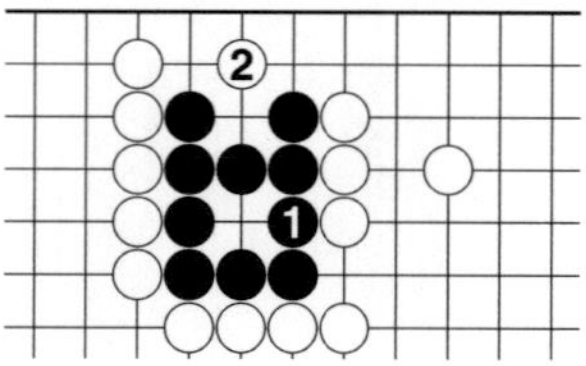

Dia. 3a

Lösung 3

Dia. 3a Wieder ist es zu voreilig, mit Schwarz 1 ein Auge zu sichern. Weiß 2 macht jede Hoffnung auf ein zweites Auge zunichte.

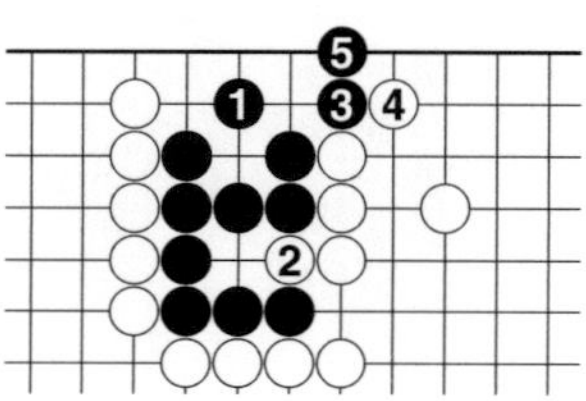

Dia. 3b

Dia. 3b Schwarz 1 ist hier richtig. Antwortet Weiß mit 2, dann wird Schwarz in der Folge bis 5 am Rand ein weiteres Auge bauen.

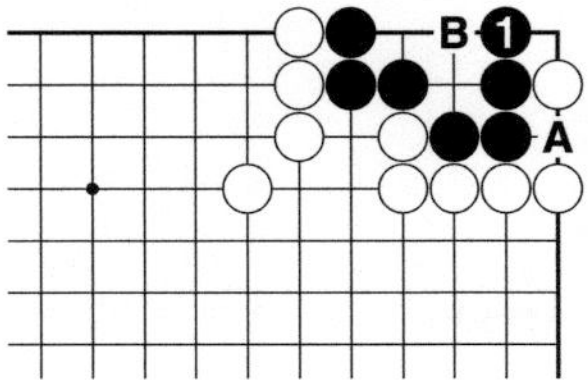

Dia. 4a

Lösung 4

Dia. 4a Das Strecken zum Rand mit Schwarz 1 macht die Folgepunkte A und B zu Miai. Weiß kann nicht beide Punkte gleichzeitig besetzen.

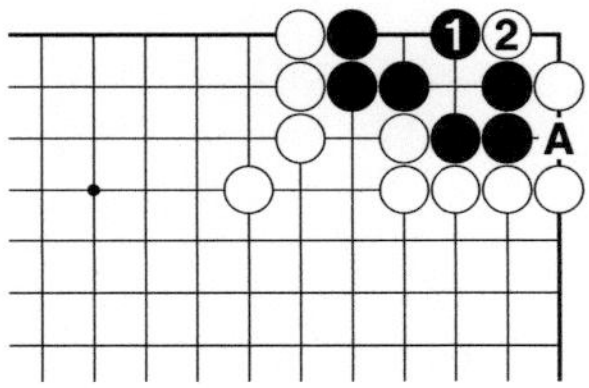

Dia. 4b

Dia. 4b Schwarz 1 sieht so aus, als wäre er der vitale Punkt für zwei Augen, aber nach Weiß 2 entsteht ein Ko. Schwarz kann mangels Freiheiten nicht auf A setzen und ist somit gezwungen, das Ko in der Ecke zu spielen.

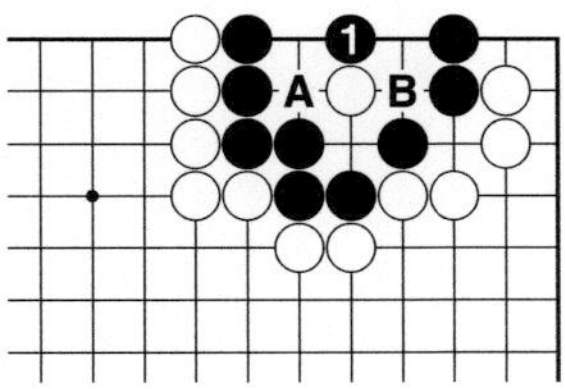

Dia. 5

Lösung 5

Dia. 5 Schwarz 1 ist der Schlüsselpunkt und macht aus A und B Miai.

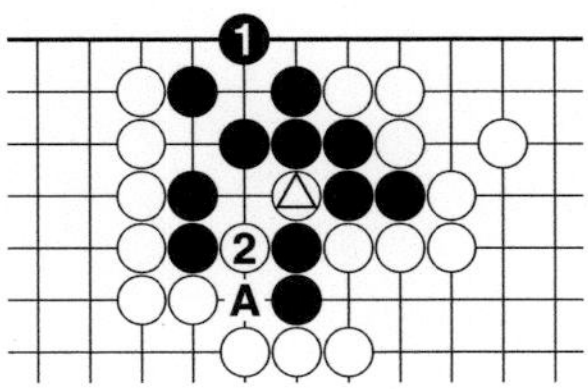

Dia. 6a

Lösung 6

Dia. 6a Schwarz 1 reicht nicht zum Leben, denn Schwarz kann Weiß 2 nichts entgegen setzen. Schlägt Schwarz zum Beispiel den markierten Stein, dann hält Weiß auf A das Auge unecht.

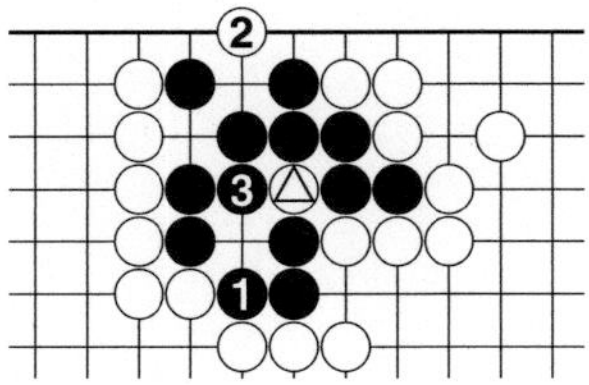

Dia. 6b

Dia. 6b Schwarz muss daher 1 in diesem Diagramm spielen. Weiß 2 wird mit 3 beantwortet. Streckt Weiß den markierten Stein auf 3, dann antwortet Schwarz mit 2 und behält zwei Augen. Die Punkte 2 und 3 sind hier Miai.

Schwarz 1 auf 3 funktioniert nicht, denn Weiß spielt mit 2 einfach auf 1.

3. Vitaler Punkt

Dem vitalen Punkt haben wir uns schon mehrmals gewidmet. Da seiner Bedeutung jedoch nicht genug Beachtung geschenkt werden kann, wollen wir an dieser Stelle noch einmal auf ihn eingehen. Der vitale Punkt ist jener Punkt, der einer Gruppe zwei sichere Augen verschafft.

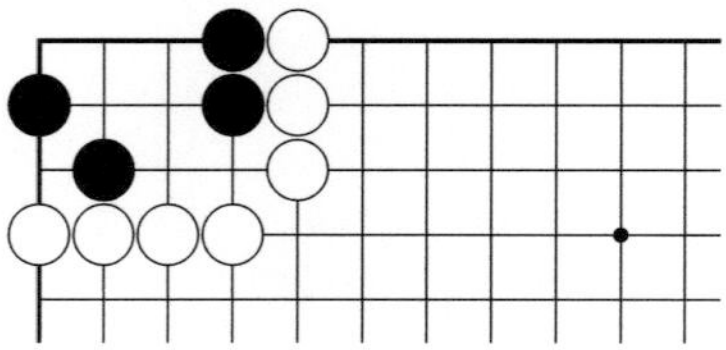

Dia. 1

Dia. 1 Die schwarzen Steine sehen nicht lebensfähig aus. Sie können aber mit nur einem weiteren Stein leben. Wo müssen Sie spielen?

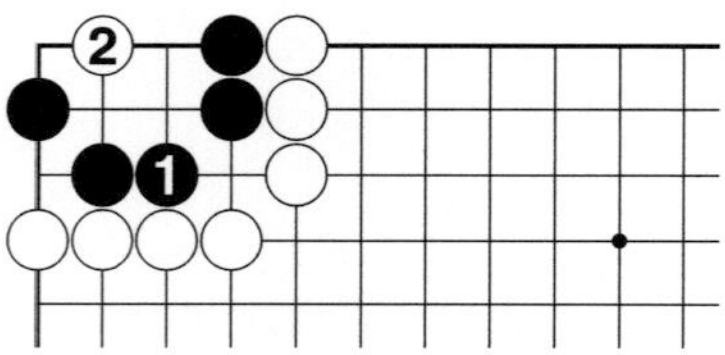

Dia. 2

Dia. 2 Schwarz 1 vergrößert zwar den Augenraum, aber er schließt nur eine „Tote Fünf" ein. Weiß 2 tötet die schwarzen Gruppe sofort.

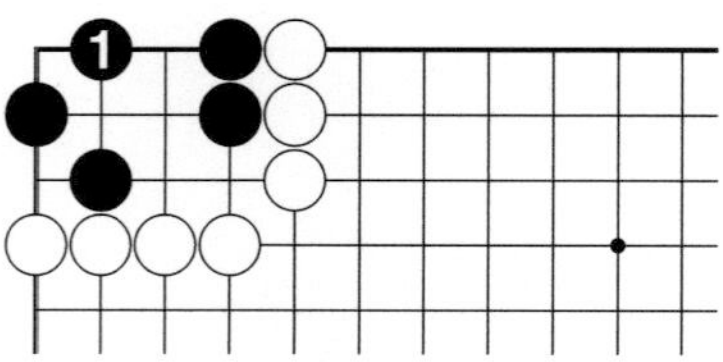

Dia. 3

Dia. 3 Schwarz 1 besetzt jetzt den 2-1-Punkt in der Ecke. Der 2-1-Punkt ist in Ecken sehr häufig der vitale Punkt und daher lohnt es sich, ihn einzuprägen.

Weiß hat jetzt keine Möglichkeit mehr, die schwarzen Steine zu töten.

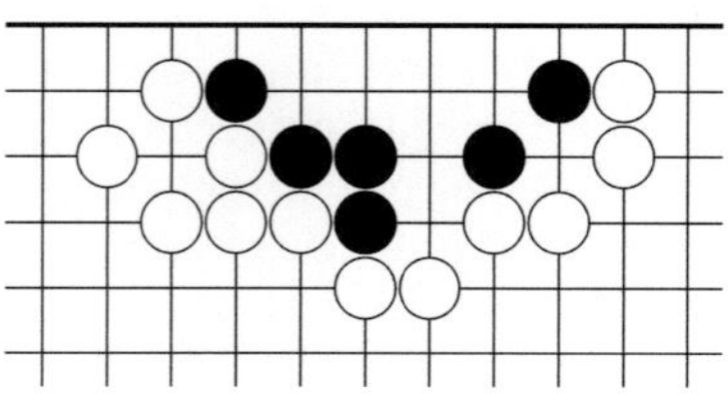

Dia. 4

Dia. 4 Hier ist eine Stellung am Brettrand gegeben. Wo ist der vitale Punkt, der Schwarz zum Leben bringt?

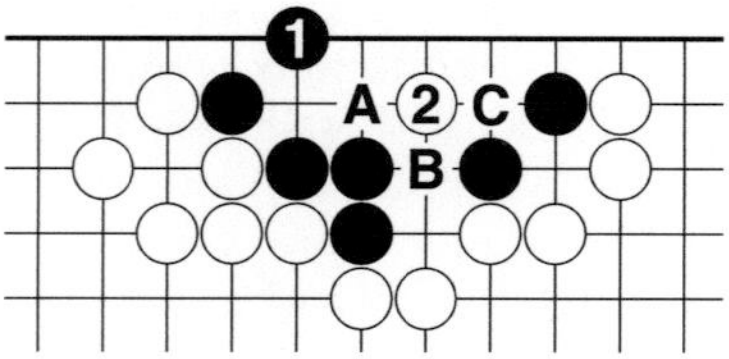

Dia. 5

Dia. 5 Die lose Verbindung mit Schwarz 1 verhindert, dass Weiß einen schwarzen Stein fangen kann.

Aber nach Weiß 2 drohen Weiß A, B oder C. Da Schwarz sie nicht alle abwehren kann, ist er tot.

Dia. 6 Schwarz muss daher mit 1 selbst den vitalen Punkt besetzen. Nach Weiß 2 kann Schwarz die lose Verbindung spielen und lebt jetzt sicher.

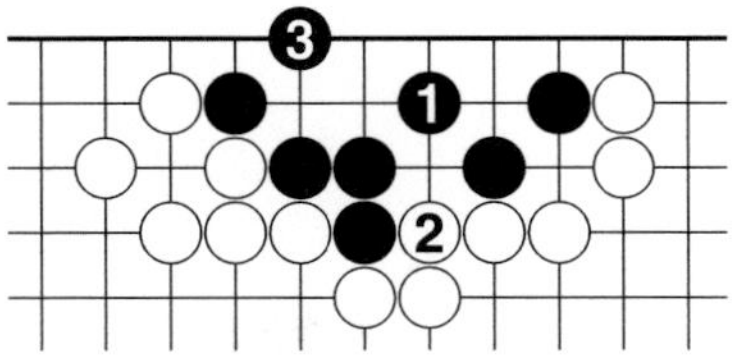

Dia. 6

Dia. 7 Antwortet Weiß nach Schwarz 1 mit dem Atari auf 2, dann opfert Schwarz einen Stein und lebt nach 5.

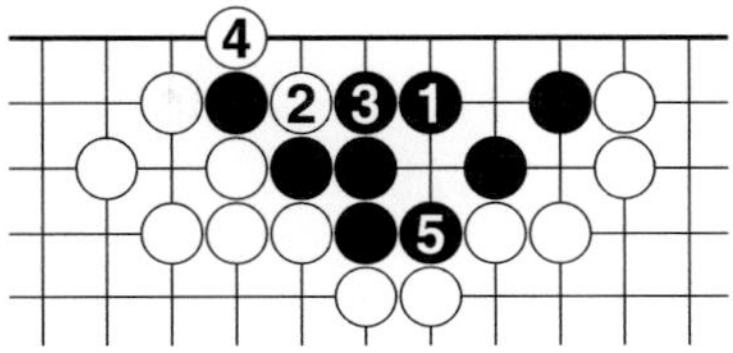

Dia. 7

Wir haben gesehen, dass der Punkt, den der Gegner zum Töten spielen möchte, auch der eigene Punkt ist. Das macht das Besondere des vitalen Punktes aus. Haben Sie einmal Schwierigkeiten, den richtigen Punkt zum Leben zu finden, dann sollten Sie sich einfach überlegen, wo Ihr Gegner gern spielen würde, wenn er töten wollte. Nicht selten finden Sie so die richtige Lösung.

Aufgaben

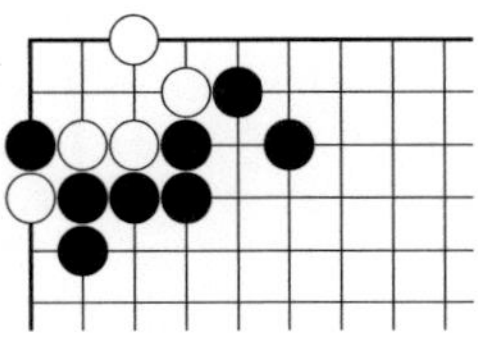

1. Weiß setzt und lebt!

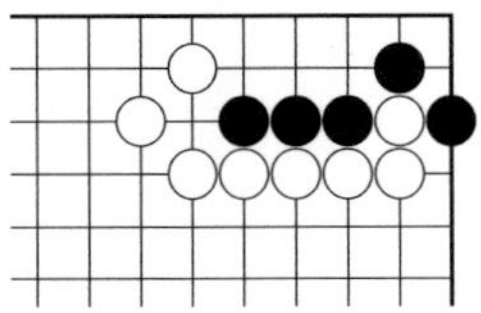

4. Schwarz setzt und lebt!

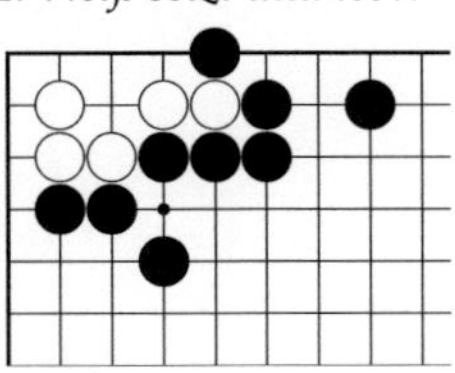

2. Weiß setzt und lebt!

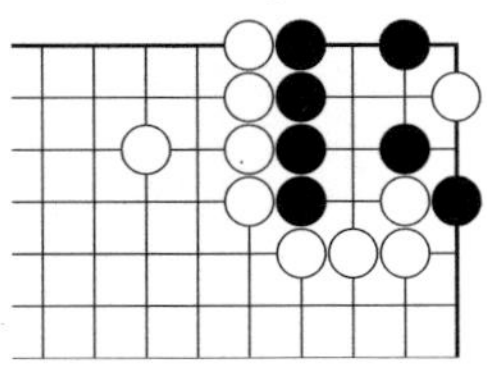

5. Schwarz setzt und lebt!

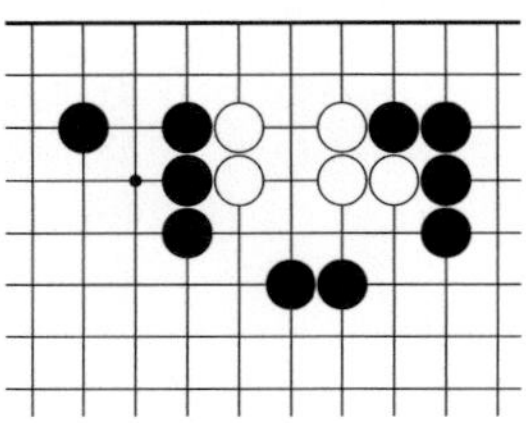

3. Weiß setzt und lebt!

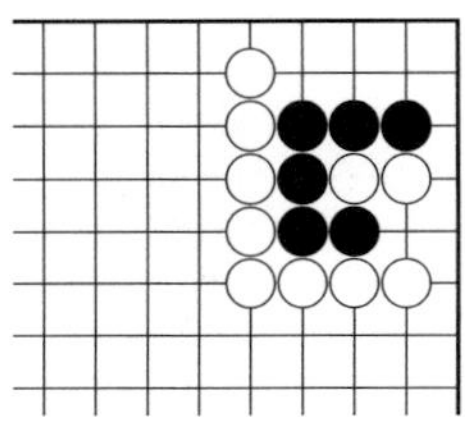

6. Schwarz setzt und lebt!

Antworten

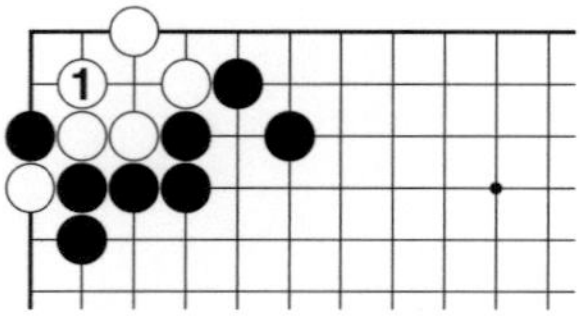

Dia. 1a

Lösung 1

Dia. 1a Weiß 1 besetzt den vitalen Punkt.

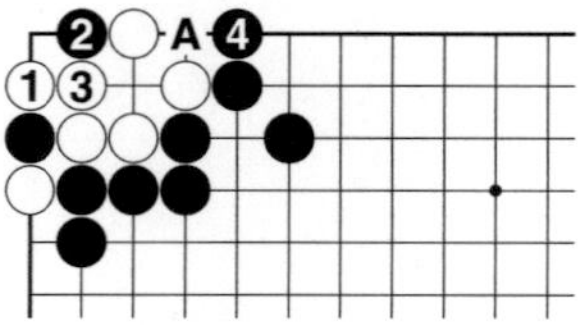

Dia. 1b

Dia. 1b Das Schlagen eines Steines mit Weiß 1 ist nicht gut, denn Schwarz nutzt mit 2 und 4 die Schwäche der weißen Stellung aus. Weiß kann jetzt nicht mehr auf A spielen.

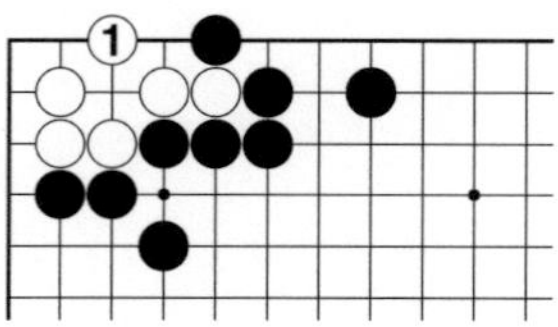

Dia. 2a

Lösung 2

Dia. 2a Der vitale Punkt ist ganz klar Weiß 1.

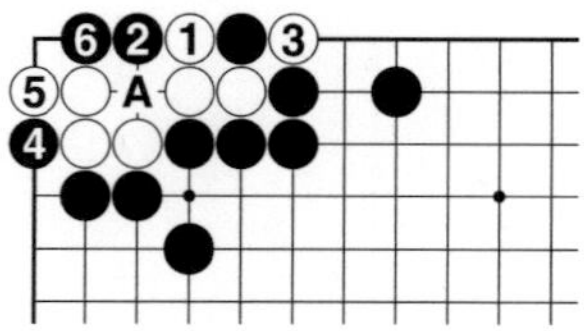

Dia. 2b

Dia. 2b Das Atari Weiß 1 ist fatal. Schwarz spielt ein Gegenatari und nach Schwarz 6 ist die weiße Ecke tot. Weiß 3 auf A macht hier keinen Unterschied.

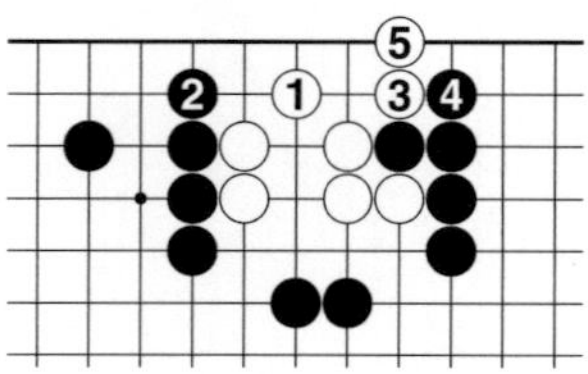

Dia. 3a

Lösung 3

Dia. 3a In einer symmetrischen Stellung spiele in der Mitte: Weiß 1 ist korrekt. Die Folge bis 5 ist nur eine mögliche Fortsetzung, denn die Punkte 2 und 3 sind Miai.

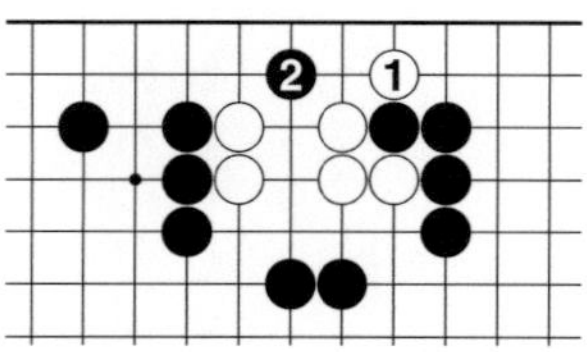

Dia. 3b

Dia. 3b Spielt Weiß nicht 1 in Diagramm 3a, dann wird Schwarz mit 2 diesen Punkt besetzen. Für Weiß gibt es dann keine sinnvolle Fortsetzung mehr.

Selbst wenn er den schwarzen Stein fängt, so wird nur ein Auge übrig bleiben.

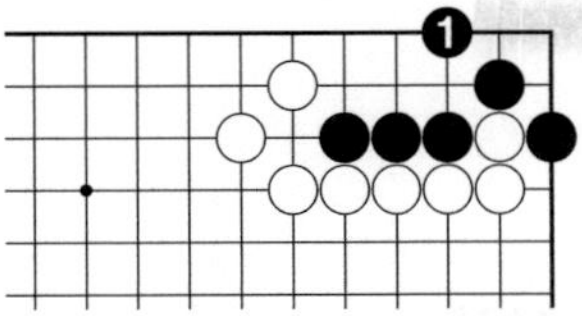

Dia. 4a

Lösung 4

Dia. 4a Schwarz 1 besetzt den vitalen Punkt.

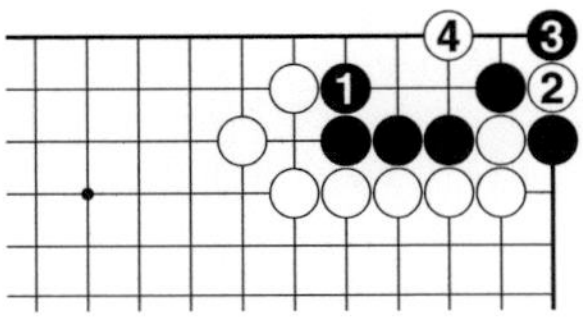

Dia. 4b

Dia. 4b Möchte Schwarz mit 1 möglichst viel Raum für Augen einschließen, dann wirft Weiß auf 2 ein.

Schwarz schlägt, aber der Fortsetzung auf Weiß 4 kann er nichts mehr entgegensetzen.

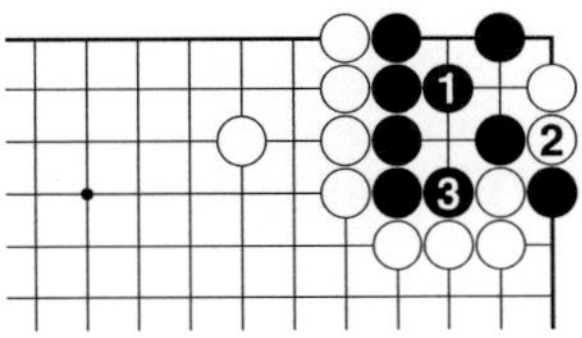

Dia. 5a

Lösung 5

Dia. 5a Der Schlüsselpunkt ist Schwarz 1. Weiß 2 rettet zwar einen weißen Stein, aber Schwarz lebt mit 3. Spielt Weiß auf 3, dann lebt Schwarz auf 2.

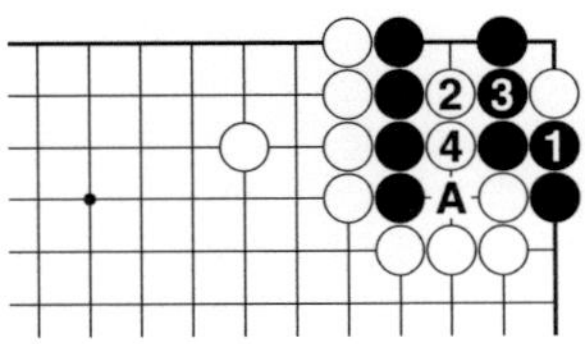

Dia. 5b

Dia. 5b Mit Schwarz 1 den weißen Stein fangen zu wollen, ist zu gierig. Weiß 2 besetzt den vitalen Punkt und nach 4 kann Schwarz nicht mehr auf A trennen.

Antwortet Schwarz statt 3 auf 4, dann tötet Weiß mit 4 auf 3.

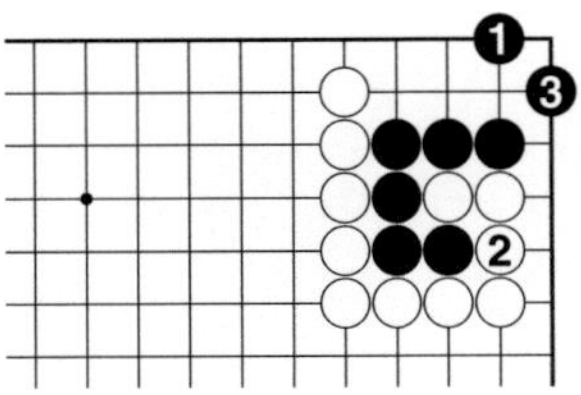

Dia. 6a

Lösung 6

Dia. 6a Schwarz spielt den 2-1-Punkt in der Ecke. Wenn Weiß 2 die zwei Steine anbindet, dann lebt Schwarz mit 3. Wieder ist 2-1 der vitale Punkt.

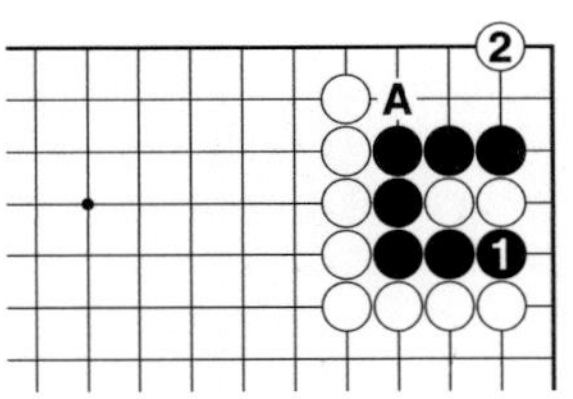

Dia. 6b

Dia. 6b Schwarz 1 fängt in diesem Diagramm zwar zwei Steine, aber nach Weiß 2 kann er keine zwei Augen mehr bekommen.

Schwarz 1 auf A verfehlt ebenfalls den vitalen Punkt. Weiß braucht dann nur seine Steine auf 1 anbinden und Schwarz ist tot.

4. Mangel an Freiheiten

Wir haben im letzten Kapitel gesehen, dass Damezumari, der Mangel an Freiheiten, zum Tod einer Gruppe führen kann. Allerdings kann der Freiheitenmangel auch beim Angreifer bestehen, sodass, wenn er erkannt und richtig ausgenutzt wird, der Angriff abgewehrt werden kann.

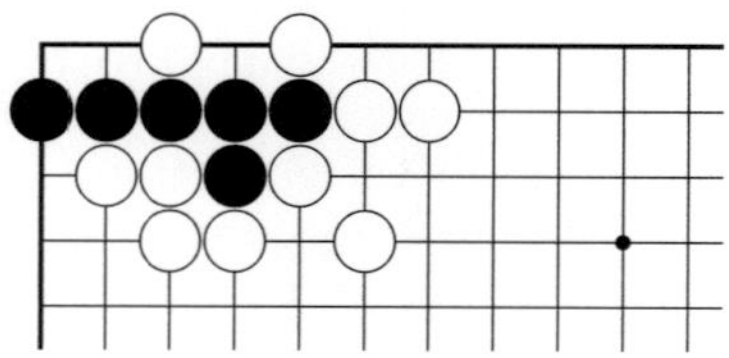

Dia. 1

Dia. 1 Die schwarzen Steine haben nicht mehr viele Freiheiten und sehen nicht gerade lebendig aus.

Aber mit einem weiteren Stein können sie leben. Wie muss Schwarz spielen?

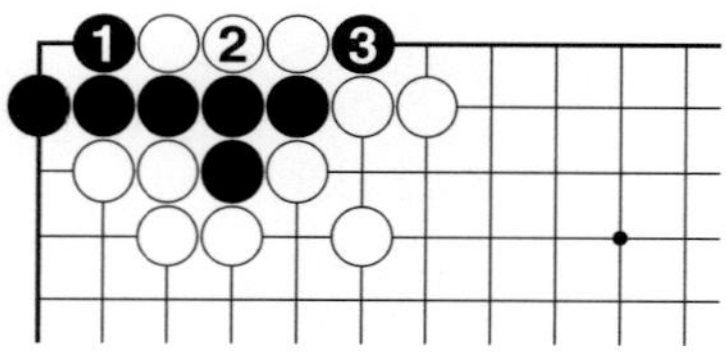

Dia. 2

Dia. 2 Schwarz 1 ist richtig, denn er sichert ein Auge in der Ecke und droht einen weißen Stein zu schlagen.

Verbindet Weiß diesen Stein mit 2, dann schlägt Schwarz mit 3 drei Steine.

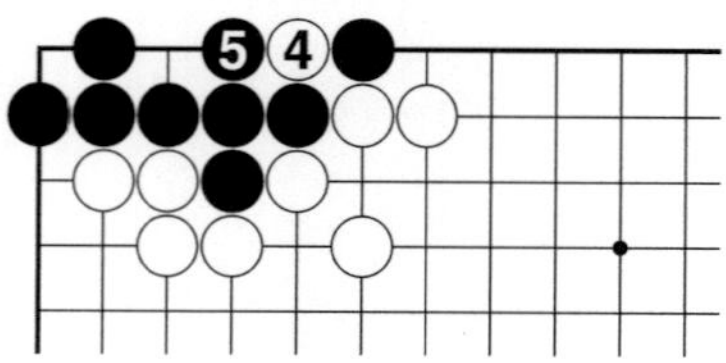

Dia. 3

Dia. 3 Das Einwerfen mit Weiß 4 kann jetzt das schwarze Leben nicht mehr verhindern. Nach Schwarz 5 hat die Gruppe zwei sichere Augen

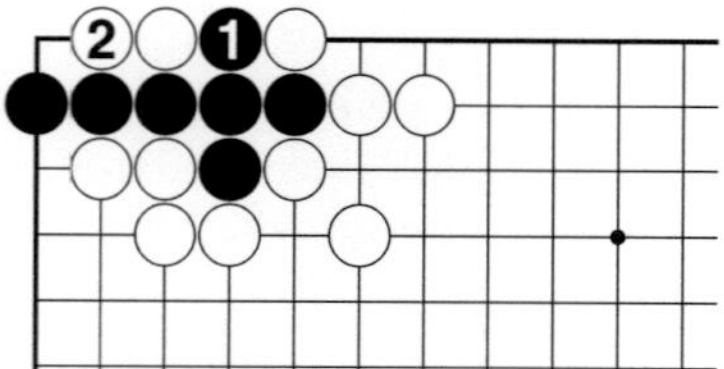

Dia. 4

Dia. 4 Schneidet Schwarz mit 1 einen weißen Stein ab, dann „opfert" Weiß einen weiteren Stein und verhindert so das zweite, lebensnotwendige Auge.

Schwarz 1 in diesem Diagramm ist also ein Fehler.

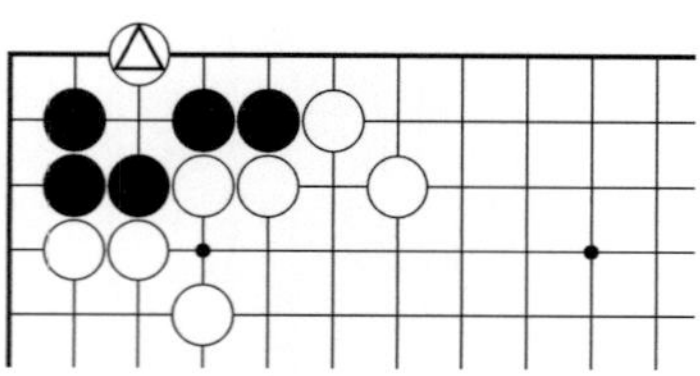

Dia. 5

Dia. 5 Weiß hat soeben den markierten Stein gespielt, in der Absicht die schwarze Gruppe zu töten. Der Punkt sieht wie der vitale Punkt aus.

Aber nach sorgfältiger Überlegung sollte Schwarz die richtige Antwort finden.

Dia. 6 Schwarz 1 und 3 sind die Kombination, die den weißen Angriff abwehrt. Die Punkte A und B sind jetzt Miai: Verbindet Weiß auf A, schlägt Schwarz auf B und andersherum. Eine klassische Damezumari-Situation.

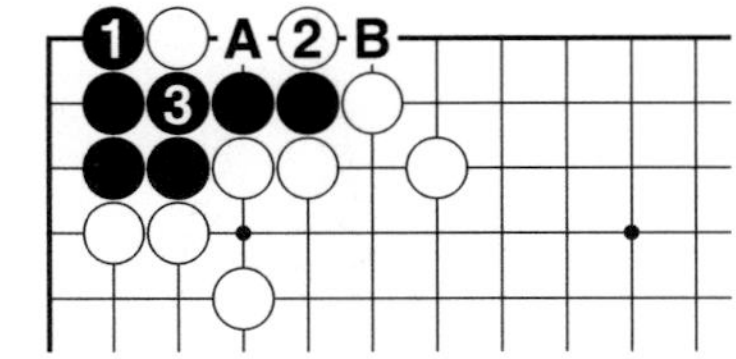

Dia. 6

Dia. 7 Jeder andere Versuch von Schwarz, wie zum Beispiel in diesem Diagramm, ist zum Scheitern verurteilt.

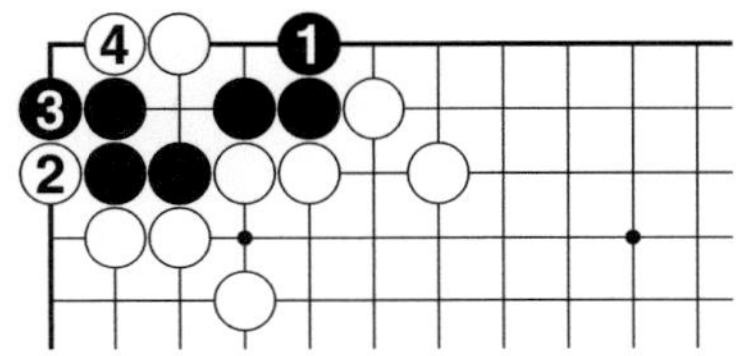

Dia. 7

Aufgaben

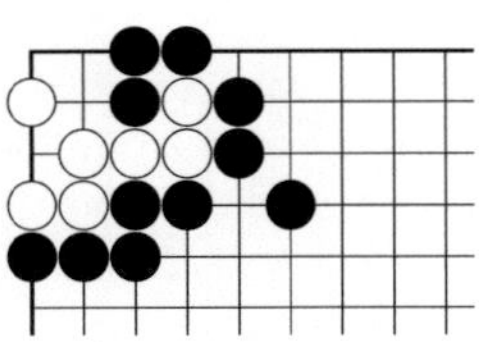

1. Weiß setzt und lebt!

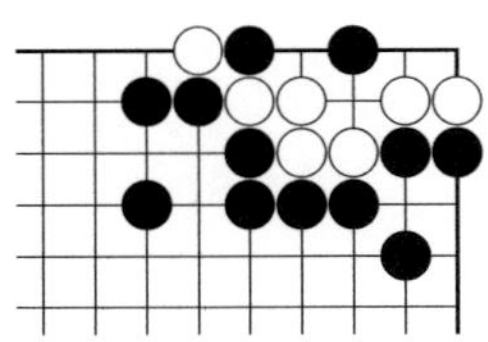

4. Weiß setzt und lebt!

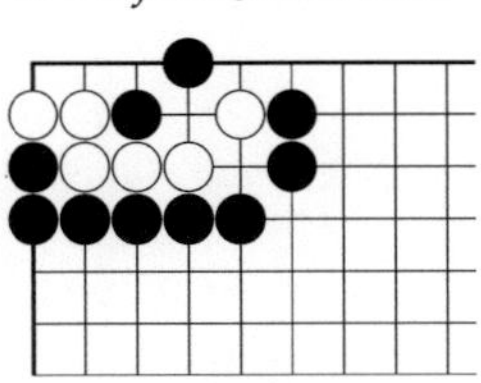

2. Weiß setzt und lebt!

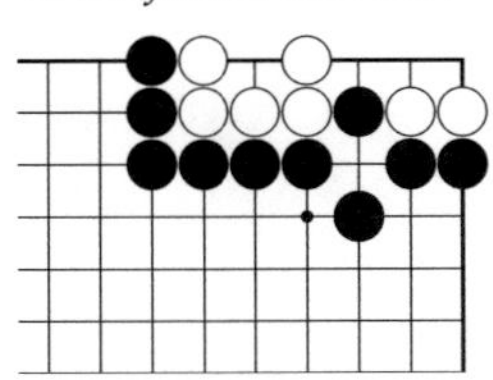

5. Weiß setzt und lebt!

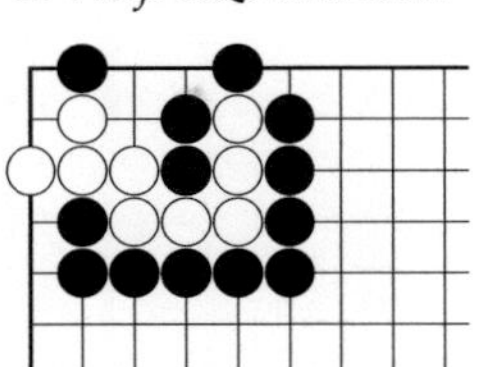

3. Weiß setzt und lebt!

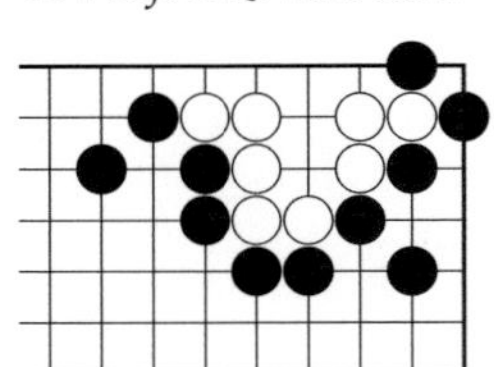

6. Weiß setzt und lebt!

Antworten

Lösung 1

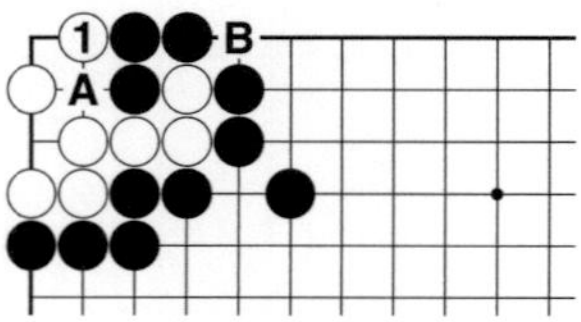

Dia. 1a

Dia. 1a Weiß 1 ist entscheidend. Schwarz kann sich jetzt nicht mehr auf A annähern, da er sonst auf B geschlagen wird.

Deckt Schwarz auf B, zum Beispiel als Ko-Drohung, dann sichert Weiß die Ecke auf A.

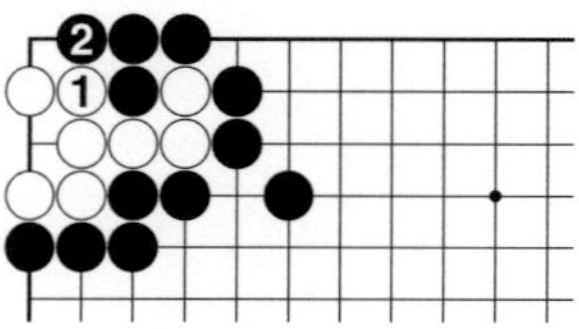

Dia. 1b

Dia. 1b Weiß 1 in diesem Diagramm verfehlt die Lösung um einen Punkt. Schwarz 2 tötet.

Lösung 2

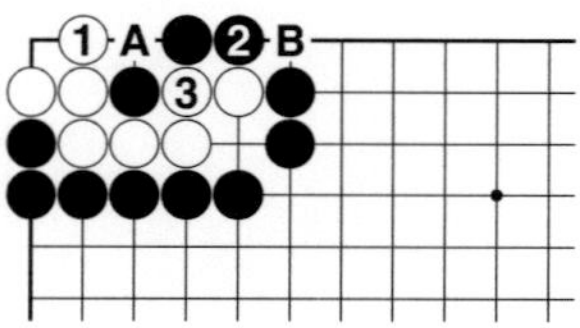

Dia. 2a

Dia. 2a Die Kombination Weiß 1 und 3 führt zum Leben. Schwarz kann jetzt nicht verhindern, dass einer seiner Steine geschlagen wird. A und B sind Miai.

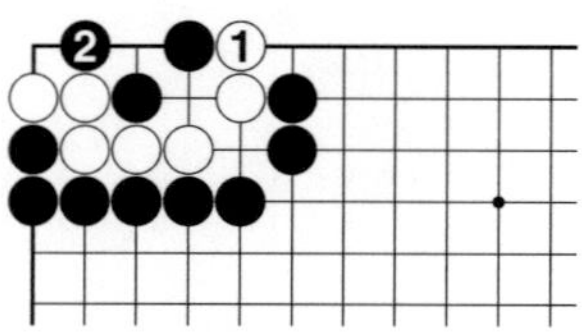

Dia. 2b

Dia. 2b Mit Weiß 1 die zwei schwarzen Steine fangen zu wollen, ist nicht nur gierig, sondern auch ein tödlicher Fehler.

Schwarz 2 baut eine tote Innenform, die Viererpyramide. Weiß ist tot.

Lösung 3

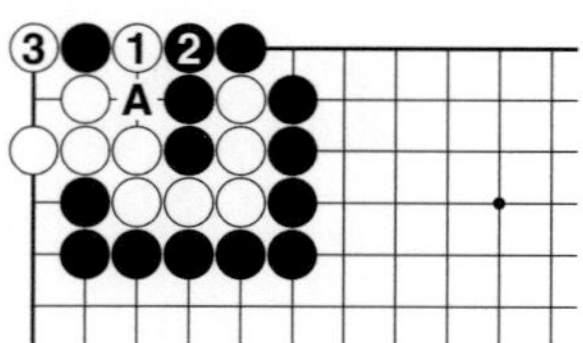

Dia. 3a

Dia. 3a Weiß 1 ist korrekt. Nach Schwarz 2 hat Weiß Zeit, einen schwarzen Stein zu schlagen, denn Schwarz kann sich auf Grund von Damezumari nicht auf A annähern.

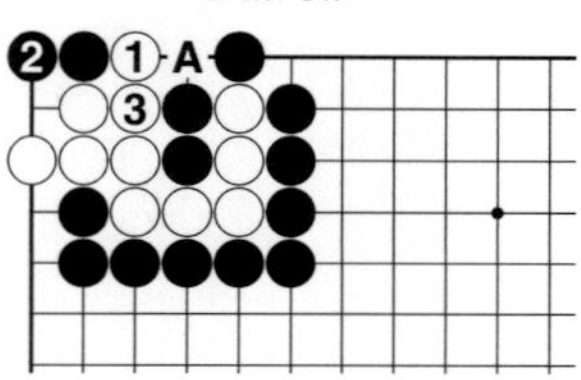

Dia. 3b

Dia. 3b Versucht Schwarz mit 2 zwei Augen in der Ecke zu verhindern, dann kontert Weiß mit 3. Schwarz kann die zwei bedrohten Steine nicht auf A anbinden.

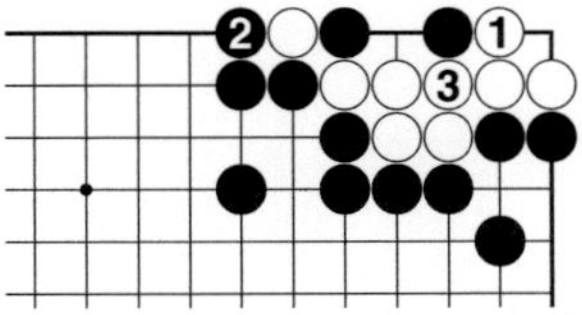

Dia. 4a

Lösung 4

Dia. 4a Weiß lebt mit 1 und 3. Schwarz kann jetzt nicht mehr verhindern, dass ein Stein geschlagen wird.

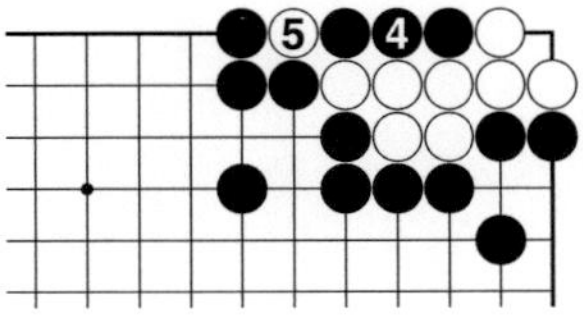

Dia. 4b

Dia. 4b Nach Weiß 3 im vorherigen Diagramm sollte Schwarz sich den Zug auf 4 als Ko-Drohung aufheben.

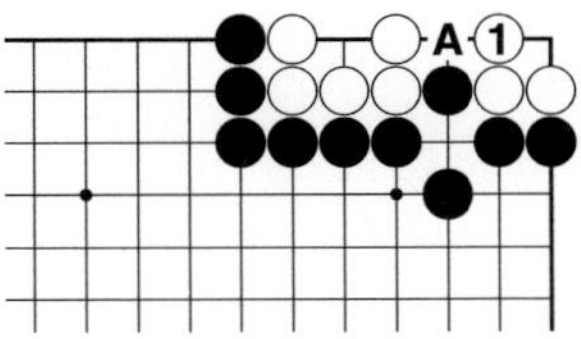

Dia. 5a

Lösung 5

Dia. 5a Der Schlüsselpunkt ist Weiß 1, denn Schwarz kann jetzt die weißen Steine nicht auf A trennen.

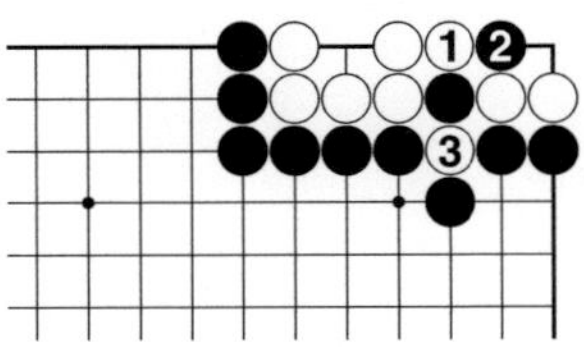

Dia. 5b

Dia. 5b Weiß 1 in diesem Diagramm ist ein Fehler. Nach Schwarz 2 muss Weiß mit 3 ein Ko um das Leben der Steine spielen.

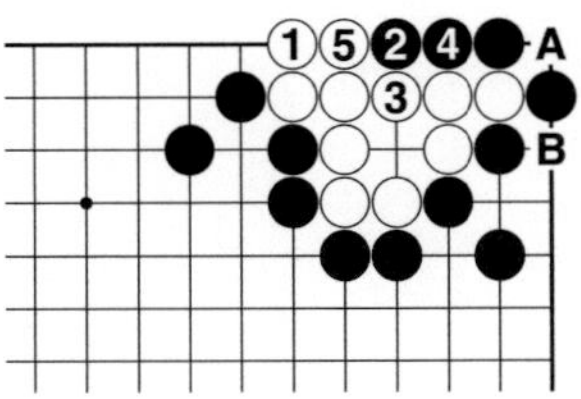

Dia. 6a

Lösung 6

Dia. 6a Weiß 1 ist richtig. Nach der Abfolge bis 5 kann Schwarz nicht gleichzeitig auf A und B decken. Das Schlagen auf A reicht Weiß zum Leben.

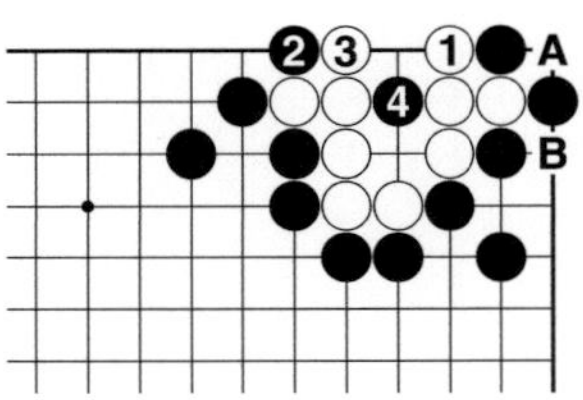

Dia. 6b

Dia. 6b Das Atari Weiß 1 führt nicht zum Erfolg, denn in der Ecke entsteht kein Auge (das Schlagen auf A wird Schwarz auf B beantworten).

So spielt Schwarz sofort auf 2 und 4 und tötet die weiße Gruppe.

5. Einwurf und Opfer

Wir haben die Einwurftechnik schon gesehen, als es darum ging, Augen unecht zu machen. Hier wird sie verwendet, um einen Mangel an Freiheiten herbeizuführen. Durch das Opfern eines Steins soll das Leben einer größeren Gruppe gesichert werden.

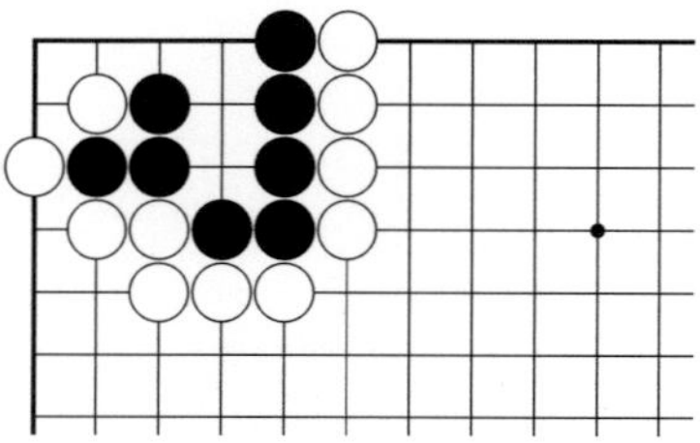

Dia. 1

Dia. 1 Die schwarzen Steine haben keinen großen Augenraum, aber trotzdem gibt es eine Chance auf Leben. Wie muss Schwarz spielen?

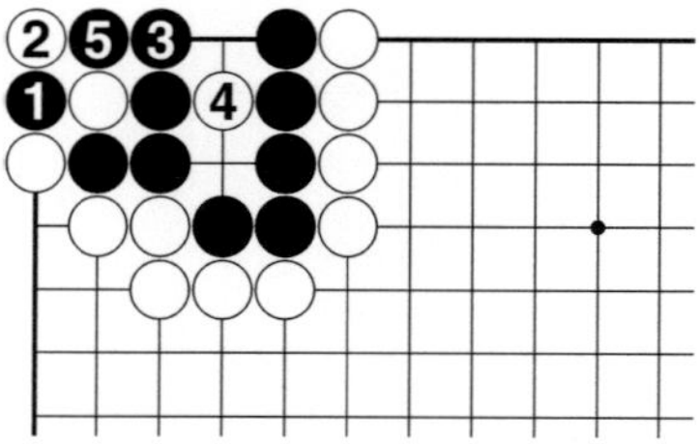

Dia. 2

Dia. 2 Der Einwurf auf 1 schafft einen Mangel an Freiheiten für Weiß. Schwarz kann jetzt 3 spielen, denn wenn Weiß auf 4 töten will, dann gibt Schwarz mit 5 Atari auf zwei weiße Steine.

Weiß kann nicht decken, da Schwarz sonst vier weiße Steine schlägt.

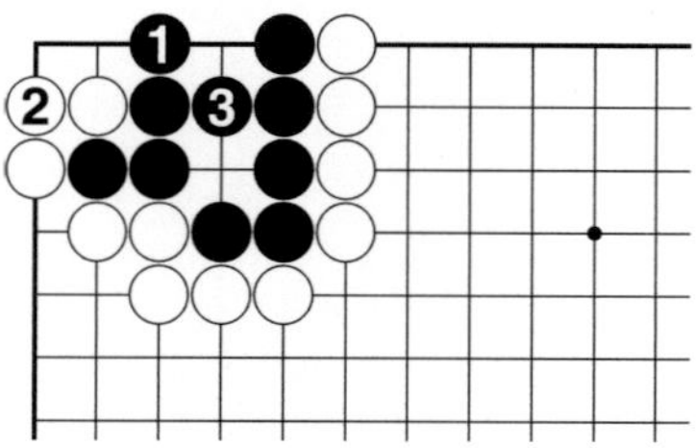

Dia. 3

Dia. 3 Es ist für Schwarz auch ausreichend auf 1 zu spielen. Wenn Weiß die Schwäche auf 2 deckt, dann sichert Schwarz mit 3 zwei Augen.

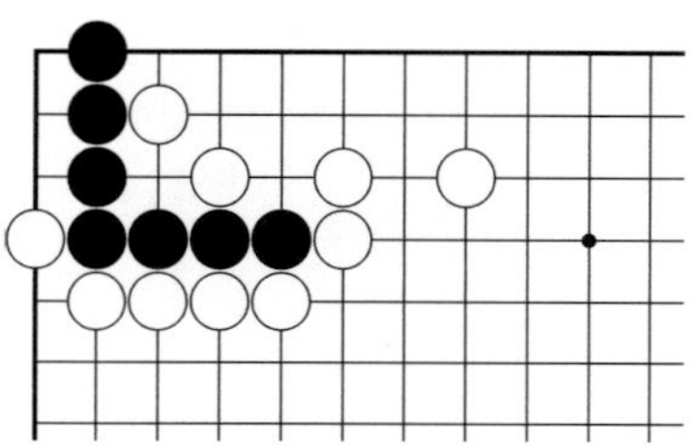

Dia. 4

Dia. 4 Die schwarze Kette hat nur ein Auge am Rand. Wie muss Schwarz spielen, um ein zweites Auge zu bekommen?

Dia. 5 Die richtige Kombination besteht aus Schwarz 1 und 3. Die Punkte A und B sind jetzt Miai auf ein zweites Auge.

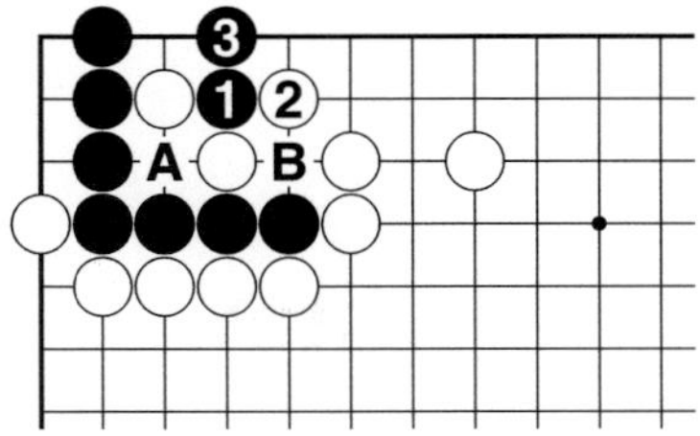

Dia. 5

Dia. 6 Jeder andere Versuch von Schwarz, wie zum Beispiel in diesem Diagramm, hat keine Aussicht auf Erfolg.

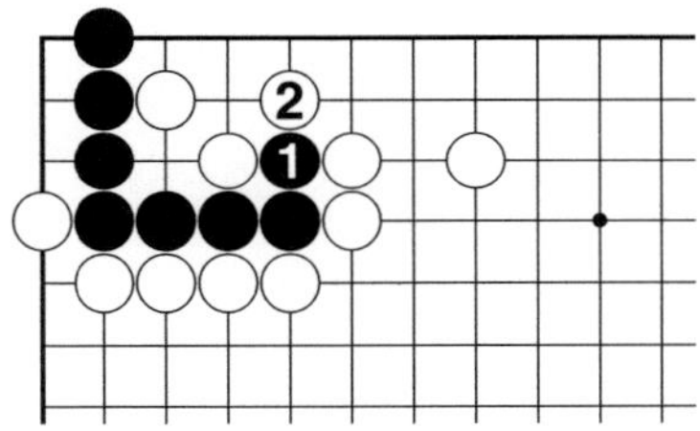

Dia. 6

Aufgaben

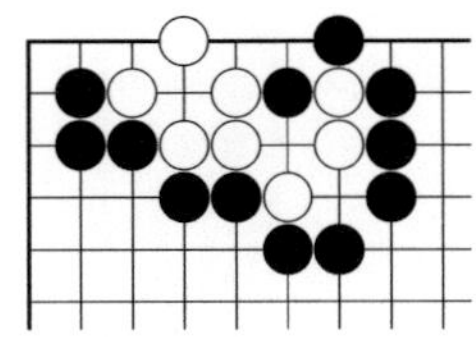

1. Weiß setzt und lebt!

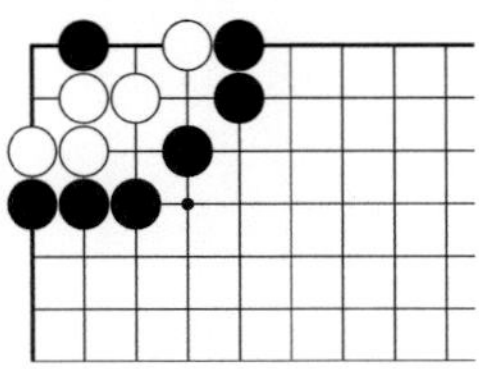

2. Weiß setzt und lebt!

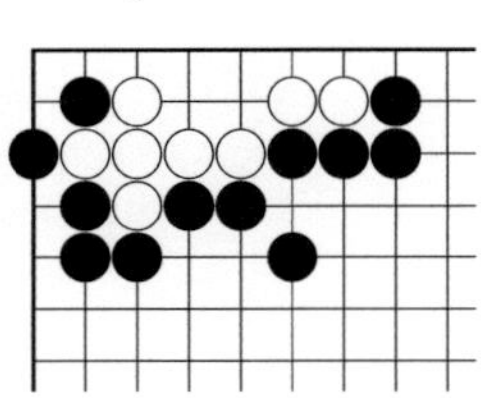

3. Weiß setzt und lebt!

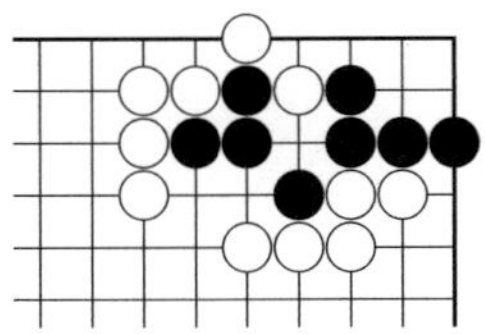

4. Schwarz setzt und lebt!

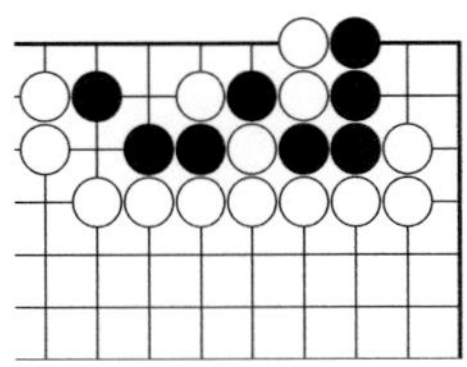

5. Schwarz setzt und lebt!

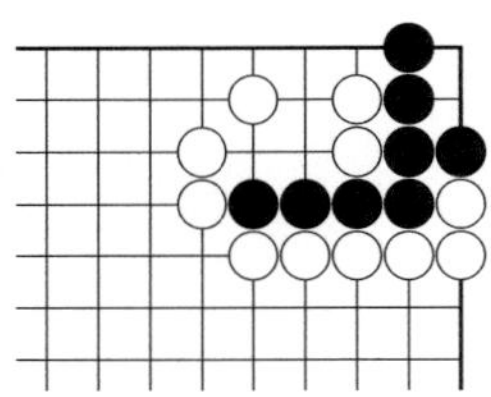

6. Schwarz setzt und lebt!

Antworten

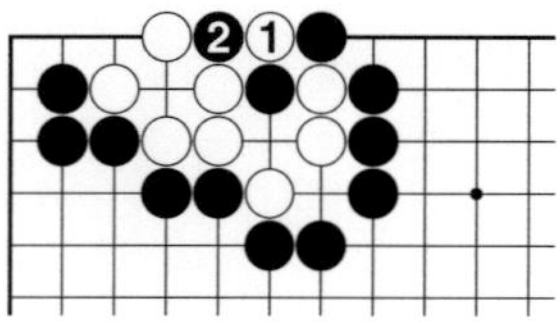

Dia. 1a

Lösung 1

Dia. 1a Das Einwerfen mit Weiß 1 führt zum Leben, denn nach Schwarz 2 ...

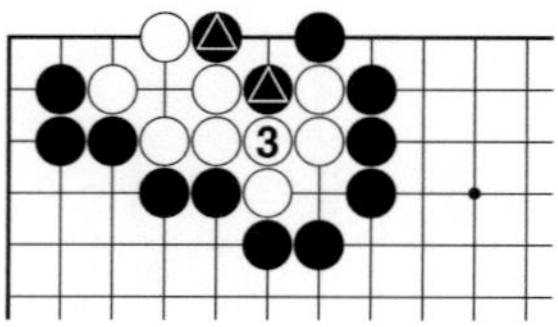

Dia. 1b

Dia. 1b ... gibt Weiß mit 3 Atari auf die zwei markierten Steine. Schwarz kann diese Steine auf Grund von Freiheitenmangel nicht mehr retten.

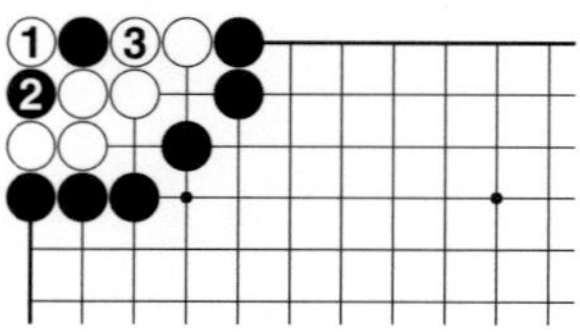

Dia. 2a

Lösung 2

Dia. 2a Wieder muss Weiß mit 1 einwerfen. Nach dem Schlagen mit Schwarz 2 spielt Weiß einfach 3.

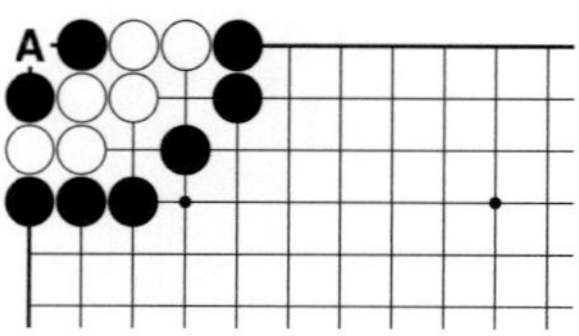

Dia. 2b

Dia. 2b Schwarz hat hier keine Möglichkeit, das Schlagen seiner zwei Steine auf A zu verhindern.

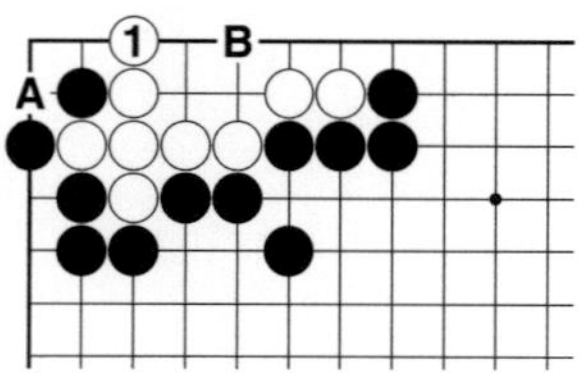

Dia. 3a

Lösung 3

Dia. 3a Das Strecken mit Weiß 1 macht die Punkte A und B zu Miai.

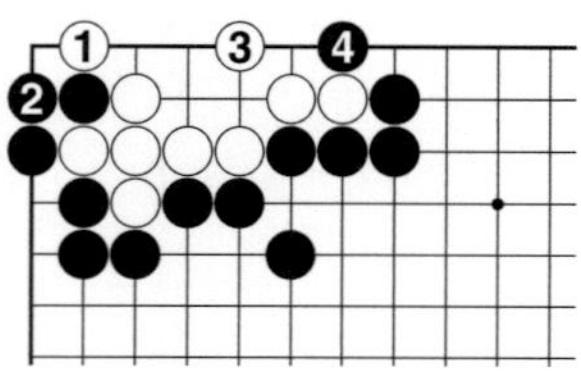

Dia. 3b

Dia. 3b Das Atari 1 in diesem Diagramm ist nicht richtig. Es zeigt nur, dass der Spieler die Feinheiten der Stellung nicht durchschaut hat.

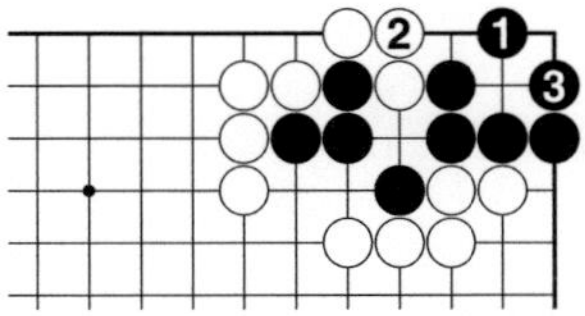

Dia. 4a

Lösung 4

Dia. 4a Schwarz 1 ist korrekt. Hier besteht der Trick darin, das Einwerfen nur anzudrohen. Wenn Weiß deckt, dann sichert Schwarz mit 3 zwei Augen.

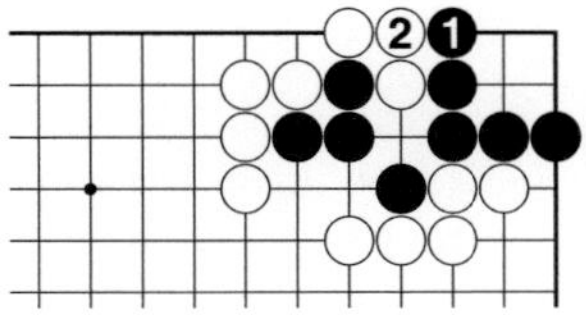

Dia. 4b

Dia. 4b Mit Schwarz 1 zu drohen, einen Stein abzuschneiden, ist nicht ausreichend, denn in der Ecke bleibt die „Vier im Quadrat" zurück.

Weiß braucht daher nur den bedrohten Stein anzubinden und Schwarz ist tot.

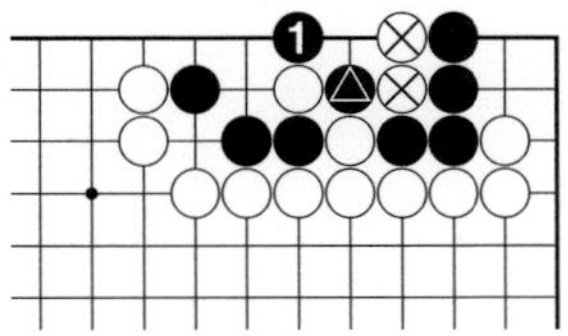

Dia. 5a

Lösung 5

Dia. 5a Schwarz 1 fängt die markierten Steine in einer Mausefalle. Der markierte Opferstein stand diesmal schon auf dem Brett.

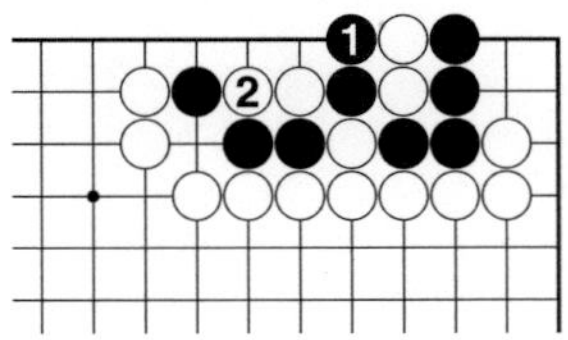

Dia. 5b

Dia. 5b Wenn Schwarz mit 1 die weißen Steine sofort schlägt, entkommt der einzelne weiße Stein mit 2. Schwarz hat jetzt nur ein Auge.

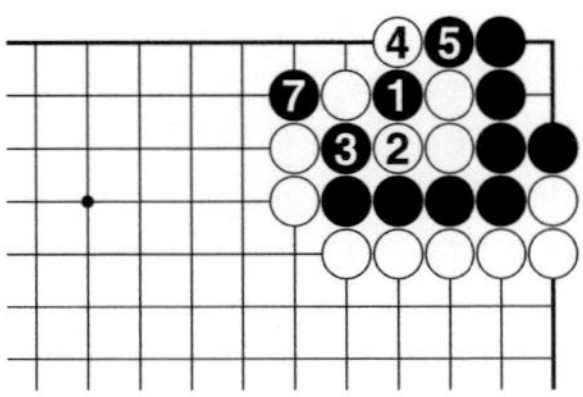

Dia. 6a
(Weiß 6 auf 1)

Lösung 6

Dia. 6a Schwarz 1 ist der Schlüsselpunkt. In der Abfolge bis 7 fängt Schwarz die zum Klumpen angewachsenen, weißen Steine.

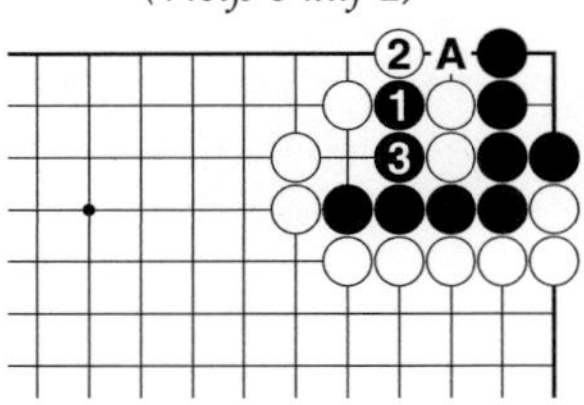

Dia. 6b

Dia. 6b Der Versuch, mit Weiß 2 Gegenwehr zu leisten, scheitert ebenfalls. Weiß kann nach Schwarz 3 seine Steine nicht auf A anbinden.

6. Unter den Steinen

Eine recht verwirrende Situation taucht auf, wenn das Leben „unter den Steinen“ (Ishi no Shita) versteckt ist.

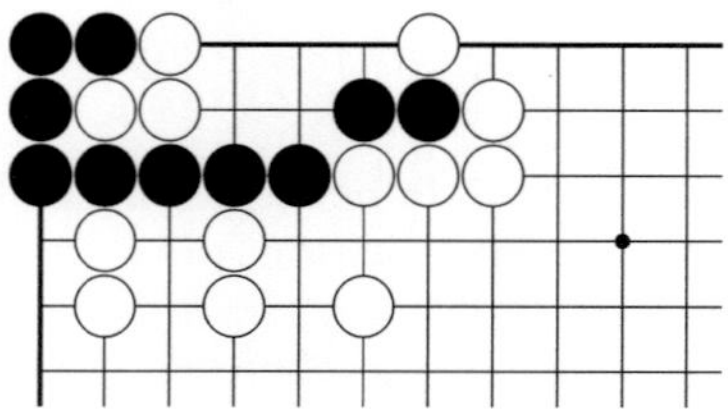

Dia. 1

Dia. 1 Diese Stellung ist ein typisches Beispiel. Schwarz setzt und lebt. Aber Vorsicht, der erste Zug ist nicht unbedingt offensichtlich.

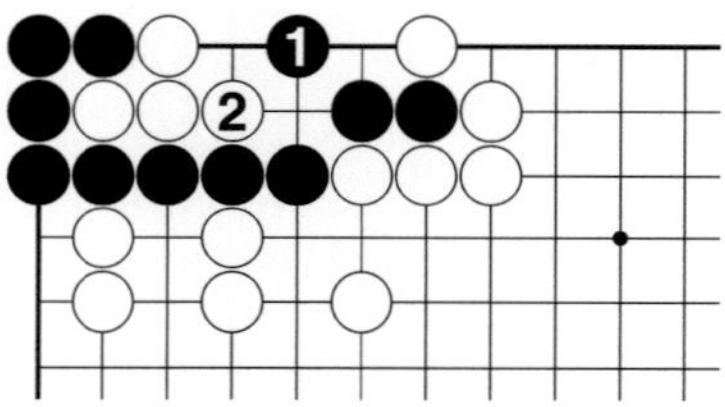

Dia. 2

Dia. 2 Schwarz 1 ist nicht richtig, denn Weiß 2 tötet, indem er eine Nakade-Form in den schwarzen Augenraum stellt.

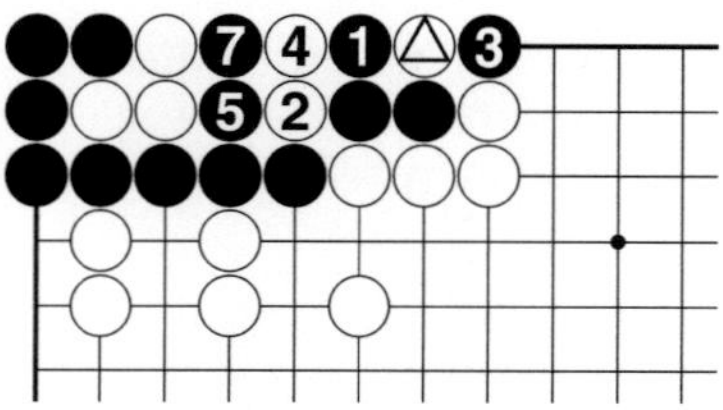

Dia. 3 (W6 auf △)

Dia. 3 Schwarz 1 ist der richtige Anfang. Gibt Weiß mit 2 Atari, dann schlägt Schwarz auf 3 einen weißen Stein.

Während Weiß mit 4 und 6 die drei schwarzen Steine schlägt, fängt Schwarz mit 5 und 7 ebenfalls drei Steine.

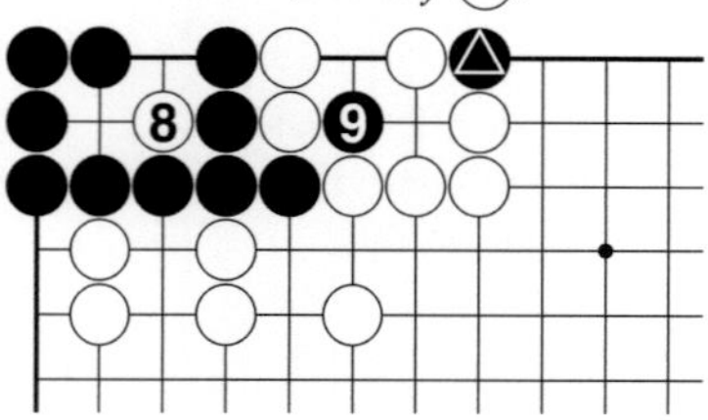

Dia. 4

Dia. 4 Wenn Weiß jetzt mit 8 verhindern möchte, dass Schwarz zwei Augen bekommt, dann fängt Schwarz auf 9 zwei weiße Steine, denn der markierte Stein verhindert deren Flucht.

Das zweite Auge verbirgt sich somit unter den drei geschlagenen schwarzen Steinen.

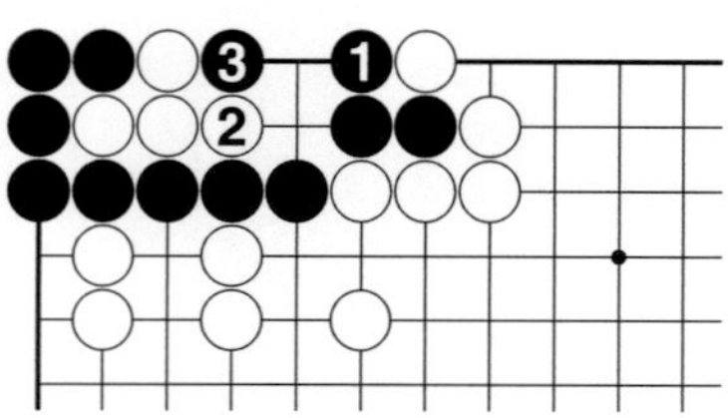

Dia. 5

Dia. 5 Wenn Weiß auf Schwarz 1 mit 2 in diesem Diagramm antwortet, dann verhindert Schwarz 3 eine Nakade-Form und lebt.

Dia. 6 Schwarz hat in dieser Stellung nur ein sicheres Auge. Wie kann er ein zweites Auge machen?

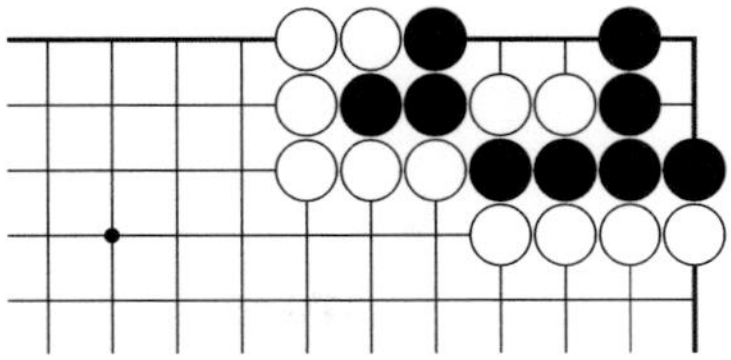

Dia. 6

Dia. 7 Schwarz 1 ist der entscheidende erste Zug, der zum „Ishi no Shita" führt. Schwarz opfert vier Steine um Weiß zum Schlagen zu zwingen.

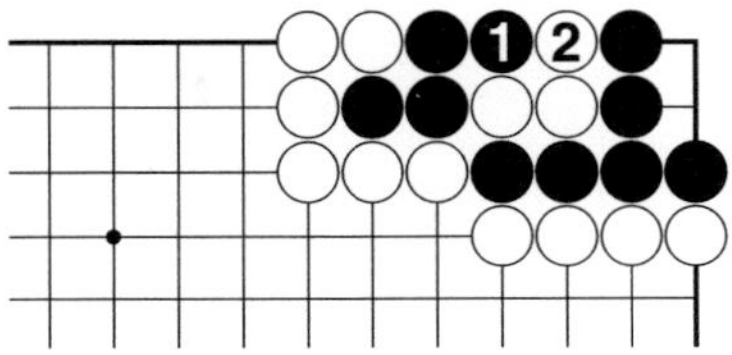

Dia. 7

Dia. 8 Nachdem Weiß geschlagen und die vier Steine vom Brett genommen hat, fängt Schwarz mit 3 die drei weißen Steine. Damit hat er zwei sichere Augen.

Man beachte, dass statt Schwarz 1 auf 2 in Diagramm 7 nicht funktioniert.

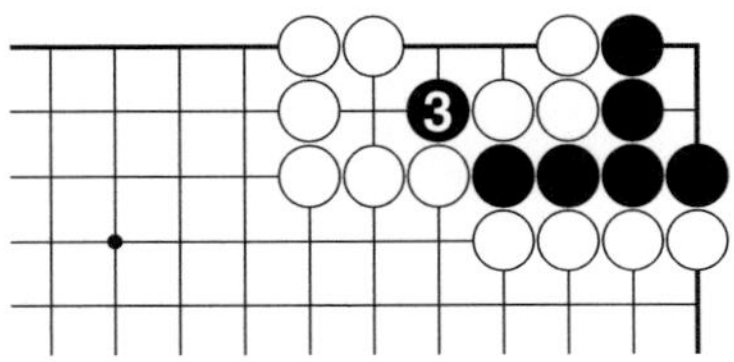

Dia. 8

Aufgaben

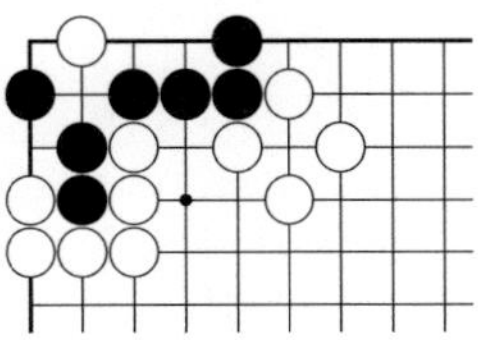

1. Schwarz setzt und lebt!

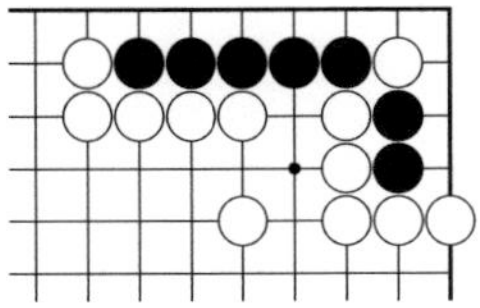

3. Schwarz setzt und lebt!

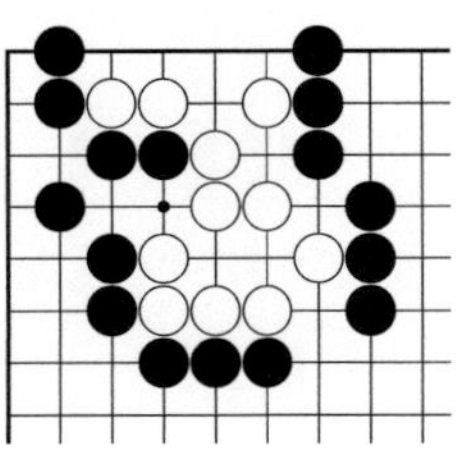

2. Weiß setzt und lebt!

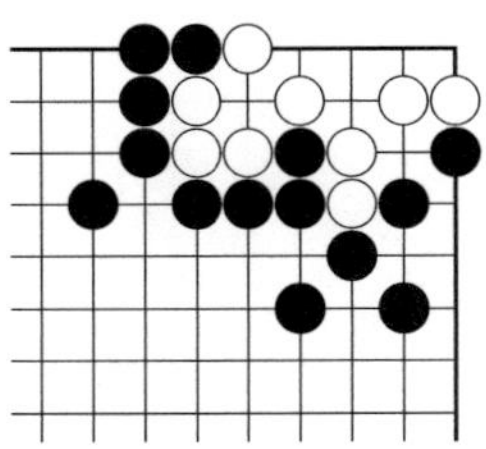

4. Weiß setzt und lebt!

Antworten

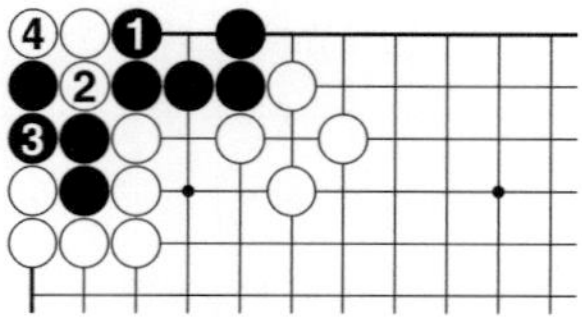

Dia. 1a

Lösung 1

Dia. 1a Schwarz 1 ist der einzige Weg zum Leben. Schwarz 3 beginnt den Opfertrick.

Schwarz darf statt 3 nicht auf 4 schlagen, denn dann wirft Weiß wieder auf 2 ein und verhindert das zweite Auge.

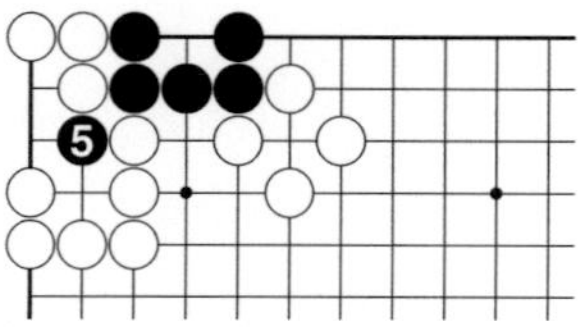

Dia. 1b

Dia. 1b Nachdem Weiß die vier Steine geschlagen hat, fängt Schwarz mit 5 drei weiße Steine und sichert so ein zweites Auge in der Ecke.

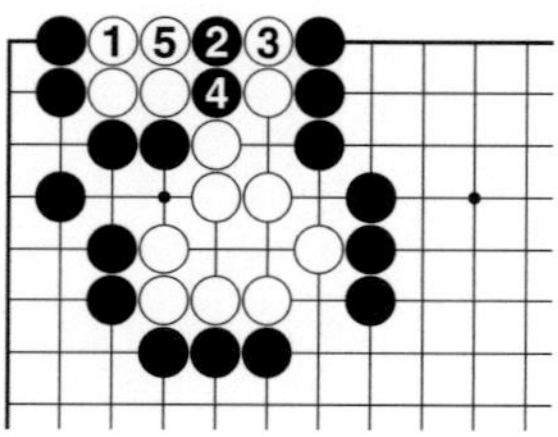

Dia. 2a

Lösung 2

Dia. 2a Weiß 1 beginnt die richtige Abfolge, die zum Leben „unter den Steinen" führt. Jeder andere Ansatz bringt nur ein unechtes Auge am oberen Rand.

Weiß 5 schlägt zwei schwarze Steine, aber damit ist es noch nicht zu Ende.

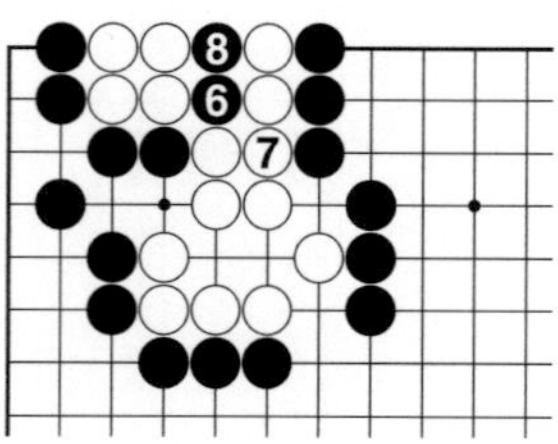

Dia. 2b

Dia. 2b Schwarz 6 gibt wieder Atari auf vier Steine.

Weiß darf jetzt nicht auf 8 decken, denn dann kann Schwarz auf 7 das notwendige Auge verhindern. Daher spielt Weiß selbst auf 7 und lässt Schwarz mit 8 die vier weißen Steine schlagen.

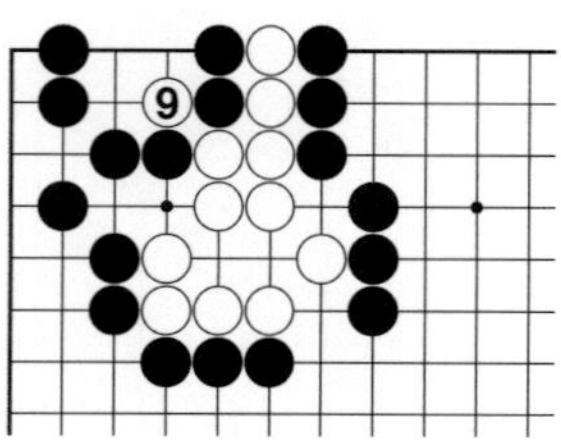

Dia. 2c

Dia. 2c Nachdem Schwarz die vier Steine vom Brett genommen hat, spielt Weiß auf 9 und fängt die zwei schwarzen Steine. Jetzt lebt die weiße Gruppe.

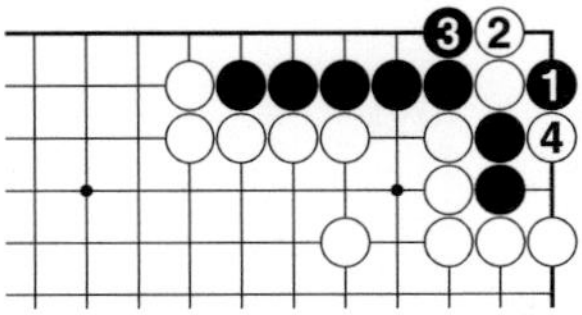

Dia. 3a

Lösung 3

Dia. 3a Das Atari 1 ist korrekt. Aber Schwarz 3 ist die falsche Fortsetzung, denn dann macht Weiß mit 4 das Auge in der Ecke unecht.

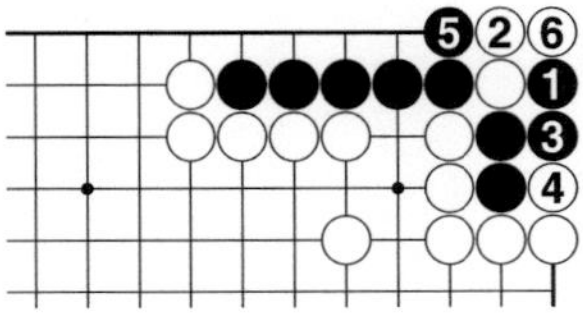

Dia. 3b

Dia. 3b Statt 3 im vorherigen Diagramm muss Schwarz auf 3 in diesem Diagramm spielen.

Wenn Weiß mit 4 und 6 die vier Steine schlägt, dann hat Schwarz sein Ziel erreicht...

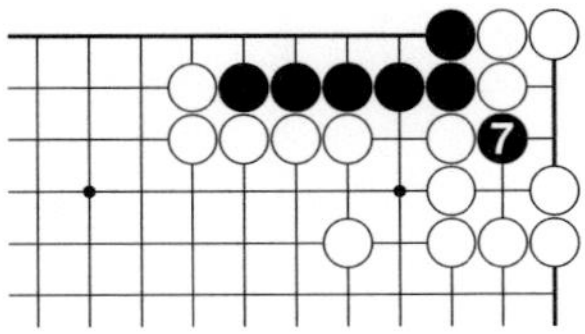

Dia. 3c

Dia. 3c ... denn jetzt kann er „unter den Steinen" mit Schwarz 7 zurückschlagen.

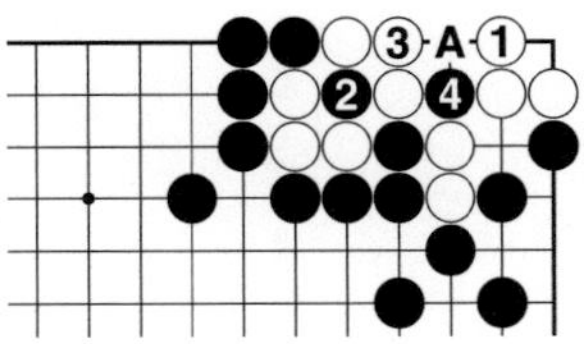

Dia. 4a

Lösung 4

Dia. 4a Weiß 1 ist für Leben nicht ausreichend, denn Schwarz kontert mit 2 und 4. Weiß 1 auf A führt lediglich zu einem Ko.

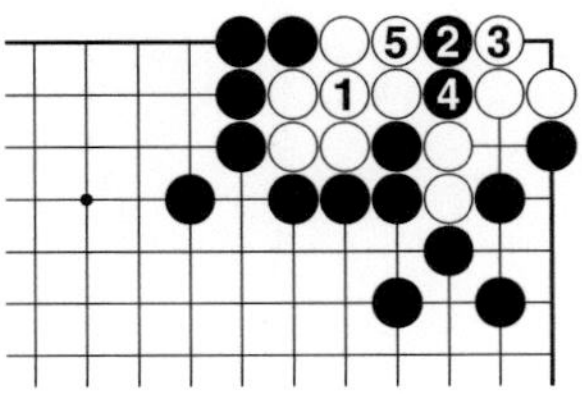

Dia. 4b

Dia. 4b Das Decken mit 1 ist hier richtig, denn in der Abfolge bis 5 werden erst zwei schwarze Steine geschlagen ...

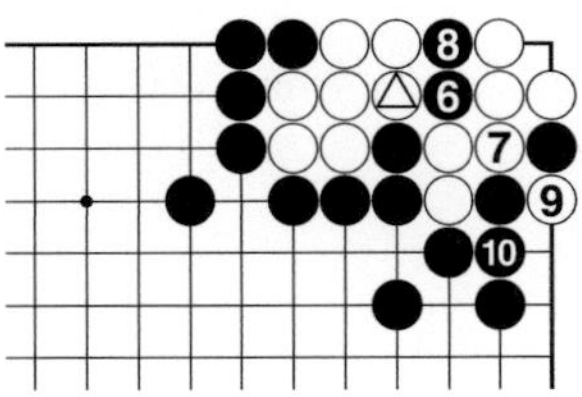

Dia. 4c (W11 auf △)

Dia. 4c ... um in der Fortsetzung bis 8 sieben weiße Steine zu opfern. Nach dem Abtausch 9 und 10 fängt Weiß auf 11 (wieder auf den markierten Stein) letzten Endes zwei schwarze Steine und lebt.

7. Ko und Doppel-Ko

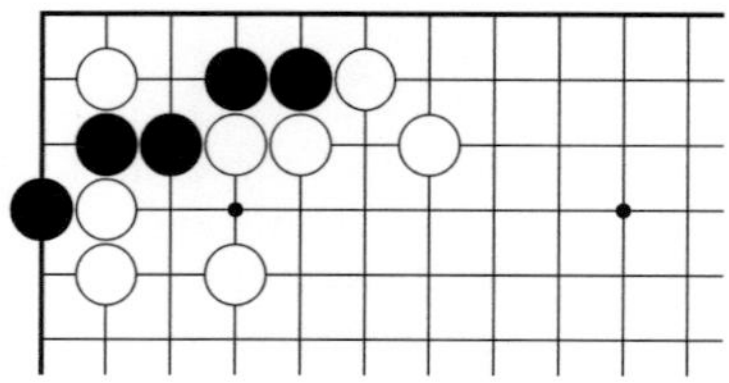

Dia. 1

Den Abschluss bildet wieder das Ko, dass ein bedingtes Leben erzeugt. Bedingtes Leben bedeutet, dass das Leben einer Gruppe davon abhängt, dass ein Ko gewonnen wird.

Dia. 1 Für Schwarz gibt es in dieser Stellung nur noch eine Chance zu leben: ein Ko in der Ecke.

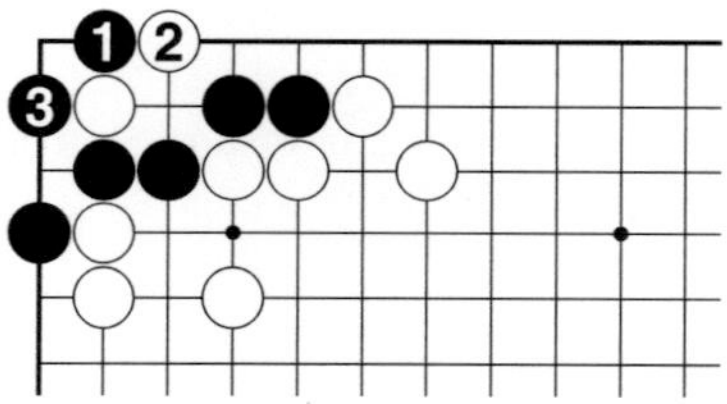

Dia. 2

Dia. 2 Schwarz 1 ist richtig, denn nach dem Abtausch Weiß 2 und Schwarz 3 beginnt der Ko-Kampf.

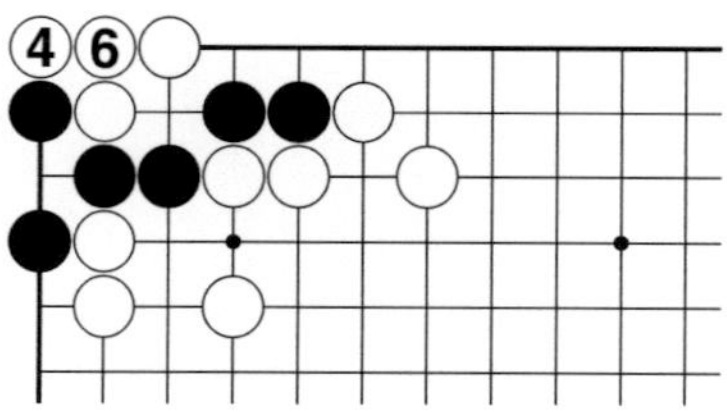

Dia. 3

Dia. 3 Weiß 4 schlägt einen Stein. Schwarz spielt jetzt mit 5 eine Ko-Drohung.

Wenn Weiß die Ko-Drohung ignoriert, wird er auf 6 verbinden und so die schwarze Stellung töten.

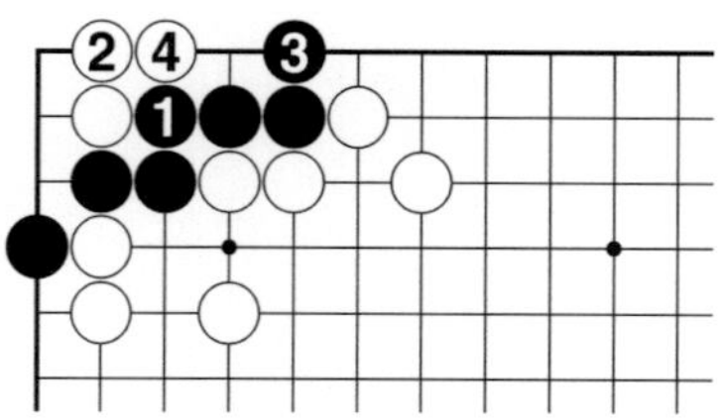

Dia. 4

Dia. 4 Schwarz 1 in diesem Diagramm verpasst die letzte Chance auf Leben. Nach Weiß 2 und 4 ist er bedingungslos tot.

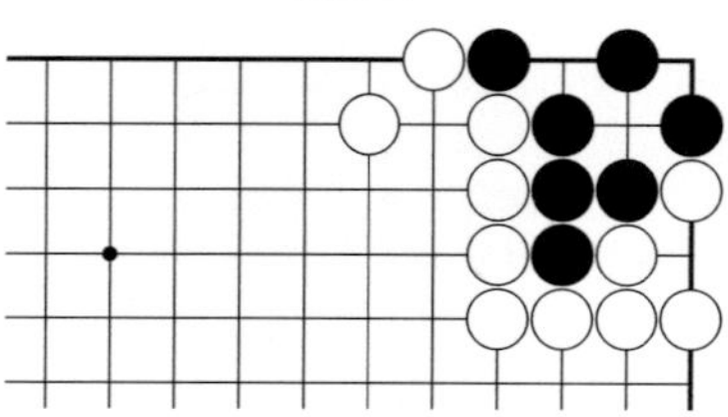

Dia. 5

Dia. 5 In dieser Ecke gibt es sogar zwei Ko. Wie ist der Status der schwarzen Gruppe hier einzuschätzen?

Dia. 6 Schwarz lebt bereits. Wenn Weiß das Ko am oberen Rand mit 1 schlägt, um das Auge unecht zu machen, dann schlägt Schwarz das zweite Ko am rechten Rand.

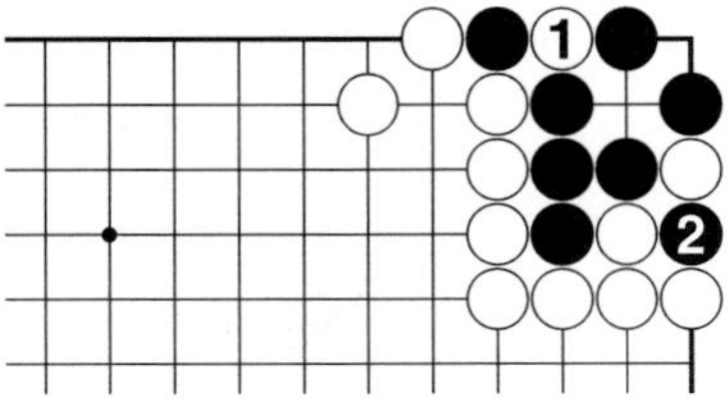

Dia. 6

Dia. 7 Weiß muss in dieser Stellung beide Ko gewinnen, um Schwarz zu töten. Wenn Weiß jedoch ein Ko deckt, dann wird Schwarz das andere decken.

Schlägt Weiß ein Ko, dann wird Schwarz das jeweils andere Ko als Drohung schlagen – so verfügt er über unendlich viele Ko-Drohungen.

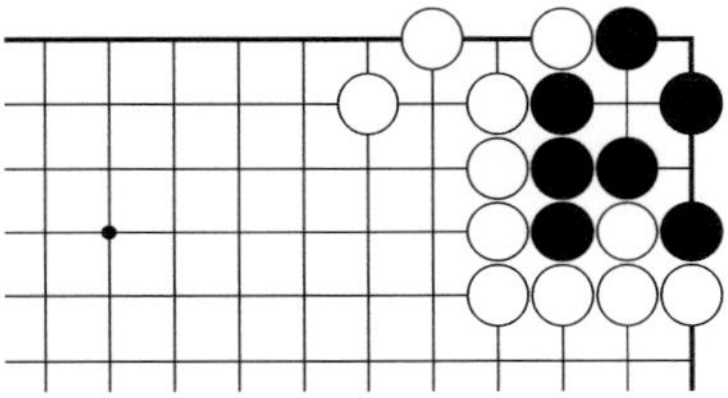

Dia. 7

Dia. 8 Hier schlägt Weiß mit 5 (nach gespielter Drohung) das Ko zurück. Schwarz antwortet indem er wieder das erste Ko schlägt. Man sieht, dass Schwarz nicht getötet werden kann – er lebt in Doppel-Ko.

Erst am Ende der Partie, wenn es keine Punkte mehr gibt, wird Schwarz eines der beiden Ko decken.

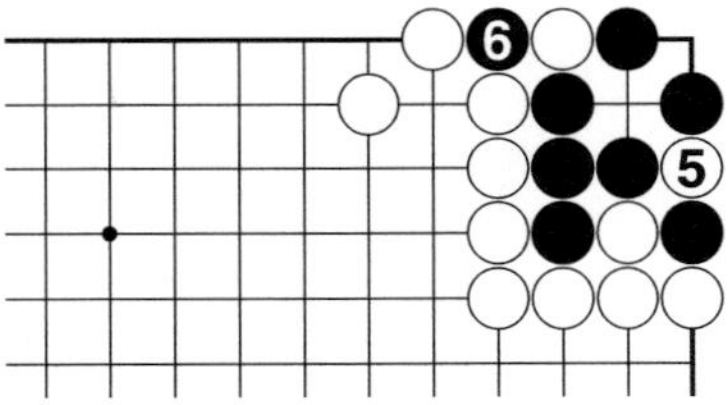

Dia. 8
(W3 und S4 Tenuki)

Aufgaben

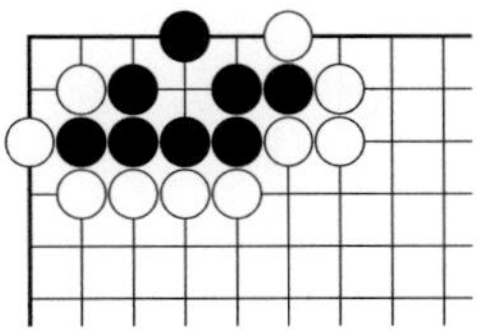

1. Schwarz beginnt ein Ko!

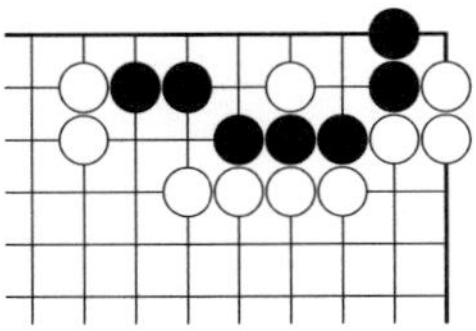

3. Schwarz beginnt ein Ko!

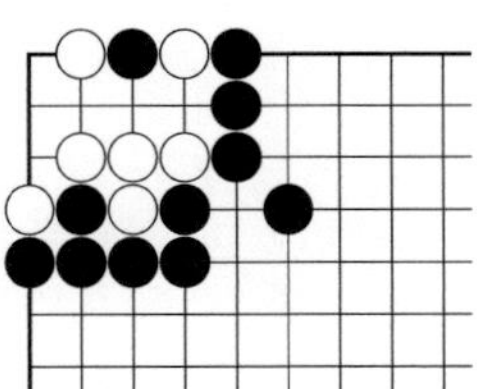

2. Weiß setzt und lebt!

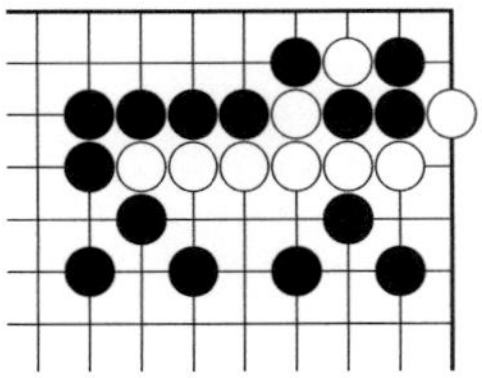

4. Weiß beginnt ein Ko!

Antworten

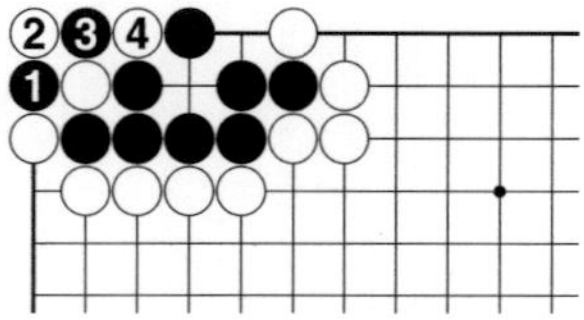

Dia. 1a

Lösung 1

Dia. 1a Schwarz 1 und 3 beginnen das Ko. Weiß muss auf 4 schlagen, denn er kann auf Grund von Freiheitenmangel nicht auf 1 decken. Schwarz muss jetzt die erste Ko-Drohung finden.

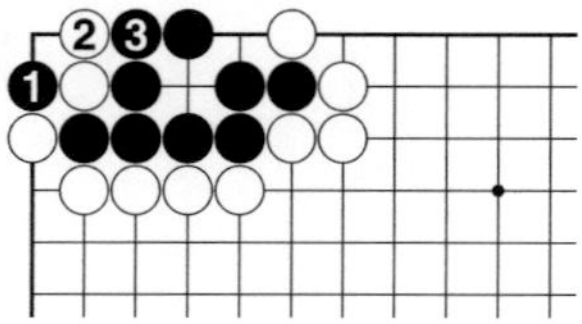

Dia. 1b

Dia. 1b Weiß sollte mit 2 nicht strecken, denn dann fängt Schwarz die zwei Steine in einer Mausefalle.

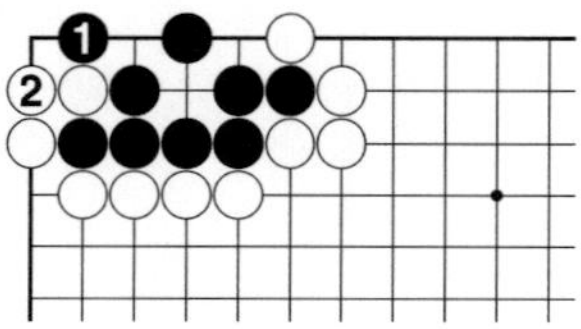

Dia. 1c

Dia. 1c Schwarz 1 in diesem Diagramm verpasst die Chance auf ein Ko, denn Weiß 2 verbindet und nun geht absolut nichts mehr.

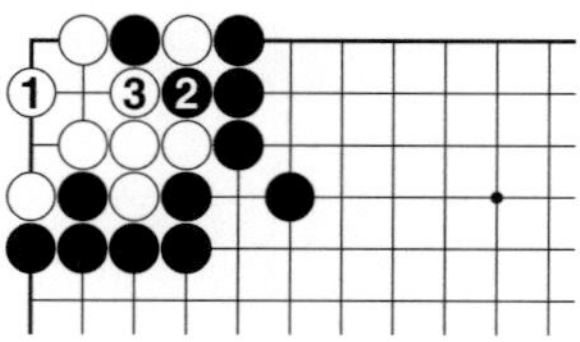

Dia. 2a

Lösung 2

Dia. 2a Weiß 1 ist richtig. Nach dem Abtausch von Schwarz 2 und Weiß 3 gibt es zwei Ko.

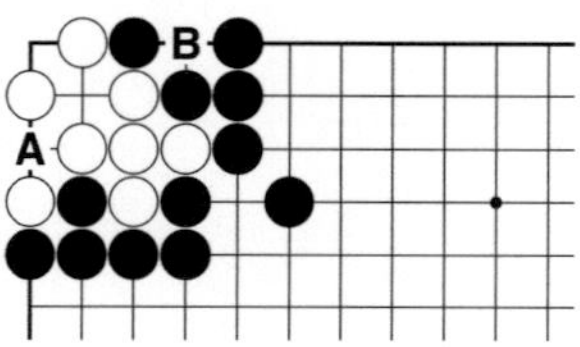

Dia. 2b

Dia. 2b Wenn Schwarz jetzt auf A schlägt, dann spielt Weiß das andere Ko auf B. Weiß lebt folglich in Doppel-Ko.

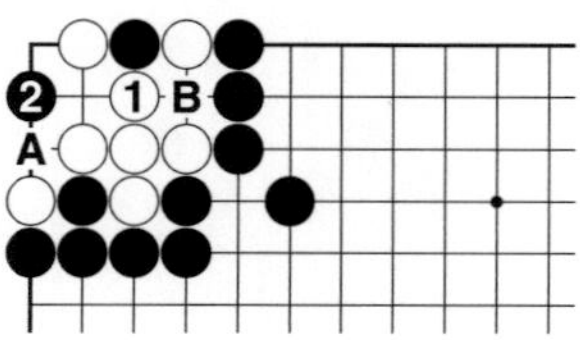

Dia. 2c

Dia. 2c Weiß 1 in diesem Diagramm ist ein Fehler, denn Schwarz besetzt mit 2 den Schlüsselpunkt. Weiß kann jetzt nicht mehr leben, denn die Punkte A und B sind Miai.

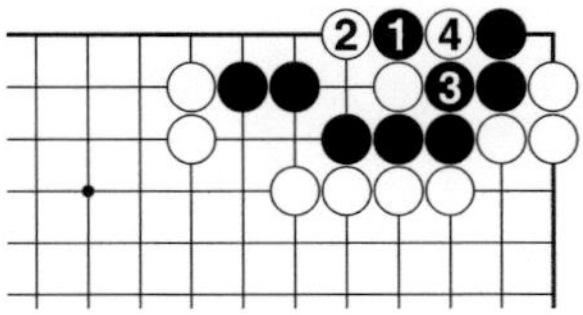

Dia. 3a

Lösung 3

Dia. 3a Schwarz 1 und 3 erzeugen das Ko. Nach Weiß 4 muss Schwarz die erste Drohung spielen.

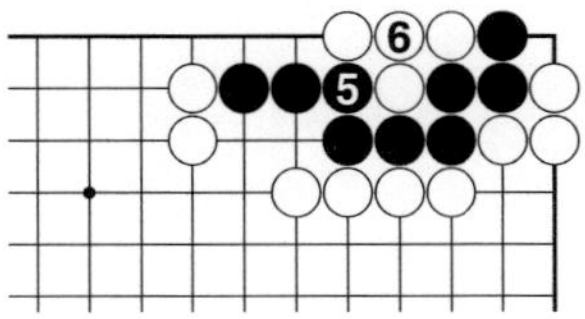

Dia. 3b

Dia. 3b Schwarz darf mit 5 nicht das Atari geben, denn dann deckt Weiß auf 6. Jetzt ist Schwarz auf Grund der Nakade-Form tot.

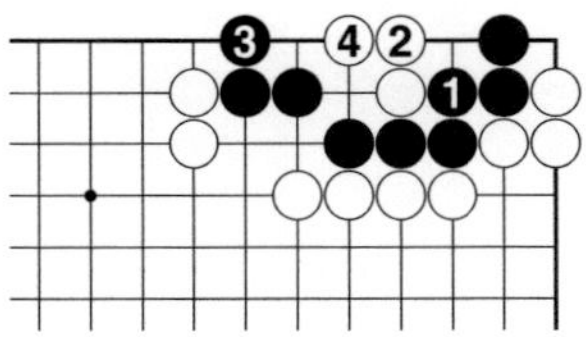

Dia. 3c

Dia. 3c Schwarz 1 ist nicht richtig, denn in der Folge bis 4 baut Weiß wieder eine Nakade-Form in den schwarzen Augenraum.

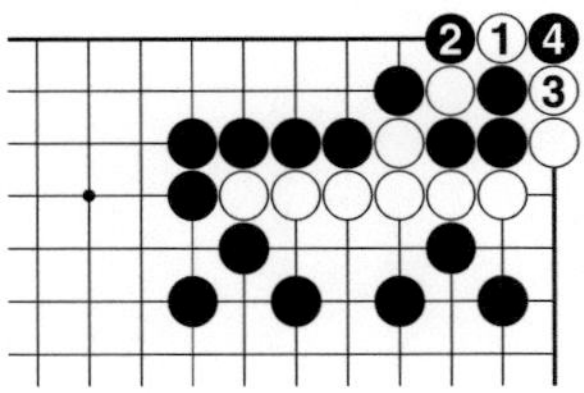

Dia. 4a

Lösung 4

Dia. 4a Die Atari Weiß 1 und 3 beginnen das Ko in der Ecke. Wenn Schwarz die weißen Steine töten möchte, ist er gezwungen mit 4 zu schlagen.

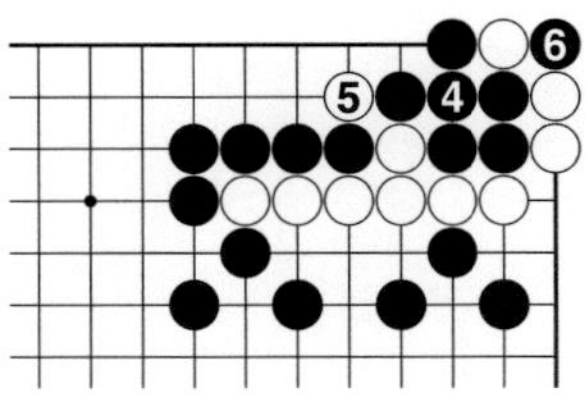

Dia. 4b

Dia. 4b Wenn Schwarz erst mit 4 deckt, dann gibt Weiß auf 5 Atari auf sechs Steine und Schwarz muss mit 6 das Ko beginnen.

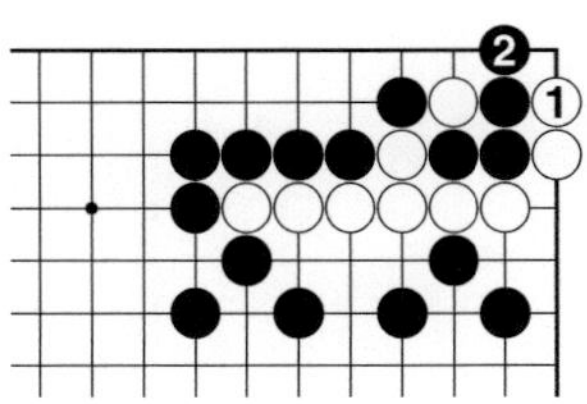

Dia. 4c

Dia. 4c Weiß 1 in diesem Diagramm ist nicht gut, denn Schwarz beseitigt die Schwäche mit 2 und Weiß ist bedingungslos tot.

8. Wiederholung

Zur Vertiefung sind hier einige Probleme zusammengestellt. Einige sind leichter, andere schwieriger, aber alle lassen sich mittels der letzten Lektionen lösen.

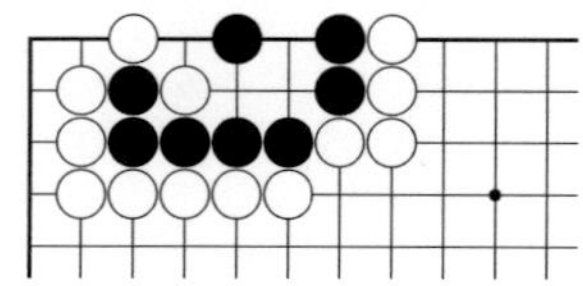

1. Schwarz setzt und lebt!

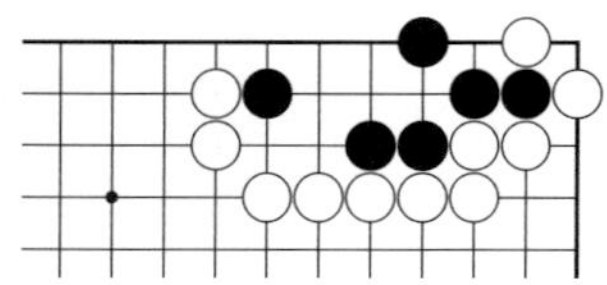

2. Schwarz setzt und lebt!

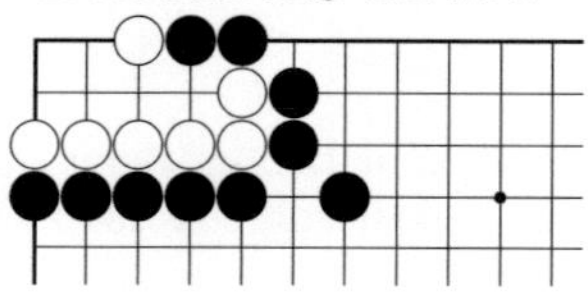

3. Weiß setzt und lebt!

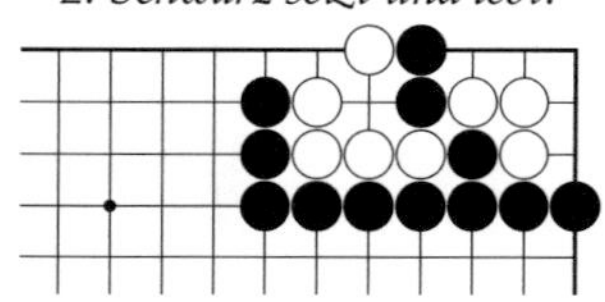

4. Weiß setzt und lebt!

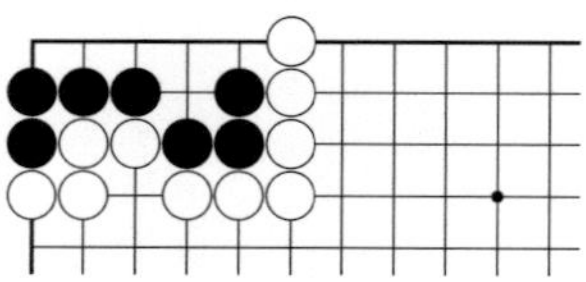

5. Schwarz setzt und lebt!

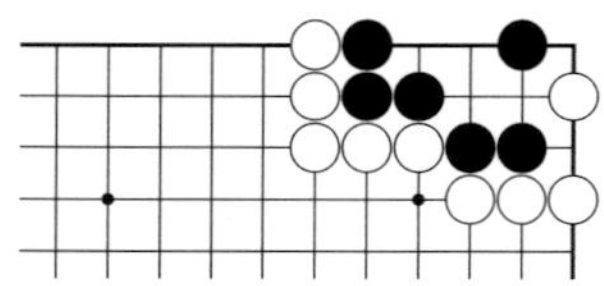

6. Schwarz setzt und lebt!

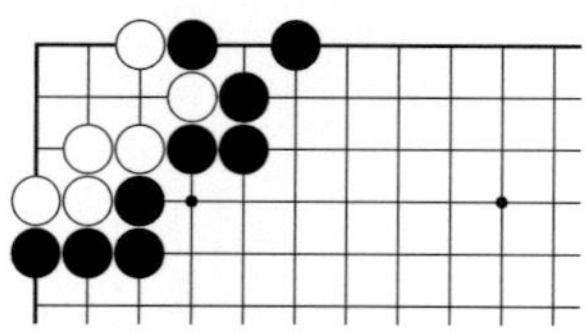

7. Weiß setzt und lebt!

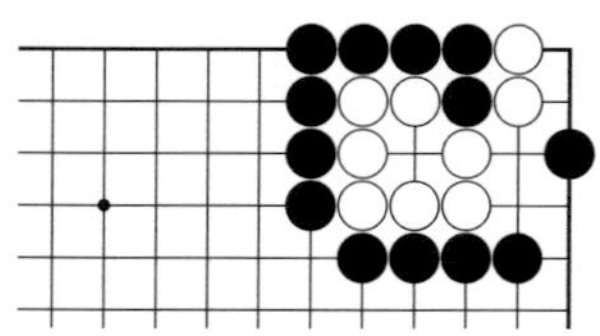

8. Weiß setzt und lebt!

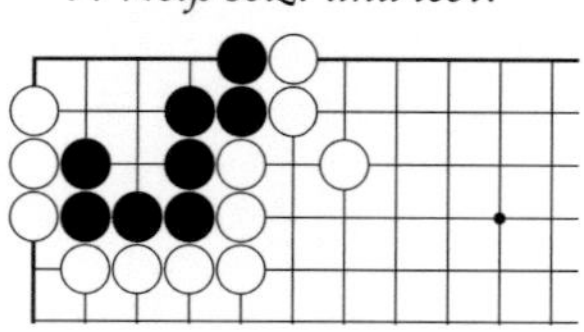

9. Schwarz setzt und lebt!

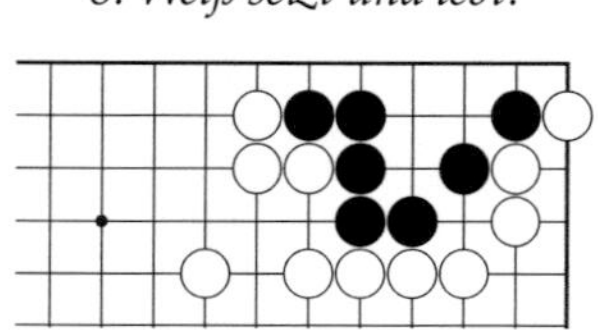

10. Schwarz setzt und lebt!

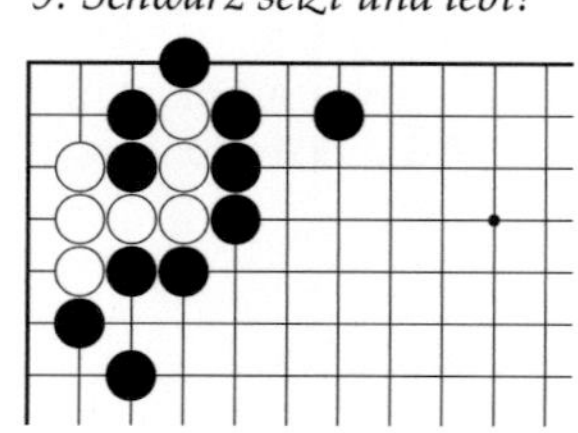

11. Weiß setzt und lebt!

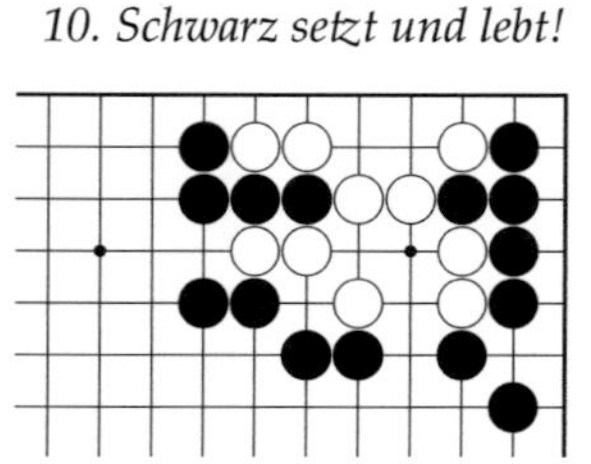

12. Weiß setzt und lebt!

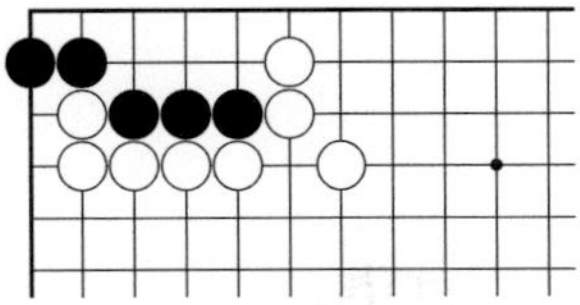

13. Schwarz setzt und lebt!

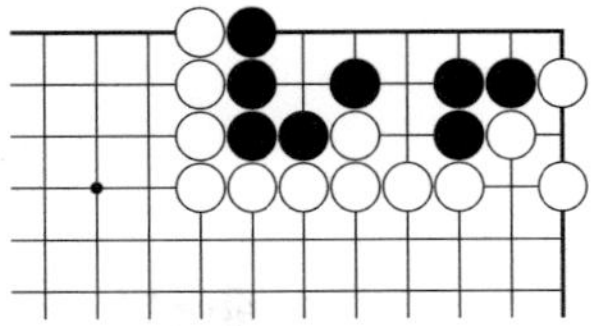

14. Schwarz setzt und lebt!

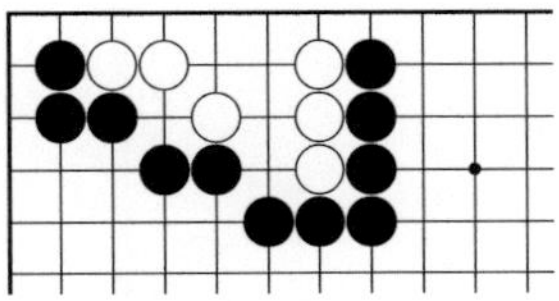

15. Weiß setzt und lebt!

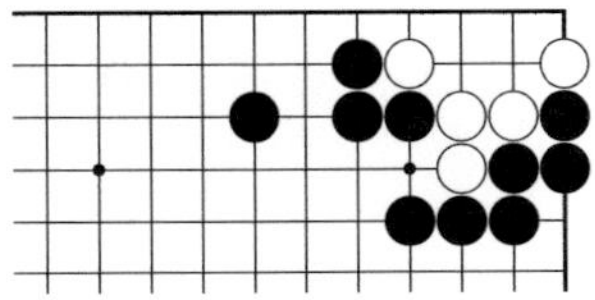

16. Weiß setzt und lebt!

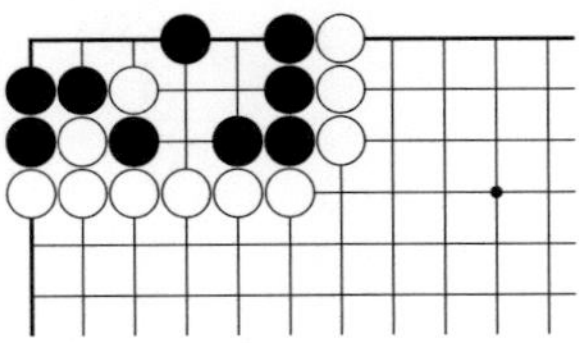

17. Schwarz setzt und lebt!

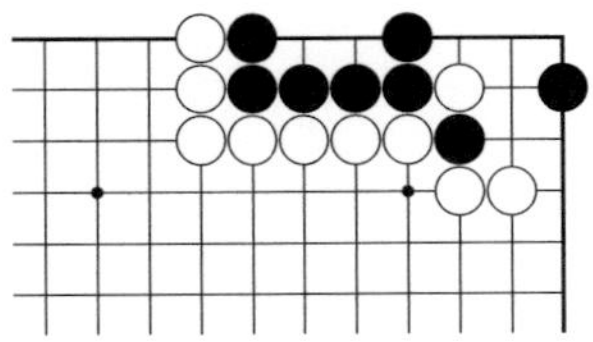

18. Schwarz setzt und lebt!

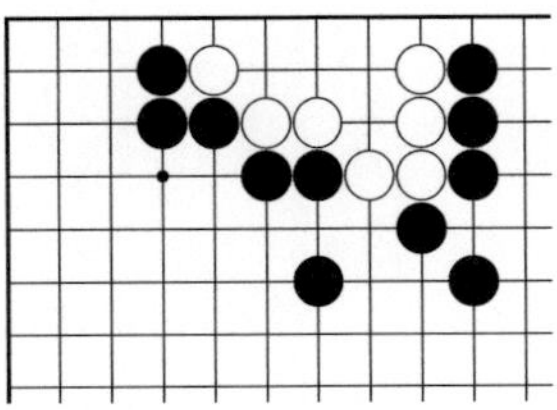

19. Weiß setzt und lebt!

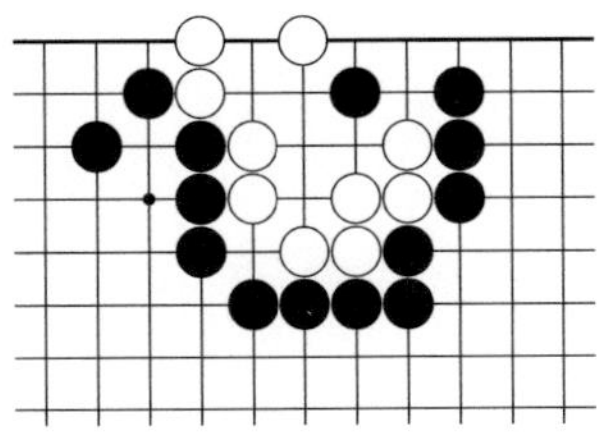

20. Weiß setzt und lebt!

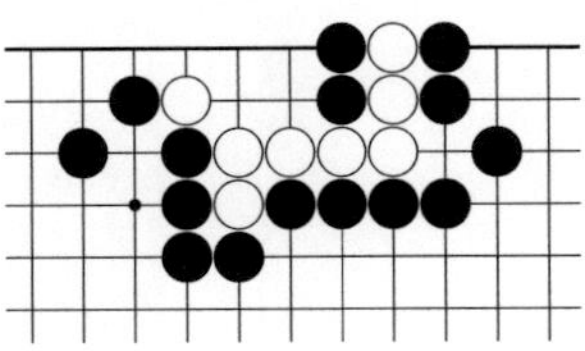

21. Schwarz setzt und lebt!

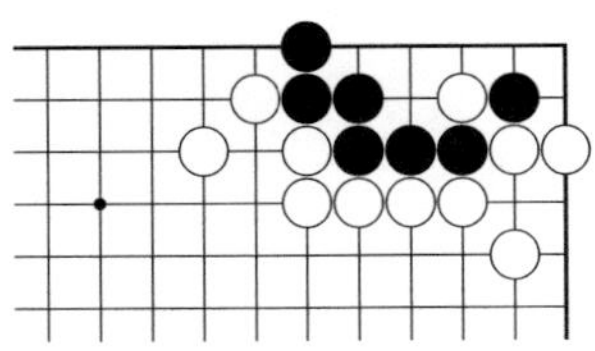

22. Schwarz setzt und lebt!

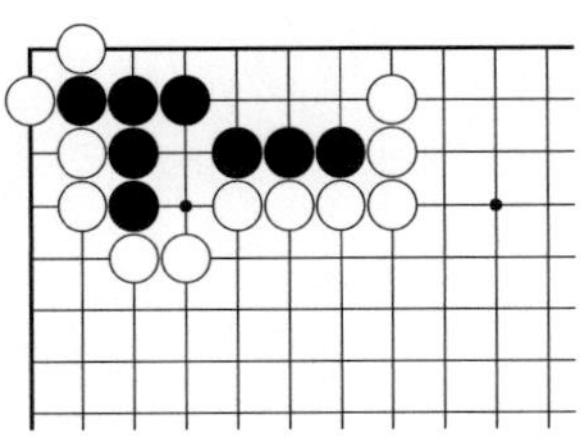

23. Weiß setzt und lebt!

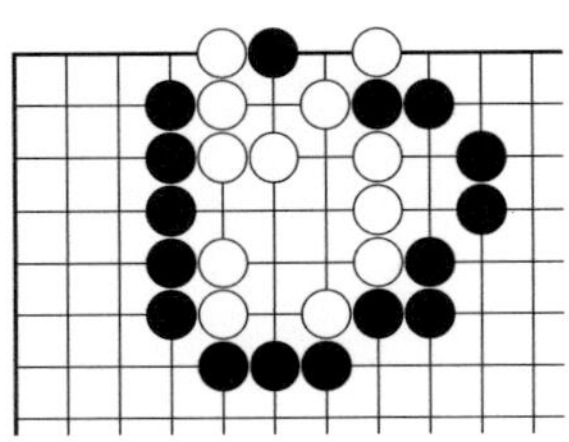

24. Weiß setzt und lebt!

Lösungen

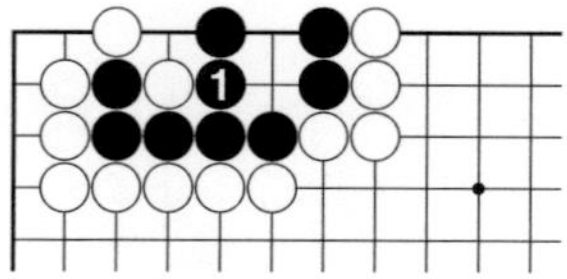

1. Schwarz 1 lebt.

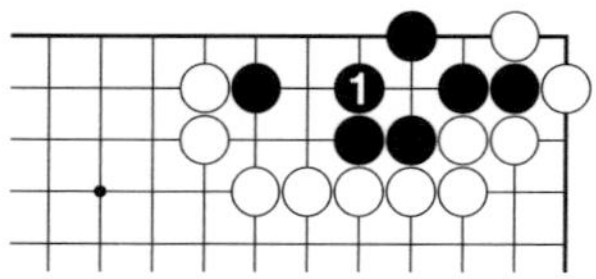

2. Schwarz 1 lebt.

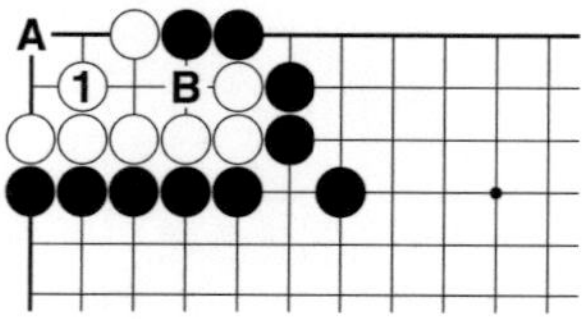

3. Weiß 1 lebt.
A und B sind jetzt Miai.

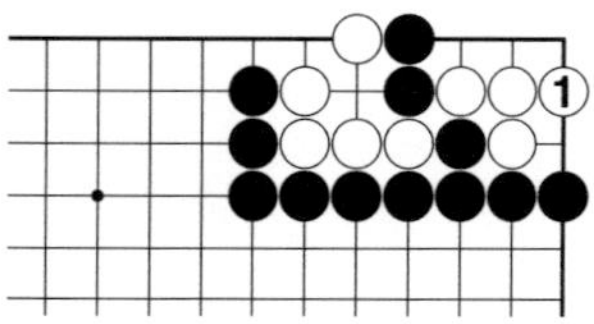

4. Weiß 1 lebt.

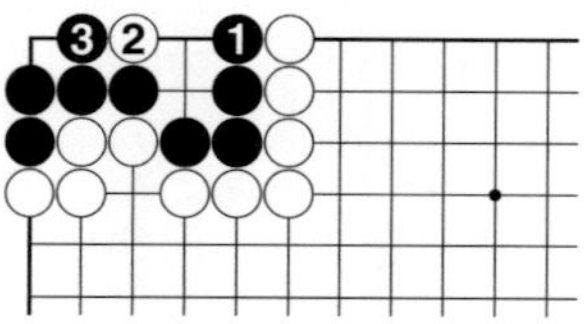

5. Schwarz 1 lebt und
Schwarz 3 wehrt Weiß 2 ab.

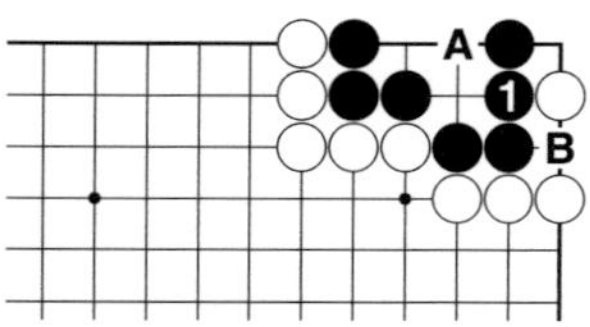

6. Schwarz 1 lebt und
macht aus A und B Miai.

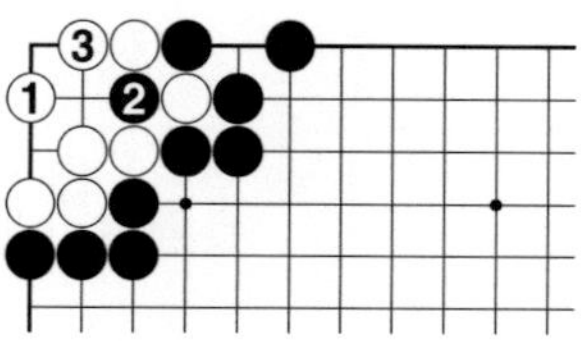

7. Weiß 1 und 3 leben.

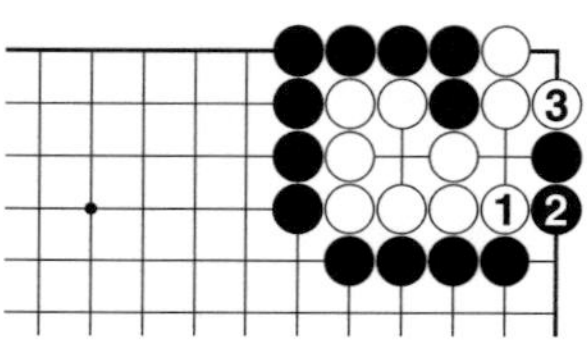

8. Weiß 1 und 3 leben.

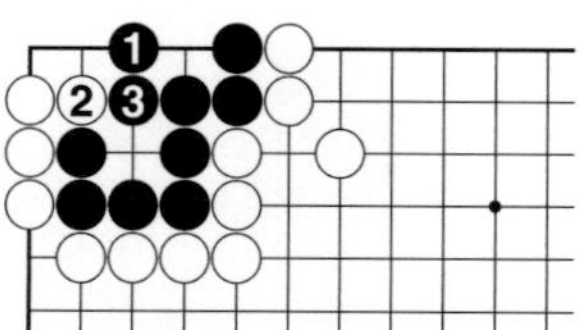

9. Schwarz 1 ist der vitale Punkt.

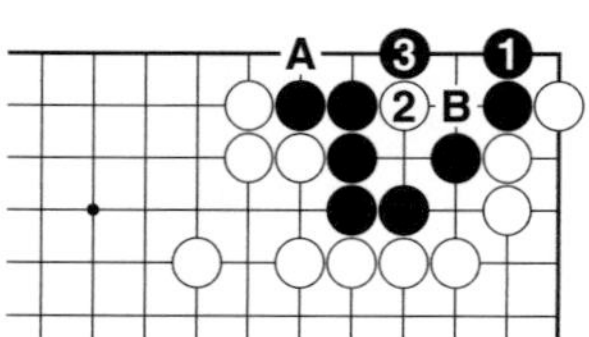

10. Schwarz 1 und 3 sind richtig.
A und B sind jetzt Miai.

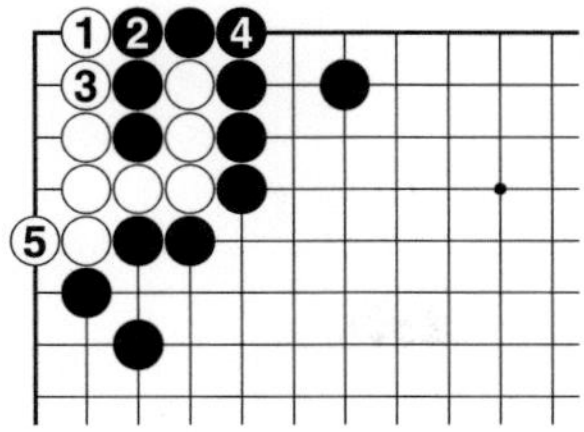

11. Weiß 1 bis 5 sichern Leben.

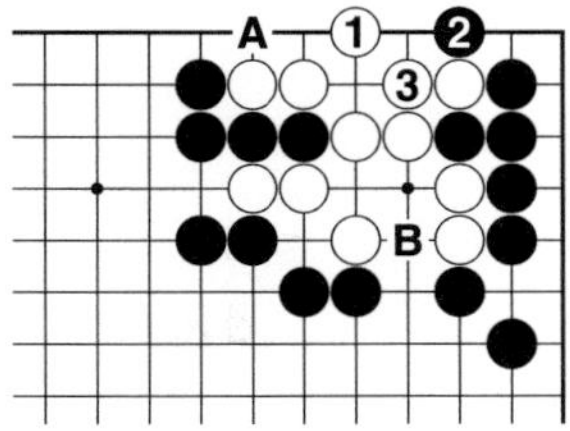

12. Nach Weiß 1 und 3 sind A und B Miai.

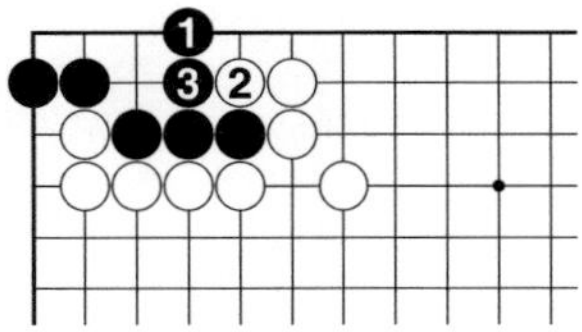

13. Schwarz 1 lebt.

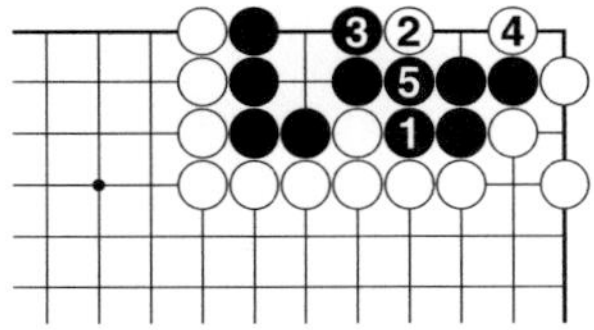

14. Schwarz 1 bis 5 leben.

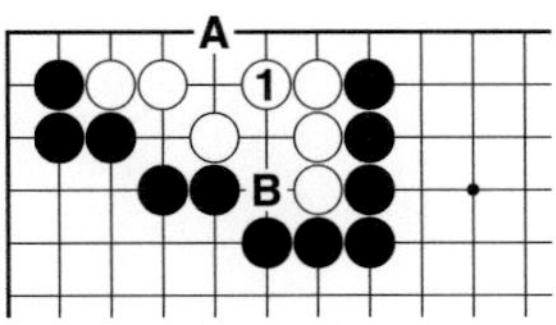

15. Weiß 1 macht aus A und B Miai.

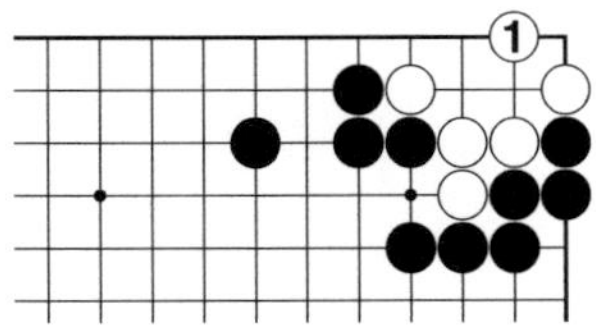

16. Weiß 1 ist der vitale Punkt.

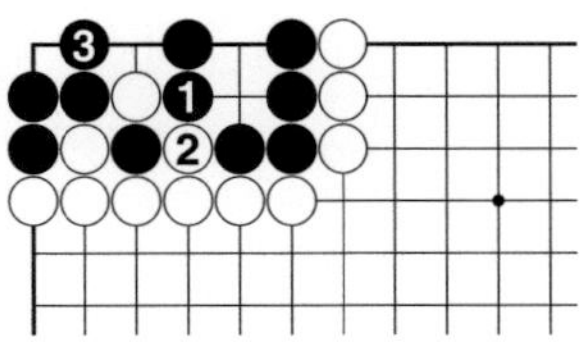

17. Schwarz 1 und 3 leben.

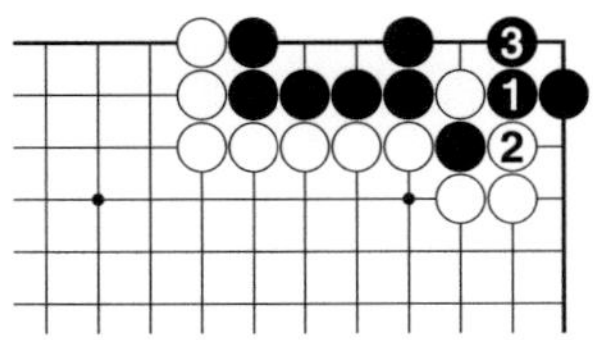

18. Schwarz 1 und 3 leben.

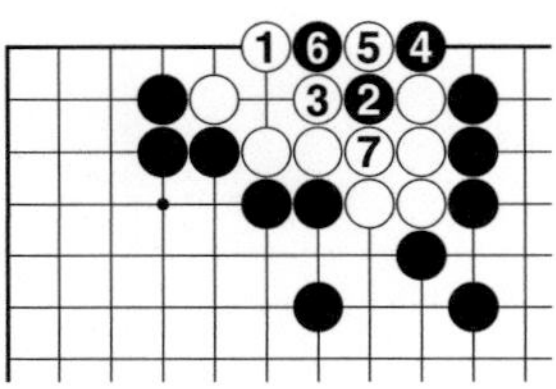

19. Weiß 1 bis 7 bringen Leben.

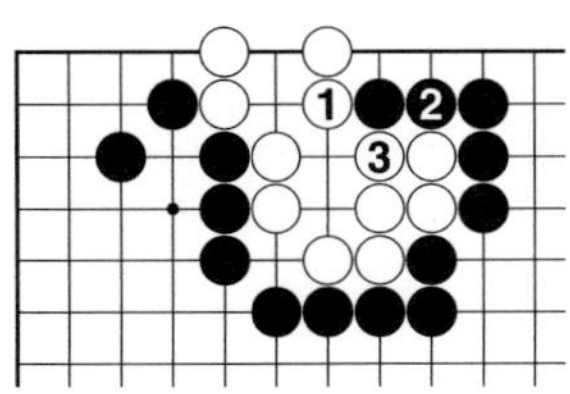

20. Weiß 1 und 3 leben.

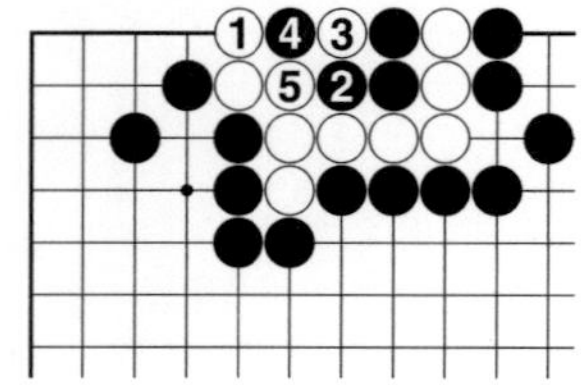

21. Weiß 1 führt zu Leben. Die schwarze Gegenwehr 2 und 4 scheitert.

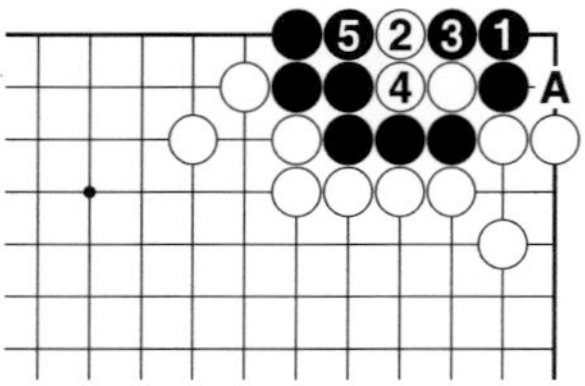

22. Schwarz 1 bis 5 sind richtig. Danach sind A und 4 Miai.

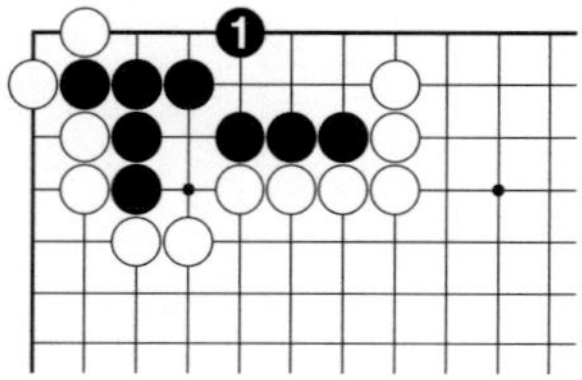

23. Schwarz 1 ist der vitale Punkt.

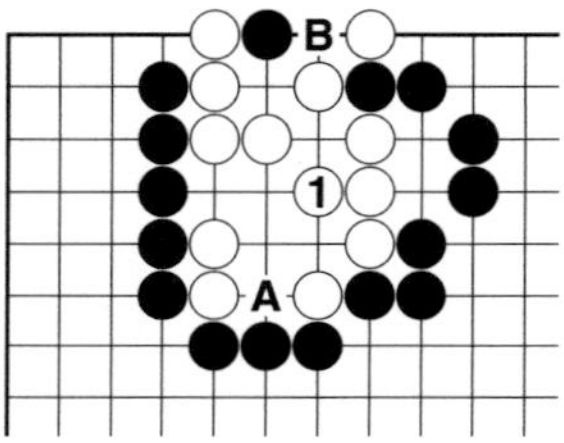

24. Weiß 1 macht A und B zu Miai.

Kapitel 5
Leben in der Ecke

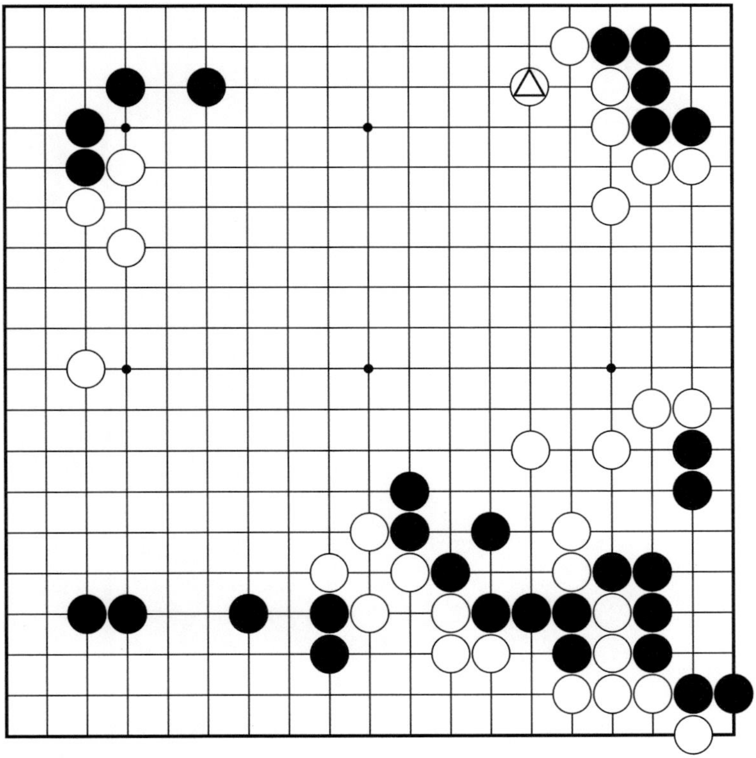

Figur: Pair-Go-Turnierpartie (Sora/Burzo vs. Knauf/Dickfeld, 2004)

Go-Partien beginnen in der Regel in den Ecken, dann breitet sich das Spiel über die Brettränder aus und schließlich geht es um die Mitte. Das zeigt, wie wichtig die Ecken sind, um eine erste Basis zu bekommen.

Aber in den Ecken gibt es einige Besonderheiten zu beachten. In diesem Kapitel werden nicht nur diese Besonderheiten erläutert, sondern auch wichtige Eckformen und Muster vorgestellt, die regelmäßig in Go-Partien auftreten.

Weiß hat soeben den markierten Stein in der obigen Partie gespielt, um den Schnitt zu decken. Wie ist der Status der schwarzen Steine in der rechten oberen Ecke? Muss Schwarz noch einen Stein setzen, um ihr Überleben zu sichern oder kann er bedenkenlos Vorhand nehmen?

1. Toter Winkel

Diese Form sorgt immer wieder für Verwirrung: Der „Tote Winkel" oder auch „Die Gewinkelte Vier in der Ecke" genannt. Die englische Bezeichnung „bent four in the corner" (kurz: bent four) ist hierzulande auch sehr gebräuchlich.

Der Tote Winkel teilt sich in zwei Typen: einer, der als Ko ausgespielt werden kann und einer, der per Definition tot ist.

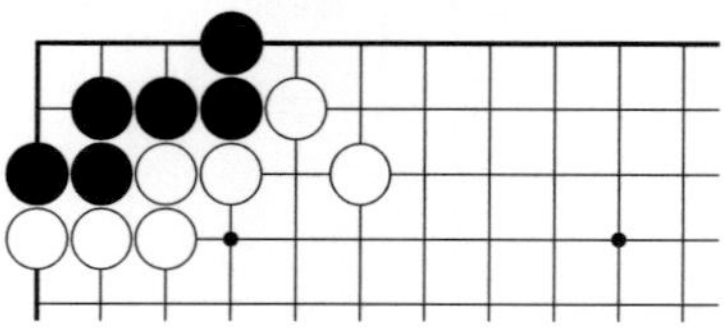

Dia. 1

Dia. 1 Dies ist die Grundform des Toten Winkels.

Sie besteht aus der Grundform der „Vier in einer Reihe", die in der Ecke einen Winkel formt. Sie stellt die Ausnahme von der Regel dar, dass „Vier in einer Reihe" leben.

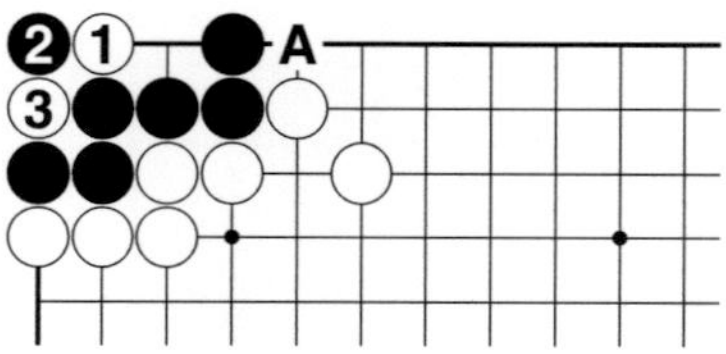

Dia. 2

Dia. 2 Besitzt Schwarz keine oder nur eine einzige Außenfreiheit, wie A in diesem Diagramm, dann kann Weiß mit 1 angreifen.

Schwarz hat keine andere Möglichkeit, als mit 2 einzuwerfen. Weiß 3 schlägt und beginnt so das Ko um das Leben der Ecke.

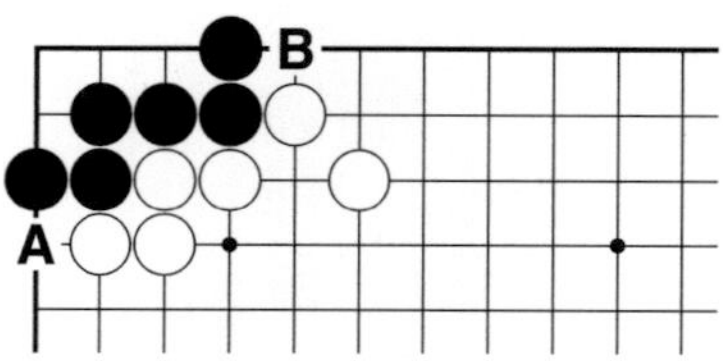

Dia. 3

Dia. 3 Hat Schwarz dagegen zwei oder mehr Außenfreiheiten (A und B), dann kann er den weißen Angriff parieren.

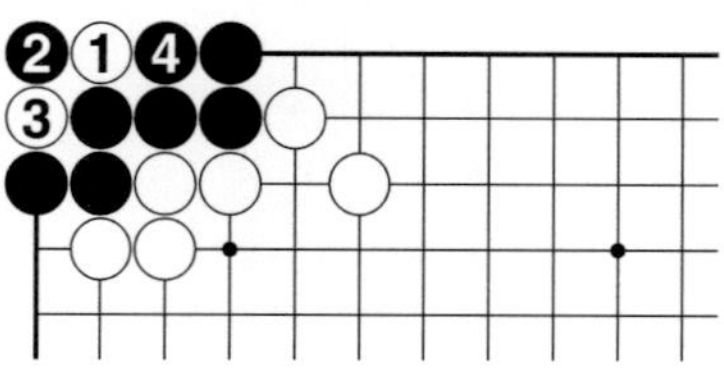

Dia. 4

Dia. 4 Greift Weiß wieder mit 1 und 3 an, dann braucht Schwarz kein Ko spielen, denn er kann auf Grund der Außenfreiheiten mit 4 Atari geben. Weiß kann nicht decken – Schwarz lebt.

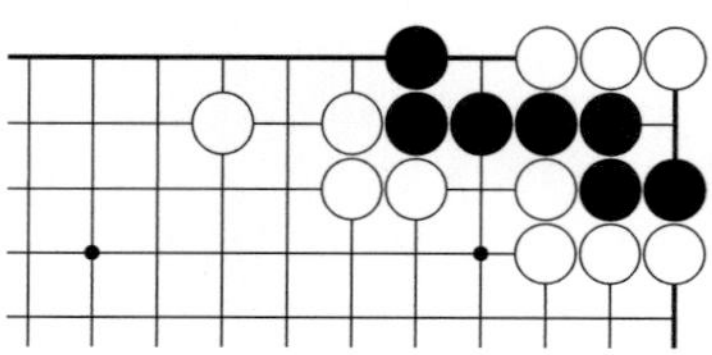

Dia. 5

Dia. 5 Dies ist der zweite, interessantere Typ des Toten Winkel: Es hat den Anschein, als wenn beide Seiten in Seki leben. Aber dem ist nicht so – Schwarz ist bereits tot.

Dies wird durch die japanische Regelauslegung bestätigt.

Dia. 6 Am Ende der Partie kann Weiß theoretisch alle Ko-Drohungen eliminieren, dann die letzten Außenfreiheiten besetzen (1 und 3) und schließlich mit 5 Atari geben. Schwarz 6 schlägt vier Steine.

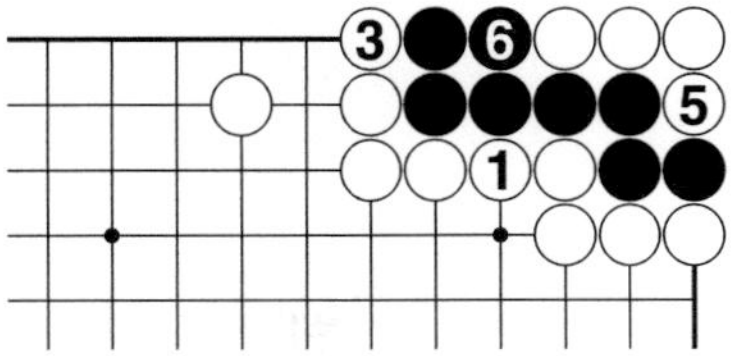

Dia. 6 (S2 und S4 Tenuki)

Dia. 7 Wenn Weiß nun mit 7 und 9 das Ko beginnt, dann hat Schwarz ohne Ko-Drohungen keine Chance, es zu gewinnen.

Man beachte, dass Weiß den Zeitpunkt bestimmt, wann das Ko begonnen wird. Schwarz hat darauf keinerlei Einfluss.

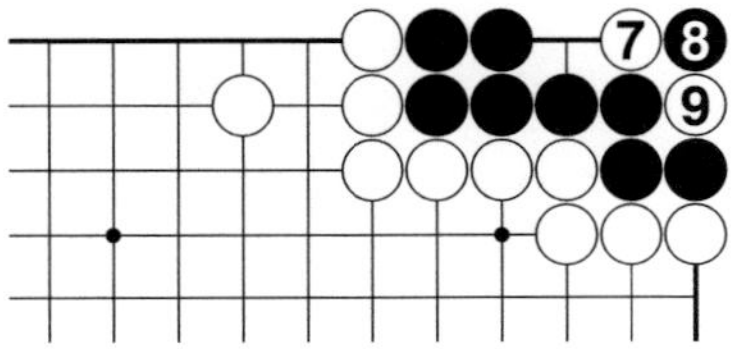

Dia. 7

Aus den japanischen Regeln leitet sich ab, dass, sofern die weißen Steine um die schwarze Stellung herum leben, die schwarzen Steine in Diagramm 5 tot sind. Das bedeutet, Weiß muss nicht erst alle Ko-Drohungen beseitigen, sondern kann die schwarzen Steine beim Auszählen der Partie sofort vom Brett nehmen.

Die Begründung liegt in folgender Regel: Nach Spielende (wenn also beide Spieler bereits gepasst haben) ist zur Bestimmung des Status von Gruppen nur noch Passen als Ko-Drohung erlaubt. Damit kann Schwarz das Ko nicht gewinnen, denn es liegt in der Hand von Weiß, zu welchem Zeitpunkt das Ko begonnen wird.

Diese Regelung mag in bestimmten Situationen unfair sein (und dies wird immer wieder gern diskutiert), aber sie vereinfacht auch die Handhabung dieser Position, indem sie als tot definiert wird.

Aufgaben

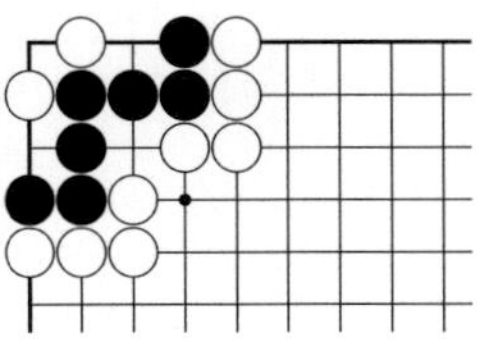

1. Status?

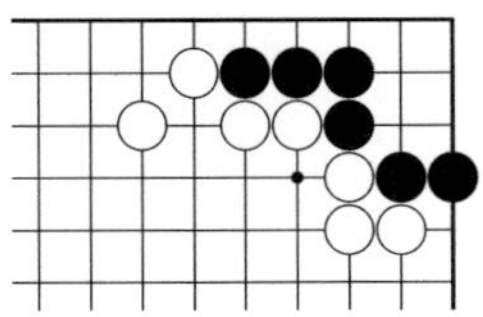

3. Weiß setzt und tötet!

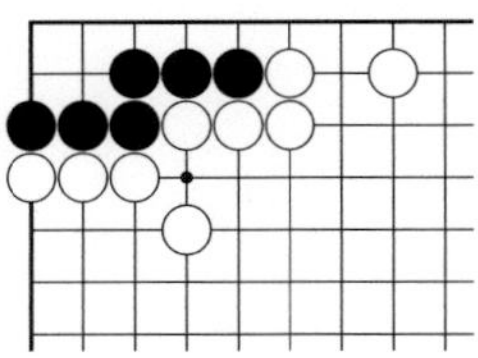

2. Status?

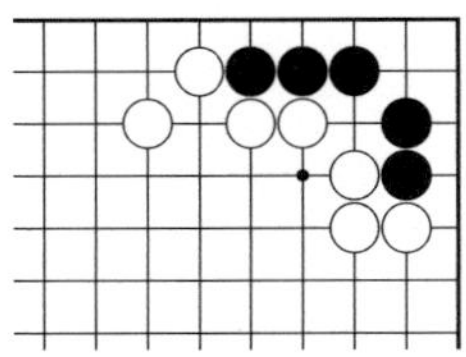

4. Weiß setzt und tötet!

Antworten

Lösung 1: Schwarz ist tot

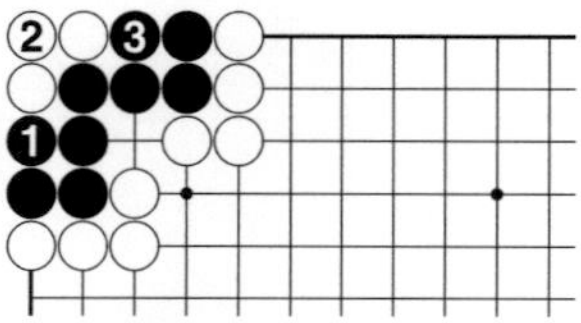

Dia. 1a (W4 auf 2)

Dia. 1a Diese Stellung gehört ebenfalls zum Typ 2 des Toten Winkels und ist somit per Definition tot.

Schwarz kann zwar die weißen Steine schlagen, aber Weiß 4 auf 2 tötet.

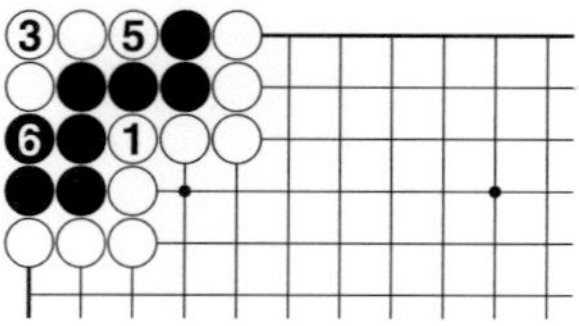

Dia. 1b

Dia. 1b Um zu beweisen, dass Schwarz tot ist, kann Weiß erst die Außenfreiheit besetzen und dann mit 3 und 5 Atari geben. Schwarz schlägt mit 6.

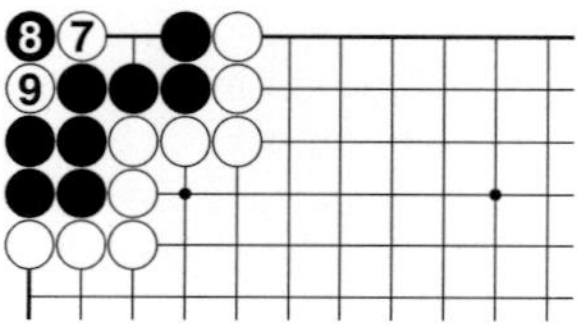

Dia. 1c

Dia. 1c Nach dem Schlagen beginnt Weiß das Ko mit 7 und 9.

Weiß wird aber die Abfolge 1 bis 9 in einer Partie nicht ausspielen, denn Schwarz hat, wie in Diagramm 1a gezeigt, keine Möglichkeit zu leben.

Lösung 2: Schwarz kann leben
Weiß kann töten

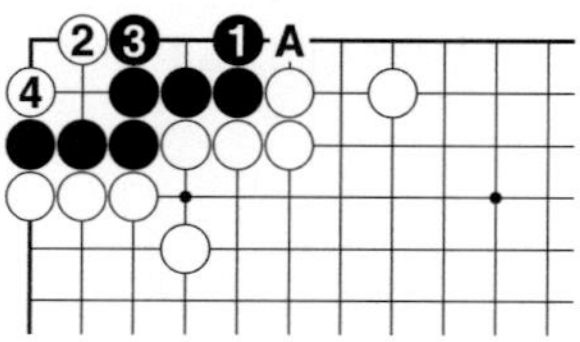

Dia. 2a

Dia. 2a Die Kombination Schwarz 1 und 3 führt zum Leben.

Lässt Schwarz die Stellung nach Weiß 4 so stehen, dann kann Weiß sie durch Besetzen der Außenfreiheit A in ein Seki verwandeln.

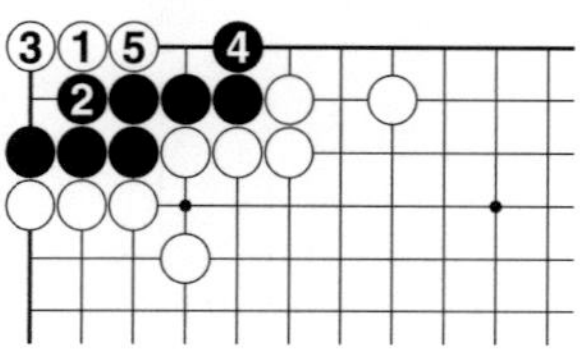

Dia. 2b

Dia. 2b Weiß tötet indem er mit 1 den vitalen Punkt besetzt. Nach Weiß 5 ist ein Toter Winkel vom Typ 2 in der Ecke entstanden.

Spielt Schwarz statt 2 auf 4, dann antwortet Weiß auf 5. Folgt dann Schwarz 3, so spielt Weiß auf 2. Die schwarze Ecke ist tot.

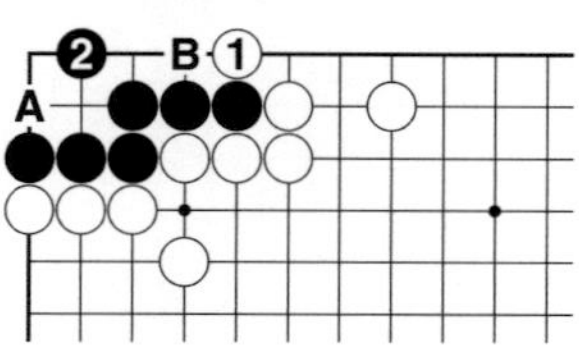

Dia. 2c

Dia. 2c Weiß 1 in diesem Diagramm ist der falsche Ansatz um die Ecke zu töten. Nach Schwarz 2 sind die Punkte A und B Miai auf Leben.

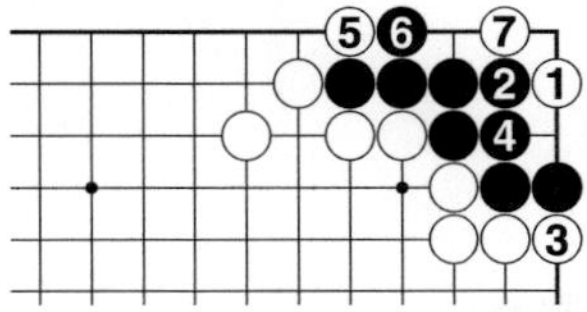

Dia. 3a

Lösung 3

Dia. 3a Weiß 1 ist der Schlüsselpunkt. Schwarz 4 deckt die mit Weiß 3 angedrohte Mausefalle. Der Abtausch 5 und 6 reduziert den Augenraum und schließlich erzeugt Weiß 7 den Toten Winkel.

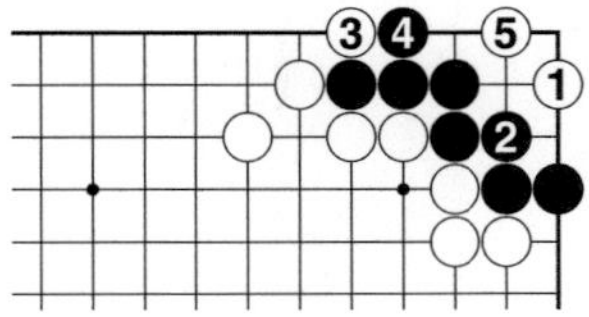

Dia. 3b

Dia. 3b Versucht Schwarz, die Schwäche sofort zu decken, dann folgen Weiß 3 und 5. Das Ergebnis ist das gleiche wie im vorherigen Diagramm.

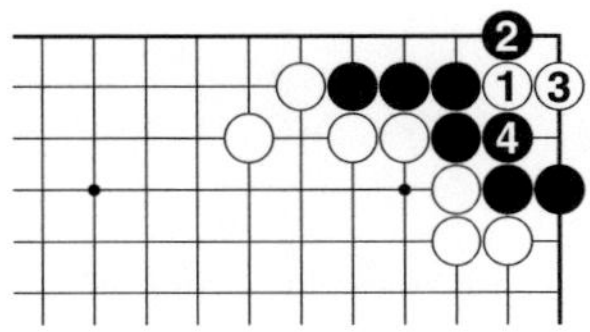

Dia. 3c

Dia. 3c Weiß 1 verfehlt den richtigen Punkt. Schwarz lebt jetzt mit 2 und 4.

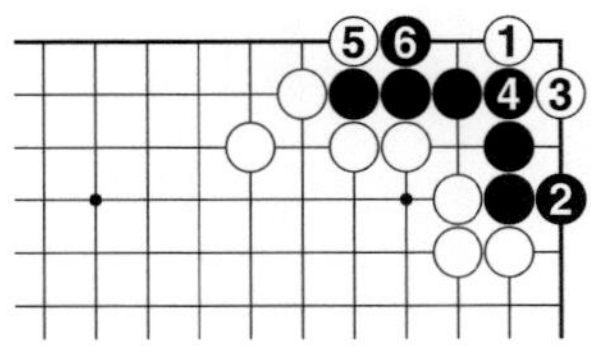

Dia. 4a

Lösung 4

Dia. 4a Weiß 1 auf den 2-1-Punkt ist richtig. Nach der Abfolge bis 6 entsteht der Tote Winkel in der Ecke.

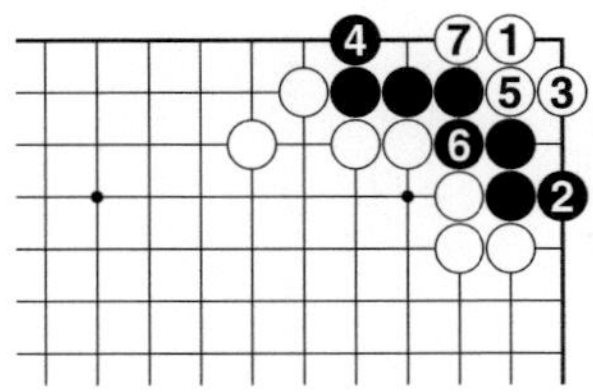

Dia. 4b

Dia. 4b Versucht Schwarz, den Augenraum zu vergrößern, dann zwingt Weiß 5 Schwarz auf 6 zu verbinden. Nach Weiß 7 steht es ein Auge gegen kein Auge – Schwarz ist tot.

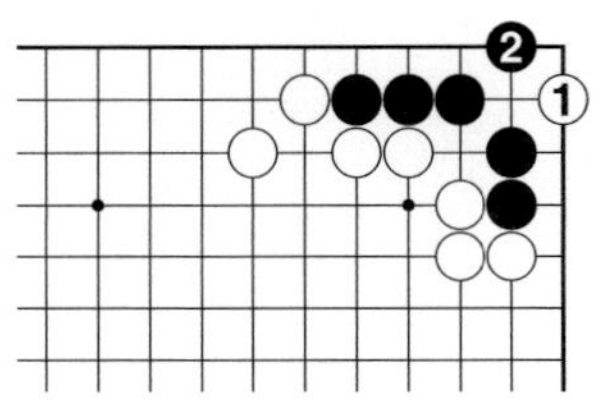

Dia. 4c

Dia. 4c Weiß 1 auf diesen 2-1-Punkt ist ein Fehler, denn Schwarz 2 besetzt jetzt den vitalen Punkt und lebt.

2. Das kleine L (1)

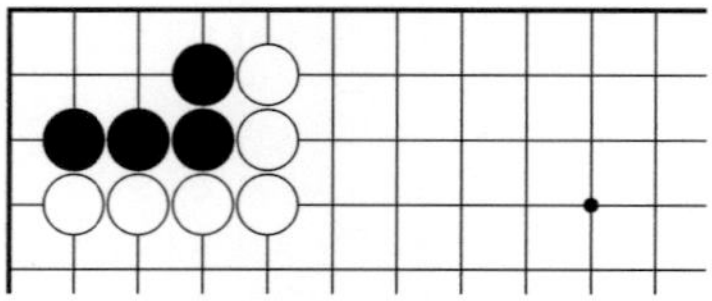

Dia. 1

Dia. 1 Diese Stellung in der Ecke verdankt ihren Namen ihrer Form, denn sie sieht aus wie ein L.

Sie tritt in ihren verschiedenen Variationen immer wieder auf und es lohnt sich, ihre Eigenheiten zu kennen.

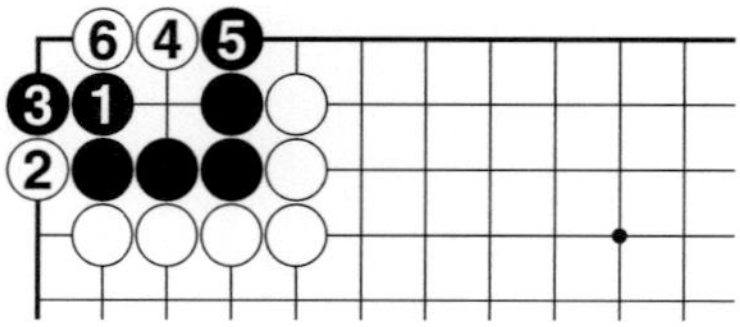

Dia. 2

Dia. 2 Das einfache L ist tot. Wenn Schwarz mit 1 versucht, zu leben, dann tötet Weiß mit 2 bis 6.

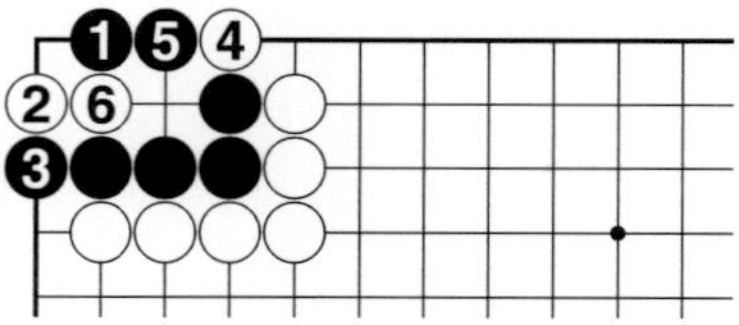

Dia. 3

Dia. 3 Auch Schwarz 1 auf den 2-1-Punkt bringt keinen Erfolg. Weiß 2 bis 6 töten erneut.

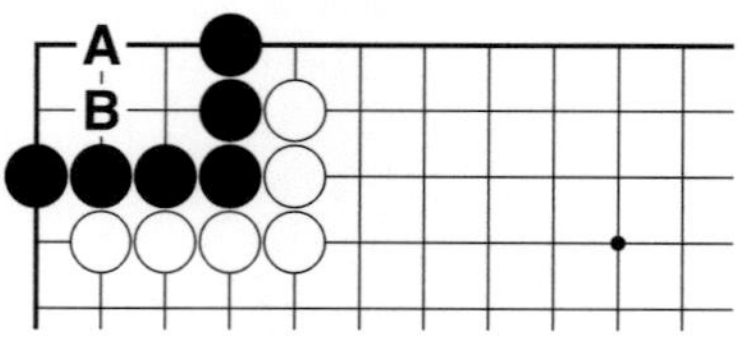

Dia. 4

Dia. 4 Hier hat das kleine L auf beiden Seiten Verlängerungen bis zum Rand. Solange die beiden Außenfreiheiten existieren lebt Schwarz.

Ein Angriff auf A wird mit B beantwortet und andersherum.

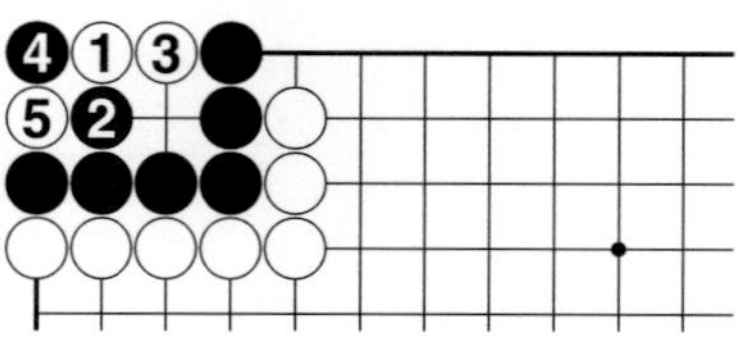

Dia. 5

Dia. 5 Hat die gleiche Stellung nur noch eine Außenfreiheit, verwandelt ein weißer Angriff sie in ein Ko. Schwarz kann das Ko gewinnen indem er die weißen Steine schlägt. Weiß kann dagegen durch Decken auf 4 das Ko beenden – es entsteht ein Toter Winkel.

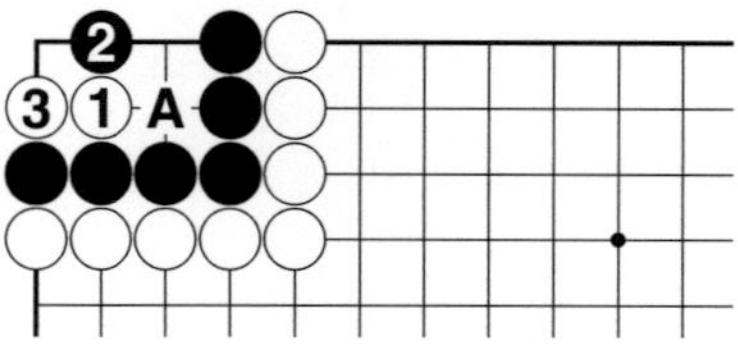

Dia. 6

Dia. 6 Sind alle Außenfreiheiten besetzt, dann führt der weiße Angriff auf 1 direkt zum Tod, denn Schwarz kann nach Weiß 3 nicht mehr auf A spielen.

Dia. 7 Hier ist das L an der längeren Seite nach außen umgebogen. Man nennt diese Form daher auch „L+1".

Da sie einen Stein mehr als das einfache L besitzt, ist sie nicht bedingungslos tot, sondern lebt oder stirbt je nachdem wer zuerst setzt. Der Status ist nicht ausgespielt.

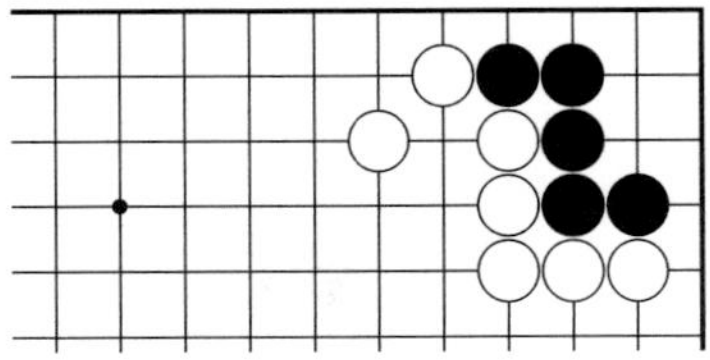

Dia. 7

Dia. 8 Das Sprichwort „Der Tod steckt im Hane" trifft auf das „L+1" zu. Aber Weiß 1 würde nicht funktionieren, wenn Schwarz selbst ein Hane auf A hätte.

Es gibt auch die Punkte B und C, die Weiß spielen kann, um zu töten. Beginnt Weiß auf C, dann entsteht ein Toter Winkel.

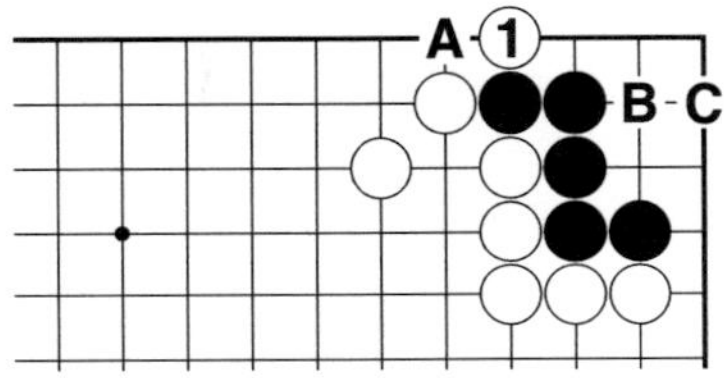

Dia. 8

Dia. 9 Schwarz 1 ist der beste Punkt um zu leben, denn selbst wenn Weiß auf A oder B spielt, ist ein weiteres Decken nicht notwendig.

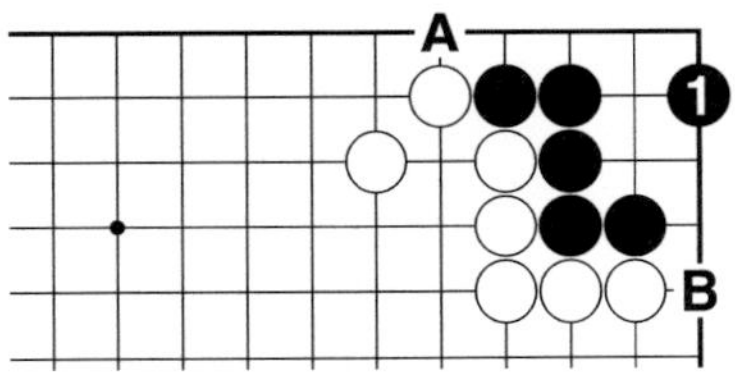

Dia. 9

Aufgaben

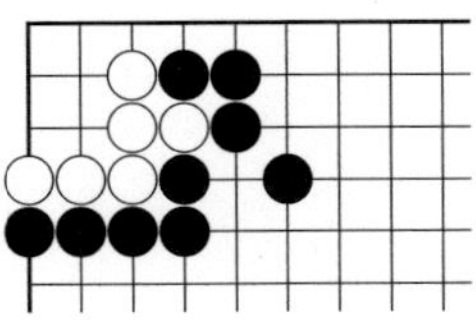

1. Status?

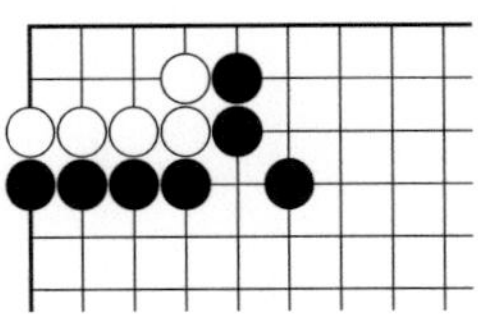

2. Status?

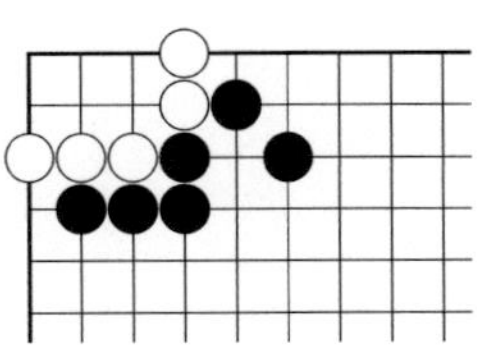

3. Status?

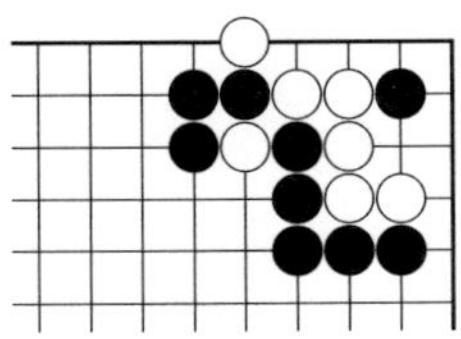

4. Status?

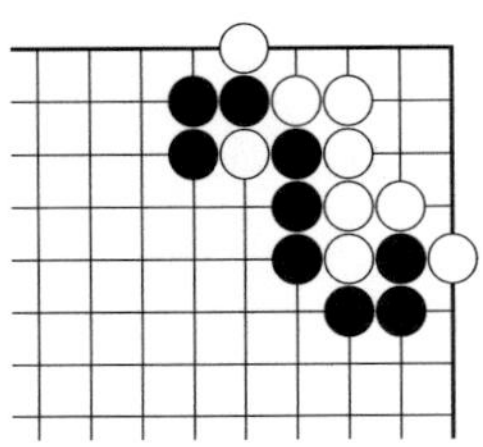

5. Status?

Antworten

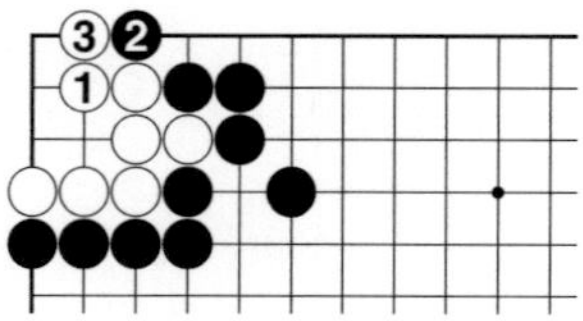

Dia. 1a

Lösung 1: Weiß kann leben
Schwarz kann töten

Dia. 1a Weiß 1 bringt Sicherheit, denn nach dem Abtausch Schwarz 2 und Weiß 3 lebt Weiß mit „Vier in einer Reihe".

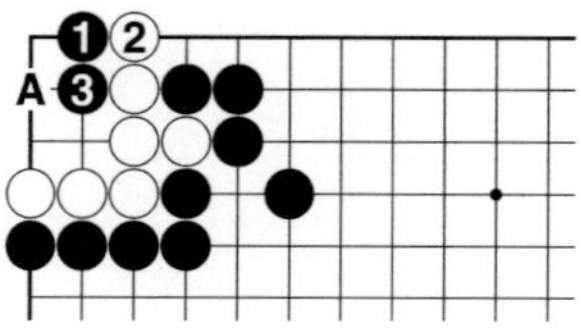

Dia. 1b

Dia. 1b Es gibt viele Wege Weiß zu töten. Schwarz 1 und 3 haben den Vorteil, dass sie der weißen Gruppe schon viele Freiheiten nehmen.

Das Hane auf 2 geht natürlich auch. Blockt Weiß auf 1, dann tötet Schwarz mit 3 auf A.

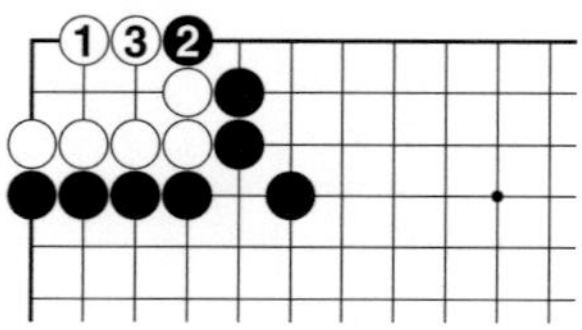

Dia. 2a

Lösung 2: Weiß kann leben
Schwarz kann töten

Dia. 2a Weiß 1 sichert das Leben. Nach dem Abtausch Schwarz 2 und Weiß 3 lebt Weiß mit „Vier in einer Reihe".

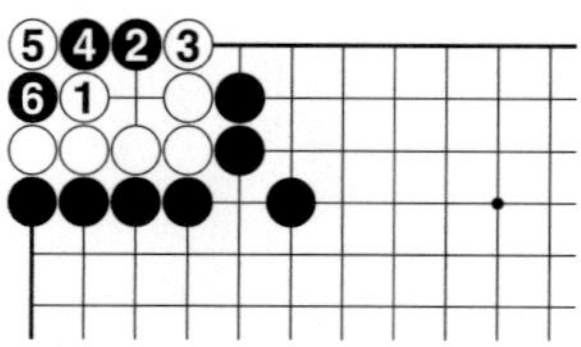

Dia. 2b

Dia. 2b Weiß 1 in diesem Diagramm ist ein Fehler, denn Schwarz erreicht in der Abfolge bis 6 ein Ko.

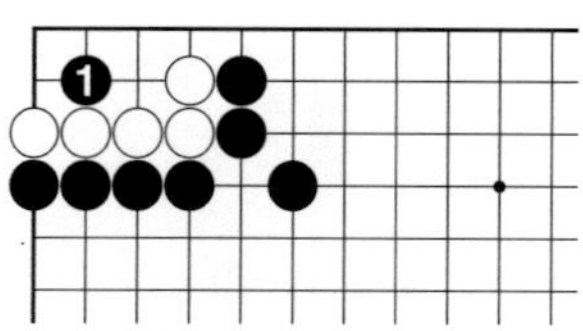

Dia. 2c

Dia. 2c Wieder gibt es viele Wege zu töten. Weiß 1 ist einer davon.

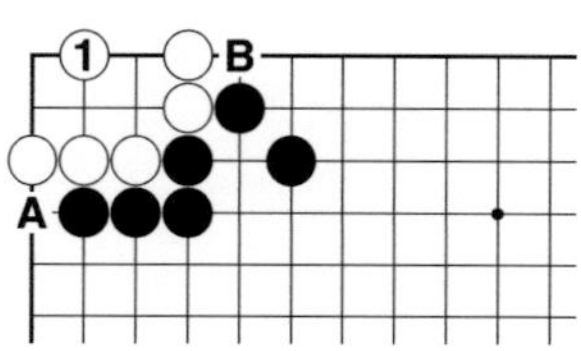

Dia. 3a

Lösung 3: Weiß kann leben
Schwarz spielt Ko

Dia. 3a Weiß 1 ist der beste Punkt um zu leben, denn die Punkte A und B sind jetzt keine Vorhand mehr gegen das Leben der Ecke. Weiß muss also nicht noch einen Stein investieren, wenn Schwarz diese Punkte besetzt.

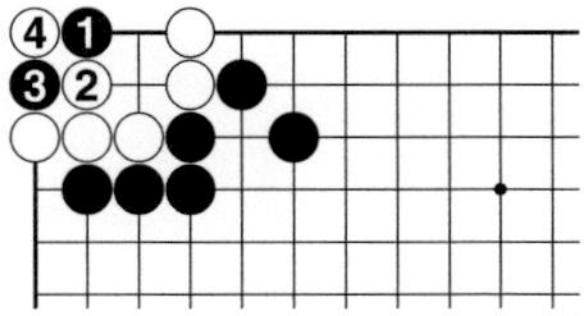

Dia. 3b

Dia. 3b Beginnt Schwarz mit 1 und 3, dann ist Weiß gezwungen mit 4 ein Ko um das Leben der Ecke zu spielen.

Lösung 4: Weiß spielt Ko
Schwarz kann töten

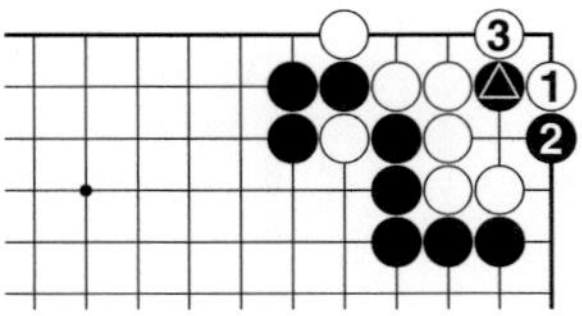

Dia. 4a

Dia. 4a Weiß 1 auf den 2-1-Punkt ist richtig. Nach Weiß 3 entsteht ein Ko in der Ecke.

Das Problem entsteht nach einem falschem Angriff durch Schwarz: der markierte Stein muss auf 1 gespielt werden, um die weiße Gruppe zu töten.

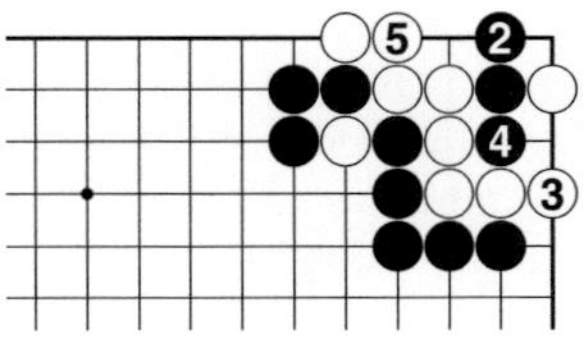

Dia. 4b

Dia. 4b Wenn Schwarz nach Weiß 1 in Diagramm 4a auf 2 streckt, dann lebt Weiß mit 3 und 5 in Seki.

Schwarz kann 4 nicht auf 5 spielen, denn dann spielt Weiß selbst auf 4.

Lösung 5: Weiß lebt

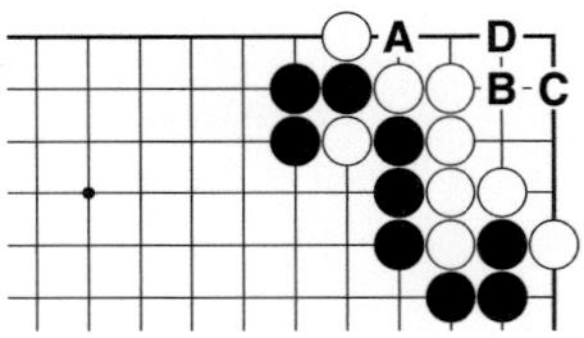

Dia. 5a

Dia. 5a Die üblichen Angriffe gegen die Ecke gehen hier nicht: Schwarz A auf Grund des Hane am oberen Rand; Schwarz B und C wegen des Hane am rechten Rand; und Schwarz D führt auch nur zu einem Seki.

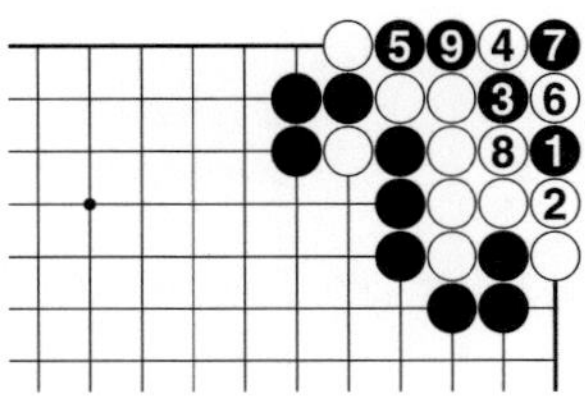

Dia. 5b (W10 auf 4)

Dia. 5b Bleibt noch Schwarz 1 in diesem Diagramm.

Weiß deckt mit 2 und muss in der Fortsetzung aufpassen, dass er keinen Fehler macht und ein Ko oder einen Toten Winkel in der Ecke erhält.

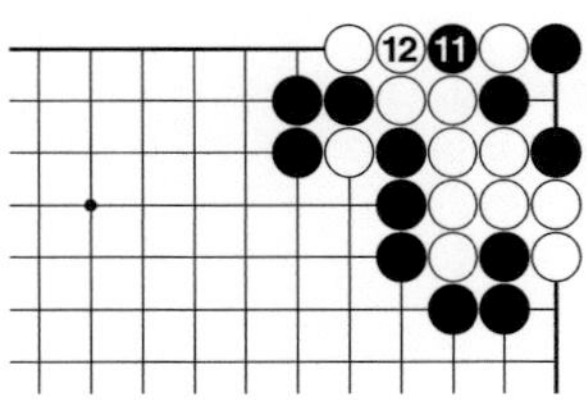

Dia. 5c

Dia. 5c Spielt Weiß wie im Diagramm 5b gezeigt, dann braucht er sich keine Sorgen zu machen, denn nach Weiß 12 lebt er mit einem Doppel-Ko.

3. Das kleine L (2)

In der letzten Lektion haben wir das einfache L und die erste „L+1“-Form gesehen. Hier folgen nun das zweite „L+1“ und das „L+2“.

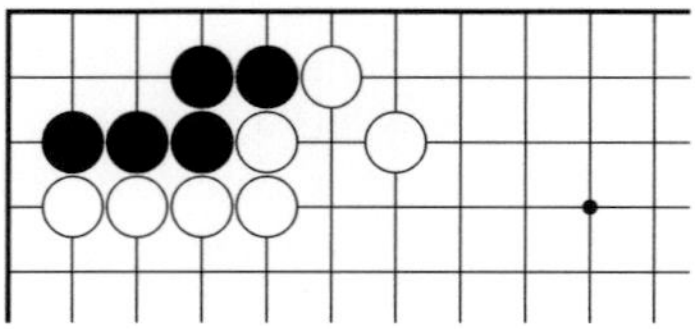

Dia. 1

Dia. 1 Das zweite „L+1“ hat an der kurzen Seite des L einen Umbieger nach außen. Auch hier hängt Leben und Tod davon ab, wer zuerst setzt.

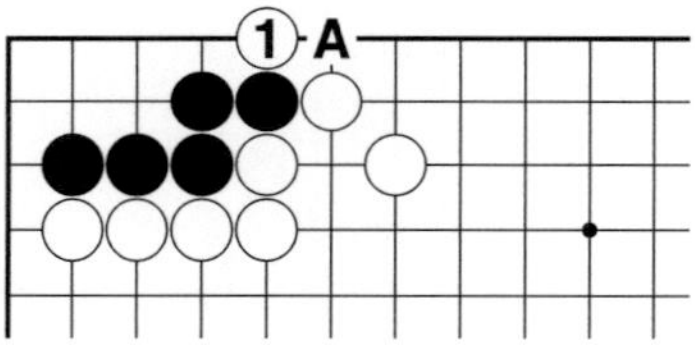

Dia. 2

Dia. 2 Weiß kann mit dem Hane 1 die Ecke auf ein einfaches L reduzieren und so töten.

Wenn Schwarz bereits einen Stein auf A hat, dann funktioniert diese Methode allerdings nicht.

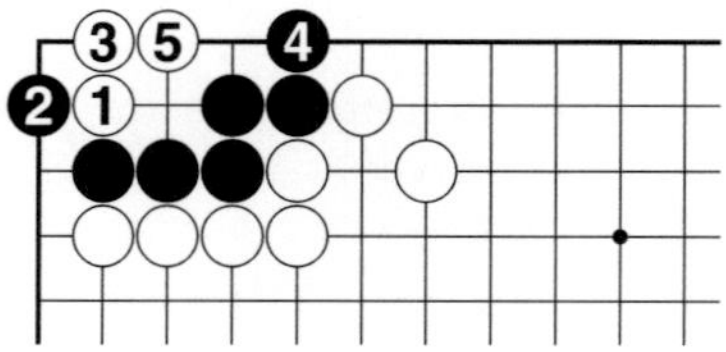

Dia. 3

Dia. 3 Der Schlüsselpunkt dieser Form ist der 2-2-Punkt. Beginnt Weiß seinen Angriff hier, dann füllt er den Augenraum mit einer toten Fünf aus. Wieder ist Schwarz tot.

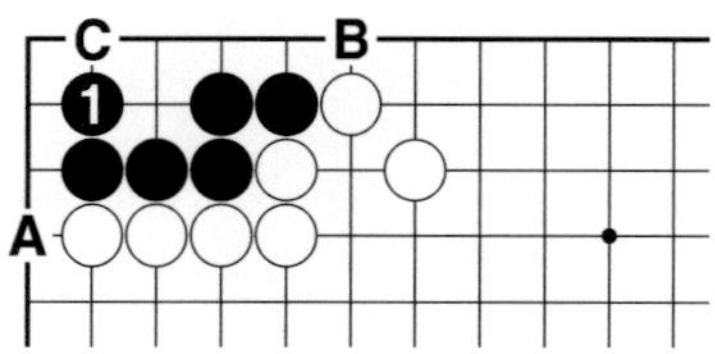

Dia. 4

Dia. 4 Der beste Punkt um zu leben ist ebenfalls der 2-2-Punkt, denn danach muss sich Schwarz keine Sorgen machen, wenn Weiß auf A oder B spielt.

Wenn Schwarz dagegen statt 1 auf C spielt, dann sind weiße Steine auf A oder B Vorhand gegen die Ecke.

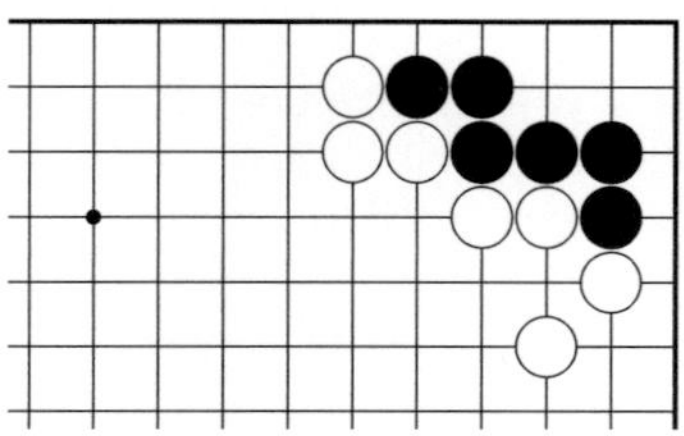

Dia. 5

Dia. 5 Das ist die „L+2“-Form, ein L mit zwei Umbiegern nach außen. Diese Form entsteht regelmäßig nach Invasionen in der Ecke. Sie lebt bedingungslos.

Dia. 6 Wenn Weiß mit 1 angreift ist Schwarz 2 die korrekte Verteidigung. Es ist gefährlich für Schwarz auf A zu antworten. Man sollte sich A lieber als Endspielvorhand aufbewahren.

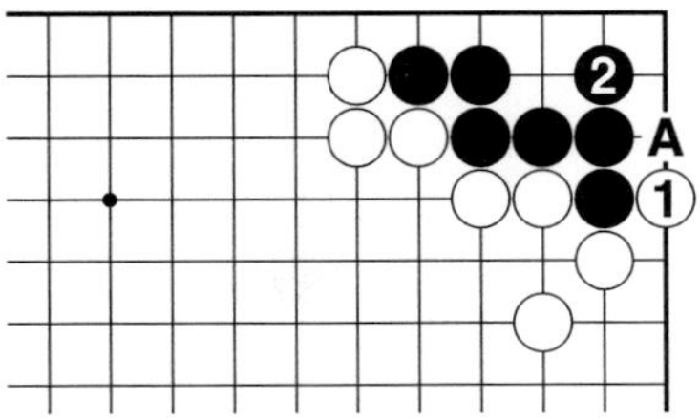

Dia. 6

Dia. 7 Wenn Weiß von dieser Seite angreift ist Schwarz 2 die korrekte Verteidigung. Auch hier ist es gefährlich für Schwarz auf A zu antworten.

Schwarz 2 auf A würde eine potenzielle Gefahr für ein Seki oder Ko in der Ecke zurück lassen. Daher sollte dieser Zug ebenfalls als Vorhand für das Endspiel aufbewahrt werden.

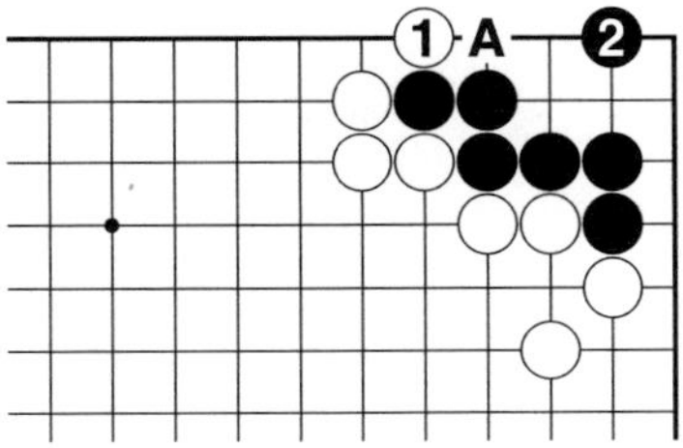

Dia. 7

Aufgaben

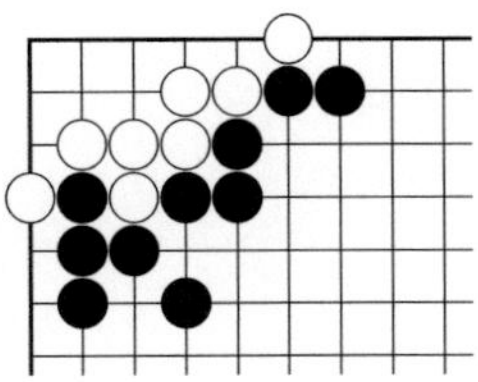

1. Schwarz beginnt ein Ko!

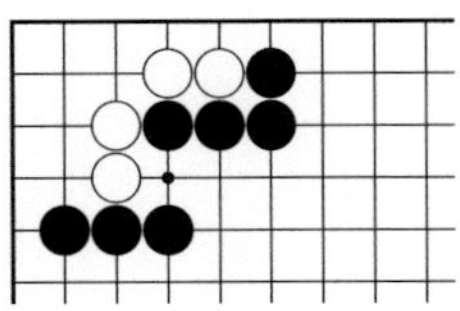

2. Weiß setzt und lebt!

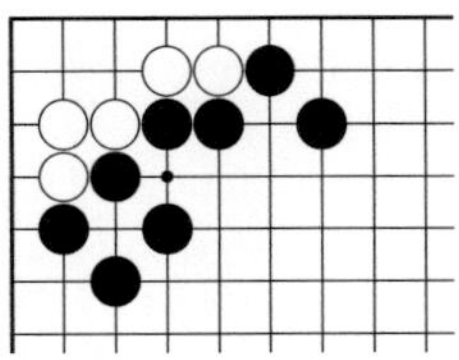

3. Schwarz beginnt ein Ko!

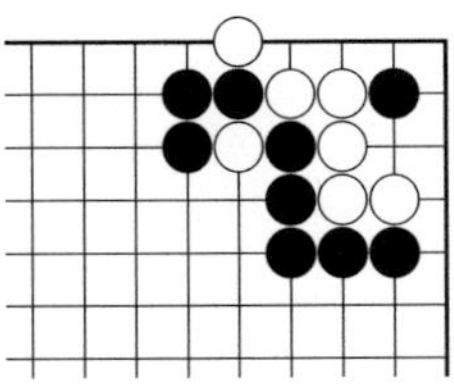

4. Schwarz beginnt ein Ko!

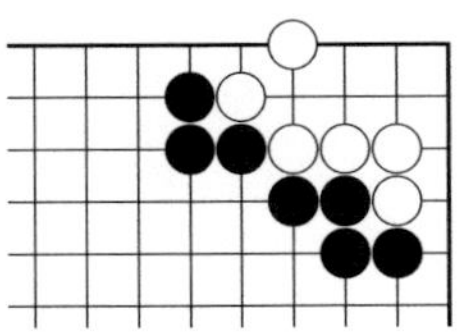

5. Status?

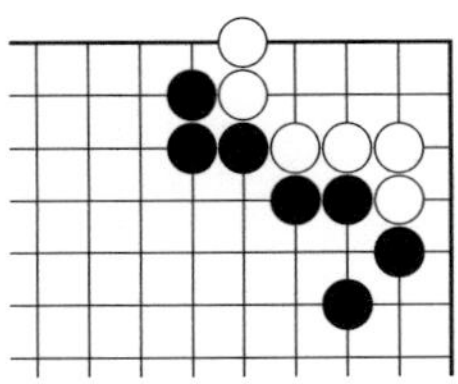

6. Schwarz beginnt ein Ko!

Antworten

Lösung 1

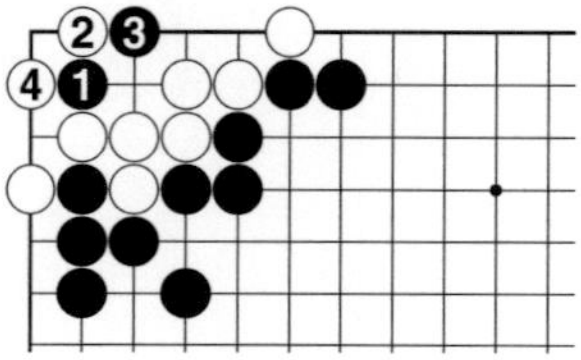

Dia. 1a

Dia. 1a Schwarz 1 und 3 beginnen ein direktes Ko. Weiß kann leben indem er selbst auf 1 spielt.

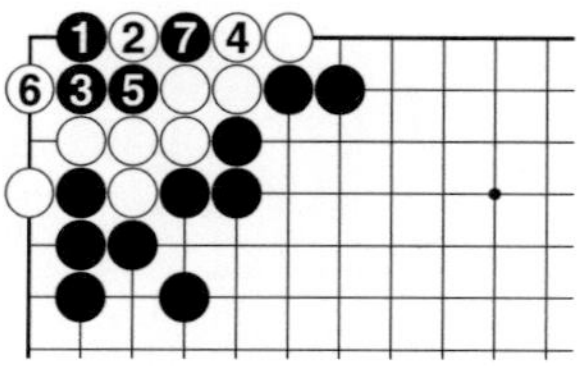

Dia. 1b

Dia. 1b Es gibt in dieser Stellung mehrere Wege für Schwarz ein Ko zu beginnen. Ein weiterer ist der in diesem Diagramm gezeigte.

Lösung 2

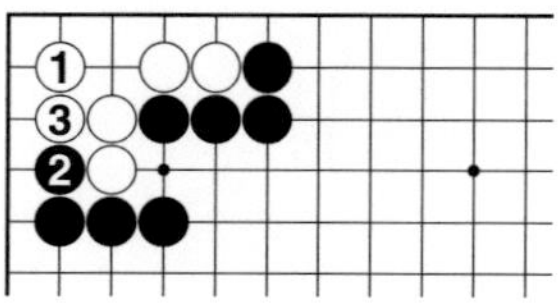

Dia. 2a

Dia. 2a Weiß muss auf den 2-2-Punkt spielen um zu leben.

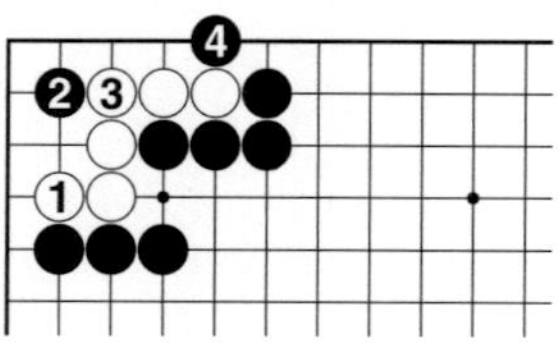

Dia. 2b

Dia. 2b Wenn Weiß 1 in diesem Diagramm spielt, dann besetzt Schwarz mit 2 den Schlüsselpunkt und tötet Weiß. Die Form zeigt jetzt das bekannte L+1.

Lösung 3

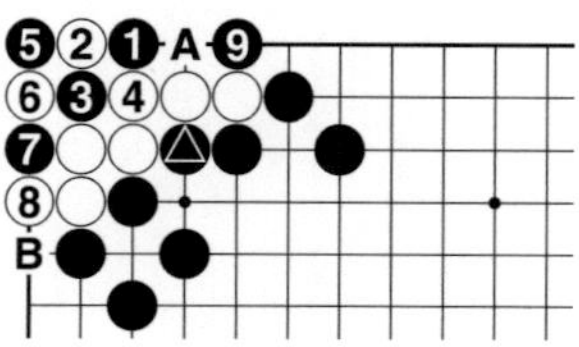

Dia. 3a

Dia. 3a Das „L+2" mit dem Schnittstein lebt nicht bedingungslos. Schwarz beginnt mit 1 bis 5 ein Ko, da Weiß mangels Freiheiten nicht auf A spielen kann. Für Schwarz ist es aber ein zweistufiges Ko, denn er muss sowohl noch A als auch B spielen.

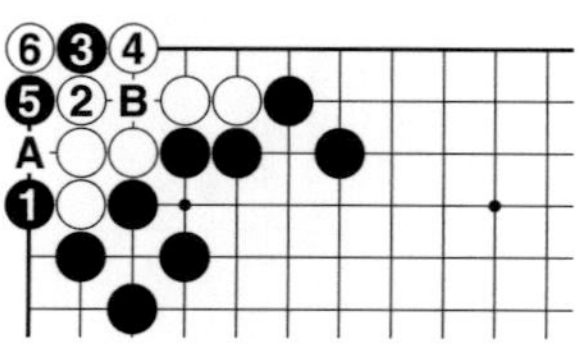

Dia. 3b

Dia. 3b Auch dieser Angriff mit Schwarz 1 bis 5 führt zu einem zweistufigen Ko. Weiß kann auf Grund von Freiheitenmangel nicht auf A spielen und muss daher das Ko schlagen.

Aber Schwarz muss A und B spielen um das Ko zu gewinnen.

Lösung 4

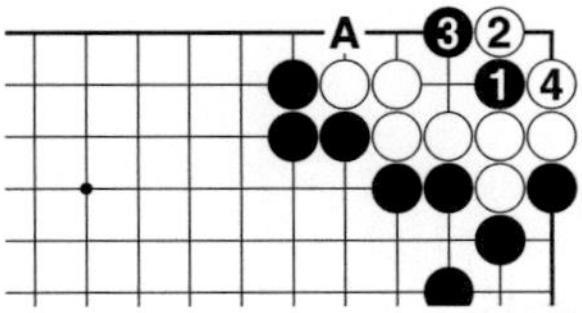

Dia. 4a

Dia. 4a Schwarz 1 und 3 führen zum Ko. Schwarz darf 3 nicht auf 4 spielen, denn dann lebt Weiß mit A.

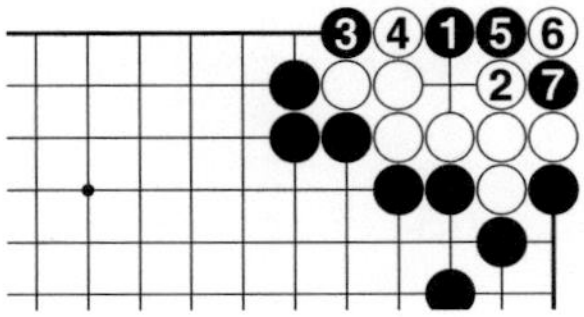

Dia. 4b

Dia. 4b Schwarz 1 in diesem Diagramm erreicht auch ein Ko, aber es ist sehr indirekt, da Weiß sowohl am oberen als auch am linken Rand einen Stein schlagen kann und so zusätzliche Außenfreiheiten gewinnt.

Lösung 5

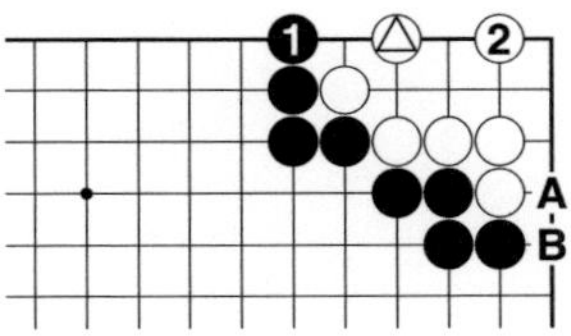

Dia. 5a

Dia. 5a Weiß lebt. Wenn Schwarz mit 1 streckt, so ist das zwar Vorhand gegen die Ecke, aber Weiß 2 sichert das Leben.

Weiß spielt die diagonale Verbindung, wenn er den rechten Rand offen halten möchte. A und B sind hier keine Vorhand gegen die Ecke.

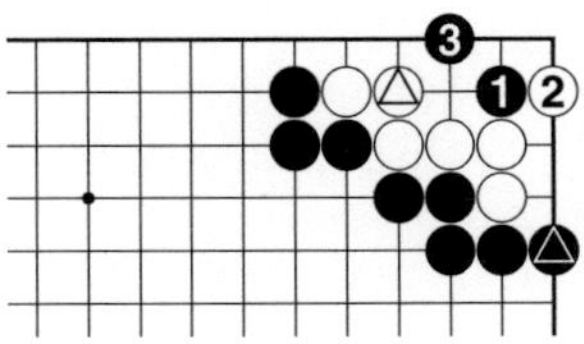

Dia. 5b

Dia. 5b Weiß spielt dagegen die feste Verbindung, wenn er den oberen Rand offen halten möchte. Jetzt ist der markierte schwarze Stein Vorhand gegen die Ecke.

Reagiert Weiß nicht, dann beginnt Schwarz mit 1 und 3 ein Ko.

Lösung 6

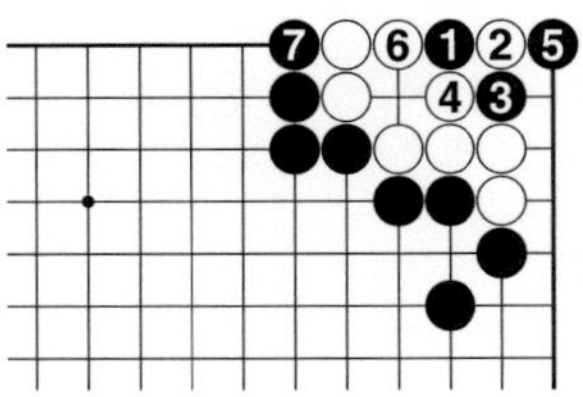

Dia. 6a

Dia. 6a Schwarz 1 führt zu einem Ko, wenn Weiß korrekt mit 2 verteidigt.

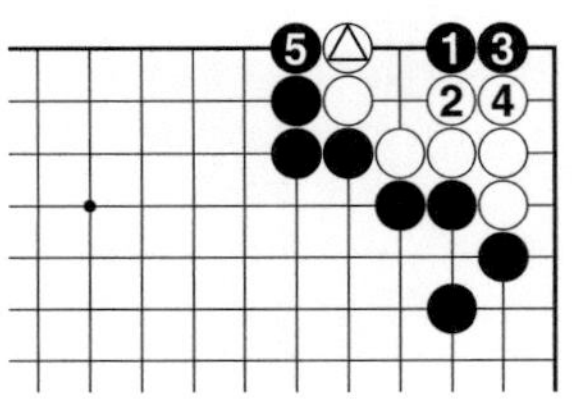

Dia. 6b

Dia. 6b Weiß 2 in diesem Diagramm ist ein Fehler, denn jetzt stirbt Weiß.

Auf jeden Fall war schon das Strecken zum Rand mit dem markierten Stein ein Fehler.

4. Die J-Form

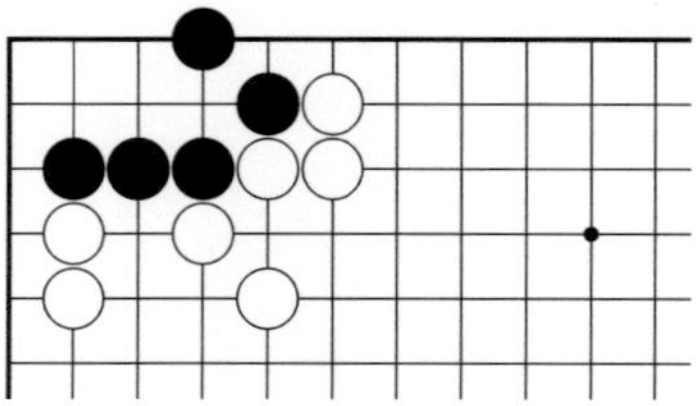

Dia. 1

Dia. 1 Das ist die J-Form. Sie unterscheidet sich vom „L+1“ indem Schwarz nicht die feste, sondern die lose Verbindung gespielt hat. Ihr Status ist, wie das „L+1“, noch nicht ausgespielt.

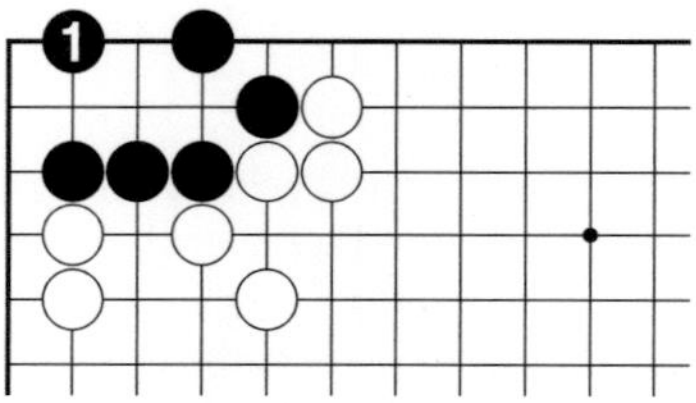

Dia. 2

Dia. 2 Schwarz lebt mit 1 sicher. Wenn Weiß im Endspiel das Hane am linken Rand spielt, dann hat Schwarz in der Ecke fünf sichere Punkte.

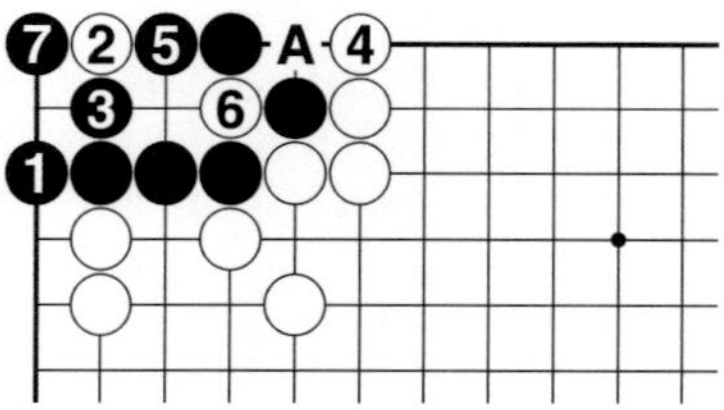

Dia. 3

Dia. 3 Schwarz kann mit 1 in diesem Diagramm ebenfalls leben. Aber er muss bedenken, dass Weiß 4 jetzt Vorhand ist.

Außerdem gibt es nach Schwarz 7 für beide Seiten den großen Endspielpunkt A. Wenn Weiß diesen Punkt bekommt, schmilzt die Ecke auf nur noch zwei Punkte zusammen.

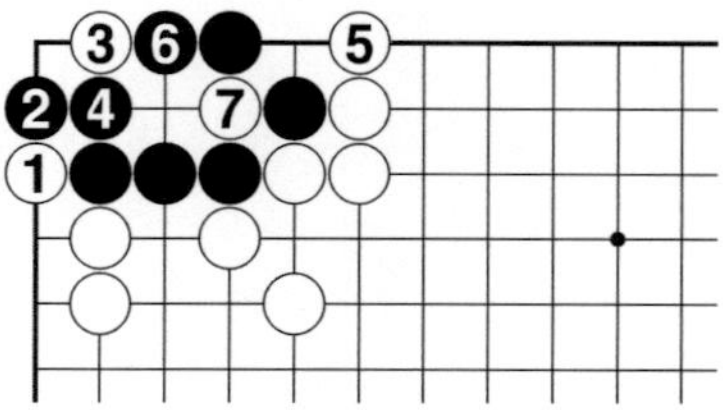

Dia. 4

Dia. 4 Das Sprichwort „Der Tod steckt im Hane“ trifft auch hier wieder zu. Nach dem Hane auf 1 besetzt Weiß mit 3 den vitalen Punkt. Weiß 5 und 7 sind eine tödliche Standardtechnik, die wir bereits kennengelernt haben.

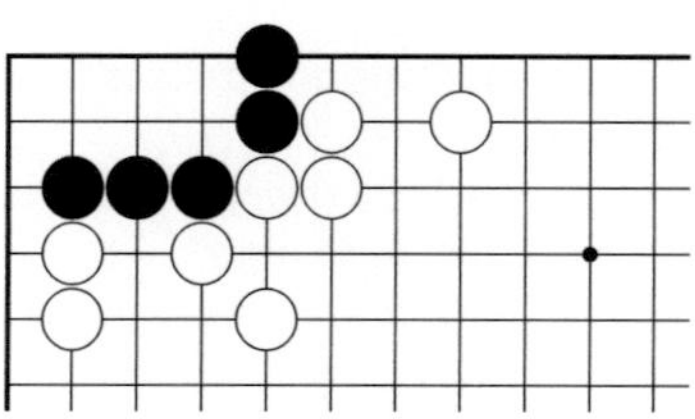

Dia. 5

Dia. 5 Schwarz hat in diesem Diagramm, statt der losen Verbindung, das Strecken zum Rand gespielt.

Diese Form ist etwas widerstandsfähiger, denn Weiß kann nicht bedingungslos töten. Das beste Ergebnis für Weiß ist ein Ko in der Ecke.

Dia. 6 Weiß beginnt wieder mit 1 und 3, aber Schwarz antwortet jetzt auf 4. Nach dem Abtausch von Weiß 5 und Schwarz 6 entsteht das Ko, welches durch den markierten Stein ermöglicht wird.

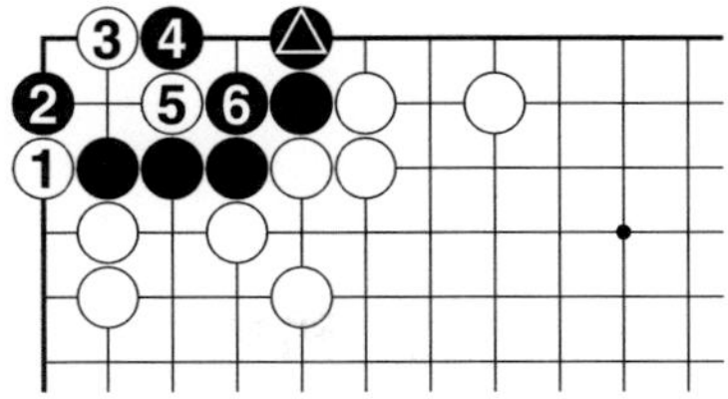

Dia. 6

Dia. 7 Sind alle Außenfreiheiten besetzt, dann kann Weiß auch mit 1 in diesem Diagramm ein Ko beginnen. Allerdings hat das Ko den Nachteil, dass Schwarz zuerst schlägt.

Ein dritter Weg für Weiß führt über das Anlegen auf 3 zu einem Ko.

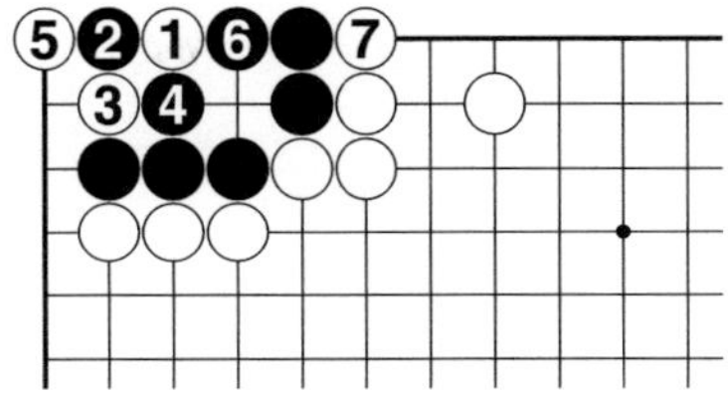

Dia. 7

Aufgaben

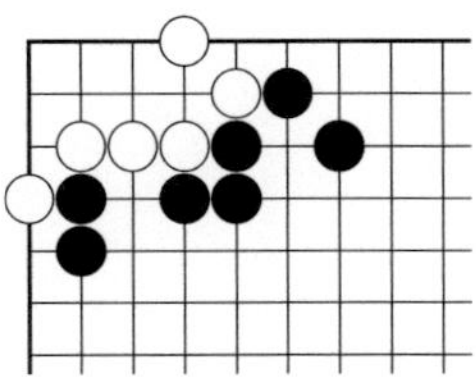

1. Status?

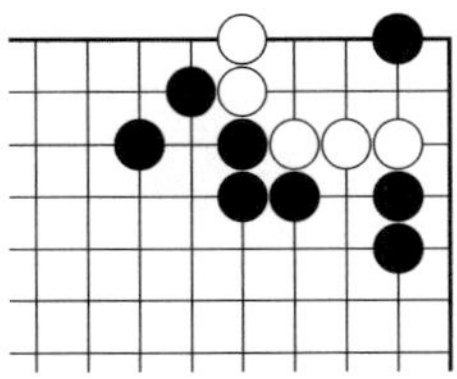

4. Weiß setzt und lebt!

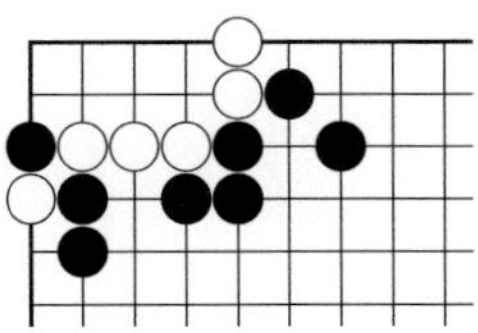

2. Weiß setzt und lebt!

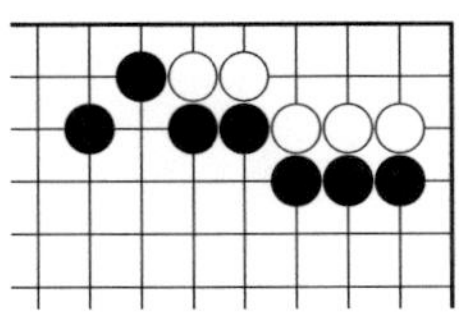

5. Schwarz tötet!

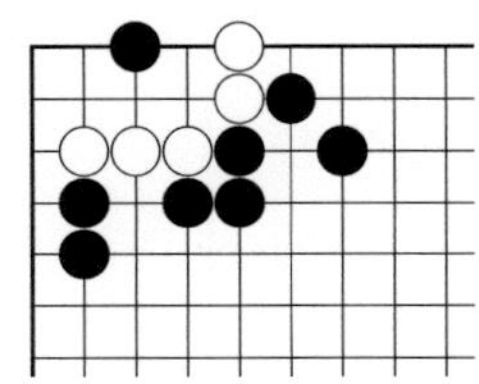

3. Weiß setzt und lebt!

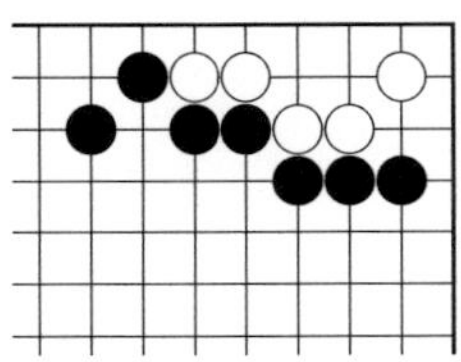

6. Schwarz tötet!

Antworten

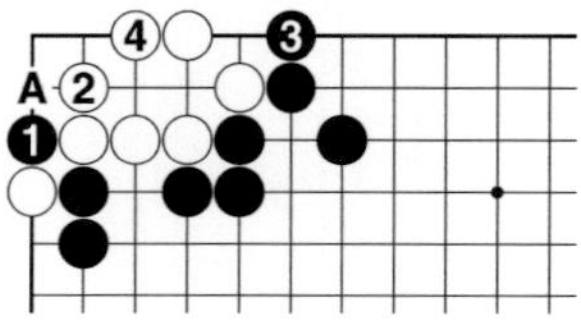

Dia. 1a

Lösung 1: Weiß lebt

Dia. 1a Wenn Schwarz versucht, durch Einwerfen auf 1 den Augenraum zu reduzieren, dann gibt Weiß auf 2 nach. Nach dem Strecken auf 3 lebt Weiß mit 4.

Weiß darf statt 2 nicht auf A schlagen, denn ...

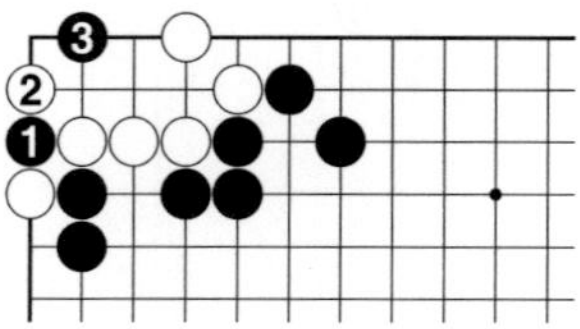

Dia. 1b

Dia. 1b ... dann besetzt Schwarz mit 3 den vitalen Punkt und die Ecke ist tot.

Auch andere Versuche zu töten scheitern, denn die J-Form mit einem Hane lebt.

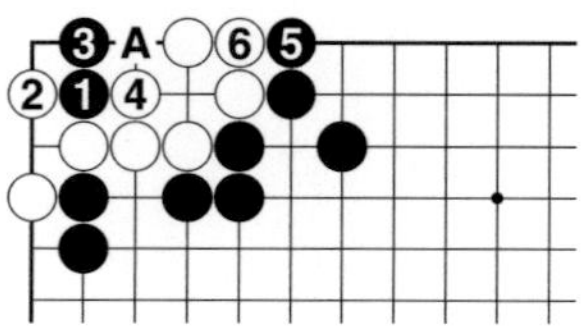

Dia. 1c

Dia. 1c Der schwarze Angriff in diesem Diagramm schlägt ebenfalls fehl. Nach Weiß 6 kann Schwarz nicht das Atari auf A spielen, da er sich selbst in Aari stellen würde.

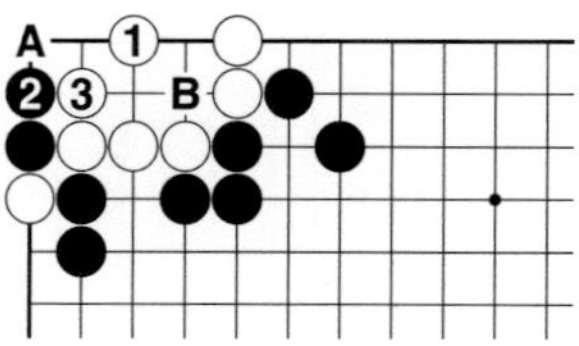

Dia. 2

Lösung 2

Dia. 2 Weiß 1 ist der Schlüsselpunkt in dieser Stellung, der die Augen sichert. Streckt Schwarz auf 2, dann geht Weiß auf 3 mit. Die Punkte A und B sind jetzt Miai.

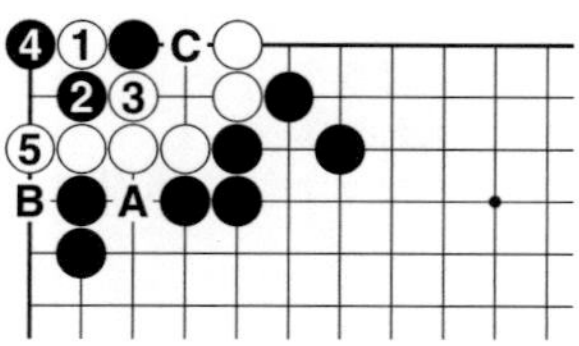

Dia. 3a

Lösung 3

Dia. 3a Weiß 1 bis 5 sind die richtige Kombination. Weiß lebt jetzt auf Grund der Außenfreiheit A bedingungslos.

Fehlt diese Freiheit, dann kann Schwarz nach 5 auf B spielen und Weiß muss mit C ein Ko um das Leben in der Ecke beginnen.

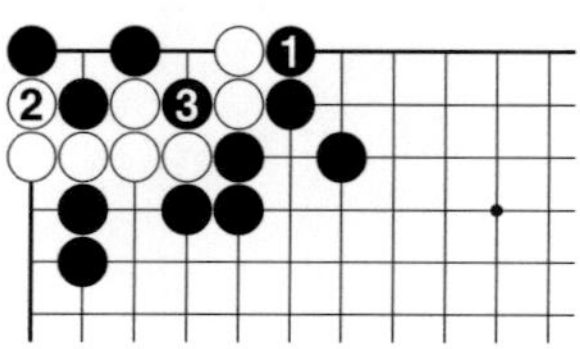

Dia. 3b

Dia. 3b Wenn Schwarz nach Weiß 5 im vorherigen Diagramm auf 1 spielt, muss Weiß zwei Steine für das Leben der Ecke opfern.

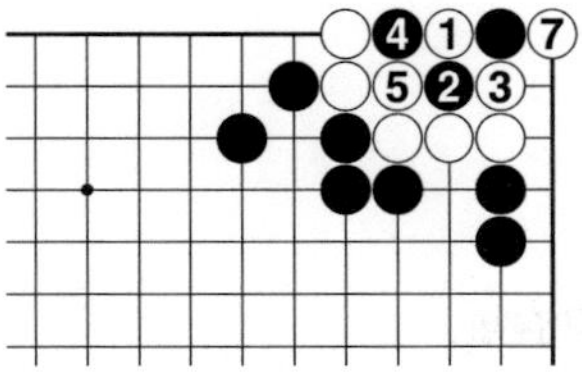

Dia. 4a (S6 auf 1)

Lösung 4

Dia. 4a Weiß 1 beginnt die richtige Abfolge, die zum Leben führt. Nachdem Schwarz mit 6 auf 1 deckt, schlägt Weiß mit 7 einen Steinklumpen, der scheinbar eine tote Form hinterlässt, aber ...

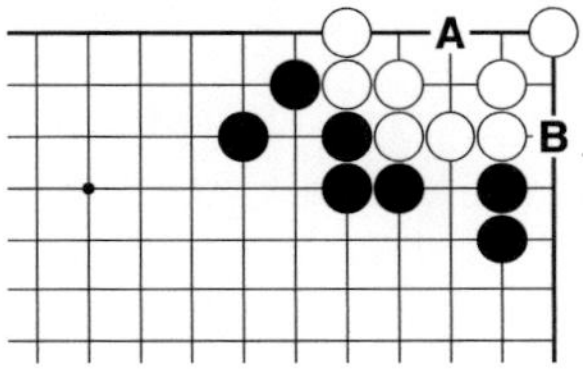

Dia. 4b

Dia. 4b ... dem ist nicht so, denn die Punkte A und B sind jetzt Miai auf Leben.

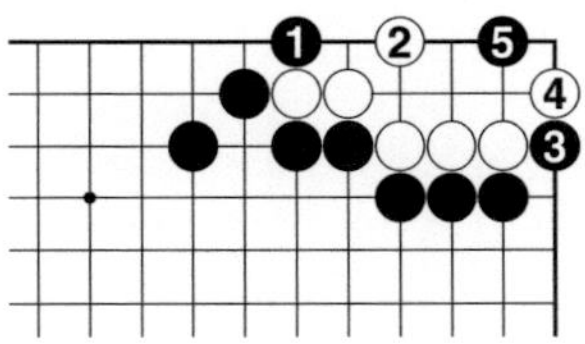

Dia. 5a

Lösung 5

Dia. 5a Das Hane 1 tötet. Wenn Weiß mit 2 antwortet, steht die einfache J-Form auf dem Brett.

Diese wird durch ein weiteres Hane getötet. Spielt Weiß die feste Verbindung, dann ist es eine „L+1"-Form, die Schwarz ebenso töten kann.

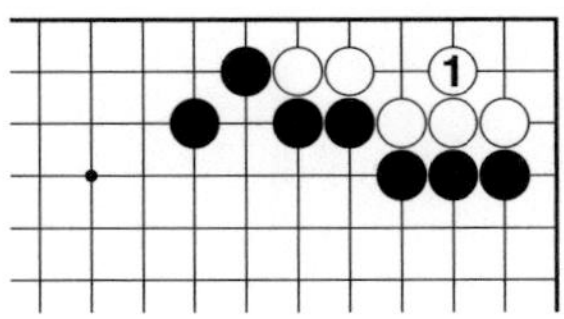

Dia. 5b

Dia. 5b Weiß muss in dieser Position also noch einmal einen Stein zur Sicherung investieren. Weiß 1 ist hier die beste Lösung.

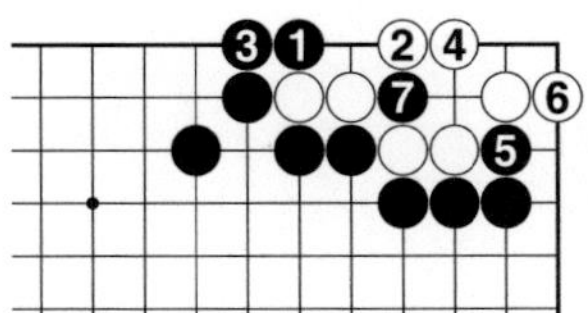

Dia. 6a

Lösung 6

Dia. 6a Wieder spielt Schwarz zuerst das Hane um den Augenraum zu reduzieren. Aber nach Weiß 2 muss er mit 3 verbinden.

Weiß hat jetzt keine Möglichkeit mehr, noch zwei Augen zu bekommen.

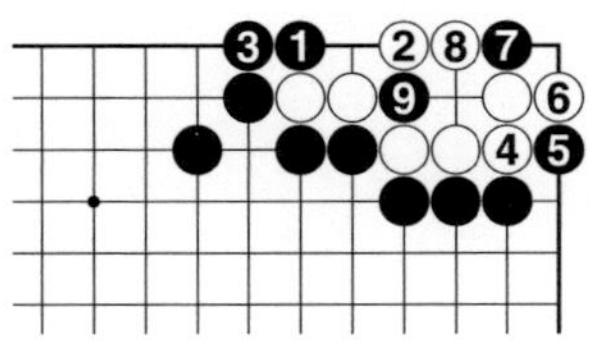

Dia. 6b

Dia. 6b Antwortet Weiß auf Schwarz 3 mit 4 in diesem Diagramm, dann biegt Schwarz auf 5 um und besetzt schließlich den vitalen Punkt mit 7. Weiß ist tot.

5. Das große L

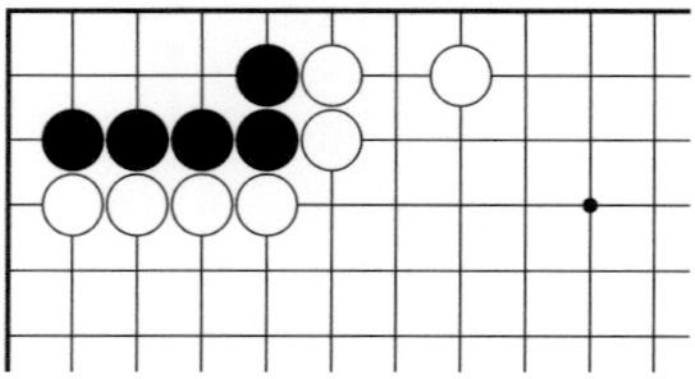

Dia. 1

Dia. 1 Das große L ist einen Stein länger als das einfache L. Aber dieser eine Stein macht die Form wesentlich widerstandsfähiger. Weiß kann hier maximal ein indirektes Ko erreichen.

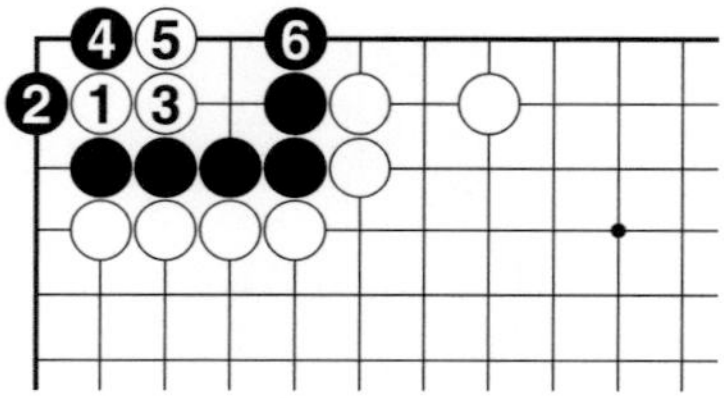

Dia. 2

Dia. 2 Der Standardangriff ist Weiß 1 und führt in der Folge bis 6 zu einem Tausendjahr-Ko (siehe Seite 15).

Weiß muss drei Annäherungszüge spielen, das heißt drei Ko-Drohungen nicht beantworten, um Schwarz in Atari zu setzen. Schwarz dagegen muss nur eine weitere Freiheit besetzen, bevor er schlagen kann.

Daher lassen beide Seiten diese Stellung unberührt, weil sie nicht unmittelbar ein wirksames Ergebnis erzielen können. Wenn Weiß das Ko auf 4 deckt, dann lebt Schwarz in Seki.

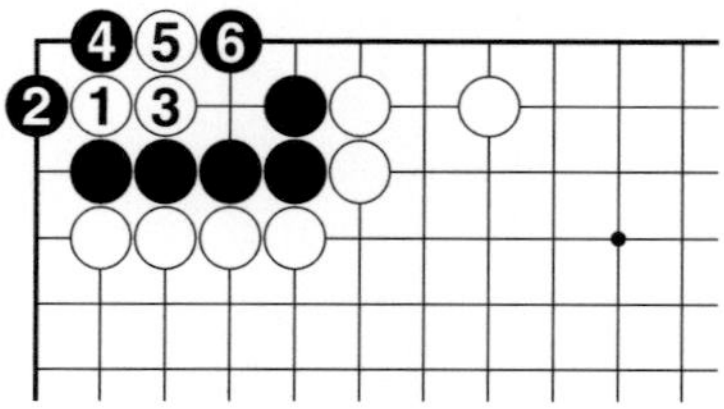

Dia. 3

Dia. 3 Wenn Schwarz auf 6 in diesem Diagramm spielt, ist das wesentlich gefährlicher, denn dies führt zu einem direkten Ko. Wenn Weiß das Ko auf 4 deckt, ist Schwarz sofort tot (Nakade).

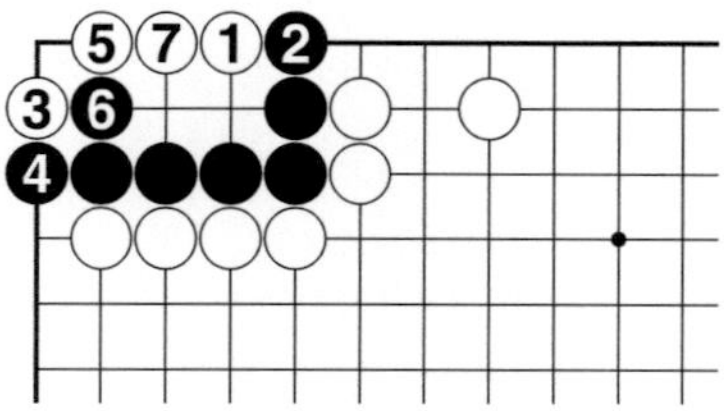

Dia. 4

Dia. 4 Weiß kann auch mit diesem Angriff ein indirektes Ko in der Ecke erreichen.

Dieses Ko ist für Weiß aber keine Verbesserung, zumal er mit dieser Sequenz auch auf die Option des Seki verzichtet.

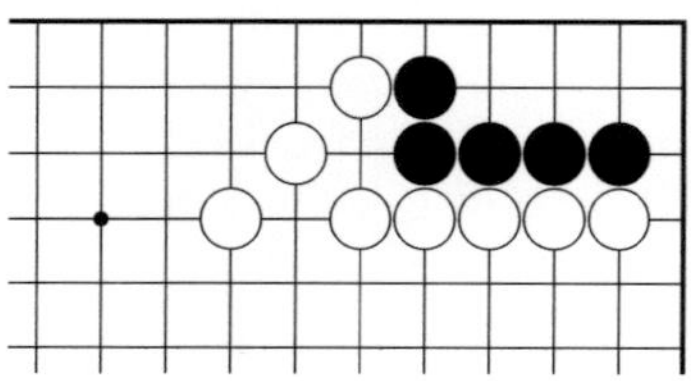

Dia. 5

Dia. 5 Hier hat das große L noch eine Außenfreiheit.

Wie so oft, verändert diese eine Freiheit den Status grundlegend: Schwarz lebt bedingungslos.

Dia. 6 Weiß greift wieder mit 1 und 3 an, aber Schwarz weicht mit 4 ab und Weiß kann mit 5 nur noch ein Seki erreichen.

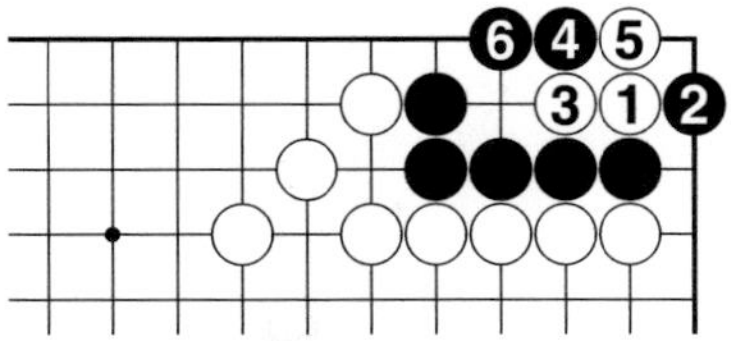

Dia. 6

Dia. 7 Weiß 5 als Antwort auf Schwarz 4 ist ein Fehler, denn es führt zu einer mit Gebiet lebenden Ecke. Schwarz 6 bietet zuerst zwei Opfersteine an, die Weiß mit 7 schlägt.

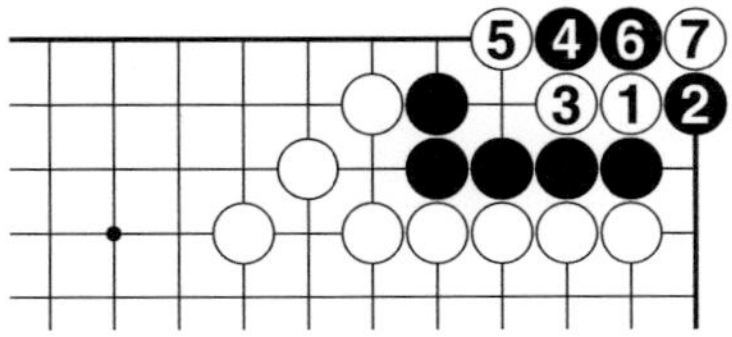

Dia. 7

Dia. 8 Danach schlägt Schwarz 8 einen weißen Stein. Wenn Weiß jetzt mit 9 außen anbinden will, gibt Schwarz das Atari 10 und Weiß kann auf Grund von Freiheitenmangel nicht auf A decken. Schwarz lebt mit Punkten.

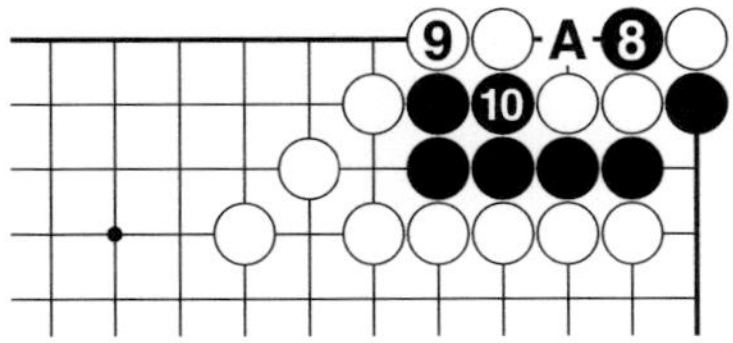

Dia. 8

Aufgaben

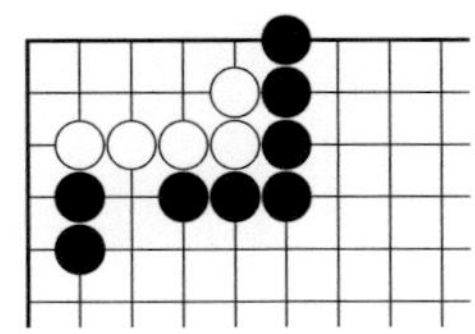

1. Schwarz setzt und tötet!

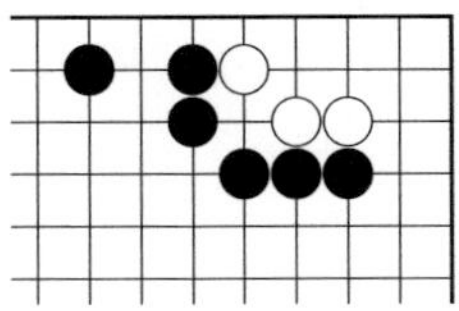

4. Schwarz setzt und tötet!

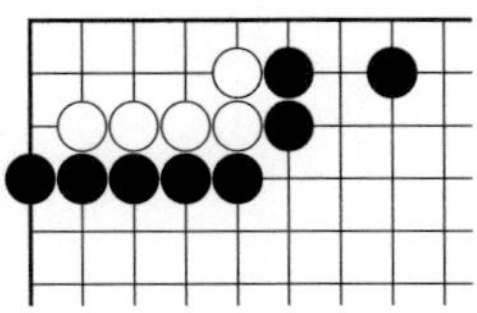

2. Schwarz setzt und tötet!

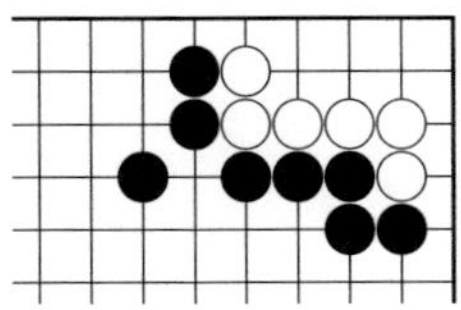

5. Status?

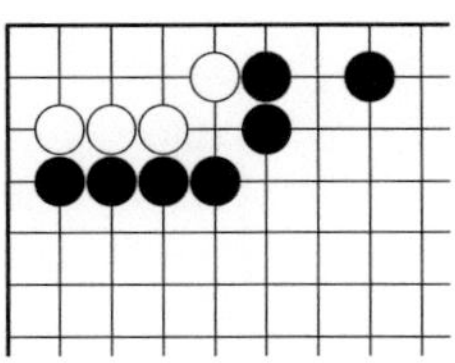

3. Schwarz setzt und tötet!

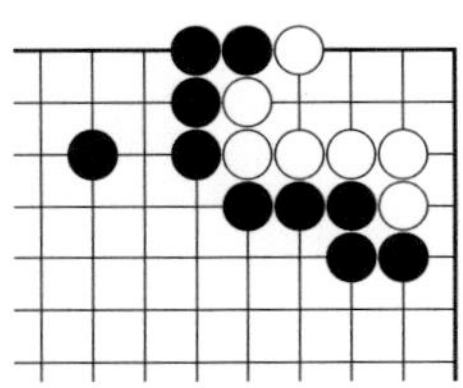

6. Schwarz beginnt ein Ko!

Antworten

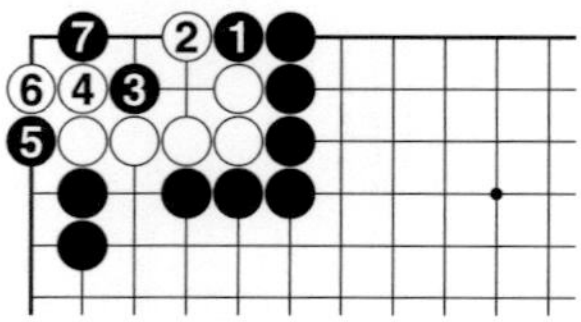

Dia. 1

Lösung 1

Dia. 1 Schwarz 1 leitet die richtige Abfolge ein. Weiß 2 bis 6 zeigen die stärkste Gegenwehr, aber nach Schwarz 7 hat Weiß keine Chance mehr.

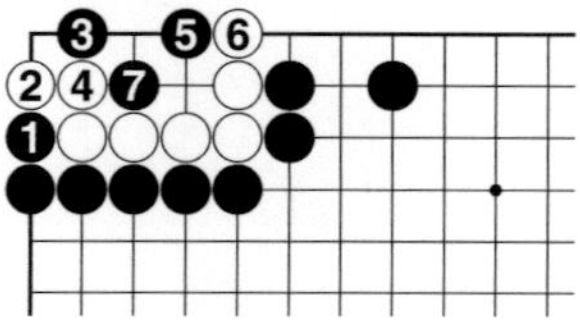

Dia. 2a

Lösung 2

Dia. 2a Nach Schwarz 1 und dem Blocken auf 2 ist Schwarz 3 der vitale Punkt. Wenn Weiß mit 4 den Schnitt deckt, dann baut Schwarz mit 5 und 7 eine tote Form in die weiße Ecke.

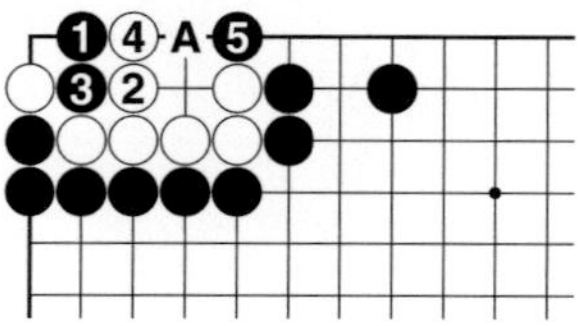

Dia. 2b

Dia. 2b Weiß 4 in diesem Diagramm als Antwort auf Schwarz 3 kann das Leben auch nicht retten, denn nach dem Abtausch Schwarz 5, Weiß 6 und Schwarz 7 kann Weiß auf Grund von Damezumari nicht das zweite Auge auf A machen.

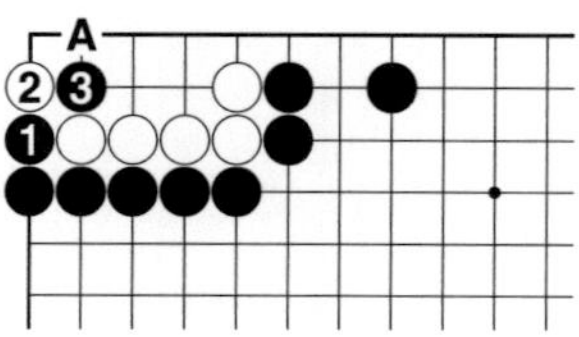

Dia. 2c

Dia. 2c Schwarz 3 in diesem Diagramm ist nicht gut, denn Weiß beginnt jetzt auf A ein Ko um das Leben der Ecke.

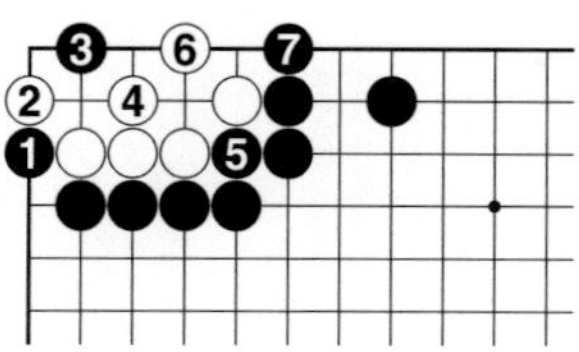

Dia. 3a

Lösung 3

Dia. 3a Schwarz 1 und 3 sind wieder die richtige Kombination. Schwarz 5 und 7 verhindern den weißen Versuch, mit 4 und 6 ein zweites Auge zu bekommen.

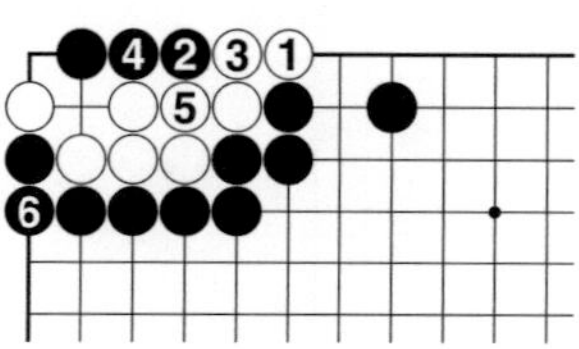

Dia. 3b

Dia. 3b Spielt Weiß statt 6 im vorherigen Diagramm das Hane auf 1, dann darf Schwarz nicht von außen blocken, sondern muss von innen spielen. Nach Schwarz 6 ist die Ecke tot.

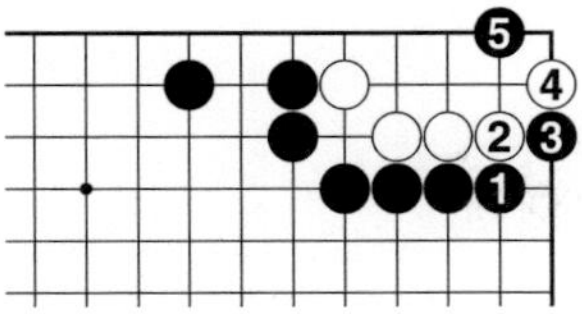

Dia. 4a

Lösung 4

Dia. 4a Der Abtausch von Schwarz 1 und Weiß 2 reduziert die Stellung auf das vorherige Problem und somit töten Schwarz 3 und 5.

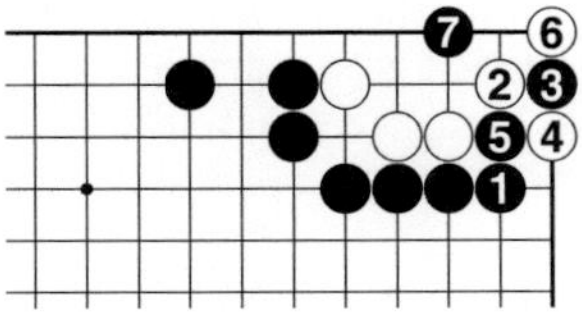

Dia. 4b

Dia. 4b Wenn Weiß nach Schwarz 1 den 2-2-Punkt besetzt, dann folgt die Sequenz von 3 bis 7 und Weiß hat wieder keine zwei Augen.

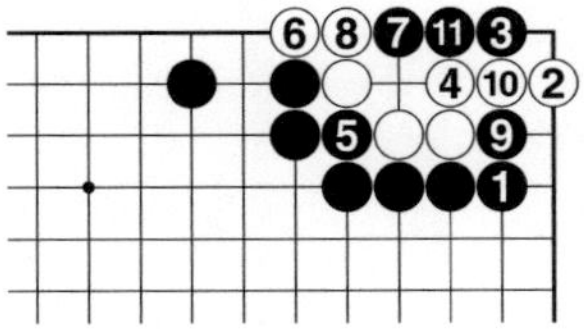

Dia. 4c

Dia. 4c Versucht Weiß mit dem Sprung auf 2 zu leben, dann tötet Schwarz mit der Abfolge 3 bis 11 in diesem Diagramm.

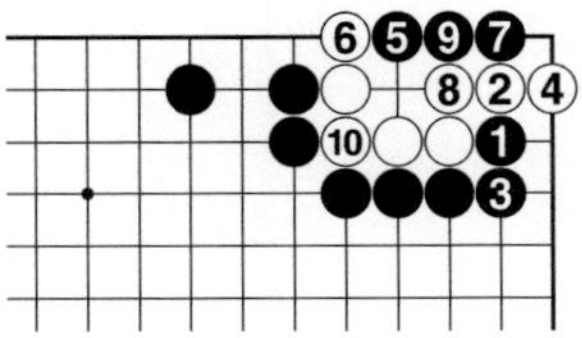

Dia. 4d

Dia. 4d Schwarz darf nicht mit dem Umbieger auf 1 beginnen, denn dann lebt Weiß in der Abfolge bis 10 in Seki.

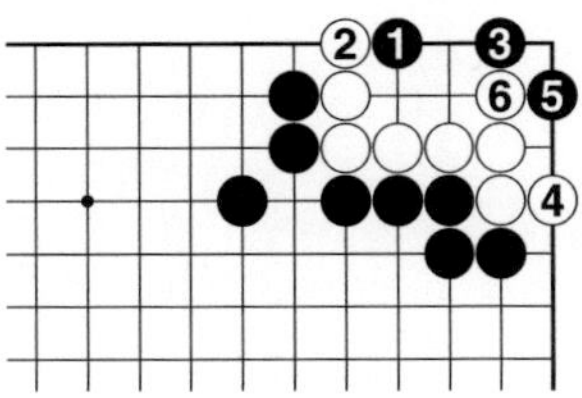

Dia. 5

Lösung 5: Weiß lebt

Dia. 5 Das große L mit einem Umbieger lebt. Weiß muss keine Angst vor dem schwarzen Angriff 1 bis 5 haben, denn er hat genügend Freiheiten um die schwarzen Steine zu fangen. Selbst wenn er auf das Schlagen verzichtet, lebt er noch in Seki.

Spielt Schwarz mit 1 nur das Hane auf 4, dann lebt Weiß sicher mit 2 auf 3.

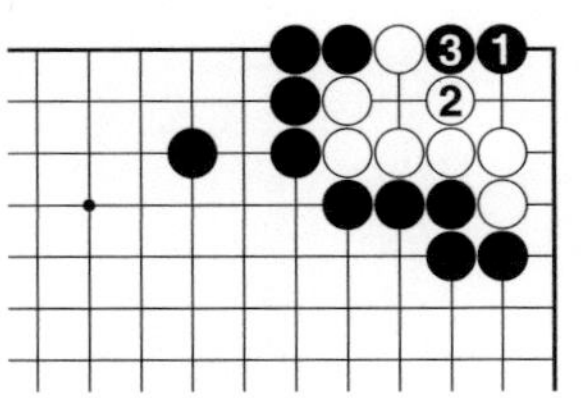

Dia. 6

Lösung 6

Dia. 6 Schwarz 1 und 3 führen zu einem Ko. Spielt Weiß mit 2 auf 3, dann gibt Schwarz auf 2 Atari und die Ecke stirbt.

6. Goldene Ecke

In der Goldenen Ecke versteckt sich eine Vielzahl von Varianten, wie sie bei keiner anderen Form auftreten. Es heißt, um die Goldene Ecke vollständig zu verstehen, bedarf es mindestens die Stärke eines Dan-Spielers. Daher wollen wir uns hier auf die wesentlichen Variationen beschränken.

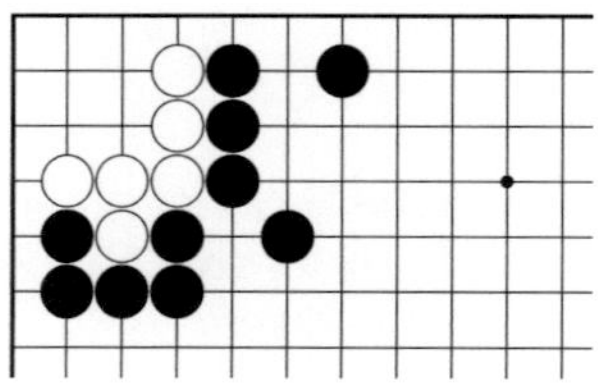

Dia. 1

Dia. 1 Dies ist die Grundform der Goldenen Ecke. Wie Weiß leben kann, ist sicher leicht zu sehen. Schwarz kann grundsätzlich ein Ko herbeiführen, aber es gibt viele Wege, dies zu erreichen. Dabei gilt es, vorhandene Außenfreiheiten und eventuell vorhandene Hane zu beachten.

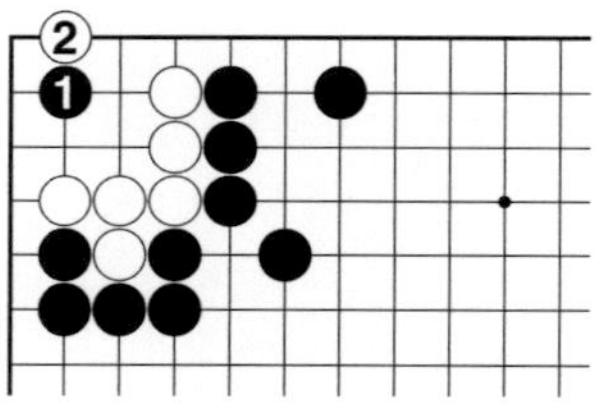

Dia. 2

Dia. 2 Schwarz 1 ist der direkte Weg zum Ko. Für Weiß gibt es nur 2 als Antwort (eine andere Antwort wird in der Aufgabe 4 untersucht).

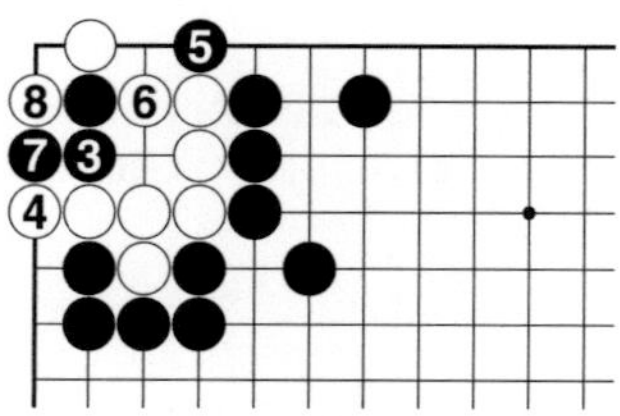

Dia. 3

Dia. 3 Nach Weiß 2 in Diagramm 2 streckt Schwarz.

In der Abfolge bis 8 entsteht ein Ko. Diese Sequenz funktioniert nur, wenn Weiß keine Außenfreiheit hat.

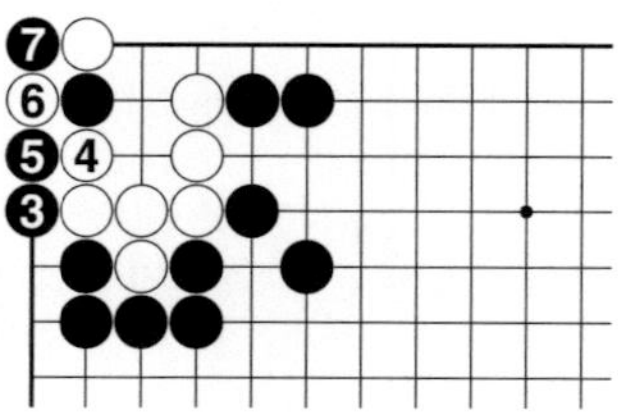

Dia. 4

Dia. 4 Hat Weiß eine Außenfreiheit, dann spielt Schwarz nach Weiß 2 in Diagramm 2 das Hane 3. Jetzt entsteht wieder ein Ko in der Ecke.

Diese Sequenz kann Schwarz auch spielen, wenn Weiß keine Außenfreiheit mehr hat und ist somit zu bevorzugen.

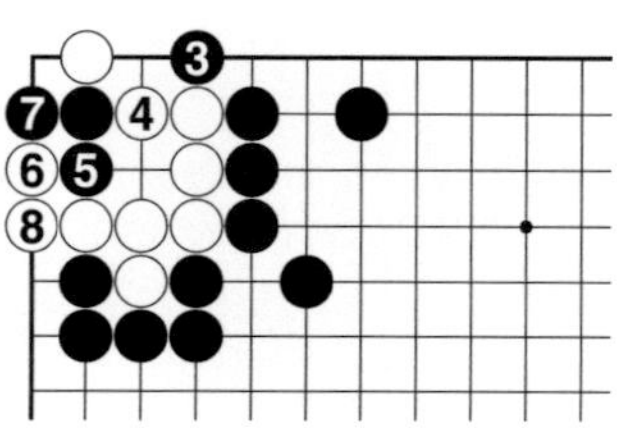

Dia. 5

Dia. 5 Die Fortsetzung mit Schwarz 3 in diesem Diagramm (statt 3 in Diagramm 3) ist ein Fehler. Nach Weiß 8 lebt Weiß in Seki.

Dia. 6 Wenn Weiß zwei Außenfreiheiten hat, dann ist der Angriff auf dem 2-2-Punkt nicht so günstig.

Weiß 2 streckt und Schwarz erreicht lediglich ein mehrstufiges Ko.

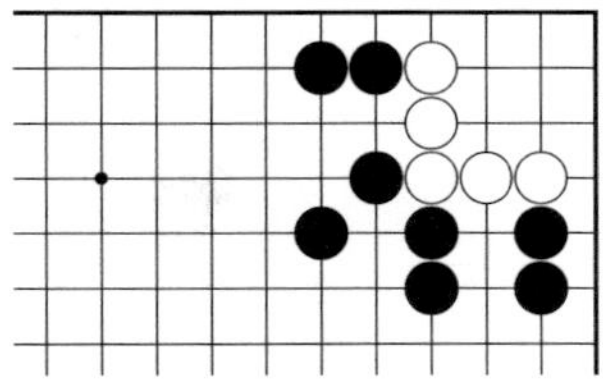

Dia. 6

Dia. 7 Schwarz muss deshalb mit dem Hane auf 1 beginnen. Blockt Weiß 2, dann folgt die Sequenz bis 10, in der wieder ein direktes Ko entsteht.

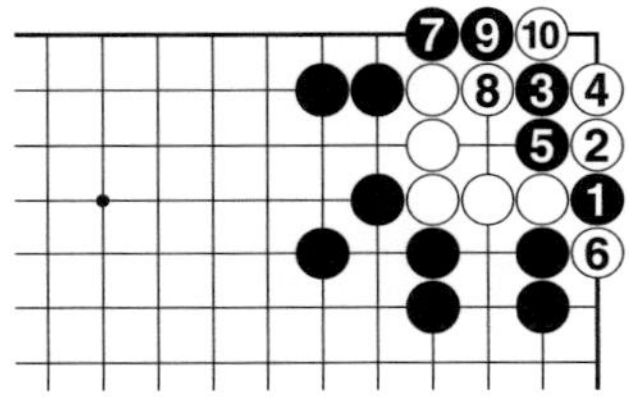

Dia. 7

Dia. 8 Beantwortet Weiß das Hane mit 2 in diesem Diagramm, dann muss Schwarz auf 3 anlegen. Wieder entsteht ein direktes Ko.

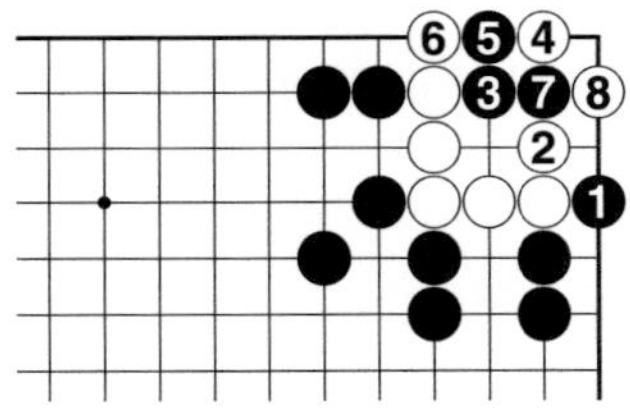

Dia. 8

Aufgaben

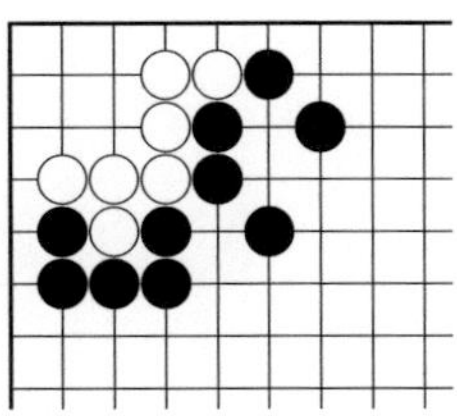

1. Hier hat Weiß ein Umbieger. Was passiert, wenn Schwarz setzt?

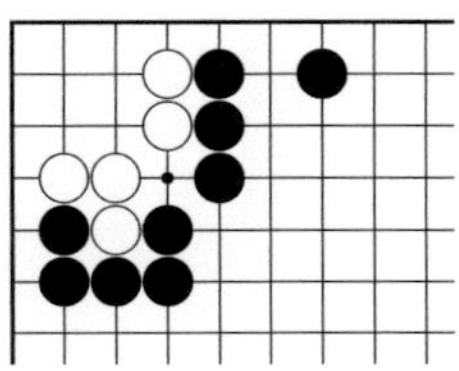

2. Hier fehlt ein weißer Stein. Was passiert, wenn Schwarz setzt?

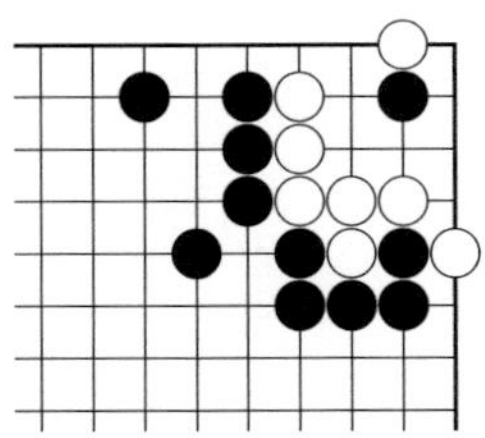

3. Weiß hat hier ein Hane. Was kann Schwarz erreichen?

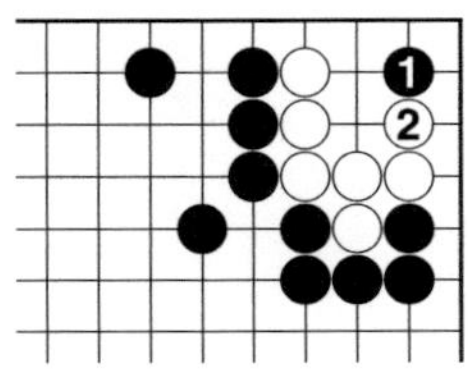

4. Weiß 2 ist die falsche Antwort auf S1, wie muss Schwarz fortsetzen?

Antworten

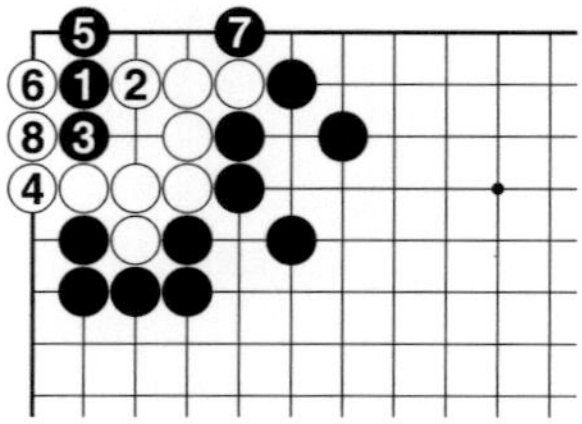

Dia. 1a

Lösung 1: Weiß lebt

Dia. 1a Der 2-2-Punkt ist wieder der beste Punkt für einen Angriff. Weiß 2 ist die korrekte Antwort und in der Abfolge bis 8 lebt Weiß in Seki.

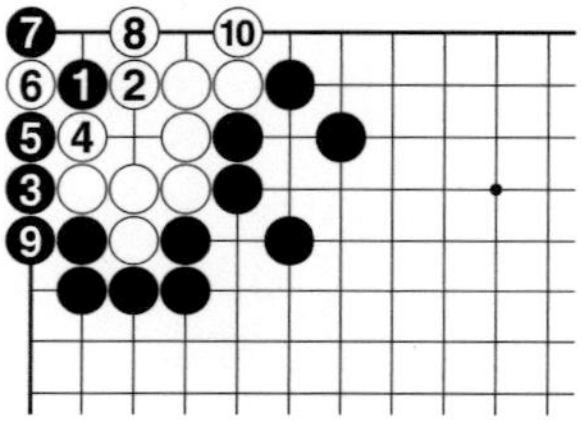

Dia. 1b

Dia. 1b Versucht Schwarz nach Weiß 2 das Hane, dann lebt Weiß sogar mit zwei Augen. Wenn Schwarz statt 9 auf 10 das Auge verhindern will, dann fängt Weiß die zwei Steine 1 und 7 auf Grund des Freiheitenmangels.

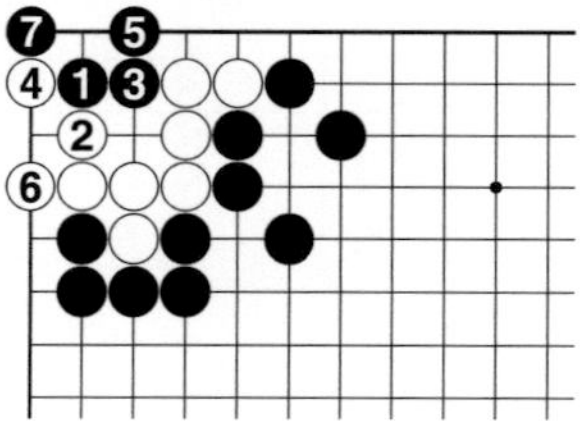

Dia. 1c

Dia. 1c Weiß darf den schwarzen Angriff auf 1 nicht von der falschen Seite parieren. Spielt Weiß 2 in diesem Diagramm, dann kann Schwarz wieder ein Ko (sogar ein zweistufiges für Weiß) anzetteln.

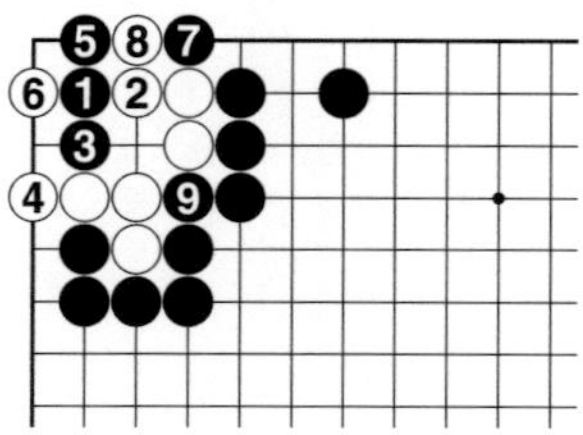

Dia. 2a

Lösung 2: Schwarz kann töten

Dia. 2a Wenn der Stein auf 4-4 fehlt, dann wird von der schwachen Goldenen Ecke gesprochen. Diese kann Schwarz bedingungslos töten. Das Diagramm zeigt eine mögliche Variante – nach Schwarz 9 entsteht auf Grund des Schnitts kein Seki mehr.

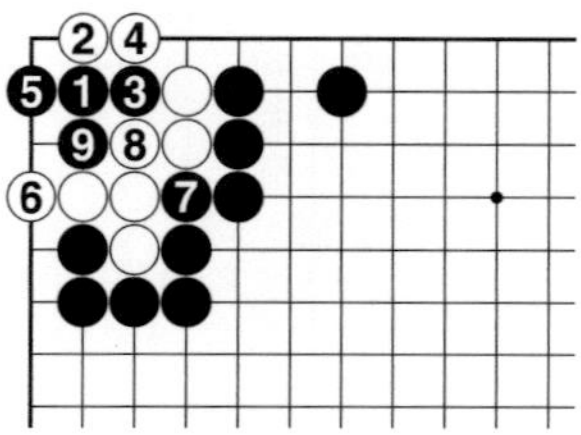

Dia. 2b

Dia. 2b Versucht Weiß mit 2 in diesem Diagramm Gegenwehr zu leisten, so wird Schwarz in der Abfolge bis 9 eine tote Form (Nakade) in die weiße Ecke stellen.

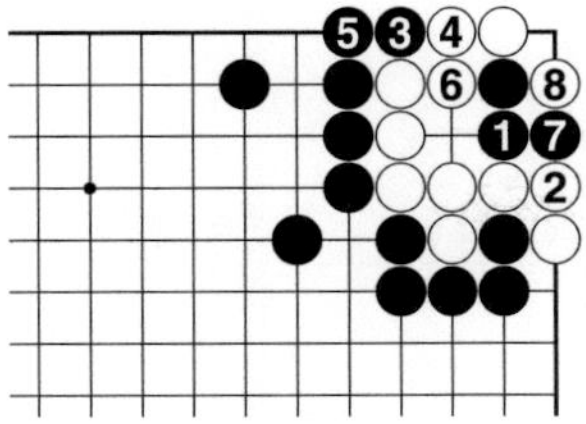

Dia. 3a

Lösung 3: Schwarz spielt Ko

Dia. 3a Das Hane hilft Weiß nicht, denn wenn Schwarz mit 1 in Richtung des Hane streckt, dann entsteht wieder ein Ko.

Weiß 2 ist keine überragende Gegenwehr, aber es gibt auch keine, die wirklich besser wäre.

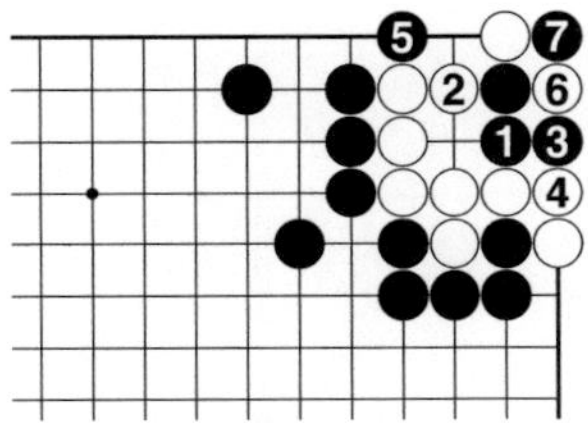

Dia. 3b

Dia. 3b Versucht Weiß mit 2 einen anderen Weg, dann erzwingt Schwarz 3 Weiß 4. Nach Schwarz 7 gibt es wieder ein Ko.

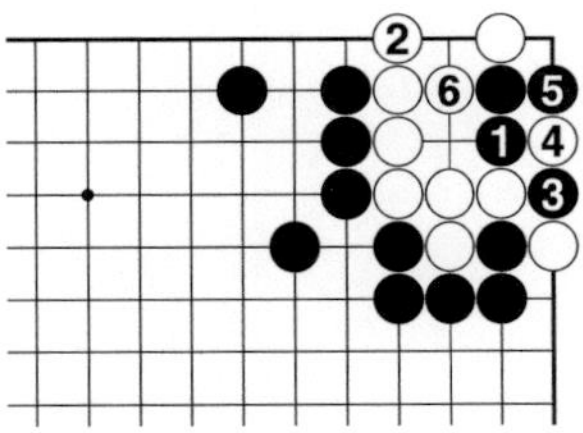

Dia. 3c
(S7 auf 3)

Dia. 3c Das Strecken auf 2 bringt auch keine Verbesserung der Situation. Schwarz opfert einen Stein auf 3 und beginnt mit 7 auf 3 ein Ko.

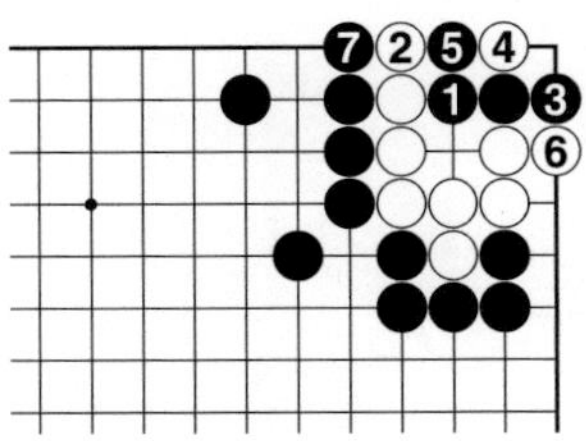

Dia. 4a

Lösung 4: Schwarz tötet

Dia. 4a Schwarz 1 bis 7 töten die weiße Ecke. Das zeigt, dass Weiß 2 im Aufgabendiagramm die falsche Antwort auf den schwarzen Angriff ist.

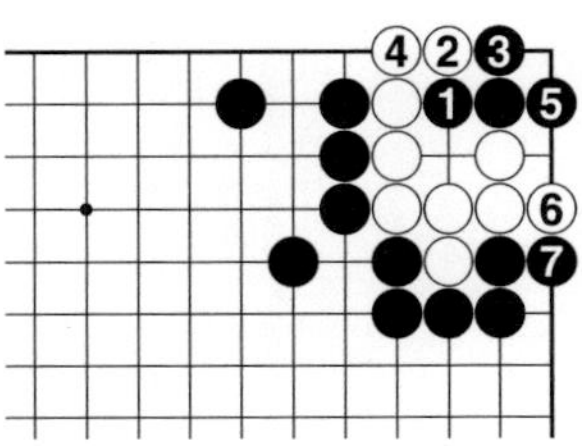

Dia. 4b

Dia. 4b Auch diese weiße Fortsetzung kann die weiße Ecke nicht mehr retten. Weiß ist nach Schwarz 7 tot.

8. Wiederholung

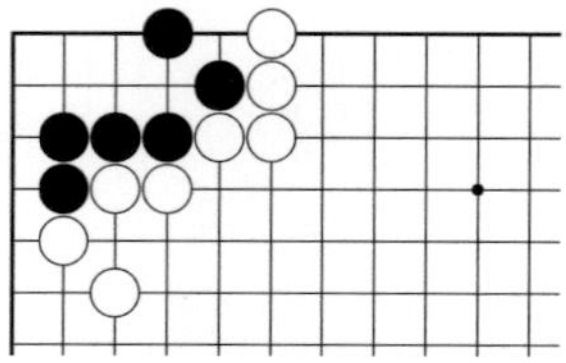

1. Weiß tötet!

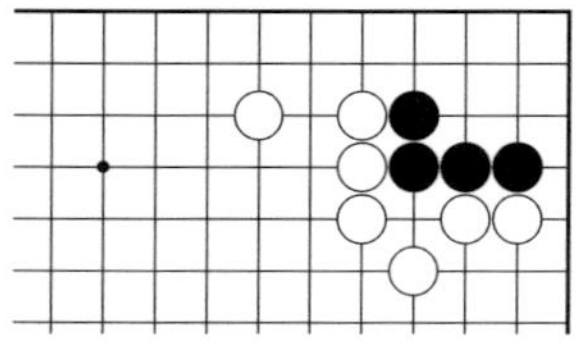

2. Weiß erreicht ein Ko!

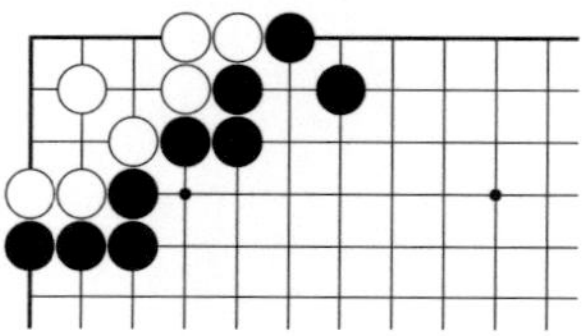

3. Schwarz tötet!

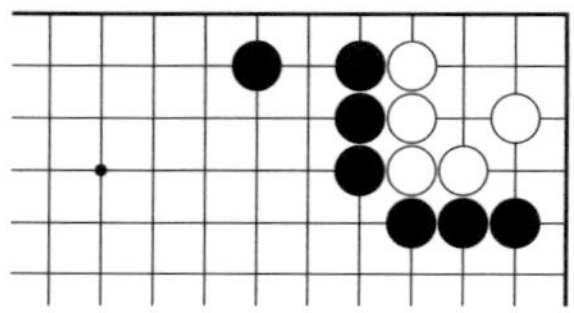

4. Schwarz erreicht ein Ko!

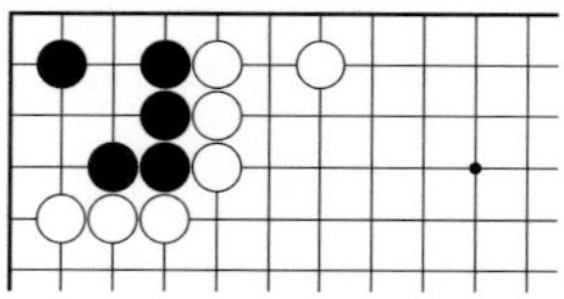

5. Weiß tötet!

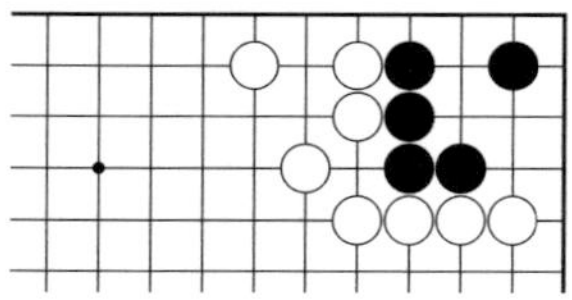

6. Weiß erreicht ein Ko!

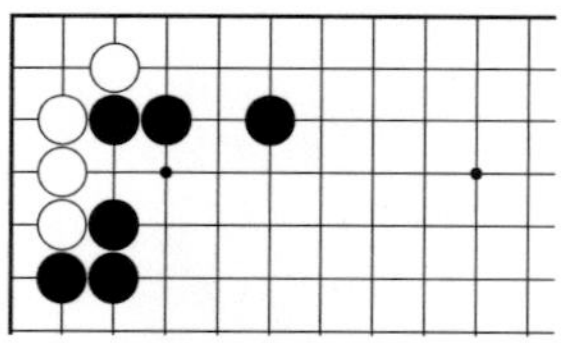

7. Schwarz tötet!

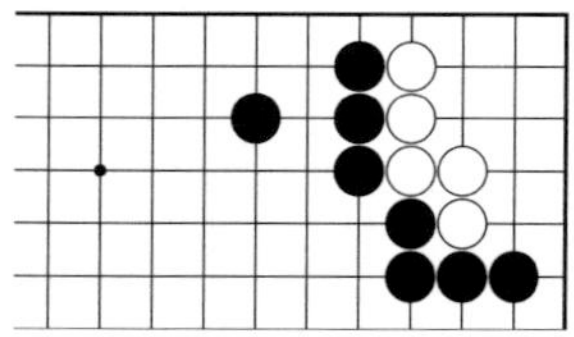

8. Schwarz tötet!

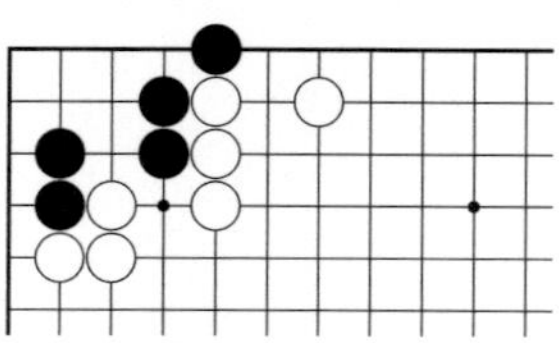

9. Schwarz setzt und lebt!

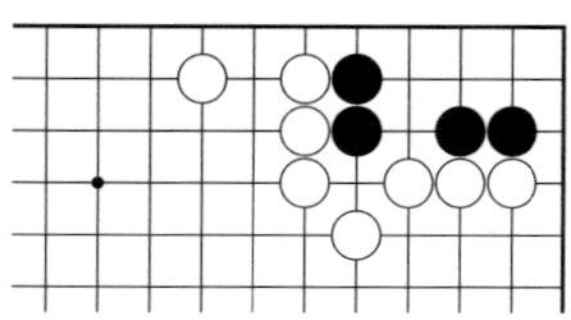

10. Schwarz setzt und lebt!

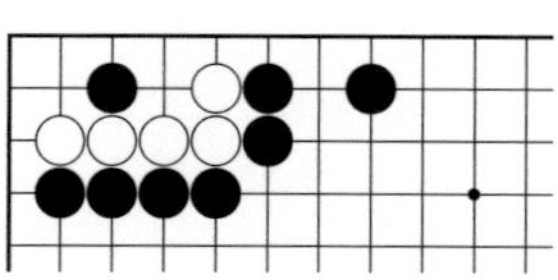

11. Weiß setzt und lebt!

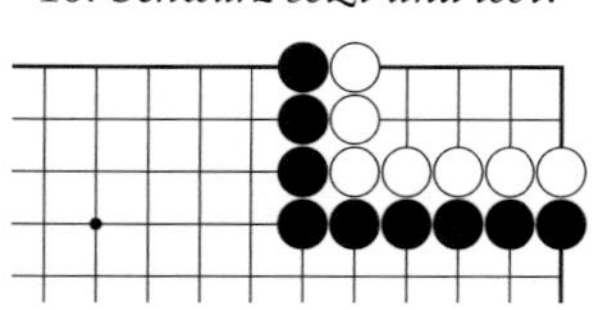

12. Status?

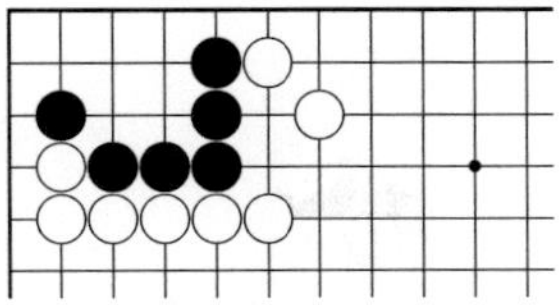

13. Weiß erreicht ein Ko!

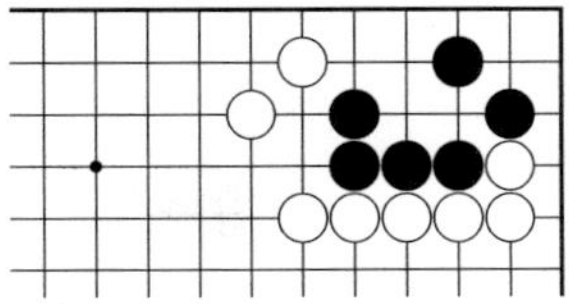

14. Weiß tötet!

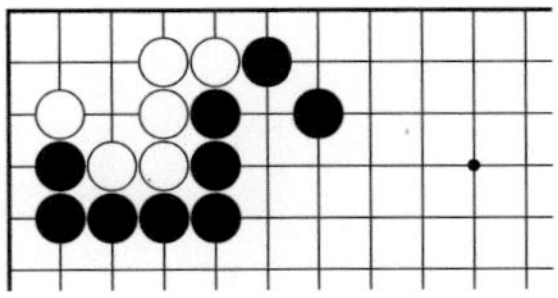

15. Schwarz tötet!

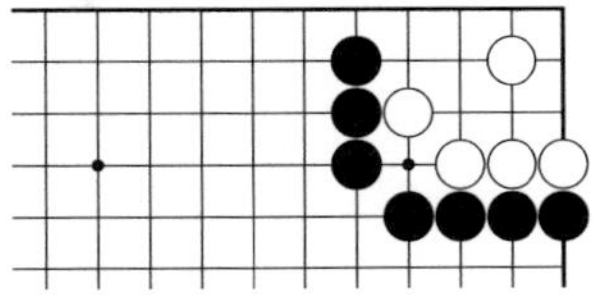

16. Schwarz tötet!

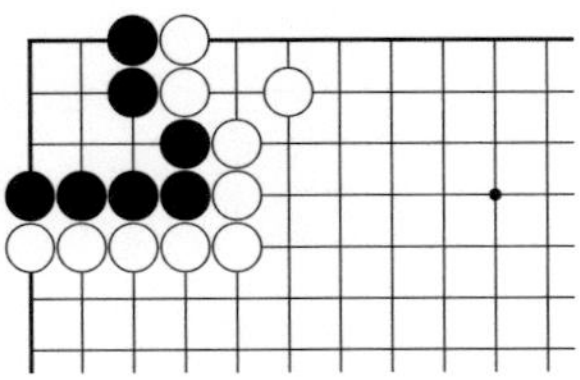

17. Weiß erreicht ein Ko!

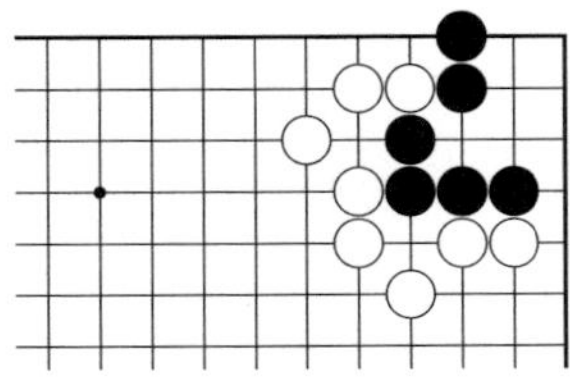

18. Weiß tötet!

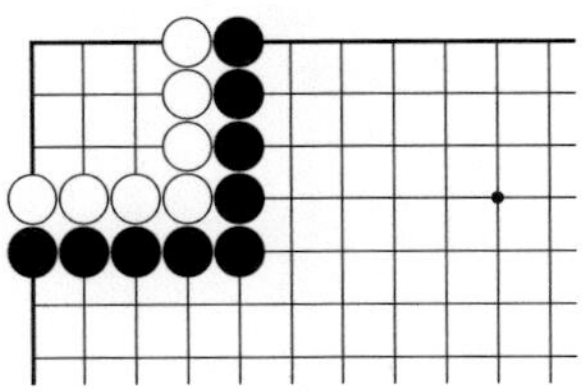

19. Status?

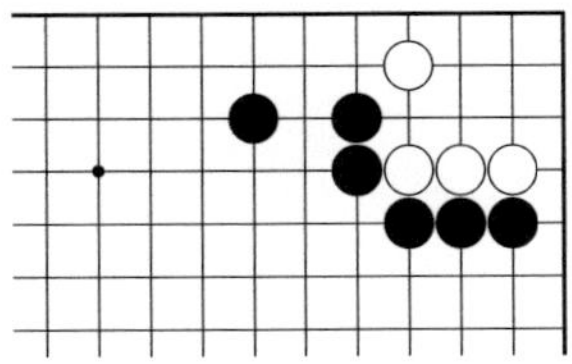

20. Schwarz tötet!

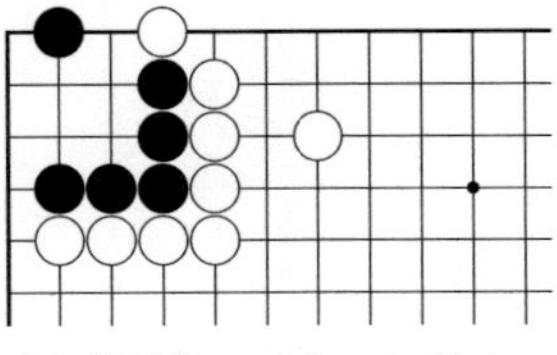

21. Weiß erreicht ein Ko!

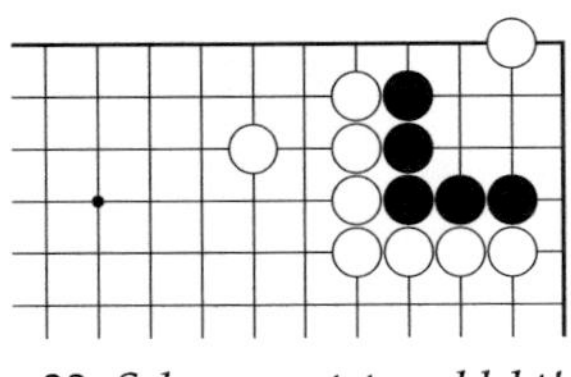

22. Schwarz setzt und lebt!

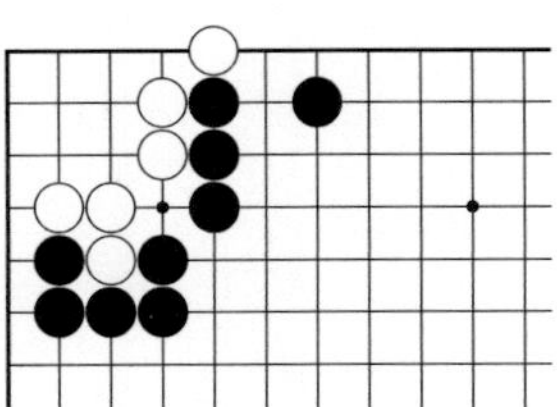

23.Schwarz erreicht ein Ko!

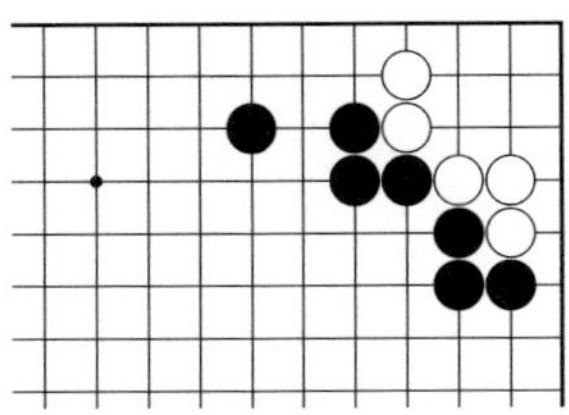

24. Schwarz erreicht ein Ko!

Lösungen

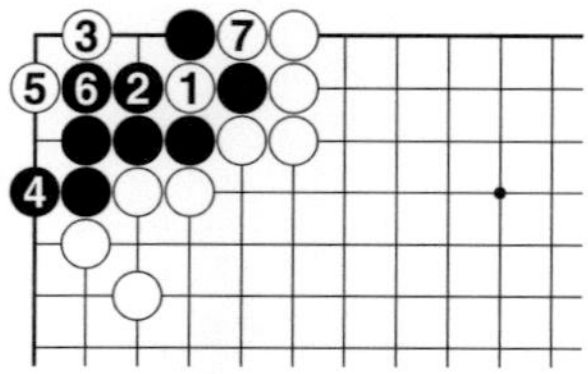

1a. Die Abfolge Weiß 1 bis 7 kreiert einen Toten Winkel in der Ecke – Schwarz ist tot.

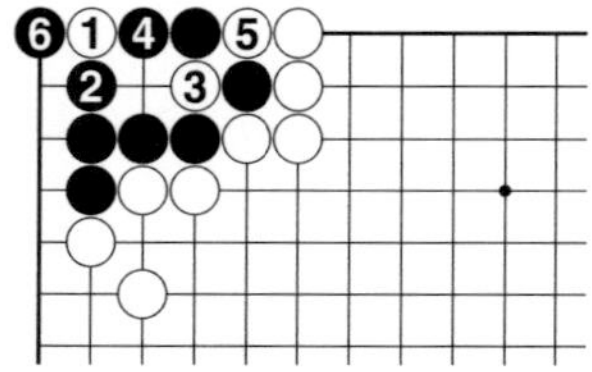

1b. Weiß 1 und 3 dürfen nicht vertauscht werden, denn nach 6 lebt Schwarz.

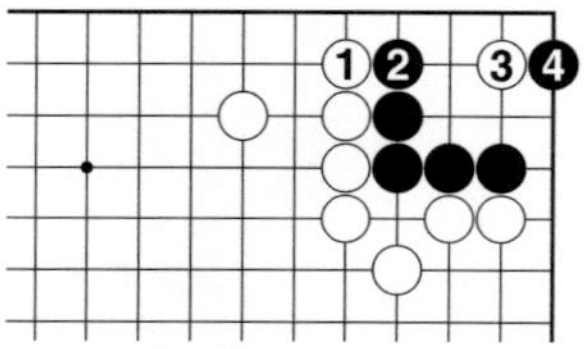

2a. Nach Weiß 1 und Schwarz 2 entsteht die Goldene Ecke, in der Weiß mit 3 ein Ko beginnt.

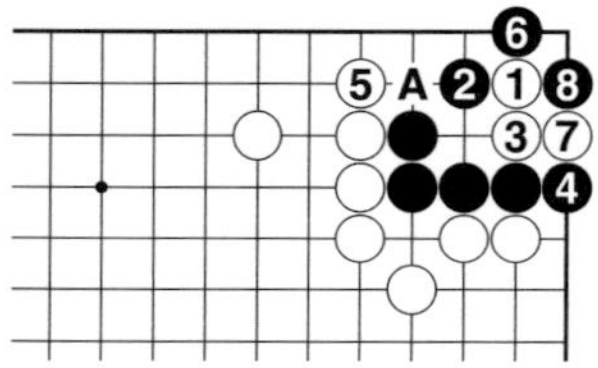

2b. Weiß 1 hier führt auch zu einem Ko. Weiß 7 auf 8 ist ein Fehler, denn Schwarz 8 auf A ergibt ein Seki.

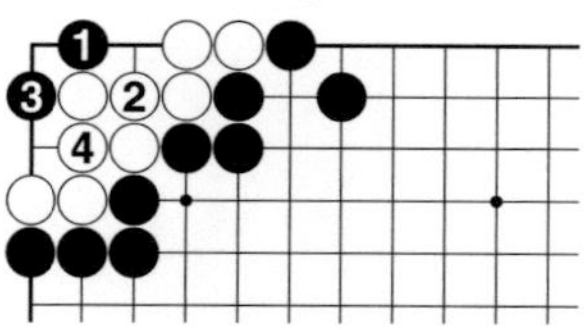

3a. Schwarz 1 und 3 töten, indem sie einen Toten Winkel in der Ecke entstehen lassen.

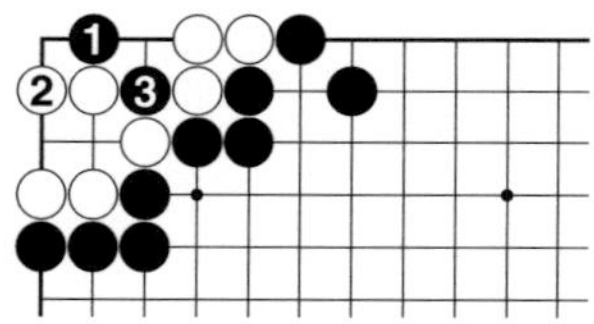

3b. Weiß hat nach Schwarz 1 keine Antwort.

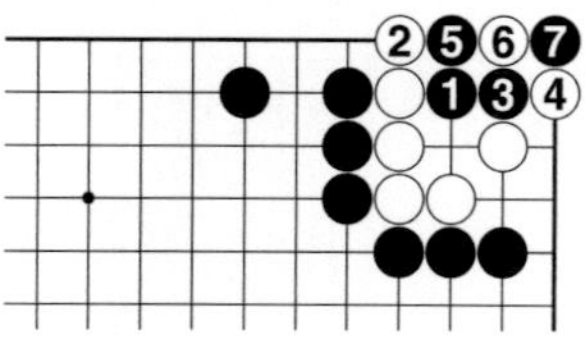

4a. Schwarz 1 bis 7 führen zu einem Ko in der Ecke.

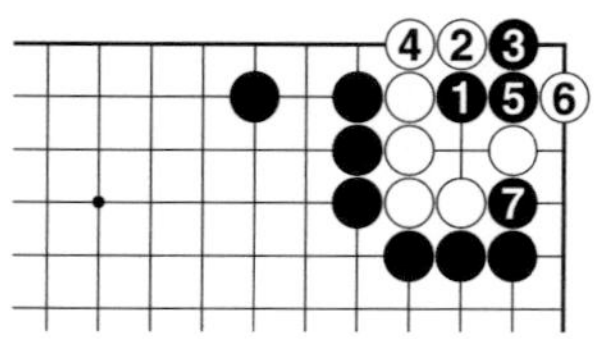

4b. Weiß 2 hier ist ein Fehler, denn nach Schwarz 7 stirbt die Ecke bedingungslos.

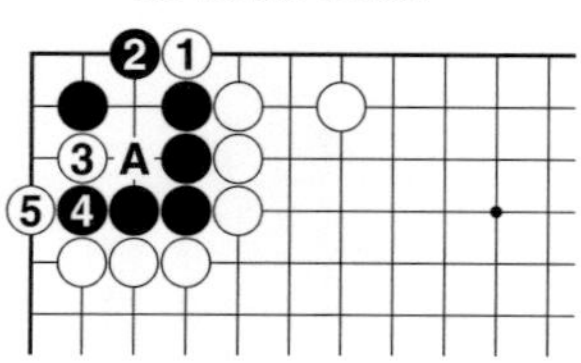

5a. Die Abfolge Weiß 1 bis 5 tötet, denn Schwarz kann jetzt nicht auf A spielen.

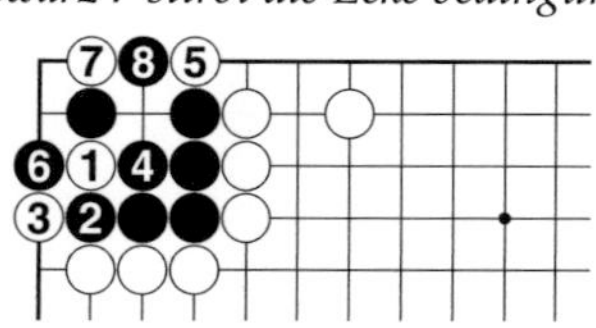

5b. Spielt Weiß zuerst auf 1, dann erreicht Schwarz noch ein Ko. Weiß darf daher die Reihenfolge nicht vertauschen.

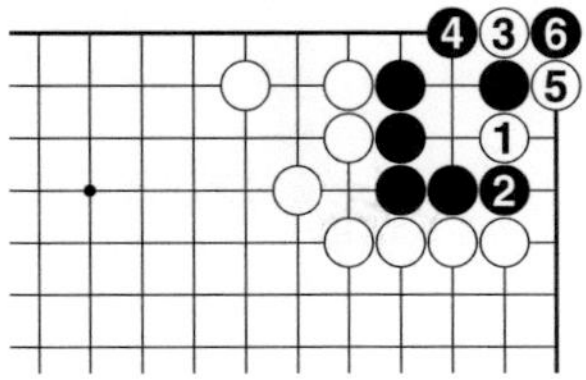

6a. Weiß 1 bis Schwarz 6 führen zu Ko.

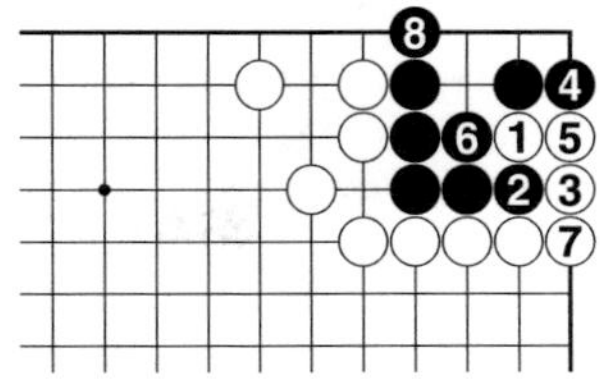

6b. Weiß 3 ist hier ein Fehler, denn Schwarz lebt in der Fortsetzung bis 8.

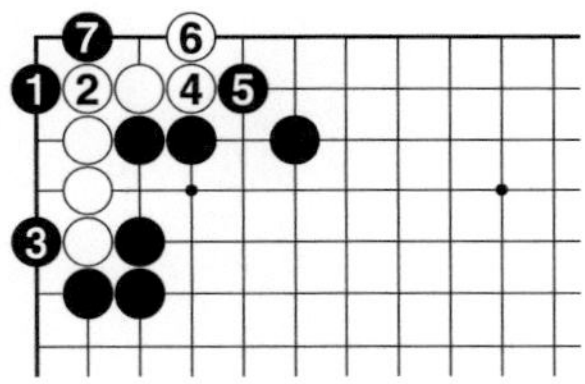

7a. Schwarz 1 ist der vitale Punkt. In der Folge bis 7 entsteht ein Toter Winkel.

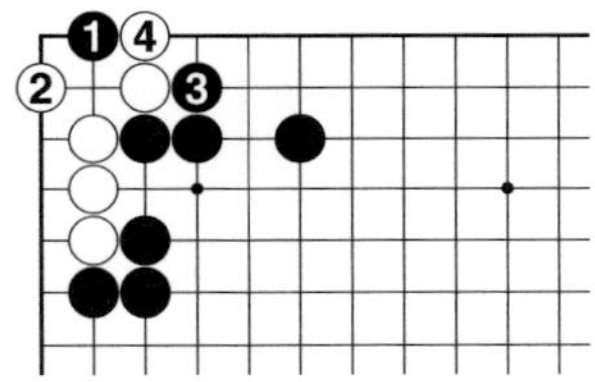

7b. Schwarz 1 verfehlt hier den vitalen Punkt. Weiß lebt.

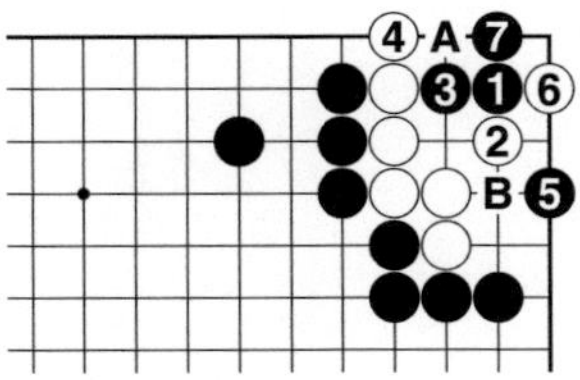

8a. Schwarz 1 bis 7 töten. Nach Schwarz 7 sind die Punkte A und B Miai.

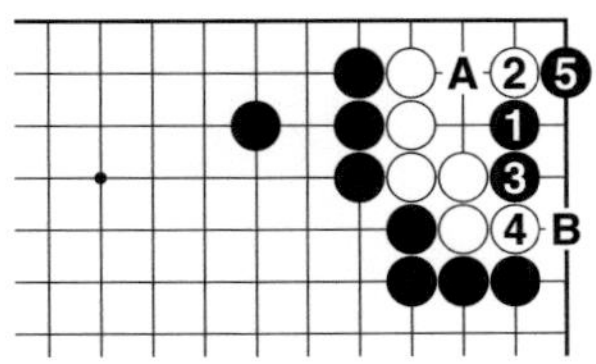

8b. Schwarz 1 ist ebenfalls möglich. Nach Schwarz 5 sind A und B wieder Miai.

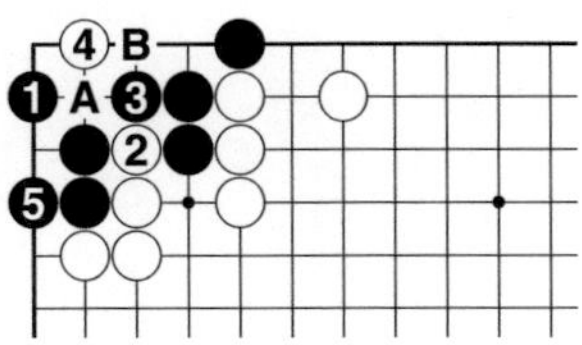

9a. Schwarz 1 ist der vitale Punkt. Nach Weiß 4 sind A und B Miai. Spielt Schwarz auf 2, dann tötet ein weißes Hane auf 5.

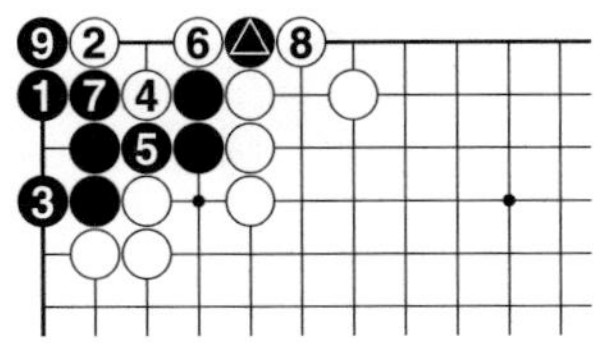

9b. Versucht Weiß mit 2 und 4 zu töten, dann zeigt sich wieder mal, wie wichtig der markierte Stein ist.

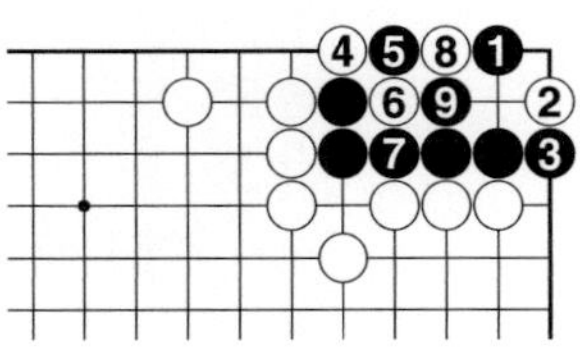

10a. Schwarz 1 auf den 2-1-Punkt lebt.Weiß hat keine Möglichkeit dem Schwarzen die Augenform zu nehmen.

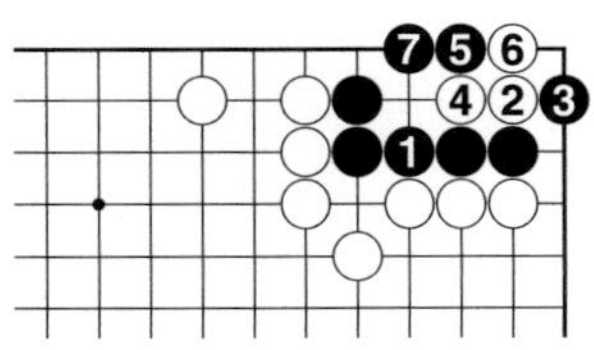

10b. Das Verbinden mit Schwarz 1 sichert ebenfalls Leben, macht aber keine Punkte. Daher ist Diagramm 10a vorzuziehen.

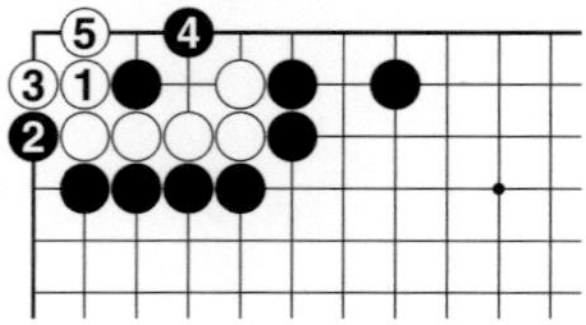

11. Weiß 1 bis 5 sichern Leben.

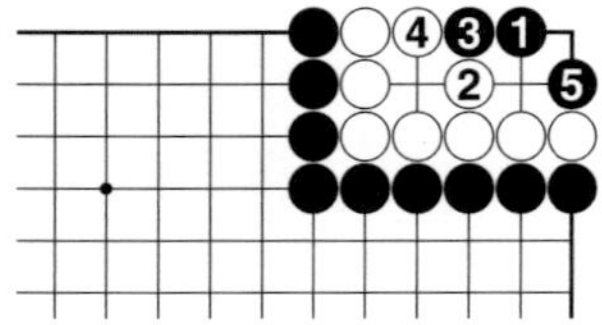

12a. Weiß lebt. Schwarz kann mit 1 bis 5 nur ein Seki erreichen (hier in Nachhand).

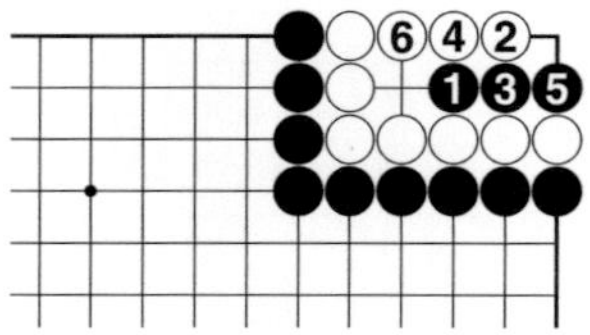

12b. Schwarz 1 erreicht ein Seki in Vorhand. Weiß 4 auf 5 ist nicht gut, denn dann startet Schwarz auf 4 ein Tausendjahr-Ko.

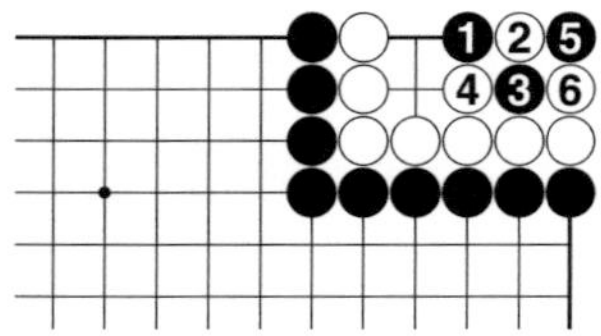

12c. Den Angriff mit Schwarz 1 hier braucht Weiß ebenfalls nicht fürchten. Er lebt sicher.

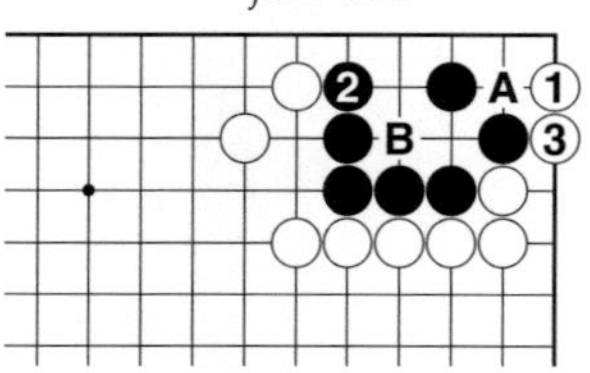

13a. In der Abfolge Weiß 1 bis Schwarz 6 entsteht ein Ko. Streckt Schwarz 2 auf 3, dann spielt Weiß 2 und Schwarz stirbt.

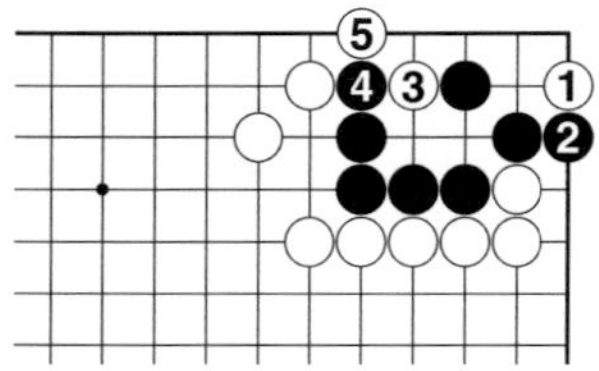

13b. Weiß kann auch auf diesem Weg ein Ko erreichen.

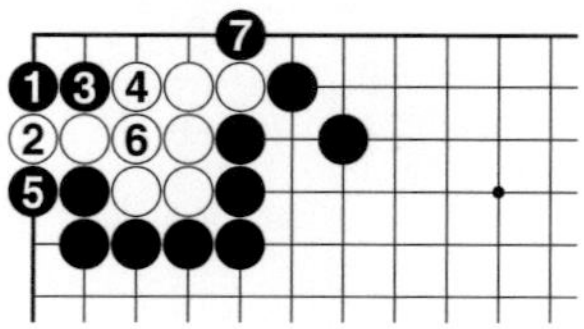

14a. Weiß 1 ist der vitale Punkt. Nach Weiß 3 sind die Punkte A und B Miai.

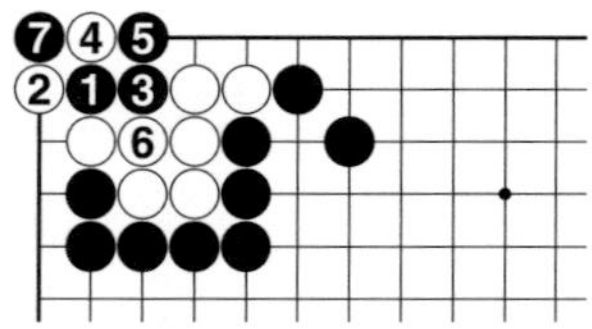

14b. Antwortet Schwarz, indem er mit 2 abschneidet, dann verhindern Weiß 3 und 5 das zweite Auge.

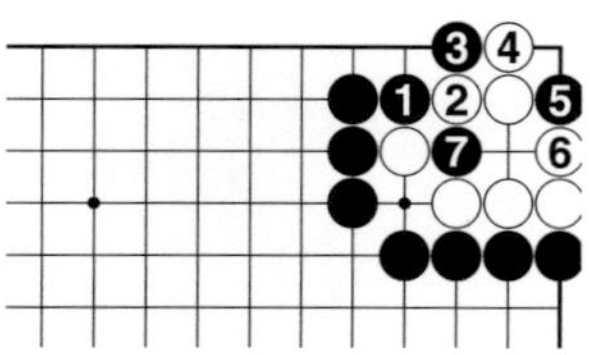

15a. Schwarz 1 ist der vitale Punkt. Nach Schwarz 7 hat Weiß nur ein Auge.

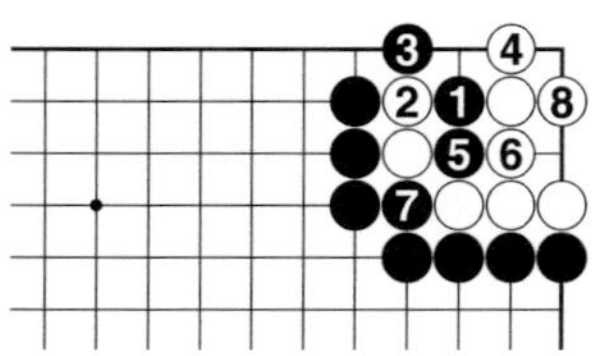

15b. Schwarz 1 verfehlt den richtigen Punkt, denn nach Schwarz 7 kann Weiß noch ein Ko spielen.

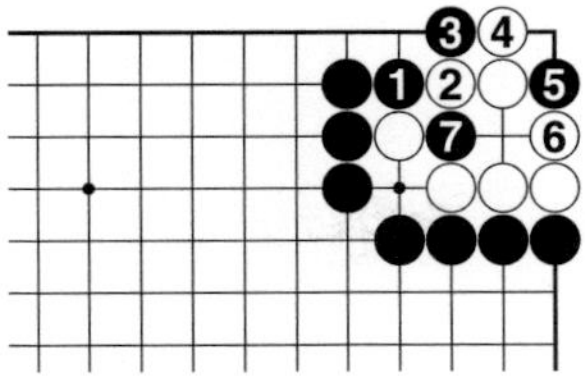

16a. Schwarz 1 und 3 sind der richtige Angriff, denn sie bereiten Schwarz 5 und 7 vor, die Weiß durch Freiheitsmangel töten.

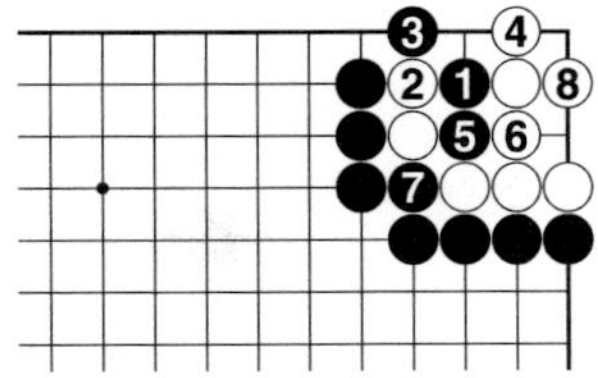

16b. Schwarz 1 ist hier ein Fehler. Weiß opfert zwei Steine, um in der Ecke zu leben.

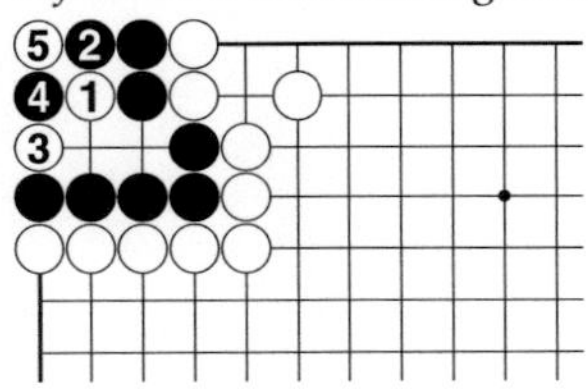

17a. Weiß 1 ist der Schlüsselpunkt. Nach Weiß 5 gibt es ein Ko in der Ecke.

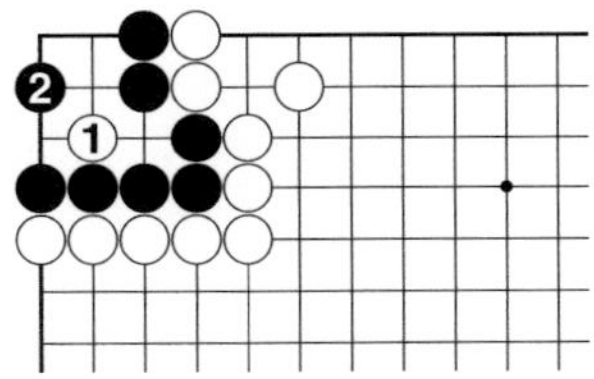

17b. Weiß verfehlt den richtigen Punkt. Nach Schwarz 2 lebt die Ecke.

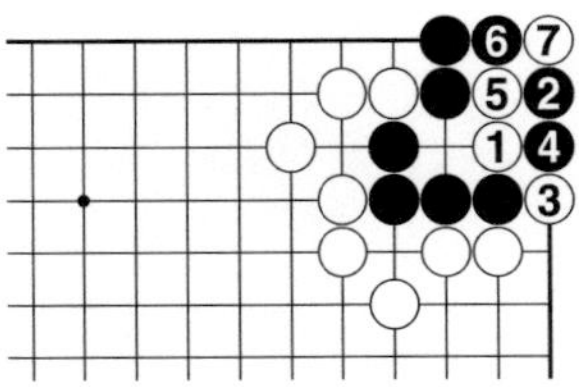

18a. Weiß 1 beginnt die Abfolge, die die schwarze Ecke tötet (Forts. 18b).

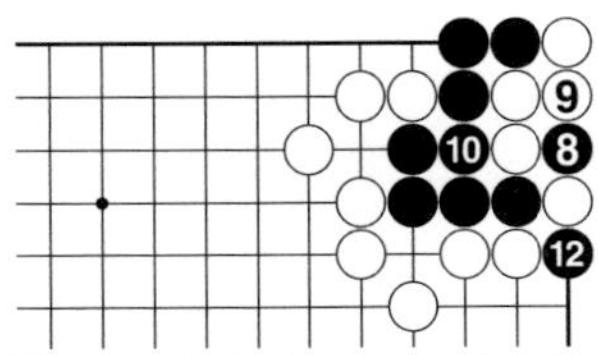

18b. Schwarz 8 sieht wie ein Tesuji aus, aber Weiß 11 deckt auf 9. Nachdem Schwarz sechs Steine schlägt, tötet Weiß mit 13 auf 9.

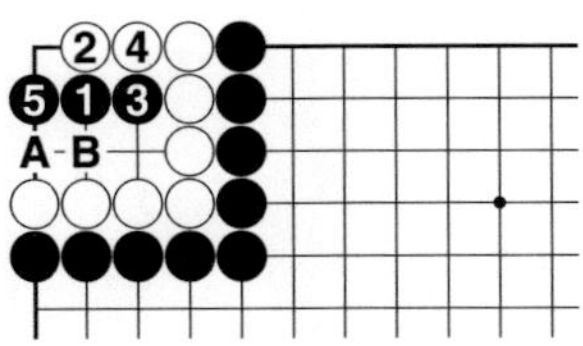

19a. Weiß lebt. Allerdings kann Schwarz ein Seki erreichen. Spielt Schwarz statt 5 auf A, dann antwortet Weiß auf B.

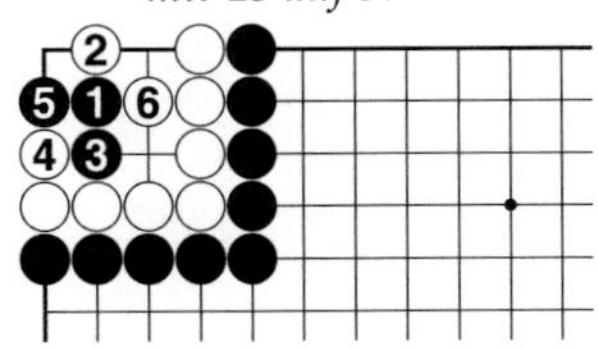

19b. Das Strecken auf 3 führt ebenfalls zu einem Seki.

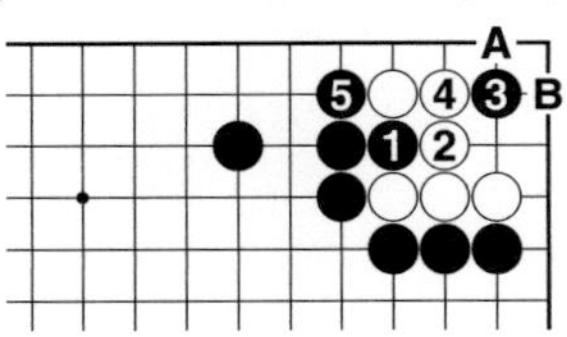

20a. Nach 1 besetzt Schwarz mit 3 den Schlüsselpunkt der Stellung. Weiß ist nach Schwarz 5 tot. A und B sind jetzt Miai.

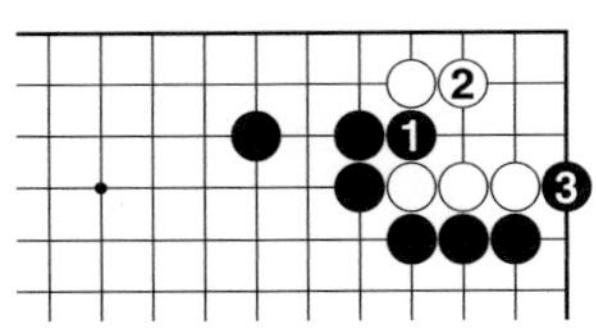

20b. Antwortet Weiß auf Schwarz 1 mit 2, dann bringt das Hane 3 den Tod der Ecke.

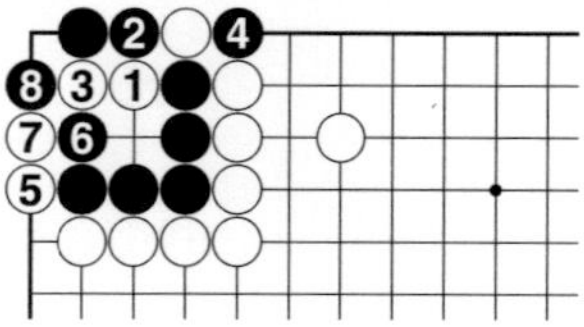

21a. In der Abfolge Weiß 1 bis Schwarz 8 entsteht ein Ko in der Ecke.

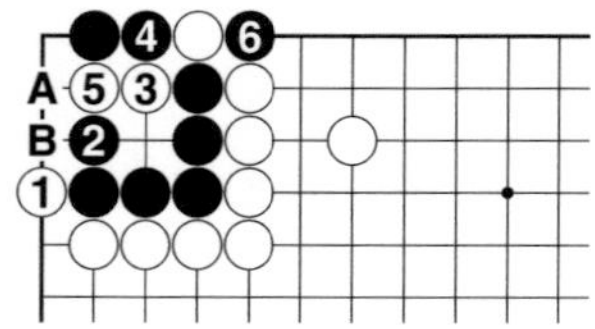

21b. Weiß kann die Reihenfolge von 1 und 3 vertauschen. Er darf aber 7 nicht auf A (B ist richtig) spielen, denn so gäbe es nur ein Seki.

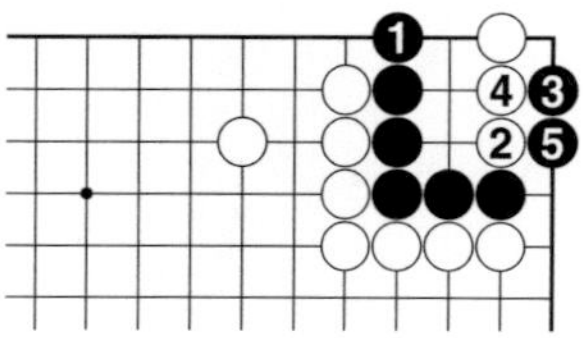

22a. Schwarz 1 bis 5 bringen Leben für die Ecke: Seki.

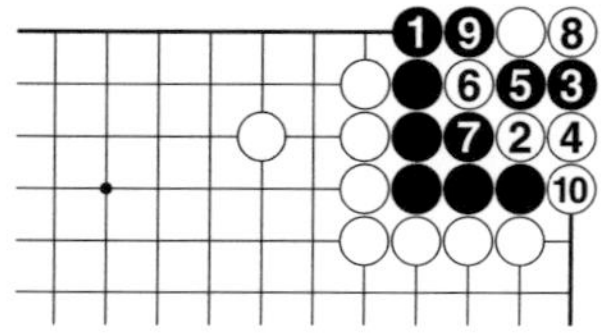

22b. Weiß 4 als Antwort auf Schwarz 3 ist ein Fehler. Nach Schwarz 11 auf 5 kann Weiß nicht verbinden. Schwarz lebt mit Punkten.

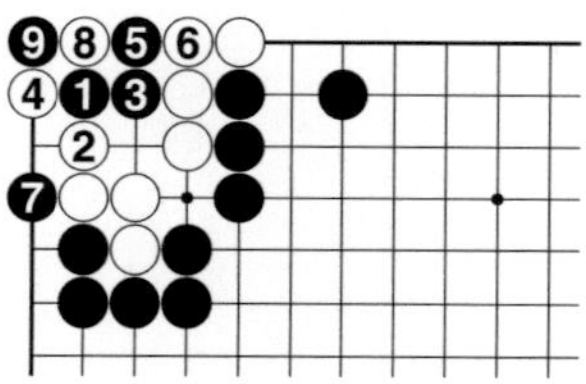

23a. Schwarz 1 bis 9 führen zu einem Ko in der Ecke.

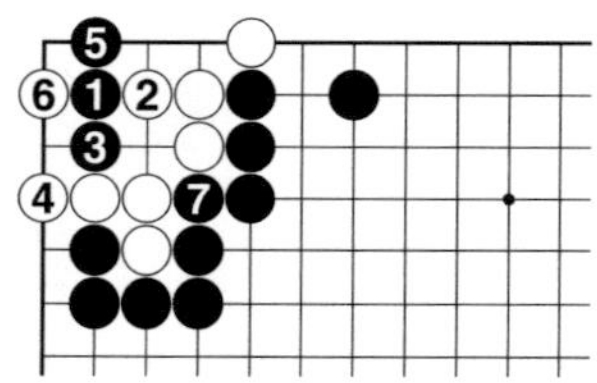

23b. Antwortet Weiß mit 2 in diesem Diagramm, dann stirbt Weiß nach Schwarz 7.

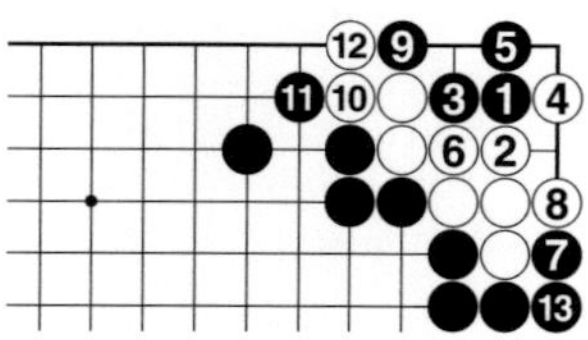

24a. Schwarz 1 bis 13 führen zu einem Ko in der Ecke. Hierbei handelt sich um ein Annäherungs-Ko, denn Schwarz muss erst eine weitere Außenfreiheit besetzen, bevor er das Ko gewinnen kann.

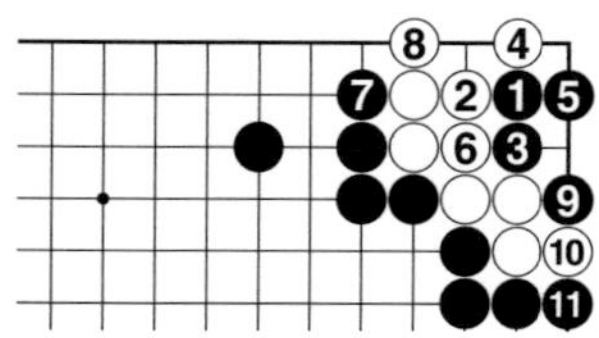

24b. Antwortet Weiß mit 2 in diesem Diagramm, dann entsteht in der Abfolge bis 11 ebenfalls ein Annäherungs-Ko für Schwarz.

Kapitel 6
Leben nach Invasionen und Joseki

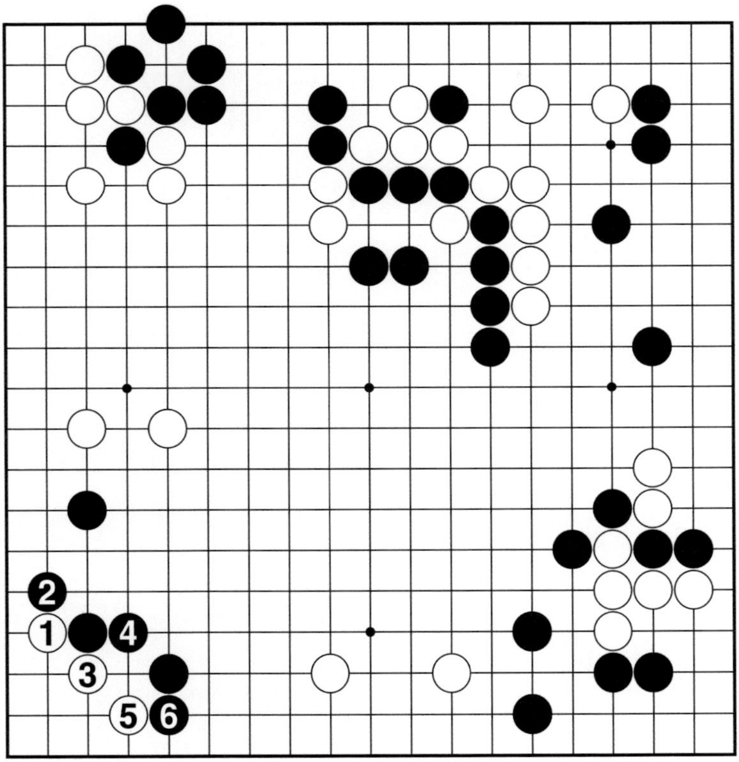

Figur: Turnierpartie zweier Amateure (Tarumi/Dickfeld, 2004)

In Go-Partien geht es im Grunde fast ausschließlich um Leben und Tod, auch wenn das nicht bedeutet, dass Gruppen tatsächlich sterben müssen. Alle strategischen Entscheidungen sind davon abhängig, wie stark oder angreifbar die Gruppen sind.

Dabei bedeuten Stärke und Angreifbarkeit nichts anderes, als dass Gruppen entweder sicher leben oder eben noch nicht so ganz sicher dastehen. Dies muss beachtet werden, wenn zum Beispiel eine Invasion beim Gegner geplant ist. Die invadierende Gruppe ist in der Regel schwach, das heißt angreifbar. Sie ist auf sich allein gestellt und muss entweder zu starken Gruppen flüchten oder selbstständig leben.

In der abgebildeten Partie hat Weiß mit 1 an das Shimari (Eckeinschluss) angelegt, um zu sehen, wie Schwarz reagiert. Schwarz möchte Weiß nicht entkommen lassen und schließt ihn daher mit 2 bis 6 in der Ecke ein. Welche Auswirkung hat dies für Weiß? Kann er leben?

1. Invasion unter dem 4-4-Punkt

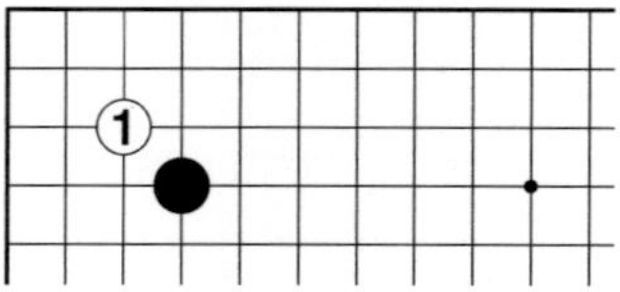

Dia. 1

Dia. 1 Der 3-3-Punkt ist der Schwachpunkt eines Steins auf 4-4 (Hoshi). Wir wollen hier verschiedene Invasionen auf 3-3 betrachten.

Diese Invasionen werden regelmäßig im Mittelspiel von Gleichauf- und Vorgabepartien gespielt.

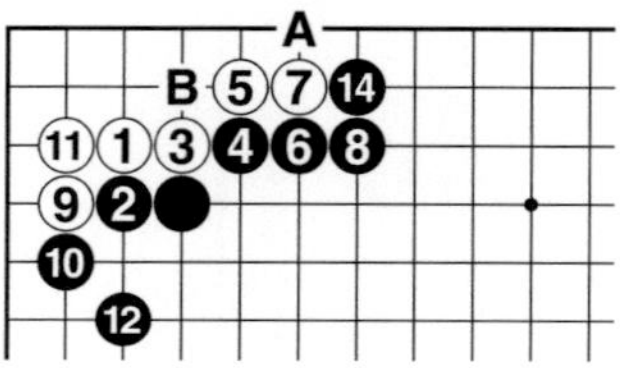

Dia. 2

Dia. 2 Die Abfolge von 1 bis 14 zeigt eine typische Fortsetzung der 3-3-Invasion. Weiß nimmt Schwarz die Ecke weg, überlässt ihm aber dafür Einfluss.

Weiß kann mit 13 fernbleiben, da er bereits lebt. Auch Schwarz 14 ist noch keine Vorhand gegen die Ecke. Folgt der Abtausch Schwarz A für Weiß B, dann erkennt man das bekannte „L+2" wieder.

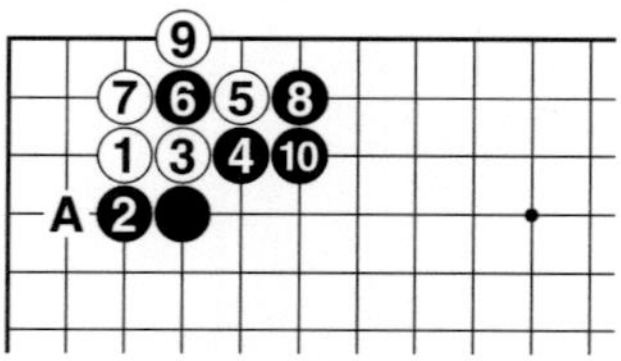

Dia. 3

Dia. 3 Diese Fortsetzung ist eher selten zu sehen, denn Weiß spielt üblicherweise statt 7 auf 10, woraufhin Schwarz die Ecke bekommt und Weiß am oberen Rand einen Stein schlägt.

Weiß lebt hier nach 9 bedingungslos, aber er muss aufpassen, wenn Schwarz einen Stein auf A spielt.

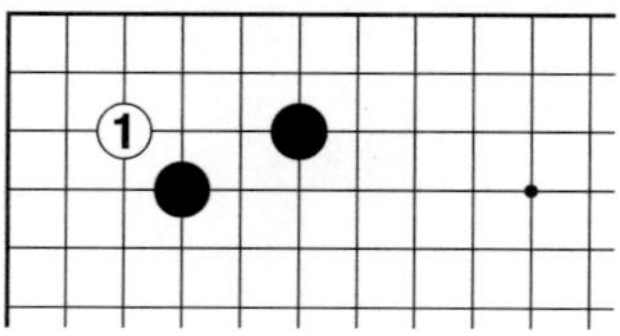

Dia. 4

Dia. 4 Hier hat der 4-4-Stein eine Verstärkung in Form eines Keima (Pferdesprung).

Welches Ergebnis kann Weiß jetzt nach einer Invasion auf 3-3 erwarten?

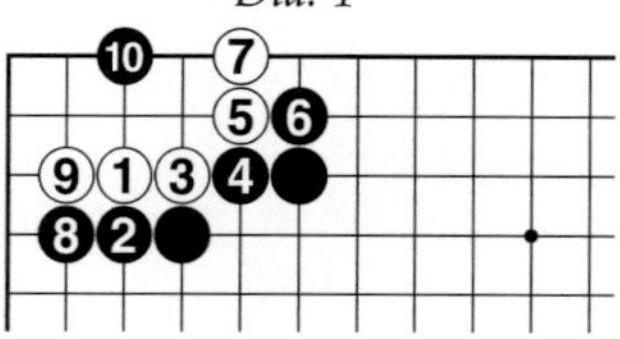

Dia. 5

Dia. 5 Wenn Weiß mit 1 bis 7 spielt, dann entsteht die J-Form, die nach Schwarz 10 ein Ko für Weiß bedeutet. Schwarz kann nur die Ecke verlieren, denn die Ränder hat er mit 6 und 8 geschützt.

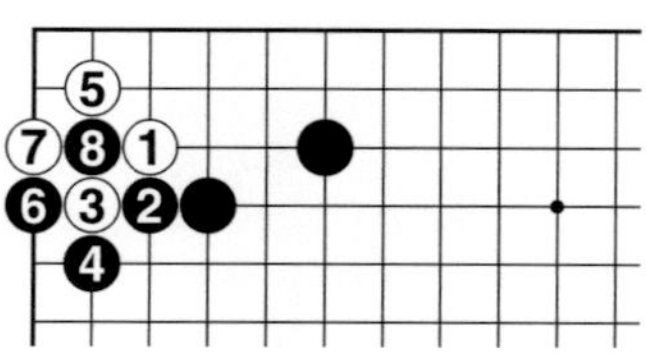

Dia. 6

Dia. 6 Besser für Weiß ist es daher die Fortsetzung mit 3 bis 7 in diesem Diagramm, die ebenfalls zu einem Ko führt.

Wenn Weiß das Ko durch Schlagen gewinnt, dann hat er Schwarz nicht nur die Ecke abgenommen, sondern droht weiter, den Rand zu zerstören.

Dia. 7 Hier hat der 4-4-Stein eine Verstärkung in Form eines Ogeima (großes Keima). Diese Form lässt Weiß noch mehr Spielraum als das normale Keima.

Je nach dem, wie es die Spielsituation erfordert, kann Weiß mit 1 auch das Anlegen auf A spielen.

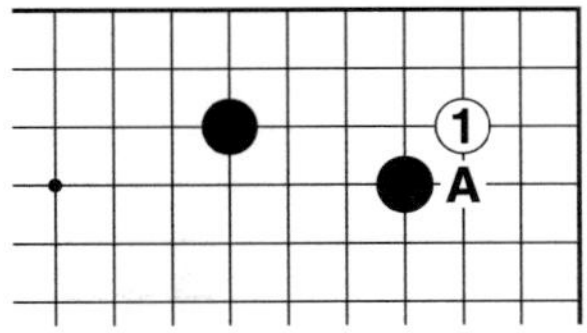

Dia. 7

Dia. 8 In der hier gezeigten Abfolge bis 13 lebt Weiß bedingungslos mit der bekannten L+2-Form.

Schwarz muss gegebenfalls mit 14 noch einmal zurückkommen, um den weißen Schnittstein zu verhaften.

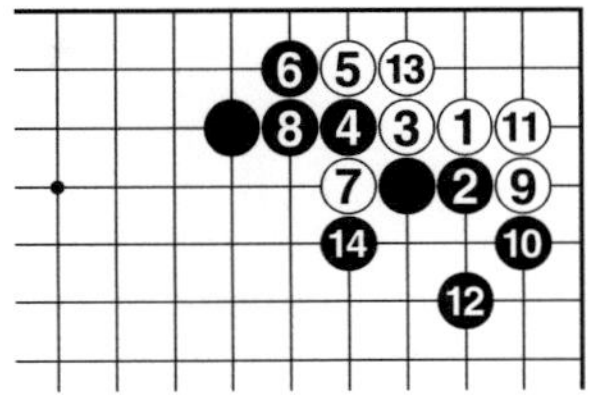

Dia. 8

Dia. 9 Hier ist eine mögliche Fortsetzung gezeigt, die sich aus dem weißen Anlegen 1 am 4-4-Punkt ergibt. Schwarz wird mit 2 antworten, wenn er mehr Wert auf den unteren Rand legt. Möchte Schwarz die Ecke behalten, dann spielt er mit 2 auf den Punkt oberhalb von Weiß 1.

Den Austausch Schwarz A für Weiß B wird Schwarz nicht sofort spielen, da er sich so die Möglichkeit nimmt, ein indirektes Ko auf B zu beginnen (vgl. Seite 145).

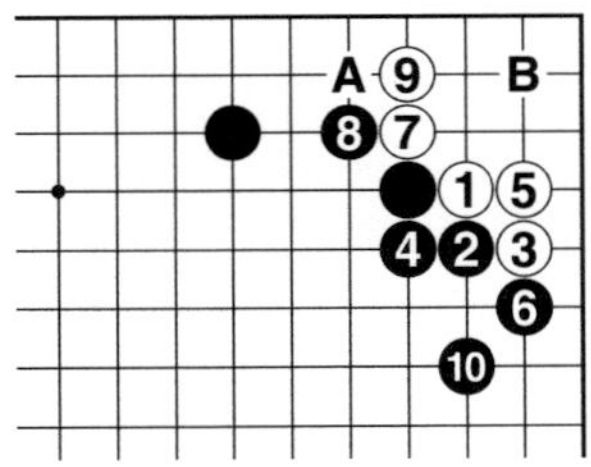

Dia. 9

Aufgaben

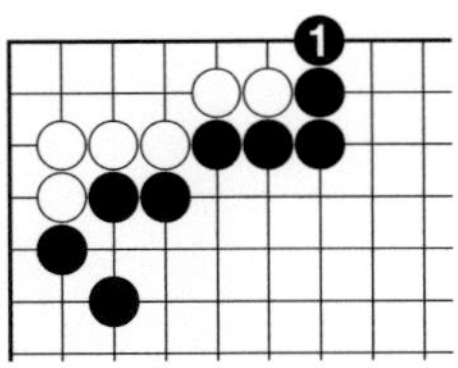

1. Weiß hat auf Schwarz 1 nicht reagiert. Was kann Schwarz jetzt erreichen?

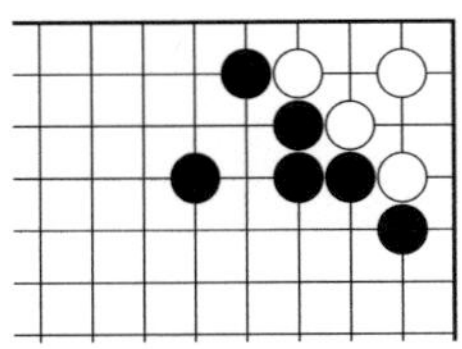

3. Welchen Status hat die Ecke?

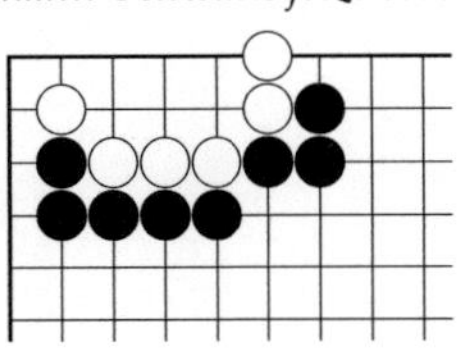

2. Schwarz setzt. Was kann er erreichen?

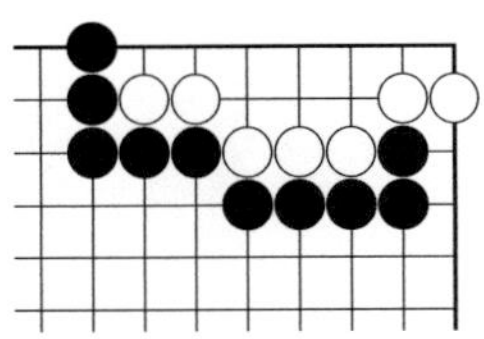

4. Schwarz setzt. Was kann er erreichen?

Antworten

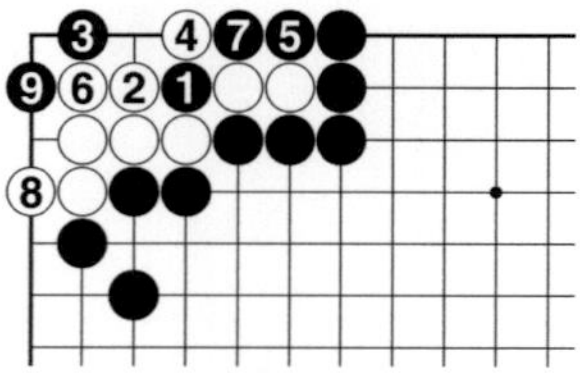

Dia. 1a

Lösung 1: Schwarz tötet

Dia. 1 Schwarz 1 und 3 zeigen die richtige Reihenfolge. Nach Schwarz 9 ist Weiß tot, denn es gibt einen Toten Winkel in der Ecke.

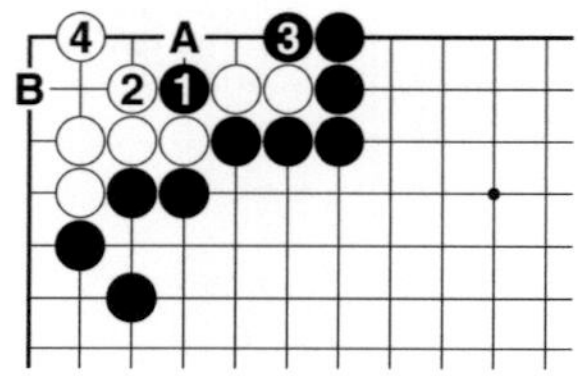

Dia. 1b

Dia. 1b Spielt Schwarz nach Weiß 2 das Hane 3, dann kann Weiß mit 4 leben, denn die Punkte A und B sind nun Miai.

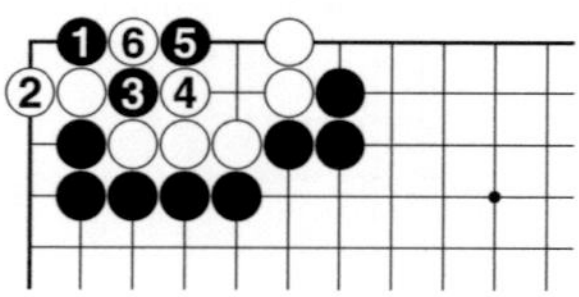

Dia. 2a

Lösung 2: Schwarz spielt Ko

Dia. 2a Das Anlegen mit Schwarz 1 ist der Schlüsselpunkt und führt in der Folge zu einem Ko.

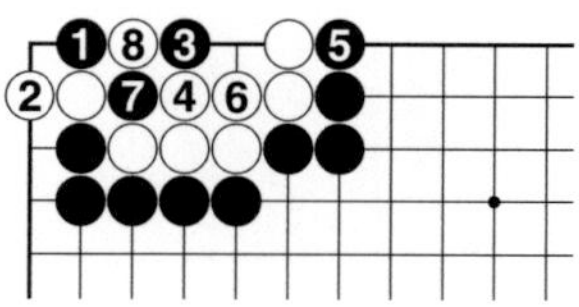

Dia. 2b

Dia. 2b Schwarz kann nach Weiß 4 mit 5 auch erst die Mausefalle androhen. Weiß hat keine gute Antwort. Weiß 6 auf 7 wird mit Schwarz 7 auf 6 beantwortet.

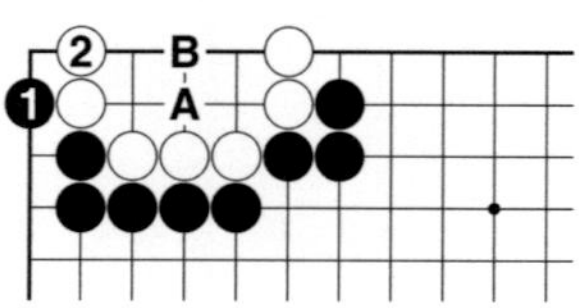

Dia. 2c

Dia. 2c Das Hane 1 verfehlt den richtigen Punkt. Weiß streckt einfach auf 2 und lebt (vgl. Seite 25). Ein Angriff auf A wird mit B und umgekehrt beantwortet.

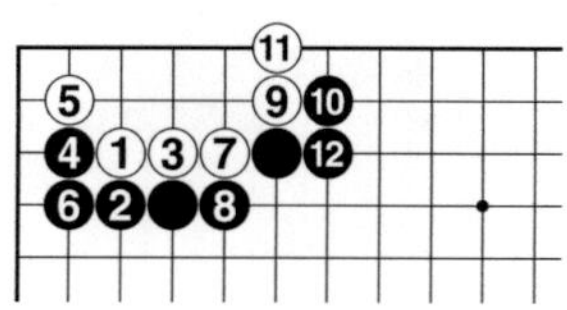

Dia. 2d

Dia. 2d Das Problem entsteht, wenn Weiß, wie in diesem Diagramm gezeigt, unter dem 4-4-Punkt (mit einem Keima als Ausdehnung) invadiert.

Nachdem Schwarz mit 12 den Schnitt deckt, muss Weiß, wenn er kein Ko riskieren möchte, noch einmal setzen.

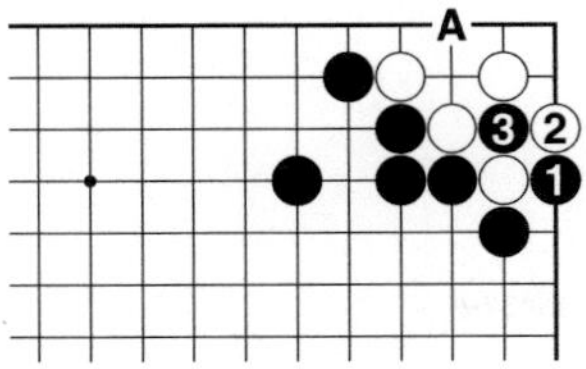

Dia. 3a

Lösung 3: Weiß kann leben
Schwarz spielt Ko

Dia. 3a Schwarz 1 und 3 beginnen ein Ko um die Ecke. Weiß 2 auf 3 reicht nicht zum Leben, denn Schwarz antwortet auf A.

Um sicher zu leben, muss Weiß dem Angriff zuvor kommen und selbst einen Stein auf 2 oder A spielen.

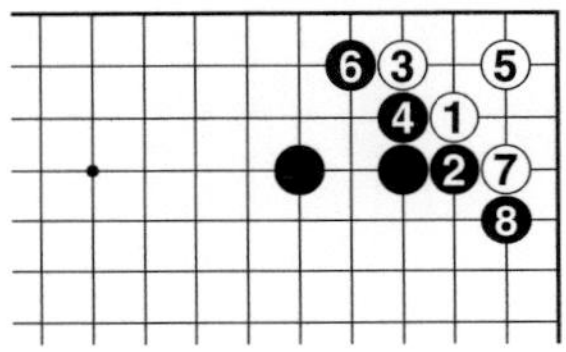

Dia. 3b

Dia. 3b Die Stellung entsteht in diesem Joseki, bei dem Weiß unter dem 4-4-Punkt (mit einem 1-Punkt-Sprung als Ausdehnung) invadiert.

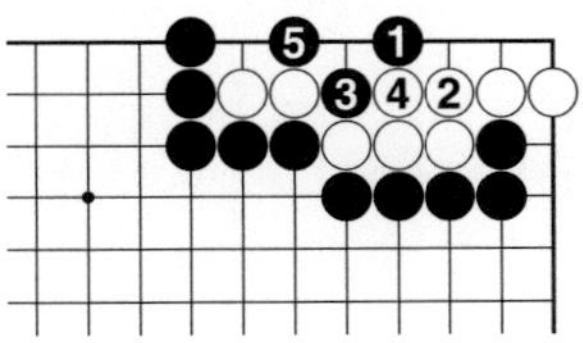

Dia. 4a

Lösung 4: Schwarz spielt Ko

Dia. 4a Schwarz 1 ist der vitale Punkt. Nach Schwarz 1 bis 5 entsteht ein Ko um die Ecke.

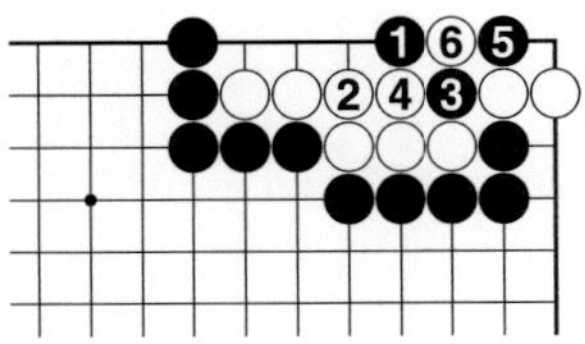

Dia. 4b

Dia. 4b Verbindet Weiß mit 2 in diesem Diagramm, dann beginnt Schwarz wieder ein Ko.

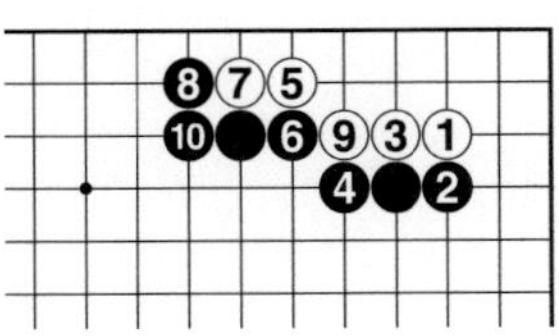

Dia. 4c

Dia. 4c Die Stellung in der Aufgabe entsteht aus dem hier gezeigten Joseki. Weiß invadiert unter dem 4-4-Punkt (mit Ogeima als Ausdehnung). Wenn Weiß nach 10 fernbleibt ...

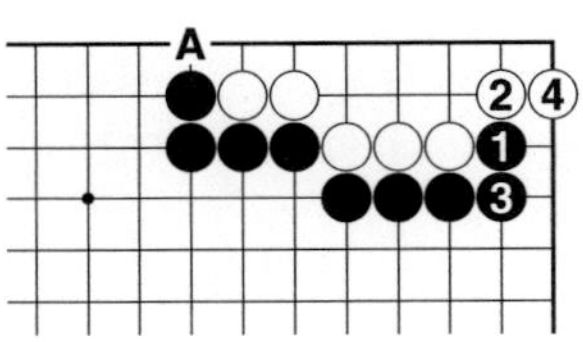

Dia. 4d

Dia. 4d ... kann Schwarz später mit 1 umbiegen und mit 3 verbinden. Nach Weiß 4 ist ein schwarzer Stein auf A Vorhand gegen die Ecke.

2. 3-3-Invasion

In der letzten Lektion standen besonders typische Invasionen unter dem 4-4-Punkt im Mittelpunkt. Hier werden weitere Varianten der 3-3-Invasion betrachtet.

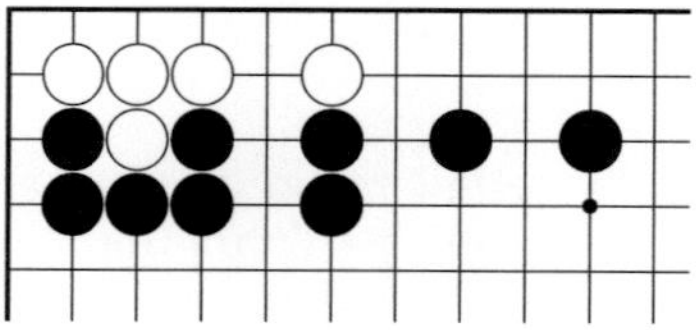

Dia. 1

Dia. 1 Diese Stellung ist das Ergebnis einer Invasion auf dem 3-3-Punkt. Weiß muss noch einmal setzen um zu leben. Wo ist der vitale Punkt?

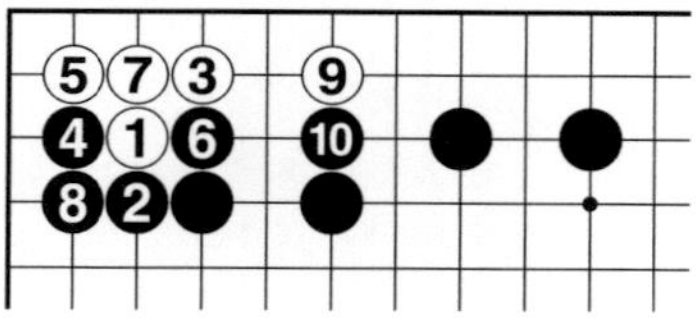

Dia. 2

Dia. 2 Die Stellung entsteht nach dieser Sequenz.

Schwarz sichert mit 2 bis 8 den linken Rand, wenn er dort schon eine Ausdehnung stehen hat.

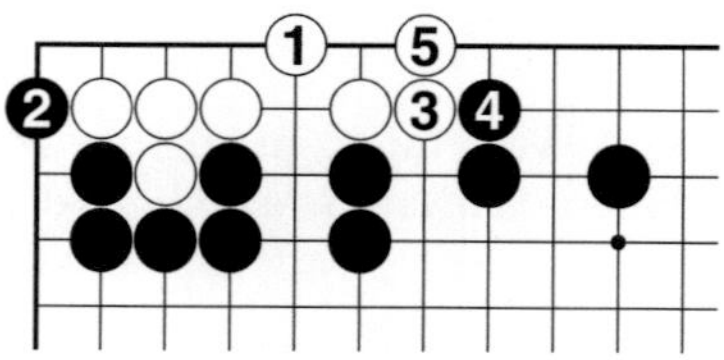

Dia. 3

Dia. 3 Weiß 1 ist der vitale Punkt und macht aus 2 und 3 Miai. Schließt Schwarz statt 2 Weiß mit 3 in der Ecke ein, dann lebt Weiß auf 2.

Weiß 1 auf 2 ist nicht richtig, denn dann spielt Schwarz auf den Punkt unterhalb von 1. Danach ist es für Weiß unmöglich zu leben.

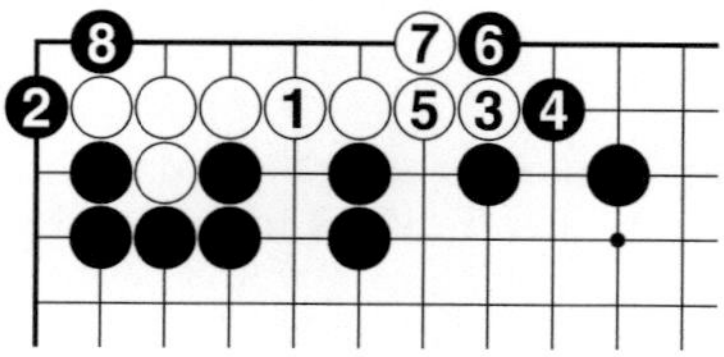

Dia. 4

Dia. 4 Weiß 1 ist ein Fehler, denn jetzt kann Schwarz mit 2 bis 8 das Entstehen von zwei Augen verhindern. Wenn Weiß stirbt, ist die Invasion fehlgeschlagen.

Weiß muss also vorher genau prüfen, ob seine Invasionssteine leben können. Wenn nicht, dann sollte er besser auf eine Invasion verzichten.

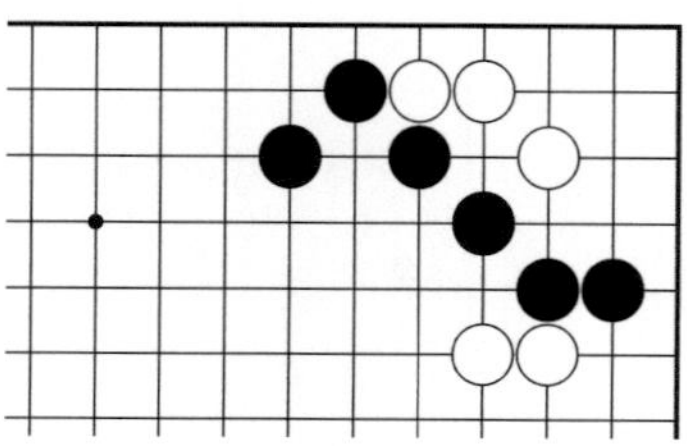

Dia. 5

Dia. 5 Wieder hat Weiß auf 3-3 invadiert und Schwarz die Wege nach außen versperrt.

Wo muss Weiß spielen um zu leben?

Dia. 6 Die Stellung entsteht nach dieser Invasion. Schwarz 2 verhindert das Anbinden an die zwei weißen Steine. Schwarz 4 und 6 halten Weiß davon ab, am Rand zu entkommen.

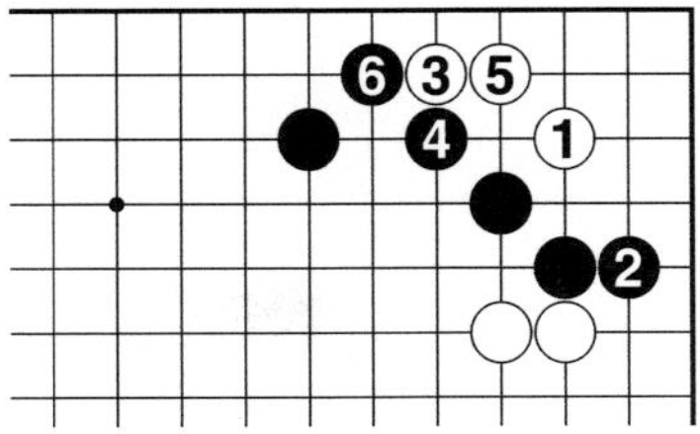

Dia. 6

Dia. 7 Weiß 1 besetzt den vitalen Punkt. Schwarz hat keine Möglichkeit mehr, die weiße Ecke zu töten.

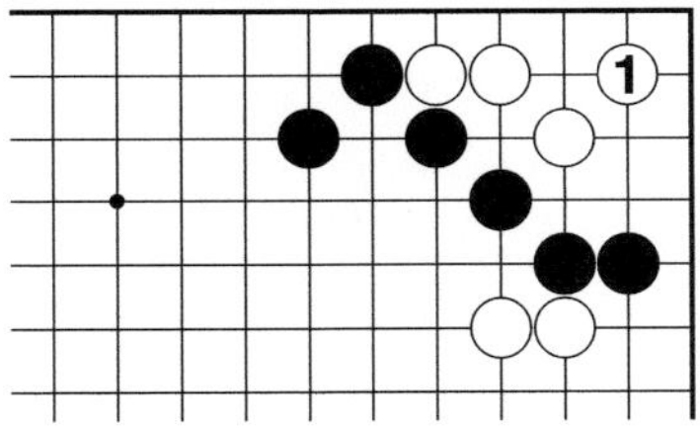

Dia. 7

Dia. 8 Weiß 1 in diesem Diagramm ist ein Fehler. Das Hane 2 reicht aus, um die weiße Form so zu reduzieren, dass Weiß keine zwei Augen bekommt.

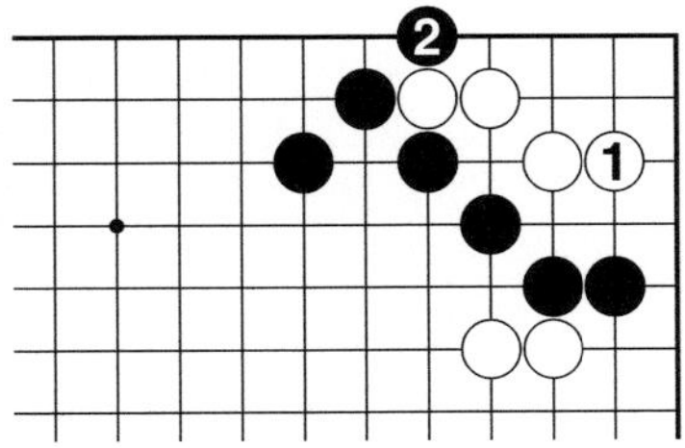

Dia. 8

Aufgaben

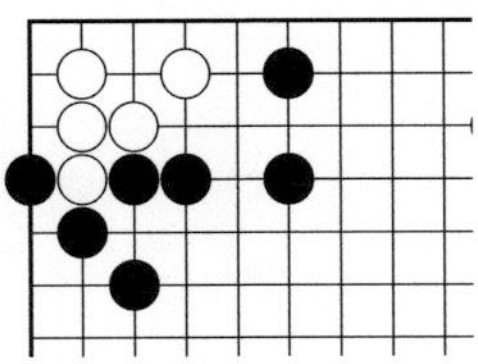

1. Schwarz tötet!

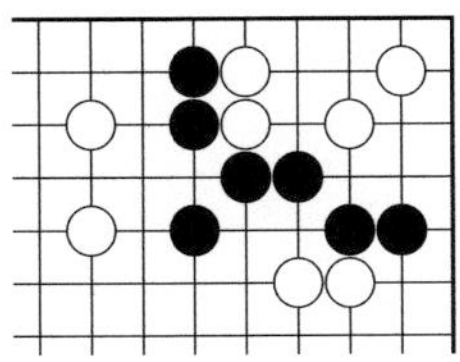

3. Schwarz tötet!

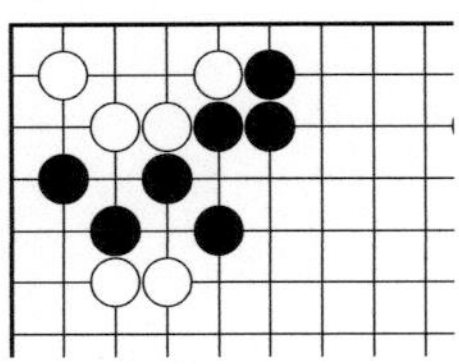

2. Weiß setzt und lebt!

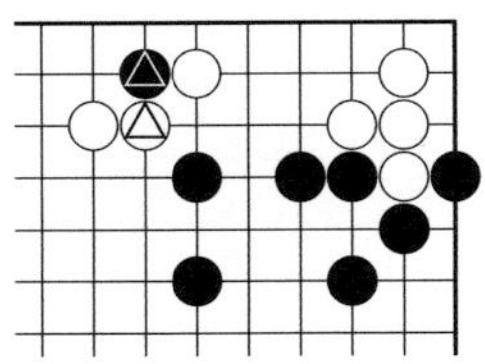

4. Schwarz kann nach dem markierten Abtausch töten!

Antworten

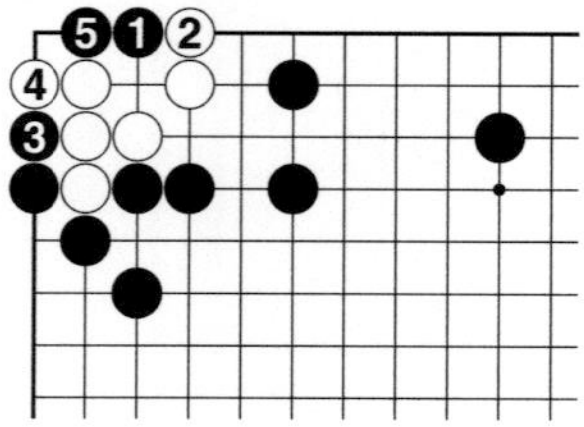

Dia. 1a

Lösung 1

Dia. 1a Schwarz 1 besetzt den vitalen Punkt. Wenn Weiß auf 2 blockt, dann töten Schwarz 3 und 5.

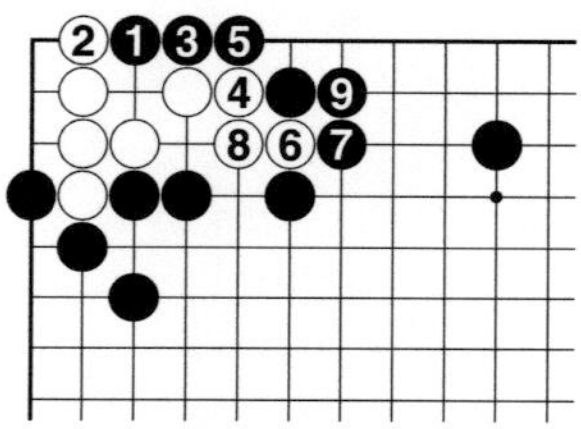

Dia. 1b

Dia. 1b Blockt Weiß auf 2 in diesem Diagramm, dann zieht Schwarz den Stein mit 3 und 5 heraus. Weiß 6 und 8 werden mit 7 und 9 beantwortet.

Schwarz braucht keine Angst vor den Schnitten zu haben. Weiß ist tot.

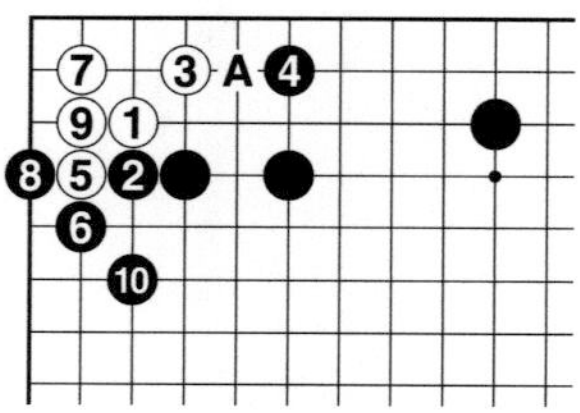

Dia. 1c

Dia. 1c Diese Stellung entsteht nach der weißen Invasion auf dem 3-3-Punkt. Nachdem Schwarz mit 10 den Schnitt deckt, sollte Weiß auf A das Leben in der Ecke sichern.

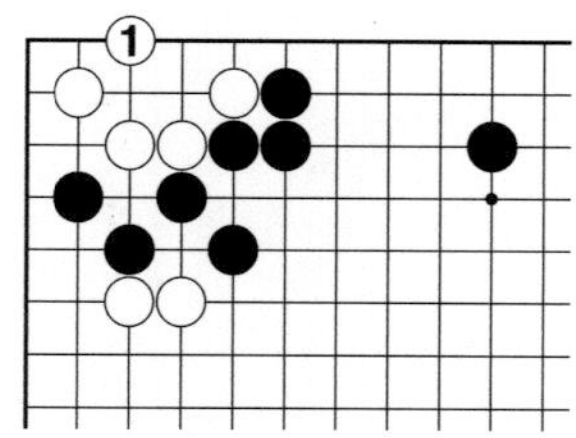

Dia. 2a

Lösung 2: Schwarz kann töten

Dia. 2a Weiß 1 führt zum Leben. Schwarz hat jetzt keine Möglichkeit, die weiße Ecke doch noch zu töten.

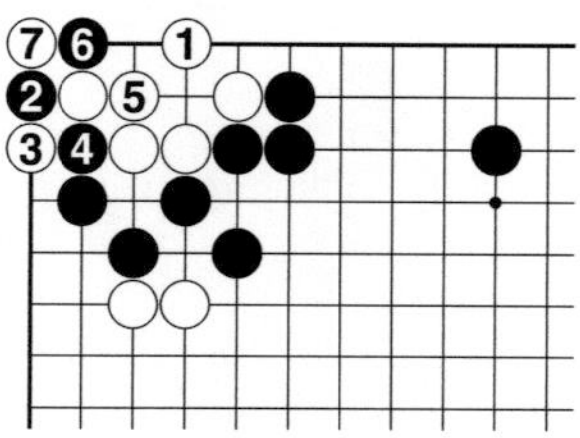

Dia. 2b

Dia. 2b Weiß 1 ist ein Fehler, denn Schwarz beginnt mit der Abfolge bis 6 ein Ko in der Ecke. Weiß 7 schlägt zwar als erster, aber das Leben in Diagramm 2a ist besser.

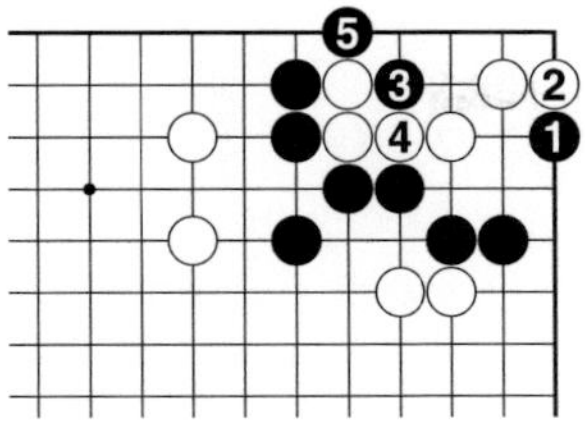

Dia. 3a

Lösung 3

Dia. 3a Schwarz 1 reduziert erst den Augenraum, bevor Schwarz mit 3 und 5 tötet.

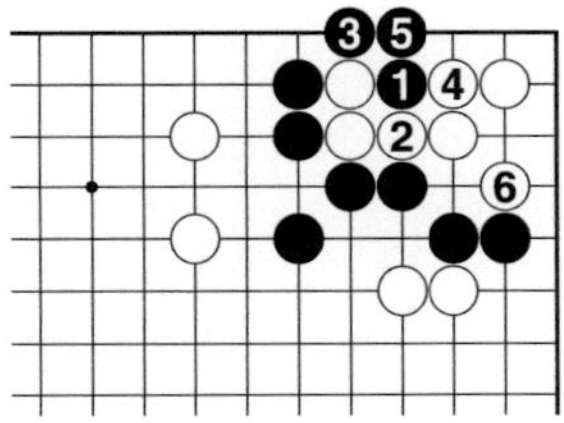

Dia. 3b

Dia. 3b Auf Schwarz 1 in Diagramm 3a zu verzichten, ist ein schwerer Fehler, denn Weiß lebt jetzt mit der Abfolge von 2 bis 6.

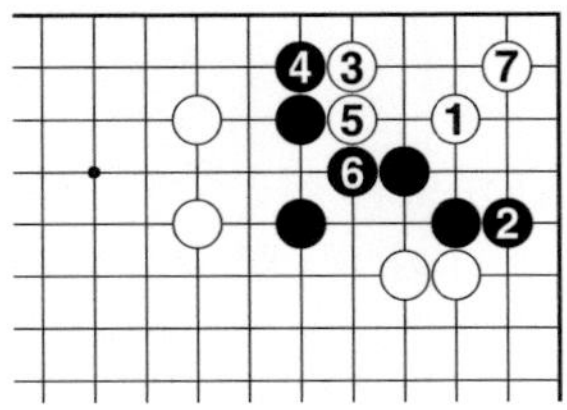

Dia. 3c

Dia. 3c Die Stellung aus der Aufgabe entstand nach der übertriebenen Invasion auf dem 3-3-Punkt.

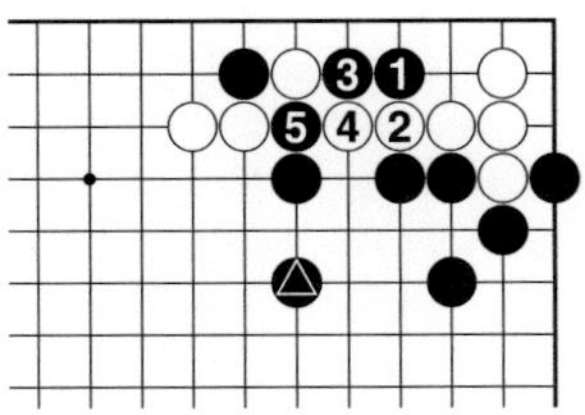

Dia. 4a

Lösung 4: Schwarz tötet

Dia. 4a Schwarz 1 bis 5 schneiden die Ecke ab und töten sie.

Man beachte, dass der markierte Stein notwendig ist, denn er verteidigt gegen die Schnitte.

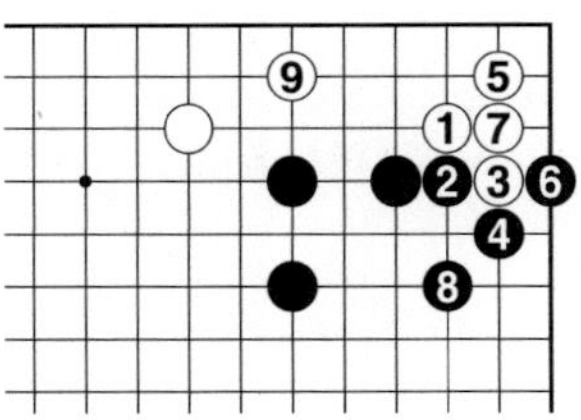

Dia. 4b

Dia. 4b Die Sequenz von Weiß 1 bis 9 zeigt eine typische Invasion der Ecke. Weiß spielt 5 und 7, damit er bis auf 9 springen kann.

3. Shimari

Das Shimari ist ein wichtiger Eckeinschluss, denn im Vergleich zum 4-4-Punkt mit einer Ausdehnung schließt er die Ecke weitaus sicherer ein. Je nach Spielgeschehen kann aber auch diese Ecke für eine starke Außenwand aufgegeben werden.

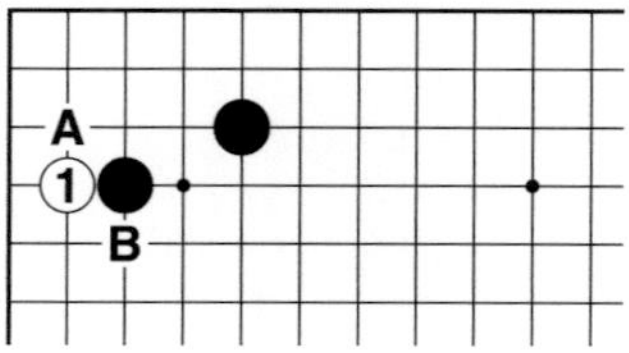

Dia. 1

Dia. 1 Weiß 1 legt an das Shimari an, um die Reaktion von Schwarz zu testen. Möchte Schwarz das Gebiet in der Ecke sichern, dann spielt er A. Legt er mehr Wert auf Stärke oder ein Moyo, dann antwortet er auf B.

Uns interessiert hier die Antwort auf B, da sie Weiß die Flucht am Rand bzw. zur Mitte hin verwehrt und so zum Leben in der Ecke zwingt.

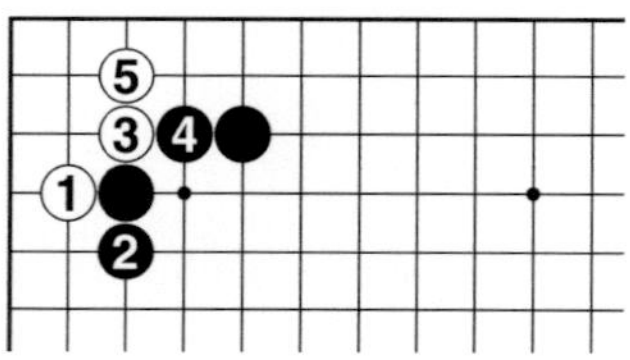

Dia. 2

Dia. 2 Wird Weiß mit Schwarz 2 in die Ecke gedrängt, kann Weiß (wenn der Zeitpunkt in der Go-Partie dafür gekommen ist) mit der Abfolge bis 5 leben.

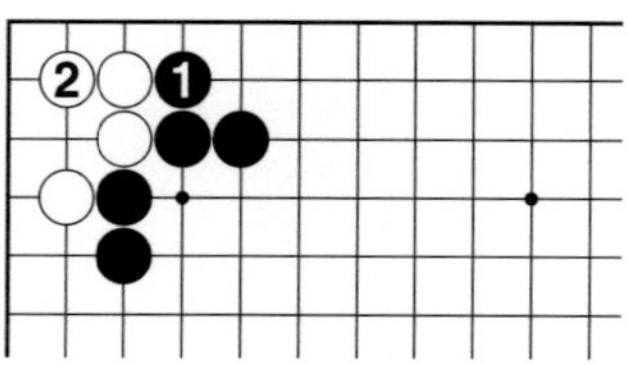

Dia. 3

Dia. 3 Blockt Schwarz nach Weiß 5 im vorherigen Diagramm mit 1 von dieser Seite, dann antwortet Weiß auf 2 und es sollte klar sein, dass er lebt.

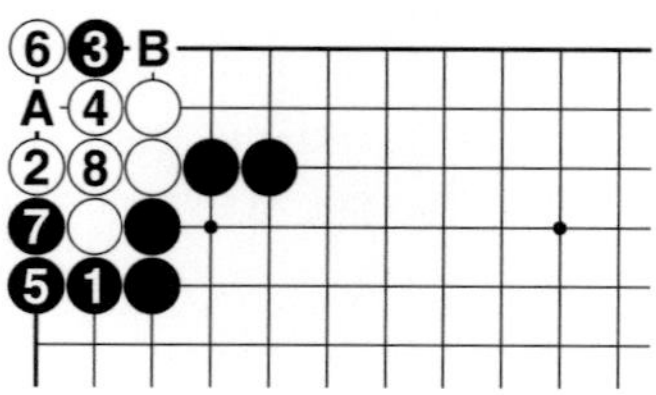

Dia. 4

Dia. 4 Auf das Blocken von der anderen Seite beantwortet Weiß mit der losen Verbindung auf 2. Versucht Schwarz mit 3 zwei Augen zu verhindern, dann folgt die Sequenz bis 8. Schlägt er danach mit 9 auf A, dann gibt Weiß Atari auf B und lebt.

Schwarz 3 auf 4 wird mit Weiß auf 3 beantwortet.

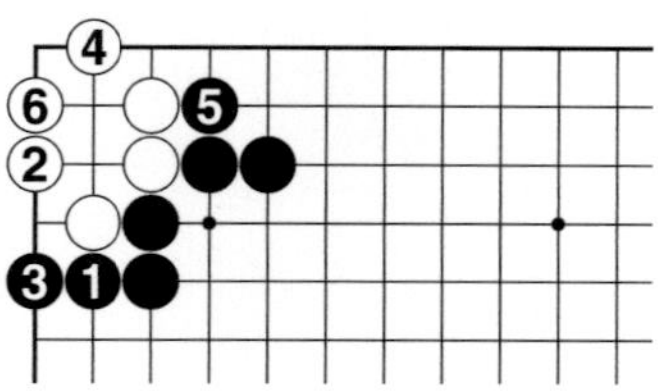

Dia. 5

Dia. 5 Statt unbedingt töten zu wollen, sollte Schwarz die Vorhände 3 und 5 gegen die Ecke spielen und so beide Ränder „dicht“ machen.

Weiß antwortet mit 4 und 6 und lebt schließlich mit zwei bis drei Gebietspunkten.

Dia. 6 Bemerkenswert ist, dass der Abtausch der beiden markierten Steine, den Status der weißen Ecke dramatisch verändert, denn jetzt lebt Weiß nicht mehr bedingungslos. Dies ist unbedingt zu beachten.

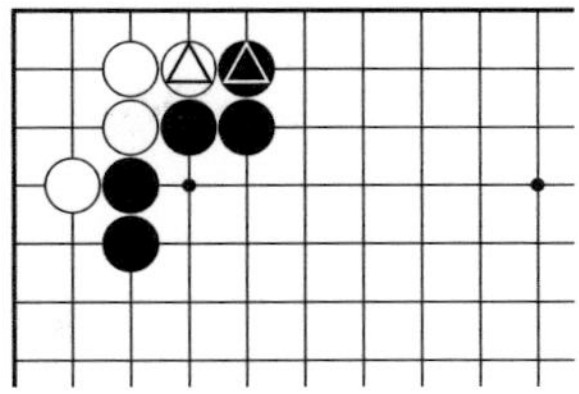

Dia. 6

Dia. 7 Schwarz greift wieder mit 1 und 3 an und nach Schwarz 7 gibt es ein Ko in der Ecke.

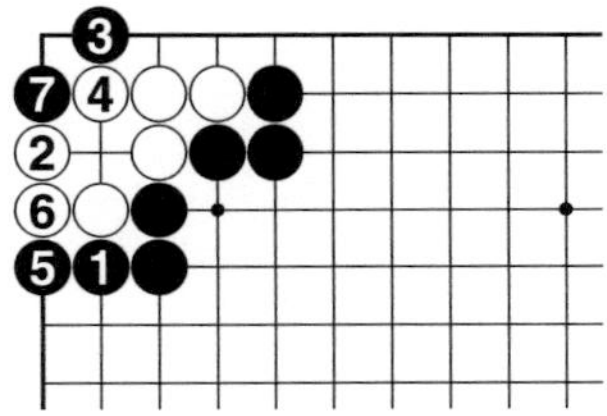

Dia. 7

Dia. 8 Statt 6 im vorherigen Diagramm kann Weiß auch gleich mit 6 einwerfen. Schwarz 7 gibt Atari, Weiß 8 deckt und Schwarz 9 schlägt das Ko.

Weiß kann jetzt auf Grund des selbstverursachten Freiheitenmangels nicht das Atari auf A spielen (vgl. Diagramm 4).

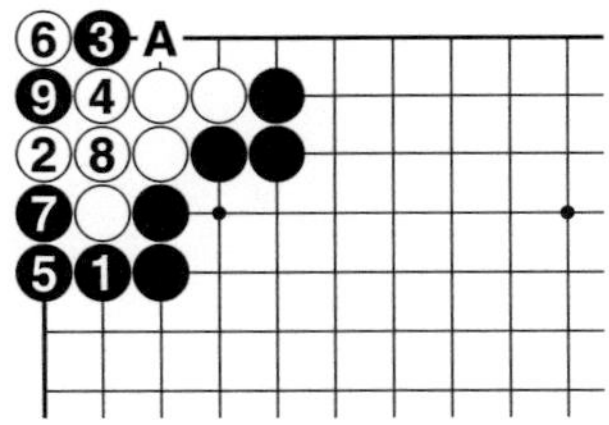

Dia. 8

Aufgaben

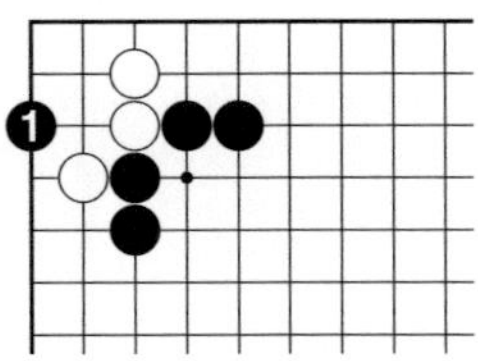

1. Wie soll Weiß auf Schwarz 1 reagieren?

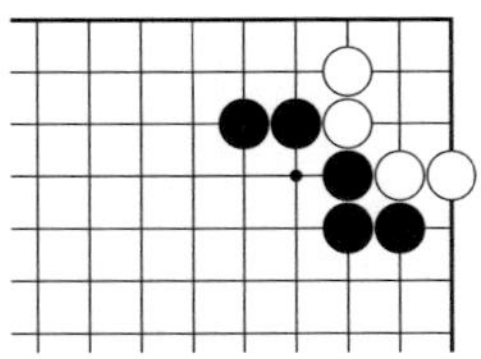

3. Welchen Status hat die Ecke?

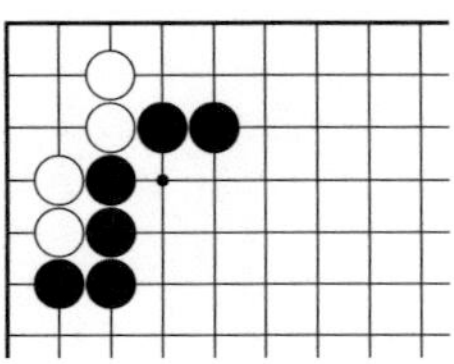

2. Weiß hat hier in die andere Richtung gestreckt. Welchen Status hat die Ecke jetzt?

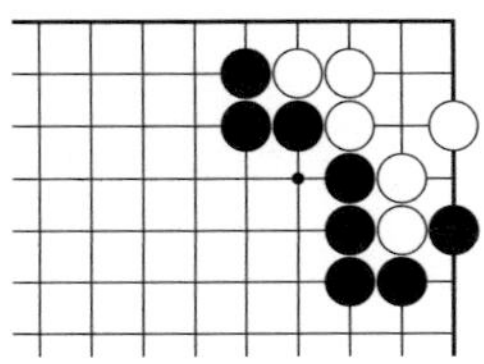

4. Wie ist der Status dieser Ecke?

Antworten

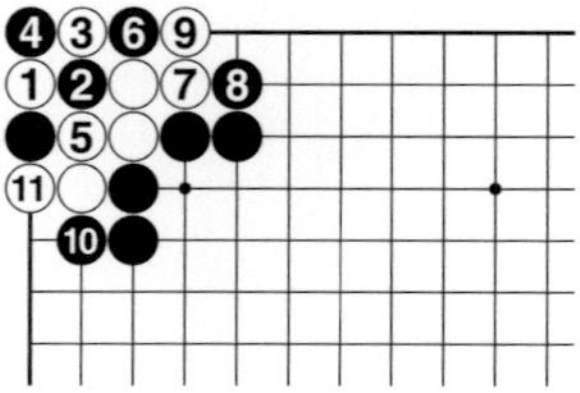

Dia. 1a

Lösung 1

Dia. 1a Weiß 1 ist die richtige Antwort. Wenn Schwarz mit 2 Atari gibt, dann kontert Weiß mit 3 und Schwarz 4 schlägt einen Stein. Weiß 5 ist eine starke Fortsetzung und führt bis 11 zu Leben.

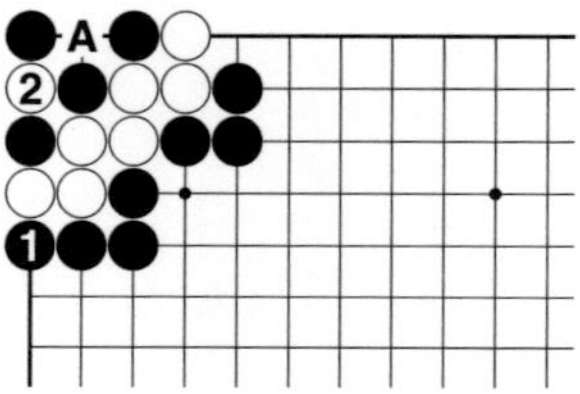

Dia. 1b

Dia. 1b Weiß lebt in Doppel-Ko, denn wenn Schwarz nach Weiß 11 im vorherigen Diagramm mit 1 fortsetzt, dann schlägt Weiß entweder das Ko auf 2 oder auf A. Schwarz kann das Ko nicht zurückschlagen, denn Weiß wird das jeweils andere Ko als Drohung nutzen.

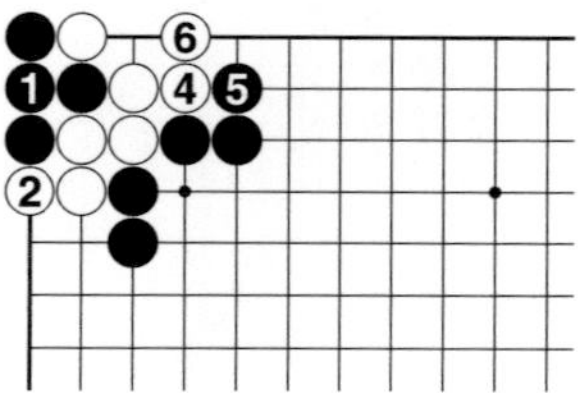

Dia. 1c
(Schwarz 3 auf 1)

Dia. 1c Schwarz kann nach Weiß 5 in Diagramm 1a nicht decken, denn dann spielt Weiß 2. Möchte Schwarz mit 3 auf 1 die Augen verhindern, dann folgen Weiß 4 und 6 und es entsteht ein Auge am oberen Rand.

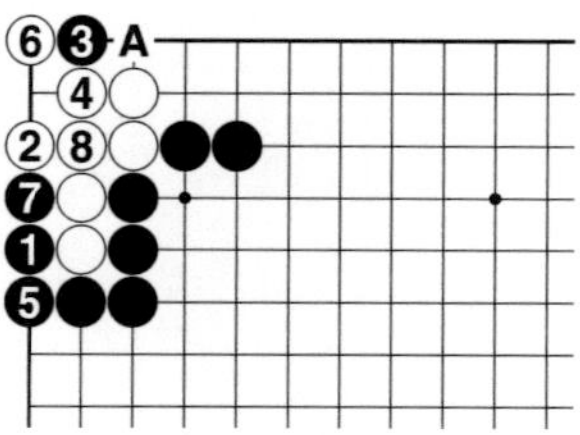

Dia. 2a

Lösung 2: Weiß lebt

Dia. 2a Der Versuch von Schwarz, die Ecke mit 1 bis 7 zu töten, scheitert an der Freiheit A. Schlägt Schwarz mit 9 den Stein auf 1-1, dann gibt Weiß auf A Atari und lebt.

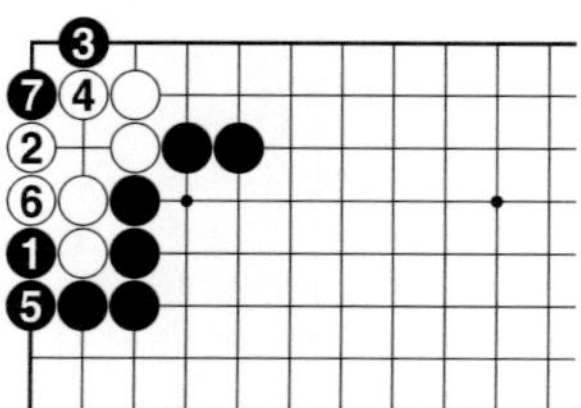

Dia. 2b

Dia. 2b Weiß darf als Antwort auf Schwarz 5 nicht versuchen, mit 6 ein Auge zu machen, denn dann beginnt Schwarz mit 7 ein Ko um das Leben der Ecke.

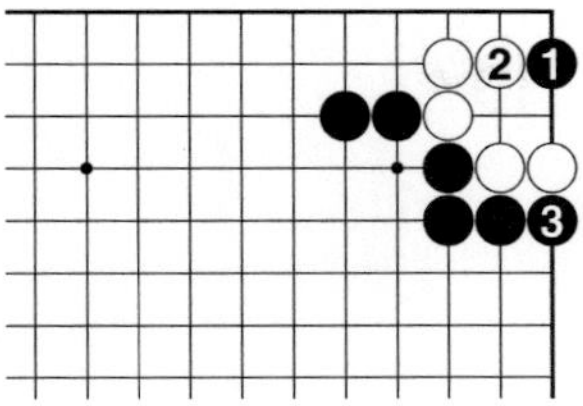

Dia. 3a

Lösung 3: Schwarz kann töten
Weiß kann leben

Dia. 3a Die Kombination von Schwarz 1 und 3 tötet die weiße Ecke. Weiß muss zum Leben selbst den vitalen Punkt mit 1 besetzen.

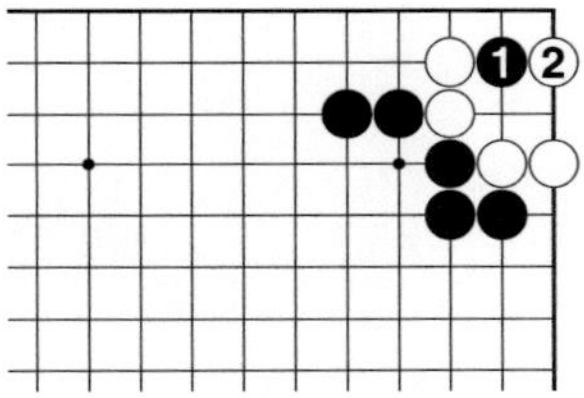

Dia. 3b

Dia. 3b Schwarz 1 verfehlt hier den vitalen Punkt. Weiß lebt jetzt mit 2.

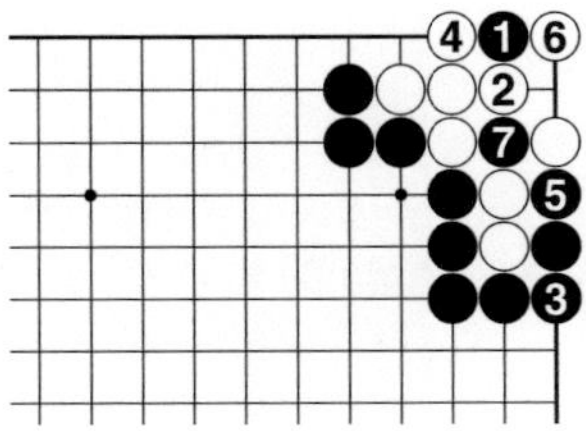

Dia. 4a

Lösung 4: Weiß lebt

Dia. 4a Schwarz 1 ist der schärfste Angriff gegen die Ecke, aber Weiß antwortet mit 2 und 4. Das Atari auf 5 ignoriert Weiß und schlägt stattdessen einen Stein mit 6.

Wenn Schwarz jetzt mit 7 zwei Steine schlägt ...

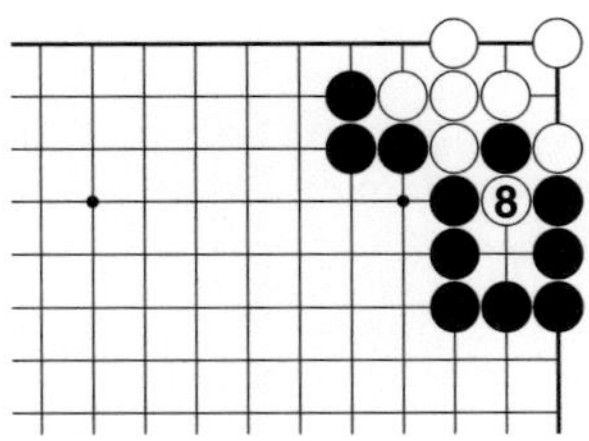

Dia. 4b

Dia. 4b ... dann schlägt Weiß mit 8 einen Stein zurück und sichert so das zweite Auge am Rand. Weiß lebt.

4. 4-4-Joseki (1)

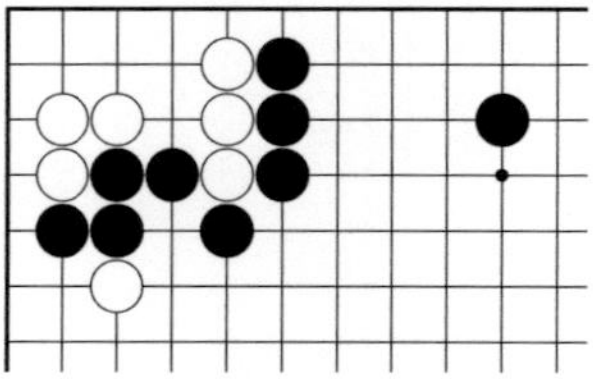

Dia. 1

Dia. 1 Die hier abgebildete Stellung in der Ecke erscheint regelmäßig in Go-Partien. Sie ist die Folge eines Joseki.

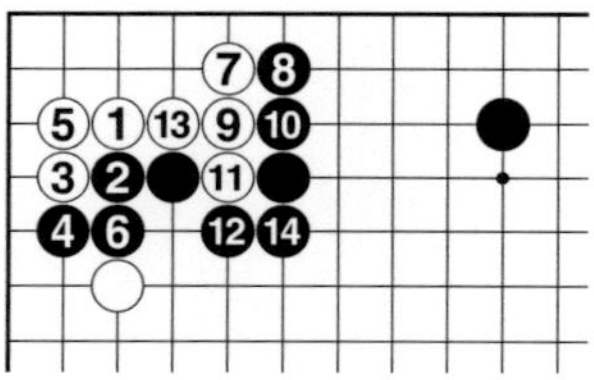

Dia. 2

Dia. 2 Die Stellung entsteht, nachdem Weiß auf 1 invadiert und die Abfolge bis 12 gespielt wird. Weiß 13 ist unverzichtbar für das Leben der Ecke.

Bevor Weiß auf 13 deckt, kann er auch auf 14 schneiden. In diesem Fall streckt Schwarz von 12 nach unten und Weiß deckt auf 13. Auf diese Weise bleibt noch Aji (Potenzial) in der schwarzen Stellung zurück.

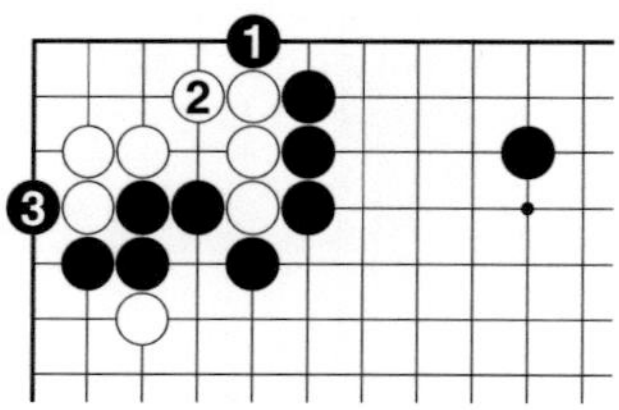

Dia. 3

Dia. 3 Deckt Weiß nicht mit 13 wie in Diagramm 2, dann spielt Schwarz zweimal Hane und schon ist die Ecke auf das kleine L reduziert. Weiß ist tot.

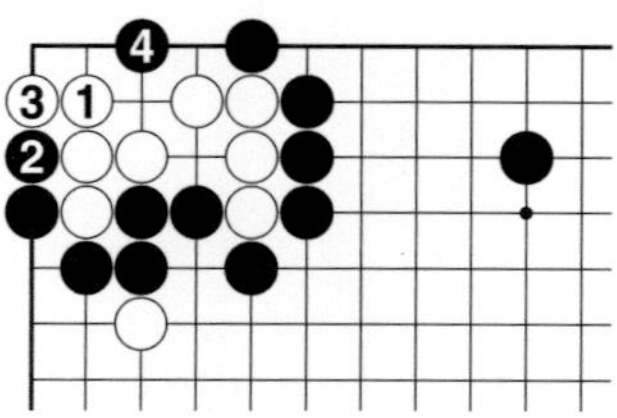

Dia. 4

Dia. 4 Versucht Weiß, nach der Abfolge in Diagramm 3, mit 1 zu leben, dann halten Schwarz 2 und 4 die weiße Ecke einäugig.

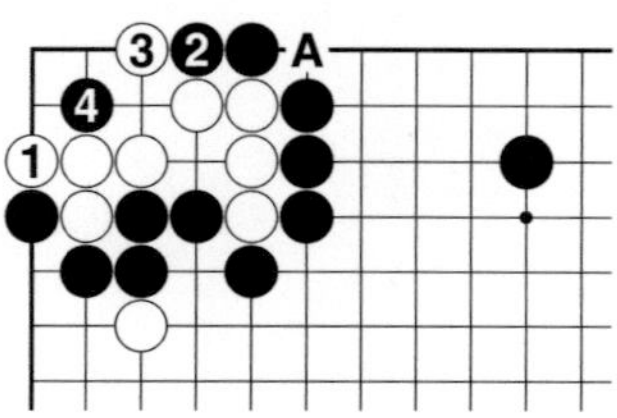

Dia. 5

Dia. 5 Mit Weiß 1 möglichst viel Augenraum einzuschließen scheitert ebenfalls, denn Schwarz 2 und 4 führen zur „Toten Fünf".

Das Schlagen auf A bringt Weiß nichts mehr, denn Schwarz wirft wieder einen Stein ein, um das Auge unecht zu halten.

Dia. 6 Der Versuch, das erste Hane mit Weiß 2 zu beantworten, scheitert an Schwarz 3. Weiß hat keine Möglichkeit, hier noch zwei Augen zu basteln.

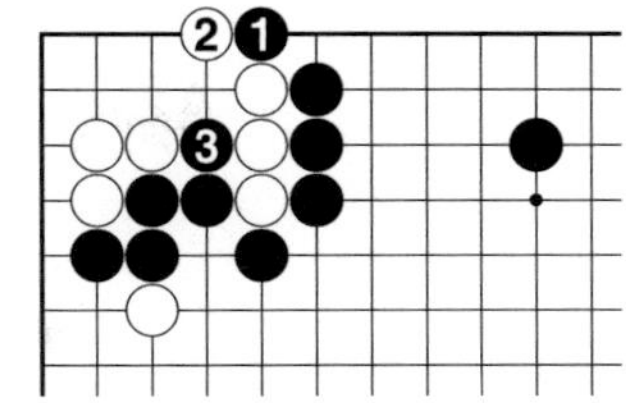

Dia. 6

Dia. 7 Spielt Weiß mit 2 auf den 2-1-Punkt, dann scheitert er ebenfalls.

Allerdings muss Schwarz jetzt auf die Abfolge von 3 bis 7 ausweichen.

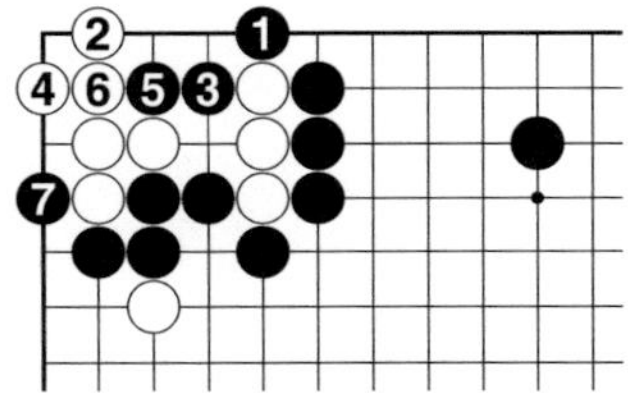

Dia. 7

Dia. 8 Weiß 1 formt das große L mit einem Umbieger und ist, wie wir gesehen haben, unbedingt notwendig, um die Ecke zu sichern.

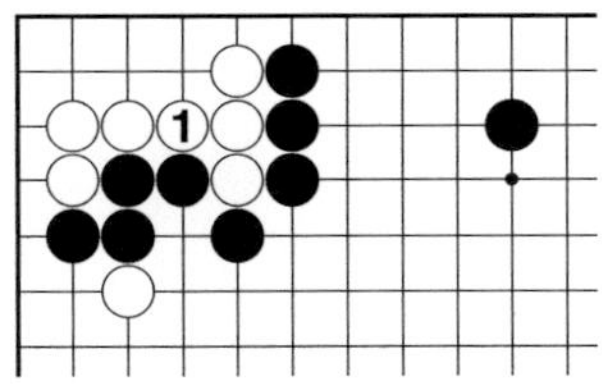

Dia. 8

Aufgaben

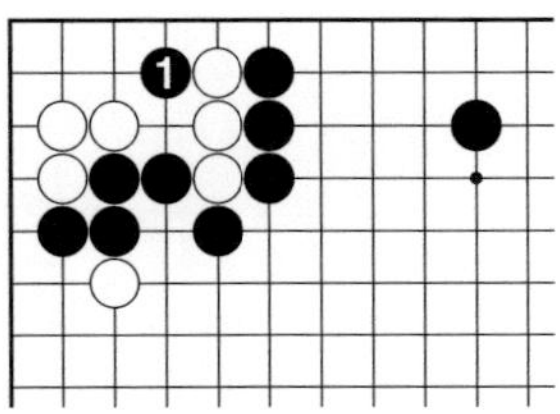

1. Schwarz 1 ist ein Fehler. Wie kann Weiß leben?

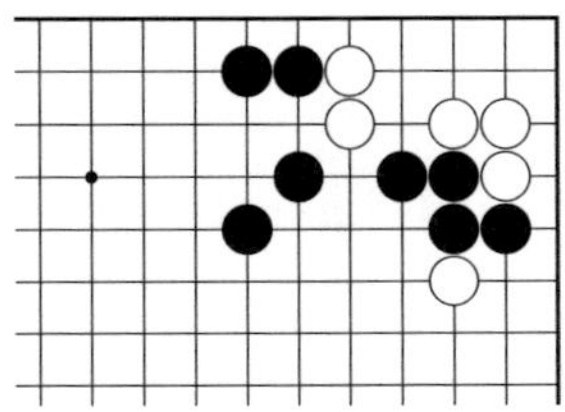

3. Welchen Status hat die Ecke hier?

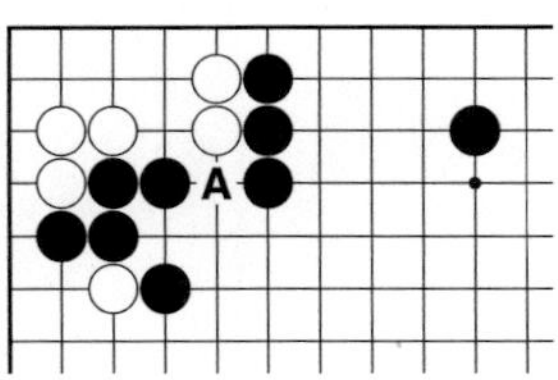

2. Weiß hat noch eine Außenfreiheit auf A. Welchen Status hat die Ecke?

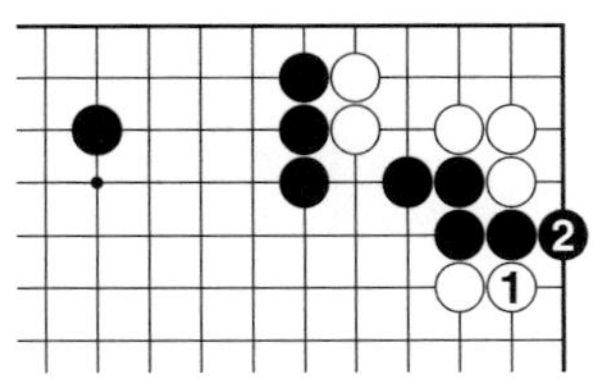

4. Weiß hat den Abtausch 1 für 2 gespielt. Welche Auswirkungen hat das auf die Ecke?

Antworten

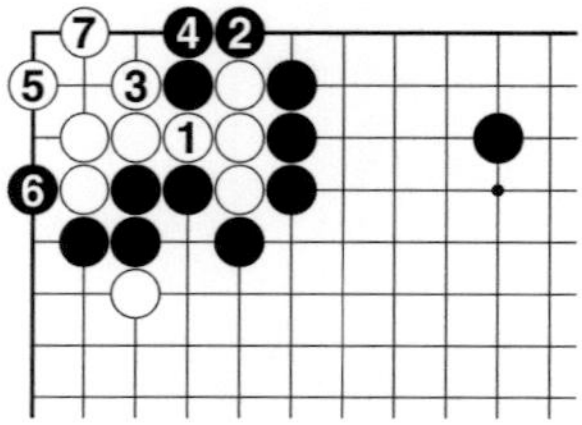

Dia. 1

Lösung 1

Dia. 1 Weiß lebt mit 1. Wenn Schwarz mit 2 und 4 den einzelnen Stein anbindet, dann lebt Weiß in der Abfolge bis 7.

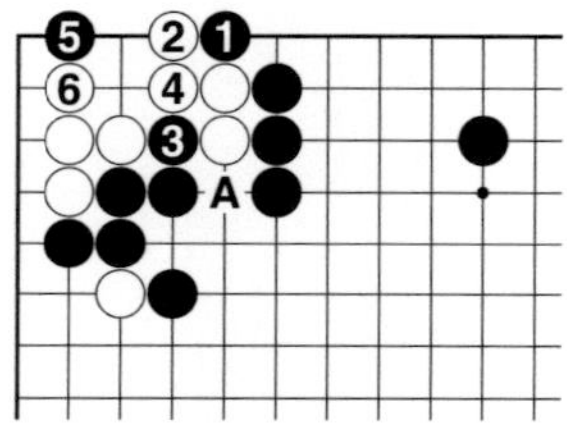

Dia. 2a

Lösung 2: Schwarz kann Ko spielen

Dia. 2a Schwarz greift wieder mit dem Hane auf 1 an, aber Weiß kann jetzt mit 2 blocken. Auf Grund der weißen Freiheit A funktioniert Schwarz 3 hier nicht. Stattdessen lebt Weiß sogar bedingungslos.

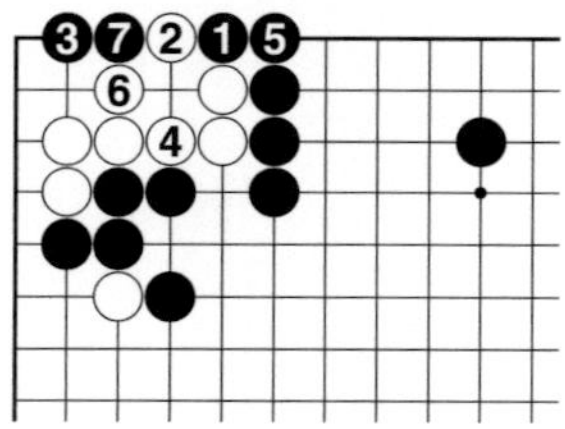

Dia. 2b

Dia. 2b Daher muss Schwarz nach dem Blocken des Hane mit 3 auf den 2-1-Punkt spielen.

In der Fortsetzung bis Schwarz 7 entsteht ein Ko. Es ist zu beachten, dass Weiß mit 8 nicht decken kann, da sonst die Ecke sofort stirbt (siehe nächstes Diagramm).

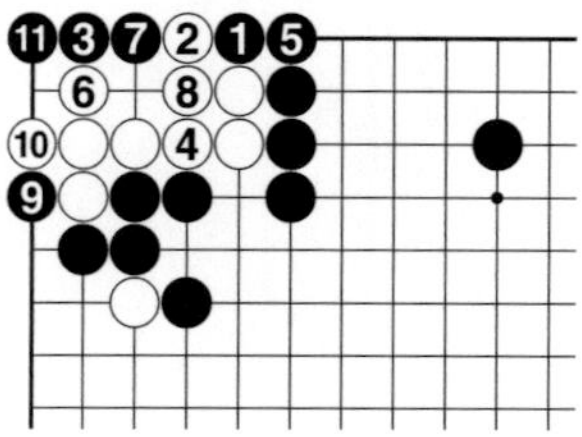

Dia. 2c

Dia. 2c In dieser Variante hat Weiß mit 6 erst auf den 2-2-Punkt gespielt und dann mit 8 gedeckt, anstatt das Ko zu spielen. Nach Schwarz 11 ergibt die Ecke einen Toten Winkel – sie ist tot.

Sowohl Weiß 6 in Diagramm 2b als auch Weiß 6 in Diagramm 2c sind richtig, solange Weiß mit 8 den jeweils anderen Punkt besetzt.

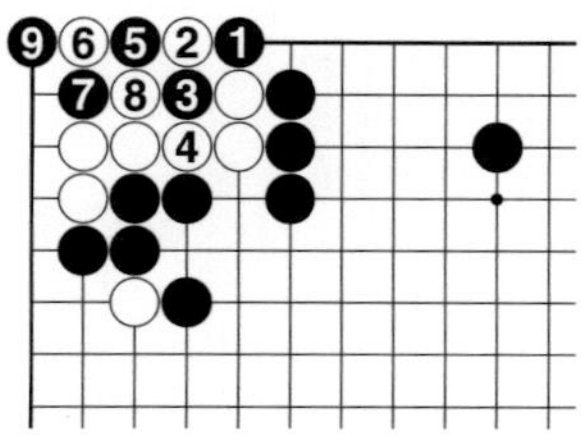

Dia. 2d

Dia. 2d Auch diese Variante führt zu einem Ko für Schwarz. Allerdings schlägt Weiß hier mit 10 auf 2 das Ko als Erster. In Diagramm 2b konnte Schwarz zuerst schlagen.

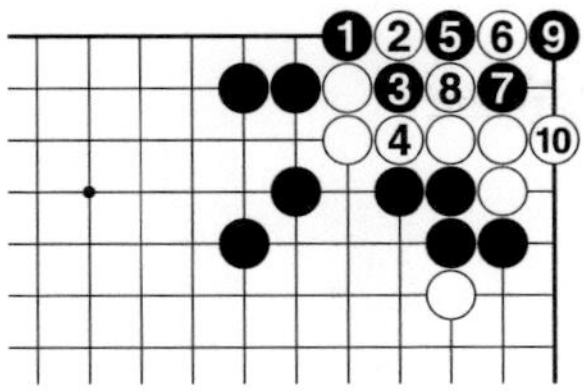

Dia. 3a

Lösung 3: Weiß lebt

Dia. 3a Wenn Weiß wie hier zwei Außenfreiheiten hat, dann scheitern die schwarzen Versuche zu töten. Wenn Schwarz nach der Abfolge bis 10 auf 2 deckt, gibt Weiß Atari auf die Steine 7 und 9. Auf Grund von Damezumari kann Schwarz diese nicht anbinden.

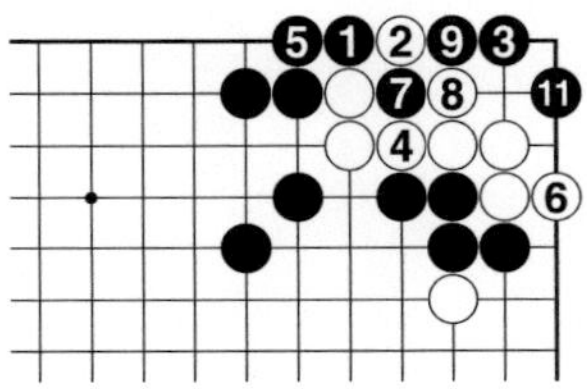

Dia. 3b
(Weiß 10 auf 7)

Dia. 3b Versucht Schwarz mit 1 und 3 zu töten, dann antwortet Weiß mit der Sequenz bis 12.

Schwarz kann sich von innen nicht annähern, aber Weiß hat auf Grund ausreichender Außenfreiheiten die Möglichkeit, die schwarzen Steine zu fangen.

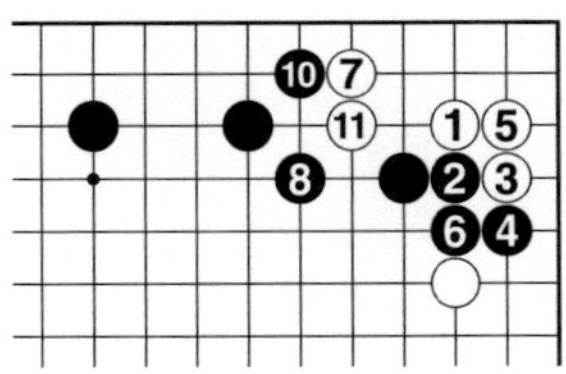

Dia. 3c
(Weiß 9 Tenuki)

Dia. 3c Das Problem ist eine leicht abgewandelte Stellung, die nach dem hier gezeigten Joseki entsteht.

Solange Weiß die beiden Außenfreiheiten hat, muss er sich um das Leben in der Ecke keine Sorgen machen.

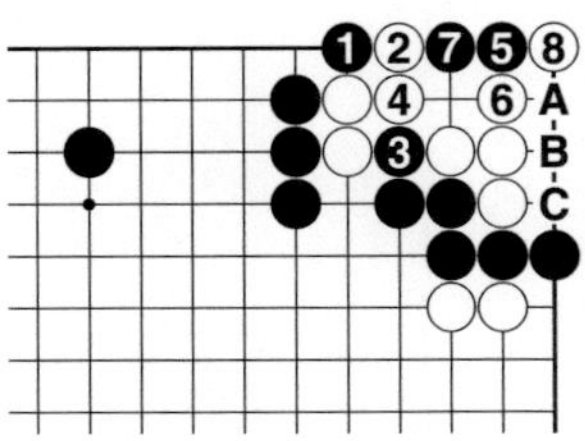

Dia. 4a

Lösung 4: Schwarz tötet

Dia. 4a Wieder beginnt Schwarz mit dem Hane und setzt mit der Abfolge bis 7 fort. Nach Weiß 8 muss Schwarz aufpassen. Wenn er einfach auf A schlägt, blockt Weiß mit B und nach Schwarz C und Weiß 8 gibt es ein Ko in der Ecke. Schwarz kann in diesem Fall das Ko nicht decken, da die weißen Freiheiten einen Toten Winkel verhindern.

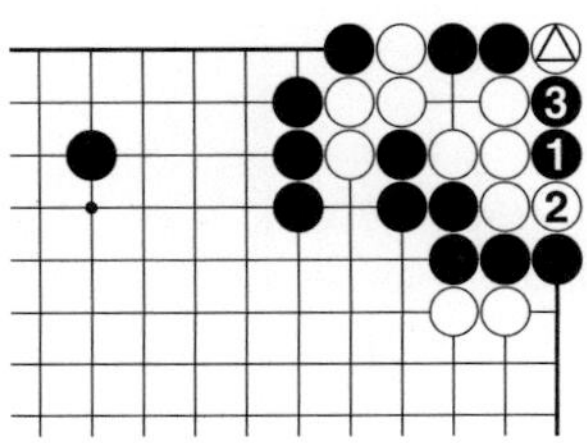

Dia. 4b
(W4 auf △, S5 auf 3)

Dia. 4b Nach Weiß 8 im vorherigen Diagramm ist Schwarz 1 der Schlüsselpunkt. Wenn Weiß mit 2 antwortet, dann schlägt Schwarz 3 den markierten Stein. Weiß schlägt mit 4 auf den markierten Stein wiederum zwei Steine und schließlich schlägt Schwarz auf 3 einen Stein.

Nun gibt es einen echten Toten Winkel und Weiß ist tot.

5. 4-4-Joseki (2)

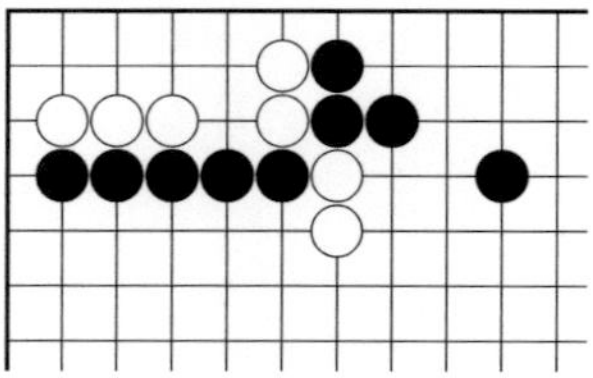

Dia. 1

Dia. 1 In dieser Lektion soll eine weitere, sehr häufig nach einem Joseki auftretende Stellung untersucht werden. Die Grundform wird in diesem Diagramm gezeigt.

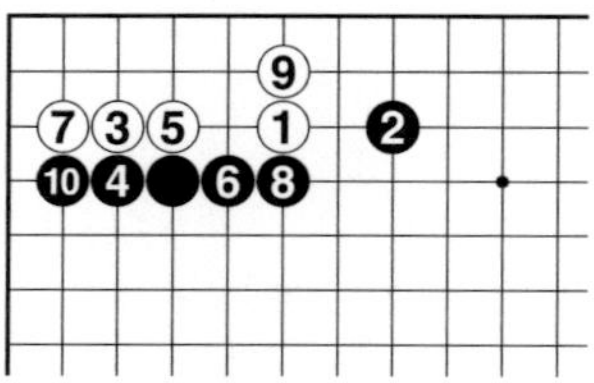

Dia. 2

Dia. 2 Diesmal hat Schwarz das Kakari 1 mit dem Klemmen auf 2 beantwortet. Weiß ist anschließend auf den 3-3-Punkt in die Ecke gesprungen.

Die Sequenz bis 10 ist Joseki und wird von Schwarz gewählt, wenn bereits ein schwarzer Stein am linken Rand als Ausdehnung steht. Andernfalls wird Schwarz statt 4 auf 5 spielen.

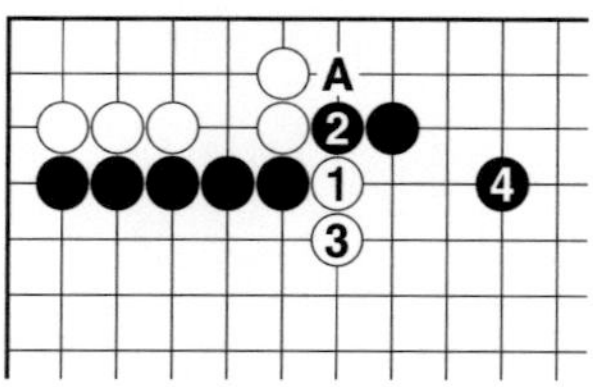

Dia. 3

Dia. 3 Weiß kann später mit dem Schnitt 1 und dem Strecken auf 3 fortsetzen. Spielt Schwarz einen weiteren Stein auf A, ist dieser Vorhand gegen die Ecke. Warum er Vorhand ist, wird in den folgenden Diagrammen gezeigt.

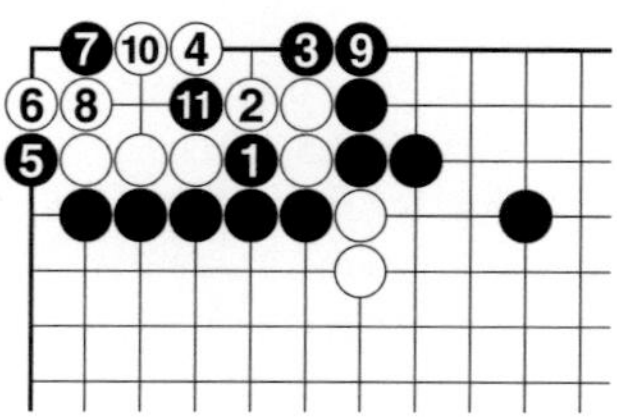

Dia. 4

Dia. 4 Schwarz beginnt mit 1 und 3, den Raum für Augen zu verkleinern, um dann mit 7 den vitalen Punkt zu besetzen.

Versucht Weiß mit 8 und 10 zu verteidigen, so töten Schwarz 9 und 11 bedingungslos.

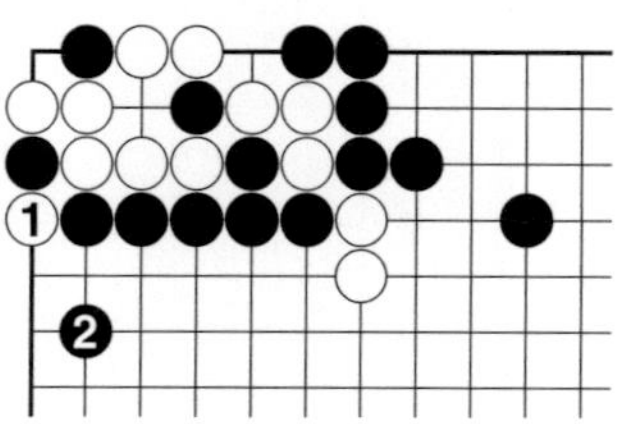

Dia. 5

Dia. 5 Das Schlagen des schwarzen Steins mit 1 bringt keine Fluchtmöglichkeit, denn Schwarz gibt auf 2 nach und schließt Weiß vollständig in der Ecke ein.

Dia. 6 Weiß 1 als Antwort auf Schwarz 7 in Diagramm 4 ist auch keine bessere Fortsetzung. Schwarz 2 verhindert, dass Weiß lebt, indem er aus A und B Miai macht.

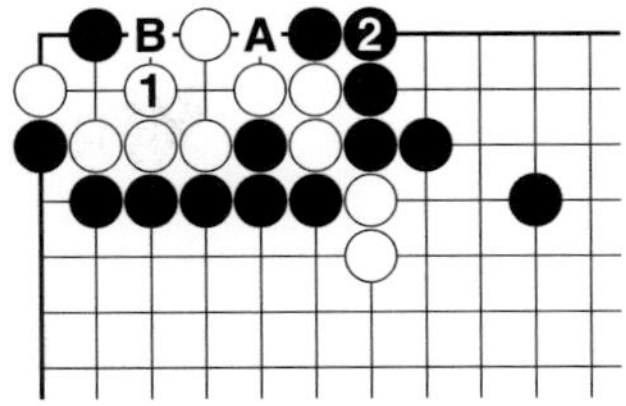

Dia. 6

Dia. 7 Wenn Weiß nach Schwarz 3 in Diagramm 4 fest deckt, dann schiebt Schwarz noch einmal mit 2 und tötet schließlich mit 4 und 6.

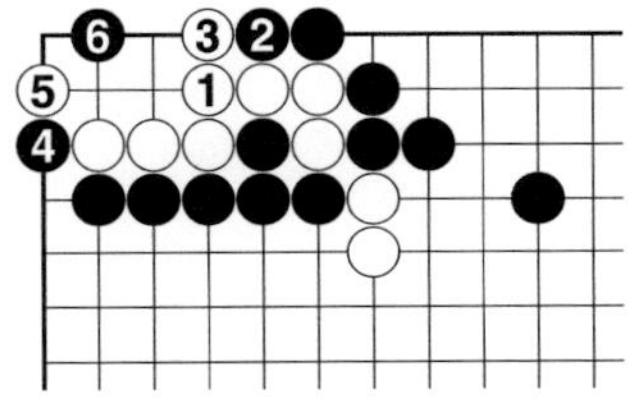

Dia. 7

Dia. 8 Weiß muss daher unbedingt, nachdem Schwarz auf 1 gespielt hat, die Ecke mit 2 verteidigen.

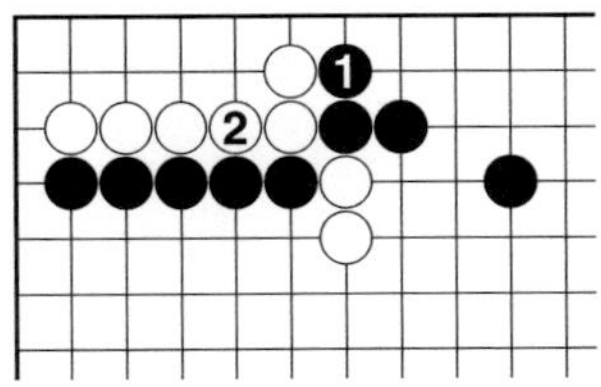

Dia. 8

Aufgaben

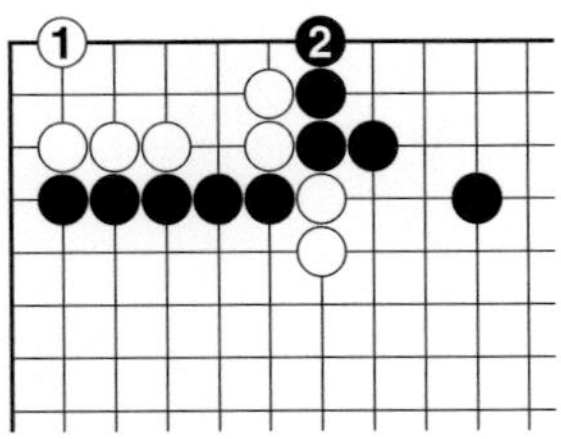

1. Weiß hat mit 1 sehr defensiv gedeckt. Kann er das Strecken auf 2 ignorieren?

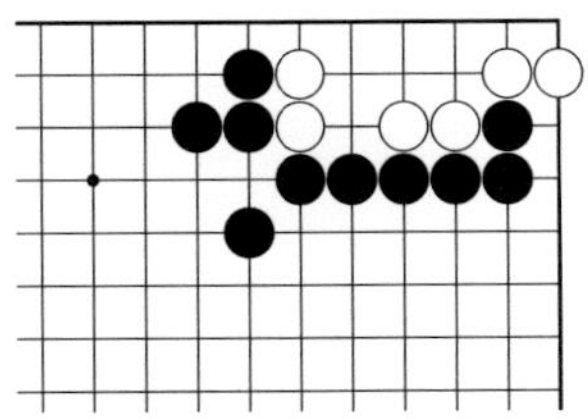

3. Welchen Status hat die Ecke hier?

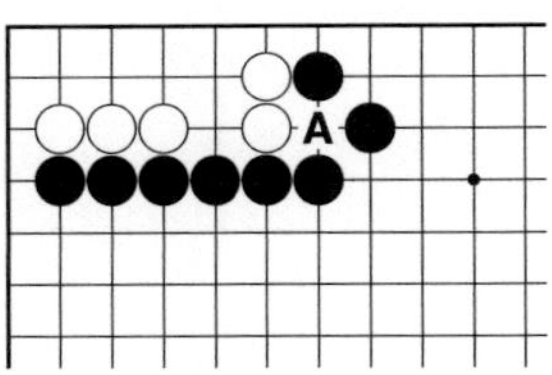

2. Weiß hat noch eine Außenfreiheit auf A. Welchen Status hat die Ecke?

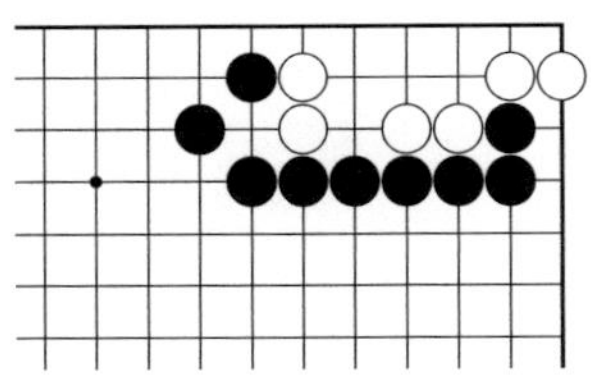

4. Wieder hat Weiß eine zusätzliche Freiheit. Was bewirkt sie für die Ecke?

Antworten

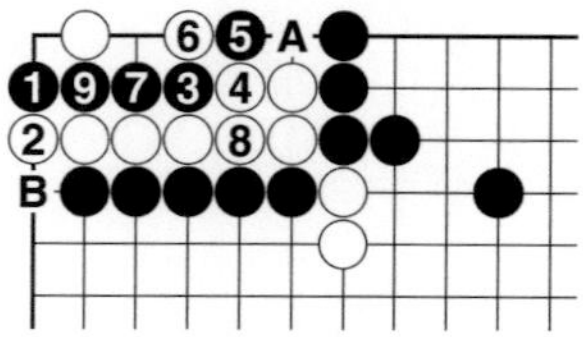

Dia. 1a

Lösung 1

Dia. 1a Wenn Schwarz beginnt, dann stirbt Weiß in der Abfolge von 1 bis 9, denn wenn Weiß mit 10 auf A schlägt, dann gibt Schwarz Atari B.

Die schwarzen Steine haben aber noch zwei Freiheiten.

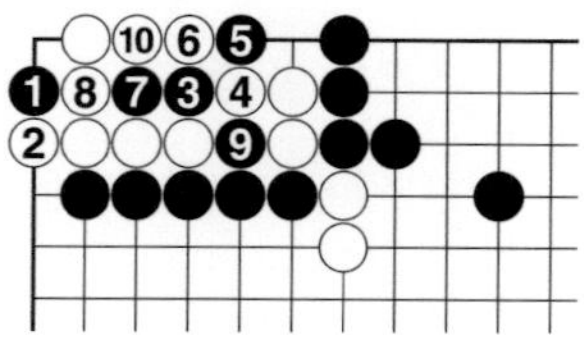

Dia. 1b (S11 auf 3)

Dia. 1b Wenn Weiß statt 8 im letzten Diagramm wie hier spielt, dann kontert Schwarz mit 9.

Nachdem Weiß mit 10 zwei schwarze Steine schlägt, wirft Schwarz mit 11 auf 3 ein und verhindert so das zweite Auge.

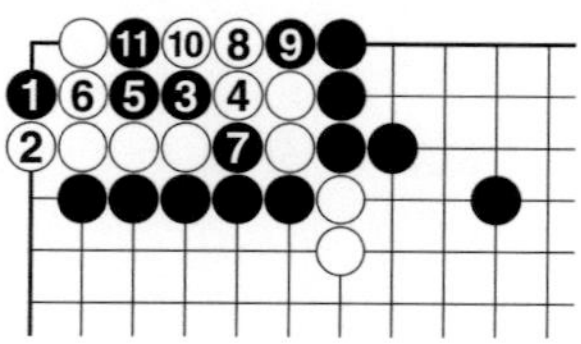

Dia. 1c (W12 auf 4)

Dia. 1c Schwarz 5 in diesem Diagramm ist nicht gut, denn jetzt folgt die Sequenz bis 11. Schwarz fängt zwar fünf weiße Steine, aber Weiß schlägt mit 12 jetzt auf 4 drei schwarze Steine und lebt „unter den Steinen" (Ishi no Shita).

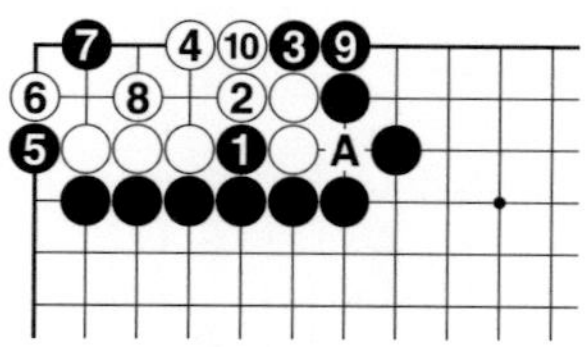

Dia. 2a

Lösung 2: Weiß lebt

Dia. 2a Die Abfolge von Schwarz 1 bis 9 tötet die weiße Ecke auf Grund der Freiheit A nicht.

Schwarz muss also einen anderen Weg versuchen.

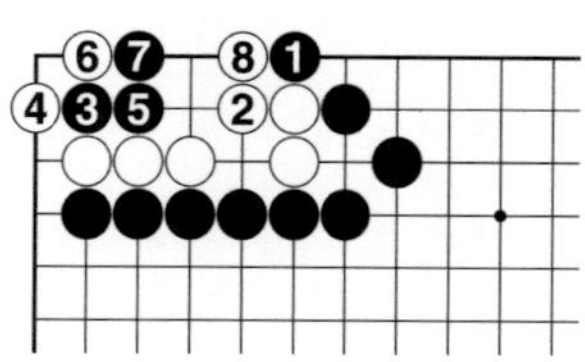

Dia. 2b

Dia. 2b Das Hane 1 ist eine Möglichkeit. Antwortet Weiß mit 2 dann entsteht in dieser Abfolge bis 9 ein Ko in der Ecke.

Aber Weiß hat eine bessere Antwort auf das Hane.

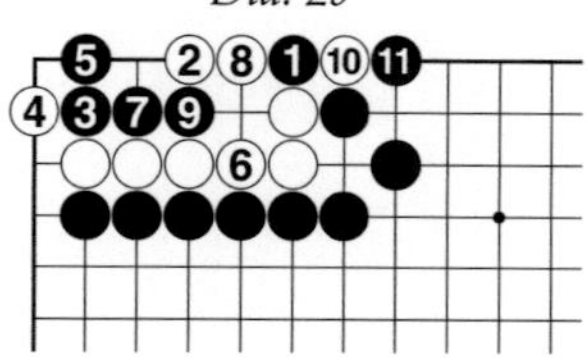

Dia. 2c

Dia. 2c Weiß 2 ist die korrekte Antwort und führt zu einem Seki.

Spielt Schwarz statt 7 auf 8, dann antwortet Weiß einen Punkt unterhalb von 8. Es folgen Schwarz 7, Weiß 10 und der schwarze Einwurf auf 1. Wenn Weiß dann links neben 2 spielt, lebt er wieder in Seki.

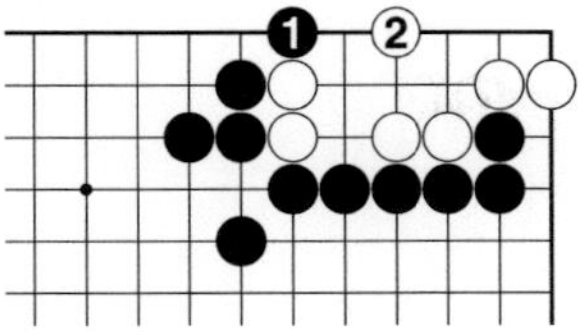

Dia. 3a

Lösung 3: Schwarz kann töten

Dia. 3a Das Hane 1 ist nicht ausreichend um zu töten, denn Weiß sichert die Ecke, indem er mit 2 den vitalen Punkt besetzt.

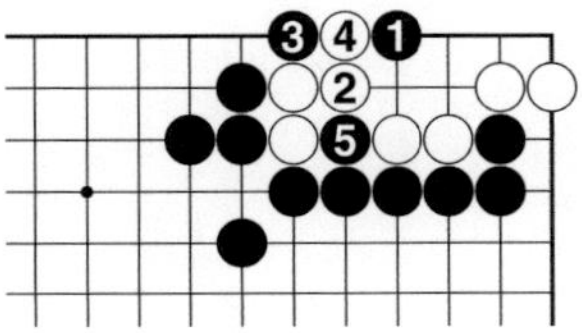

Dia. 3b

Dia. 3b Schwarz muss also selbst den vitalen Punkt spielen. Danach hat Weiß keine Chance auf Leben, wie eine der möglichen Fortsetzungen in diesem Diagramm aufzeigt.

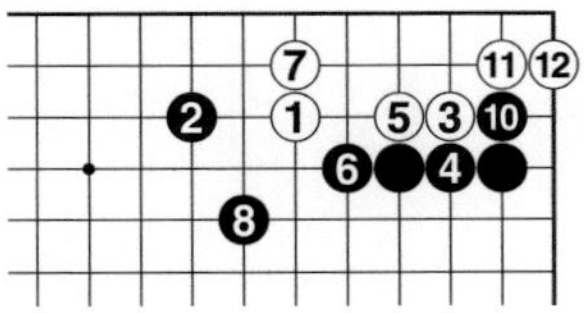

Dia. 3c (W9 Tenuki)

Dia. 3c Das Problem entsteht, nachdem Schwarz nach dem hier gezeigten Joseki alle Außenfreiheiten zugesetzt hat.

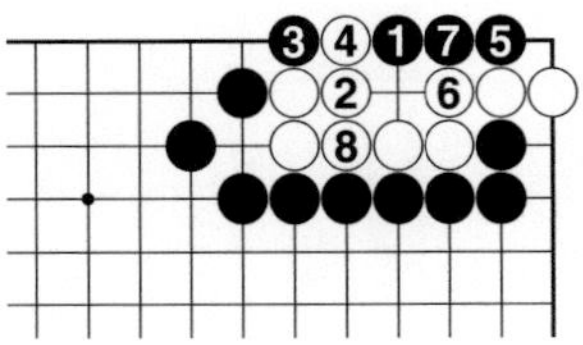

Dia. 4a

Lösung 4: Schwarz tötet

Dia. 4a Schwarz beginnt wieder auf dem vitalen Punkt der Stellung, aber auf Grund der einen Außenfreiheit kann er nicht wie oben spielen.

In der Abfolge bis 8 entsteht ein Seki. Aber Schwarz hat für 3 einen besseren Punkt.

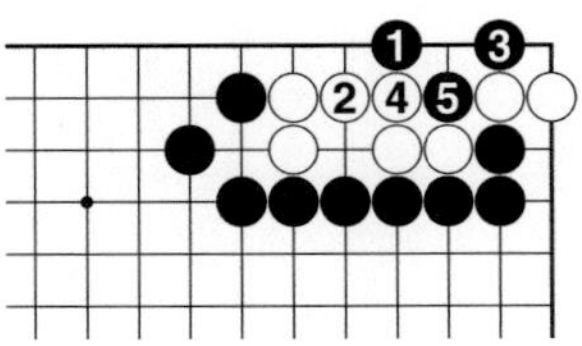

Dia. 4b

Dia. 4b Schwarz spielt nach Weiß 2 auf 3 und erreicht so ein Ko in der Ecke.

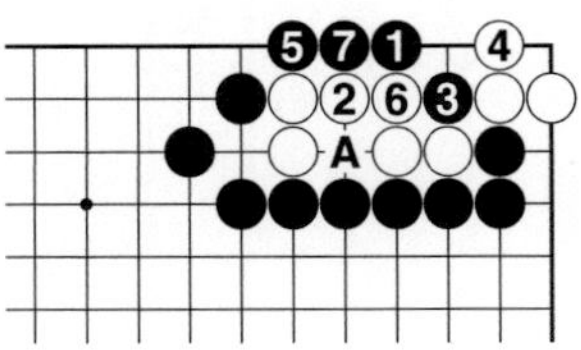

Dia. 4c

Dia. 4c Weiß kann das Ko nicht verhindern. Spielt er zum Beispiel 4 in diesem Diagramm, dann hält Schwarz mit 5 und 7 das zweite Auge unecht.

Antwortet Weiß statt 6 auf 7, dann gibt Schwarz das Atari A und die Ecke ist ebenfalls tot.

6. Aufgaben

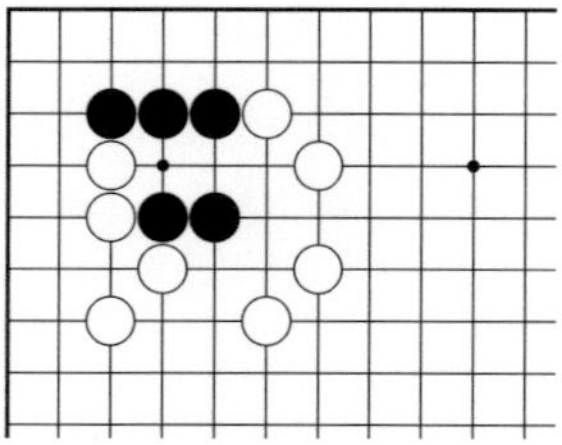

1. Weiß tötet!

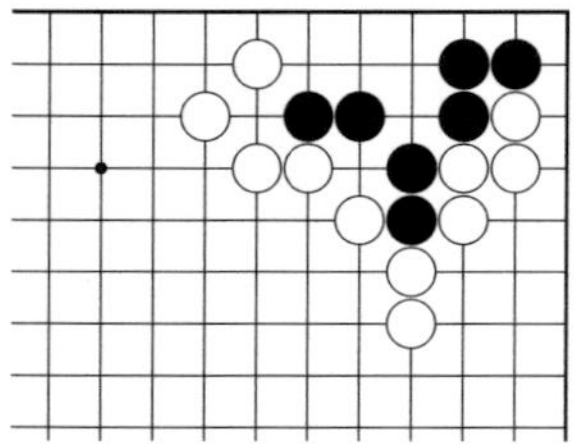

2. Schwarz setzt und lebt!

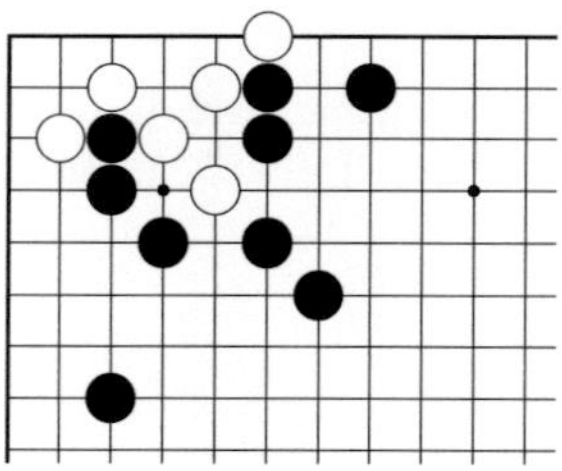

3. Schwarz tötet!

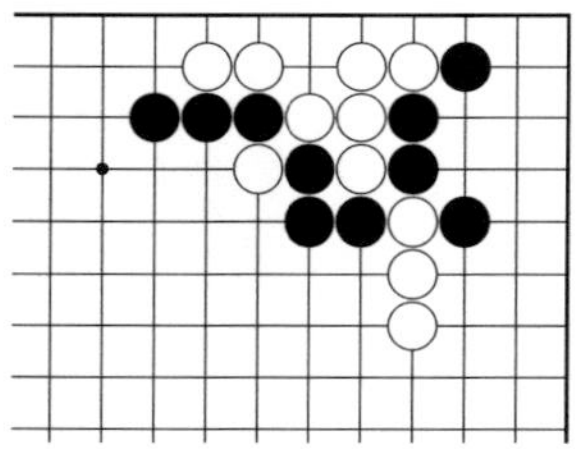

4. Schwarz setzt und lebt in der Ecke!

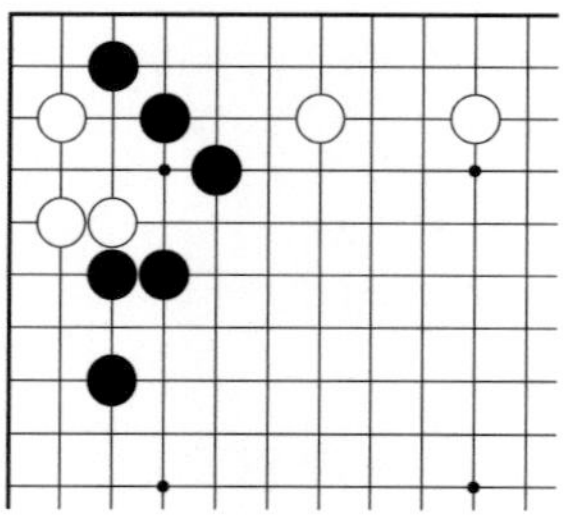

5. Weiß setzt und lebt!

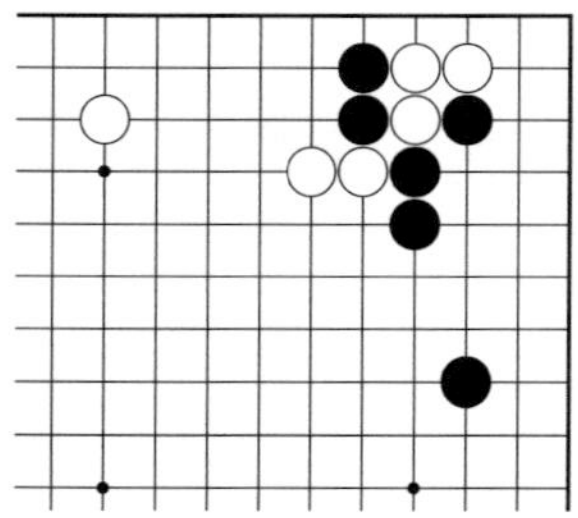

6. Schwarz setzt und fängt die drei weißen Steine!

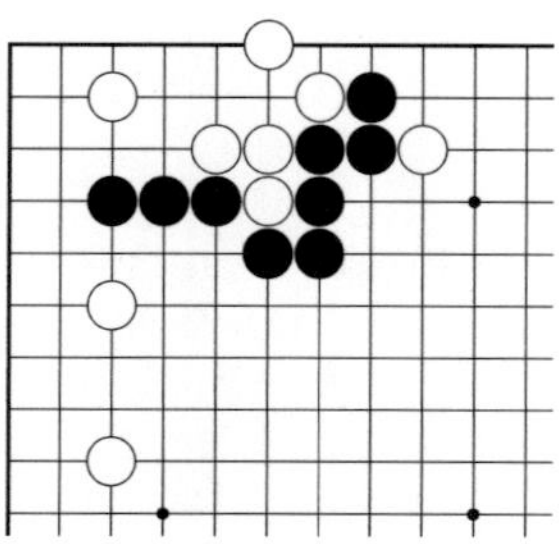

7. Schwarz tötet!

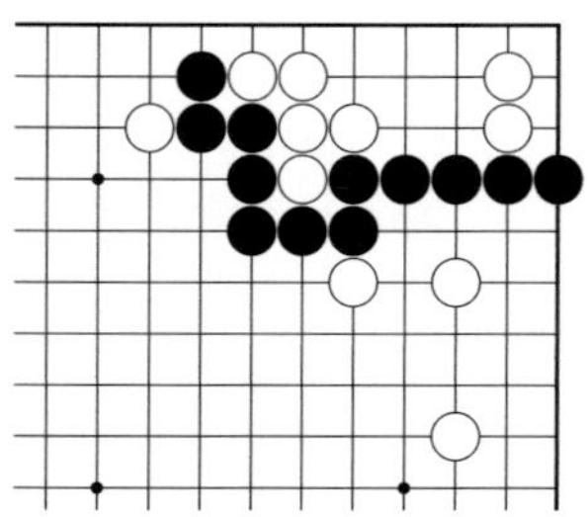

8. Schwarz tötet!

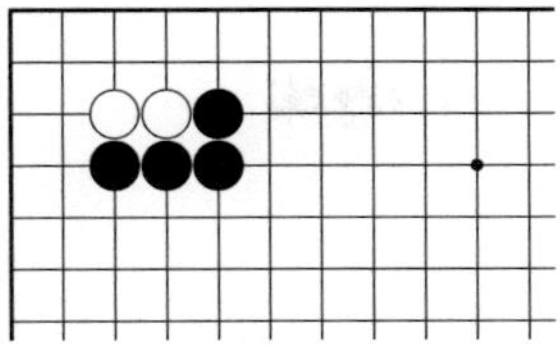

9. *Was kann Weiß hier erreichen?*

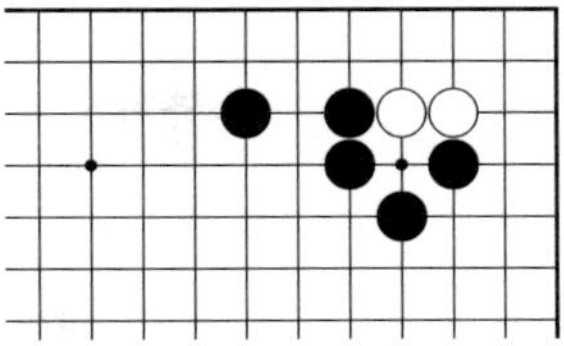

10. *Weiß setzt und lebt!*

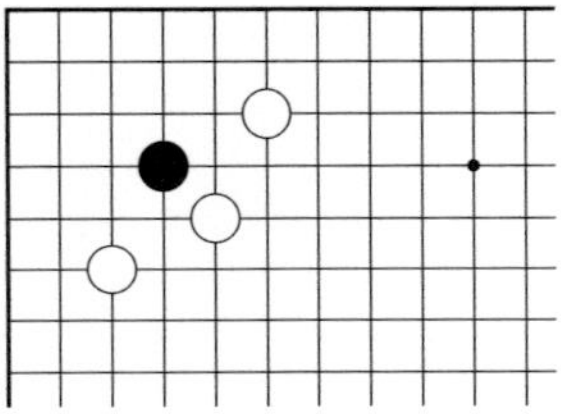

11. *Schwarz setzt und lebt!*

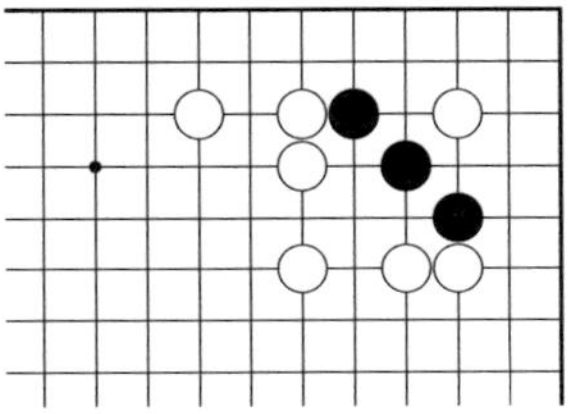

12. *Schwarz setzt und lebt!*

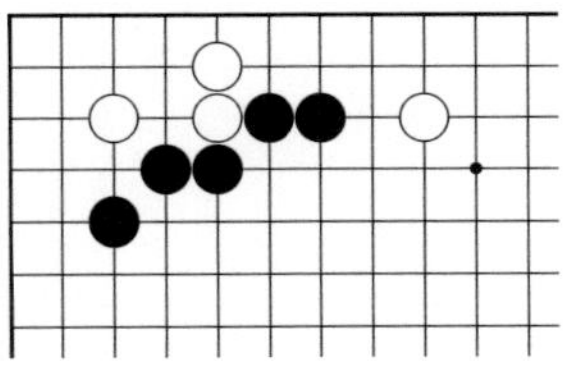

13. *Schwarz tötet!*

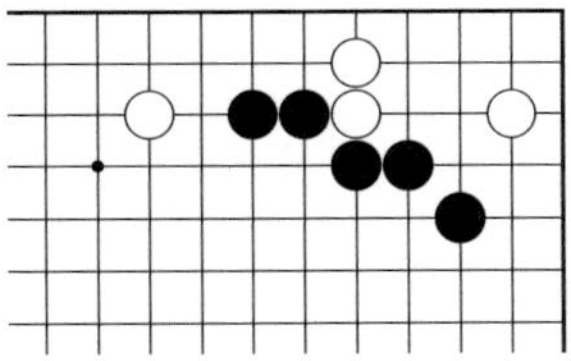

14. *Schwarz setzt und erreicht ein Ko!*

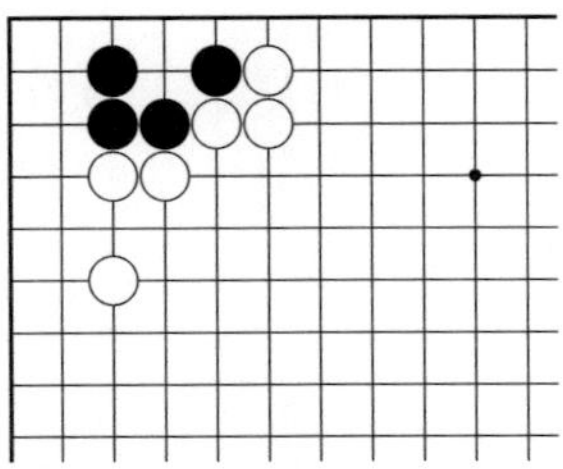

15. *Weiß tötet!*

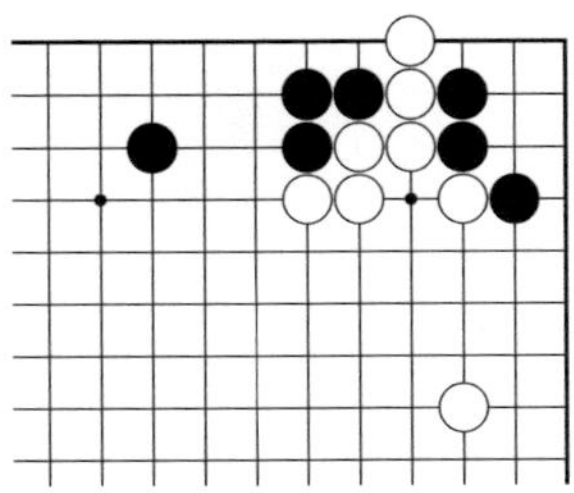

16. *Weiß tötet!*

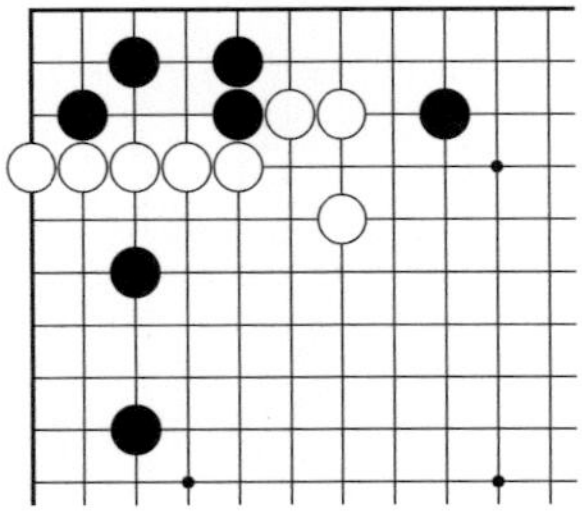

17. *Weiß tötet!*

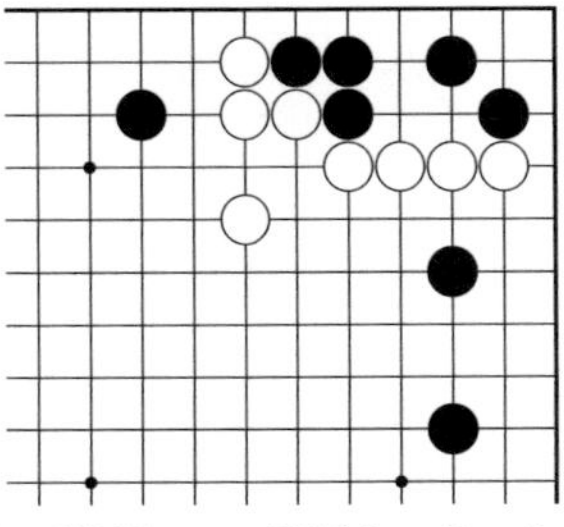

18. *Weiß setzt. Welches Ergebnis kann er erwarten?*

Lösungen

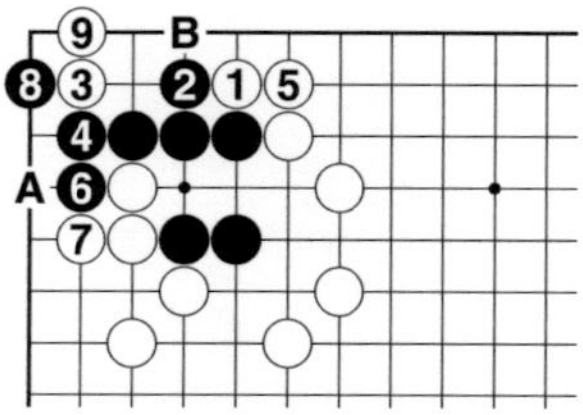

1a. Weiß beginnt mit dem Hane 1 und besetzt dann den vitalen Punkt. Nach Weiß 7 erkennt man das „L+1". A und B sind Miai.

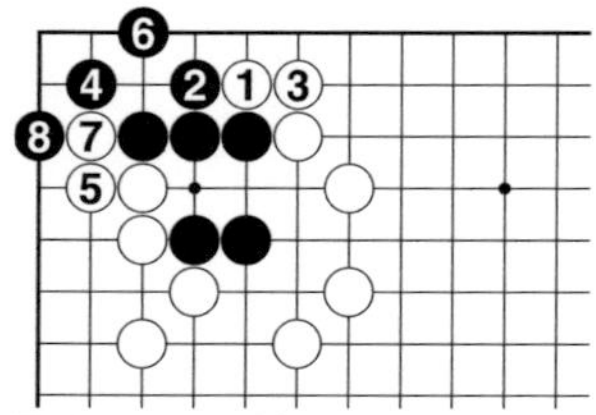

1b. Es ist ein Fehler von Weiß, mit 3 zu verbinden, denn Schwarz lebt mit 4 bis 8.

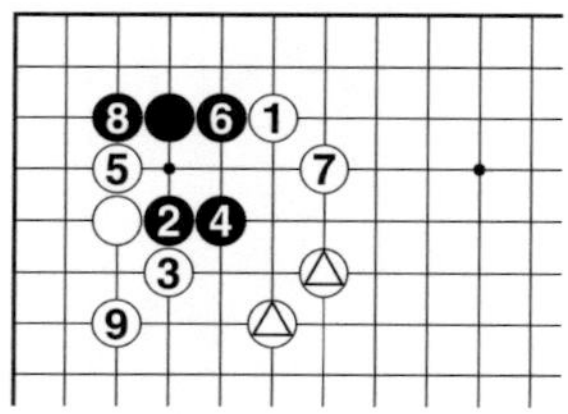

1c. Das Problem entstand aus diesem Joseki. Wenn Weiß den Weg in die Mitte versperrt, muss Schwarz in der Ecke leben.

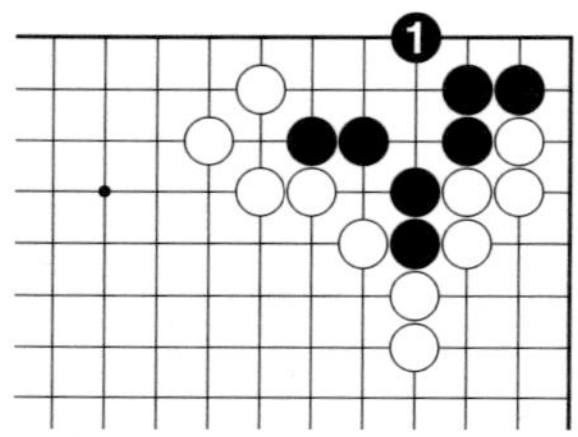

2a. Schwarz 1 ist der vitale Punkt und bringt Leben für die Gruppe.

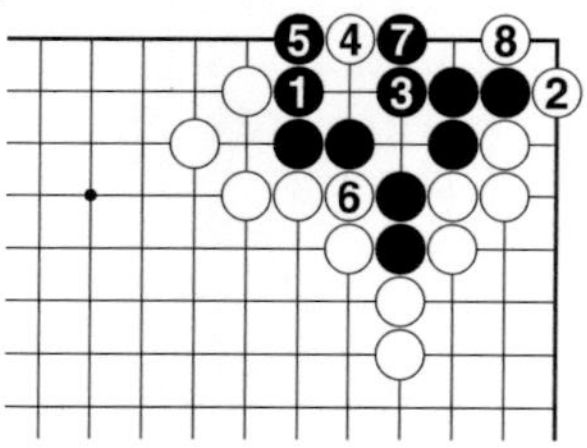

2b. Schwarz 1 ist ein Fehler. Weiß tötet in der Abfolge bis 8. Schwarz 1 auf 2 ist wegen Weiß 2 auf 7 auch nicht besser.

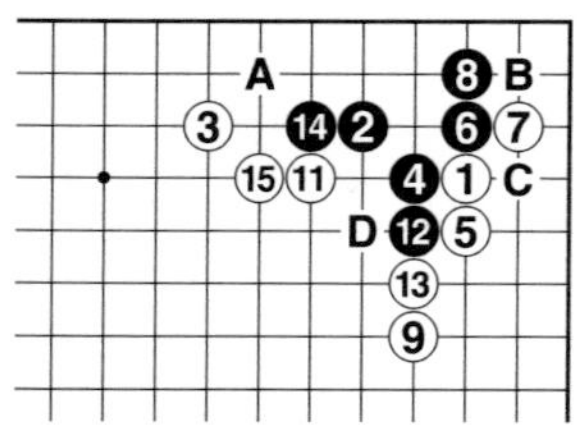

2c. Im Joseki spielt Schwarz mit 10 Tenuki. Später folgen A, B und C. Das Einschließen mit D ist Vorhand,Schwarz muss reagieren.

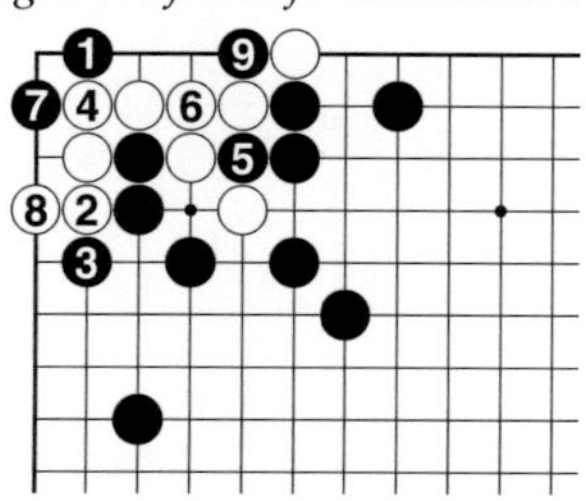

3a. Schwarz 1 ist der Schlüsselpunkt. In der Abfolge bis 9 entsteht der Tote Winkel und Weiß ist tot.

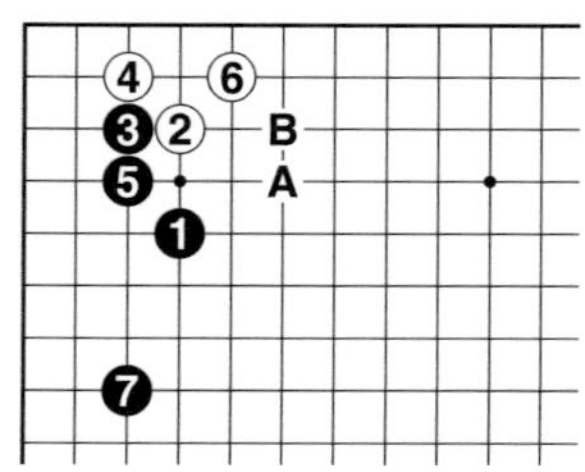

3b. Wenn Weiß im Joseki Vorhand erhalten möchte, verzichtet er auf A. Schwarz kann dann auf B Weiß in der Ecke einschließen.

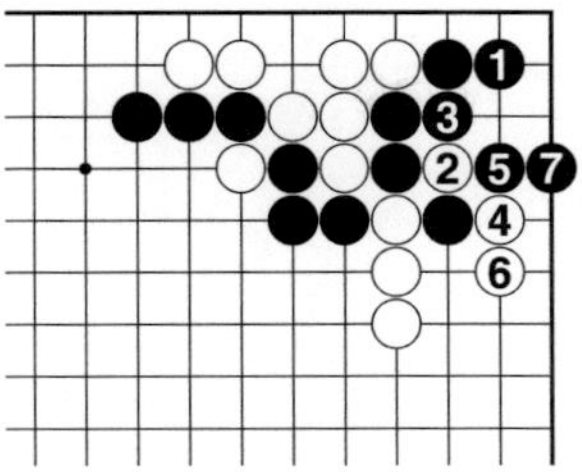

4a. Mit Schwarz 1 zu strecken ist korrekt. Schwarz lebt in der Abfolge bis 7.

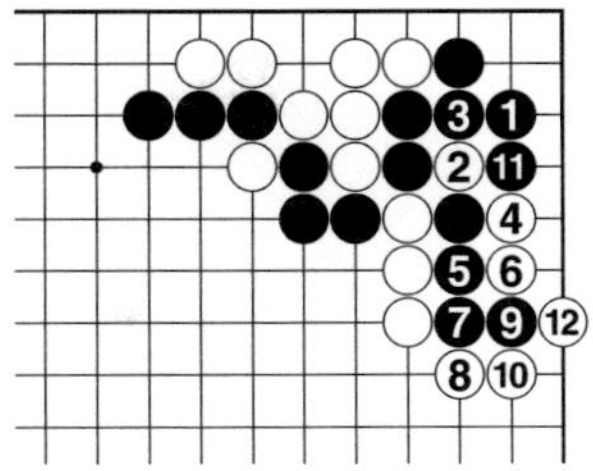

4b. Schwarz 1 sieht wie gute Form aus, ist aber ein Fehler. Nach Weiß 12 gibt es für Schwarz keine zwei Augen in der Ecke.

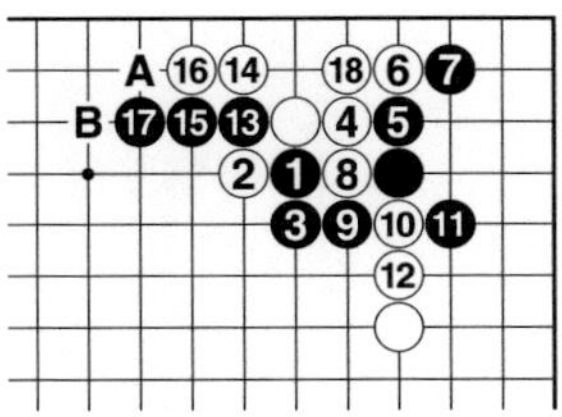

4c. Bevor Weiß auf 18 deckt, schiebt er im Joseki erst noch einmal mit A und Schwarz streckt auf B.

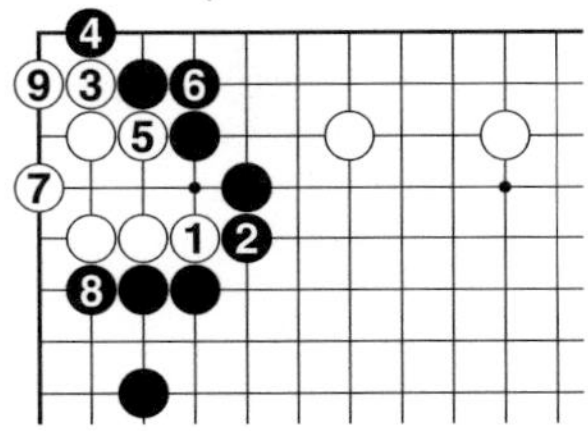

5a. Weiß lebt ganz unspektakulär mit der Abfolge 1 bis 9.

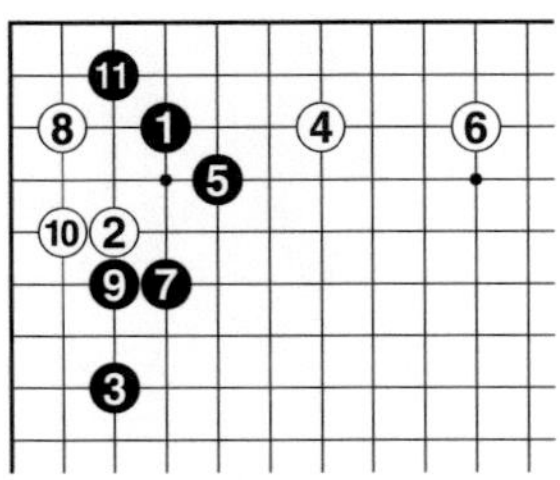

5b. Die Stellung entsteht aus dem Joseki von Schwarz 1 bis 11.

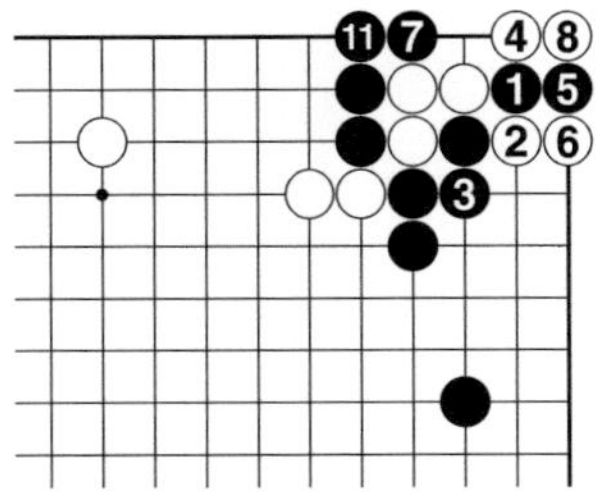

6a. Das Hane 1 beginnt die korrekte Abfolge. Schwarz wirft mit 9 auf 1 ein. Schlägt Weiß, dann gewinnt Schwarz mit 11 den Wettlauf.

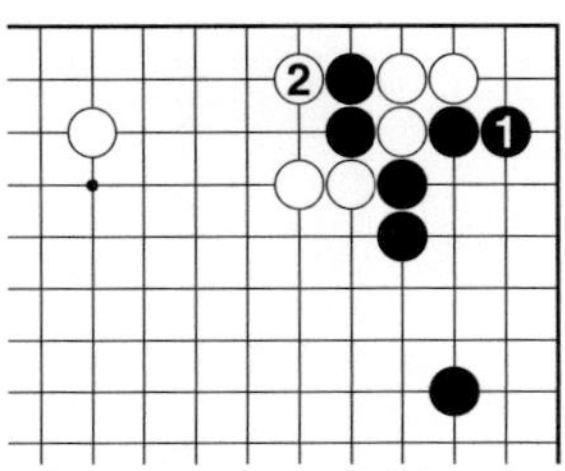

6b. Schwarz 1 ist ein Fehler, denn Weiß 2 fängt die zwei schwarzen Steine.

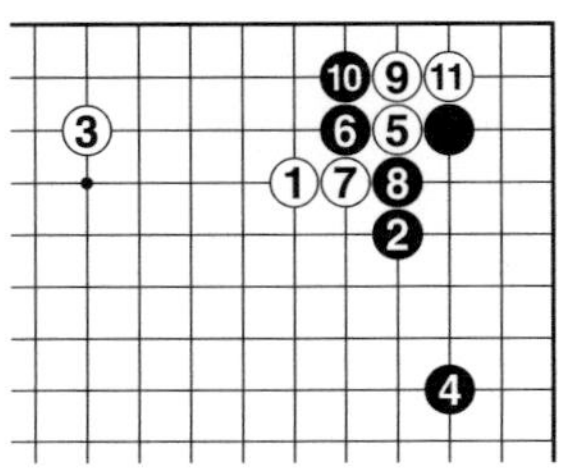

6c. Die Stellung entsteht, wenn Weiß vom Joseki abweicht. Statt 7 sollte Weiß auf 8 strecken.

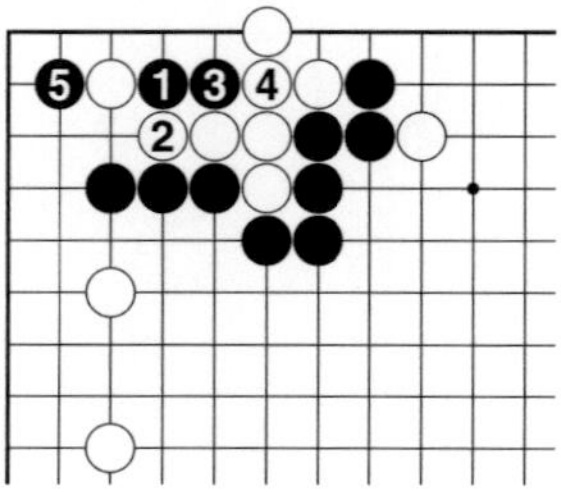

7a. Schwarz 1 legt innen an. Weiß hat mit 4 keine andere Wahl, als zu verbinden. Schwarz 5 tötet schließlich.

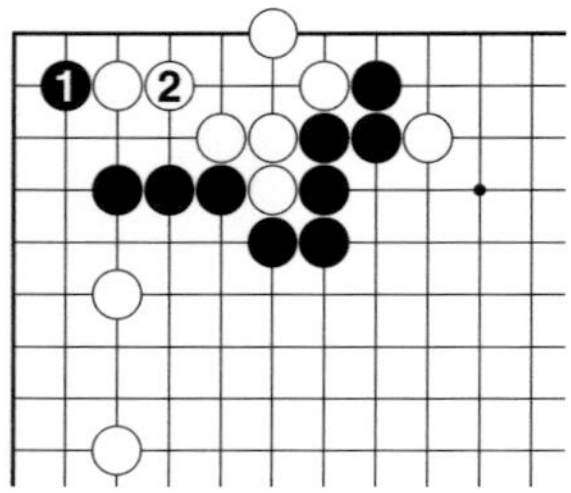

7b. Legt Schwarz erst außen an, dann lebt Weiß mit 2.

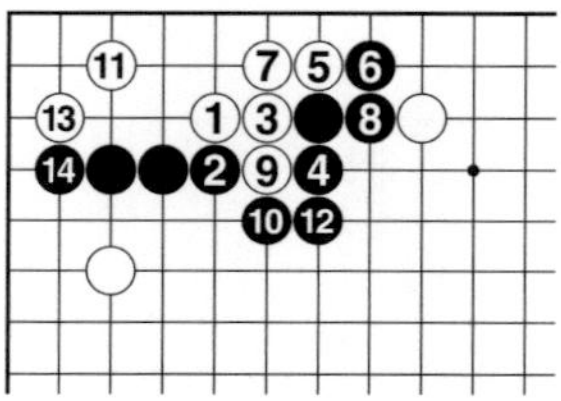

7c. Die Stellung entsteht, wenn Weiß mit 1 invadiert. Weiß muss den Abtausch 13 für 14 unbedingt spielen um zu leben.

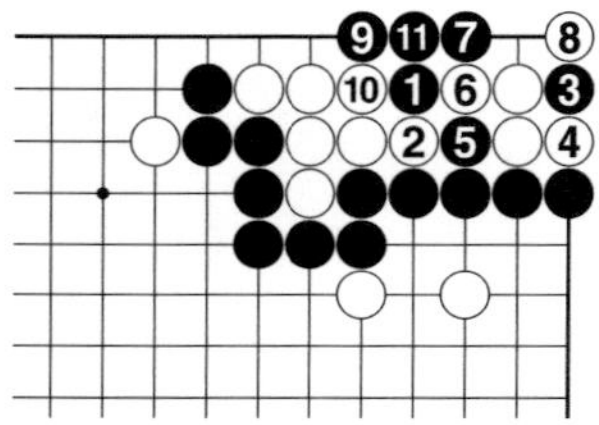

8a. Schwarz 1 und 3 sind richtig. Nach Schwarz 11 kann sich Weiß auf Grund von Freiheitenmangel nicht annähern.

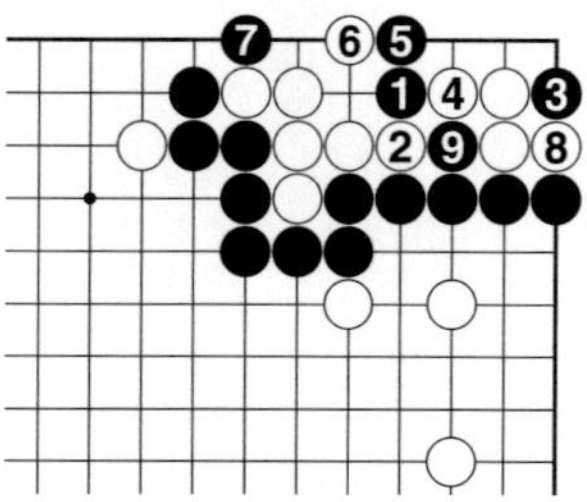

8b. In dieser Variante versucht Weiß mit 4 zu leben, aber wieder führen Schwarz 5 bis 9 zu einem Freiheitenmangel.

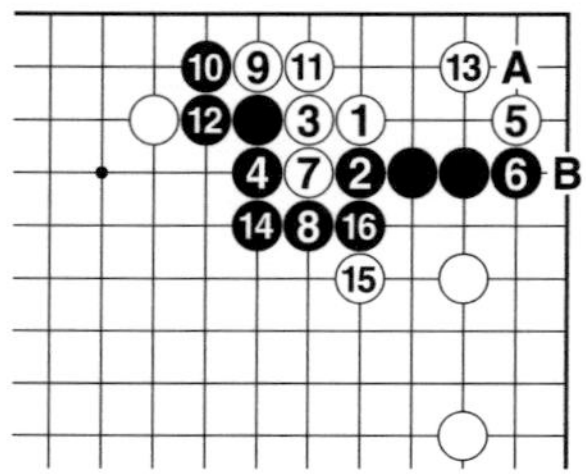

8c. Die Stellung entsteht nach der weißen Invasion auf 1. Statt 13 hat Weiß auf A gespielt. Weiß muss auf Schwarz B antworten.

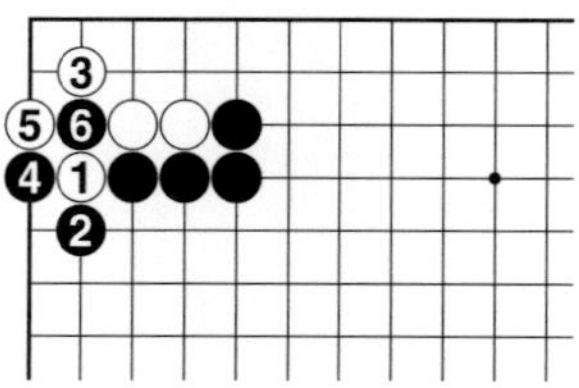

9a. Weiß spielt Hane 1 und erreicht in der Abfolge bis 5 ein Ko in der Ecke.

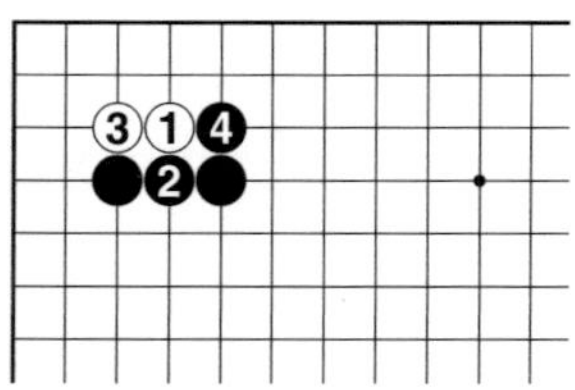

9b. Die Position entsteht, wenn Weiß das schwarze Shimari von innen „antestet".

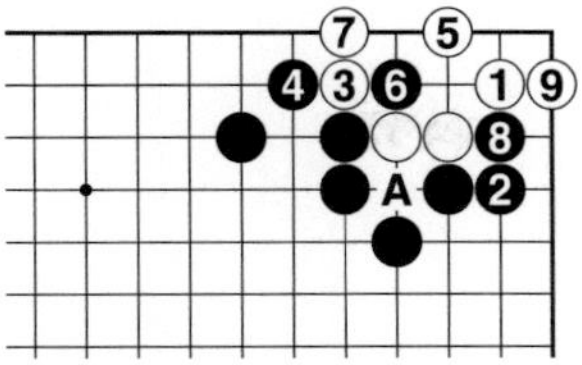

10a. Weiß 1 besetzt den vitalen Punkt. Dank der Außenfreiheit A ist Schwarz 6 kein Atari und so lebt Weiß in der Abfolge bis 9.

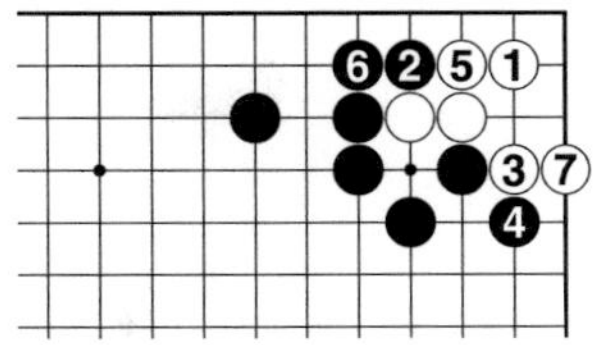

10b. Spielt Schwarz auf 2 in diesem Diagramm, dann lebt Weiß in der Abfolge bis 7. Schwarz 6 auf 7 wird mit Weiß 7 auf 6 beantwortet.

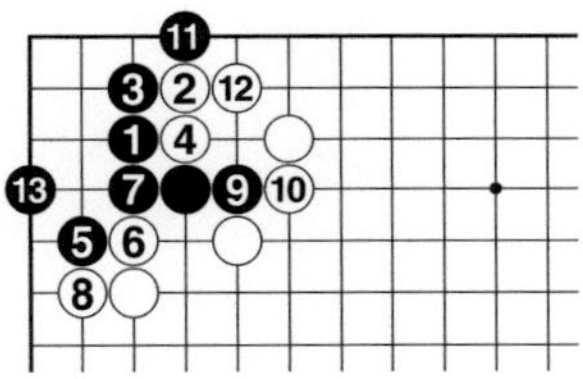

11. Schwarz 1 auf 3-3 bringt Leben. In der Sequenz bis 13 formt Schwarz die J-Form mit einem Hane und lebt (vgl. S.133).

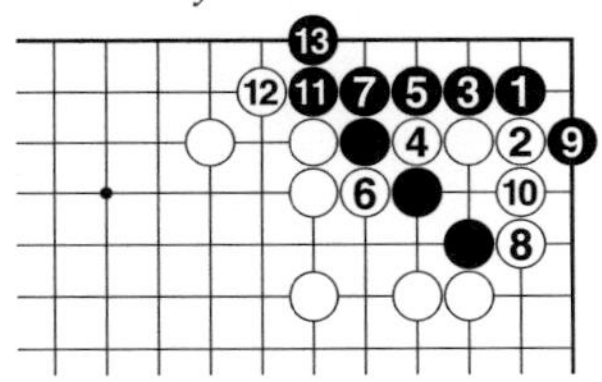

12. Schwarz 1 auf 2-2 ist richtig. Schwarz verliert zwar zwei der Anfangssteine, aber er lebt nach 13.

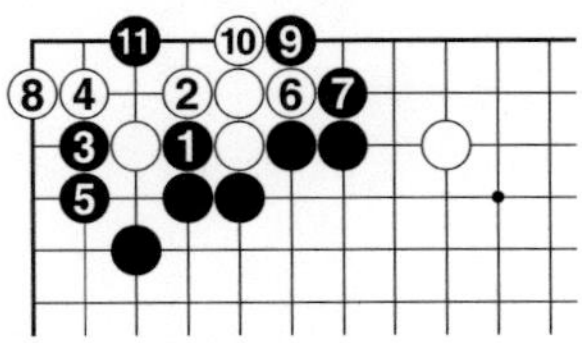

13a. Die Kombination von Schwarz 1 und 3 töten Weiß. Weiß tauscht noch 4 für 5 und 6 für 7 ab, aber auf Schwarz 11 gibt es keine Antwort mehr.

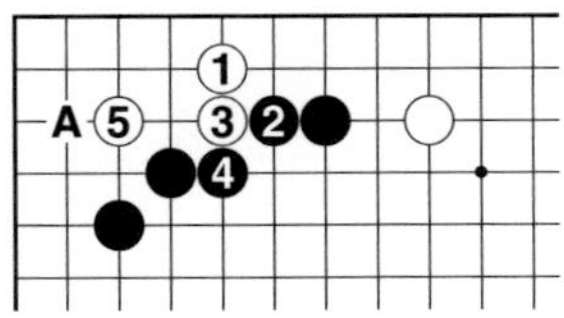

13b. Die Stellung entsteht, wenn Weiß auf 1 invadiert. Statt 5 kann Weiß auf A noch ein Ko erreichen (siehe nächstes Problem).

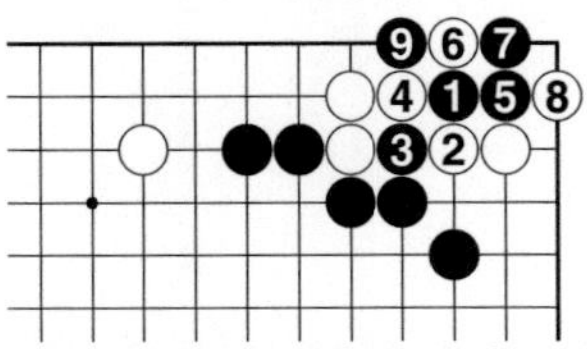

14a. Schwarz 1 ist richtig. Schneidet Weiß mit 2 und 4 den Stein ab, beginnt Schwarz mit 5 bis 9 ein Ko.

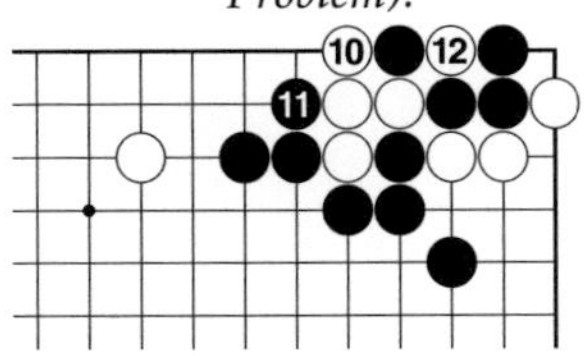

14b. Weiß muss sich mit 10 und 12 auf das Ko einlassen. Aber das Ergebnis der Invasion ist besser als im Problem 13.

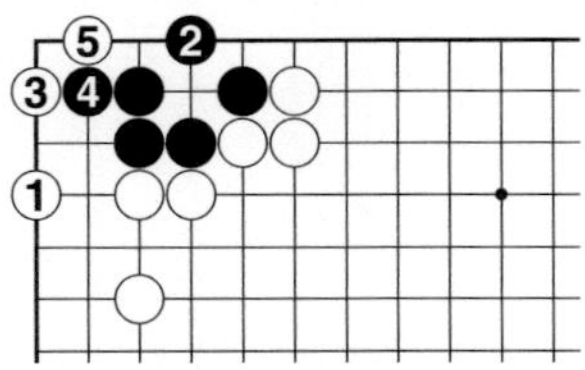

15a. Der weiße Sprung auf 1 tötet. Schwarz bekommt keine zwei Augen mehr.

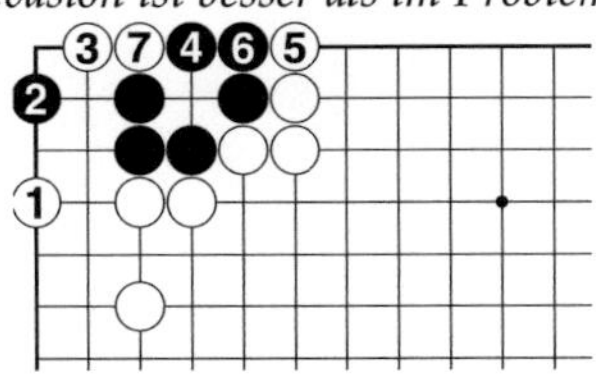

15b. Auch in dieser Variante kommt Schwarz nicht zum Leben.

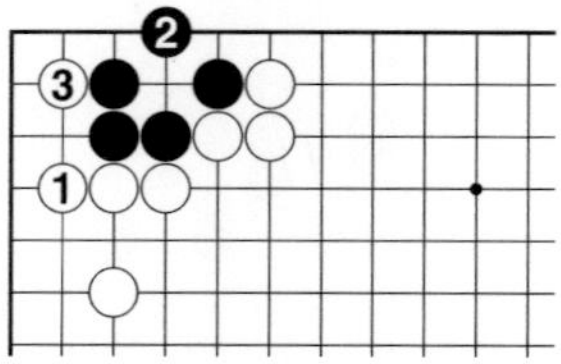

15c. Weiß 1 tötet nicht bedingungslos, denn nach 3 kann Schwarz ein Ko spielen (s.S.77).

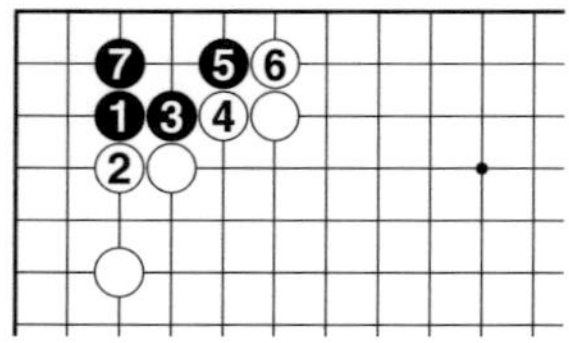

15d. Invadiert Schwarz unter dem 4-4-Stein (mit zwei Keima), entsteht diese Stellung.

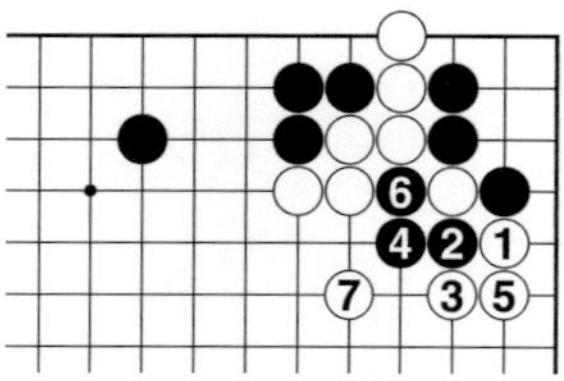

16a. Das Hane 1 ist richtig. Gibt Schwarz mit 2 Atari, dann spielt Weiß 3. Nach 7 ist Schwarz eingeschlossen und hat keine zwei Augen.

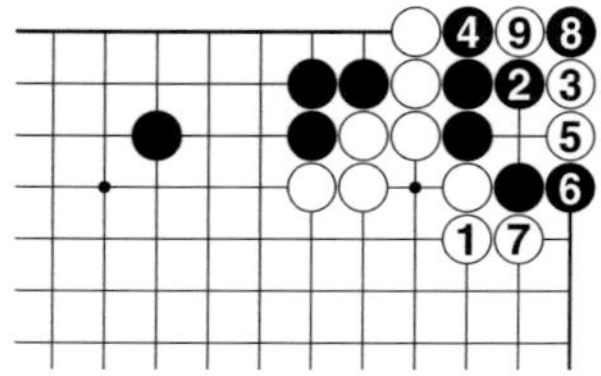

16b. Streckt Weiß nur auf 1, dann kann Schwarz in der Ecke ein Ko beginnen.

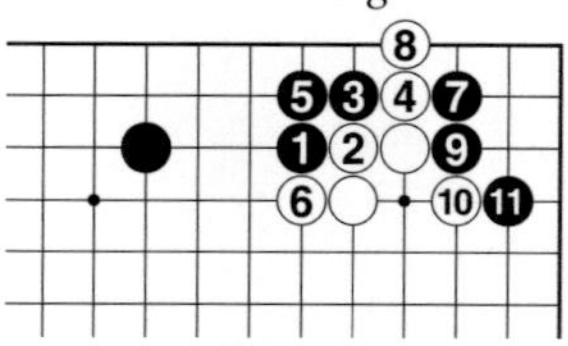

16c. Die Stellung entsteht nachdem Schwarz nach 1 bis 5 unbedingt auch noch die Ecke mit 7 bis 11 aushöhlen möchte.

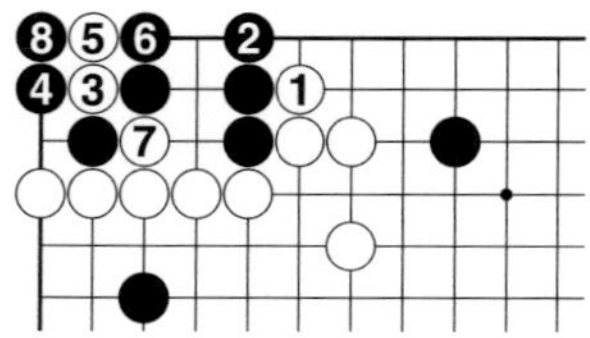

17a. Weiß 1 und 3 töten. Nach Schwarz 8 wirft Weiß mit 9 auf 3 ein. Schwarz hat nur ein Auge.

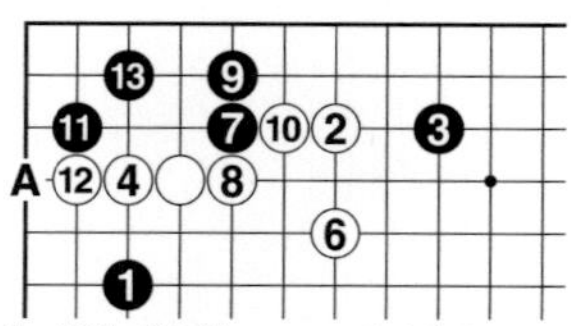

17b. Die Stellung entsteht aus diesem Joseki. Schwarz dehnt sich mit 5 am linken Rand aus. Weiß A ist jetzt Vorhand gegen die Ecke.

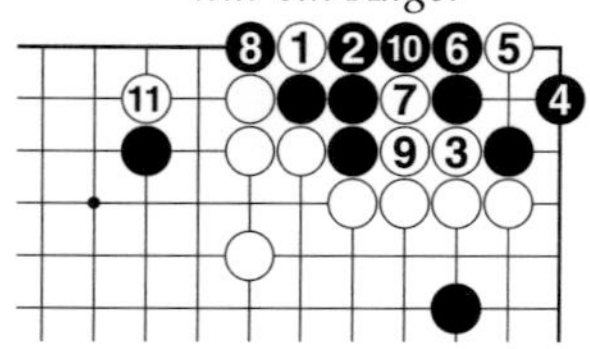

18a. Weiß 1 bis 11 töten, denn Weiß 7 kann mangels Freiheiten nicht abgeschnitten werden. Aber Schwarz kann statt 4 ...

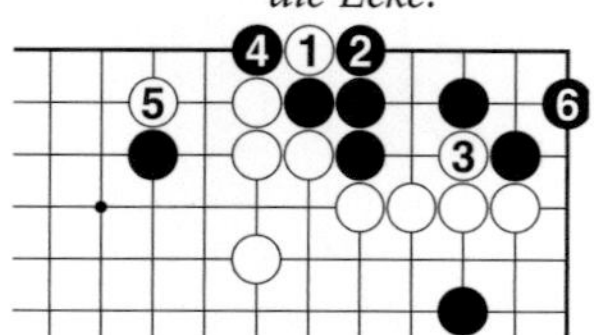

18b. ... erst schlagen. Wenn Weiß mit 5 das Anbinden verhindert, lebt Schwarz mit 6.

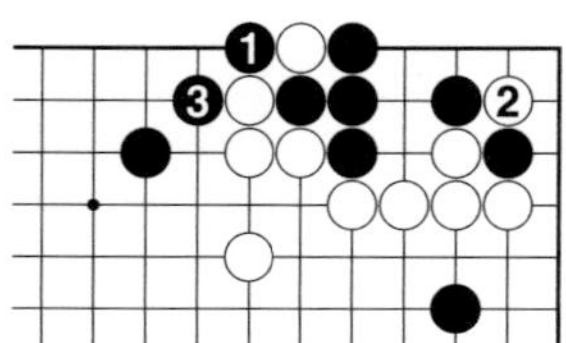

18c. Daher fängt Weiß mit 5 einen Stein und lässt Schwarz nach außen anbinden.

Kapitel 7
50 Leben-und-Tod-Probleme

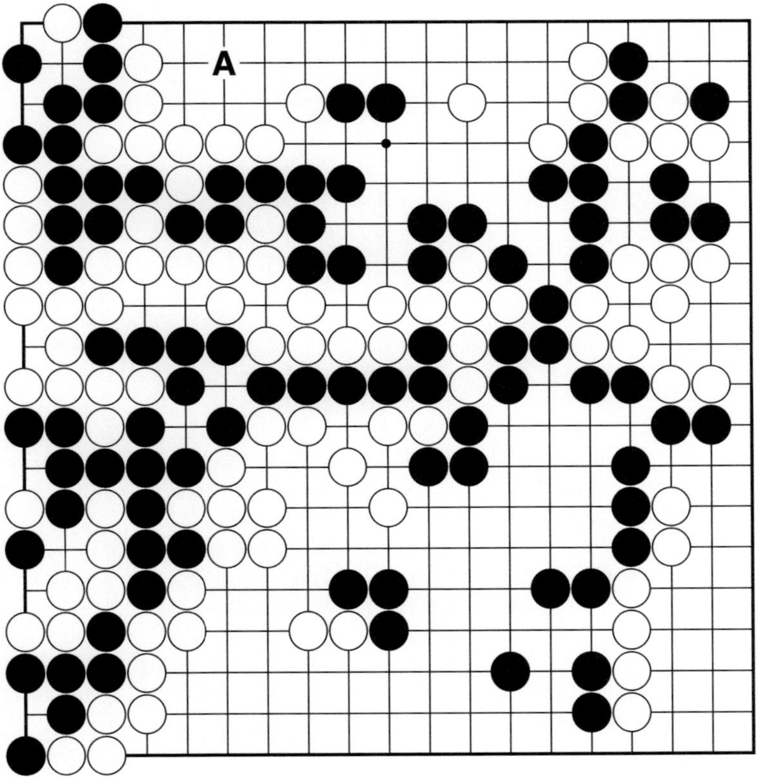

Figur: Turnierpartie zweier Amateure (Dickfeld/Lu, 2004)

Es ist wichtig, die in den vorangegangenen Kapiteln erlernten Techniken auch auf tatsächliche Go-Partien anzuwenden. Eine Partie ist keine Übungsaufgabe, hier gibt es keine klare Aufgabenstellung (zum Beispiel „Schwarz setzt und tötet."), welche die zu suchende Lösung schon impliziert. Stattdessen muss der Spieler allein prüfen, welchen Status seine und die Gruppen des Gegners haben.

In der oben gezeigten Brettstellung hat Schwarz (durch einen Fehler) ein riesiges Seki erzeugt, das sich vom linken Brettrand bis in die Mitte erstreckt. Die Partie ist nun zu Gunsten von Weiß gekippt. Es sei denn, Schwarz findet einen Weg, wie die weiße Gruppe am oberen Rand (um A) zu töten ist.

In diesem Kapitel wollen wir verfolgen, welche Überlegungen und Lösungsansätze Schwarz in Gedanken ausprobiert und zu welchem Ergebnis er kommt. Danach folgen 50 Probleme, die der Leser ebenso sorgfältig bearbeiten soll.

1. Ein Lösungsweg wird gesucht...

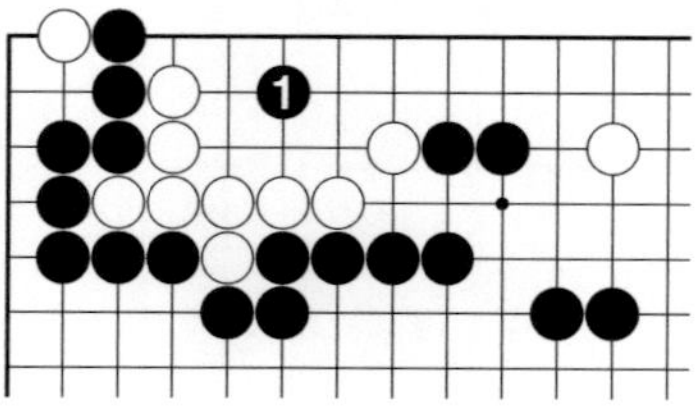

Dia. 1

Dia. 1 Schwarz 1 scheint der vitale Punkt in dieser Stellung zu sein. (Anm.: Für die Übersichtlichkeit wurden unten einige, nicht relevante Steine entfernt).

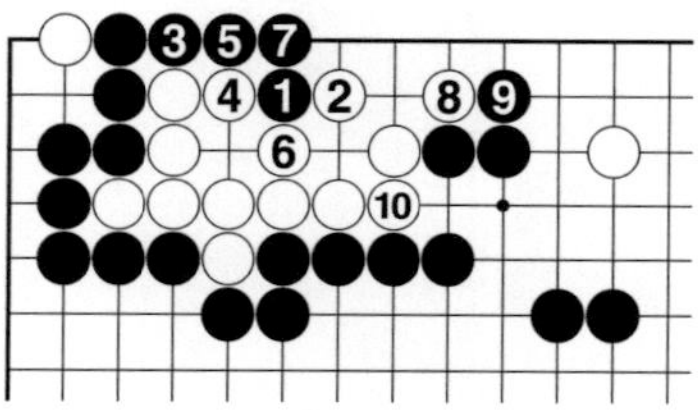

Dia. 2

Dia. 2 Weiß 2 ist die einzige, natürliche Antwort, denn er hat das beste Potenzial, um zwei Augen zu bilden. Spielt Schwarz 3 und 5, kontert Weiß mit 4 und 6. Schwarz muss auf 7 decken. Weiß 8 droht, am Rand zu entkommen, und Schwarz 9 blockt.

Nach dem Abtausch von Weiß 8 und Schwarz 9 lebt Weiß mit 10.

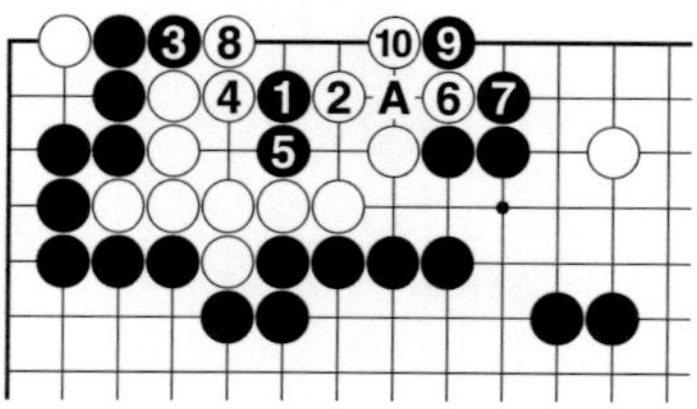

Dia. 3

Dia. 3 Um die Bildung zweier Augen zu verhindern, versucht Schwarz es mit 5 in diesem Diagramm.

Nach Weiß 10 entsteht ein Ko. Deckt Weiß das Ko auf A, dann lebt er in Seki. Gewinnt dagegen Schwarz das Ko, dann stirbt Weiß auf Grund der Nakade-Form.

Weiß darf statt 10 nicht auf A verbinden, denn Schwarz streckt auf 10 – Weiß ist tot.

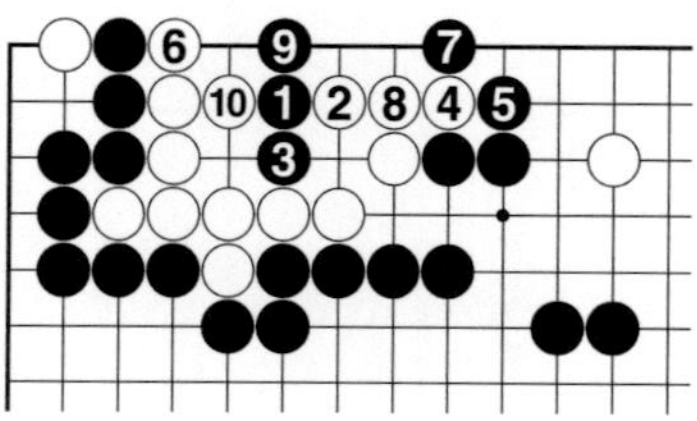

Dia. 4

Dia. 4 Ein Ko reicht Schwarz aber nicht. Daher spielt er statt 3 in Diagramm 3 sofort auf 3 hier.

In der Abfolge bis Weiß 10 entsteht wieder ein Seki und Weiß lebt.

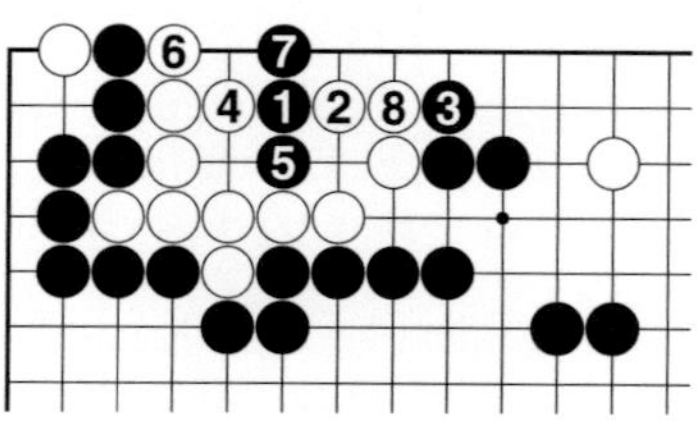

Dia. 5

Dia. 5 Was passiert, wenn Schwarz mit 3 zum Rand streckt, um so Weiß die Vorhand des Umbiegens zu nehmen?

Weiß antwortet auf 4. Wenn Schwarz mit 5 und 7 die Entstehung von zwei Augen verhindern will, dann entsteht nach Weiß 6 und 8 wieder ein Seki. Weiß ist auf diesem Weg nicht zu töten.

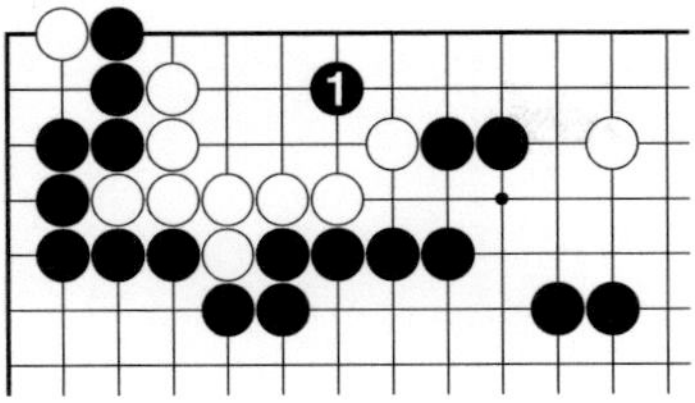

Dia. 6

Dia. 6 Nachdem Schwarz 1 in Diagramm 1 nicht funktioniert, schauen wir uns Schwarz 1 in diesem Diagramm an.

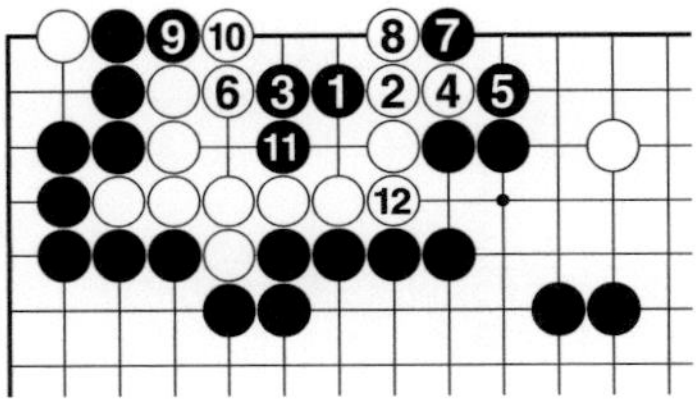

Dia. 7

Dia. 7 Weiß 2 ist die einzige Antwort. Schwarz 3 soll die weiße Gruppe augenlos halten. Während Schwarz 5 die mit Weiß 4 angedrohte Verbindung blockt, droht Weiß mit 6 zwei Augen an. Schwarz reduziert nun mit 7 und 9 den Augenraum um schließlich mit 11 das zweite Auge zu verhindern. Weiß lebt nach 12 in Seki.

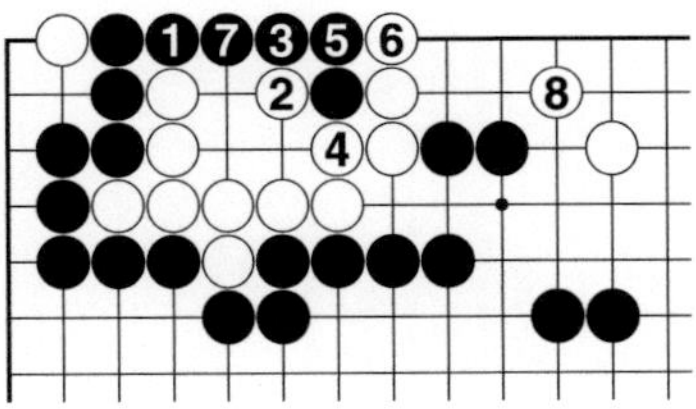

Dia. 8

Dia. 8 Kann Schwarz statt 3 im vorherigen Diagramm den Umbieger auf 1 spielen?

Der weiße Konter mit 2, 4 und 6 ist effektiv, denn Weiß bindet seine Steine jetzt einfach mit 8 nach außen an. Somit hat Weiß keine Probleme mehr.

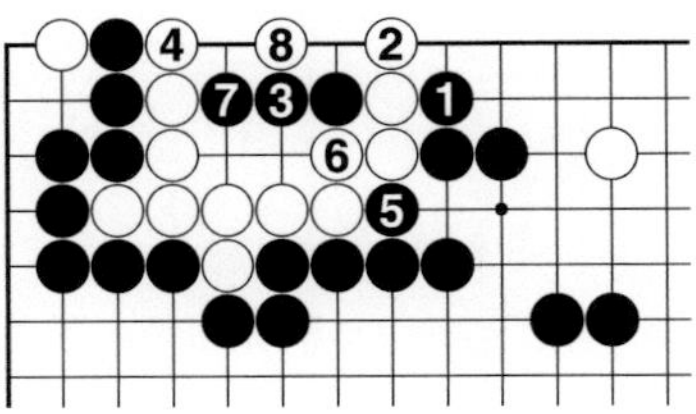

Dia. 9

Dia. 9 Statt 3 in Diagramm 7 kann Schwarz auch 1 in diesem Diagramm versuchen, denn er blockt jeglichen Anbindungsversuch.

Weiß 2 verhindert ebenfalls die Anbindung und so kann Schwarz 3 spielen. Doch nach Weiß 8 lebt die Gruppe wieder in Seki.

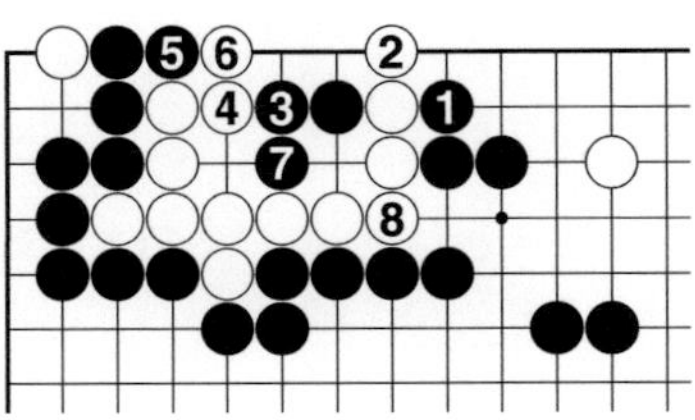

Dia. 10

Dia. 10 Wenn Weiß mit 4, statt zum Rand zu strecken, wie in diesem Diagramm spielt, dann verhindern Schwarz 5 und 7 die zwei Augen, aber Weiß bekommt mit 8 wieder sein Leben in Seki.

Schwarz 3 scheint also nicht der beste Punkt zu sein.

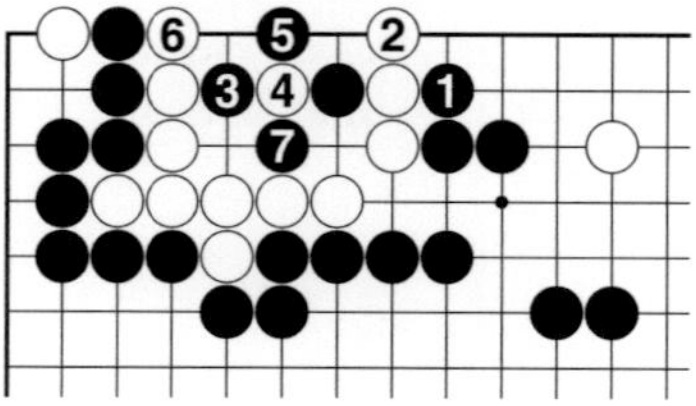

Dia. 11

Dia. 11 Schwarz 3 in diesem Diagramm tötet die weiße Gruppe, denn nach 5 und 7 hat Schwarz entweder ein Auge oder eine Nakade-Form in die weiße Stellung gebaut.

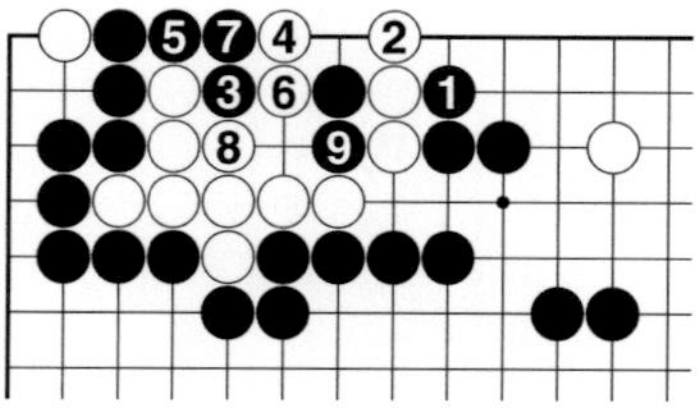

Dia. 12

Dia. 12 Weiß kann nach Schwarz 3 dem Tod auch nicht mit 4 entgehen, denn Schwarz spielt ruhig 5 und 7. Weiß 8 reicht jetzt nicht mehr aus, denn Schwarz 9 tötet.

Weiß muss also eine andere Antwort auf Schwarz 1 finden.

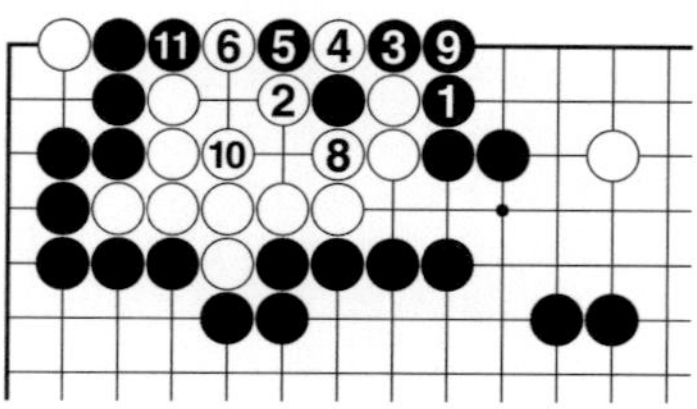

Dia. 13
(Schwarz 7 auf 4)

Dia. 13 Weiß 2 in diesem Diagramm lässt Schwarz mit 3 anbinden. Schwarz 7 deckt auf 4 und nach 9 ist Weiß wieder tot. Denn Weiß müsste sowohl auf 10 als auch auf 11 setzen, um zwei sichere Augen zu erhalten.

Aber Weiß hat noch eine andere Fortsetzung nach Schwarz 3.

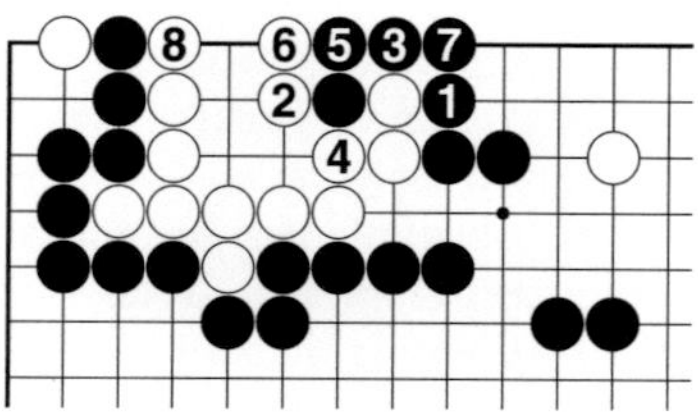

Dia. 14

Dia. 14 Statt mit Weiß 4 einzuwerfen, spielt er nur Atari. Verbindet Weiß auf 5, dann folgt das Atari mit 6 und Schwarz 7 deckt. Weiß 8 lebt schließlich mit „Vier in einer Reihe".

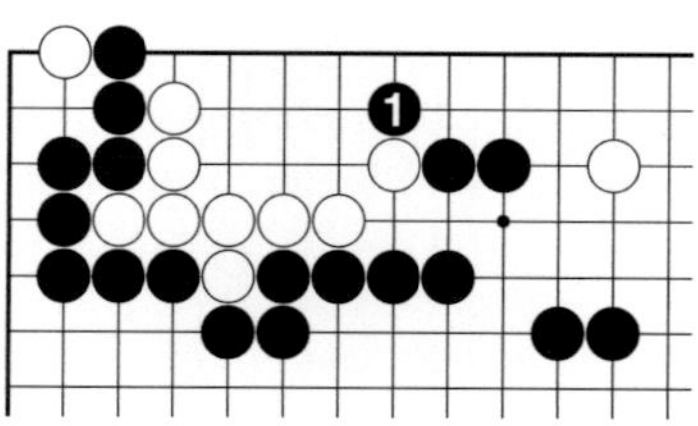

Dia. 15

Dia. 15 Auf Schwarz 1 in Diagramm 6 scheint Weiß immer eine passende Antwort zu finden, um zu leben.

Was kann Schwarz erreichen, wenn er das einfache Hane 1 in diesem Diagramm spielt?

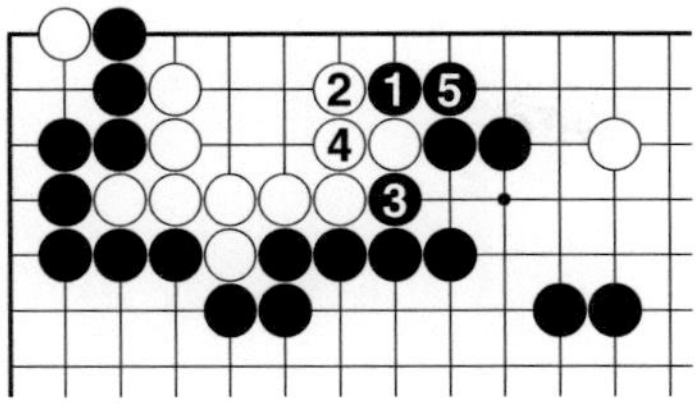

Dia. 16

Dia. 16 Weiß 2 ist die einzige Antwort. Deckt Weiß das Atari mit 4, dann deckt Schwarz mit 5 ebenfalls. Die weiße Form kennen wir von Seite 40 – die offene, aufrechte Sechs. Weiß ist tot.

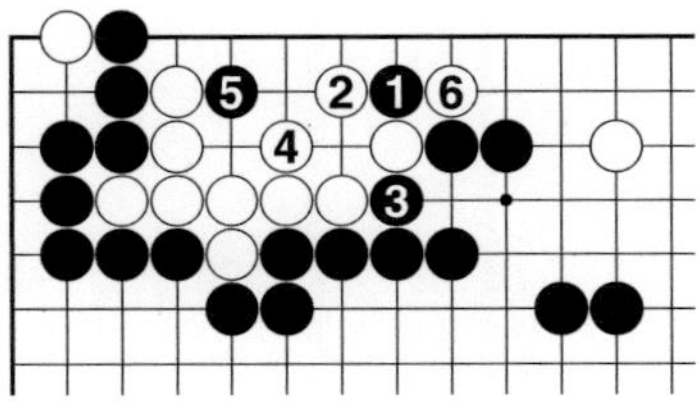

Dia. 17

Dia. 17 Aber Weiß hat die Möglichkeit, mit 4 in diesem Diagramm etwas nachzugeben. Wenn Schwarz 5 jetzt den vitalen Punkt besetzt, dann beginnt Weiß auf 6 ein Ko.

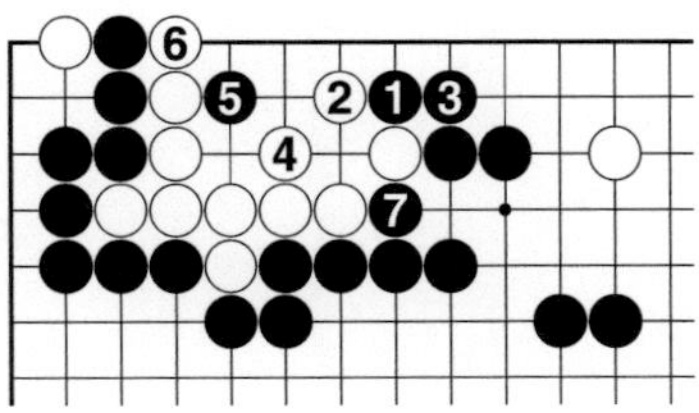

Dia. 18

Dia. 18 Wegen des drohenden Ko deckt Schwarz sofort auf 3. Spielt Weiß jetzt auf 4, dann besetzt Schwarz mit 5 den vitalen Punkt.

Wenn Weiß den Stein auf 6 trennt, dann verhindert Schwarz 7 das zweite Auge. Weiß hat nun keine Möglichkeiten mehr.

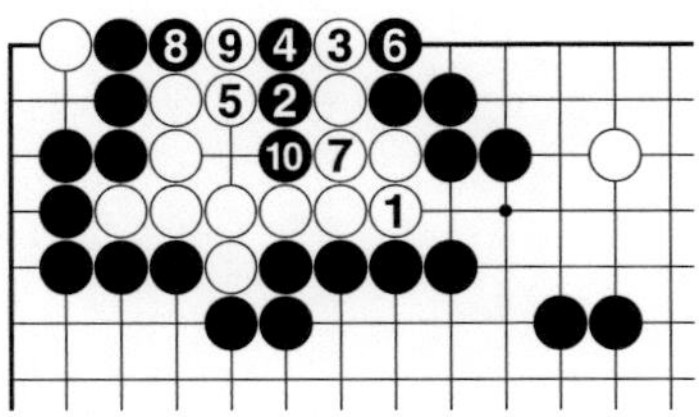

Dia. 19

Dia. 19 Daher ist es naheliegend, auf Schwarz 3 in Diagramm 18 mit Weiß 1 hier zu antworten.

Das Klemmen mit Schwarz 2 leitet die Abfolge bis 10 ein, in der Weiß wieder keine zwei Augen bekommt.

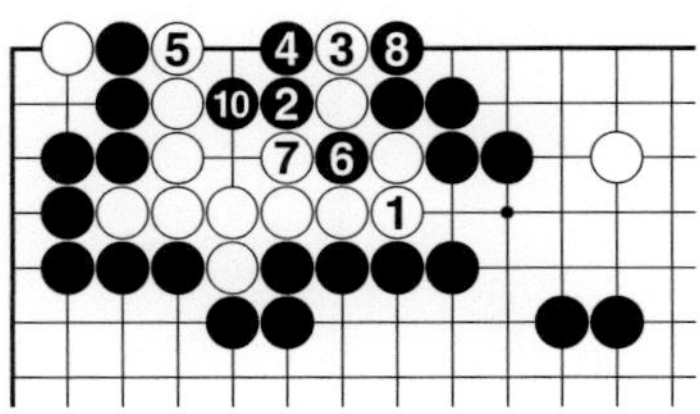

Dia. 20
(*Weiß 9 auf 6*)

Dia. 20 Weiß 5 führt hier ebenfalls nicht zum Erfolg, denn Schwarz opfert einen Stein auf 6 und gibt dann mit 8 Atari. Nach dem Decken von Weiß 9 auf 6 tötet Schwarz mit 10.

Wir stellen fest, dass hier gilt: „Der Tod steckt im Hane“. Das Hane und das anschließende feste Decken töten die weiße Gruppe.

1. Aufgaben 1-10

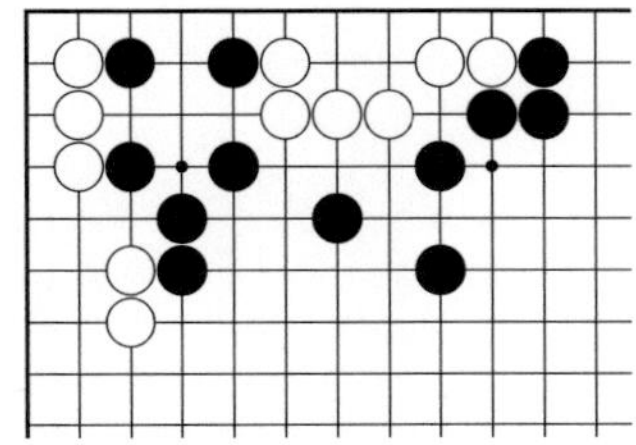

1. Weiß setzt und lebt!

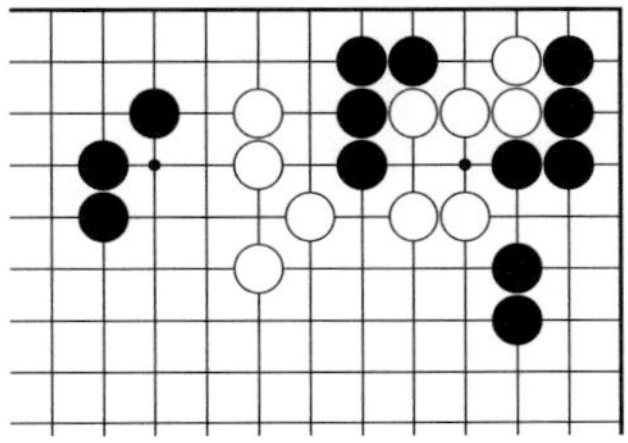

2. Schwarz setzt und lebt!

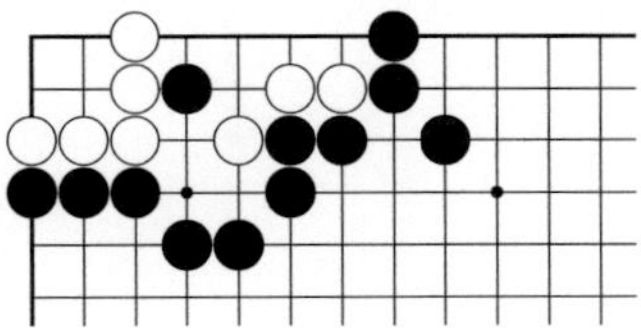

3. Weiß setzt und lebt!

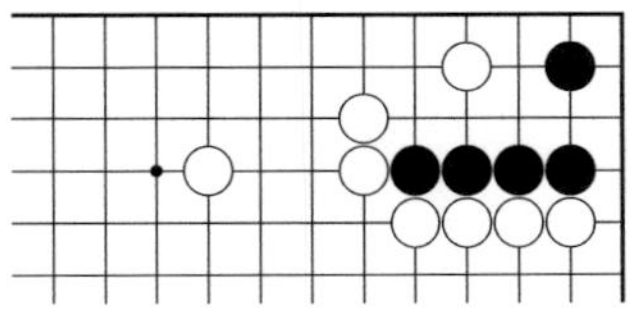

4. Schwarz setzt und lebt!

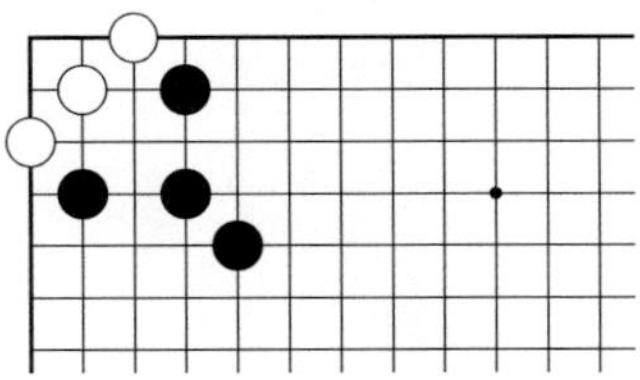

5. Weiß setzt und lebt!

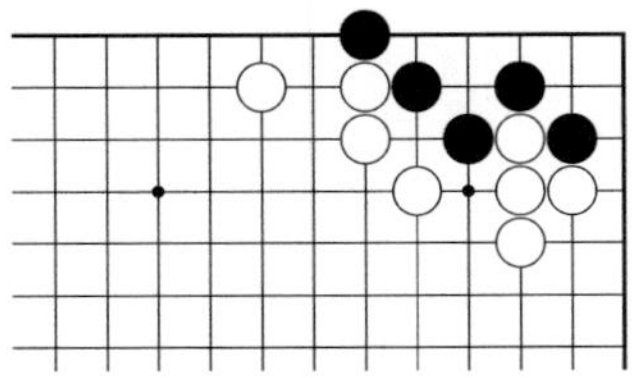

6. Schwarz setzt und lebt!

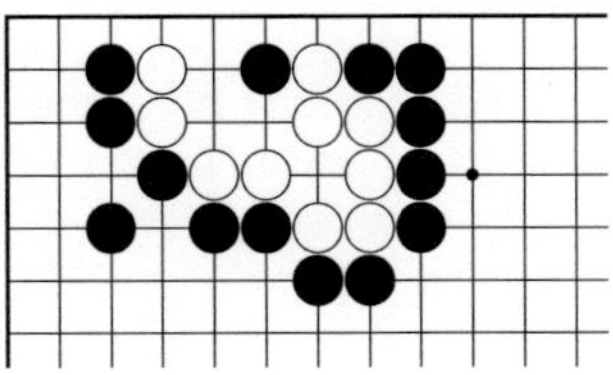

7. Weiß setzt und lebt!

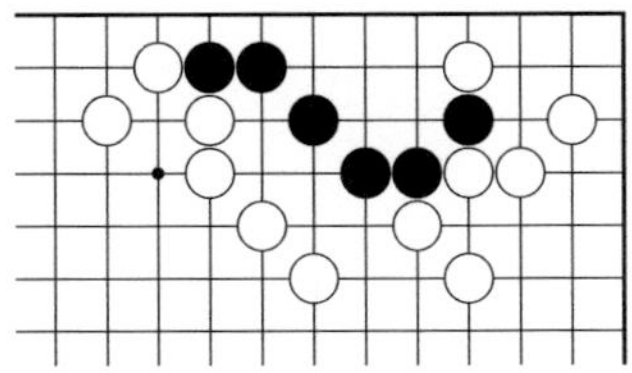

8. Schwarz setzt und lebt!

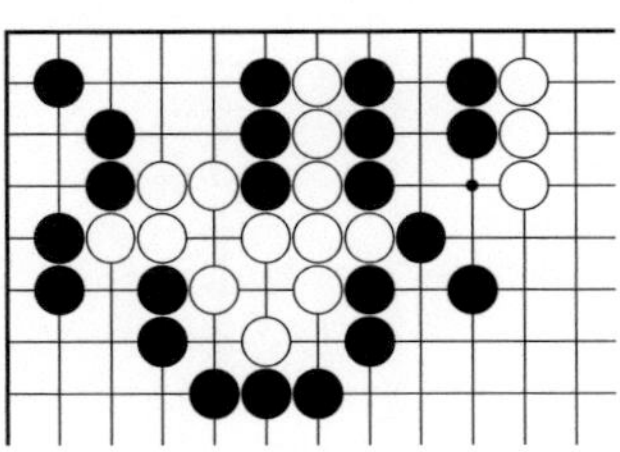

9. Weiß setzt und lebt!

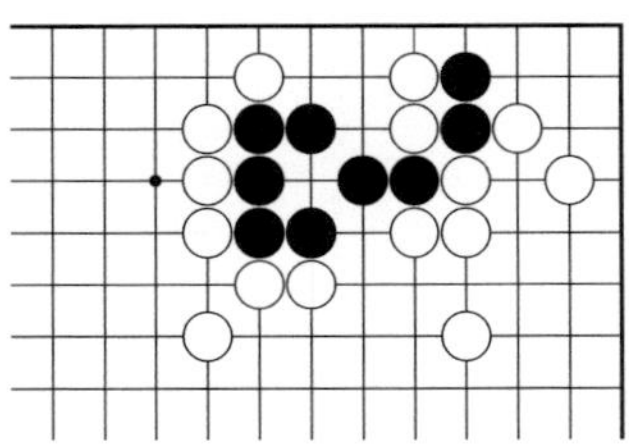

10. Schwarz setzt und lebt!

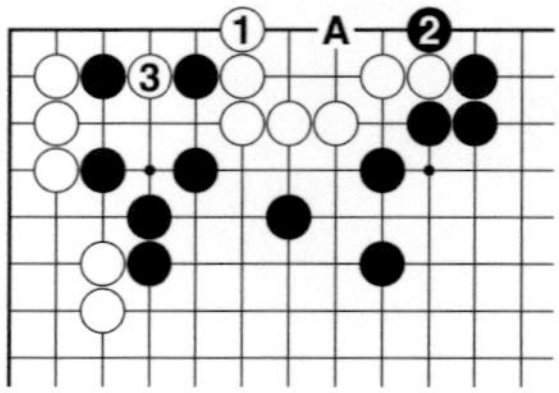

1a Lösung

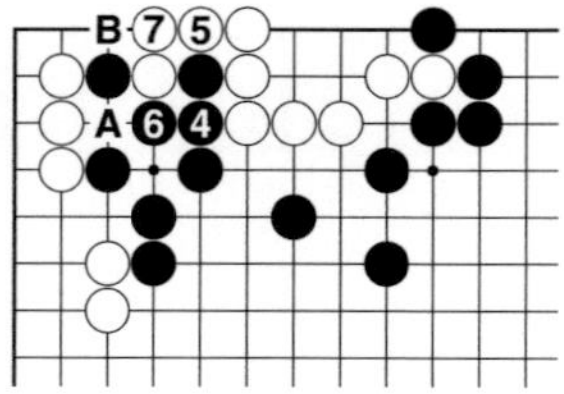

1b Fortstezung

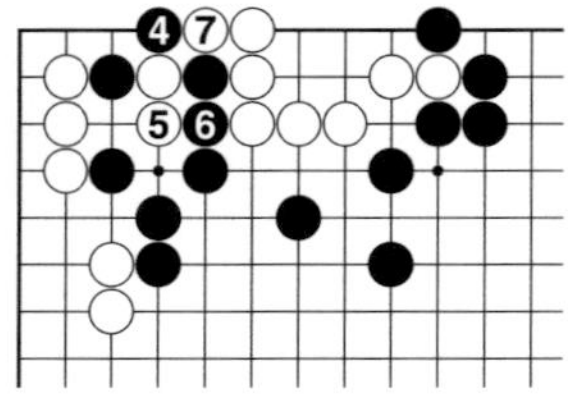

1c Fortsetzung

Lösung 1: Weiß 1 und 3 in Diagramm 1a binden die weißen Steine an. Verhindert Schwarz mit 2 die Anbindung, indem er selbst auf 3 spielt, dann lebt Weiß einfach mit 3 auf A. Die Diagramme 1b und 1c zeigen die Fortsetzungen.

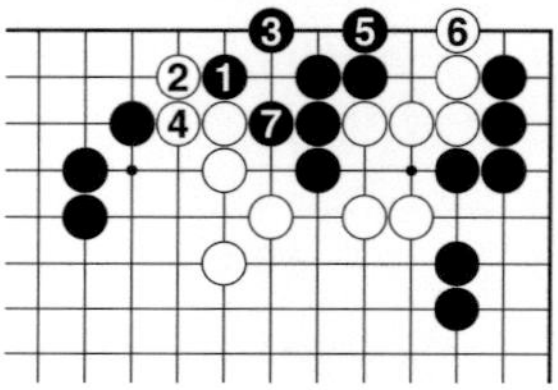

2a Lösung

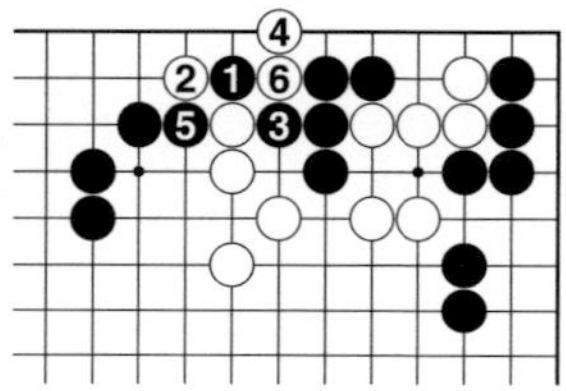

2b Fehler

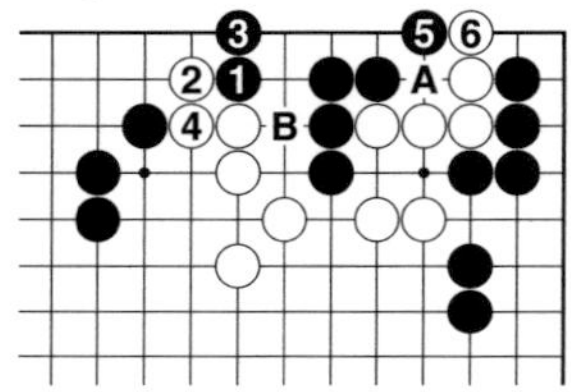

2c Fehler

Lösung 2: Schwarz 1 und 3 in Diagramm 2a bringen Leben in die Stellung. Da Schwarz 5 anzubinden droht, lebt Schwarz mit 7. Schwarz 3 in Diagramm 2b ist ein Fehler. Auch Schwarz 3 in Diagramm 2c ist nicht gut, denn nach Weiß 6 bekommt Schwarz keine zwei Augen – die Punkte A und B sind Miai.

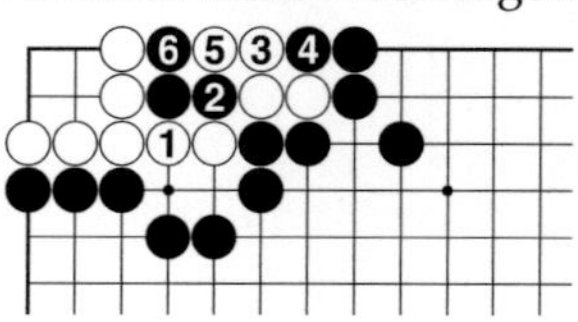

3a Lösung

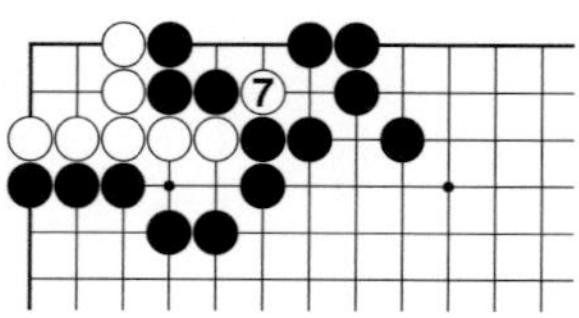

3b Fortstezung

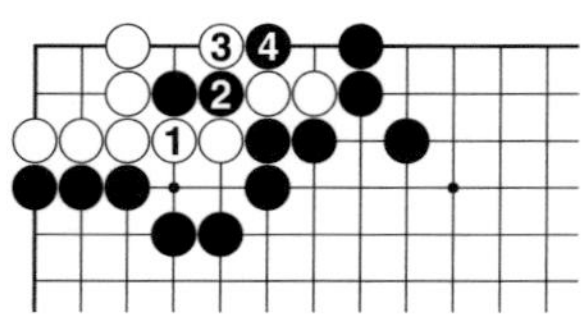

3c Fehler

Lösung 3: Der Schlüssel zur Lösung ist Weiß 3 in Diagramm 3a, der ein Ishi no Shita beginnt. Nachdem Schwarz mit 6 vier weiße Steine schlägt, kann Weiß mit 7 in Diagramm 3b die drei schwarzen Steine fangen. Weiß 3 in Diagramm 3c ist ein Fehler, denn Schwarz kann jetzt mit 4 einwerfen und so das zweite Auge verhindern.

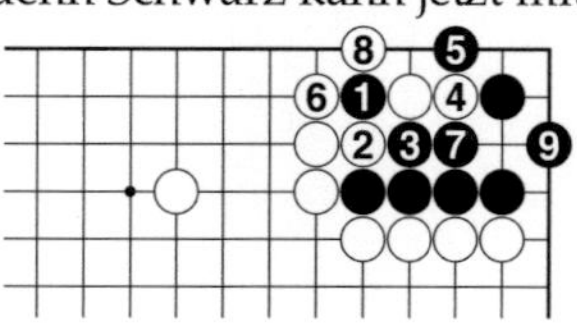

4a Lösung

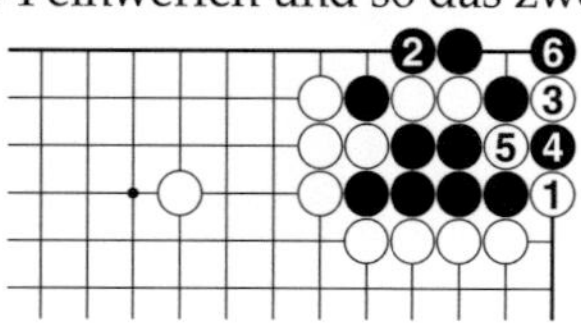

4b Variante

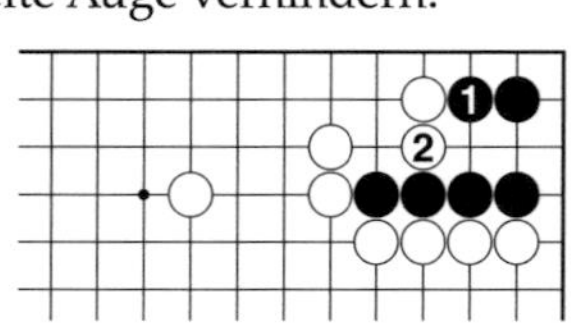

4c Fehler

Lösung 4: Schwarz 1 opfert einen Stein um so die Vorhände 3 bis 7 zu spielen. Nach 9 lebt Schwarz. Versucht Weiß statt 8 mit 1 in Diagramm 4b die Augenform zu zerstören, dann spielt Schwarz 4 und 6. Weiß kann nicht decken. Schlägt er das Ko in der Ecke, dann nimmt Schwarz das andere Ko auf 4. Schwarz 1 in Diagramm 4c ist nicht gut, denn Weiß 2 zerstört die schwarzen Chancen auf zwei Augen.

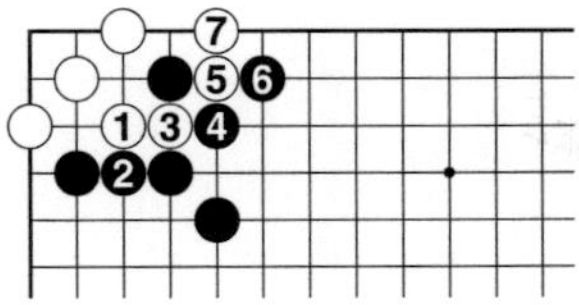
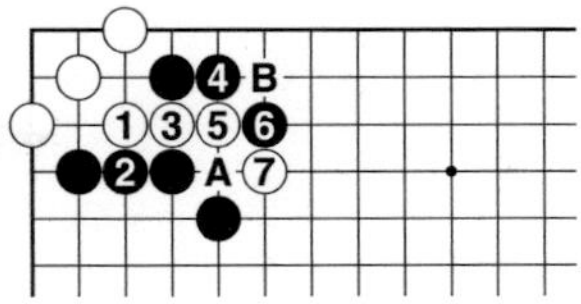
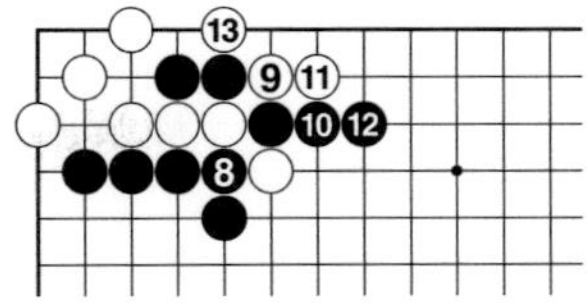

5a Lösung *5b Variante* *5c Fortsetzung*

Lösung 5: Weiß 1 bis 7 bringen für Weiß zwei sichere Augen in der Ecke. Gibt Schwarz mit 4 in Diagramm 5b nach, dann entkommt Weiß entweder durch Verbinden auf A oder fängt, mit dem Atari B beginnend, zwei schwarze Steine (Forts. in Dia. 5c).

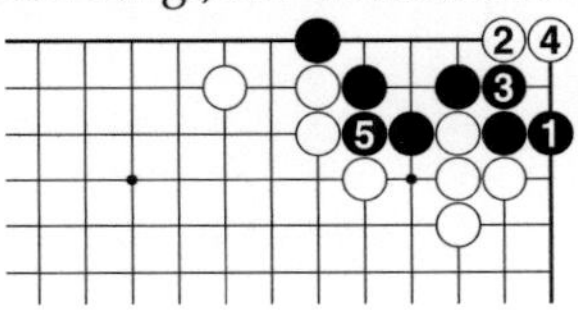
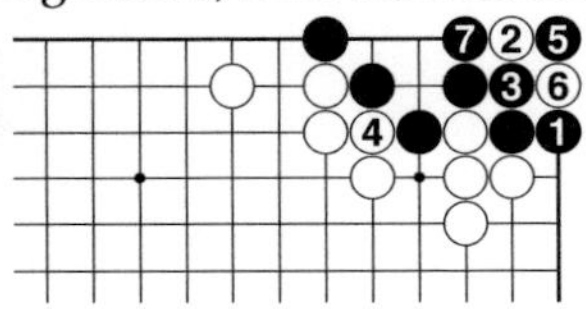
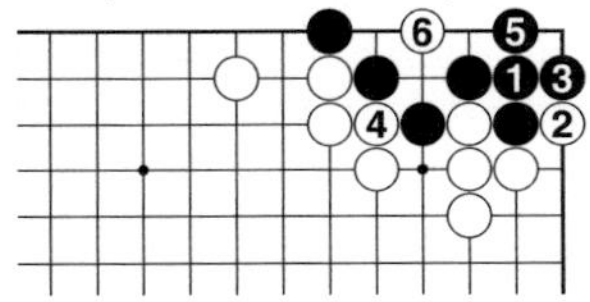

6a Lösung *6b Variante* *6c Fehler*

Lösung 6: Schwarz 1 vergrößert nicht nur den Augenraum, sondern bringt hier auch das Leben. Nach Schwarz 5 hat Weiß keine Möglichkeit mehr, Schwarz zu töten. Versucht es Weiß mit 4 in Diagramm 6b, dann lebt Schwarz mit 5 und 7. Schwarz 1 in Diagramm 6c ist ein Fehler, denn jetzt reduzieren Weiß 2 und 4 den Augenraum und schließlich tötet Weiß 6.

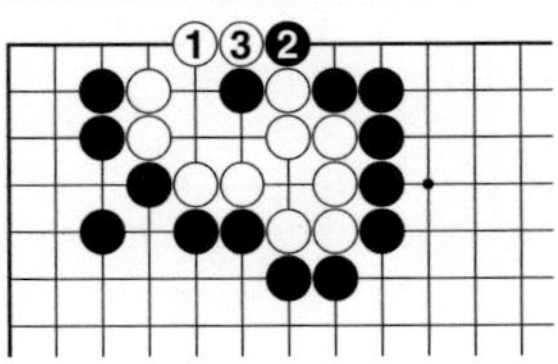
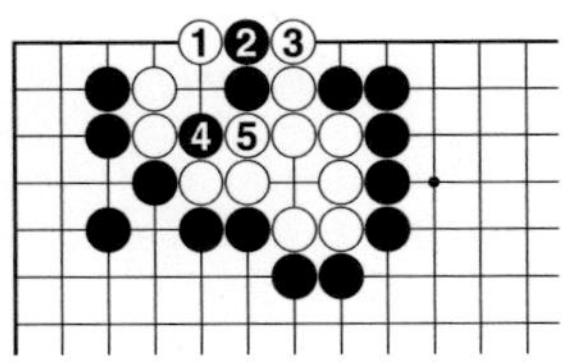
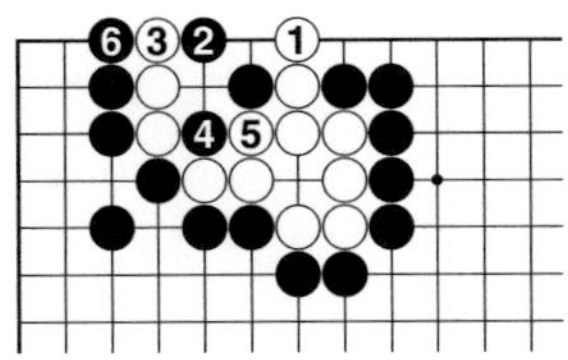

7a Lösung *7b Variante* *7c Fehler*

Lösung 7: Weiß 1 ist richtig. Schwarz kann jetzt den einzelnen Stein nicht mit 2 anbinden. Streckt Schwarz auf 2 in Diagramm 7b, dann streckt Weiß ebenfalls und lebt. Die Punkte 4 und 5 sind Miai. Weiß 1 in Diagramm 7c ist nicht gut, denn Schwarz fängt mit 2 bis 6 drei weiße Steine.

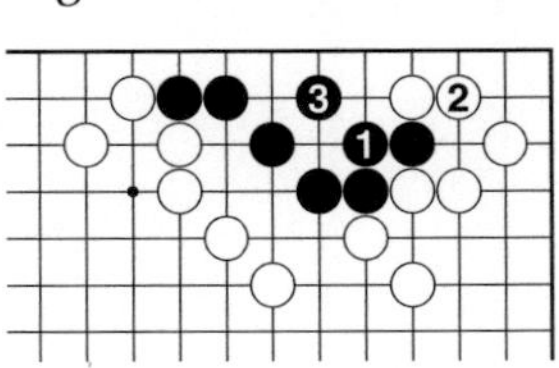
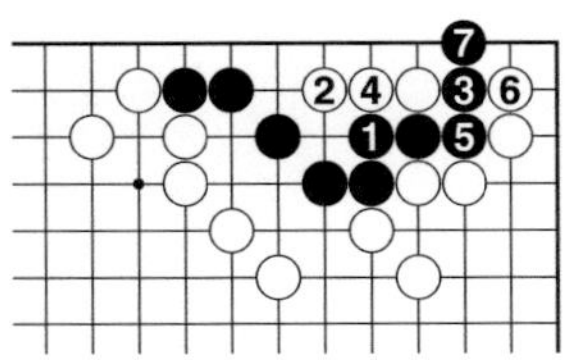
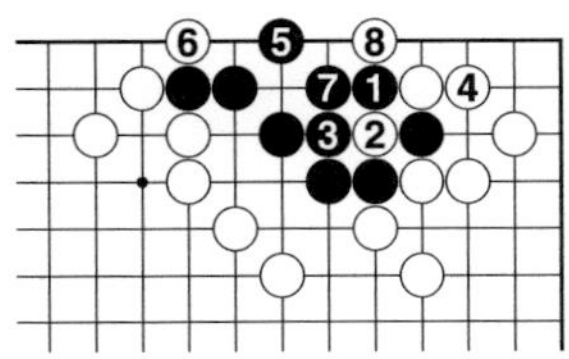

8a Lösung *8b Variante* *8c Fehler*

Lösung 8: Das feste Decken mit Schwarz 1 ist richtig. Zieht Weiß auf 2 zurück, dann besetzt Schwarz mit 3 den vitalen Punkt und lebt. Spielt Weiß mit 2 in Diagramm 8b selbst den vitalen Punkt, dann schneidet Schwarz die Steine ab und lebt mit einem großen Auge. Spielt Schwarz mit 1 in Diagramm 8c die lose Verbindung, dann wirft Weiß auf 2 ein und tötet anschließend in der Abfolge bis 8.

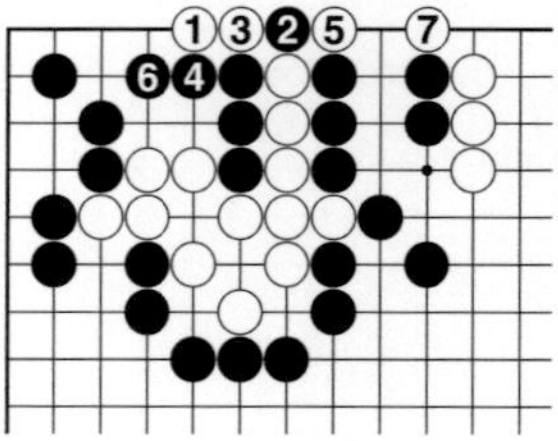

9a Lösung

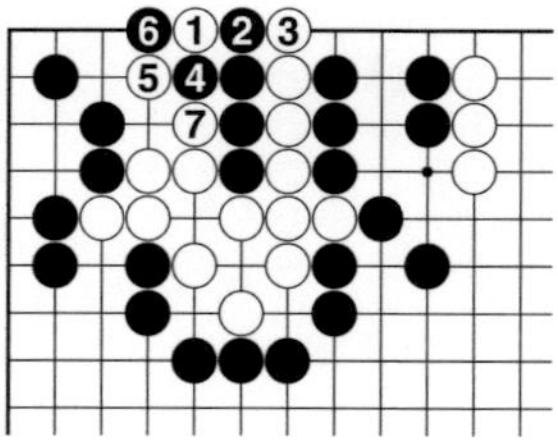

9b Variante

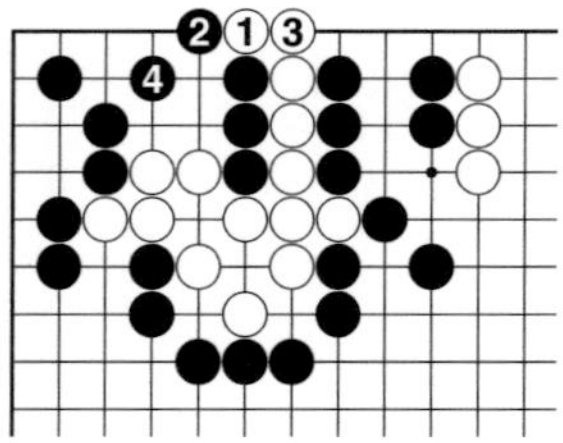

9c Fehler

Lösung 9: Weiß 1 ist der Schlüsselpunkt. In der Folge bis 7 verbindet Weiß seine Steine mit der Außengruppe. Schwarz kann statt 4 nicht auf 6 decken, denn dann fängt Weiß mit 4 drei schwarze Steine. Schwarz 2 in Diagramm 9b ist ebenfalls nicht besser, denn Weiß fängt jetzt die schwarzen Steine in der Sequenz bis 8. Weiß 1 in Diagramm 9c ist ein Fehler. Weiß kann jetzt zu seiner Rettung weder nach außen anbinden, noch die schwarzen Steine fangen.

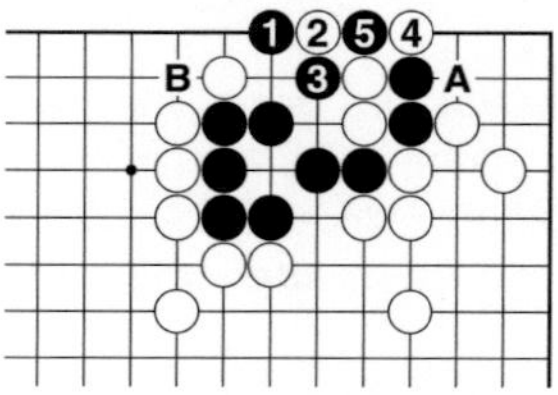

10a Lösung

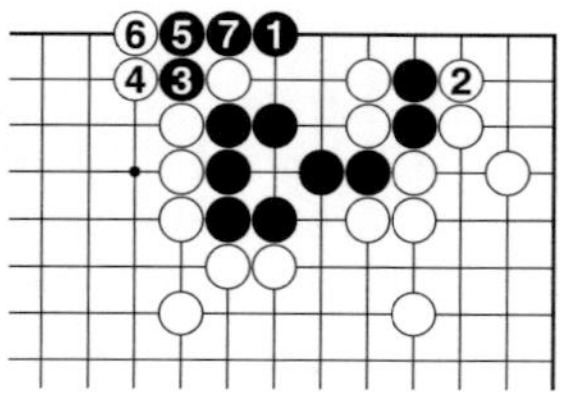

10b Variante

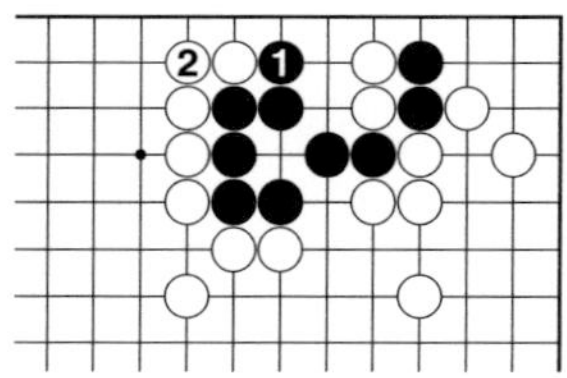

10c Fehler

Lösung 10: Schwarz 1 droht entweder einen weißen Stein auf B, oder sogar zwei weiße Steine auf 5 zu fangen. Versucht Weiß dem entgegen zu wirken, dann spielt Schwarz 3 und 5. Weiß kann jetzt nicht gleichzeitig auf A und B spielen. Selbst wenn er das Ko zurückschlagen kann, hat Schwarz den Schnitt auf B in Reserve. Diagramm 10b zeigt eine Variante, in der Weiß 2 das Aji der zwei schwarzen Steine eliminiert. Schwarz 1 in Diagramm 10c ist schlecht, denn nachdem Weiß 2 deckt, gibt es für Schwarz keine Fortsetzung.

3. Aufgaben 11-20

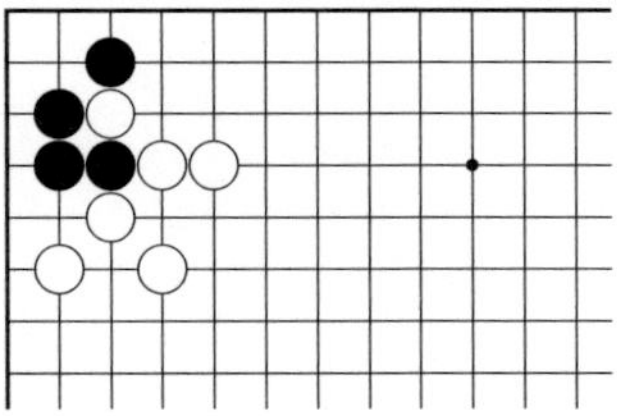

11. Weiß tötet!

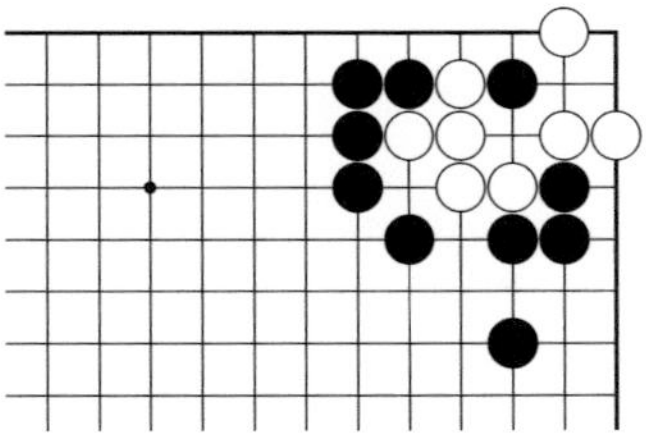

12. Schwarz tötet!

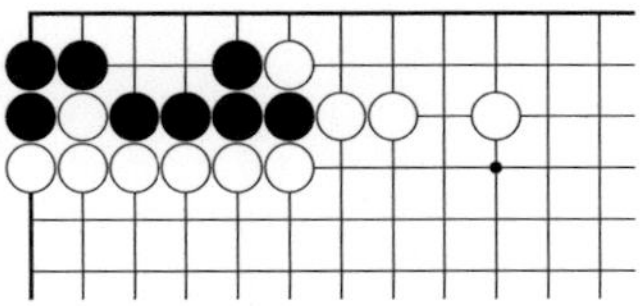

13. Weiß tötet!

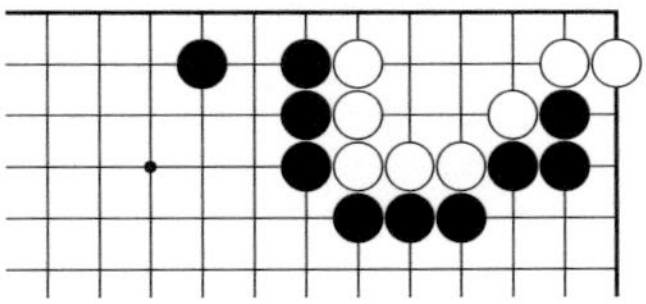

14. Schwarz tötet!

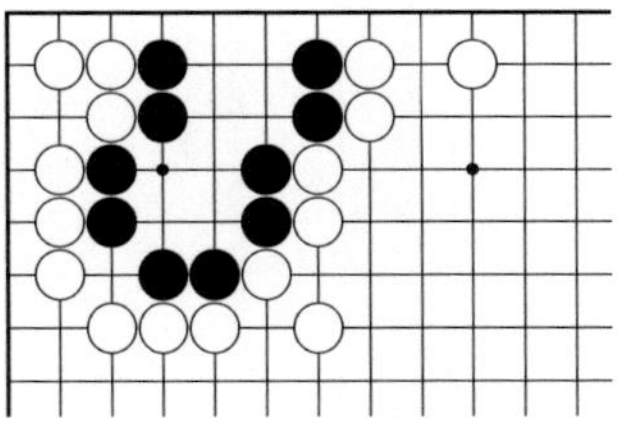

15. Weiß tötet!

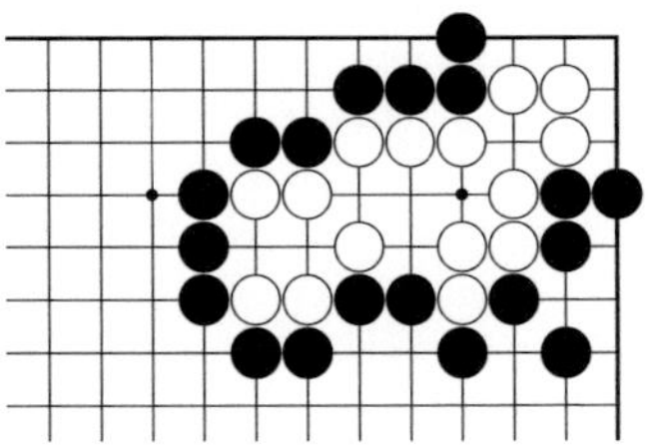

16. Schwarz tötet!

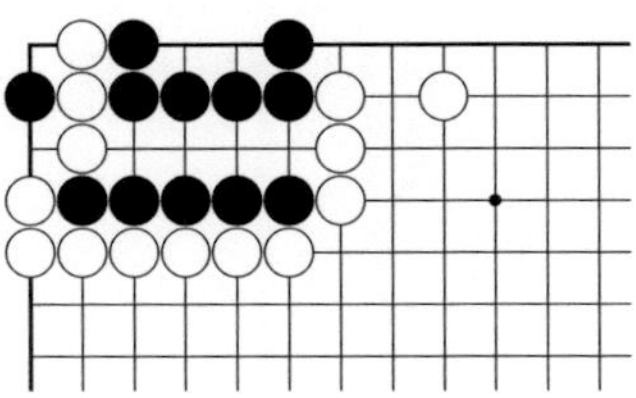

17. Weiß tötet!

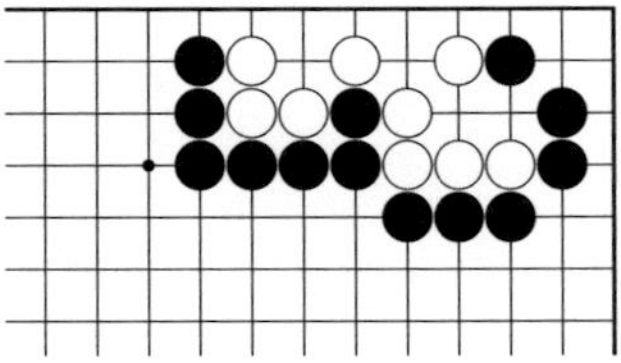

18. Schwarz tötet!

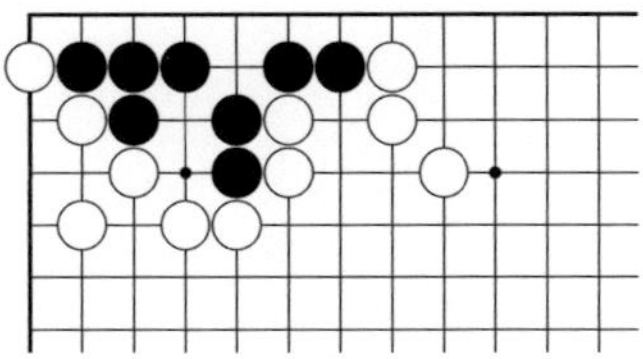

19. Weiß tötet!

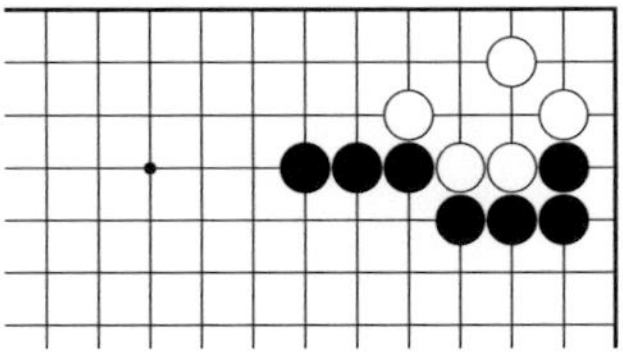

20. Schwarz tötet!

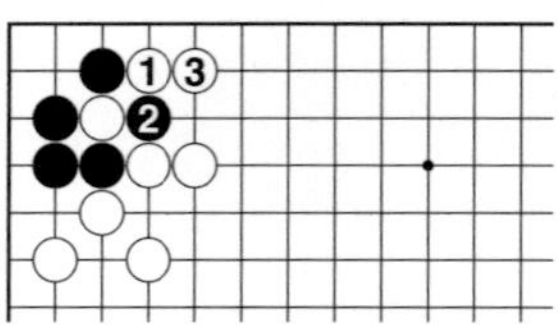

11a Lösung

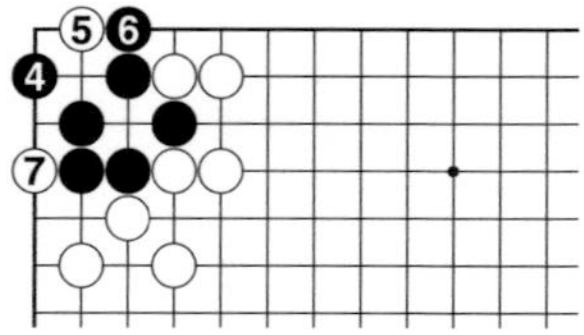

11b Fortstezung

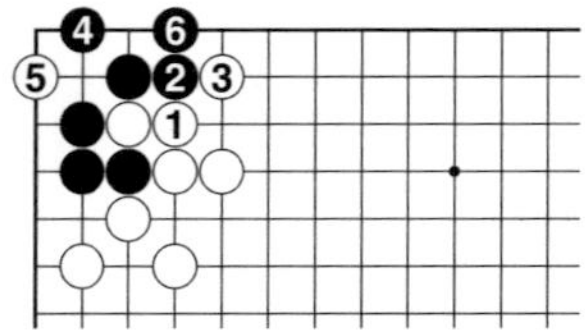

11c Fehler

Lösung 11: Das Blocken mit 1 ist stark. Schlägt Schwarz mit 2, dann streckt Weiß auf 3. Wenn Schwarz versucht, mit 4 und 6 zwei Augen zu bauen, dann töten Weiß 5 und 7 bedingungslos. Das Verbinden auf 1 in Diagramm 11c ist ein Fehler, denn Schwarz lebt jetzt mit 2 bis 6.

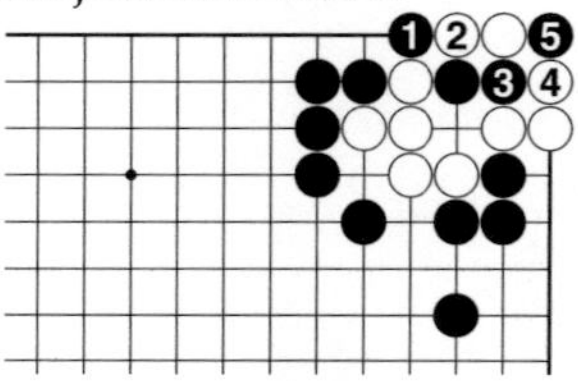

12a Lösung

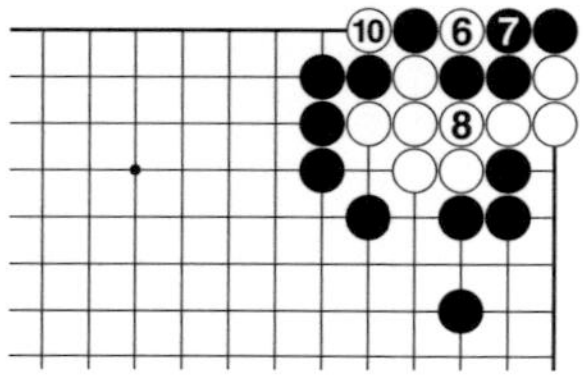

12b Fortsetzung

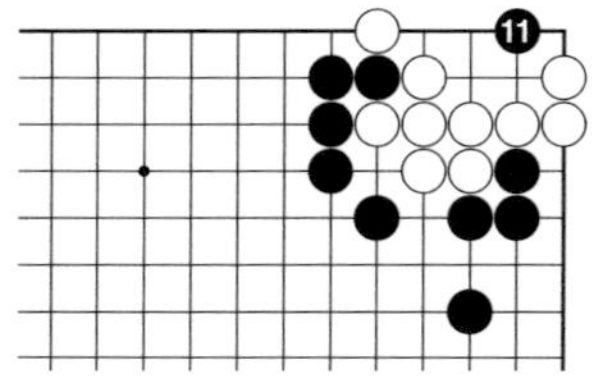

12c Fortsetzung

Lösung 12: Schwarz startet den Angriff mit 1, aber Weiß 2 und 4 sind eine gute Antwort. Nach Schwarz 5 fängt Weiß in der Sequenz bis 10 (Schwarz 9 deckt auf 6) sechs schwarze Steine. Doch das Opfer ist nicht umsonst, denn Schwarz 11 in Diagramm 12c tötet die weiße Ecke.

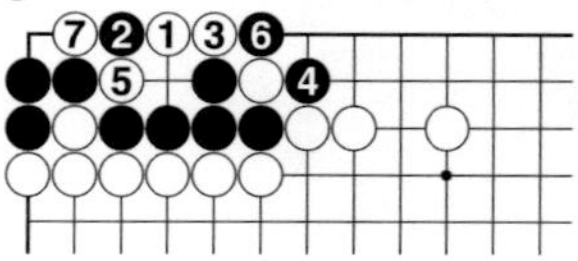

13a Lösung

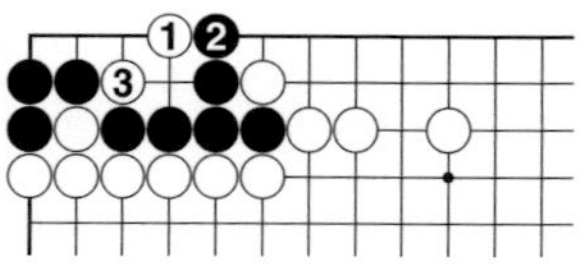

13b Variante

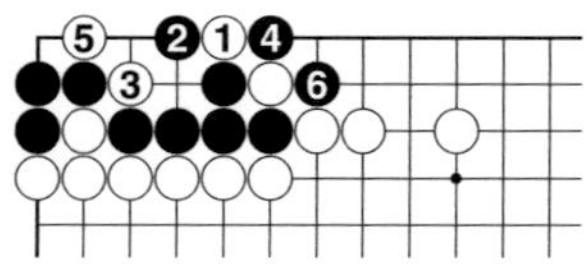

13c Fehler

Lösung 13: Weiß 1 ist der Schlüsselpunkt. Blockt Schwarz auf 2, dann folgt Weiß 3. Auf Schwarz 4 gibt Weiß das Doppel-Atari 5. Die schwarze Stellung bricht zusammen. Schwarz 2 in Diagramm 13b rettet die Ecke ebenfalls nicht mehr, denn nach Weiß 3 kann er sich nicht an die weißen Steine annähern. Diagramm 13c zeigt, dass das weiße Hane 1 hier nicht funktioniert. Nach 6 lebt Schwarz.

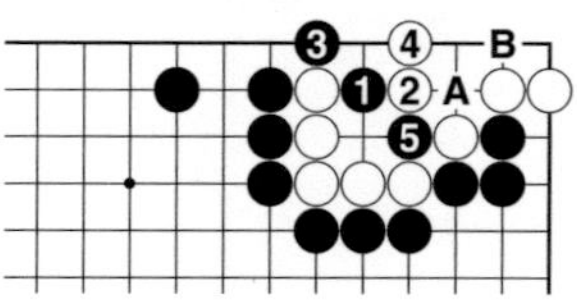

14a Lösung

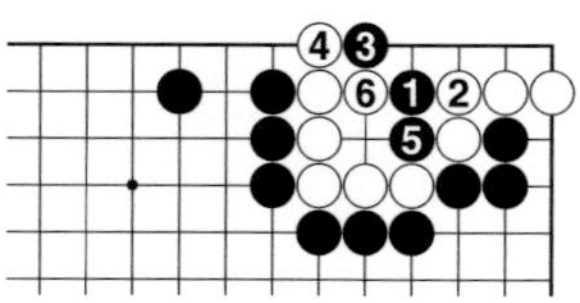

14b Fehler

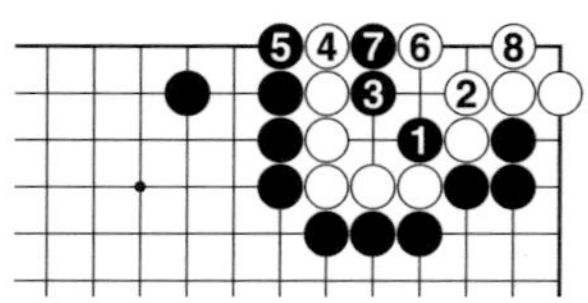

14c Fehler

Lösung 14: Schwarz 1 besetzt den Angelpunkt, denn nach Weiß 2, Schwarz 3 und Weiß 4 fängt Schwarz 5 fünf weiße Steine in einer Mausefalle. Deckt Weiß das Atari auf A, dann besetzt Schwarz den vitalen Punkt B. Schwarz 1 in Diagramm 14b ist ein Fehler, denn Weiß fängt mit 2 bis 6 die Invasionssteine. Auch Schwarz 1 in Diagramm 14c ist nicht richtig. Schwarz fängt zwar sechs weiße Steine, aber die Ecke lebt nach Weiß 8.

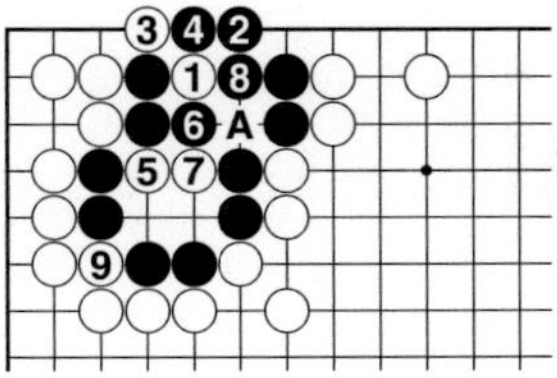

15a Lösung

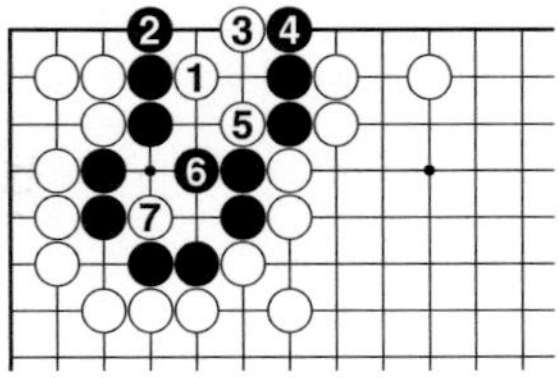

15b Variante

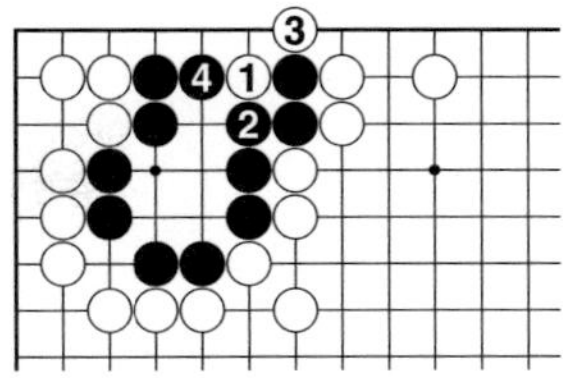

15c Fehler

Lösung 15: Weiß 1 und 3 sind der richtige Einstieg. Antwort Schwarz mit 2 und 4, dann gibt Weiß mit 5, 7 und 9 Atari. Die Stellung bricht zusammen, da A jetzt kein echtes Auge mehr ist. Schwarz 2 in Diagramm 15b bringt auch kein Leben, denn Weiß tötet mit 3 bis 7. Weiß 1 in Dia. 15c ist nicht richtig – Schwarz lebt nach 4.

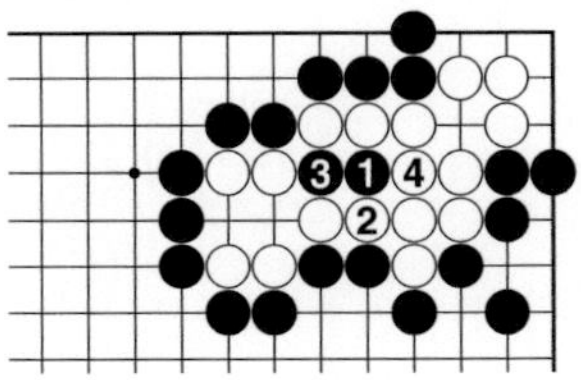

16a Lösung

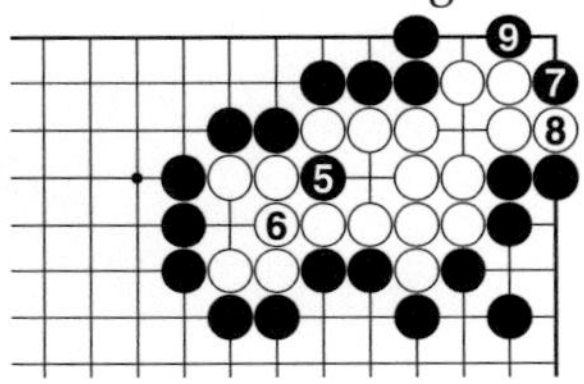

16b Fortsetzung

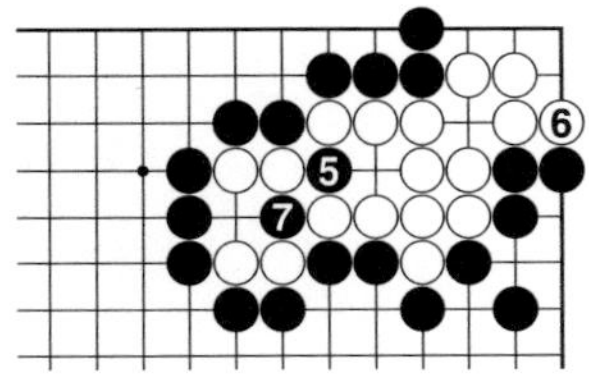

16c Variante

Lösung 16: Schwarz 1 und 3 beginnen das weiße Auge auszustechen. Sichert Weiß mit 6 in Diagramm 16b das erste Auge, dann lassen 7 und 9 kein zweites in der Ecke entstehen. Baut Weiß mit 6 in Diagramm 16c erst ein Auge in der Ecke, dann verhindert Schwarz mit 7 geschickt das zweite.

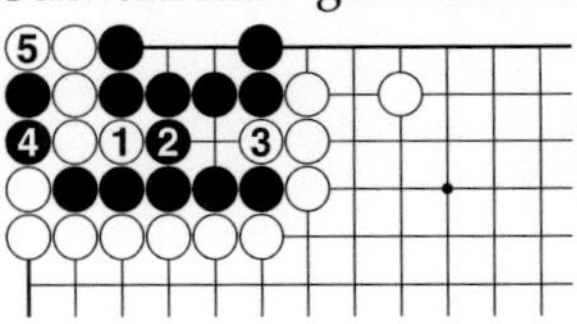

17a Lösung

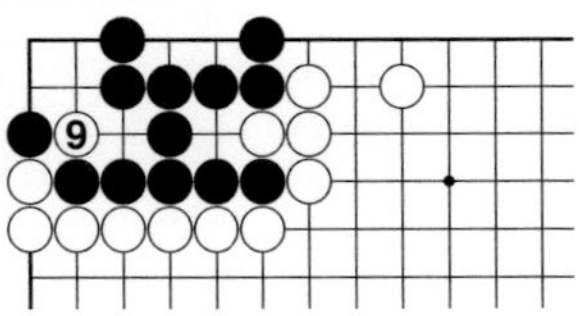

17b Fortsetzung

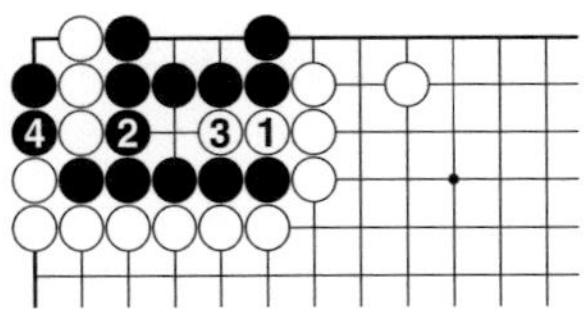

17c Fehler

Lösung 17: Weiß 1 ist der Schlüsselpunkt und Weiß 3 verhindert ein Auge. Schwarz fängt daraufhin mit 4, 6 und 8 (beide auf 4) die weißen Steine in einer Mausefalle. Aber Weiß 9 in Diagramm 17b zeigt die Stärke von Weiß 1, denn er schneidet einen Stein ab und verhindert so das Auge. Spielt Weiß dagegen 1 und 3 in Diagramm 17c, dann fängt Schwarz mit 2 und 4 drei weiße Steine in der Mausefalle. Ein Angriff wie Weiß 9 in Diagramm 17b ist jetzt nicht mehr möglich.

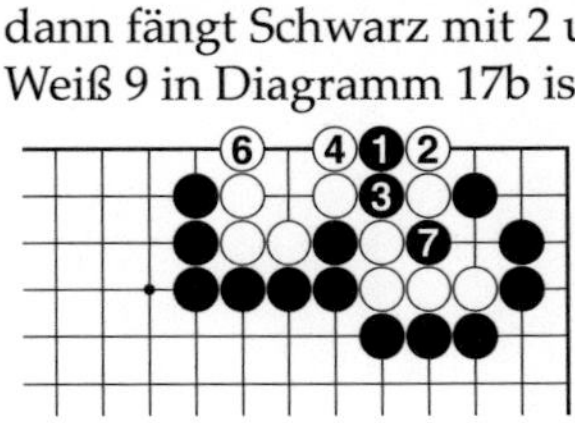

18a Lösung

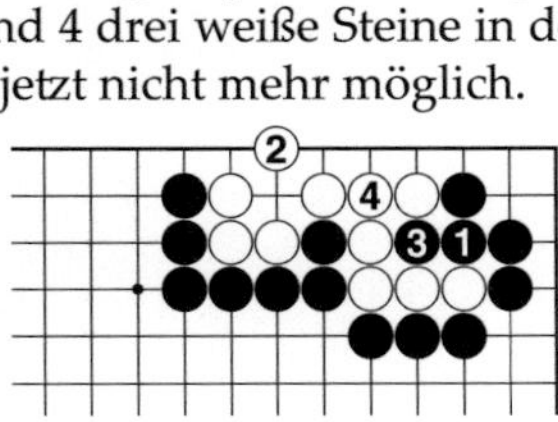

18b Variante

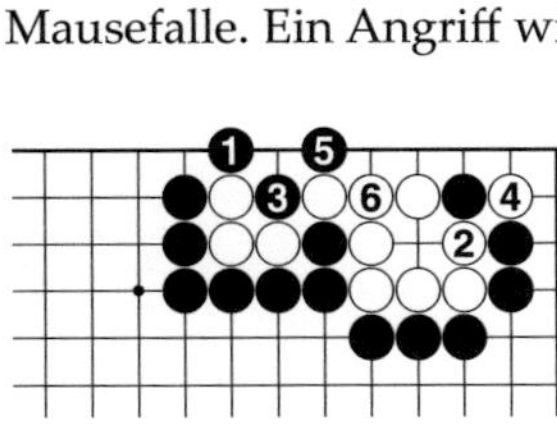

18c Fehler

Lösung 18: Schwarz 1 besetzt den vitalen Punkt. Auf Weiß 4 antwortet Schwarz mit 5 auf 3. Nach Schwarz 7 hat Weiß nur ein Auge. Sowohl Schwarz 1 in Dia. 18b als auch in Dia. 18c finden nicht den richtigen Punkt. Weiß kommt beide Male zum Leben.

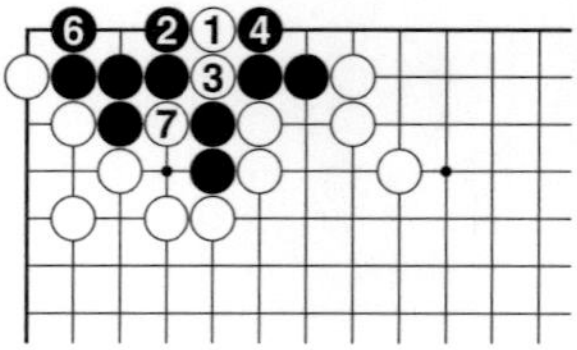
19a Lösung

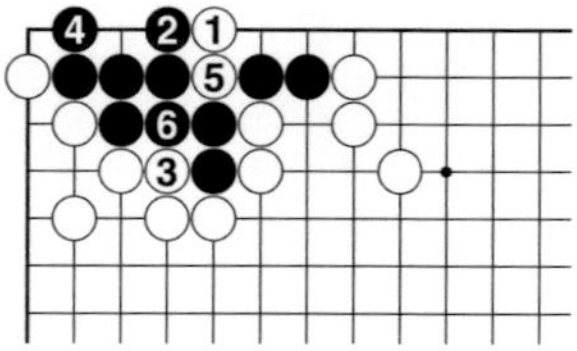
19b Fehler

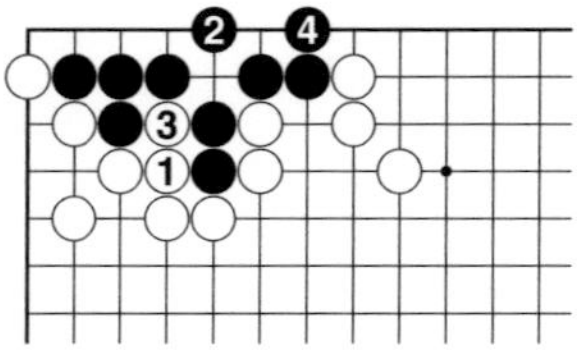
19c Fehler

Lösung 19: Weiß 1 besetzt den vitalen Punkt. Nachdem Schwarz mit 4 zwei Steine schlägt, wirft Weiß mit 5 wieder auf 3 ein. Baut Schwarz mit 6 ein Auge, dann tötet Weiß auf 7 endgültig. Weiß 3 in Diagramm 19b ist ein Fehler, denn Schwarz lebt jetzt mit 4 und 6. In Diagramm 19c verfehlen Weiß 1 und 3 die richtige Kombination um zu töten.

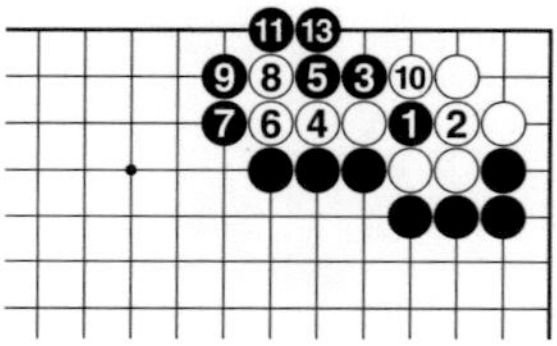
20a Lösung

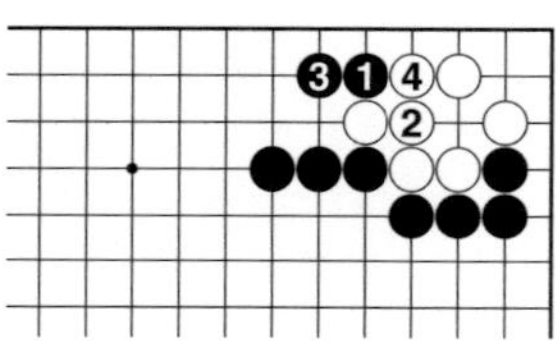
20b Fehler

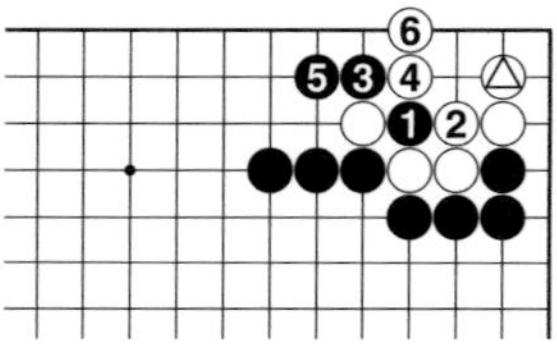
20c Referenz

Lösung 20: Schwarz beginnt mit dem Atari auf 1. Schwarz 3 verhindert, dass ein echtes Auge entsteht. Läuft Weiß mit 4 weg, dann hält Schwarz ihn in der Abfolge bis 11 auf. Wenn Weiß mit 12 auf 1 deckt, dann deckt Schwarz ebenfalls und die Ecke ist tot. Spielt Schwarz 1 sofort wie in Diagramm 20b, dann lebt Weiß mit 2 und 4.

Man beachte, dass Schwarz 1 nicht funktioniert, wenn Weiß den markierten Stein in Diagramm 20c statt dem 3-2-Punkt in der Ausgangsstellung gespielt hätte.

4. Aufgaben 21-30

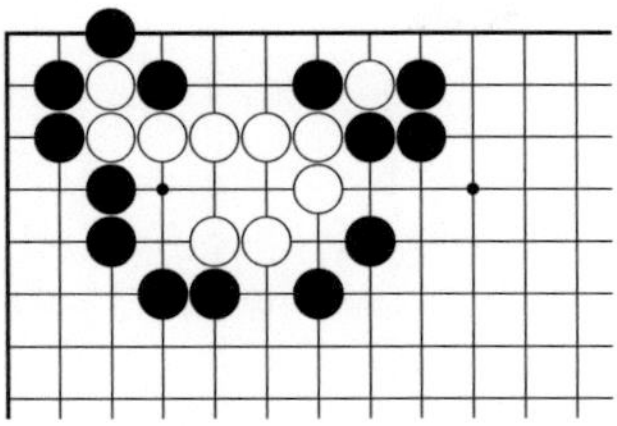

21. Weiß setzt und lebt!

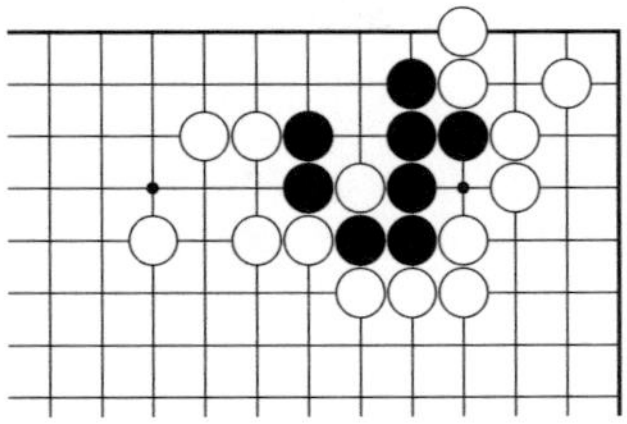

22. Schwarz setzt und lebt!

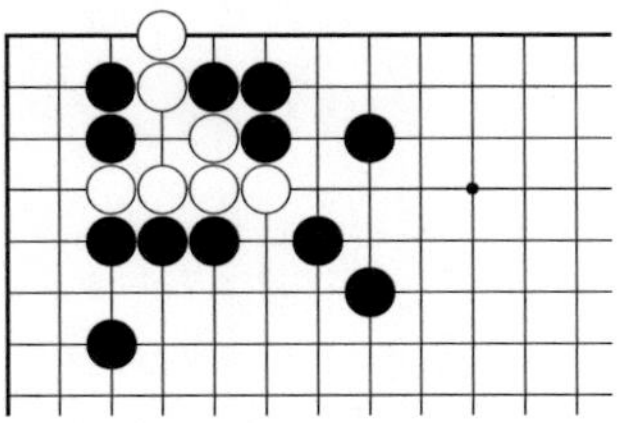

23. Weiß setzt und lebt!

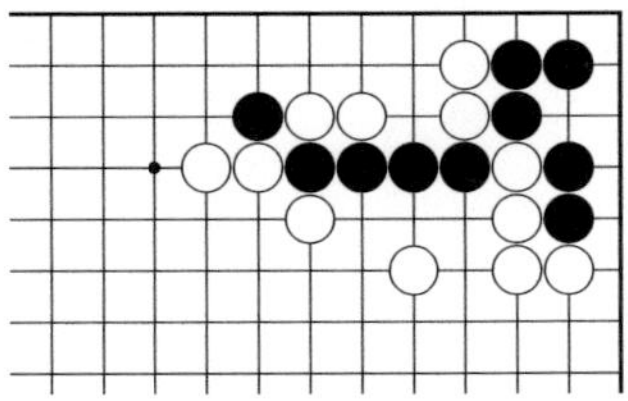

24. Schwarz setzt und lebt!

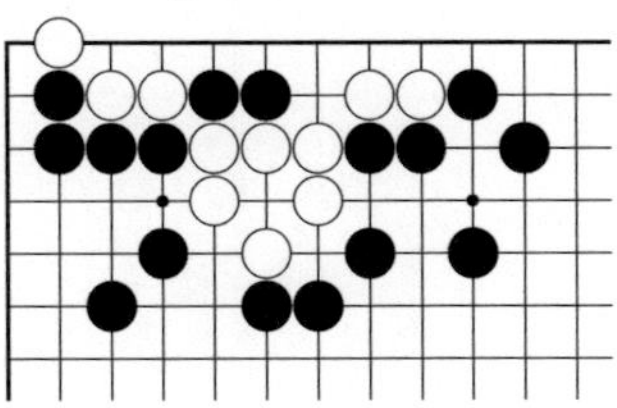

25. Weiß setzt und lebt!

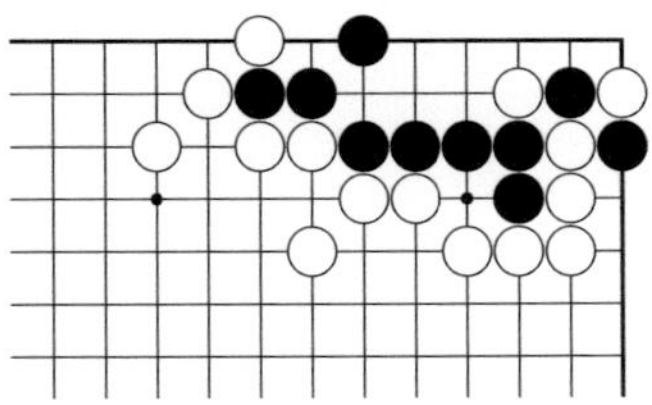

26. Schwarz setzt und lebt!

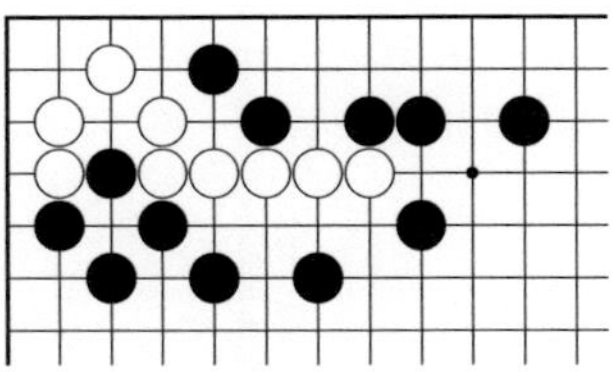

27. Weiß setzt und lebt!

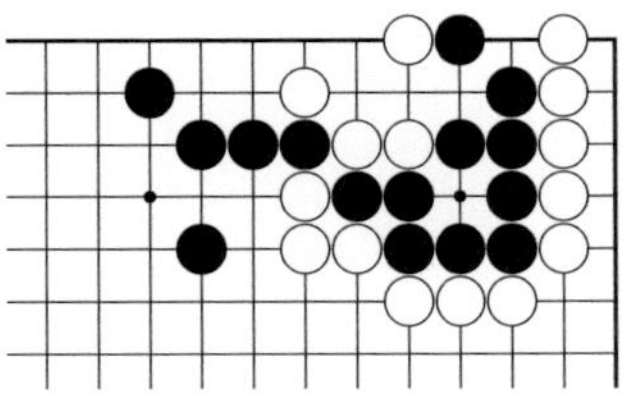

28. Schwarz setzt und lebt!

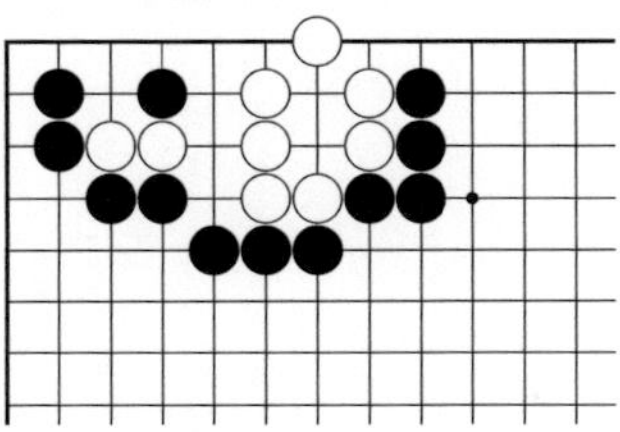

29. Weiß setzt und lebt!

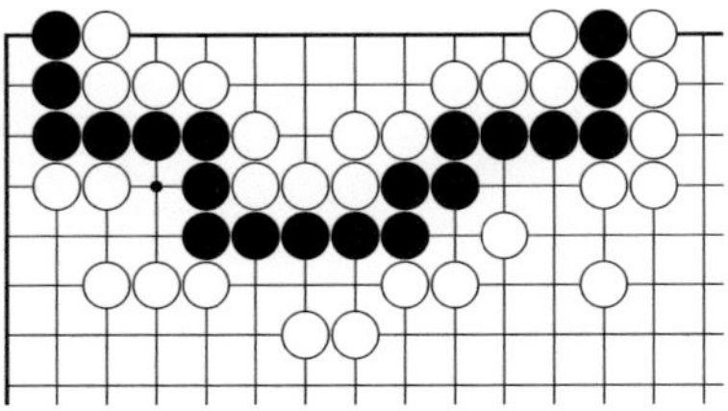

30. Schwarz setzt und lebt!

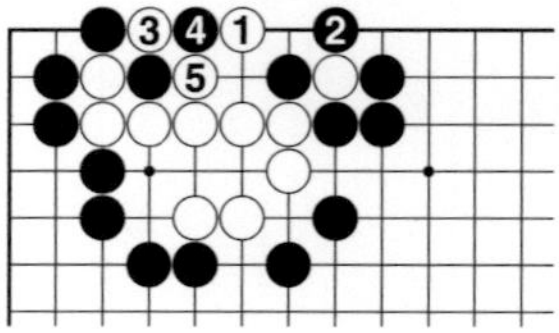

21a Lösung

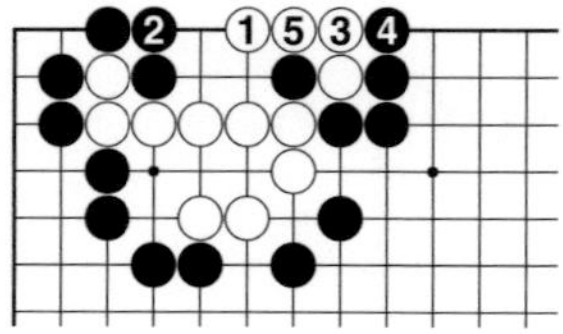

21b Variante

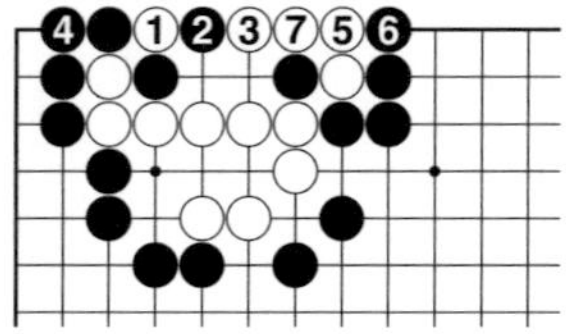

21c Fehler

Lösung 21: Weiß 1 ist der richtige Punkt. In der Abfolge bis 5 lebt Weiß, denn Schwarz kann mangels Freiheiten nicht decken. Verteidigt Schwarz die Schwäche mit 2 in Diagramm 21b, dann zieht Weiß mit 3 den einzelnen Stein heraus und baut so ein zweites Auge. Weiß 1 und 3 in Diagramm 21c sind die falsche Reihenfolge, denn nach Schwarz 6 fehlt Weiß eine Freiheit um das zweite Auge zu vervollständigen.

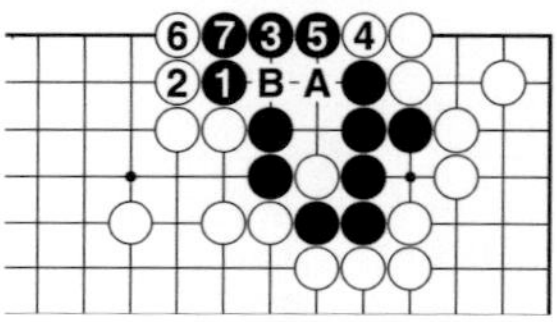

22a Lösung

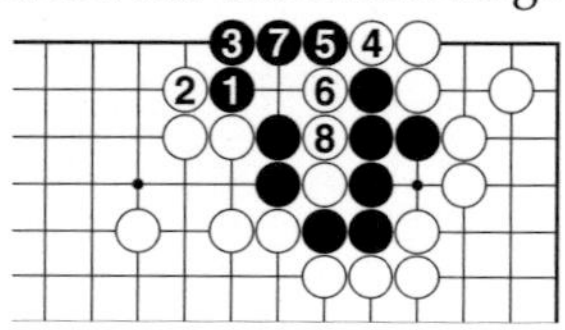

22b Fehler

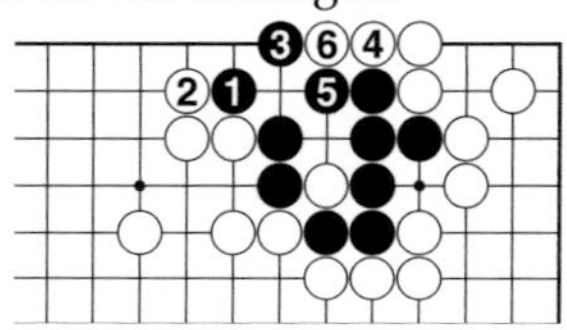

22c Fehler

Lösung 22: Schwarz 1 und 3 sind richtig, denn Weiß kann nach 7 nicht töten. Das Atari auf A beantwortet Schwarz mit B. Schwarz 3 in Diagramm 22b scheitert, denn Weiß gibt das Atari 6 und mit 8 entsteht eine Nakade-Form. Schwarz 5 in Diagramm 22c verfehlt ebenfalls den richtigen Punkt. Weiß 6 verhindert ein echtes Auge am Rand.

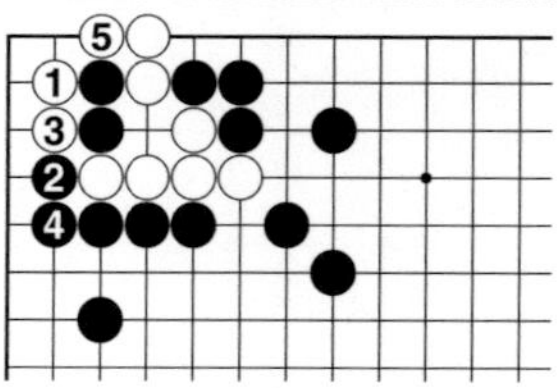

23a Lösung

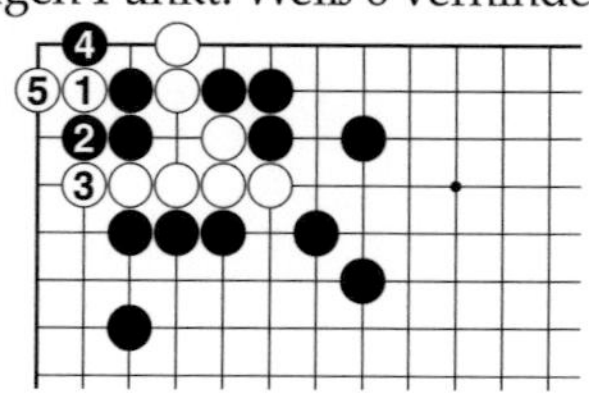

23b Variante

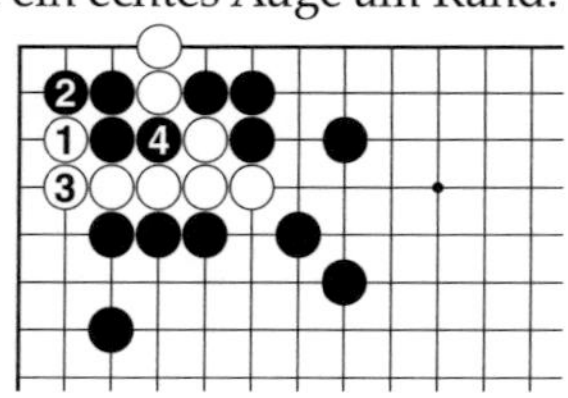

23c Fehler

Lösung 23: Weiß 1 ist der Schlüsselpunkt. Versucht Schwarz mit 2 zu verbinden, dann trennt Weiß auf 3 und lebt nach 5. Schwarz 2 in Diagramm 23b ist die schärfere Antwort, aber Weiß hat ausreichend Außenfreiheiten um die schwarzen Steine zu fangen. Diagramm 23c zeigt, wie Weiß nicht spielen darf. Nach Schwarz 4 geht nichts mehr.

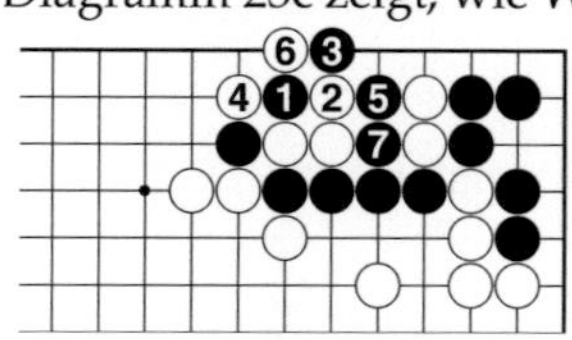

24a Lösung

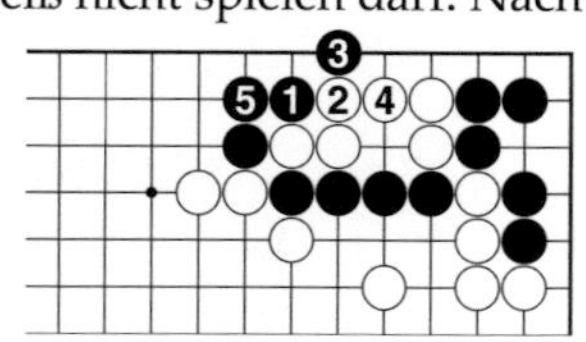

24b Variante

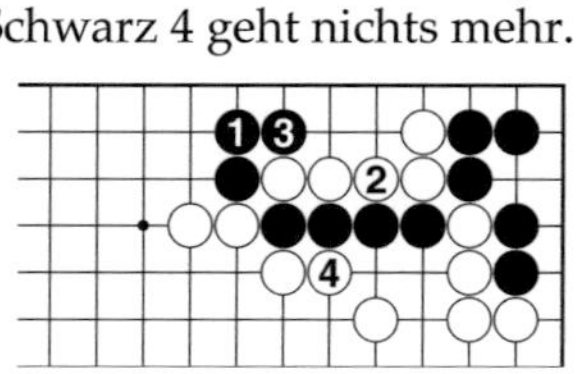

24c Fehler

Lösung 24: Schwarz 1 bis 7 sind die richtige Abfolge. Weiß kann mangels Freiheiten nicht auf 7 verbinden. Spielt Weiß statt 2 gleich auf 7, dann streckt Schwarz auf 2 und gewinnt den Wettlauf mit einer Freiheit. Spielt Weiß statt 4 in Dia. 24a auf 4 in Dia. 24b, dann verbindet Schwarz auf 5. Wieder hat Schwarz eine Freiheit mehr. Ein Fehler ist Schwarz 1 in Dia. 24c; jetzt gewinnt Weiß den Wettlauf um die Freiheiten.

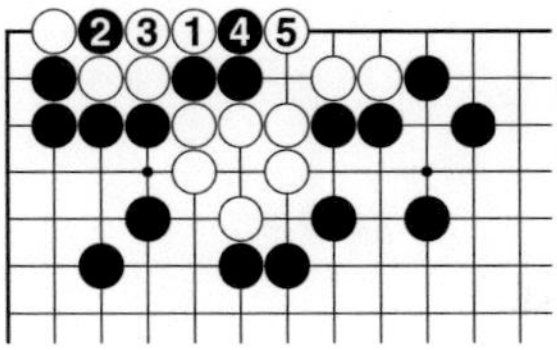

25a Lösung

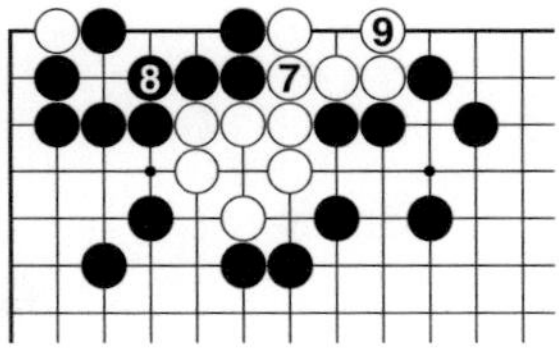

25b Fortsetzung

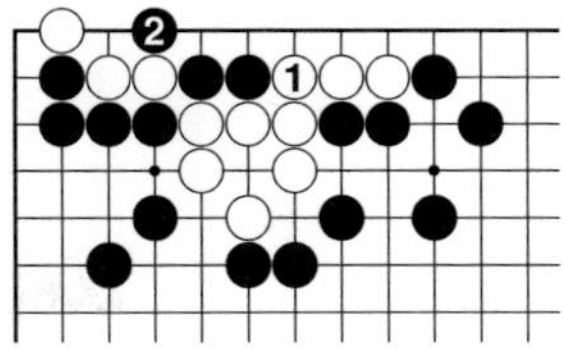

25c Fehler

Lösung 25: Weiß 1 und 3 bereiten das Opfer vor, das Schwarz mit 6 auf 2 schlägt. Weiß 7 droht drei schwarze Steine zu schlagen. Daher verbindet Schwarz auf 8 und Weiß baut mit 9 das zweite Auge. Weiß 1 in Diagramm 25c ist nicht gut, denn Schwarz 2 fängt einfach zwei Steine und Weiß bekommt kein weiteres Auge am Rand.

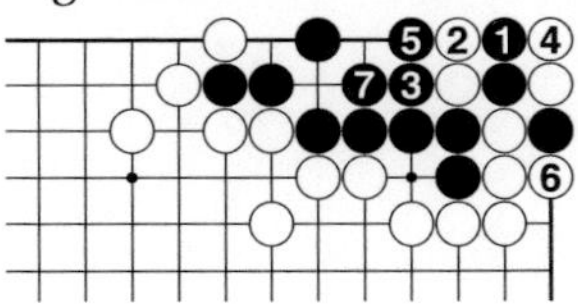

26a Lösung

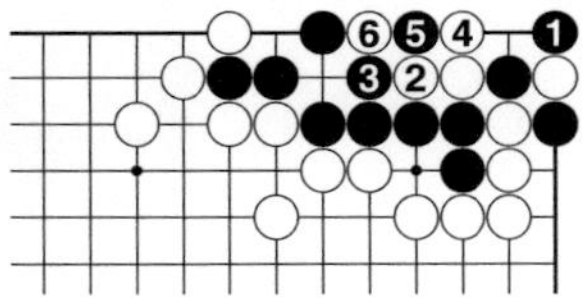

26b Fehler

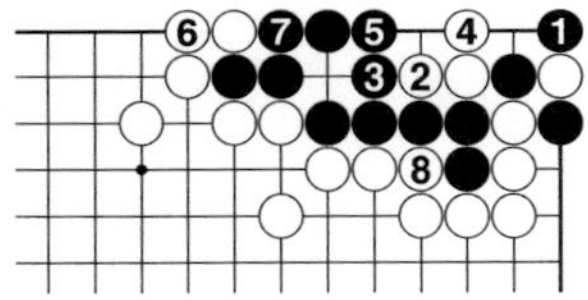

26c Fehler

Lösung 26: Schwarz 1 streckt und opfert zwei Steine. Schwarz 3 und 5 sind Vorhand und nach 7 lebt Schwarz. Spielt Weiß statt 6 auf 7, dann wirft Schwarz unterhalb von 1 ein. Das Schlagen auf 1 in Dia. 26b ist nicht richtig, denn Weiß beginnt jetzt ein Ko. Wenn Schwarz das Ko vermeiden will und 5 in Dia. 26c spielt, dann deckt Weiß auf 6 und Schwarz kann auf Grund von Damezumari die drei weißen Steine nicht fangen.

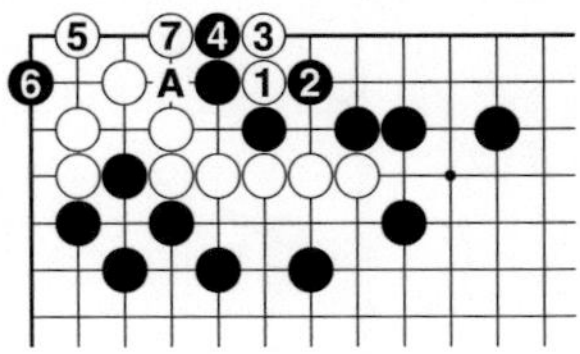

27a Lösung

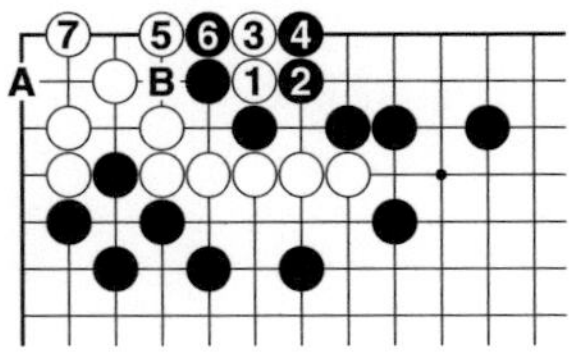

27b Variante

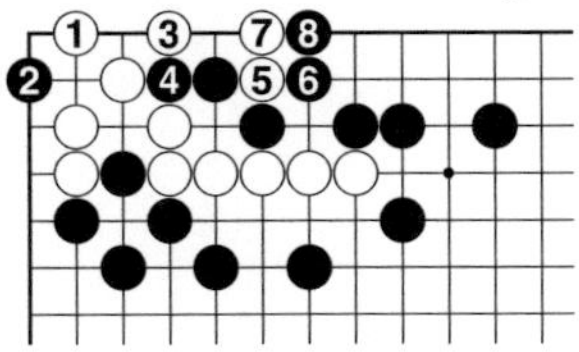

27c Fehler

Lösung 27: Das Opfer Weiß 1 und 3 bereitet das Leben in der Ecke vor. Nach Weiß 7 kann Schwarz nicht auf A spielen. In Diagramm 27b spielt Schwarz das Atari 4 von der anderen Seite. Weiß muss jetzt erst 5 und dann 7 spielen. Danach sind die Punkte A und B Miai. Spielt Schwarz statt 6 auf B, dann antwortet Weiß auf A und kann nicht getötet werden. Diagramm 27c zeigt, wie wichtig die richtige Reihenfolge ist.

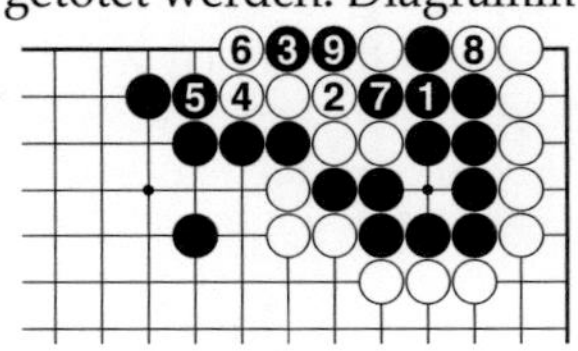

28a Lösung

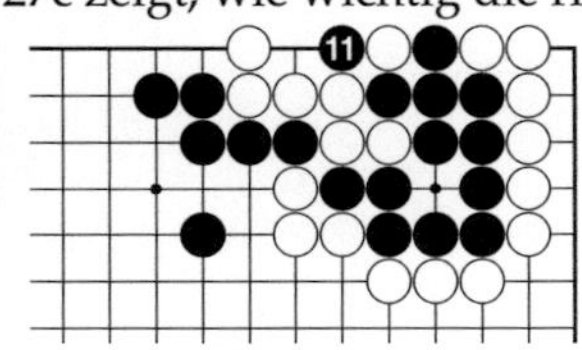

28b Fortsetzung

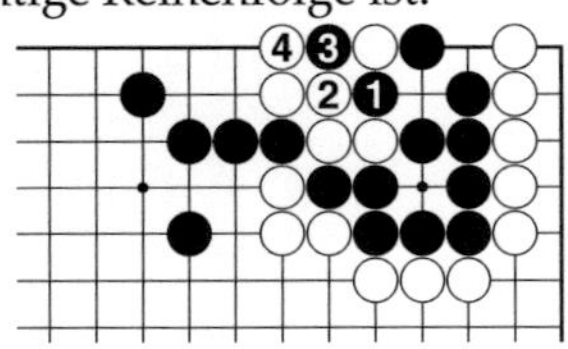

28c Fehler

Lösung 28: Schwarz 1 leitet die richtige Abfolge ein. Versucht Weiß mit 2 und 4 die Freiheiten zu erhöhen, dann hält Schwarz mit 3 und 5 dagegen. Schwarz 9 schlägt einen Stein, Weiß schlägt mit 10 zurück. Nach 11 ist klar, dass Schwarz das Semeai gewinnt. Schwarz 1 in Dia. 28c ist ein Fehler, denn nach Weiß 4 gibt es ein Ko.

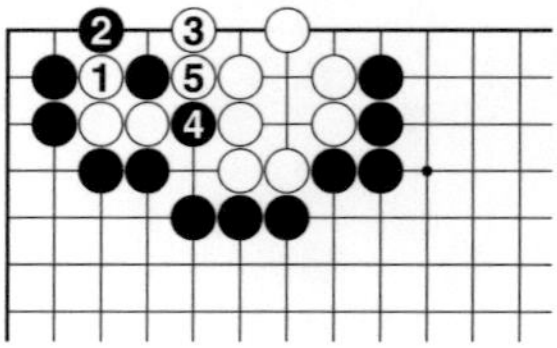

29a Lösung

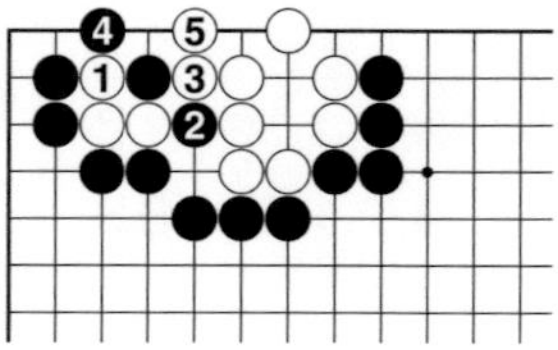

29b Variante

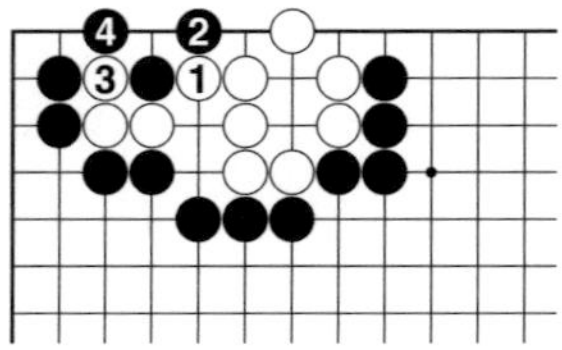

29c Fehler

Lösung 29: Weiß muss erst mit 1 das Opfer vergrößern, um dann mit 3 und 5 zu leben. Antwortet Schwarz mit 2 in Diagramm 29b, dann vertauscht Weiß die Reihenfolge von 3 und 5. Mit 1 in Diagramm 29c leben zu wollen reicht nicht aus, denn nach Schwarz 2 und 4 entsteht ein Ko um das Leben der weißen Gruppe.

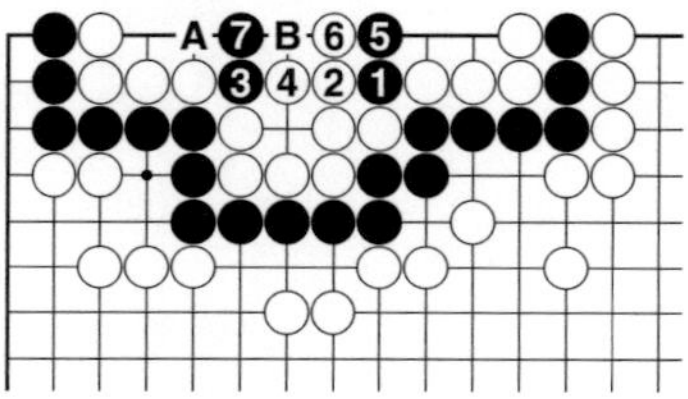

30a Lösung

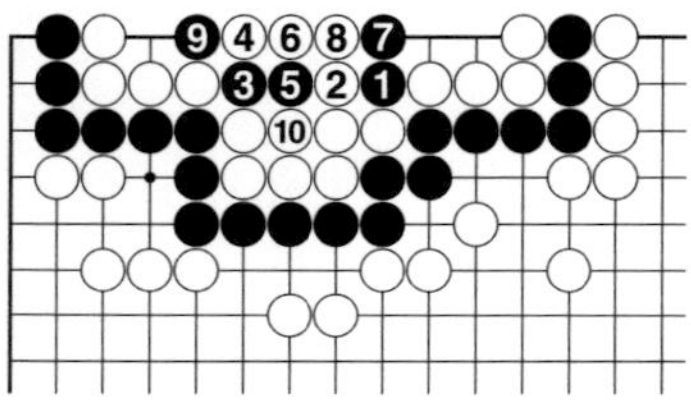

30b Variante

Lösung 30: Der Schnitt auf 1 ist richtig. Fängt Weiß den Stein mit 2, dann schneidet Schwarz auf 3 auch auf der anderen Seite. Nach Schwarz 5 und 7 kann Weiß sich auf Grund von Freiheitenmangel weder auf A noch auf B annähern. Die vier weißen Steine links sind somit gefangen. Antwortet Weiß mit 4 in Diagramm 30b, dann streckt Schwarz 5 und in der Folge bis 10 entsteht eine riesige Mausefalle. Schwarz 11 wirft wieder auf 3 ein und Weiß kann die vier Steine nicht mehr retten.

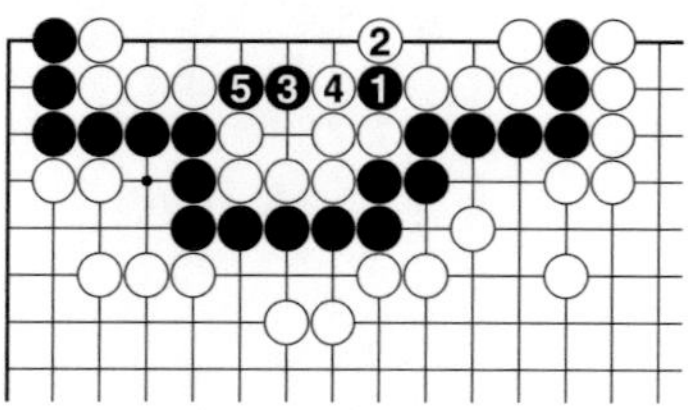

30c Fehler

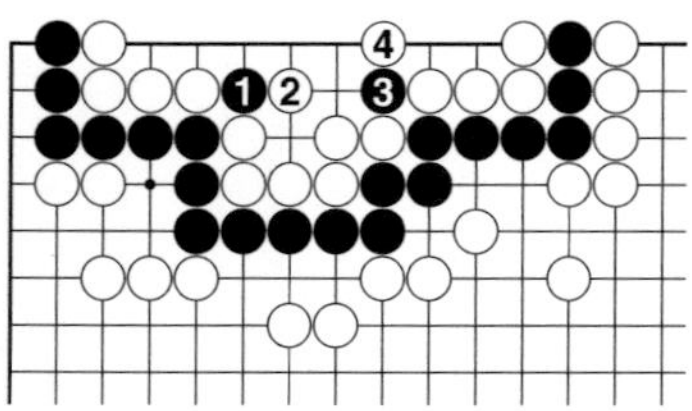

30d Fehler

Versucht Weiß auf Schwarz 1 mit 2 in Diagramm 30c zu verteidigen, dann ist Schwarz 3 die richtige Fortsetzung. Fängt Weiß 4 einen Stein, dann folgt Schwarz 5 und nimmt vier Steine mit. Spielt Weiß statt 4 selbst auf 5, dann verbindet Schwarz auf 4 und fängt wieder vier Steine. Dann hat Weiß nicht mal mehr zwei Augen. In Diagramm 30d spielt Schwarz mit 1 den falschen Schnitt zuerst. Weiß kann jetzt mit 2 und 4 die Schnittsteine fangen und Schwarz erreicht nichts.

5. Aufgaben 31-40

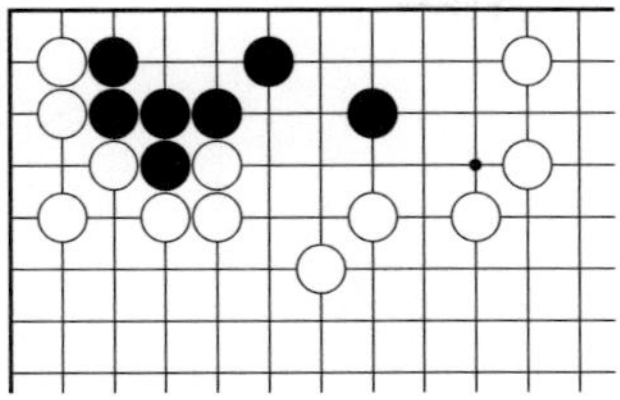

31. Weiß tötet!

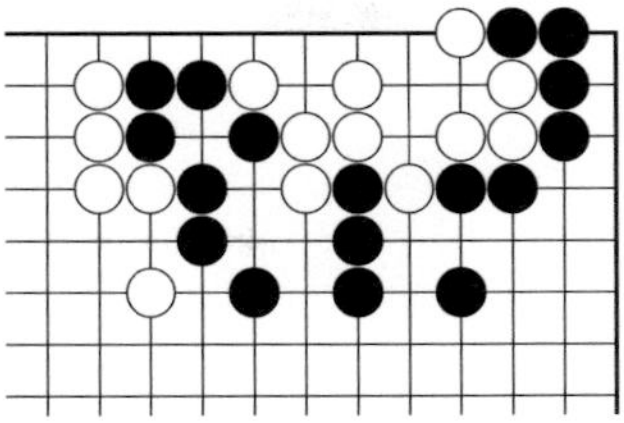

32. Schwarz tötet!

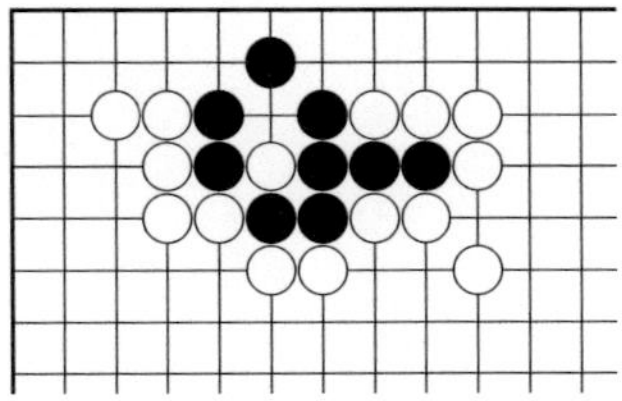

33. Weiß tötet!

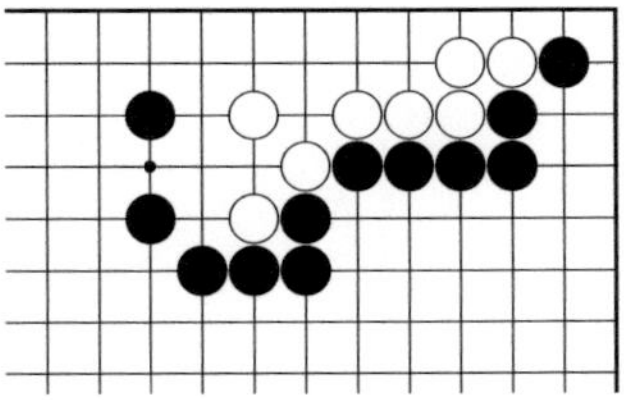

34. Schwarz tötet!

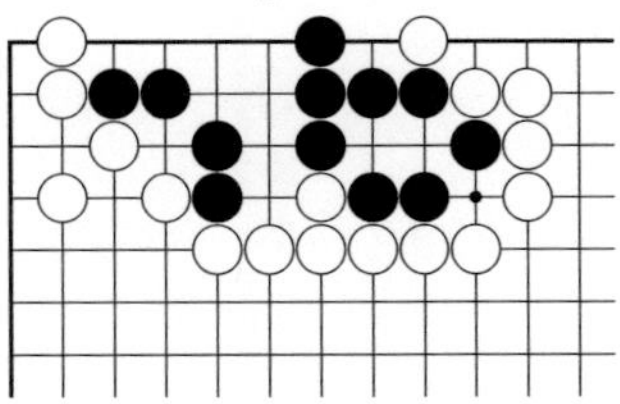

35. Weiß tötet!

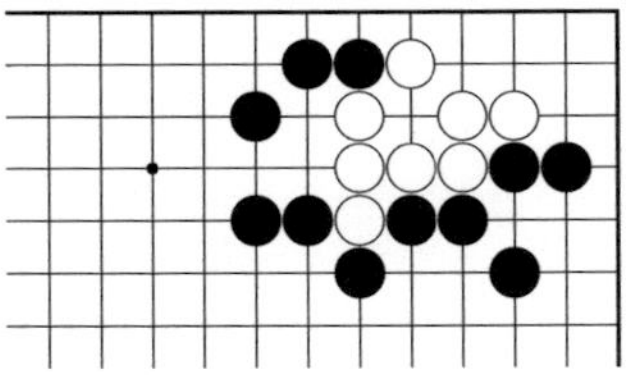

36. Schwarz tötet!

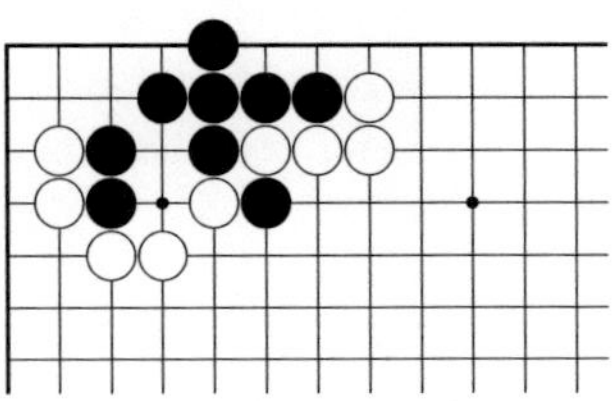

37. Weiß tötet!

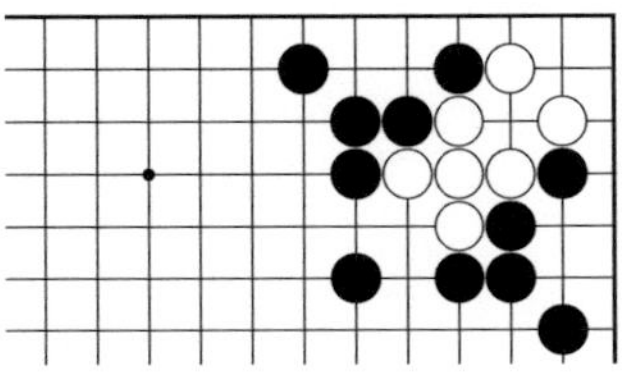

38. Schwarz tötet!

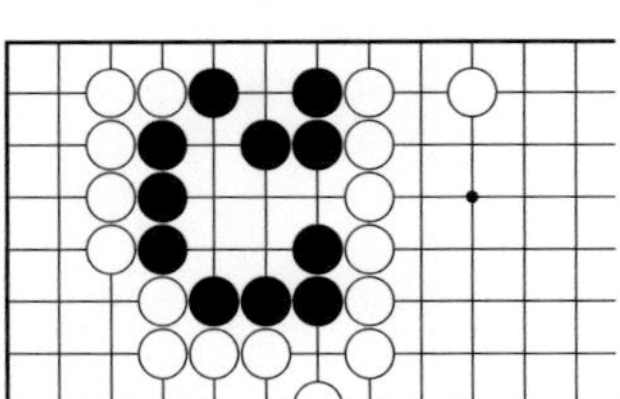

39. Weiß tötet!

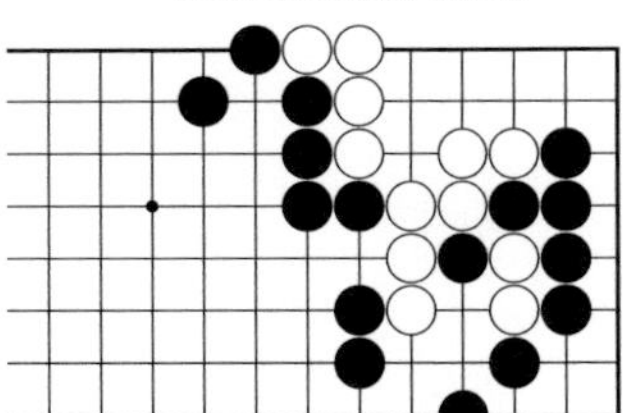

40. Schwarz tötet!

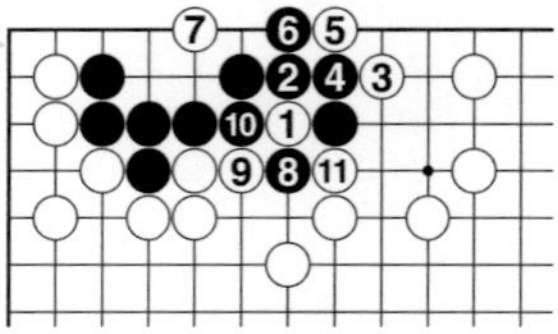

31a Lösung

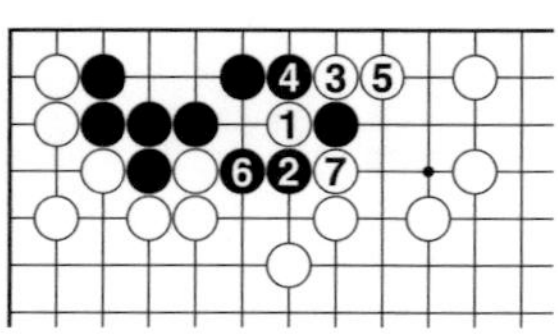

31b Variante

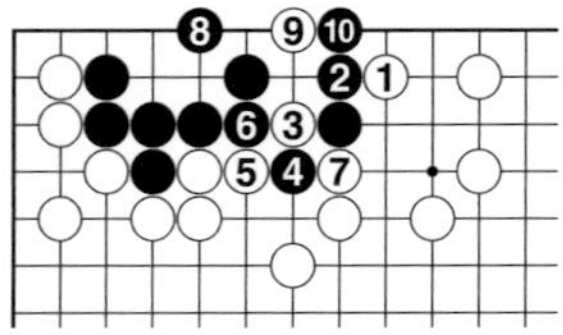

31c Fehler

Lösung 31: Weiß 1 und 3 sind die richtige Kombination. In der Folge bis 11 bleibt Schwarz einäugig. Antwortet Schwarz mit 2 in Dia. 31b, dann spielt Weiß das Hane 3. Nach Weiß 5 sind 6 und 7 Miai. Diagramm 31c zeigt, was passiert, wenn Weiß die falsche Reihenfolge spielt. Nach Schwarz 10 kann Weiß den Stein 9 nicht anbinden.

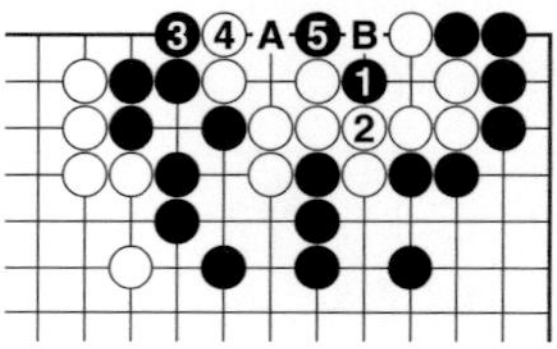

32a Lösung

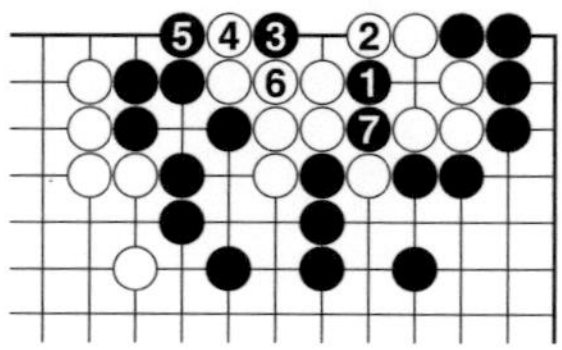

32b Variante

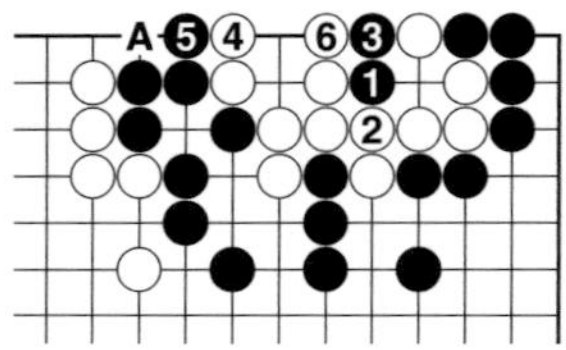

32c Fehler

Lösung 32: Schwarz 1 ist der vitale Punkt. Nach Schwarz 5 kann Weiß weder A noch B spielen um zwei Augen zu bilden. In Diagramm 32b antwortet Weiß mit 2, worauf Schwarz 3 und 5 spielt. Nach 7 hat Weiß nur ein Auge. Schwarz 3 in Diagramm 32c ist nicht gut. Weiß 4 droht auf A anzubinden und nach 6 lebt Weiß.

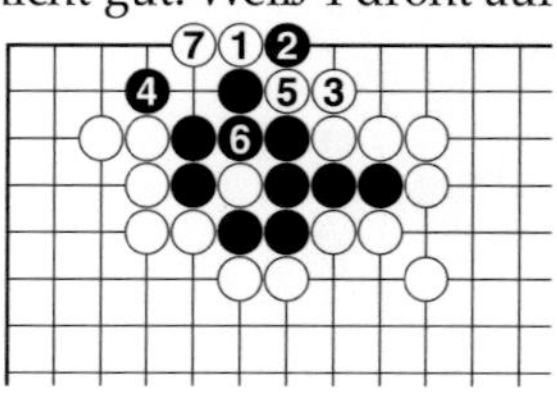

33a Lösung

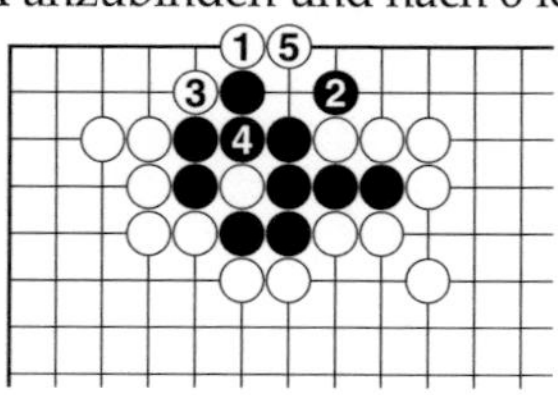

33b Variante

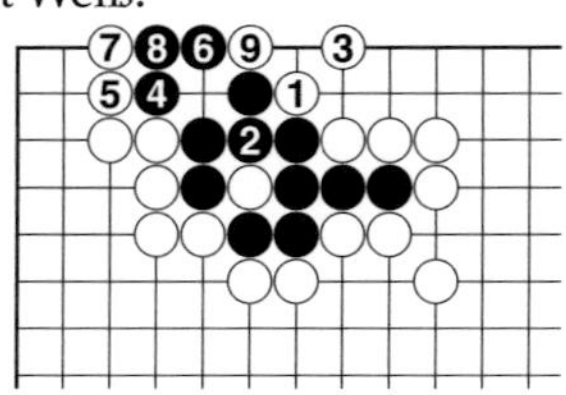

33c Fehler

Lösung 33: Weiß 1 ist der Schlüsselpunkt. In der Folge bis 7 bekommt Schwarz nur ein Auge. Schwarz 2 als Antwort in Diagramm 33b führt zu keinem besseren Ergebnis. Weiß 1 in Diagramm 33c ist ein Fehler, denn nach Weiß 9 beginnt Schwarz ein Ko um seine Steine.

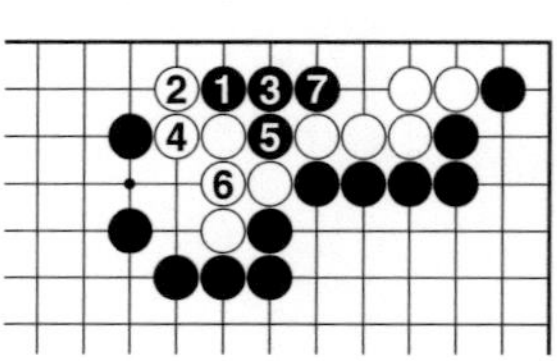

34a Lösung

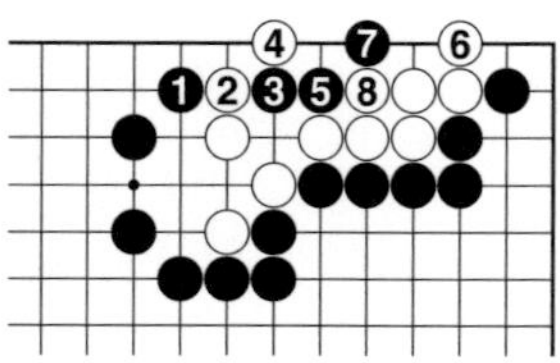

34b Fehler

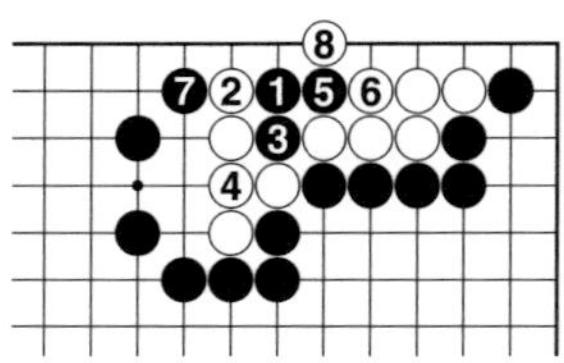

34c Fehler

Lösung 34: Schwarz 1 ist richtig. Trennt Weiß die Steine, dann spielt Schwarz 3 bis 7 und fängt fünf weiße Steine. Antwortet Weiß statt 2 auf 3, dann streckt Schwarz auf 2 und Weiß hat nur ein Auge. Schwarz 1 in Diagramm 34b und 34c sind der falsche Weg, denn Weiß kommt jedes Mal zum Leben.

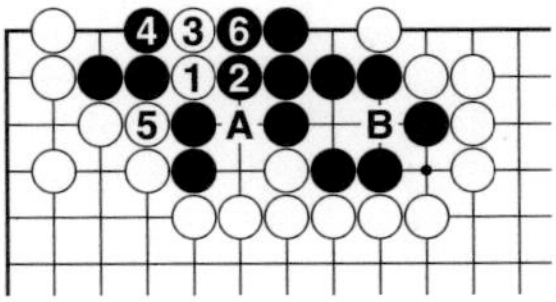

35a Lösung

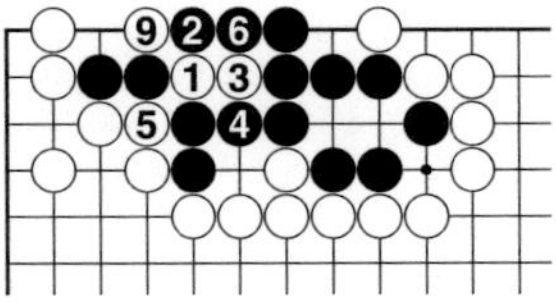

35b Variante

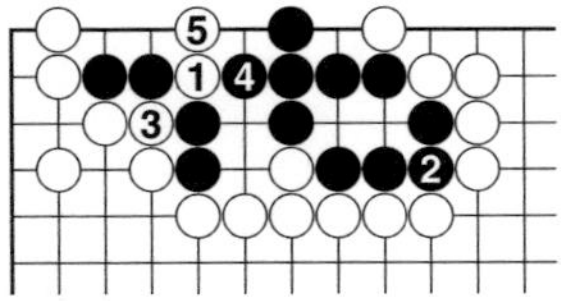

35c Variante

Lösung 35: Mit Weiß 1 bis 5 nutzt Weiß den Schwachpunkt der Stellung aus. Nach Weiß 7 auf 1 müsste Schwarz sowohl A als auch B spielen, um zu leben. Antwortet Schwarz mit 2 in Diagramm 35b, dann streckt Weiß auf 3. In der Folge bis Weiß 9 (7 auf 1) entsteht wieder nur ein schwarzes Auge. In Diagramm 35c antwortet Schwarz nicht direkt auf Weiß 1. Schwarz kann zwar die zwei weißen Steine fangen, aber Weiß wird wie in Diagramm 35a das Auge ausdrücken.

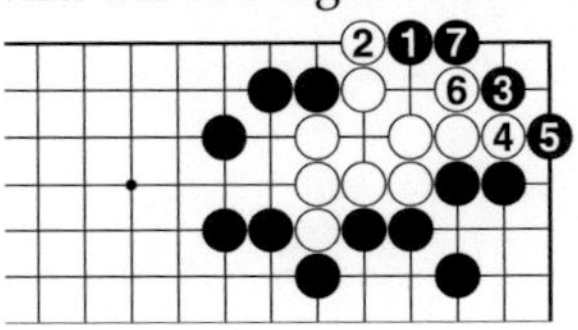

36a Lösung

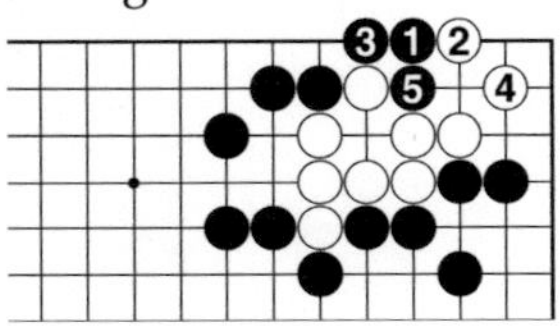

36b Variante

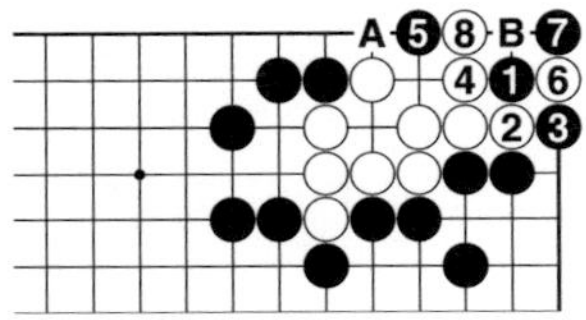

36c Fehler

Lösung 36: Schwarz 1 und 3 sind die richtige Kombination – Weiß stirbt. Antwortet Weiß mit 2 und 4 in Diagramm 36b, dann töten Schwarz 3 und 5. In Diagramm 36c vertauscht Schwarz die korrekte Reihenfolge. Nach Weiß 8 kann Weiß entweder mit einem Stein auf A oder auf B leben.

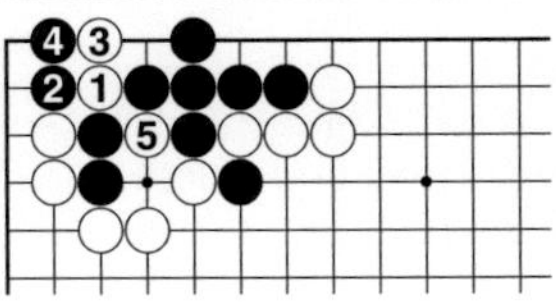

37a Lösung

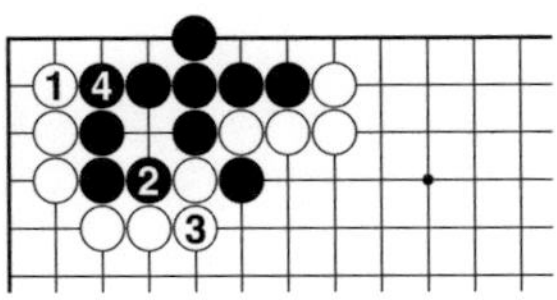

37b Fehler

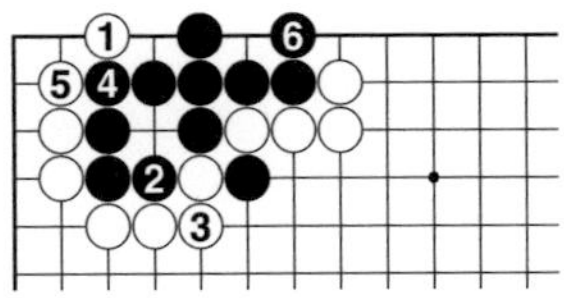

37c Fehler

Lösung 37: Weiß 1 bis 5 sind die gleiche Technik, wie in der Lösung des Problems 35. Schlägt Schwarz mit 6 zwei Steine, dann setzt Weiß mit 7 wieder auf 1. Weiß 1 in Diagramm 37b ist ein Fehler, denn Schwarz spielt erst das Atari 2 und lebt dann mit 4. Auch Weiß in Dia. 37c führt nicht zum Erfolg. Wieder lebt Schwarz mit 2, 4 und 6.

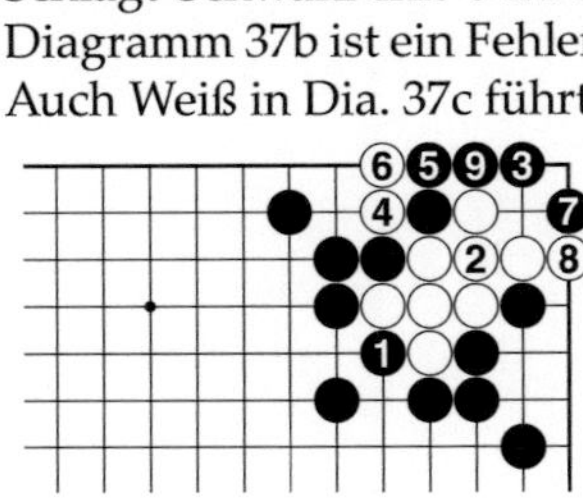

38a Lösung

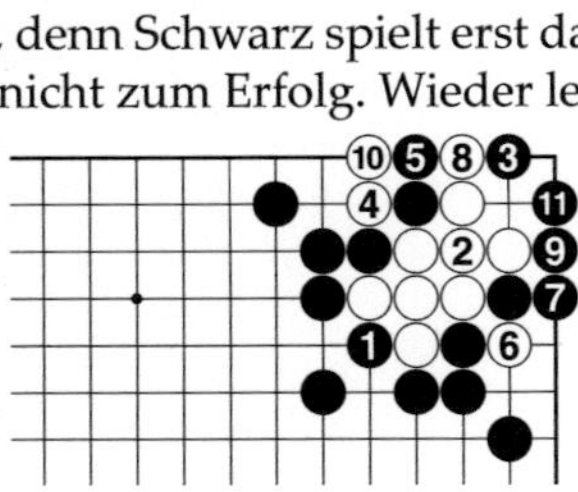

38b Variante

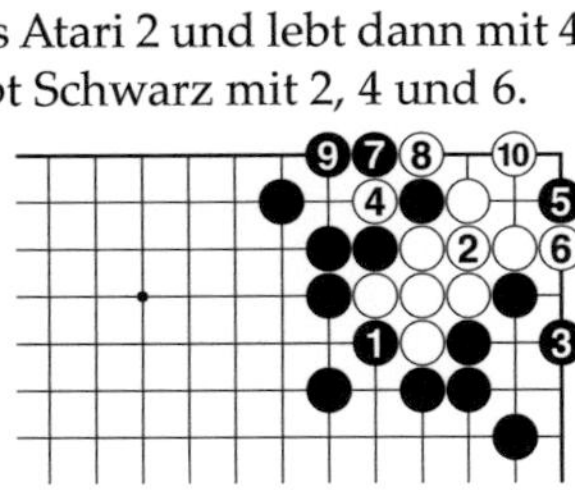

38c Fehler

Lösung 38: Nach dem Atari 1 besetzt Schwarz mit 3 den vitalen Punkt. Weiß kann die schwarzen Steine mangels Freiheiten nicht fangen und stirbt. Dia. 38b zeigt einen anderen Versuch zu leben, doch nach 11 hat Weiß wieder nur ein Auge. Das Decken mit Schwarz 3 in Dia. 38c ist ein Fehler, denn Weiß lebt jetzt in der Abfolge bis 10.

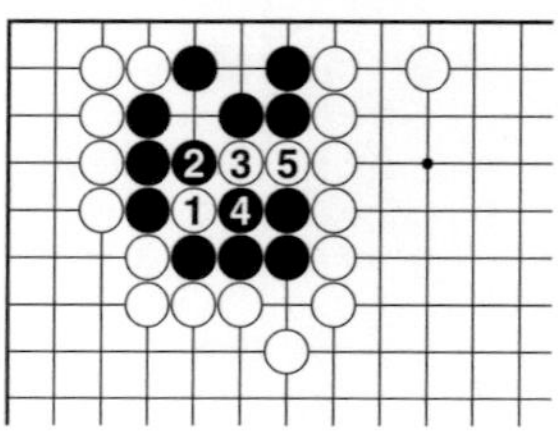

39a Lösung

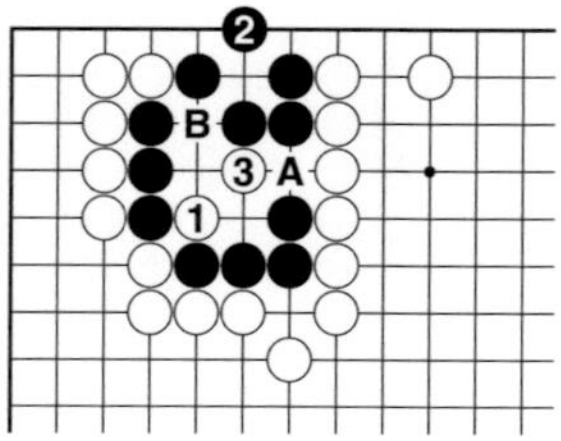

39b Variante

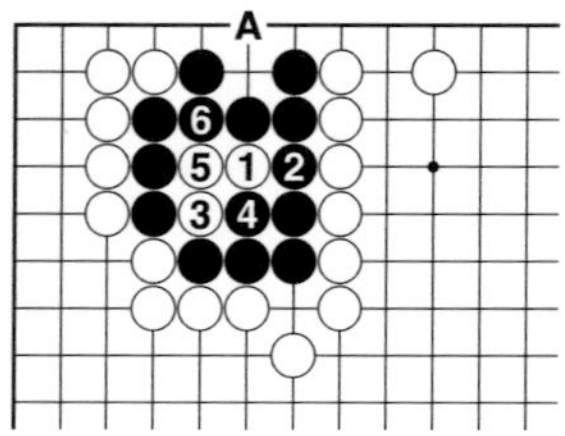

39c Fehler

Lösung 39: Weiß 1 und 3 sind die richtige Kombination. Schlägt Schwarz mit 2 und 4 einen weißen Stein, dann bleiben nach Weiß 5 nur unechte Augen zurück. Sichert Schwarz stattdessen mit 2 in Diagramm 39b ein Auge am Rand, dann spielt Weiß 3. Er droht entweder auf A zu verbinden oder drei Steine in einer Mausefalle zu fangen. Weiß 1 und 3 in Diagramm 39c sind nicht die richtige Reihenfolge. Nach dem Schlagen auf 6 lebt Schwarz entweder auf A oder 5.

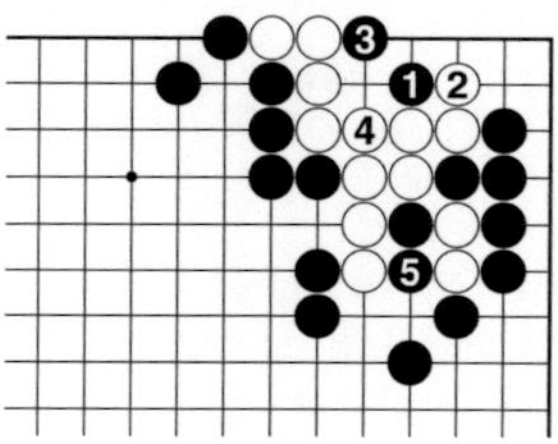

40a Lösung

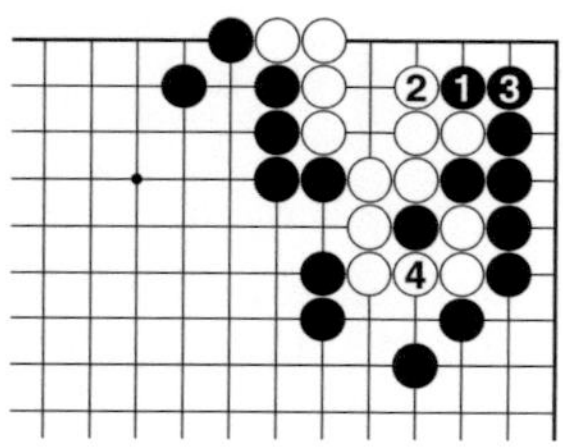

40b Fehler

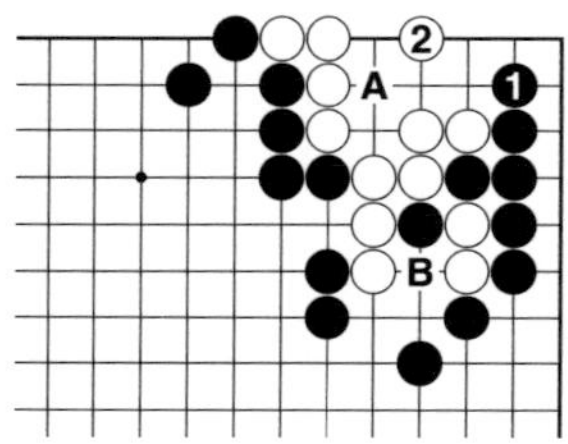

40c Fehler

Lösung 40: Schwarz 1 ist der richtige Punkt. Weiß hat keine Chance auf Leben. Schwarz 1 in Diagramm 40b dagegen ist ein schlechter Angriff, denn Weiß lebt nach 2 und 4. Auch Schwarz 1 in Diagramm 40c ist nicht gut, denn nach Weiß 2 sind A und B Miai auf Leben.

6. Aufgaben 41-50

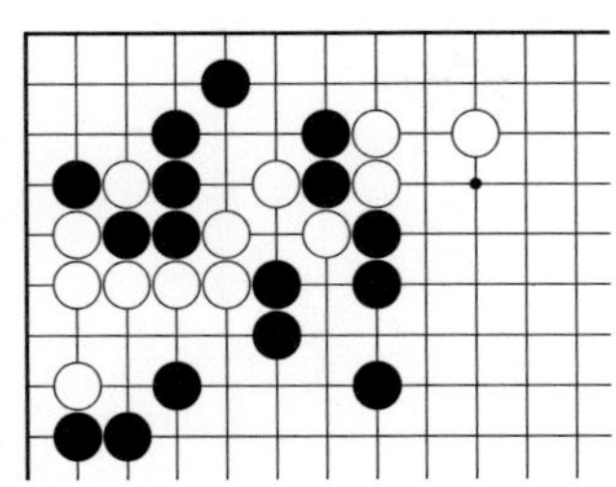

41. Weiß setzt und lebt!

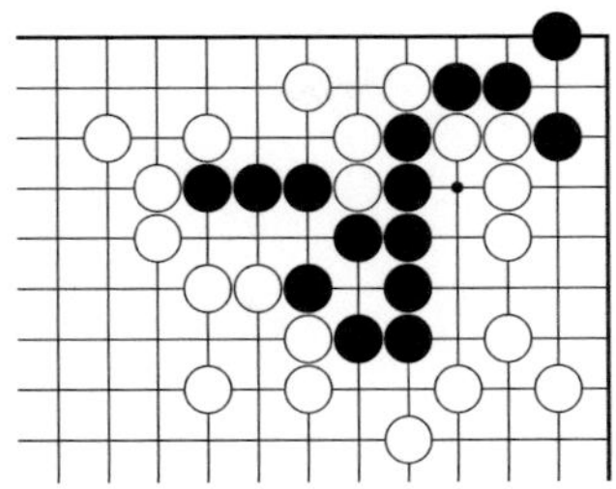

42. Schwarz setzt und lebt!

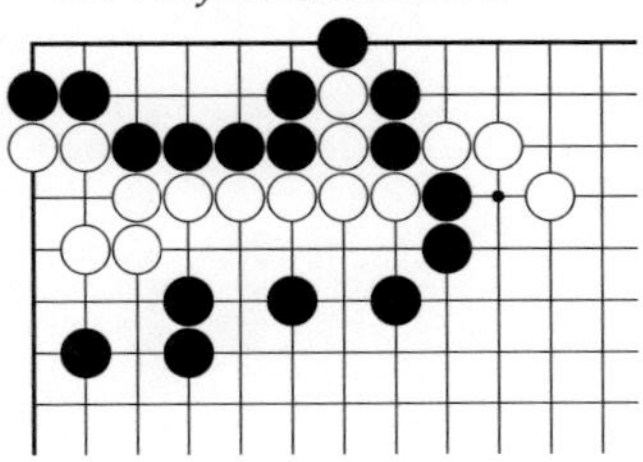

43. Weiß setzt und lebt!

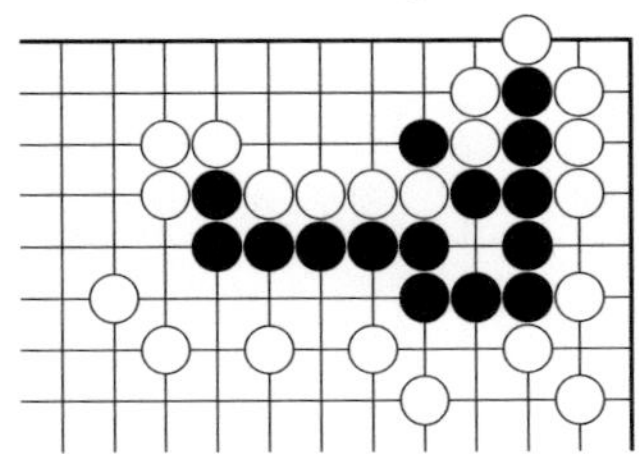

44. Schwarz setzt und lebt!

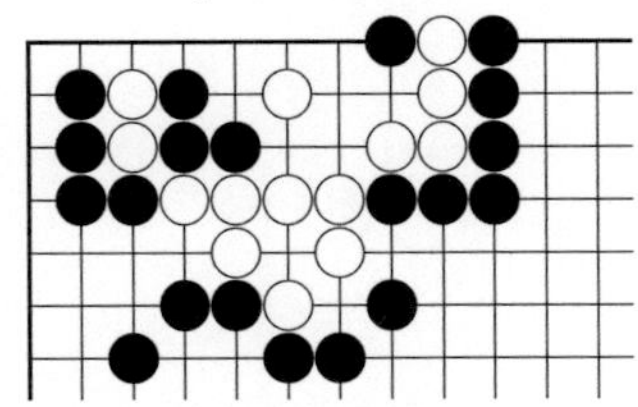

45. Weiß setzt und lebt!

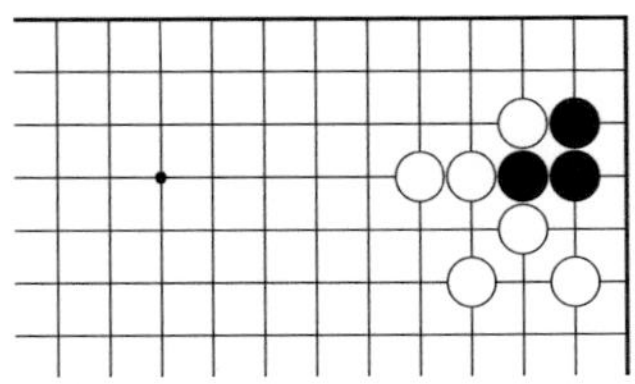

46. Schwarz setzt und lebt!

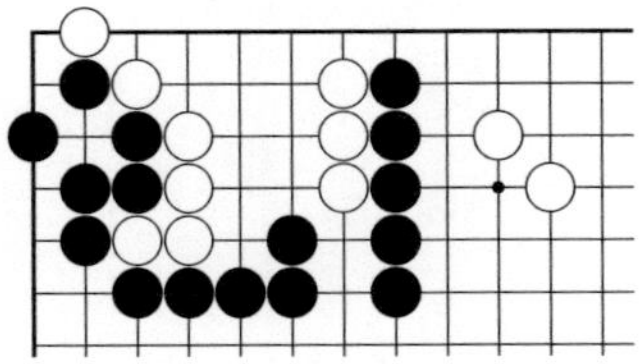

47. Weiß setzt und lebt!

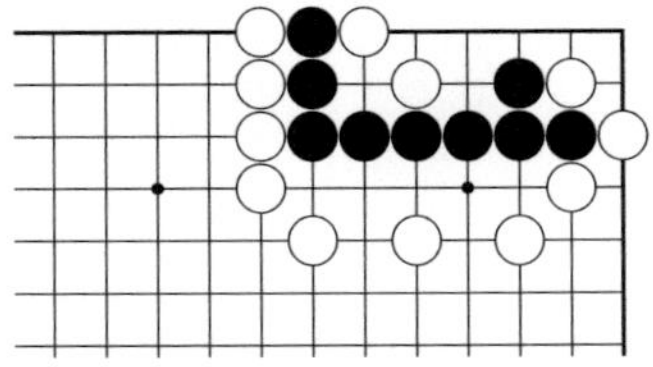

48. Schwarz setzt und lebt!

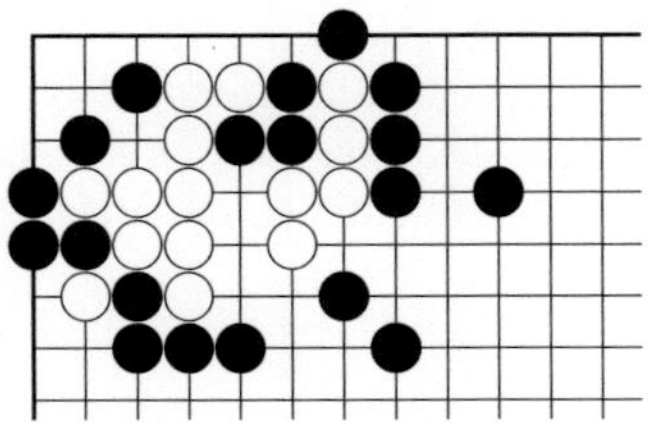

49. Weiß setzt und lebt!

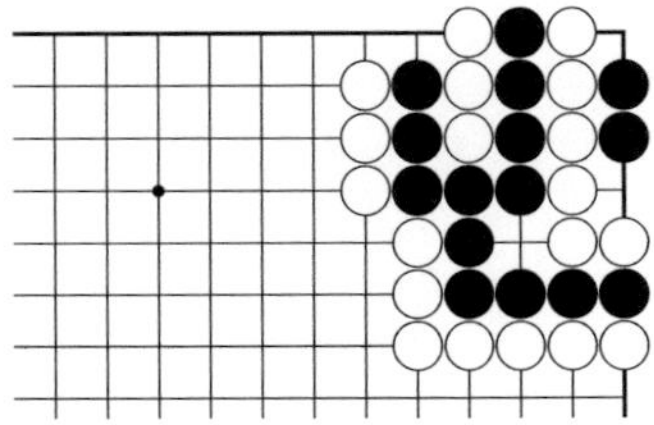

50. Schwarz setzt und lebt!

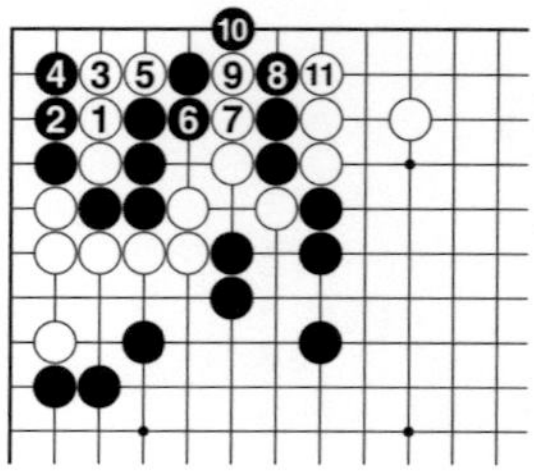

41a Lösung

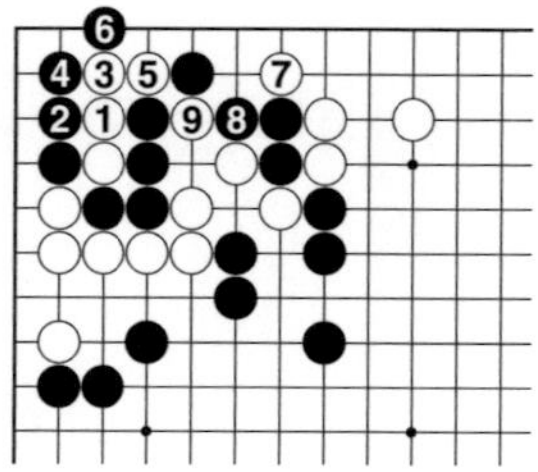

41b Variante

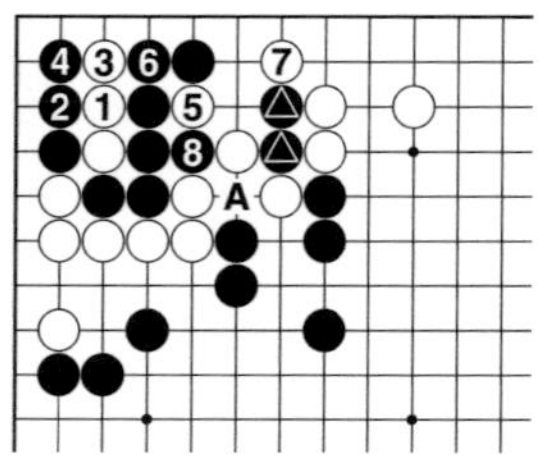

41c Fehler

Lösung 41: In der Abfolge bis 11 bindet Weiß durch das Fangen der schwarzen Steine außen an. Gibt Schwarz mit 6 in Diagramm 41b Atari auf die vier weißen Steine, dann spielt Weiß erst 7 und gibt mit 9 Doppel-Atari. Weiß 5 in Diagramm 41c ist ein Fehler, denn nach Schwarz 8 kann Weiß nicht auf A decken und die markierten Steine schlagen.

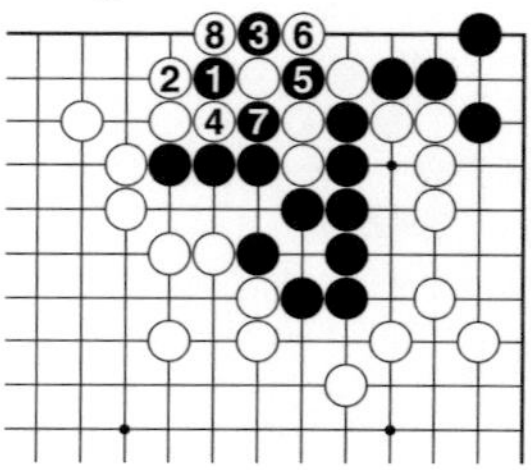

42a Lösung

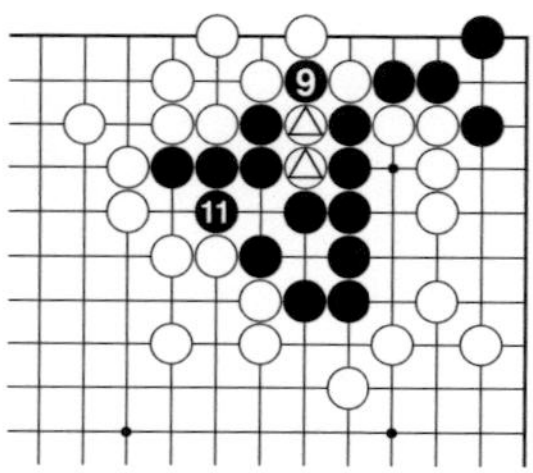

42b Fortsetzung

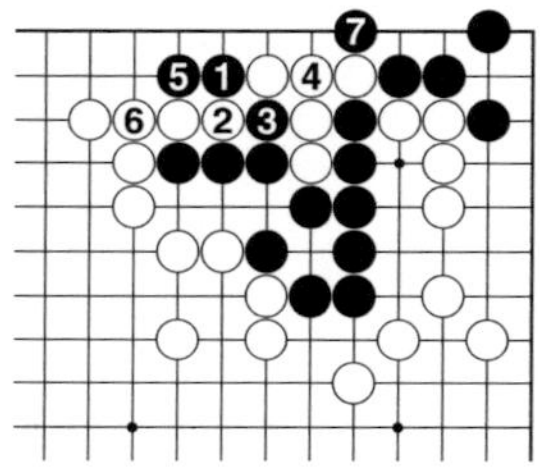

42c Variante

Lösung 42: Schwarz 1 und 3 sind die richtige Kombination. Nach Weiß 8 folgen Schwarz 9 und 11 im Diagramm 42b (Weiß 10 schlägt zurück) und Schwarz lebt. Weiß 2 in Diagramm 42c macht es Schwarz noch einfacher. Jetzt fängt er mit 3 bis 7 fünf weiße Steine.

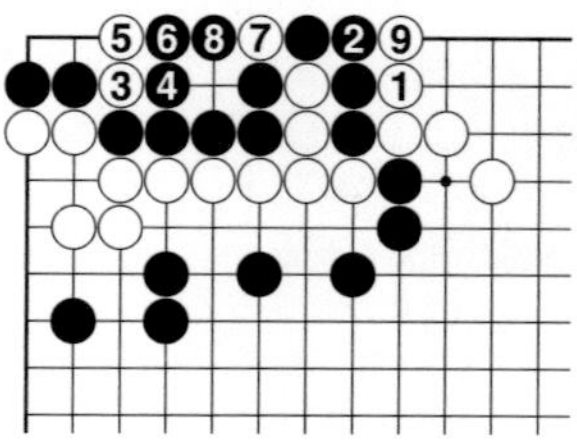

43a Lösung

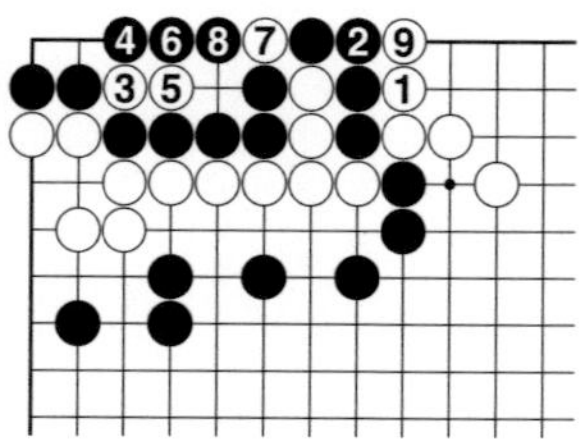

43b Variante

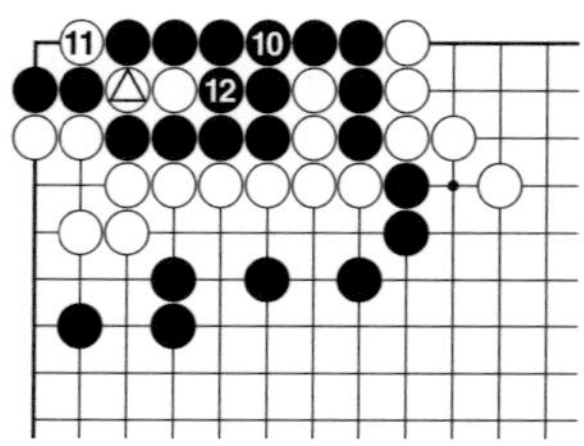

43c Fortsetzung

Lösung 43: Weiß 1 bis 9 fangen vier schwarze Steine, denn Schwarz kann mangels Freiheiten nicht auf 7 decken. Antwortet Schwarz mit 4 in Diagramm 43b, dann streckt Weiß einmal, wirft mit 7 ein und baut schließlich mit 11 in Diagramm 43c eine Mausefalle. Schlägt Schwarz auf 12, dann wirft Weiß mit 13 wieder auf den markierten Stein ein.

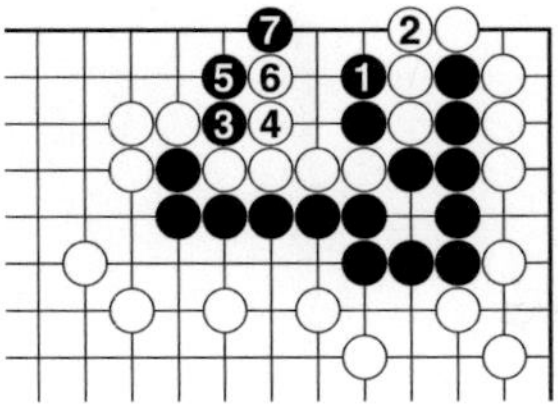

44a Lösung

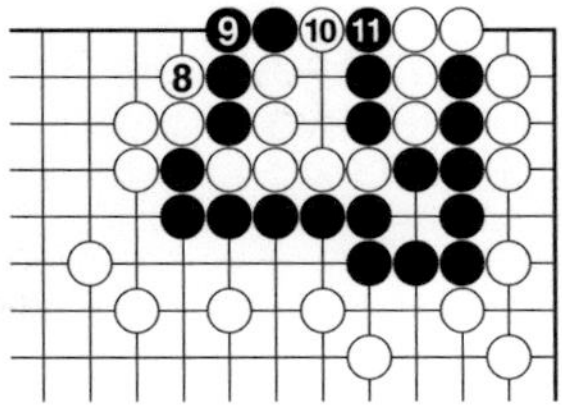

44b Fortsetzung

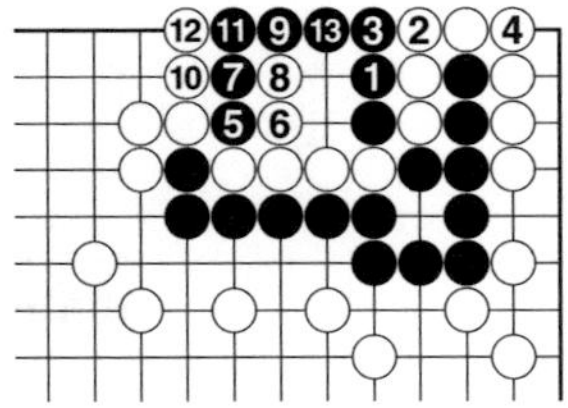

44c Fehler

Lösung 44: Schwarz 1 bis 7 sind die richtige Reihenfolge. Setzt Weiß mit 10 vier Steine in Atari, dann gibt Schwarz mit 11 Doppel-Atari. Wenn Schwarz wie in Diagramm 44c die Reihenfolge vertauscht, dann entsteht lokal ein Seki. Da aber die schwarze Kette nur ein Auge hat und geschlagen werden kann, gibt es kein echtes Seki.

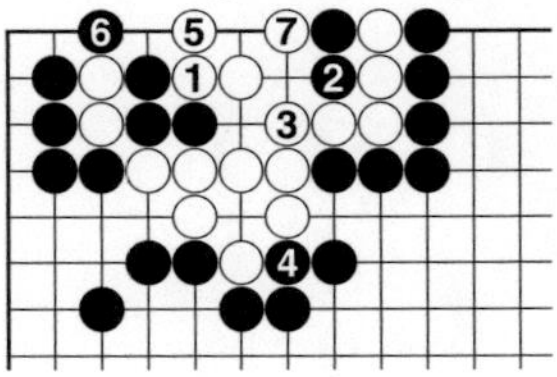

45a Lösung

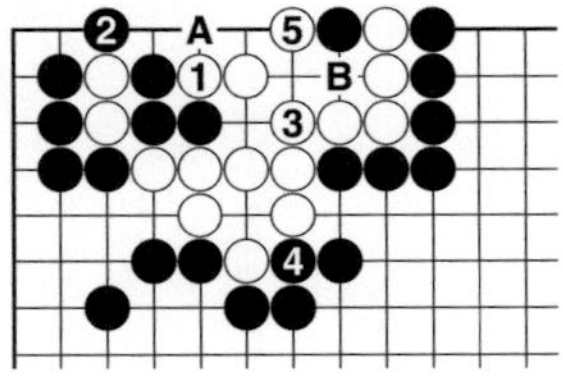

45b Variante

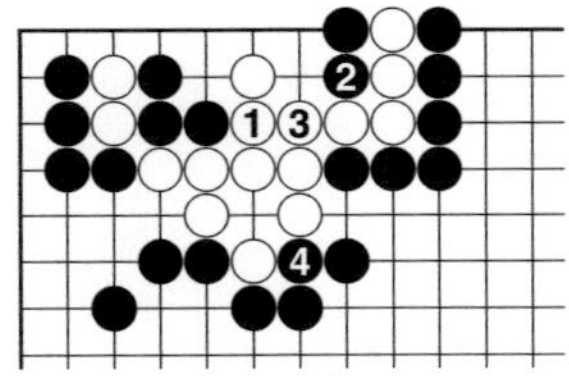

45c Fehler

Lösung 45: Weiß 1 ist der Schlüsselpunkt. Gibt Schwarz mit 2 Atari, dann deckt Weiß auf 3. Weiß 5 droht zwei Steine zu reaktivieren, Schwarz 6 schlägt und Weiß 7 lebt am Ende. Schlägt Schwarz mit 2 in Diagramm 45b gleich die beiden weißen Steine, dann spielt Weiß 3 und 5. A und B sind jetzt Miai. Weiß 1 in Diagramm 45c ist ein Fehler.

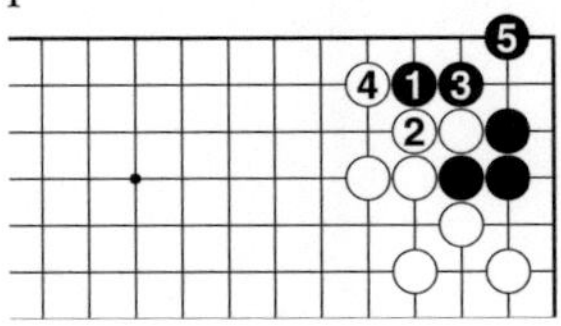

46a Lösung

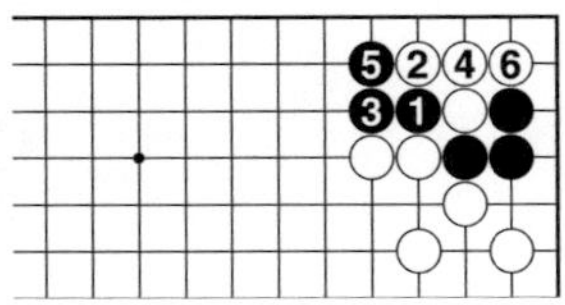

46b Fehler

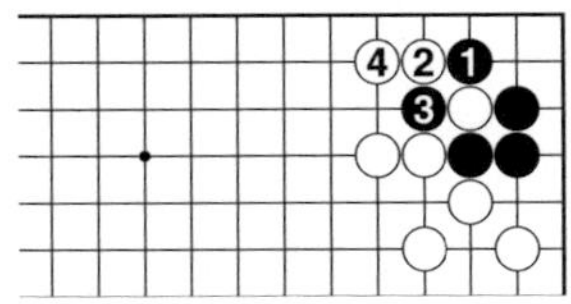

46c Fehler

Lösung 46: Schwarz 1 ist richtig. In der Folge bis 5 lebt Schwarz. Wenn Weiß statt 2 auf 3 spielt, dann fängt Schwarz mit 3 auf 2 die zwei weißen Steine. Der Schnitt in Diagramm 46b funktioniert nicht. Nach 6 fängt Weiß die drei schwarzen Steine. Schwarz 1 in Dia. 46c ist ebenfalls nicht gut, wie wir bereits im Problem 11 gesehen haben.

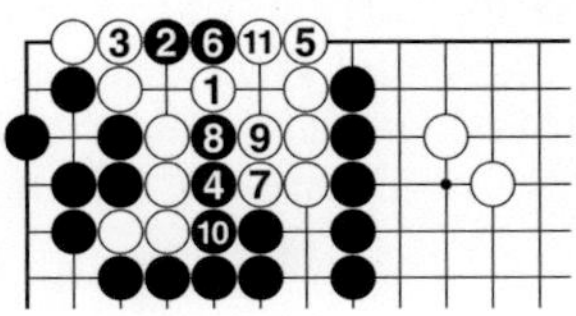

47a Lösung

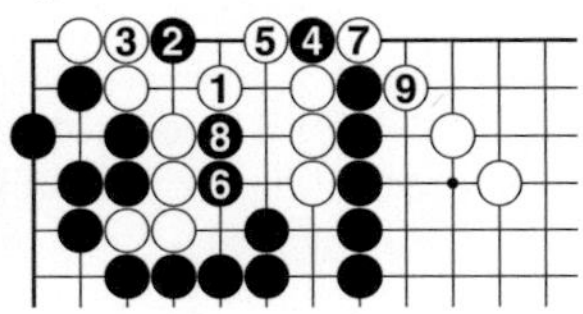

47b Variante

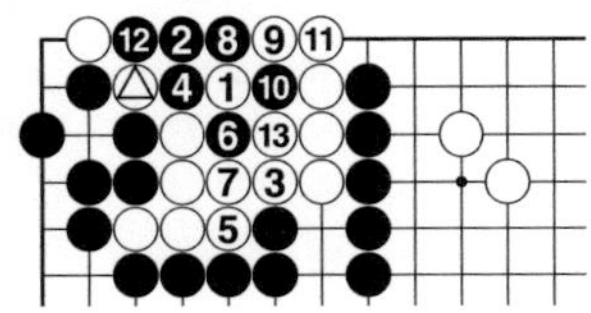

47c Fehler

Lösung 47: Weiß 1 bis 11 bringen Leben. Wenn Schwarz mit 12 vier Steine schlägt, dann schlägt Weiß auf 13 zurück und fängt drei Steine. Spielt Schwarz erst das Hane 4 in Dia. 47b, dann kann Weiß nach 7 entweder auf 9 verbinden oder auf 8 leben. In Dia. 47c verfehlt Weiß die richtige Reihenfolge. Schwarz 14 deckt auf 1, Weiß schlägt mit 15 auf dem markierten Stein und schließlich tötet Schwarz mit 16 auf 1.

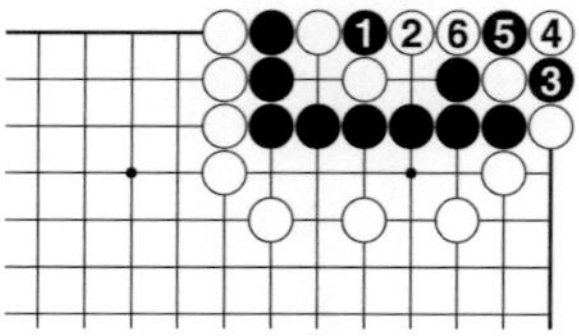

48a Lösung

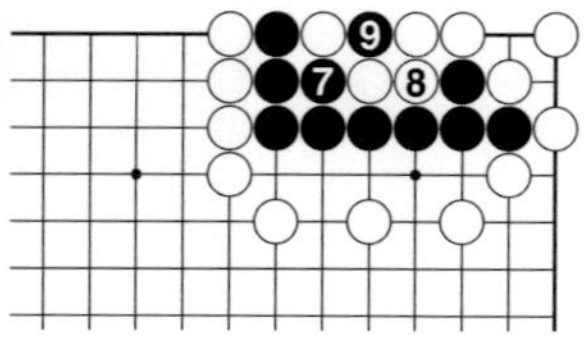

48b Variante

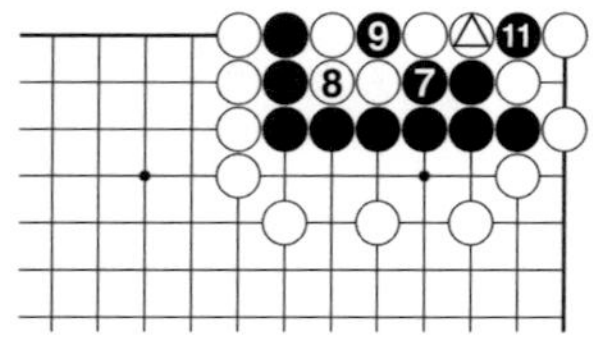

48c Fehler

Lösung 48: Schwarz wirft erst mit 1 ein und setzt dann mit 3 und 5 fort. Schwarz 7 und 9 in Diagramm 48b beginnen ein Ko. Weiß kann das Ko fast nicht gewinnen, denn seine Steine stehen in Atari. Um aber die schwarzen Stein zu schlagen, muss er noch fünf Außenfreiheiten besetzen. Schwarz 7 und 9 in Diagramm 48c führen zum Tod, denn Weiß 10 auf 8 besetzt den vitalen Punkt. Nachdem Schwarz 11 zwei Steine schlägt, verhindert Weiß mit 12 auf dem markierten Stein das zweite Auge.

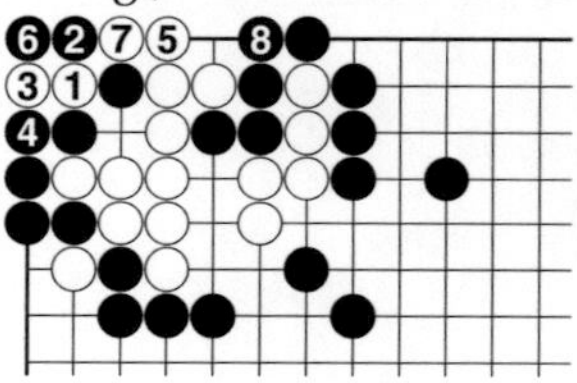

49a Lösung

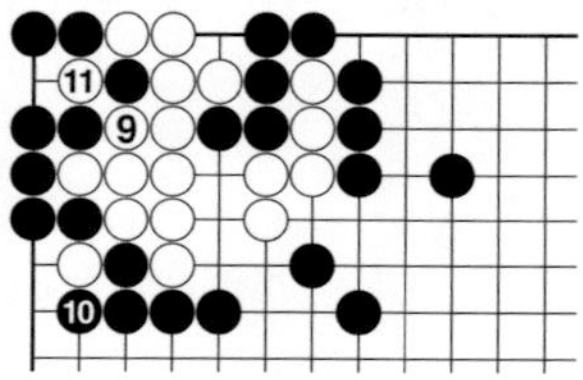

49b Fortsetzung

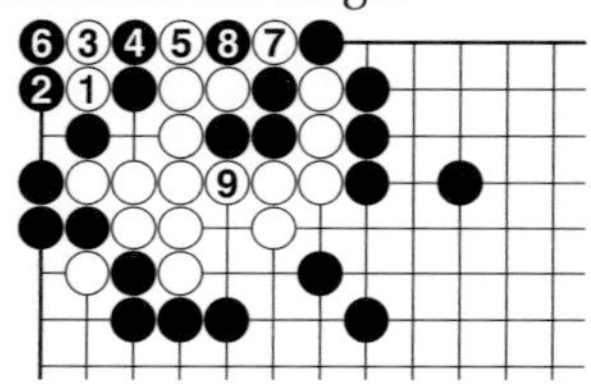

49c Variante

Lösung 49: Das Opfer Weiß 1 ist ein guter Anfang. Gibt Schwarz Atari, dann streckt Weiß auf 3. Weiß 7 ist Miai auf 8 und 9. Deckt Schwarz auf 6, dann folgt die Sequenz bis 11 und Weiß lebt. Diagramm 49c zeigt die Variante wenn Schwarz mit 2 das Atari von der anderen Seite gibt. Weiß 5 bringt wieder eine Miai-Situation. Hier nimmt Schwarz die Ecke und Weiß fängt auf 7 vier Steine.

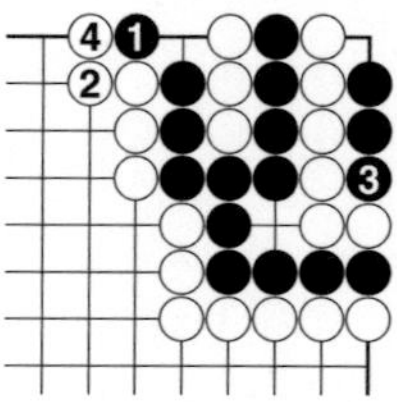

50a Lösung

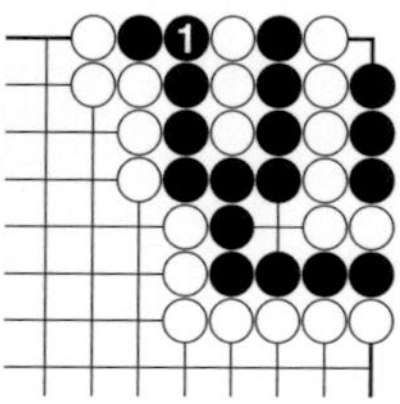

50b Fehler

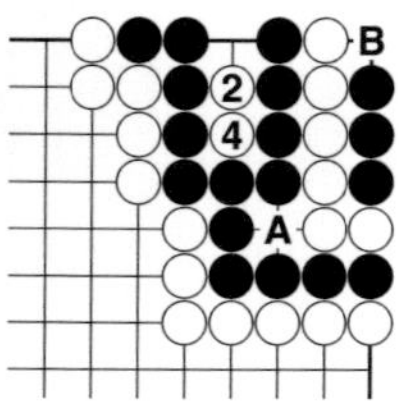

50c Fortsetzung

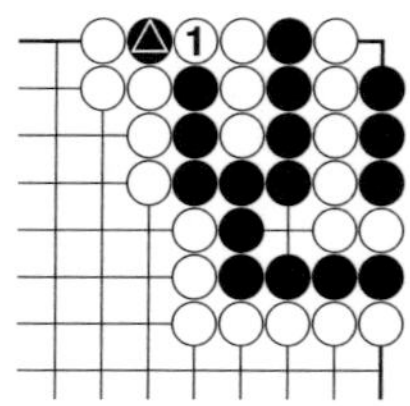

50d Fehler Weiß

Lösung 50: Schwarz 1 und 3 führen zu einem Seki. Auf Weiß 4 darf Schwarz nicht mehr antworten. Spielt er dennoch 1 in Diagramm 50b, dann folgt Weiß 2 in Diagramm 50c. Auf Schwarz A folgt nun Weiß B und Schwarz verliert den Wettlauf um eine Freiheit. Bleibt Schwarz mit 3 der Stellung fern, dann kann Weiß erst auf 4 spielen, dann B und schließlich A spielen, um Schwarz zu fangen.

Schwarz verzichtet also auf 1 in Diagramm 50b. Spielt Weiß dagegen 1 in Dia. 50d, so schlägt Schwarz 2 auf dem markierten Stein vier Steine. Es folgen Weiß 3 und Schwarz 4 in Diagramm 50e und nun verliert Weiß den Wettlauf um genau eine Freiheit.

Da beide Seiten also nur verlieren können, werden sie nach Schwarz 3 in Diagramm 50a die Stellung nicht mehr anfassen.

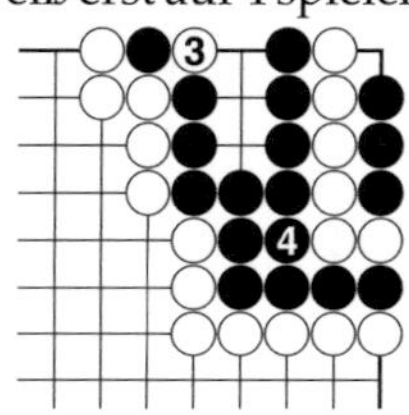

50d Fortsetzung

Anhang

Lösungen der Partieprobleme
aus den Kapiteleinführungen

Kapitel 1, Seite 9

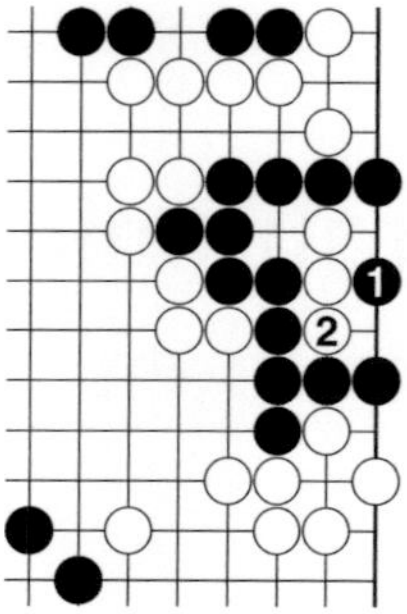

Dia. 1

Dia. 1. Setzt Schwarz zuerst, dann kann er mit einem Stein auf 1 leben. Weiß 2 führt zu einem Seki.

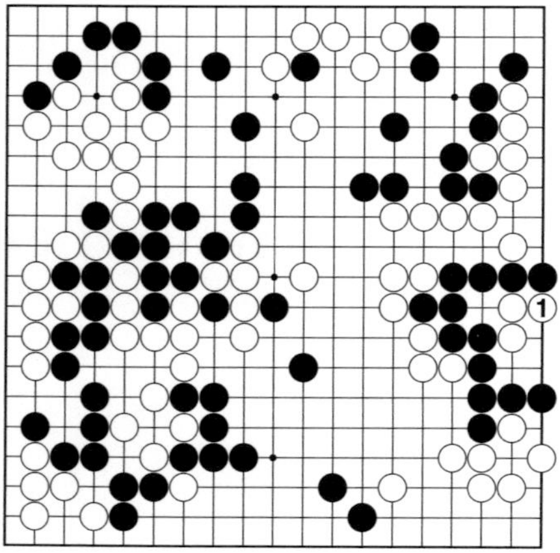

Figur 1

Figur 1: In der Partie besetzte Weiß zuerst den vitalen Punkt und tötete Schwarz. Schwarz kann nichts mehr ausrichten, denn Weiß bildet entweder eine Nakade-Form (siehe Seite 68) oder ein Auge. Man beachte, dass Weiß nicht auf 1 in Diagramm 1 spielen darf. Der Status der Gruppe in der Figur auf Seite 9 war also: Schwarz kann leben, Weiß kann töten.

Kapitel 2, Seite 19

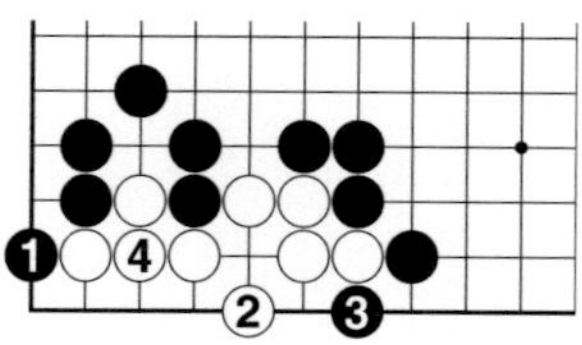

Dia. 2

Dia. 2. Nach dem Abtausch Schwarz 1 für Weiß 2 und 3 für 4 lässt sich die Grundform der kleinen Beule (siehe Seite 32) erkennen. Weiß 2 besetzt den vitalen Punkt und lebt. Beginnt Schwarz mit 1 auf 2, dann spielt Weiß auf 1 und lebt ebenfalls.

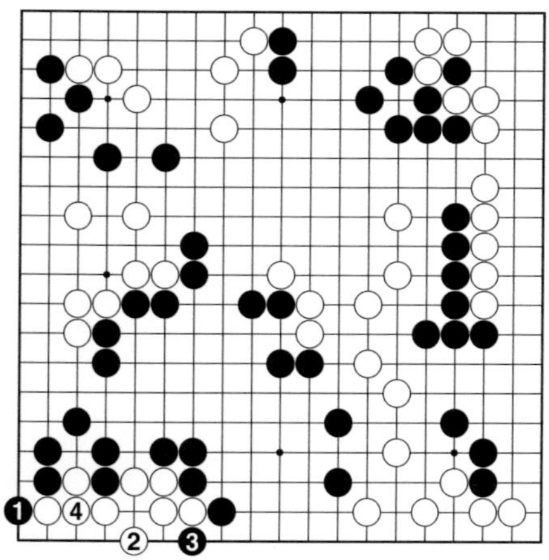

Figur 2

Figur 2: So spielte Schwarz in der Partie auch die beiden Hane 1 und 3, um so das weiße Gebiet zu reduzieren und gleichzeitig die weißen Endspiele zu verhindern.

Kapitel 3, Seite 51

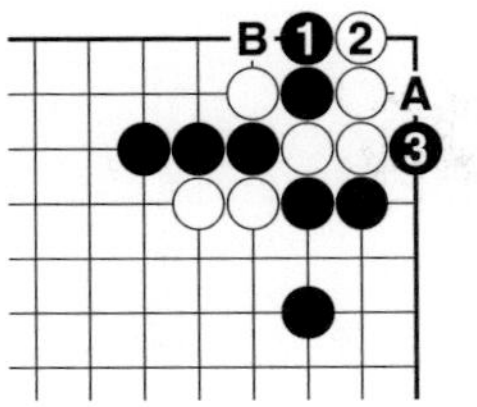

Dia. 3

Dia. 3. Schwarz 1 tötet, denn nach Weiß 2 und Schwarz 3 kann Weiß nicht auf A spielen (Damezumari).

Schlägt Weiß auf B, dann verhindert Schwarz A das zweite Auge. Am oberen Rand ist an ein Entkommen nicht zu denken. Weiß ist tot.

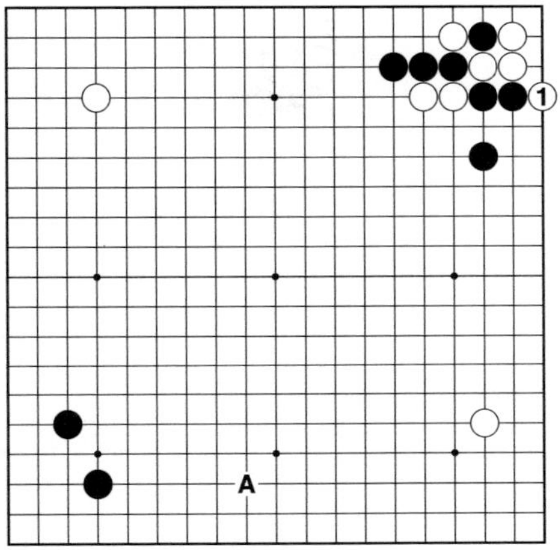

Figur 3

Figur 3: In der Partie sollte Weiß unbedingt das Hane 1 spielen, denn es verhindert die im Diagramm gezeigte Sequenz. Wenn Schwarz antwortet, bekommt Weiß immer noch den großen Punkt auf A.

Kapitel 4, Seite 85

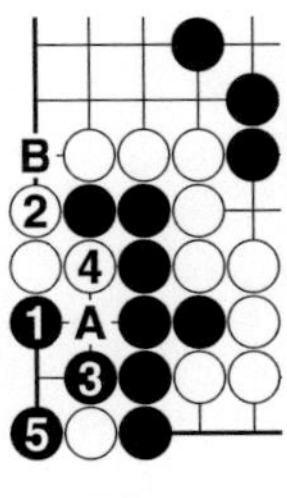

Dia. 4

Dia. 4. Schwarz 1 ist richtig, denn Weiß kann sich nach der Abfolge bis 5 auf Grund von Freiheitenmangel nicht auf A annähern (vgl. Seite 94).

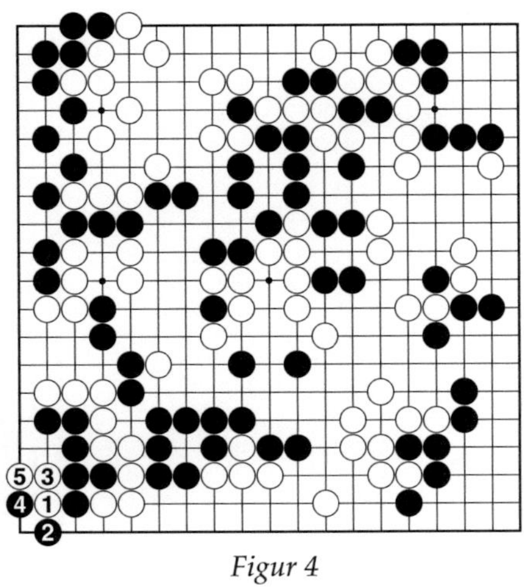

Figur 4

Figur 4: Weiß hat in der Partie nicht den richtigen Angriff gefunden. Die Form des großen L (siehe Seite 136) wird am besten mit Weiß 1 angegriffen. Nach Weiß 5 entsteht immerhin ein Ko, ein Tausendjahr-Ko (siehe auch Seite 15).

Kapitel 5, Seite 119

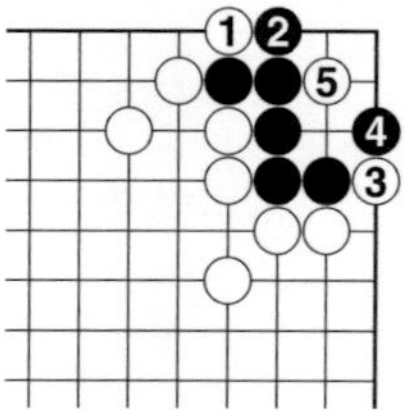

Dia. 5

Dia. 5. Die Form der schwarzen Ecke ist das bekannte „L+1" (siehe Seite 124). Weiß kann also mit der Abfolge 1 bis 5 töten.

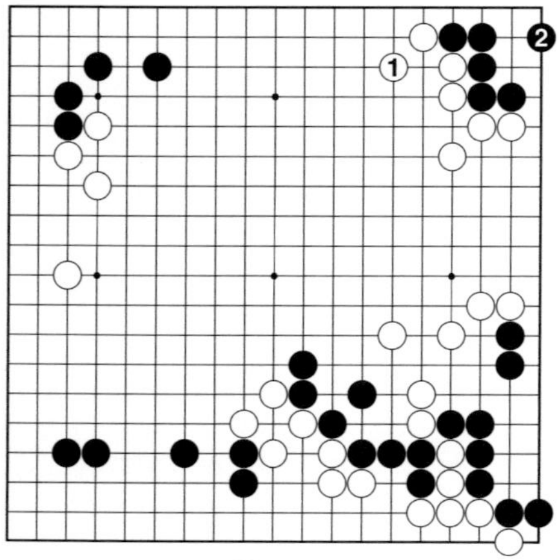

Figur 5

Figur 5: Nachdem Weiß mit 1 den Schnitt deckt und somit jede Fluchtmöglichkeit verriegelt, muss Schwarz mit dem nächsten Stein die Ecke sichern. Weiß hat nun Vorhand.

Kapitel 6, Seite 151

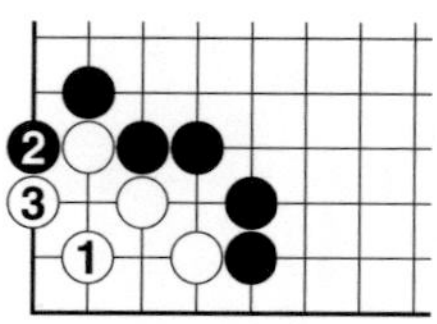

Dia. 6

Dia. 6. Weiß erreicht mit 1 und 3 ein Ko in der Ecke.

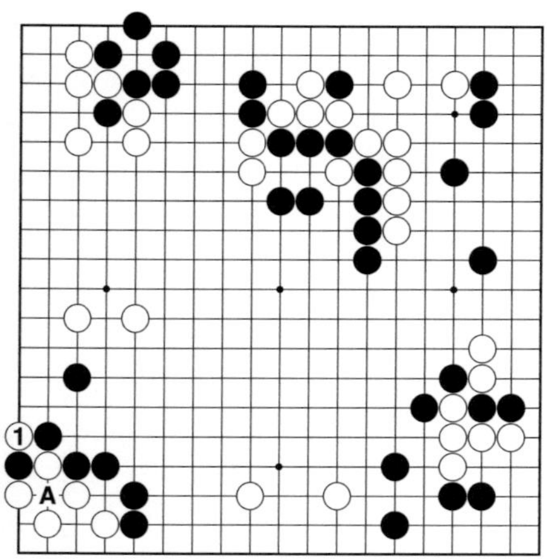

Figur 6

Figur 6: Gewinnt Weiß das Ko, in dem er zum Beispiel auf 1 schlägt, dann sehen die schwarzen Steine in der unteren, linken Ecke plötzlich recht dünn und angreifbar aus. In der Partie hat Weiß diese Chance leider versäumt, indem er Tenuki spielte. Schwarz konnte so im richtigen Moment mit einem Zug auf A das Aji beseitigen.

Glossar

Affensprung	Besondere Form der Endspieltechnik am Brettrand (siehe Seite 92, Weiß 2 in Diagramm 2a).
Aji	Wörtlich: „Geschmack“, bezeichnet das Potenzial, das in einer Stellung vorhanden ist.
Ajikeshi	Das Aji zerstören; den Gegner dazu zwingen, seine Schwachstellen zu beseitigen, ohne selbst einen Vorteil daraus zu ziehen.
Atari	Das Besetzen der vorletzten Freiheit eines Steins oder einer Gruppe. Steine stehen in Atari, wenn sie nur noch eine Freiheit haben.
Bent Four	Abk. für „Bent four in the corner“; engl. Bezeichnung für den Toten Winkel (siehe Seite 120).
Carpenter Square	Engl. Bezeichnung für die Goldene Ecke (siehe Seite 140).
Damezumari	Mangel an Freiheiten, Freiheitsnot (siehe Seite 60, 94).
Einwurf	Ein Stein wird so gesetzt, dass er sofort geschlagen werden kann. Das Opfer soll i.d.R. einen Mangel an Freiheiten beim Gegnern erzeugen (siehe Seite 102).
Geta	Netz; Technik zum Fangen von Steinen (siehe Seite 89, Diagramm 4).
Gote	Nachhand, Verlust der Initiative. In einem Abtausch als Letzter setzen.
Hanaroku	Blumen-Sechs (siehe Seite 24).
Hane	Diagonalzug, der um einen gegnerischen Stein oder eine gegnerische Kette umbiegt.
Honte	Ein der Stellung angemessener Zug, obwohl er manchmal etwas langsam aussieht und unter Umständen sogar Nachhand ist. Honte ist der Zug, der gegenüber anderen Zügen den Vorteil hat, das geringste Aji zurückzulassen.
Hoshi	Stern; Bezeichnung für die Vorgabepunkte (u.a. den 4-4-Punkt) auf dem Go-Brett.
Ishi no Shita	Unter den Steinen (siehe Seite 106).
Joseki	Eine lokale Sequenz, die aus optimalen Zügen beider Parteien besteht und ein lokal ausgeglichenes Ergebnis liefert. Die meisten Josekis betreffen die ersten Züge in einer Ecke.

Glossar (Fortsetzung)

Keima	Kleiner Rösselsprung bzw. der Zug, der diese Form bezogen auf einen anderen Stein herstellt.
Ko	Stellung, in der wiederholendes Schlagen eines einzelnen Steines für beide Seiten theoretisch möglich wäre. Die Ko-Regel verbietet es daher, in einem Ko sofort zurückzuschlagen.
Mausefalle	Technik zum Fangen von Steinen, wobei erst ein Stein geopfert wird.
Meari Menashi	Ein Auge vs. kein Auge (siehe Seite 72). Semeai zwischen einer einäugigen und einer augenlosen Gruppe.
Miai	„Entweder-Oder-Option": Zwei in etwa gleichwertige Züge heißen Miai, wenn sie beide als Optionen zur Verfügung stehen. Nimmt eine Partei den einen der beiden Punkte, so bleibt der andere für den Gegner.
Moyo	Gebietsanlage, aber noch kein sicheres Gebiet.
Nakade	Setzen eines oder mehrerer Steine in ein gegnerisches Gebiet, mit dem Ziel, die Bildung von zwei Augen zu verhindern; auch als Innentrick bezeichnet (siehe Seite 68).
Ogeima	Großer Rösselsprung bzw. der Zug, der diese Form bezogen auf einen anderen Stein herstellt.
Seki	Pattsituation; Lokale Stellung, in der keine Seite einen Stein setzen kann, ohne dadurch von anderen Seiten geschlagen zu werden.
Semeai	Wettkampf um Freiheiten zwischen zwei gegnerischen Gruppen, die beide eingeschlossen sind, je höchstens ein Auge besitzen und sich gegenseitig Freiheiten nehmen.
Sente	Vorhand, Möglichkeit der Initiative.
Shikatsu	Jap. für „Leben und Tod"; wörtlich bedeutet „shi" Tod und „katsu" Leben.
Shimari	Eckeinschluss durch zwei Steine derselben Farbe.
Tenuki	„Anderswo", fernbleiben: ein Zug abseits des lokalen Themas. Diese Bezeichnung wird insbesondere dann gewählt, wenn eine lokale Antwort zu erwarten war.
Tesuji	Ein technisch guter, oft überraschender Zug, der in einer lokalen Situation das Optimum darstellt, um ein bestimmtes Ziel (Verbinden, Fangen, Leben etc.) zu erreichen.
Tsumego	Problem-Go; Lösen von Go-Problemen